Introduction générale au droit

Du même auteur
aux Éditions Dalloz

PRÉCIS DALLOZ
DROIT CIVIL

● LES BIENS
Alex Weill, François Terré, Philippe Simler
● LES OBLIGATIONS
Alex Weill, François Terré
● LES PERSONNES, LA FAMILLE, LES INCAPACITÉS
Alex Weill, François Terré
● LES RÉGIMES MATRIMONIAUX
François Terré, Philippe Simler
● LES SUCCESSIONS, LES LIBÉRALITÉS
François Terré, Yves Lequette

GRANDS ARRÊTS DALLOZ

● LES GRANDS ARRÊTS DE LA JURISPRUDENCE CIVILE
François Terré, Yves Lequette

Introduction générale au droit

1991

François Terré
Professeur à l'Université Panthéon-Assas (Paris II)

DALLOZ
11, rue Soufflot, 75240 Paris cedex 05

codes dalloz

Volumes brochés 10,5 x 15

publiés annuellement :

- Code civil
- Code de commerce
- Code pénal
- Code de procédure pénale
et code de justice militaire *(un volume)*
- Nouveau code de procédure civile
- Code du travail

publiés périodiquement :

- Code administratif
- Code des loyers et de la copropriété
- Code rural et code forestier *(un volume)*
- Code de la sécurité sociale
et code de la mutualité *(un volume)*
- Codes de la santé publique,
de la famille et de l'aide sociale *(un volume)*
- Code général des impôts
- Livre des procédures fiscales
- Code des sociétés
- Code de l'urbanisme
- Code de l'environnement
- Code de la construction et de l'habitation
- Code électoral

AVANT-PROPOS

Douze ans sont passés depuis la quatrième édition, en 1979, de l'*Introduction générale au droit civil* écrite avec le doyen Alex Weill qui, cette année-là, nous a quittés. Et depuis, l'évolution du droit a été si profonde qu'un nouveau livre est apparu nécessaire. L'auteur l'a écrit en restant fidèle à la méthode et à l'esprit de celui qui reste bien présent dans la mémoire.

F.T.

TABLE DES MATIÈRES

ABRÉVIATIONS UTILISÉES *

AJDA	Actualité juridique de droit administratif
Ann. dr. com.	Annales de droit commercial
Année sociol.	Année sociologique
Annuaire fr. dr. int.	Annuaire français de droit international
Arch. phil. droit	Archives de philosophie du droit
BS Lefebvre	Bulletin social, Francis Lefebvre
Bull. Joly Sociétés	Bulletin Joly mensuel d'information des sociétés
Cah. dr. entr.	Cahiers du droit de l'entreprise, JCP éd. E
Cah. dr. eur.	Cahiers de droit européen
D.	Dalloz
Defrénois	Répertoire du notariat Defrénois
Doc. fr.	Documentation française
Dr. mar. fr.	Droit maritime français
EDCE	Études et documents du Conseil d'État
Gaz. Pal.	Gazette du Palais
JCP	Juris-Classeur Périodique, Semaine juridique
JDI	Journal de droit international, Clunet
J.O.	Journal officiel
Journ. not.	Journal des notaires et des avocats
Rec.	Recueil des décisions du Conseil d'État, Lebon
Rec. CIJ	Recueil des arrêts, avis consultatifs et ordonnances de la Cour internationale de justice
Rec. CJCE	Recueil de la Cour de justice des Communautés européennes
Rev. adm.	Revue administrative
Rev. arb.	Revue de l'arbitrage
Rev. crit. DIP	Revue critique de droit international privé
Rev. dr. publ.	Revue de droit public et des sciences politiques
Rev. fr. compt.	Revue française de comptabilité
Rev. fr. dr. adm.	Revue française de droit administratif
Rev. gén. dr. int. publ.	Revue générale de droit international public
Rev. int. dr. comp.	Revue internationale de droit comparé
Rev. prat. dr. adm.	Revue pratique de droit administratif
Rev. sc. crim.	Revue de science criminelle et de droit pénal comparé
RRJ	Revue de recherche juridique — Droit prospectif
RTD civ.	Revue trimestrielle de droit civil
RTD com.	Revue trimestrielle de droit commercial
RTD eur.	Revue trimestrielle de droit européen
S.	Sirey

---

* V. aussi *infra*, n° 384.

PRÉLIMINAIRES

1 *Présentation* ◊ Probablement dans l'inconscient des hommes existe déjà l'idée de droit. Idée vague : que lorsque plusieurs êtres se trouvent ensemble, surgit aussitôt quelque besoin d'ordonner leurs conduites; et pour cela, si éparses et informelles qu'elles puissent être, ces règles composent un ensemble : le Droit. Cette approche élémentaire, ensuite, se précise, surtout si la vie en société humaine se développe. Il se produit des regroupements de règles, et même de codes : le code de la route, par exemple, est un ensemble de règles de droit, de règles juridiques.

Souvent le droit, en tant qu'il est un compartiment du savoir — et des études — a la réputation d'être aride, complexe, propice aux arguties et aux chicanes, voire empreint de mystère. Vision critiquable à plus d'un titre, car le droit relève pleinement de la vie, de la connaissance et de l'action.

a) Il relève de la *vie* des hommes en société. Sans cesse, même s'ils ne s'en rendent pas compte d'ostensible manière, les hommes entrent en contact avec lui : par la route ou par l'impôt[1], par l'achat d'un journal ou d'un livre, et même par l'heure que dit l'horloge, fidèle en cela aux fuseaux horaires que l'ordre juridique a définis. Le droit est inhérent au quotidien. Il est en lui. Il est dans la réalité quotidienne. Et il y a donc quelque étrange paradoxe à lui reprocher tout à la fois d'être trop compliqué et trop éloigné du réel. Comme si le réel était simple !

S'il exprime la réalité, le droit est aussi ce qui l'ordonne : dans sa complexité, dans sa mobilité. Et il y parvient en ayant recours à l'abstraction, aux abstractions. Mais, de progrès en progrès, il doit tendre à dépasser ces abstractions afin d'assurer de manière aussi satisfaisante que possible l'harmonie du corps social.

b) Le droit relève aussi de la *connaissance*. Tout d'abord il est, en lui-même, objet de connaissance immédiate. Dès cette étape de la compréhension, on discerne les difficultés de l'entreprise : parce que sa compréhension n'est pas seulement compréhension des règles et des solutions, mais implique aussi l'appréciation de leur relation aux situations concrètes; parce que la démarche juridique repose sur des outils appropriés; enfin, parce que le droit est le témoignage ou l'expression d'une culture ; par sa rigueur et sa souplesse, par les valeurs qu'il véhicule, la justice au premier rang.

---

1. « Il ne faut pas sourire de l'exemple : pour l'homme moderne, la route est, avec la feuille d'impôt, le lieu de plus haute intensité juridique, celui où il rencontre le plus fortement la pression de la règle de droit » (J. Carbonnier, Communication à l'Académie des sciences morales et politiques, 23 oct. 1967, Rev. Trav. Acad. Sc. morales et politiques, 2ᵉ sem., p. 91).

Le droit relève aussi de la connaissance médiate. Il n'est pas sans liens avec d'autres savoirs et d'autres discours. Il lui arrive même, quoique de manière variable au cours des temps, de leur servir de point de rencontre. Il ne peut se désintéresser de rien : ni de philosophie, ni de théologie, ni des sciences de la matière, ni des sciences de la vie, ni des sciences de l'homme.

c) Le droit relève aussi de l'*action*. Celle qu'exerce celui qui découvre ou invente la règle. Celle qui l'interprète, la classe, l'applique. Le jurisconsulte romain, le casuiste anglais, le « notable de la robe », chacun mérite son portrait [1]. Ils ne bornent pas leurs tâches aux seuls conflits de la vie en société. La logique du droit ne se réduit pas à la pathologie des cas sociaux. A sa façon, le droit est une grammaire [2].

2   ***Les phénomènes juridiques*** ◊ Phénomènes? Le recours à ce terme de phénomène ne doit pas être entendu dans un sens philosophique précis et, si tel était le cas, variable (Kant? Husserl? etc.). Ce que l'on désigne présentement par là, dans une perspective banale et courante, profane si l'on veut, c'est un ensemble de situations dans lesquelles il y a du droit, du juridique [3]. Il y a des règles sociales dotées de sanctions, auxquelles des hommes vivant ensemble sont tenus de se conformer; et, s'ils y contreviennent, ils s'exposent à être frappés de sanctions. L'idée même de règle peut d'ailleurs être plus ou moins diffuse : point nécessairement de codes ou de lois. L'éventualité de jugements peut suffire au discernement du juridique dans le groupe. Disons qu'il y a des solutions juridiques à des questions de droit. Il y a des phénomènes de droit. Il y a du droit.

Or, ce mot « droit » est porteur de deux désignations, qu'il ne faut pas confondre, mais qu'il convient de mettre en relation.

3   ***Les divers sens du mot « droit »*** ◊ Qu'est-ce que le droit [4]? Le mot a plusieurs sens. Celui qui, probablement, vient le premier à l'esprit se relie à l'existence de règles canalisant l'activité des hommes en société. Dans cette perspective, l'image de formes ou de barrières apparaît assez vite.

---

1. Max Weber, *Sociologie du droit*, trad. J. Grosclaude, PUF, 1986, p. 142 s.
2. V., parmi les ouvrages récents : H., L., J. Mazeaud et F. Chabas, *Leçons de droit civil*, t. I, 1er vol., 9e éd. par F. Chabas, 1989; G. Marty et P. Raynaud, *Droit civil*, t. I, *Introduction générale à l'étude du droit*, 2e éd. 1972; J. Carbonnier, *Droit civil, Introduction*, 19e éd., 1990; B. Starck, *Introduction au droit*, 3e éd., par H. Roland et L. Boyer, 1991; J. Ghestin et G. Goubeaux, *Introduction générale*, 3e éd. 1990; G. Cornu, *Droit civil*, t. I, *Introduction, Les personnes, Les biens*, 4e éd. 1990; P. Malinvaud, *Introduction à l'étude du droit, cadre juridique des relations économiques*, Litec, 5e éd. 1990; J. L. Sourioux, *Introduction au droit*, PUF, Droit fondamental, 2e éd. 1990; J.-L. Aubert, *Introduction au droit et thèmes fondamentaux du droit civil*, 4e éd. 1990; *Introduction au droit*, Que sais-je?, 6e éd. 1990; J.-L. Bergel, *Théorie générale du droit*, Dalloz, 2e éd. 1989; Yvaine Buffelan-Lanore, *Droit civil*, 1re année, Masson, 7e éd. 1990; P. Jestaz, *Le droit*, éd. Dalloz, 1991.
3. V. M. Virally, *Le droit international en devenir, Essais écrits au fil des ans*, PUF, 1990, spéc. p. 31 s.
4. V., parmi de nombreuses études, L. François, *Le problème de la définition du droit*, Liège, 1978; V. aussi Rev. *Droits*, nos 10-1989 et 11-1990.

C'est pour en pénétrer les ressorts que, par vocation ou souvent par l'effet de quelque attentisme, voire de quelque curiosité, l'on s'oriente vers des études de droit. Souvent mal connu, souvent confondu, consciemment ou non, avec la seule et pure Justice, le droit correspond en réalité à une nécessité inhérente à toute vie en société ; et, à mesure que les sciences de la société, ou les sciences de l'homme, ont accru leur influence, son caractère scientifique s'est renforcé.

Encore faut-il, ne serait-ce pour le moment qu'à des fins méthodologiques, définir ce qu'il faut entendre par droit. Il est des systèmes juridiques ou politiques dans lesquels la signification du mot est unique, et où celui-ci ne sert à désigner que des règles gouvernant la vie des hommes en société (droit anglais, droit japonais, par ex.). Tel n'est pas le cas de notre système, et de beaucoup d'autres. Le mot *droit* y désigne deux ensembles qui diffèrent profondément, même s'ils se situent en relation. A la faveur provisoire de la majuscule, on peut alors poser d'emblée la distinction essentielle :

1º Le « *Droit* », c'est un ensemble de règles de conduite qui, dans une société donnée — et plus ou moins organisée —, régissent les rapports entre les hommes. A cet ensemble, on applique l'expression de *Droit objectif.*

2º Les « *droits* », ce sont les prérogatives que le « Droit » — ou Droit objectif — reconnaît à un individu ou à un groupe d'individus et dont ceux-ci peuvent se prévaloir dans leurs relations avec les autres, en invoquant, s'il y a lieu, la protection et l'aide des pouvoirs publics, disons, au sens large, de la société : droit de propriété, droit de créance, droit de vote ... Il se peut que des considérations d'ordre philosophique ou politique aboutissent à une remise en cause plus ou moins profonde de cette seconde catégorie. Le fait est pourtant qu'elle résiste assez bien dans la réalité et dans l'esprit. En suivant son sillage, on voit se dégager d'autres définitions qui permettent la compréhension des phénomènes juridiques : le titulaire du droit, attributaire d'une prérogative, est traditionnellement appelé le *sujet* de droit ; d'où l'expression de *droits subjectifs* par laquelle on désigne les droits ainsi entendus.

4 *Plan* ◊ Les deux sens — objectif et subjectif — du mot droit, constamment expliqués par le contexte dans lequel on l'utilise, commandent tout ce qui va suivre. La compréhension du juridique passe par une mise en relation de ces deux composantes, qui permet la *réalisation du droit.* Fin naturelle de ce qui aspire à ordonner le social, cette réalisation ne peut être comprise que si l'on a, au préalable, distingué les *composantes du droit*, telles qu'elles se manifestent dans la constitution des situations juridiques [1]. Encore faut-il avoir, à l'orée de l'itinéraire, discerné en quoi consiste l'*existence du droit.*

---

1. PAUL ROUBIER, *Droits subjectifs et situations juridiques*, 1963.

D'où les trois livres de cette *Introduction générale :*
— Livre 1 : *Existence du droit*
— Livre 2 : *Composantes du droit*
— Livre 3 : *Réalisation du droit*

LIVRE 1

EXISTENCE
DU DROIT

5 *Civil et Civilisation* ◊ Il existe entre Droit et Civilisation des relations étroites qui ne sont pas, historiquement, le résultat du hasard[1]. La latinité laisse en héritage, aux XIIIe et XIVe siècles, les mots *civil* et *civilité*. Au XVIe siècle, le verbe *civiliser* est employé dans deux sens : *a*) « mener à la civilité, rendre civiles et douces les mœurs et les manières des individus » ; *b*) « en jurisprudence : rendre civile une cause criminelle »[2]. Or, c'est cette seconde signification qui a servi de base au substantif *civilisation*. D'où la définition de ce mot dans le Dictionnaire universel (Trévoux) de 1743 : « Terme de jurisprudence. C'est un acte de justice, un jugement qui rend civil un procès criminel. La *civilisation* se fait en convertissant les informations en enquêtes, ou autrement. » Plus tard, le sens moderne du mot, axé sur la tendance d'un peuple à polir ou à corriger ses mœurs, s'est ajouté au sens initial, puis l'a supplanté[3].

Cette histoire d'un mot vaut, semble-t-il, d'être rappelée. Elle est plus que symbolique. Elle renvoie, en quête d'une parenté profonde entre le droit et la civilisation, au sens moderne du signifiant, même si le signifié l'a précédé dans l'aventure humaine.

6 *Critère ? Système ? Fondement ?* ◊ Dès l'abord, les questions abondent. Chacune d'elles est formulée au singulier. Elle pourrait l'être au pluriel.

Etudier ce qu'est le rôle du droit dans une société, dans la société française, dans une société étrangère, dans la société internationale, cela implique, au moins à titre méthodologique, et même épistémologique, une définition ou une délimitation du juridique, on dira une détermination du juridique, de ce qui est du droit, de ce qui est droit. Question de *critère*.

L'approche ainsi annoncée tend à cadrer l'investigation. Mais elle ne permet pas de connaître encore ce que peut être cet ensemble, achevé ou inachevé, que forment les règles et les solutions, ainsi que pour beaucoup,

---

1. *Civilisation. Le mot et l'idée*, par Lucien Febvre, Marcel Mauss, Emile Tonnelat, Alfredo Niceforo, Louis Weber, Centre international de synthèse, Paris 1930.
2. V. Jean Starobinski, *Le mot Civilisation*, in *Le temps de la réflexion*, 1983, Gallimard, p. 13.
3. J. Starobinski, *op. cit.*, p. 14.

tous les énoncés qui les constituent ou les pratiques qui les accompagnent. Autant dire qu'il est alors nécessaire de préciser davantage en quoi consiste le *système* du droit.

Encore faut-il ensuite formuler l'interrogation majeure, car le droit ne se forme pas plus ou moins à la surface du social, par une sorte de génération spontanée. Il n'est pas infondé. Il ne se fonde pas par cela seul qu'il existe. Son existence se relie à la quête d'un *fondement*, si tant est qu'il n'y en ait qu'un.

On examinera donc, dans trois chapitres :
— Le *critère du droit* (Chapitre 1) ;
— Le *système du droit* (Chapitre 2) ;
— Le *fondement du droit* (Chapitre 3).

CHAPITRE 1

LE CRITÈRE DU DROIT

7   ***Droit et règle*** ◊ Surtout si l'on a dépassé le seuil des sociétés primitives, surtout si l'on est marqué par la vision occidentale du droit, celui-ci ne peut être dissocié de l'idée de *règle*. Certes, en approfondissant l'analyse, l'on pourrait observer qu'il est peut-être d'autres pôles de la juridicité, et qu'au concept de règle fait pendant celui de *jugement*[1]. Si faible que puisse être, parfois, la dose du droit écrit, force est pourtant de constater que l'approche du droit s'opère à travers et au moyen des règles qui lui servent de support, que ce soit par les lois ou autres préceptes des peuples et des souverains, par les comportements, les usages ou les coutumes des hommes ou encore par les décisions des juges ou des arbitres.

Cette relation entre les règles et le droit n'est qu'un point de départ de la réflexion. Pour discerner quelque critère du droit, il ne suffit pas, en effet, de se référer à l'idée d'un ensemble — ou d'un sous-ensemble — de règles. Car il existe bien d'autres ensembles de règles qui ne sont pas juridiques ou ne sont pas considérées comme telles. D'où la recherche malaisée d'une définition du droit[2].

Pour atteindre à un plus grand degré de précision dans la démarche nécessaire qui tend à *cerner* le droit, il convient de porter successivement la réflexion du côté du contenu des règles et du côté de la forme qu'elles peuvent revêtir. Ni d'un côté — celui du *fond* (Section 1) —, ni de l'autre — celui de la *forme* (Section 2) —, la démarche ne se révèle facile. Cela n'exclut pourtant pas, d'un point de vue que certains diront phénoménologique, l'existence d'un critère lié à la *médiation entre le juste et le sage* (Section 3).

SECTION 1
CRITÈRES TENANT AU FOND

8   ***Du normatif et du positif*** ◊ Aussi longtemps que Robinson vit en solitaire, il n'a que faire du droit, et en cela du droit dans ses deux sens : en tant qu'il y aurait quelque règle régissant sa conduite, en tant qu'il serait personnellement titulaire de prérogatives, de droits dans son existence. La rencontre de Vendredi change sa situation; elle contient le droit en

---

1. J. CARBONNIER, *Flexible droit*, 6ᵉ éd., 1988, p. 87 s.
2. V. les deux numéros 10 et 11, de la Rev. *Droits*, 1989 et 1990 ; v. aussi J. COMBACAU, Sur une définition restrictive du droit, Dialogue sans issue, *Mélanges Burdeau*, 1977, p. 1033 s.

germe[1]. En d'autres termes, la nécessité du droit ne se manifeste que lorsque l'homme vit en groupe : or, précisément, cet être « sociable », comme dit Aristote, incline à vivre en société et à être impliqué dans des rapports sociaux.

C'est ce qui fait émerger plus ou moins vite l'idée même de droit. Pourquoi ? Pour plusieurs raisons. D'abord parce que le sens de la civilisation, voire du progrès, répugne à ce que les relations des hommes soient gouvernées par la violence et par l'arbitraire. En soi, le droit s'emploie à les vaincre : à apprivoiser la violence, à dompter l'arbitraire, même si ses relations avec l'une et avec l'autre ne laissent pas d'être ambiguës.

Ensuite parce que, processus qui n'est pas indifférent à la genèse et au développement du juridique, le droit, en tant qu'ensemble de règles, reconnaît et consacre les prétentions des hommes et peut donc mettre en lumière et favoriser les conflits possibles entre ces prétentions. Le conflit est au cœur du droit en même temps que le droit, justement, a pour objet de le résoudre.

Quoi qu'il en soit, dès l'abord, le droit fournit un certain nombre de *règles de conduite* destinées à faire régner, tout à la fois, l'ordre, le progrès et la justice. Chacune de ces finalités, isolément considérée, peut, bien entendu, susciter la critique, car on peut ne s'entendre ni sur l'ordre, ni sur le progrès, ni sur la justice. Mais, au-delà des polémiques et des philosophies, il existe dans cette voie des constantes. Et c'est moins dans leur existence que dans leur dosage que réside l'énigme du droit.

Lorsque les juristes prétendent cerner le droit en s'attachant à son contenu, deux voies s'offrent à eux qui ne s'excluent d'ailleurs pas, mais qui, l'une et l'autre, comportent de sérieux écueils : du côté du normatif, du côté du positif.

9   *Droit et religion* ◊ Avant d'évoquer plus précisément les relations qu'entretient le droit avec les sciences normatives et les sciences positives, il est nécessaire d'insister sur son rapport avec la religion.

Il existe, à vrai dire, des règles de droit dont on imagine mal les relations avec des commandements religieux ; ainsi en est-il des dispositions du code de la route. Il en est d'autres, au contraire, dont on perçoit aisément les possibles rapports avec la religion, par exemple celles qui gouvernent le mariage — ou le divorce. L'existence de ces zones où peuvent se superposer le droit et la religion suscite divers ordres de réflexions, liés à des différences et à des influences[2].

Surtout là où le groupement est particulièrement imprégné par la religion — Islam, Inde, sociétés archaïques ... — la distinction des règles de droit et des commandements religieux est souvent difficile et artificielle. Elle le devient encore plus lorsque, sous l'influence de certaines théories

---

1. Encore que certains pensent que le rapport juridique suppose la présence de trois personnes, du fait de l'implication d'un tiers « impartial et désintéressé », v. *infra*, n° 29.

2. V. J. ELLUL, *Le fondement théologique du droit*, 1946 ; v. aussi *La théologie chrétienne et le droit*, Arch. phil. droit 1960 ; *La révélation chrétienne et le droit*, Ann. Fac. Droit Strasbourg, t. IX, 1961 ; *Dimensions religieuses du Droit et notamment sur l'apport de saint Thomas d'Aquin*, Arch. phil. droit 1973 ; Religion, société et politique, *Mélanges Ellul*, PUF, 1983.

sociologiques[1], l'on fait de la religion, au moins à un certain stade (théologique) de l'évolution des sociétés, le moteur essentiel de l'activité des hommes. Peu à peu, se sont pourtant dégagés des critères qui ont probablement la vertu de n'être pas seulement d'ordre méthodologique. D'une part, il est des préceptes qui, par leur contenu, s'accordent avec les impératifs de la religion, mais dont l'évangélisme est rebelle aux habituels canons du droit : il y a, par exemple, une contradiction entre la légitime défense et le comportement consistant à tendre l'autre joue[2]. D'autre part, là même où le contenu des prescriptions inspirées par la loi religieuse est le même que celui des règles de droit (ex. : ne pas tuer, ne pas voler, ...), l'on est conduit à considérer que les préceptes religieux concernent, au niveau de la sanction, les relations de l'homme avec la divinité, tandis que les règles de droit apportent dans leur sillage la sanction du groupe social.

La distinction ainsi dégagée n'exclut pas les influences. L'étude des grands systèmes montre l'existence d'ensembles juridiques fortement imprégnés par la religion, de sorte qu'il est utile de procéder à une étude comparée des influences des diverses religions sur les systèmes juridiques[3].

L'histoire des relations entre le droit et la religion est faite d'alternances. Des positions diverses ont été dégagées : dissolution du droit dans la religion, séparation radicale ou démarche intermédiaire. Il y a des flux et des reflux. De toute façon, il ne s'en dégage pas une définition véritable du droit par la religion ou même par rapport à la religion. Un rapport de rupture rend malaisé le tracé d'une frontière : la laïcité est du droit, la règle affirmant le principe de laïcité est aussi du droit, donnant lieu à interprétation juridique[4].

§ 1 ————————————————————————————

DROIT ET SCIENCES NORMATIVES

A DROIT ET MORALE

10 *Plan* ◊ Entre la morale et le droit les relations sont plus nettes qu'avec la

---

1. V. not. DURKHEIM, *Les formes élémentaires de la vie religieuse*, 1912.
2. V. J. CARBONNIER, *La Bible et le droit*, in *La révélation chrétienne et le droit*, Ann. Fac. Droit Strasbourg, préc., p. 115 s.
3. V., sur la distinction du fiqh musulman, du droit romain, du droit canonique et du talmud, G.-H. BOUSQUET, *Le droit musulman*, 1963, p. 55 s. — V. aussi, quant au bouddhisme, VU VAN MAU, *Influence du bouddhisme sur le droit*, Rev. asienne de droit comparé, 1964, p. 3 s.
4. V. CARBONNIER, *Essais sur les lois*, 1979, p. 259. — V. aussi P. COULOMBEL, Le droit privé français devant le fait religieux, *RTD civ.* 1956, 1 s.; J.B. TROTABAS, *La notion de laïcité dans le droit de l'église catholique et de l'Etat républicain*, thèse Aix, éd. 1960; J. ROBERT, *La liberté religieuse et le régime des cultes*, 1977; G. DOLE, *Les professions ecclésiastiques, fiction juridique et réalité sociologique*, 1987; G. KOUBI, Vers une évolution des rapports entre ordre juridique et ordre religieux, JCP 1987, I, 3292. — Rappr. R. GOY, La garantie européenne de la liberté de religion, L'article 9 de la Convention de Rome, *Rev. dr. publ.* 1991, p. 5 s. — Sur les signes d'appartenance religieuse, quant aux vêtements, v. *infra*, n° 24.

religion : de très nombreuses règles de droit sont en effet empruntées à la morale, ce qui peut porter à considérer que le droit n'est pas autre chose que la morale relayée et sanctionnée par le groupe social; les relations étant réciproques, l'on peut aussi estimer qu'en influençant les mœurs, le droit peut rejaillir sur la morale; il y a d'ailleurs une morale civique.

L'analyse des relations entre le droit et la morale est fondamentale à un double titre : *a*) parce qu'elle peut contribuer à la recherche des critères du juridique; *b*) parce que, ce faisant, elle permet de mettre en relief l'émergence de l'obligatoire de caractère juridique dans la vie en société.

11   *1° La distinction du droit et de la morale* ◊ Pour classique qu'elle soit, elle est caractérisée par la diversité des critères et des opinions[1].

1) N'excluant pas leur cumul, la *diversité des critères* implique cependant un contrôle de leur pertinence.

a) Les sources du droit et de la morale sont différentes. Les préceptes de la morale résultent de la révélation divine, de la conscience (individuelle ou collective), voire des données de la science, tandis que les règles de droit — disons du droit appliqué dans un pays donné, à un moment donné — sont issues de la volonté de certaines autorités. A vrai dire, il est fréquent que celles-ci s'inspirent des règles de la morale, de sorte que la divinité, la conscience ou la science peuvent apparaître comme des sources médiates du droit. Mais l'on répond que celui-ci n'en serait pas moins formé et formulé d'une manière qui lui est propre. A la réflexion, il ne faut peut-être pas exagérer la différence, car il existe des règles de droit implicites, informelles ou informulées.

b) Les contenus de la morale et du droit sont différents à un double titre. D'abord, en raison de *l'objet de la règle* : les domaines de l'une et de l'autre ne se recouvrent pas. La morale se préoccupe des devoirs de l'homme non seulement à l'égard des autres hommes, mais aussi à l'égard de lui-même, voire de la divinité : en ce sens, son domaine est plus vaste que celui du droit. Mais, inversement, le droit formule des règles moralement neutres, voire de nature à consolider des situations immorales (le voleur devenant propriétaire après trente ans de possession) : en ce sens, son domaine déborde celui de la morale. N'exagérons pourtant pas l'opposition : selon les milieux et les époques, tel comportement est appréhendé par le droit ou laissé par celui-ci dans le seul domaine de la morale[2].

---

1. V. not. P. JESTAZ, *Les frontières du droit et de la morale*, RRJ 1983, p. 334 s. — V. aussi J. PIAGET, Les relations entre la morale et le droit, in *Etudes sociologiques*, 1977, p. 172 s.; C. PERELMAN, *Ethique et droit*, 1990; P. JESTAZ, Pouvoir juridique et pouvoir moral, *RTD civ.* 1990, p. 635 s.
2. ARISTOTE a notamment distingué les relations régies par le droit et celles qui relèvent de l'amitié (J. CARBONNIER, *Flexible droit, op. cit.*, p. 30, *Sociologie juridique*, 2ᵉ éd. 1978, p. 74). L'amitié peut cependant être prise en compte par le droit (D. MAYER, L'amitié, JCP 1974, I, 2663; P. BEDOURA, *L'amitié et le droit civil*, thèse ronéot. Poitiers, 1976). On peut en dire autant de l'affection (F. MECHRI, *La signification juridique du sentiment d'affection dans le droit des rapports familiaux*, thèse ronéot. Paris II, 1973; J. et A. POUSSON, *L'affection et le droit*, 1990;

Ensuite, en raison de *l'objectif de la règle.* On dit que la morale est plus exigeante, qu'elle tend à la perfection et qu'elle impose des devoirs de charité rebelles aux techniques du droit jugées en quelque sorte trop rudimentaires. Le droit serait conçu pour la masse, le *plerumque fit*; pour assurer l'ordre et la paix, il n'aurait pas à rechercher la perfection[1]. Là aussi, on doit nuancer le propos : le droit n'ignore pas le gratuit et le charitable, il lui arrive de les encourager ou, à l'inverse, de s'en méfier; il affine et accentue, le cas échéant, ses exigences d'ordre éthique; et, même lorsqu'il appréhende — parfois plus que par le passé (ex. : salariés, consommateurs, ...) — les phénomènes de masse, la morale peut y trouver un meilleur compte.

c) Les sanctions de la morale et du droit sont différentes. Tandis que les violations de la morale seraient sanctionnées au niveau interne, celui de la conscience, les sanctions des violations du droit auraient une origine externe et se relieraient à l'autorité contraignante des pouvoirs publics. Encore convient-il d'observer qu'il y a une influence des sanctions externes sur les sanctions internes et qu'entre les unes et les autres, il existe maintes catégories intermédiaires, par exemple les sanctions liées à la réprobation, même muette, émanant des tiers.

2) Les incertitudes précédemment évoquées contribuent à expliquer la *diversité des opinions.* Tandis que certains auteurs atténuent la distinction de la morale et du droit et en viennent à soutenir soit que le droit est une morale, soit qu'il est constamment irrigué par la morale[2], d'autres prétendent qu'il conviendrait d'établir entre eux une séparation rigoureuse[3]. Il est probablement plus exact de penser que la solution moyenne est préférable. Et, s'il en est ainsi, c'est dans une large mesure parce que, dans la vie en société, les règles de conduite, telles que le droit les exprime et les sanctionne, n'ont pas seulement pour fin d'assurer la justice, mais aussi de satisfaire d'autres besoins, tels que celui de la sécurité[4]. — V. *infra,* n° 146.

12 **Droit et justice** ◊ La puissance du droit et son respect par les sujets de

comp. Y. NODA, *Introduction au droit japonais,* 1966, p. 193, au sujet des relations de *giri*) et, plus généralement, du sentiment (G. CORNU, *Du sentiment en droit civil,* Ann. Fac. Droit Liège, 1964, p. 189 s.; G. LAGARDE, Le droit des affaires, droit sentimental, *Mélanges Savatier,* 1965, p. 491 s.; rappr. P. MATET, *Le rôle de la caution. Analyse de droit et de sociologie,* thèse ronéot. Paris II, 1978, p. 224 s.). — Sur la distinction de la civilisation de la honte et de la civilisation du péché, V. Y. NODA, *op. cit.,* p. 195 et les références. — Le phénomène de la gratuité est familier au droit; il n'est pas ignoré du droit commercial (F. GRUA, *L'acte gratuit en droit commercial,* thèse Paris I, 1978). Comp. B. OPPETIT, L'engagement d'honneur, D. 1979, chron. 107 s.

1. Sur le droit, considéré comme un pis-aller, et les conceptions orientales, V. Y. NODA, *op. cit.,* p. 175; v. aussi T. AWAJI, Les Japonais et le droit, in *Etudes de droit japonais,* Paris, 1989, p. 9 s.

2. G. RIPERT, *La règle morale dans les obligations civiles,* 4e éd. 1949; v. aussi, du même auteur, *Les forces créatrices du droit,* 1955.

3. HART, *Law, Liberty and Morality,* 1963.

4. Ainsi en est-il de la prescription acquisitive des immeubles par usucapion trentenaire, qui permet au voleur, après trente années de possession non troublée, d'être considéré comme propriétaire.

droit, ou encore son prestige[1], dépendent assez largement des relations suffisamment étroites qu'il entretient avec la justice[2]. Un courant de pensée fort ancien définit d'ailleurs le droit comme la science du « juste ». *Jus est ars boni et aequi* affirmait le juriste romain Celse[3]. Cette parenté profonde entre la justice et le droit s'accompagne d'hésitations, liées aux deux éléments de cette relation.

D'une part, la justice peut être entendue de manières fort diverses. C'est surtout à partir d'une distinction essentielle, approfondie par Aristote (*infra*, n° 133), que se manifestent les divergences. Pour qui s'attache à la *justice commutative*, il convient, par une appréciation objective des produits et des services échangés entre les hommes, d'assurer autant qu'il est possible une égalité mathématique. Pour qui s'attache à la *justice distributive*, il s'agit d'opérer, autant qu'il est possible, entre les hommes la meilleure répartition des richesses. Or celle-ci peut être conçue de diverses manières, soit comme une égalité théorique et absolue, soit comme une égalité subjective et relative (ex. : à chacun selon son travail, à chacun selon ses besoins). Dans la mesure où la justice guide et inspire le droit (V. *infra*, n° 146), l'inclination vers tel ou tel type de justice n'est évidemment pas sans incidence.

D'autre part, les *attitudes du droit face à la justice* sont diverses. On peut en distinguer trois :

La première est empreinte d'indifférence, en ce sens qu'il existe nombre de règles juridiques d'ordre technique, qui ne s'apprécient pas en relation avec la justice (ex. : les règles de rédaction des actes de l'état civil ou celles qui régissent la publicité foncière).

La deuxième atteste au contraire l'existence de relations étroites. Aussi bien n'est-il pas rare qu'exprimant et prolongeant un besoin de justice, le droit apporte aux préceptes de la morale les compléments et les précisions rendus nécessaires par la vie en société. Ainsi est-il moralement répréhensible de vendre à un prix excessif, voire d'acheter à vil prix ; mais, si l'on se contentait de ces formules, trop de contrats de vente seraient exposés à des contestations ; voilà pourquoi le droit précise, par exemple, les conditions dans lesquelles un contrat de vente peut être attaqué.

La troisième est en revanche le signe d'un conflit entre le droit et la justice, se manifestant chaque fois que le combat en faveur de celle-ci est contrarié par la nécessité, inhérente au droit, de faire régner, non seulement la justice, mais aussi l'ordre, la sécurité et la paix. Ainsi, lorsqu'une vente est passée à un prix trop bas, la justice milite soit en faveur de la nullité de la vente, soit dans le sens du paiement d'un supplément de prix ; mais, le plus souvent, un écart entre le prix et la valeur de la chose d'une part, le désir d'assurer la sécurité des transactions, d'autre part, ont conduit à fixer des conditions et des seuils au-dessous desquels le droit

---

1. Rappr. A. PODGORECKI, *The prestige of Law*, Acta sociologica, *Rev. Scand. de sociologie*, vol. 10, fasc. 1-2, 1966, p. 81 s.
2. SENN, *De la justice et du droit*, 1927 ; JAVIER HERVADA, *Introduction critique au droit naturel*, éd. Bière, 1991.
3. Digeste, I, 1 de justicia et jure I.

refuse de servir les intérêts de la justice[1]. En ce sens, on peut estimer qu'il est moins nuancé, plus rudimentaire.

13 ***Droit et équité*** ◊ Le besoin de la sécurité peut éloigner le droit de la justice. Or le recours à l'équité tend précisément, par l'atténuation de ce que le droit — et surtout le droit écrit — peut avoir de trop rigide, à réduire l'écart pouvant exister entre la justice et le droit[2]. « L'équité ne va pas contre ce qui est juste en soi, mais contre ce qui est juste selon la loi », écrit saint Thomas[3].

On a dit que l'équité est « un recours au juge contre la loi »[4]. Encore convient-il d'observer que, dans nombre de cas, c'est la loi elle-même qui renvoie à l'équité, expressément ou non. Ainsi l'article 1135 du code civil dispose que « les conventions obligent non seulement à ce qui y est exprimé, mais encore à toutes les suites que *l'équité*, l'usage ou la loi donnent à l'obligation d'après sa nature »; ainsi encore, « lorsqu'il paraît *inéquitable* de laisser à la charge d'une partie » les honoraires (ex. : les honoraires de son propre avocat) et tous autres frais non inclus « dans les dépens, le juge peut condamner l'autre partie à lui payer la somme qu'il détermine » (art. 700, nouv. c. proc. civ.)[5]. Dans d'autres cas, le pouvoir d'équité est attribué au juge de manière moins explicite : la nature de certaines décisions, par exemple l'octroi de délais au débiteur malheureux (art. 1244, al. 2, c. civ.), implique cette mission, qui relève même non seulement de la justice, mais de la charité; plus nets sont les cas dans lesquels le droit consacre le « pouvoir modérateur » du juge[6], par exemple en matière de « clauses pénales » (art. 1152, al. 2, c. civ.). Un mouvement plus général d'assouplissement de la force obligatoire des engagements s'est manifesté en matière de « faillite » des débiteurs commerçants; il a été prolongé en matière civile par la loi du 31 décembre 1989 relative à la prévention et au règlement des difficultés liées au surendettement des particuliers et des familles.

L'arbitraire et l'incertitude qui sont attachés à l'équité s'étaient parti-

---

1. En matière de prescription extinctive, le besoin de sécurité refoule aussi l'aspiration vers la justice : à l'expiration d'un délai, le créancier ne peut plus réclamer le paiement, ce qui équivaut à libérer le débiteur sans que celui-ci ait acquitté sa dette; on peut considérer que la sécurité commande d'éviter les réclamations tardives. A vrai dire, dans beaucoup de cas, la sécurité et la justice ne sont alors qu'apparemment en conflit : si le débiteur — ce qui est le cas le plus fréquent — s'est libéré de sa dette, l'écoulement du temps de la prescription facilite la preuve de sa libération, le droit venant alors à nouveau en renfort de la justice.

2. V. DESSENS, *Essai sur la notion d'équité*, thèse Toulouse, 1934; B. JEANNEAU, *Le traitement de l'équité en droit français*, Trav. et recherches de l'Instit. de droit comp. de Paris, t. XXXIII, 1970, p. 21 s.; E. AGOSTINI, L'équité, D. 1978, chron. 7; M. VIRALLY, *Le droit international en devenir*, *Essais écrits au fil des ans*, PUF, 1990, spéc. p. 405 s.

3. *Somme théologique*, II a, II ae, Q 120, A I, ad 1, 2.

4. PERELMAN, *Cinq leçons sur la justice*, in *Droit, Morale et Philosophie*, Paris, 1968, p. 18.

5. V. aussi les art. 565 et 1579, c. civ.

6. V. C. BRUNET, *Le pouvoir modérateur du juge en droit civil français*, thèse dactyl. Paris 1973; rappr. sur la « clause de dureté » en matière de divorce pour altération durable et grave des facultés mentales, *Les personnes, La famille, Les incapacités*, n° 441.

culièrement manifestés sous l'Ancien régime[1], ce qui a suscité la réaction révolutionnaire. En principe, les tribunaux ne peuvent statuer en équité[2]. Il en va autrement lorsque ce pouvoir leur est reconnu soit par un texte spécial, soit, dans certaines conditions, par l'effet d'un accord des parties : il résulte, en effet, de l'article 12, alinéa 4, du nouveau code de procédure civile que, le litige né, les parties peuvent en vertu d'un accord exprès et pour les droits dont elles ont la libre disposition, conférer au juge mission de statuer comme amiable compositeur, sous réserve d'appel si elles n'y ont pas spécialement renoncé (v. *infra*, n° 621).

L'équité exerce un rôle important en matière d'arbitrage, c'est-à-dire lorsque (si c'est possible) des personnes en conflit confient à des personnes privées, et non à des tribunaux étatiques, le soin de trancher leurs litiges, car elles peuvent alors donner aux arbitres le pouvoir de décider non seulement d'après les règles du droit, mais aussi comme « amiables compositeurs », donc en équité. A travers l'amiable composition, on discerne peut-être mieux qu'ailleurs l'influence originale de l'équité sur le droit[3].

14   *2° L'émergence de l'obligation juridique* ◊ A travers l'étude des relations entre la morale et le droit, on discerne le seuil du juridique, précisément parce que de très nombreuses règles de droit (mais pas toutes) sont empruntées à la morale. Mais le fait qu'il y ait un devoir moral ne permet pas de considérer qu'il y a un devoir juridique.

C'est lorsque l'on se rapproche du droit que l'investigation devient éclairante. Ainsi s'interroge-t-on souvent, à propos des *engagements d'honneur*, sur le point de savoir si ces engagements lient ou ne lient pas juridiquement leurs auteurs[4] ; dans l'affirmative, ceux-ci ne pourraient se dérober à leurs engagements. Mais c'est parce qu'en pareil cas, *ab initio*, le comportement de celui qui s'est engagé a créé au profit d'autrui le pouvoir d'obtenir, serait-ce au moyen de la contrainte étatique, l'exécution de l'engagement.

15   *Les obligations naturelles* ◊ Normalement l'obligation juridique donne prise à la contrainte étatique : si le débiteur n'exécute pas volontairement, il peut y être contraint par la force. A cet égard, le devoir moral s'oppose à l'obligation juridique : il lui manque précisément la contrainte étatique.

---

1. V. G. Boyer, La notion d'équité et son rôle dans la jurisprudence des Parlements, *Mélanges Maury*, 1960, t. II, p. 257 s. — De cette époque date la formule célèbre : « Dieu nous garde de l'équité des parlements ».
2. Soc. 23 janv. 1948, JCP 1948, II, 4229 ; Crim. 24 juil. 1967, JCP 1968, II, 15339. — Sur le *phénomène Magnaud*, ainsi appelé à la suite des décisions prises en équité par un juge de Château-Thierry, V. Gény, *Méthode d'interprétation et Sources en droit privé positif*, rééd. 1954, t. II, p. 287 s.
3. V. E. Loquin, *L'amiable composition en droit comparé et international. Contribution à l'étude du non-droit dans l'arbitrage international*, thèse Dijon, 1978, éd. 1980 ; P. Estoup, L'amiable composition, D. 1986, chron. 221.
4. V. B. Oppetit, L'engagement d'honneur, D. 1979, chron. 107 s. ; D. Ammar, *L'engagement d'honneur*, thèse ronéot. Paris I, 1990 ; B. Beignier, *L'honneur et le droit*, thèse ronéot. Paris II, 1991.

Entre ces deux notions, il existe une catégorie intermédiaire, celle des obligations dites « naturelles », par opposition aux obligations dites « civiles »[1]. L'obligation naturelle n'est pas susceptible d'exécution forcée ; en cela, elle ressemble au devoir moral. Mais, si le débiteur de l'obligation naturelle l'exécute volontairement et en connaissance de cause, il est censé exécuter une obligation reconnue par le droit positif. Alors le seuil du juridique est atteint. L'obligation naturelle est une obligation juridique.

16   *Les obligations naturelles et la morale* ◊ Le droit romain, très formaliste, soumettait la création des obligations à des règles très strictes. Mais il parut nécessaire de faire produire certains effets à des obligations qui n'étaient pas sanctionnées par le droit civil, par exemple à celles issues d'engagements pris par des fils de famille, qui ne pouvaient s'engager civilement, n'ayant pas la personnalité ; de même, l'obligation naturelle était admise en cas de nullité d'un acte pour défaut de forme. Les auteurs classiques du XIXe siècle ont repris cette conception qui avait d'ailleurs inspiré aussi une partie de la doctrine sous l'Ancien droit. Aubry et Rau l'ont systématisée en reconnaissant deux sortes d'obligations naturelles :

— L'*obligation civile avortée* : l'obligation n'a pas accédé à la vie juridique, toutes les règles légales n'ayant pas été respectées. Par exemple, une donation a été faite sans les formes légales, alors que la volonté des parties était tout à fait consciente ; une obligation naturelle existe à la charge du donateur ou de ses héritiers, parce que le consentement, élément essentiel, existait.

— L'*obligation civile dégénérée* : une obligation civile a existé ; pour tel ou tel motif, le législateur retire au créancier le droit d'action, par exemple en raison de la prescription ; le débiteur demeure tenu d'une obligation naturelle.

L'avènement juridique du devoir de conscience : procédant d'une vision plus large du domaine des obligations naturelles, une autre tendance élargit, en la matière, l'influence de la morale dans l'émergence de l'obligation juridique : en reconnaissant l'existence d'une obligation naturelle, les tribunaux appellent tout simplement à la vie juridique, sans passer par la technique de l'obligation civile avortée ou dégénérée, des devoirs moraux ou de conscience.

Le problème du choix entre ces conceptions est aujourd'hui largement dépassé, la jurisprudence étant nettement favorable à la tendance qui fonde l'obligation naturelle sur le devoir moral. Au reste, le devoir de

---

1. E.-H. PERREAU, Les obligations de conscience devant les tribunaux, *RTD civ.* 1913, p. 503 s. ; R. SAVATIER, *Des effets et de la sanction du devoir moral en droit positif français et devant la jurisprudence*, thèse Poitiers, 1916 ; C. THOMAS, *Essai sur les obligations naturelles en droit privé français*, thèse Montpellier, 1932 ; G. RIPERT, *La règle morale dans les obligations civiles*, 4e éd. 1949, n°s 186 s. ; J. FLOUR, *La notion d'obligation naturelle et son rôle en droit civil*, Trav. Assoc. H. CAPITANT, t. VII, 1952, p. 813 s. ; J.-J. DUPEYROUX, *Contribution à la théorie générale de l'acte à titre gratuit*, thèse Toulouse, 1955, n°s 322 s., Les obligations naturelles, la jurisprudence et le droit, *Mélanges Maury*, 1960, t. II, p. 321 s. ; M. GOBERT, *Essai sur le rôle de l'obligation naturelle*, thèse Paris, éd. 1957 ; GHESTIN ET GOUBEAUX, *Introduction générale*, n°s 667 s. ; M. ROTONDI, Quelques considérations sur le concept d'obligation naturelle et son évolution, *RTD civ.* 1979, p. 1 s.

conscience n'est pas étranger à l'exécution d'une obligation civile avortée ou dégénérée.

17 ***Cas d'obligations naturelles*** ◊ Le code civil n'a pas dressé une liste des obligations naturelles ; ce sont les tribunaux qui en ont reconnu l'existence dans un certain nombre de cas.

Lorsqu'une obligation civile préexistante a disparu dans certaines conditions, le débiteur peut être tenu d'une obligation naturelle. Il en est ainsi, notamment, lorsqu'une obligation civile a été éteinte par prescription[1]. On admet aussi que la nullité d'une obligation pour incapacité laisse subsister une obligation naturelle à la charge du débiteur[2]. Il en va de même lorsque les héritiers d'une personne acceptent d'exécuter un legs verbal, par conséquent nul en la forme[3].

L'on a pu être tenté de rapprocher de la théorie de l'obligation naturelle, les dispositions des articles 1965 et 1967 du code civil aux termes desquels la loi n'accorde aucune action pour une dette du jeu ou pour le payement d'un pari, le perdant ne pouvant répéter ce qu'il a volontairement payé, à moins qu'il n'y ait eu, de la part du gagnant, dol, supercherie ou escroquerie[4]. La privation de l'action en justice, qui atteint, suivant les cas, le gagnant, s'il n'a pas été payé, ou le perdant, s'il a payé, s'explique historiquement par la défaveur manifestée par le droit positif à propos des jeux de hasard, considérés comme présentant un caractère immoral. Ce n'est pas l'idée d'obligation naturelle qui inspire ces solutions, mais l'idée de sanction, que l'on retrouve dans la théorie générale des obligations, lorsqu'une personne ne peut agir en justice en raison de sa propre turpitude (*nemo auditur propriam turpitudinem suam allegans*)[5]. La coexistence de la position traditionnelle avec l'autorisation des casinos, et l'organisation de la Loterie nationale, du tiercé et autres inventions d'ordre ludique, n'a pas été sans soulever des difficultés et appeler un cantonnement du refus de l'action en justice, liée au recul du reproche d'immoralité attaché aux jeux de hasard. Reste que c'est l'immoral et non le moral qui explique en la matière les solutions nuancées du droit positif[6].

Le devoir moral ou devoir de conscience fonde au contraire l'exis-

---

1. Req. 17 janv. 1938, D.P. 1940, 1, 57, note Chevallier.
2. Civ. 9 mars 1896, D.P. 1896, 1, 391.
3. Civ. 1re, 27 déc. 1963, *Bull. civ.* I, n° 573.
4. V. Huguette Mayer, Jeux et exception de jeu, JCP 1984, I, 3141.
5. V. *Les obligations*, n° 334.
6. La demande en remboursement d'un chèque sans provision formée par un casino ne peut être rejetée au motif que la dette du tireur était une dette de jeu pour laquelle la loi n'accorde aucune action (Cass. ch. mixte, 14 mars 1980, *Gaz. Pal.* 1980, 1, 290, concl. Robin). L'autorisation et la réglementation d'un casino par les pouvoirs publics empêchent le client de se prévaloir de l'article 1965, sauf s'il est établi que la dette correspond à des avances destinées à alimenter les besoins du jeu (Civ. 1re, 31 janv. 1984, D. 1985, 40, note Diener) ; mais cette dernière restriction, retenue s'il s'agit du contrat de prêt, ne s'applique pas aux « accords de commodité », par exemple à l'accord conclu entre le caissier et le client, permettant à celui-ci de n'établir, en fin de soirée, qu'un chèque global, plutôt que des chèques successifs chaque fois qu'il va chercher des jetons (Civ. 1re, 3 mai 1988, *Bull. civ.* I, n° 124, *RTD civ.* 1988, 732, obs. J. Mestre).

tence d'obligations naturelles même dans des cas où il n'y a pas d'obligation civile préexistante. Ainsi est-ce un devoir de conscience de réparer le dommage que l'on a causé par son fait même si les conditions de l'action civile en responsabilité ne sont pas remplies, par exemple en cas de rupture non dolosive d'un concubinage[1]. Les tribunaux ont aussi érigé en obligations naturelles les devoirs nés des relations de famille qui n'ont pas reçu la sanction de la loi. Ainsi en est-il de l'obligation naturelle alimentaire reconnue, à défaut d'obligation civile, entre frères et sœurs[2] ou de l'obligation naturelle de secours entre époux après divorce[3].

18 *Effets des obligations naturelles* ◊ Les effets des obligations naturelles se manifestent essentiellement à deux points de vue :

1) L'obligation naturelle, dont l'exécution ne peut être exigée par une action en justice, peut être exécutée volontairement. Lorsque le débiteur de l'obligation naturelle procède à une telle exécution, deux conséquences en découlent :

a) *Le paiement est valable :* Le débiteur ne peut revenir sur le paiement qu'il a fait, agir en restitution, en prétendant qu'il a payé ce qu'il ne devait pas. Certes, le paiement qui a été fait par une personne qui ne devait rien peut faire l'objet d'une action en restitution ; mais la loi considère que le paiement d'une obligation naturelle est dû, encore que la dette ne fût pas exigible ; aussi l'article 1235, alinéa 2, du code civil exclut dans ce cas l'action en répétition. Mais le texte suppose que le paiement a été fait volontairement, c'est-à-dire en connaissance de cause ; si le débiteur qui a payé croyait être tenu civilement, il pourrait agir en restitution, l'exécution de l'obligation naturelle ne pouvant être que volontaire.

b) *Le paiement de l'obligation naturelle ne sera pas considéré en principe comme une libéralité.* A la différence de la libéralité qui suppose la spontanéité, rien n'obligeant l'auteur d'une libéralité à consentir la donation ou le legs, l'exécution de l'obligation naturelle est motivée par une obligation préexistante, encore qu'elle ne fût point exigible : le débiteur qui a payé se sentait tenu par sa conscience ; il n'exécute donc pas une libéralité. C'est pourquoi on n'appliquera pas au paiement de l'obligation naturelle les règles des libéralités, ni les règles de forme auxquelles les donations et les legs sont soumis, ni les règles de fond — rapport et réduction — concernant la protection du patrimoine familial.

1. Civ. 1re, 29 mai 1956, *Bull. civ.* I, n° 211, *Gaz. Pal.* 1956, 2, 83 ; Lyon 18 déc. 1973, D. 1974, Somm. 73. — Si le concubinage s'est accompagné d'une faute, à son origine (séduction dolosive) ou ultérieurement, notamment lors de sa rupture, il y aurait alors une *obligation civile*, sur le fondement de l'article 1382 c. civ. (Civ. 1re, 30 nov. 1959, *Bull. civ.* I, n° 503, *Gaz. Pal.* 1960, 1, 260).
2. Paris, 25 avril 1932, D.H. 1932, Somm. 26. — La même solution a été admise dans les rapports entre alliés (Req. 10 janv. 1905, D.P. 1905, 1, 47).
3. Civ. 2e, 25 janv. 1984, D. 1984, 442, note PHILIPPE, JCP 1986, II, 20540, note BATTEUR, *Bull. civ.* II, n° 13 ; 9 mai 1988, *Bull. civ.* II, n° 111. — L'admission de cette obligation naturelle est très utile pour l'ancien conjoint qui a négligé de faire la demande d'un secours lors du divorce ou même qui a été débouté de sa demande de prestation compensatoire (Civ. 2e, 9 mai 1988, préc.).

2) Si le débiteur de l'obligation naturelle, sans l'acquitter immédiatement, s'engage simplement à le faire, cette promesse est considérée comme valable et engage civilement son auteur. C'est ce que l'on exprime ordinairement en parlant de la « novation » de l'obligation naturelle en obligation civile ; à partir de là, le créancier pourra en exiger le paiement en justice ; mais dans une autre opinion, on considère que l'engagement pris par le débiteur de l'obligation naturelle fait naître à sa charge une obligation civile valable, distincte de l'obligation naturelle, née de l'engagement d'exécuter.

Quelle que soit la qualification qu'on lui donne, la promesse d'exécuter une obligation naturelle est un acte juridique qui doit être prouvé selon les modes de preuve de droit commun des actes juridiques (*infra*, n°s 515 s.), c'est-à-dire au-dessus de 5 000 francs, par écrit, ou tout au moins avec un commencement de preuve par écrit rendant admissibles les témoignages ou présomptions, sauf s'il a été matériellement ou moralement impossible au créancier d'exiger la preuve écrite d'une telle promesse.

B   DROIT ET LOGIQUE

19   *Généralités* ◊ Ainsi, parce qu'il se manifeste par des normes de conduite, le droit suscite une recherche des différences, voire des interférences existant entre lui et des sciences normatives. On vient de voir qu'entre le droit et la morale (ou l'éthique pour être plus exact, aux yeux de beaucoup), les relations sont étroites (*supra*, n°s 10 s.).

Quand on s'emploie à discerner les critères du juridique, à cerner le droit, il n'est pas non plus inutile d'établir une comparaison entre règles de droit et règles de logique.

L'histoire de la logique mathématique révèle l'existence de trois phases. D'abord la phase de la mise en forme *déductive*, plus précisément de la formulation euclidienne des éléments de géométrie, qui a servi de modèle d'organisation logique et a longtemps manifesté l'existence d'une grande parenté entre la démarche des mathématiciens et celle des « jurisconsultes des Pandectes ». Sur ce point, notamment, l'approche de Leibniz est significative. Mais, à partir du XIXe siècle, la logique mathématique a franchi de nouvelles étapes : phase axiomatique, puis phase symbolique.

Or le droit et sa logique n'ont pu suivre le mouvement, ce qui facilite la distinction des règles de droit et des règles de logique. Tout au plus peut-on estimer que la logique juridique a fait siens certains apports de la démarche axiomatique (Sur la logique juridique, v. *infra*, n° 393).

C   DROIT ET ESTHÉTIQUE

20   *Généralités* ◊ Entre le droit et l'*esthétique*, ou science du beau, les relations sont minces, bien que le droit protège les arts et les lettres, qu'il ne répugne pas nécessairement à user de l'art poétique pour s'exprimer[1] et que d'aucuns s'efforcent de dégager des correspondances entre les systèmes juridiques et les formes artistiques d'une même civilisation ou d'une même société globale, qu'il s'agisse par exemple de l'aménagement des jardins[2] ou de l'évolution du roman, du gothique ou du baroque[3]. Une recherche d'un critère du droit qui fait référence à une autre instance dit de toute façon quelque chose de ce qui constitue le droit.

L'on ne peut alors s'empêcher de formuler l'hypothèse suivante qui se situe dans les relations entre l'art et le droit. On dit volontiers que, si le droit est une science, il est aussi un *art* (de l'élaboration de la règle, de son application, de sa réalisation, v. *infra*, n°s 360 s.); mais ce mot est alors entendu au sens de *pratique*. Or il y a autre chose, car l'on ne peut se contenter de réduire le juridique à une pratique, ni se satisfaire d'une conception pragmatique du droit.

Semblable attitude omettrait de prendre en considération la tension interne du droit, qui est porté vers l'absolu. Tension qui se traduit par l'emprunt de ce qu'on pourrait appeler la (une) belle forme, au sens de l'idée platonicienne. D'où une corrélation insuffisamment analysée entre le droit et la poésie. Il en fut autrement dans le passé, par exemple à l'époque de la Renaissance[4]. Ce n'est pas un hasard si l'on constate alors de révélatrices interférences de l'esthétique et du droit et si l'on observe que, lorsque l'on s'interrogea sur la nécessité, pour l'art, d'imiter la nature, l'on se servit, en esthétique, des préceptes des juristes, dont la pensée avait été inspirée par Aristote. Oui, l'art devait, a-t-on dit alors, inspirer la nature. Tout comme le droit, ajoutait-on, qui au sujet de l'adoption imite la nature en ne permettant pas que l'adoptant soit plus jeune que l'adopté. Si la législation est un art imitant la nature, c'est parce qu'elle imite la loi naturelle.

§ 2 ─────────────────────────────

DROIT ET SCIENCES POSITIVES

21 *Distinction* ◊ Les sciences positives sont si nombreuses qu'on ne saurait

---

1. Sur « la magie du poète ou du musicien » et sur son rôle dans le prestige du législateur, au temps des cités grecques, V. J. CARBONNIER, *A beau mentir qui vient de loin ou le mythe du législateur étranger, Essais sur les lois*, 1979, p. 194; rappr. en droit hindou, sur les *dharmasastras* écrits en vers (ex. : lois de Manou), R. DAVID et C. JAUFFRET-SPINOSI, *Les grands systèmes de droit contemporains*, 9e éd., 1988, n°s 448 s.; Rappr. P. OURLIAC, *Troubadours et juristes, Cahiers de civilisation médiévale*, 1965, p. 159 s. ; G. VICO, *Origine de la poésie et du droit, De constantia jurisprudentis*, éd. franç. 1983.

2. A la française, à l'anglaise, à la japonaise... : V. Y. NODA, *Introduction au droit japonais*, 1966, p. 181.

3. Sur les analyses de Geiger, à ce sujet, v. H.E. ROHRER, *La sociologie juridique de Théodore Geiger*, thèse ronéot. Paris II, 1971, p. 65.

4. V. ERNST KANTOROWICZ, *La souveraineté de l'artiste, Note sur les maximes juridiques et les théories esthétiques de la Renaissance*, trad. franç., Rev. *Poésie*, n° 18, 1981, p. 3 s. ; VICO, *op. cit.*

traiter précisément de toutes[1]. Cela ne dispense pas de les évoquer en distinguant au moins les sciences de l'homme et les sciences de la vie.

$\boxed{A}$ DROIT ET SCIENCES DE L'HOMME

22   *Sciences de l'homme* ◊ On verra plus loin en quoi certaines sciences de l'homme peuvent, au droit, servir d'auxiliaires (*infra*, n°s 388 s.). Ici l'approche est plus immédiate, qu'il s'agisse du politique ou du social.

23   *1° Droit et politique* ◊ A l'évidence, cet intitulé couvre une matière immense. La place laissée au discours introductif ne s'y prête guère. On voudrait simplement indiquer deux lignes de réflexion.

a) Envisageant le droit comme un ensemble de règles régissant le groupe social, et la politique comme étant surtout l'expression et l'action du Pouvoir — plus spécialement celles des autorités étatiques —, l'on observe que l'étude des *relations entre droit et politique* est souvent délaissée par les auteurs d'introductions à l'étude du droit. C'est ailleurs, de préférence dans des ouvrages de sociologie politique ou de droit constitutionnel qu'il convient de s'instruire, si l'on est curieux[2].

Il faut bien convenir que la matière est délicate et qu'il est difficile, à ce propos, d'atteindre à l'objectivité scientifique. Pour ceux qui adhèrent aux doctrines marxistes, le chemin, il est vrai, est relativement tracé : ils doivent estimer, plus ou moins, que le droit et la politique se trouvent subordonnés à une réalité fondamentale, l'« infrastructure économique » (V. *infra*, n° 143). Pour les autres, deux chemins sont ouverts, sans doute différents, mais qui coexistent le plus souvent au sein d'un même système juridique. L'un porte à considérer que la *politique est subordonnée au droit*, ce qui est confirmé par la détermination juridique des compétences de l'Etat, des formes de l'action politique, voire de certaines finalités, mais ce qui est contredit par l'étendue de la liberté d'action laissée au Pouvoir, si ce n'est par des politiques contraires au droit. L'autre voie incline à estimer que, s'appliquant « à une matière qui est souvent neutre à l'égard des principes »[3], le *droit est, parmi d'autres, un instrument de la politique*. L'histoire des institutions juridiques est probablement celle de la cohabitation difficile de ces deux tendances. On y reviendra nécessairement en allant à la recherche du fondement du droit (*infra*, n°s 131 s.).

b) Il est probable qu'au temps de la cité antique, la recherche de l'*essence du politique* et la recherche de l'essence du juridique aient pu

---

1. V. P. AMSELEK, *Lois juridiques et lois scientifiques*, Rev. *Droits*, n° 6-1987, p. 131 s. ; VITTORIO VILLA, *La science du droit*, trad. franç. 1991.
2. V. *Le Droit investi par la Politique*, Arch. phil. droit 1971.
3. H. BATIFFOL, *Problèmes de frontières : Droit et politique*, in Arch. phil. droit préc., p. 6 ; v. aussi J. DABIN, Droit et politique, *Mélanges Savatier*, 1965, p. 183 s. ; C. DEBBASH et J. M. PONTIER, *Introduction à la politique*, *Précis Dalloz*, 1991.

mener vers un but commun. Depuis longtemps, il en va autrement. La politique instaure des relations originales que la phénoménologie distingue de celles que connaît le juridique : ainsi a-t-on soutenu que les relations d'ami ou d'ennemi relèvent du politique et sont étrangères au juridique[1]. Le fait est que l'essence du politique et l'essence du juridique sont différentes. En effet, l'on peut considérer que la politique est « l'activité sociale qui se propose d'assurer par la force, généralement fondée sur le droit, la sécurité extérieure et la concorde intérieure d'une unité politique particulière en garantissant l'ordre au milieu de luttes qui naissent de la diversité et de la divergence des opinions et des intérêts »[2].

De ces observations, on ne saurait évidemment déduire que le droit soit sans relation avec le politique (v., à ce sujet, *infra*, n°s 132 s.).

24 *2° Règles de droit et comportements sociaux* ◊ Le droit tendant à régir la vie des hommes en société, il est naturel qu'il existe des relations étroites et nombreuses entre les données sociales et les règles juridiques : le social influence le juridique, le fait évoluer ; le juridique influence le social. Il y a entre eux une dialectique qui se manifeste de diverses manières, paisibles ou brutales, par évolution ou par révolution.

Reste que toutes les normes qui gouvernent la vie des hommes en société, dans une société globale donnée, ne sont pas toutes des règles de droit. Il en est de nombreuses qui relèvent de ce qu'on appelle, dans l'ordre des comportements découlant d'une certaine contrainte sociale, le social non juridique. Surtout préoccupée pendant des siècles par la distinction, souvent difficile, du droit et de la morale, ainsi que du droit et de la religion, la pensée juridique a généralement attendu une époque assez récente pour essayer de discerner, en quelque sorte sur un autre versant du droit, ce qui distingue ou peut distinguer, parmi les règles nées de la vie en société, celles qui sont juridiques et celles qui ne le sont pas.

Il n'est pourtant pas douteux qu'outre les règles de droit, d'autres règles sociales entourent et gouvernent — avec plus ou moins de force — la vie des hommes : ainsi en est-il des usages de bienséance, d'éducation et de politesse auxquels il est habituel de se conformer[3]. Ce sont, dit-on traditionnellement, des règles de mœurs, liées aux comportements des hommes et à la pression du groupe, demeurant en dehors du domaine du droit, ou ayant cessé d'être sous l'empire de celui-ci. Affinant les catégories, les sociologues américains distinguent, parmi elles, les *folkways*, c'est-à-dire les manières de vivre du groupe — manières de s'habiller[4], de

---

1. A. KOJÈVE, *Esquisse d'une phénoménologie du droit*, trad. franç. 1981, spéc. p. 188 s.
2. J. FREUND, *L'essence du politique*, 1965, 3e tirage 1981, p. 750. — Comp. *Droit et politique*, Rev. *Esprit*, mars 1980 ; O. HÖFFE, *La justice politique*, trad. franç., PUF, 1991.
3. V. E.H. PERREAU, Courtoisie, complaisances et usages non obligatoires devant la jurisprudence, *RTD civ.* 1914, p. 481 s. ; A. VIANDIER, La complaisance, JCP 1980, I, 2987 ; MARIE SANDRINE GIRAUDET, *Le « service d'amis » en droit civil français*, thèse ronéot. Paris II, 1990 ; rappr. Civ. 1re, 5 juill. 1960, D. 1960, 709, *RTD civ.* 1961, 153, obs. CARBONNIER (*De l'incendie du bois où des scouts campaient*). — V. aussi les obs. de J. MESTRE, *RTD civ.* 1987, p. 532 s.
4. Encore faut-il aussitôt souligner que la manière de s'habiller n'est pas nécessairement étrangère au droit (v. CARBONNIER, *La révélation chrétienne et le droit*, Ann. Fac. Strasbourg, t. IX, 1961, p. 119 ; v., en sémiologie juridique, sur l'attribut vestimentaire, GRIDEL, *Le signe et le droit*, thèse Paris II, éd. 1979, p. 137 s.). Les controverses naguère suscitées par le port du foulard

se nourrir, de se saluer... — et les *mores* (ou mœurs au sens plus étroit du mot), qui correspondent à des comportements plus proches de ceux qu'appréhende habituellement le droit (ex. : obligation pour le séducteur d'épouser la fille séduite) ; en ne s'y conformant pas, l'individu peut assez souvent causer un préjudice à autrui, mais c'est d'autres règles que celles assumées par le droit que résulte la contrainte sociale.

Parmi ces règles, il en est dont les ressemblances avec les règles de droit sont difficilement niables : ce sont celles qui concernent l'*honneur* : du côté du droit, on trouve notamment la sanction des atteintes à l'honneur, spécialement au titre de la diffamation par voie de presse (L. 29 juil. 1881, art. 29, al. 1er) ; hors du droit, et même contre le droit, on ne peut manquer d'évoquer les codes de déontologie professionnelle et les codes de l'honneur dont l'importance s'est notamment manifestée au sujet du duel[1]. — Sur les engagements d'honneur, v. *supra*, n° 14.

La genèse de la règle de conduite et son émergence dans le plan du droit ont suscité aussi des doutes en certains domaines, par exemple en droit international public dans les rapports entre les Etats[2]. On a notamment affirmé l'existence, en cette matière, de règles de *soft law*[3]. Et cette analyse ne semble pas avoir été, pour certains, étrangère à l'Acte final de la Conférence sur la Sécurité et la Coopération en Europe conclu à Helsinki le 1er août 1975.

Ressenties ou non par lui, beaucoup de règles autres que des règles de droit encadrent la vie de l'homme en société. Issues de la *culture*, et non de la *nature*, elles sont fort diverses : on y trouve notamment les techniques du travail, les précautions d'hygiène, les exigences du langage, de la grammaire et de la syntaxe, les « stéréotypes de gestes »[4].

Ce pluralisme des normes de comportement complique la distinction des règles de droit et des autres règles sociales, du droit et d'autres ordres normatifs de caractère social[5]. Et cette distinction est d'autant plus malai-

---

islamique dans les établissements scolaires en France illustrent cette observation (v. not. Laïcité scolaire et signes d'appartenance religieuse, Sur l'avis du Conseil d'Etat en date du 27 nov. 1989, J. RIVERO et C. DURAND-PRINBORGNE : La « circulaire Jospin » du 12 déc. 1989, *Rev. fr. dr. adm.* 1990, p. 1 s. ; J. MINOT, Droits de l'homme et neutralité de l'Etat, A propos de l'affaire du foulard, *Rev. adm.* 1990, p. 32 s.).

1. V. B. BEIGNIER, *L'honneur et le droit*, thèse ronéot. Paris II, 1991. — V. aussi not. CROABRON, *La science du point d'honneur. Commentaire raisonné sur l'offense, le duel, ses usages et sa législation en Europe, La responsabilité civile, pénale, religieuse des adversaires et des témoins*, Paris 1894.

2. V. J. COMBACAU, Sur une définition restrictive du droit. Dialogue sans issue, *Mélanges Burdeau*, 1977, p. 1033 s. ; v. aussi l'intéressant article de KRYSTYNA MAREK, Contribution au débat sur les textes internationaux de nature incertaine : le cas de la Sainte-Alliance, *Mélanges Perrin*, 1984, p. 213 et s.

3. V. not. *Aspects du droit international économique*, Colloque Orléans 1971, éd. 1972, spéc. le rapport de P. WEIL, p. 1 s. ; *L'élaboration du droit international public*, Colloque Toulouse 1974, éd. 1975, spéc. le rapport de R.-J. DUPUY, p. 132 : *Droit déclaratoire et droit programmatoire : de la coutume sauvage à la « soft law »*.

4. V. CARBONNIER, *Sociologie juridique, op. cit.*, p. 185.

5. Y compris des règles de jeu, des règles de sport, etc. : v. J. HUIZINGA, *Homo ludens, Essai sur la fonction sociale du jeu*, 1938, trad. franç. 1951, spéc. le chap. IV : Jeu et juridictions ; v. aussi, parmi les études suscitées par les relations entre le droit et le sport, J.-P. KARAQUILLO, Les normes des communautés sportives et le droit étatique, D. 1990, chron. 83 s. ; G. SIMON, *Puissance sportive et ordre juridique étatique*, 1990.

sée que la règle de droit, en raison de sa plasticité, peut, selon les circonstances, les lieux et les époques[1], régir ces comportements ou laisser à d'autres types de règles la mission de les gouverner[2]. Cette plasticité et cette mobilité de la règle de droit conduisent à poser les termes de la distinction dans l'actuel ou le virtuel.

B | DROIT ET SCIENCES DE LA VIE

25 *Sciences de la vie* ◊ Les progrès scientifiques ont évidemment influencé, de tout temps, le cours du droit : ainsi n'a-t-il pas été insensible à l'invention de l'imprimerie. Et puis celle de la machine à vapeur a engendré la société industrielle ; elle fut source de progrès, mais aussi de morts et de blessures. A la fin du XIXe siècle, en 1898, il fallut donc une loi spéciale sur les accidents du travail. Peu après, l'apparition et la multiplication des automobiles, elles aussi causes d'innombrables dommages, ont appelé une prise de position du droit : pas plus qu'il n'était venu à l'esprit de lui demander d'interdire les machines à vapeur, on n'attendit de lui la condamnation de l'automobile, ni plus tard de la civilisation qu'elle a engendrée. La loi du 5 juillet 1985 a simplement construit un système protecteur des victimes (v. *infra*, n° 72). Reste que la découverte de nouvelles lois scientifiques, si elle concerne le droit en maintes circonstances, n'impose pas nécessairement un alignement des règles juridiques sur les découvertes de la science, car celles-ci peuvent être bénéfiques ou maléfiques, de sorte qu'il appartient au droit, de plus en plus souvent interpellé, de prendre position.

Les fulgurants progrès des sciences de la vie — qu'il s'agisse de la médecine, de la biologie ou de la génétique — ont aussi, au sujet notamment de l'expérimentation médicale (L. 23 déc. 1988), des procréations artificielles ou des manipulations génétiques, renouvelé une réflexion fondamentale sur les relations entre les comportements humains et les normes juridiques. Au carrefour de beaucoup de courants de la pensée, souvent sous le couvert de ce qu'on a appelé « éthique »[3], un droit plus ou moins latent, imparfait, a eu tendance à s'exprimer[4].

---

1. Rappr., sur le port de la moustache par les avocats, Req. 6 août 1844, S. 1844, 1, 578, concl. DE GAUJAL.

2. Sur les relations entre les divers types de normes, juridiques ou non, et sur les « phénomènes d'internormativité », v. CARBONNIER, *Essais sur les lois*, 1979, p. 250 s. — Rappr. *Précis Dalloz, Droit canonique*, par P. VALDRINI, J. VERNAY, J.-P. DURAND et O. ECHAPPÉ, 1989. — V. aussi, sur les ordres transnationaux, P. JESTAZ, *Le droit*, éd. Dalloz, 1991, p. 46.

3. On considérait volontiers dans le passé l'éthique comme la science de la morale. Il semble qu'aujourd'hui certains pensent qu'elle est devenue la morale de la science.

4. *Génétique, procréation et droit*, Actes Sud 1985 ; J. D'ONORIO, Biologie, morale et droit, JCP 1986, I, 3261 ; J.-L. BAUDOUIN et C. LABRUSSE-RIOU, *Produire l'homme. De quel droit. Etude juridique et éthique des procréations artificielles*, 1987 ; F. TERRÉ, *L'enfant de l'esclave*, Flammarion, 1987 ; J. CHEVALLIER ET ALI, *Bioéthique et droit*, Amiens, 1988 ; MÉMETEAU, *La place des normes éthiques en droit médical*, Droit prospectif, Aix, 1988-2, 191 ; *L'homme, la nature et le droit*, par B. EDELMAN et M.-A. HERMITTE, 1988 ; D. TRUCHET, L'intervention du législateur en matière d'éthique médicale, *Mélanges Cosnard*, 1990, p. 103 s. ; Bioéthique, n° spéc. de la Rev. *Pouvoirs*, 1991, n° 56.

Et l'on voit bien alors que deux tentations guettent le droit, toutes deux contestables, toutes deux contraires à sa nature. L'une inclinerait à ignorer les données nouvelles de la science en fondant les réponses sur les seules pesanteurs de la tradition, ce qui est vain, inopportun et même dangereux. L'autre tentation, inverse, porterait à s'incliner passivement devant les exploits de la science en confondant normes scientifiques et normes juridiques, en tirant celles-ci de celles-là par la seule lecture d'un réel sans cesse renouvelé (v., en matièrc de preuve, *infra*, n°s 488 s., 494).

SECTION 2
CRITÈRES TENANT À LA FORME

26   *Distinction* ◊ Les difficultés constatées lorsque l'on s'attache à discerner, sur le terrain du fond, les critères du juridique, ne sont sans doute pas étrangères à d'autres démarches tendant à cerner le droit du côté de la forme. La forme du droit, son expression, ses signes, son langage... tout cela est évidemment révélateur. A ce courant de pensée se rattache notamment la construction de Kelsen, sa « théorie pure du droit » (v. *infra*, n° 140).

On se bornera ici à signaler deux lignes de réflexion.

§1
CRITÈRES TENANT À LA RÈGLE

27   *L'existence d'une sanction* ◊ Il est commode, il est même courant d'affirmer que le propre de la règle de droit est d'être une règle sanctionnée par l'autorité étatique[1]. Dans la plupart des circonstances de la vie juridique, on peut s'en contenter. Le fait qu'il existe une zone immense, souvcnt incommensurable, d'application non contentieuse de la règle de droit ne dément pas l'analyse ; il suffit d'observer que l'application éventuelle d'une sanction peut expliquer, théoriquement ou pratiquement, les comportements dociles ou paisibles. Et cela suffit pour que la sanction par l'autorité étatique apparaisse comme inhérente à la règle de droit.

L'analyse, pourtant, ne convainc pas. Laissons même ici de côté le fait que nombre de domaines régis par des règles de droit, spécialement coutumières, relèvent d'ensembles qu'il est difficile de qualifier d'*étatiques*, au sens que la modernité a donné au concept d'Etat.

Ce qui est beaucoup plus décisif, c'est le vice sur lequel repose ce

---

1. V., à ce sujet, P. JESTAZ, La sanction ou l'inconnue du droit, D. 1986, chron. 197 s. — V. aussi, J. RIVERO, Sur l'effet dissuasif de la sanction juridique, *Mélanges Raynaud*, 1985, p. 675 s. — Comp., dans le sens du rejet d'une conception « déontique » généralement partagée, A. JEAMMAUD, La règle de droit comme modèle, D. 1990, chron. 199 s.

raisonnement ; si la sanction étatique est le critère de la règle de droit, il y a renversement de l'ordre logique des facteurs du raisonnement qui aboutit à une tautologie qu'une question des plus simples est propre à mettre en évidence : puisqu'il s'agit de critère du juridique, la question est de savoir dans quels domaines, dans quelles circonstances, dans quelles conditions, une conduite sociale est sanctionnée par l'autorité étatique ou est de nature à être sanctionnée par cette autorité. En d'autres termes, une conduite juridique n'est pas telle par la vertu de l'autorité étatique, disons même plus largement de l'autorité publique — ce peut ne pas être l'Etat —, mais elle est sanctionnée par l'autorité étatique — si d'ailleurs celle-ci le juge nécessaire — parce qu'elle est une conduite juridique (ou juridicisable).

D'ailleurs, entre les conduites relevant du non-droit et celles qui dépendent de la sanction de l'autorité étatique, il y a des situations intermédiaires, sans doute juridiques, mais dans une large mesure à l'abri des sanctions étatiques. Ainsi en est-il en cas d'*obligation naturelle*. L'*obligation civile* donne prise à la contrainte étatique ; si le débiteur n'exécute pas volontairement, il peut y être contraint par la force. A cet égard le *devoir moral* s'oppose à l'obligation juridique : il lui manque précisément la contrainte étatique. Mais entre les deux notions, il existe une catégorie intermédiaire, celle des obligations « naturelles » par opposition aux obligations dites « civiles ». L'obligation naturelle n'est pas susceptible d'exécution forcée, ce en quoi elle ressemble au devoir moral. Mais si le débiteur de l'obligation naturelle l'exécute volontairement et en connaissance de cause, il est censé exécuter une obligation reconnue par le droit, il fait un paiement, et non une libéralité, ce qui situe l'obligation naturelle sur le même plan que l'obligation civile (*supra*, n°s 15 s).

Pour échapper aux objections précédemment évoquées, on est tenté d'élargir la notion de contrainte, en tenant compte, pour situer le droit, d'autres contraintes que la contrainte étatique, juridicisée, judiciarisée. A quoi l'on répond aussitôt que la contrainte n'est pas propre à l'ordre juridique. Et si, s'attachant davantage à la structure de la règle, l'on estime, après Kant, que les normes juridiques sont des *impératifs hypothétiques*, distincts en cela des normes morales ou des *impératifs catégoriques*, l'on s'expose à maintes objections, tenant principalement au fait que toute norme peut emprunter la forme d'une proposition conditionnelle ou inconditionnelle.

28   *Faillite du normativisme* ◊ En quête d'une détermination du juridique, on a soutenu, d'un point de vue phénoménologique, que les instruments juridiques constitueraient, en leur qualité d'instruments de jugement, des modèles auxquels les objets doivent être conformes ; de là se dégagerait une « obligatoriété » sans lien substantiel avec le contenu des propositions juridiques. En d'autres termes, si l'homme se conforme aux exigences du droit, ce serait pour des raisons étrangères au contenu du droit. A quoi l'on objectera qu'une telle évaporation du contenu du droit ne débouche tout de même pas sur une définition du droit. On ne fait que décrire, qu'expliquer ce qui pousse à s'y conformer, à se conformer. Autant dire qu'on laisse la porte ouverte.

Le vice de cette démarche tient, à notre avis, à l'évacuation radicale des finalités, voire des fonctions du droit. Qu'on le veuille ou non, elle porte le positivisme à son point extrême. On ne peut pas rendre compte du droit par la seule analyse de sa positivité, sans tenir compte de ses finalités et de sa fonction médiatrice. Là est, on y reviendra (*infra*, n° 145), l'erreur des positivistes : exaltant le positivisme, ramenant le droit à ce qui est posé et discernant l'armature de sa position comme critère du juridique, la « théorie pure du droit » est même porteuse de totalitarisme. Ainsi que l'observe si bien M. Julien Freund, « la doctrine Kelsénienne érige la positivité en une autonomie métaphysique du droit, au mépris de toutes les observations scientifiques établies par la sociologie, la politologie, l'histoire et en général les sciences sociales »[1].

§ 2

CRITÈRE TENANT AU JUGEMENT

29 *Juridicité et justiciabilité* ◊ Surtout à notre époque, une autre voie a été suivie. Elle tend à opérer une distinction entre le juridique et le social non juridique. Inspirée par les études de Kantorowicz, une sociologie juridique met en évidence le critère de la juridicité à l'aide de l'idée de justiciabilité[2]. Le doyen Carbonnier est séduit par la référence à la mise en question, seules les règles pouvant donner lieu à un jugement étant ou pouvant être juridiques[3]. À quoi l'on est porté à objecter que tout, en réalité, peut être mis en jugement[4]. On est tenté de le penser en relisant quelque discours de Bergson sur la politesse. De manière plus philosophique, Kojève a approfondi une analyse voisine : il y a, d'après lui, un plaisir de juger qui est spécifiquement juridique ; on ne le comprend pas si on nie l'existence d'une attitude juridique autonome fondée sur l'idée de justice ; et il en découle la référence essentielle, discriminante, à l'existence, possible ou réelle, d'un « tiers impartial et désintéressé »[5]. Tandis que la relation morale serait solitaire et que la relation religieuse mettrait en rapport deux personnes — l'homme et la divinité —, la relation juridique serait triangulaire, en raison de la présence d'un juge. Elle serait, en outre, propre à marquer une autre séparation radicale, car l'intérêt poussant l'homme à adopter le comportement du tiers impartial et désintéressé n'aurait rien de commun avec les autres intérêts qui le portent à agir, spécialement dans l'ordre de l'économie ou de la politique. Inspirée par la pensée hégélienne, cette construction, de type behaviouriste, est séduisante ; mais, elle exagère le rôle du jugement.

1. *Politique et impolitique*, par J. FREUND, spéc. p. 283 s., p. 289.
2. H. KANTOROWICZ, *The definition of law*, 1958, p. 78.
3. V. CARBONNIER, *Sociologie juridique*, 1978, p. 192.
4. V. cep., au sujet de l'affaire *Branly*, J. CARBONNIER, Le silence et la gloire, D. 1951, chron. 119 s. et, au sujet de l'affaire *Faurisson*, Trib. gr. inst. Paris 8 juil. 1981, D. 1982, 59, note EDELMAN ; v. L. 13 juil. 1990, art. 9.
5. *Esquisse d'une phénoménologie du droit*, éd. Gallimard, 1981, spéc. p. 188 s.

Force est quand même d'admettre qu'il n'existe peut-être aucun comportement social qui ne puisse donner lieu à l'intervention d'un juge, d'un « tiers impartial et désintéressé ». Ainsi le veut sans doute la plasticité du droit, ainsi que sa fonction médiatrice.

SECTION 3
LA MÉDIATION ENTRE LE JUSTE ET LE SAGE

30 *Une médiation nécessaire* ◊ Au sommet de la pyramide qui le symbolise, le droit est[1]. Il est dans la valeur même qui le fonde partout et l'a toujours fondé. Quand on usait ici d'adjectifs, le droit c'était le juste. Relation maintenue de préférence entre substantifs : le droit est d'abord justice. Mais il n'est pas seulement justice. Le droit n'est pas un corps simple, car il est à l'image de l'homme[2].

Son ambivalence tient à ce qu'il tend à satisfaire à la fois le juste et le sage. Voilà pourquoi le philosophe grec voulait réserver aux sages la mission de dire les lois de la cité et de gouverner celle-ci : parce que le sage était le médiateur prédestiné et que le droit était le mode naturel et désigné d'une médiation nécessaire. De là son ambivalence irréductible. Une ambivalence inhérente à l'homme lui-même, et issue de la division de l'androgyne. Une ambivalence sans la conscience de laquelle toute définition du droit est irrémédiablement parcellaire, donc fausse.

31 *L'ambivalence du droit* ◊ Le droit est médiation entre le juste et le sage, car il est articulation de l'individuel et du social. Son universalité dans toutes les sociétés humaines, quel qu'en puisse être le degré d'évolution, n'exclut pas son ambivalence et devrait permettre d'accorder deux explications différentes de ses origines.

Les anthropologues, à ce sujet, s'opposent stérilement. Les uns pensent que le droit est né du culte des morts, ce qui renvoie à l'esprit des morts, au respect des ancêtres détenteurs d'une tradition orale, à cette soif d'immortalité qui inspire le comportement des vivants (sur l'anthropologie juridique, v. *infra*, n° 392).

En composant des codes, en faisant des lois, le mortel se veut immortel, l'homme veut se survivre par et dans la société. En quoi le droit est, forme et fond mêlés, un testament. Leibniz a relié le testament à l'immor-

---

1. Sur le recours à la fonction de médiation, v. les analyses si pénétrantes de J. FREUND, *op. cit.*, p. 285 s., spéc. p. 285 : « Le droit est la dialectique entre le politique et l'éthique... En tant que le droit est médiation, et de ce fait objet d'une dialectique, il n'est pas une essence, c'est-à-dire il n'y a pas de substance du droit, ou encore il est d'ordre relationnel. » Et p. 286 : « S'il y a une essence *du* droit au sens phénoménologique, il n'est pas une essence au sens ontologique. »
2. V. Rev. *Droits*, n° 11-1990, spéc. p. 63 s.

talité de l'âme. En ce qu'il est un testament, le droit est, lui aussi, volonté d'immortalité, si implicites que puissent être ses manifestations ou ses révélations. Le comportement du prophète ou du prince, du seul fait qu'il est ou devient un modèle, tire de cette abstraction ce qui est de nature à en faire une prescription pour le futur, à le muer en droit.

A quoi d'autres anthropologues opposent une autre démarche, non plus verticale, mais horizontale : le droit ne serait pas né du culte des morts; il serait issu de l'échange, certains disent même du tabou de l'inceste, structure élémentaire. Et l'on trouverait aisément, dans l'univers du juridique, de quoi nourrir cette explication fondamentale. En ce qu'il est médiation du juste et du sage, le droit tend à concilier les aspirations au juste avec les exigences du social et les mouvements alternés qui tendent à l'ordre et au désordre. Voilà pourquoi les analyses opposées de ceux qui croient au culte des morts et de ceux qui croient à l'échange ne sont pas contradictoires, mais complémentaires. Ainsi le veut l'ambivalence du droit.

32   *L'insertion des valeurs* ◊ A mesure que l'on descend les degrés de la pyramide, cette ambivalence persistante ne facilite guère la tâche des amateurs de définitions. Car le droit n'est pas seulement dans les valeurs qui l'inaugurent, l'inspirent et le fondent. Il est aussi, toujours médiateur entre le juste et le sage, dans l'insertion des valeurs, modèles ou exemples en termes de droit. La faillite de tous les positivismes juridiques réside dans cette tautologie que leurs tenants se cachent à eux-mêmes. Nécessairement, inéluctablement, le droit ne se ramène pas aux règles ou aux solutions qui le révèlent. Pas plus qu'il ne se borne aux valeurs supérieures de justice et de sagesse. Entre les unes et les autres, le droit est aussi. A ce niveau intermédiaire opère sa puissance créatrice. D'où cette tendance immémoriale et irréductible à préciser le modèle ou le système de modèles : droit naturel classique, dans l'Antiquité, droit naturel moderne, droit naturel à contenu variable... C'est encore de droit qu'il s'agit. Que des critiques successives, liées surtout au triomphe du scientisme, aient ébranlé toutes ces théories, c'est vrai. Mais cela n'a pas supprimé la nécessité de dégager, à partir de ce qui est la fonction même du droit, les valeurs et les modèles des règles et des solutions de ce qu'on appelle le droit positif. Or, qui dit positif, dit posé, donc posé à partir de ce qui le pose.

Il y a, dans toute cette œuvre de dégagement préalable des valeurs et des modèles, nécessairement entre des bornes assignées à la connaissance humaine, une action permanente de formation et de formulation du juridique. Cela est aussi du droit, appelé à évoluer en permanence, entre les axiomes qui le délimitent. Ce qu'ont découvert de prodigieuse manière au xxᵉ siècle les sciences de la matière et les sciences de la vie, il est grand temps que le droit le découvre à son tour. Car il n'échappe pas à la nécessité d'une prise de conscience du relatif et du variable. A partir de là, sa mission médiatrice repose sur une recherche spontanée tout à la fois du juste et du sage.

Là encore se manifeste son ambivalence et s'explique la faillite de toute analyse unitaire. Cette création du droit, idéal ou naturel, appelé à se transformer en droit positif, se réfère de manière primordiale au juste, ce qui appelle un consensus naturel. Mais cette référence se relie à une insertion dans le social, sagesse aidant. Or, le social génère le conflit, lequel est aussi partie intégrante du juridique. Et voici qu'à nouveau, ordre et désordre se répondent et s'alimentent. Ainsi envisagé, le droit est tour à tour consensus et conflit. Ainsi le veut son ambivalence. L'oublier, c'est s'interdire toute définition satisfaisante.

33   *Les règles, les jugements, les solutions* ◊ Mais il en irait de même si l'on évacuait la prise en considération du système de règles, de jugements, de solutions, en quoi, pour beaucoup, consiste le droit. Sans doute les ravages du positivisme ont favorisé en ce sens une vision étriquée du droit. D'où le discrédit dont il souffre à l'évidence : règles éphémères, jugements arbitraires, et pour tout dire droit confondu avec tout ce qui le révèle ou l'exprime. Alors se développe la tentation de réagir à l'extrême et d'évacuer du droit tout ce qui n'en est que la manifestation extérieure, bref d'en exclure ce qu'il est convenu d'appeler le droit positif.

Ce serait faire fausse route et répondre à un excès par l'excès contraire. Le droit est aussi un système de règles et de solutions. Il est en elles, même s'il n'est pas qu'elles. Le législateur, même le législateur de circonstance, tend à réaliser une médiation du juste et du sage, à harmoniser justice et ordre. Sa recherche consciente, voulue, tend à compléter et à modifier le système des règles. Et ce faisant, en tant qu'organe du juridique, il est à la fois l'agent de l'action du droit et l'objet de cette action.

Il en va de même du juge. Sa tâche est obligée. Il est tenu de juger, sans pouvoir se retrancher derrière le silence, l'obscurité ou l'insuffisance de la loi. Ce devoir, inscrit à l'article 4 du code civil (*infra*, n° 221), mais de portée générale, ne concerne pas seulement l'intérêt des justiciables ou même l'opinion que l'on peut émettre au sujet des lacunes du droit ou du caractère ouvert ou clos, inachevé ou achevé, du système du droit. L'obligation ainsi consacrée contribue aussi à la définition même du droit : ce devoir de juger atteste, en la personne du juge, la présence d'une donnée immédiate du droit. Qu'il le veuille ou non, si imprévues que puissent être les questions qui lui sont posées, il va devoir juger et, ce faisant, compléter et modifier sans cesse cet ensemble dont il est aussi un rouage. La jurisprudence montre qu'il lui arrive de détruire des lois, ce qui est aussi créer du droit. Et l'on voit à nouveau se manifester, par son intermédiaire obligé, l'ambivalence du droit : la nécessaire médiation du juste et du sage. Voilà d'ailleurs pourquoi toute robotisation du droit, spécialement à travers le judiciaire, est impossible, car il y a incompatibilité irréductible entre une machine et une ambivalence.

Ainsi, à tous les niveaux de la pyramide, il y a le droit. C'est pourquoi sa définition est malaisée : parce que l'on s'obstine le plus souvent à vouloir définir le tout en n'envisageant que l'une des parties, on s'expose irrémédiablement à l'échec. Echec d'autant plus fréquent qu'on néglige trop une ambivalence inhérente au droit et qui marque les échanges constants qui se produisent de haut en bas et de bas en haut dans la pyramide que l'on a tenté ici d'évoquer.

Le droit est à l'image de l'homme, entre la vie et la mort, la vie inséparable de la mort, la mort inséparable de la vie. De même que l'homme se perpétue par la procréation, de même il veut oublier ou combattre la mort par sa création permanente du droit. C'est bien pourquoi la définition de celui-ci est si difficile. Car il est cette médiation entre le juste et le sage qui, dans toute société humaine, tend à une création de modèles appelés à composer un système de règles et de solutions sans cesse recommencé.

CHAPITRE 2

LE SYSTÈME DU DROIT

34 *Le système juridique* ◊ On envisage volontiers de nos jours, par cette expression, *le droit comme système*[1]. Les interrogations qui caractérisent cette démarche et qui ont trait à la définition, à l'autonomie, aux propriétés structurales de celui-ci, se relient à un effort tendant à la compréhension de son caractère systématique. A l'évidence, la force du courant positiviste a favorisé cet axe de réflexions. Au sens courant du mot, la considération du système du droit ou la comparaison des systèmes juridiques ne date pourtant pas d'aujourd'hui.

Sinon le mot, du moins l'idée de système était connue des Grecs. La signification du terme se manifeste surtout avec les Modernes : on vise par là un ensemble de procédés méthodiquement ordonnés[2] ou encore un ensemble d'objets liés par des rapports stables : système solaire, système biologique, système social, système économique, politique, juridique. Ainsi que l'écrit Condillac, « un système n'est autre chose que la disposition des différentes parties d'un art ou d'une science dans un ordre où elles se soutiennent toutes mutuellement, et où les dernières s'expliquent par les premières. Celles qui rendent raison des autres s'appellent principes; et le système est d'autant plus parfait que les principes sont en plus petit nombre; il est même à souhaiter qu'on les réduise à un seul »[3].

Il est compréhensible que la notion de système soit, du fait même de la complexité du droit, appliquée à celui-ci. Reste que la systématisation que l'on a pu avoir tendance à attacher au droit romain lui a fait défaut : il manquait alors une idée directrice, encore trop diffuse, suivant laquelle la règle générale est l'élément essentiel du droit. C'est au XIIIe siècle, par l'effet de la redécouverte de la logique aristotélicienne que s'est développée la perception du droit en tant que système, et tout ce qui s'ensuivit, tout particulièrement les tentatives systématiques de l'École du Droit Naturel moderne, puis, au XIXe siècle, les grands systèmes pandectistes.

35 *Droit et système* ◊ Bien que, dans la compréhension et l'explication du droit, les concepts d'unité, de cohérence et de hiérarchie soient maintenus, l'approche du phénomène juridique en tant que système a fait l'objet

---

1. V. *Le système juridique*, Arch. phil. droit 1986; v. aussi N. LUHMANN, *L'unité du système juridique*, Arch. phil. droit 1986, p. 163.
2. Au vol. des Arch. phil. droit, préc., *adde* P. ORIANNE, *Introduction au système juridique*, Louvain-la-Neuve, 1982. — Rappr. SANTI ROMANO, *L'ordre juridique*, trad. franç. par L. François et P. Gothot, 1975 ; G. TIMSIT, *Thèmes et systèmes de droit*, 1986.
3. *Traité des systèmes*, OC, I, 121.

d'un profond renouveau des analyses et d'un renouveau des controverses, liés dans une large mesure au développement de l'analyse systémique[1].

L'expression de système juridique peut désigner, tout d'abord un tissu de relations sociales intelligibles se manifestant au sein d'un ensemble ordonné par le droit. C'est de cette manière qu'Hobbes considère les différents types de sociétés et Kant, le « système des Etats » dans la Critique de la Faculté de juger (§ 83). La démarche ne distingue pas aisément la réalité et la norme qui l'organise. Dans la ligne de cette tradition de pensée, on a retenu une modélisation tendant à exprimer la circularité du phénomène : élaboration des normes, exécution de celles-ci par les autorités publiques, application des normes à la suite des recours des particuliers, constructions doctrinales, puis élaboration de normes nouvelles[2].

Ce qui complique aujourd'hui la démarche, c'est qu'il existe nombre d'autres définitions ou descriptions du système juridique et nombre d'autres distinctions corrélatives. Ainsi, dans un ouvrage célèbre, H.L.A. Hart[3] distingue les *règles primaires*, en vertu desquelles sont ordonnées ou interdites certaines activités, et les *règles secondaires* fixant les modes d'accomplissement des actes législatifs, des actes juridictionnels et des actes juridiques, en accordant des pouvoirs et des droits, en reconnaissant des compétences[4].

D'autres auteurs situent plus ou moins leurs analyses autour de la distinction de l'*espace normatif* et de l'*ordre normatif* : l'*espace normatif* s'ordonne suivant des chaînes logiques, de sorte qu'une proposition est justifiée parce qu'elle dérive d'une autre par son contenu, en extension et en compréhension ; l'*ordre normatif* s'ordonne sur des chaînes d'habilitation : c'est pourquoi une proposition est justifiée parce qu'elle a été prescrite par une norme supérieure.

Sur ces concepts, sur le Kelsénisme récurrent que nombre de théories véhiculent, une littérature abondante s'est développée[5] et se développe, qu'il ne nous appartient pas ici de décrire et d'apprécier. On se contentera d'observer qu'il n'y a pas un système du droit, mais des systèmes du droit, qu'ils ont varié et varient dans l'espace et dans le temps, qu'il convient de retenir ici une dualité logique de conception et qu'en termes de systèmes, on peut distinguer « d'une part, un droit de conception "cybernétique" au sens de la théorie de la commande, et, d'autre part, un droit de conception "auto-organisationnelle" au sens de la théorie de l'autonomie »[6].

---

1. V. N.G. INDJESSILOGLOU, *L'apport de l'analyse systémique dans le domaine juridique*, thèse ronéot, 2 vol., Paris II, 1980. — Rappr. J.-L. VULLIERME, *Le concept de système politique*, 1989, spéc. p. 325 s.

2. V. PAUL ORIANNE, *Introduction au système juridique*, préc.

3. *The concept of law*, 1961, trad. franç. 1976.

4. Rappr., sur la distinction des normes de compétence et des normes de comportement, Z. ZIEMBINSKI, *Le contenu et la structure des normes concédant les compétences*, in *Normative structures of the social work*, Amsterdam 1988.

5. Citons : Niklas Luhmann, Gunther Tenbner, Helmut Willke, François Ost, Hubert Roblenthner...

6. J.-L. VULLIERME, *Le concept de système politique*, 1989, p. 327. — « La terminologie proposée vise à mettre en lumière l'écart structurel maximal admissible par l'ordre juridique. Est ainsi "cybernétique" un droit qui se présente comme un système de règles destinées à donner à une société une structure stable (distincte de son ordre (ou plutôt désordre) spontané). A l'origine d'un tel droit se trouve en principe la volonté d'un législateur, certes lui-même

36 *Plan* ◊ On envisagera successivement l'environnement du système français dans l'*espace* (Section 1)[1] et dans le *temps* (Section 2), puis les *distinctions* de ce système (Section 3).

SECTION 1
LES SYSTÈMES DANS L'UNIVERS

37 *La diversité des droits* ◊ De multiples forces poussent soit à leur diversification, soit à leur rapprochement. La plupart d'entre elles sont extrajuridiques : elles tiennent notamment à des différences d'ordre psychologique[2], car la perception du droit varie souvent suivant les peuples ou les continents, de l'Occident à l'Orient, ou d'ordre géographique, qu'il s'agisse de géographie physique ou de géographie humaine (archipel et littoral ; forêt, savane ou désert ; élevage ou culture ; « théorie des climats »...). On sait encore à quel point peut être importante l'influence de la religion (*supra*, n° 9 ; *infra*, n° 41) — y compris dans les systèmes laïcisés —, des données politiques, économiques (*infra*, n° 397), linguistiques (*infra*, n°s 365 s., 396).

A toutes ces raisons extrajuridiques, il faut en ajouter d'autres, d'ordre juridique, car le droit peut être lui-même un accélérateur de sa propre diversité, en raison, par exemple, des modes d'initiation à sa connaissance ou des habitudes professionnelles qui existent dans les divers pays.

Les comparatistes ne se bornent pas à ces constats. Ils s'efforcent de regrouper les divers droits au sein de grandes familles ou, dit-on plus volontiers, de grands systèmes[3]. Cette répartition d'après la lettre et d'après l'esprit, tous deux imprégnés d'histoire, ne peut être universelle et exhaustive. C'est dire qu'à cet égard tout reproche de lacune est le plus souvent excessif, donc insignifiant.

---

déterminé d'une façon différente d'une situation à une autre, mais toujours habilité à imposer, au besoin par la force publique qu'il institue à cet effet, l'exécution par les agents des instructions qu'il formule à leur usage... Est, au contraire, "auto-organisationnel" un droit qui se présente comme un système endogène de relations sociales émergeant de l'interaction spontanée entre agents, et tel qu'il est en principe possible à chaque agent (membre de la communauté autonome), lorsque le système a été perturbé à son détriment par d'autres agents (membres ou non de la communauté autonome) et lorsqu'il n'est pas en mesure de la rétablir lui-même dans son état précédent, de réclamer l'arbitrage communautaire en vue d'obtenir la réparation obligatoire des torts qu'il a subis » (J.-L. Vullierme, *op. cit.*, p. 328).

1. V. A. Brimo, La notion d'espace et le droit, *Mélanges Montané de la Roque*, 1986, p. 69 s. ; D. Alland, *Les représentations de l'espace en droit international public*, Arch. phil. droit, t. 32, 1987, p. 163 s.

2. V. en psychologie des peuples, Wilhelm Wundt, *Völkerpsychologie*, t. 9, 1818.

3. V. *Précis Dalloz, Les grands systèmes de droit contemporains*, par René David et Camille Jauffret-Spinozi, 9e éd., 1988 ; v. aussi Gutteridge, *Le droit comparé*, trad. franç. 1953 ; L.-J. Constantinesco, *Traité de droit comparé*, 2 vol. 1969-1971. — Sur le droit comparé, v. *infra*, n° 390.

On laissera par exemple de côté les mélanésiens[1], les bédouins[2], les tziganes[3] et les esquimaux[4].

Nécessairement, pour l'indication des grands systèmes, on ne peut que se borner ici à des évocations brèves et à des bibliographies des plus sommaires.

38   *Système romano-germanique* ◊ La famille romano-germanique est celle dans laquelle se range le droit français ; elle englobe également les droits du continent européen (sauf les pays socialistes) et ceux de l'Amérique latine. La famille romano-germanique groupe les pays dans lesquels la science du droit s'est formée sur la base du droit romain, mais où le contenu du droit est un amalgame de solutions romaines et germaniques.

Les règles du droit sont certes différentes dans les divers pays appartenant à la famille romano-germanique. Partout cependant, dans ces pays, on classe les règles dans les mêmes catégories, on emploie le même vocabulaire, issus de la science des romanistes. Partout, aussi, à notre époque, on considère que la base du droit se trouve dans la législation, et cette conception a conduit de façon générale à promulguer des codes, notamment des codes civils[5].

39   *Pays de common law* ◊ Les pays de *common law*, comprenant en Europe l'Angleterre et l'Irlande[6], hors d'Europe les Etats-Unis d'Amérique et les Dominions de peuplement anglais, n'assignent pas à la loi, selon leur tradition, le même rôle que les droits de la famille romano-germanique[7]. Le droit appelé *common law* y a été formé peu à peu, à l'occasion des affaires qui leur étaient soumises, par des juges qui étaient des praticiens, n'ayant pas reçu de formation universitaire. Nul effort de systématisation, comparable à celui dont se sont chargées sur le continent les Universités, n'a été accompli, et l'on n'a pas davantage adopté la formule des codes. Une grande évolution est cependant en voie de s'accomplir dans ces pays ; le droit, qui consistait essentiellement jusqu'au début de notre siècle dans les décisions des tribunaux, est de plus en plus mis à jour, modifié, complété par la législation, et il devient de plus en plus fréquent, aussi, que

---

1. Sur le monde mélanésien, il y aurait pourtant beaucoup à dire (v., quoique ancien, E. RAU, *Institutions et coutumes canaques*, 1944). La signification de la relation de la personne avec la terre et, par là, avec le divin, y est très spécifique et n'est pas sans rapport avec le droit. — V. aussi sur les Nouvelles Hébrides, devenues Vanuatu, J. BONNEMAISON, *La dernière île*, 1986.
2. J. CHELHOD, *Le droit dans la société bédouine*, 1971.
3. V. K. STOYANOVITCH, *Les tsiganes, leur ordre social*, 1974.
4. Rappr. M. Mauss, *Essai sur les variations saisonnières des sociétés eskimo*, in *Sociologie et anthropologie*, PUF, 1966, p. 380 s.
5. V. *Précis Dalloz, op. cit.*, nᵒˢ 25 s. ; sur le droit allemand, on se bornera à citer l'œuvre remarquable de M. FROMONT et A. RIEG, *Introduction au droit allemand* (République fédérale), t. I, *Les fondements*, 1977 et, sous la direction de M. FROMONT et A. RIEG, t. II, *Droit public-Droit pénal*, 1984, t. III, *Droit privé*, 1991.
6. Sur le droit anglais, v. *Précis Dalloz*, sous la direction de J.A. JOLOWICZ, 1986 ; sur le droit écossais, v. HÉLÈNE DAVID, *Introduction à l'étude du droit écossais*, thèse Paris 1970, éd. 1972 ; sur le droit des Etats-Unis, v. *Précis Dalloz*, sous la direction de A. LEVASSEUR, 1990.
7. V. *Précis Dalloz, op. cit.*, nᵒˢ 263 s.

juristes et juges aient reçu leur formation juridique dans les Universités. Les différences qui opposaient les pays de *common law* aux pays du groupe romano-germanique tendent ainsi à s'affaiblir[1]. De grandes différences continueront cependant longtemps encore à opposer pays de tradition romaniste et pays de *common law*, du fait que les classifications et concepts utilisés ici et là demeurent différents. La catégorie « droit civil », par exemple, n'est pas connue en Angleterre.

40 *Les droits socialistes* ◊ Un troisième groupe englobe les droits des pays qui, avec l'U.R.S.S., adhérèrent à la doctrine marxiste-léniniste[2]. L'on avait entendu dans ces pays créer une société de type entièrement nouveau — société communiste — dans laquelle il n'y aurait plus ni Etat ni droit. Cet idéal ne fut en aucun pays; cependant la forme de l'Etat « socialiste » qui était réalisée y fut très différente des formes d'Etat « bourgeois » existant dans les autres pays. A première vue, les droits « socialistes » conservèrent bien des traits communs avec les droits de la famille romano-germanique. On affirma cependant avec force, dans l'U.R.S.S., qu'il ne s'agissait là que de ressemblances de forme et que le contenu du droit était devenu entièrement différent ici et là, parce que la liquidation des classes sociales et la collectivisation complète des biens de production avaient changé dans leurs données mêmes tous les problèmes. Certaines notions fondamentales du droit civil, telles que propriété et contrat, prirent de fait un sens entièrement nouveau dans les pays socialistes.

L'U.R.S.S. et les pays socialistes d'Europe demeurèrent attachés à la formule de la codification. Les quinze républiques de l'U.R.S.S. se dotèrent ainsi de codes civils, fondés sur des Principes de la législation civile fédéraux publiés en 1961; mais on a séparé du droit civil le droit de la famille, pour lequel une autre série de codes a été élaborée sur la base de Principes fédéraux promulgués en 1968. Les autres pays socialistes d'Europe eurent, de même, pour la plupart, des codes civils et des codes de la famille (sur la Chine communiste, v. *infra*, n° 41).

Les développements qui précèdent ne peuvent plus être présentés qu'avec prudence depuis le séisme qui a, dans les Etats de l'Europe de l'Est — Pologne, R.D.A., Bulgarie, Tchécoslovaquie, Roumanie, Russie, Etats baltes ... — secoué les structures instituées à la suite de l'occupation soviétique et de la prise du pouvoir par les divers partis communistes. Il est encore trop tôt pour prédire l'avenir, spécialement dans le domaine du droit.

41 *Systèmes philosophiques ou religieux* ◊ Les principes mêmes sur lesquels est fondé l'ordre social dans les pays occidentaux et l'idée, en particulier, que les rapports entre individus doivent être fondés sur le droit sont étrangers à la plus grande partie de l'humanité. Pour les musulmans,

---

1. Sur l'existence d'un « droit occidental » regroupant dans un même ensemble droits romano-germanistes et *common law*, v. RENÉ DAVID, Existe-t-il un droit occidental?, *Mélanges Yntema*, Leyden, p. 56 s.
2. V. *Précis Dalloz, op. cit.*, n°s 171 s.

un ordre social juste ne peut être fondé que sur la religion, laquelle impose bien au croyant des devoirs, mais ne lui reconnaît guère de droits, du moins au sens occidental du mot[1]. Les hindous distinguent la science du juste de la science de l'utile et de celle de l'agréable ; notre notion de droit et notre concept de droit subjectif leur sont aussi étrangers qu'aux musulmans[2]. On ne saurait évidemment en la matière négliger davantage la signification du droit à la lumière du Talmud[3].

Une longue tradition des peuples de l'Extrême-Orient les a marqués, sauf pendant certaines périodes, dans le sens d'une fréquente, voire viscérale allergie au droit. Dans cette tradition, le droit n'est bon que pour les barbares ; l'homme civilisé, conscient de ses devoirs envers la société, résout plutôt les contestations qu'il peut avoir avec autrui par la conciliation, en ayant recours à des médiateurs ; le bon citoyen ne va pas en justice et se garde de « faire valoir des droits », du moins dans la conception traditionnelle[4].

La même conception traditionnelle a longtemps dominé la Chine, sous l'influence du confucianisme, l'école portant à gouverner les hommes par les rites l'ayant le plus souvent emporté sur celle qui consiste à les gouverner par des lois[5]. Mais l'évolution de la Chine communiste, qui s'est engagée en 1949 dans le sillage de l'U.R.S.S., a bouleversé le paysage, bien que la Chine populaire se soit orientée moins de dix ans après dans une voie propre, plus conforme à sa tradition, vers la réalisation du communisme ; les tentatives de codifier le droit y ont été abandonnées.

Notre concept de droit est pareillement ignoré dans les sociétés traditionnelles d'Afrique et de Madagascar. Les contestations, là aussi, paraissent appeler des solutions de paix, restauratrices d'une harmonie sociale nécessaire ; le droit, dans la mesure où il existe, ne peut, avec une telle manière de voir, jouer qu'un rôle secondaire.

Toutes ces civilisations traditionnelles ont été, il est vrai, remises en question et ébranlées par les contacts avec l'Occident[6]. On a, en maints pays, adopté ou paru accepter les manières de voir occidentales et il existe, dans la plupart d'entre eux, ou bien des codes à la manière de la famille romano-germanique (Japon, Thaïlande, Indonésie, Turquie, pays arabes, Iran, Afrique francophone, Madagascar, Ethiopie), ou bien un droit modelé sur la *common law* (Inde, Pakistan, Birmanie, Afrique anglophone,

---

1. Littérature très abondante : v. *Précis Dalloz, op. cit.*, n°s 418 s. ; JOSEPH SCHACHT, *Introduction au droit musulman*, trad. franç. 1983 ; ERIC AGOSTINI, *Droit comparé*, 1988, spéc. p. 9 à 241 ; A. COLOMER, *Droit musulman*, Manuel de droit et d'économie du Maroc, t. 1, Les personnes, la famille, 1963, t. 2, La succession, le testament, 1968 ; MOHAMED CHARFI, *Introduction à l'étude du droit*, Tunis 1983.

2. V. *Précis Dalloz, op. cit.*, n°s 447 s. ; R. LINGAT, *Les sources du droit dans le système traditionnel de l'Inde*, 1967 ; L. DUMONT, *Homo hierarchicus, Essai sur le système traditionnel des castes*, 1966. — Rappr. CŒDÈS, *Les Etats hindouisés d'Indochine et d'Indonésie*, nouv. éd. 1964.

3. V. l'ouvrage fondamental de A. COHEN, *Exposé synthétique du Talmud et de l'enseignement des Rabbins, sur l'Ethique, la Religion, les Coutumes et la Jurisprudence*, trad. franç. 1970.

4. V. Y. NODA, *Introduction au droit japonais*, 1966, spéc. p. 175 s. ; v. aussi, sous l'égide du Centre français de droit comparé, *Etudes de droit japonais*, 1989.

5. V. l'ouvrage fondamental de JEAN ESCARRA, *Le droit chinois, Conception et évolution, Institutions législatives et judiciaires. Science et enseignement*, 1936.

6. V. G. ETRILLARD et F. SUREAU, *A l'est du monde*, 1985.

Soudan). Souvent, cependant, ce sont certains types de relations seulement qui, en droit ou en fait, sont soumis à ce « droit moderne » ; le statut de la famille et des successions, en particulier, demeure souvent régi par les règles traditionnelles, qui reposent sur des idées et comportent un jeu de concepts et des techniques tout autres que ceux de l'Occident. Le « droit moderne » de ces pays leur est souvent, d'un autre côté, mal adapté, et sa mise en œuvre se heurte à de nombreux obstacles.

SECTION 2
LES SYSTÈMES DANS LE TEMPS

42 *Des évolutions diverses* ◊ Tous les systèmes que l'on a précédemment évoqués n'ont évidemment pas évolué au même rythme dans le temps. Et ils n'ont pas nécessairement évolué les uns et les autres de la même manière. Il y a eu des périodes d'expansion et des périodes de régression du droit ; il y a eu aussi des éclipses et des renaissances d'institutions juridiques ; il y a même, peut-être, un cycle de l'éternel retour des institutions juridiques, ou de certaines institutions juridiques. A telle enseigne que tous les débats suscités par l'évolutionnisme en matière de sciences de la vie trouvent leur prolongement naturel dans le secteur des sciences de l'homme et dans le droit.

Evidemment, le problème ainsi évoqué est immense. Il dépasse d'ailleurs les seuls phénomènes juridiques, car tout un débat peut consister à transposer en la matière une réflexion en forme d'alternative entre une démarche historique et une démarche structuraliste. Ce que, présentement, l'on peut affirmer, c'est que l'historicité du droit rend souvent nécessaire la réflexion sur les conditions dans lesquelles ont évolué d'autres systèmes que le nôtre et sur les étapes de ces évolutions. Evidemment, on ne peut ici que s'en tenir à l'évolution du système français.

43 *Droit écrit et droit non écrit* ◊ Les modes de création du droit sont de deux grands types : le droit écrit et le droit non écrit. Leur étude approfondie sera faite dans le cadre des développements consacrés aux sources actuelles du droit (*infra*, n°s 149 s.). Bornons-nous, à cette place, à quelques brèves indications nécessaires pour comprendre l'histoire de notre droit civil.

La règle de droit peut être formulée par une autorité sociale établie à cet effet et dont la mission est de formuler par écrit des règles de caractère général ; les règles de droit écrit (lois, règlements, ordonnances) sont ainsi élaborées et promulguées par le ou les individus ayant dans l'Etat ce pouvoir de commandement.

La règle de droit peut aussi émaner de personnes ou d'autorités sociales dont la mission propre n'est pas de formuler par écrit des règles de caractère général. Les règles de droit non écrit ont ceci de commun qu'elles n'ont, à aucun moment, été *promulguées* par une volonté humaine déterminée. Les principales sources de droit non écrit sont la coutume et, pour certains, la jurisprudence : la coutume est une règle issue peu à peu des usages, des habitudes (*infra*, n°s 202 s.) ; la jurisprudence est l'ensemble des décisions rendues par les tribunaux sur les diverses matières relevant de leur compétence, ou sur une question déterminée (*infra*, n°s 217 s.). Bien qu'elle ne soit pas une véritable source de droit, il faut mentionner également la doctrine, c'est-à-dire la science juridique qui s'exprime par l'enseignement des professeurs et par les écrits, livres, commentaires publiés par les auteurs ; en effet, son rôle est important dans l'élaboration et dans l'évolution du droit (*infra*, n°s 235 s.).

44   *Plan* ◊ La date la plus importante dans l'histoire du droit français, c'est la promulgation du code civil en 1804, par Napoléon Ier. En effet, à ce moment-là, le droit civil est unifié. Antérieurement, il y avait eu beaucoup de matières, une foule de règles différentes selon les régions, ayant leurs racines anciennes dans les droits de l'Antiquité et les vieilles coutumes germaniques ; désormais, il n'y a plus eu qu'un droit civil pour toute la France. Mais l'histoire ne s'est pas arrêtée avec le code civil : code de procédure civile, 1806 ; code de commerce, 1807 ; code pénal, 1810 ; code d'instruction criminelle, 1812. En outre, si la France s'est, à partir de 1791, dotée d'une Constitution formelle, suivie de beaucoup d'autres, d'autres branches du droit ont échappé sinon au courant législatif, du moins, pendant longtemps, au vent de la codification (sur la codification en général, v. *infra*, n°s 375 s.).

On envisagera successivement le droit antérieur à la Révolution, le droit intermédiaire, puis la période du droit moderne qui s'ouvre avec la codification napoléonienne.

§ 1

LE DROIT ANTÉRIEUR
À LA RÉVOLUTION

A   ANTIQUITÉ

45   *Généralités* ◊ On ne peut ici présenter qu'un bref rappel du droit de l'Antiquité : d'abord parce que la place manquerait, ensuite parce que l'analyse en a été faite et renouvelée de remarquable manière.

On se bornera à observer ici que le lien entre le politique et le juridique a été constant à Athènes et à Rome, quel qu'ait été le régime politique en vigueur : tyrannie, démocratie, oligarchie. Mais l'importance attachée au politique n'a pu évidemment se comprendre sans l'incidence de l'économique : de celle-ci, les historiens ont notamment retenu comment l'expansion romaine a brisé les organisations de type oligarchique et comment, sous l'Antiquité tardive, le dirigisme et la contrainte se sont accentués.

Outre cela, disons que le droit civil de l'Antiquité — essentiellement de l'Antiquité romaine — sera sans cesse évoqué, à propos des diverses matières[1].

B   ANCIEN DROIT. PAYS DE COUTUMES ET PAYS DE DROIT ÉCRIT

46 *Distinction* ◊ C'est ainsi que l'on décrit traditionnellement le droit de l'Ancienne France. Description exacte surtout si l'on axe sa présentation sur l'évolution du droit civil. Mais il faut bien voir que le droit de l'Ancienne France est aussi un droit de ses institutions publiques. L'ouvrage fondamental de François Olivier-Martin sert à cet égard de base irremplaçable à la connaissance de l'évolution du droit français sous l'Ancienne France, des origines à la Révolution[2]. On y constate comment la monarchie française, sans nier la diversité existant en France, a su asseoir le pouvoir royal et faire la France.

Les règles de droit civil dans l'Ancien droit étaient avant tout coutumières. La coutume présentait alors, comme tout droit né des usages, une grande variété ; on estime qu'il existait 60 coutumes générales, dont certaines avaient un ressort d'application très étendu, telles les coutumes de Normandie, de Bretagne, de Paris, d'Orléans, et plus de 700 coutumes locales.

En dépit de cette diversité, on pouvait à partir des XIIe et XIIIe siècles diviser l'Ancienne France en deux grandes zones. Au Nord d'une ligne allant de Genève à l'embouchure de la Charente, il y avait les *coutumes* proprement dites ; elles étaient très diverses, formées des traditions combinées de la Gaule et des conquérants francs ou germains. Les pays situés au Sud de cette ligne étaient principalement soumis au droit romain[3]. Pendant longtemps, le seul droit romain connu et appliqué fut celui antérieur à la séparation de la Gaule et de l'Empire, c'est-à-dire le corps de règles constituées par les jurisconsultes classiques du IIIe siècle et le Code théodosien de 438.

Lors de la Renaissance du droit romain, c'est-à-dire à partir de la fin du XIe siècle, les recueils constituant la codification ordonnée au VIe siècle par l'empereur byzantin Justinien (le *Digeste*, le *Code* et les *Institutes*) seront connus et étudiés par l'intermédiaire des Universités, par exemple en France, au XIIIe siècle, à Orléans, grâce à Jacques de Révigny. Aux XIIe et

---

1. V. aussi. J. Ellul, *Histoire des institutions*, t. I, 1955 ; J. Gaudemet, *Les institutions de l'Antiquité*, 1982, et, du même auteur, *Les institutions de l'Antiquité*, Précis Domat, 1942.

2. *Histoire du droit français des origines à la Révolution*, 1948, rééd. C.N.R.S. 1984 ; v. aussi du même auteur, les cours rééd. en 1988, aux éd. Loysel, spéc. *Les lois du Roi*, 1945-1946, *L'absolutisme français*, 1950-1951. — V. aussi P.-C. Timbal, *Histoire des institutions et des faits sociaux*, Précis Dalloz, 5e éd. 1974 ; J.-L. Harouel, J. Barbey, E. Bournazel, Jacqueline Thibaut-Payen, *Histoire des institutions de l'époque franque à la Révolution*, 1987.

3. Cette division a été remise en question depuis les travaux de M. Yver, *Essai de géographie coutumière*, 1966, et l'on tend à admettre l'existence de groupes ou familles de coutumes qui brisent la traditionnelle ligne de démarcation.

XIIIe siècles, le droit de Justinien se répandra dans les pays du Sud par l'adhésion des intéressés et avec l'acceptation de l'autorité sociale.

On a pu dire que le Droit romain était la coutume fondamentale des pays de droit écrit ; mais leur appellation était néanmoins justifiée en ce que l'essentiel du droit était constitué par des règles écrites d'origine romaine. Les pays de droit écrit possédaient d'ailleurs, en outre, quelques coutumes ayant le pas sur le droit romain, mais elles étaient peu nombreuses et le plus souvent purement locales, mais parfois d'importance : Toulouse, Bordeaux,...

47 *Rédaction des coutumes* ◊ Toutes ces coutumes présentaient ce double inconvénient d'impliquer une fragmentation d'un droit variant non seulement de province à province, mais encore souvent de ville à ville, et de soumettre la vie juridique à une incertitude fâcheuse tenant à l'imprécision inhérente à la coutume : celle-ci, née de l'usage, avait des contours insuffisamment précis, bien qu'ils se fussent fixés peu à peu sous l'influence de l'interprétation donnée par les cours de justice, notamment par le Parlement de chaque province. On réclamait la rédaction des coutumes. Les Etats généraux obtinrent ainsi de Charles VII l'ordonnance de Montils-lès-Tours, de 1453, qui prescrivit la rédaction officielle des coutumes de tous les pays de France[1]. L'œuvre ne fut guère réalisée qu'au XVIe siècle à la suite de nouvelles interventions royales[2].

La rédaction des coutumes constitue un fait capital dans l'histoire des sources du droit. D'une part, le droit coutumier était matériellement transformé en droit écrit, en « lois »[3] ; certes ce droit ne fut pas figé, et la coutume reprit son travail d'adaptation, mais on s'acheminait inéluctablement vers la technique moderne de la formulation du droit par un acte des pouvoirs publics. D'autre part, la diversité des règles de droit applicables en France se trouvait officiellement confirmée. — V. *infra*, n° 203.

48 *Les autres sources du droit, facteurs d'unité* ◊ A côté du droit romain et du droit coutumier qui sont à la base de la diversité foncière caractéristique du droit de l'Ancienne France, il y avait d'autres sources de droit marquant, elles, une tendance vers son unification.

1° *Le droit canonique* ou droit de l'Eglise était constitué principalement par les règles issues des décisions des Conciles et des papes. La religion catholique, qui était reconnue comme religion d'Etat, eut une grande influence sur les mœurs et par suite sur l'évolution des règles

---

1. La coutume de Bourgogne fut ainsi rédigée en 1459.
2. La coutume d'Orléans fut rédigée en 1509, celle de Paris en 1510. Certaines coutumes firent d'ailleurs l'objet d'une seconde rédaction — celles de Paris et de Bretagne en 1580, celles de Normandie et d'Orléans en 1583 —, soit pour corriger une première rédaction défectueuse, soit afin de tenir compte de l'évolution des mœurs postérieure à la première rédaction qui, si elle n'avait pas figé l'évolution de la règle de droit, lui avait du moins fait perdre sa plasticité.
3. Dès l'Ancien régime, l'on avait d'ailleurs discuté sur le point de savoir si la rédaction des coutumes n'avait pas changé leur caractère en les transformant en droit écrit, en lois (V. BRODEAU, *Coutume de Paris*, t. I, p. 1 s.)

coutumières; de plus, certaines matières, qui relèvent aujourd'hui du domaine du droit civil, étaient régies par le droit canonique : ainsi en était-il du mariage; il y eut même une période où le droit canonique régissait les contrats, lorsqu'ils étaient passés sous serment. Dans toutes les matières relevant de la compétence du droit canonique, il y avait sur tout le territoire unité du droit; cette unité existait d'ailleurs non seulement en France, mais dans tous les pays catholiques.

2° *Les ordonnances royales*[1] que le Roi promulguait en vertu de son pouvoir souverain favorisaient aussi l'unité, en ce qu'elles s'étendaient à tout le royaume, à condition toutefois d'être enregistrées par les Parlements pour être applicables dans leur ressort[2]. Certaines de ces ordonnances ont une grande importance pour l'histoire du droit civil, car elles sont les premières tentatives d'unification de certaines parties du droit. Il en est ainsi des grandes ordonnances de *Colbert* — ordonnance civile pour la *réformation de la justice* de 1667, ancêtre du code de procédure civile de 1807, ordonnances de 1673, sur le *commerce terrestre*, et de 1681, sur la *marine*, ancêtres de notre code de commerce — et des ordonnances de *d'Aguesseau* sur les *donations* (1731), les *testaments* (1735) et les *substitutions* (1747).

3° Il faut signaler l'importance de la *doctrine* sous l'Ancien Régime. Avant la rédaction officielle des coutumes, c'est dans les œuvres de certains écrivains que les juges et la pratique trouvaient le contenu des règles coutumières; après cette rédaction, les auteurs s'efforcèrent de remédier aux insuffisances des coutumes — elles étaient parfois incomplètes ou défectueuses — en construisant des théories s'inspirant de la logique, de l'équité, du Droit romain. Frappés par les inconvénients de la diversité des coutumes, les auteurs, à partir du xvie siècle, aspirèrent à plus de simplicité; en dégageant les principes généraux, ils préparèrent l'unité rationnelle du droit français. Au xvie siècle, *Dumoulin* fut le défenseur de cette tendance d'unification. Ses idées furent combattues par un autre grand jurisconsulte, *d'Argentré*, qui défendait le particularisme de la coutume de Bretagne. Les autres noms à retenir sont principalement ceux de *Guy Coquille* (xvie siècle), *Loisel* et surtout *Domat* au xviie siècle, et, au xviiie siècle, *Bourjon* et *Pothier*; ce dernier fut le guide habituel des auteurs du code civil.

4° A tous ces facteurs d'unité, il faut ajouter l'action de la *jurisprudence*, spécialement celle du Parlement de Paris. Les Parlements étaient souverains dans leur ressort — sauf leur subordination au Roi et à son Conseil — et animés d'un esprit particulariste. Mais en appliquant et en interprétant plusieurs coutumes en vigueur dans leur ressort, ils

---

1. Les textes promulgués par le Roi s'appelaient *édits* lorsqu'ils visaient un objet spécial et *ordonnances* lorsqu'ils présentaient une plus vaste envergure.
2. Le Roi pouvait triompher du refus d'enregistrement en tenant un *lit de justice*, c'est-à-dire en se rendant lui-même devant le Parlement opposant et en faisant enregistrer en sa présence sa propre ordonnance.

exerçaient par leur jurisprudence une influence unificatrice. Ils le pouvaient d'autant mieux qu'ils avaient le pouvoir de rendre des *arrêts de règlement* : ceux-ci ne tranchaient pas un litige déterminé ; c'étaient des arrêts de principe par lesquels il était décidé que désormais telle question serait tranchée dans tel sens. En procédant ainsi, le Parlement légiférait véritablement, non pas sans doute pour tout le pays, mais pour toutes les régions comprises dans son ressort. Le Parlement statuait d'ailleurs seulement par provision, le Roi pouvant toujours promulguer une règle différente[1].

49   *Caractères* ◊ Trois principes se trouvent à la base de l'Ancien droit français, non seulement en droit civil, mais aussi dans toute l'organisation politique et sociale de l'Ancien régime.

1º Celui-ci était largement soumis aux conceptions *religieuses* et *morales* du christianisme. Il admettait que le droit positif devait reposer sur les lois divines révélées et sur les lois naturelles que l'homme peut connaître par le secours de sa propre raison, toutes ces lois tendant, par la justice et la charité, à assurer le bien commun. L'Église catholique, qui seule légiférait en matière de mariage, tout en repoussant le divorce et en admettant la puissance maritale et paternelle ainsi que la suprématie de la famille légitime, s'efforça de faire prévaloir quelques règles plus humaines : ainsi la possibilité du mariage des majeurs sans le consentement des parents, le droit pour les enfants naturels à des aliments, la légitimation des enfants naturels par mariage subséquent.

2º Le système social était fortement *hiérarchisé* : le pouvoir, venant de Dieu, était exercé au nom de Dieu, par le Roi. Celui-ci, aidé dans sa tâche par des classes privilégiées — la noblesse, le clergé — avait pour charge de faire régner le bien commun.
Le principe de hiérarchie se manifestait non seulement sur le terrain politique, mais sur le terrain familial et patrimonial.

a) La hiérarchie sociale entraînait une organisation forte de la famille légitime fondée sur le mariage. Des règles strictes étaient établies pour la défendre contre les *bâtards* ou enfants naturels, en même temps qu'on essayait de lutter contre les mésalliances.
Au sein de cette famille, était consacrée l'autorité du *chef de famille* titulaire de la puissance paternelle sur ses enfants, même parfois après leur majorité. En outre, la femme mariée était incapable et placée sous l'autorité maritale. Un autre trait caractéristique était constitué par la prépondérance du mari : il est « seigneur et maître » du patrimoine commun, il peut le gérer et en disposer à son gré ; en même temps, il administre les biens propres de sa femme et en perçoit les revenus pour le compte de la communauté.

---

1. V., parmi les cours préc. de Fr. OLIVIER-MARTIN, *Les Parlements contre l'absolutisme traditionnel au xviiiᵉ siècle*, 1949-1950, rééd. éd. Loysel, 1988.

En outre, l'Ancien droit, désireux de maintenir la perpétuité et la prééminence des familles aristocratiques, règle de façon différente la dévolution successorale des biens nobles, des fiefs, pour lesquels il reconnaît les privilèges d'aînesse et de masculinité, et celle des biens non nobles, pour lesquels il affirme en général le principe de la division égale entre les héritiers.

b) Le propriétaire réel n'est pas entièrement maître de son bien, il n'en a que le domaine utile ; le domaine éminent demeure au seigneur et au Roi et se traduit par la survivance d'un grand nombre de servitudes et de droits réels[1].

Pour des raisons d'ordre social et économique, la *fortune immobilière* prédomine sur la fortune mobilière : d'une part, la hiérarchie des personnes est liée, dans une grande mesure, à la hiérarchie des terres, d'autre part, la terre est, à l'époque, la chose productrice de richesse par excellence et l'agriculture la forme de travail essentielle. Aussi, on institue pour l'immeuble un régime particulier, se manifestant notamment par des règles protectrices de la fortune immobilière des mineurs, par certaines règles du droit matrimonial ou successoral destinées à éviter que l'immeuble sorte de la famille à laquelle il appartient. Le droit ne s'occupe pas de la protection des meubles : *res mobilis res vilis*. Toutefois, les biens incorporels et les créances ayant le plus de valeur (offices, charges, rentes) sont assimilés aux immeubles.

3° Le *principe de continuité* — ou de *conservation* — par opposition au principe de liberté (du moins au sens moderne, individualiste, du mot) a caractérisé l'Ancien droit.

Forte a été alors la préoccupation de la conservation des biens dans les familles, aussi bien paysannes et bourgeoises que nobles. Il y en avait une manifestation dans l'organisation du régime de communauté conjugale. D'autres institutions reflètent la même idée. Ainsi le système successoral règle la dévolution des biens selon leur origine : s'agissant des propres, biens acquis par le défunt à titre gratuit de sa famille, on attribue à ses parents paternels les biens provenant de la ligne paternelle et aux parents maternels les biens provenant de leur ligne — *paterna paternis, materna maternis* ; la succession des *acquêts*, c'est-à-dire des biens acquis à titre onéreux par le défunt est régie par d'autres règles que celles concernant les propres. Ainsi encore, les coutumes excluent, en général, le conjoint survivant de la liste des héritiers, comme ne faisant pas partie de la famille, sauf à reconnaître à la veuve un *douaire* en usufruit.

On signalera encore l'importance prise, sous l'Ancien droit, par les propriétés appartenant à des groupements — spécialement à des communautés religieuses — et appelés, de ce fait, à ne pas changer de main au fil des générations (*biens de mainmorte*)[2].

---

1. V. de manière générale, J.P. Lévy, *Histoire de la propriété*, PUF, Que sais-je ?, 1972, *Destins du droit de propriété*, Rev. *Droits* 1985 ; M.-F. Renoux-Zagamé, *Origines théologiques du concept moderne de propriété*, Genève, Droz, 1987 ; Anne-Marie Patault, *Introduction historique au droit des biens*, 1989.

2. L'expression vient de ce qu'on disait de ces collectivités qu'elles avaient toujours la main-ouverte pour acquérir, et la main-morte pour aliéner.

50 *Droit des obligations et des contrats*[1] ◊ Au point de vue technique, l'Ancien droit avait subi profondément l'influence du Droit romain. Mais, sous l'action des canonistes, il s'orienta à partir du XVIe siècle vers la liberté des conventions, que Rome n'avait jamais complètement connue. Le principe comportait cependant de grandes restrictions. Certaines étaient dues à la division en classes politiques et sociales, les nobles ne pouvant passer des contrats commerciaux, les religieux, en raison du vœu de pauvreté, étant frappés par de nombreuses incapacités de contracter. D'autre part, les coutumes, suivant en cela le Droit canon, prohibaient certaines conventions jugées immorales, par exemple le prêt à intérêt. D'une manière générale, l'autonomie de la volonté ne produisait effet que dans le cadre d'une économie assez étroitement dirigée par l'Etat. Le Roi, souverain absolu, chargé de faire régner la justice et la prospérité, se préoccupait de diriger l'activité économique de ses sujets ; il frappait la monnaie et fixait son cours, organisait les professions, réglementait le commerce et l'industrie, arrêtait les prix. En outre, du fait d'une organisation professionnelle, *corporative*, assez généralisée au moins dans les villes, les corporations contrôlaient, elles aussi, les opérations juridiques de leurs membres, une réglementation stricte s'appliquant aux contrats passés par ceux-ci entre eux ou avec la clientèle. Au XVIIIe siècle, économistes et philosophes protestaient contre ces entraves à la liberté et en réclamaient l'abolition : l'Etat, disait-on, doit « laisser faire » les individus et ne pas intervenir dans la production et la répartition des richesses ; l'équilibre s'établira de lui-même.

51 *La crise de l'Ancien régime* ◊ La crise de l'Ancien régime dans les derniers temps de l'Ancienne France retient aujourd'hui plus que par le passé l'attention des historiens, spécialement des historiens du droit, et on ne saurait trop s'en féliciter[2].

Les causes de la Révolution française n'ont pas à être rappelées ici : évolution économique, évolution politique — paupérisation de la noblesse, enrichissement de la bourgeoisie, développement du prolétariat, mouvement des Lumières, combat contre les inégalités : des biens, des classes sociales, des professionnels... A quoi s'ajoutèrent, dans les dernières décennies, les difficultés de la monarchie et ses conflits même avec les parlementaires qui n'avaient rien à gagner à la tourmente et n'y gagnèrent rien. Les Français firent donc la Révolution pour obtenir des réformes sociales, judiciaires, fiscales et économiques.

---

1. P.-C. TIMBAL, *Les obligations contractuelles dans le droit français des XIIIe et XIVe siècles d'après la jurisprudence des Parlements*, éd. du C.N.R.S., 2 tomes, 1973, 1977 ; J.-L. GAZZANIGA, *Domat et Pothier, Le contrat à la fin de l'Ancien Régime*, Rev. Droits, n° 12-1990, p. 37 s.
2. R. SZRAMKIEWICZ et J. BOUINEAU, *Histoire des institutions, 1750-1914*, éd. 1989.

§ 2
LE DROIT INTERMÉDIAIRE

52 *Désignation* ◊ On désigne ainsi le droit de la période qui s'ouvre avec la Révolution de 1789 et dure jusqu'au code civil de 1804. Ce qui, d'emblée, le caractérise, c'est l'existence de traits contraires à ceux de l'Ancienne France.

La rupture est manifeste, quoique progressive, avec la période antérieure, spécialement en droit public et constitutionnel, qu'il s'agisse tant de la formulation des règles — déclarations des droits de l'homme, constitutions successives —, que des régimes politiques qui se sont succédés pendant cette période : monarchie constitutionnelle, république, directoire, consulat. Nombre de matières relevant du droit public ont été bouleversées, par exemple en matière fiscale. Et, à l'exclusion du maintien des tribunaux de commerce, il a été fait table rase du système judiciaire traditionnel. Le droit pénal a été aussi conçu sur de nouvelles bases.

La Révolution, durant cette période, a réalisé l'unité politique par la suppression des provinces; de nouvelles divisions territoriales furent instituées : les départements, administrés par des représentants directs du pouvoir central, les préfets. L'unification judiciaire fut aussi effectuée grâce à la suppression des Parlements, tribunaux suprêmes de chaque province; l'établissement du système judiciaire que nous connaissons encore dans ses grandes lignes remonte à cette époque : tribunaux de première instance, cours d'appel, et au sommet tribunal de cassation, tribunal unique ayant pour fonction d'assurer la soumission des juges aux lois et l'unité d'interprétation sur tout le territoire.

53 *Réformes du droit intermédiaire* ◊ On a dit que l'Ancien droit était confessionnel, hiérarchisé et conservateur. Le droit intermédiaire s'est inscrit à contre-courant de ces trois caractères[1].

L'activité législative fut intense sous la Révolution et en traduisit l'esprit individualiste et libéral. D'une part, par réaction contre l'idée féodale, la Révolution se montra implacable, tant dans le droit des personnes que dans le régime de la propriété et des successions, pour tout ce qui heurtait l'idée d'égalité; d'autre part, elle s'attaqua aux «corps intermédiaires» (famille, corporation) qui lui paraissaient empiéter sur la liberté individuelle et sur la toute puissance de l'Etat. Certaines de ces lois influencèrent les rédacteurs du code civil; quelques-unes s'appliquent d'ailleurs encore de nos jours.

Le droit intermédiaire s'est manifesté :

1° contre la primauté des conceptions religieuses : par la sécularisa-

---

1. M. GARAUD, *Histoire générale du droit privé français de 1789 à 1804* (t. I, *La Révolution et l'égalité civile*; t. II, *La Révolution et la propriété foncière*, 1959; t. III, avec R. SZRAMKIEWICZ, *La Révolution française et la famille*, 1978).

tion du mariage et de l'état civil, ainsi que par la nationalisation des biens du clergé;

2° par le progrès de l'égalité : suppression des institutions aristocratiques (droit d'aînesse, privilège de masculinité); suppression des privilèges et des classes; réaction contre les forces de la famille : admission du divorce et suppression de la séparation de corps, cessation de la puissance paternelle sur les enfants atteignant l'âge de 21 ans, contrôle de cette puissance par des tribunaux dits de famille; attribution aux enfants naturels de droits égaux à ceux des enfants légitimes;

3° par le progrès de la liberté : affirmation du principe que la propriété individuelle est un droit de l'homme, prolongement du droit à la liberté; suppression de la hiérarchie des terres, des droits féodaux et de tout domaine éminent; élaboration d'un système tendant à favoriser le crédit hypothécaire (publicité des hypothèques et des aliénations immobilières); méfiance à l'égard des personnes morales et des biens de *mainmorte*; proclamation de la liberté des conventions et du commerce; suppression des entraves religieuses à cette liberté; abolition des corporations, hostilité envers toute organisation professionnelle et toute intervention de l'Etat dans le domaine économique.

54   *Réflexion après le Bicentenaire de 1789* ◊ Le Bicentenaire de 1789 a favorisé un grand renouveau de la réflexion, ce qui a nécessairement dépassé la seule période de 1789-1804[1]. On a bien soutenu que la Révolution s'était terminée plus tard, certains ont dit 1814 ...

Le foisonnement d'idées qui en est résulté appellerait d'amples développements. On a perçu que toute rupture, en quoi consiste une révolution, est aussi un désir de retour à quelque chose[2]. La rupture est retour, regard tourné vers un passé plus lointain, dans le souci d'aménager l'avenir.

Evidemment la réflexion sur la Révolution française a porté sur ses relations avec l'ordre juridique. Le juridique est au cœur de cette Révolution : il est l'*objet* de la Révolution en cours, en ce qu'il s'agit de créer un Etat de droit (ou un nouvel Etat de droit); mais la Révolution agit aussi *par* le droit et pas seulement en vue du droit : il est donc également l'*instrument* de cette Révolution, ce que l'on observe aussi, de nos jours, dans la construction européenne. Et puis, alors que l'emportait le culte de la loi, se manifestait l'idée que la *déclaration*, par le mot même qu'employait le législateur — la terminologie est révélatrice — est ... déclarative et non constitutive, au sens où, dans la technique juridique la plus affinée et la

1. Ex. : *La Révolution et l'ordre juridique privé, rationalité ou scandale*, Colloque d'Orléans 11-13 sept. 1986, PUF, 1988; v. aussi *Les principes de 1789 et le droit économique (propriété, liberté, égalité, fraternité)*, par l'Association internationale de droit économique, Colloque des 16-18 nov. 1988; *La famille, la loi, l'Etat, de la Révolution au Code civil*, Paris, Imp. nat. 1989; v. aussi Rev. *Droit et Société*, n° 14, 1990.

2. V. P.-I. ANDRÉ-VINCENT, *Les Révolutions et le Droit*, 1974; v. aussi *Révolution et droit international*, Colloque de la Société française de droit international, Dijon 1989, éd. 1990.

plus subtile, on distingue les actes déclaratifs et les actes constitutifs de droits.

Le processus de la codification se situait dans la ligne du droit intermédiaire.

§ 3
LA CODIFICATION NAPOLÉONIENNE

55 *Tentatives de codification* ◊ Dès le 5 octobre 1790, l'Assemblée Constituante affirma sa volonté de donner au Royaume un Code général et la Constitution de 1791 contint même une disposition portant « qu'il serait fait un code des lois civiles communes à tout le royaume ». La Convention chargea Cambacérès et le Comité de législation de préparer un projet ; celui-ci fut déposé le 9 août 1793. Il fut rejeté comme étant trop compliqué et conservateur. Un deuxième projet, déposé par Cambacérès le 23 fructidor an II, se bornait à poser des principes généraux et de caractère philosophique ; quelques articles seulement en furent votés. Sous le Directoire, Cambacérès devait, sans plus de succès, soumettre au Conseil des Cinq-Cents un troisième projet de code, ressemblant au précédent (24 prairial an IV).

[A] LE CODE CIVIL.
SA GENÈSE ET SON ESPRIT

56 *Elaboration* ◊ Après qu'un quatrième projet de code civil hâtivement élaboré par Jacqueminot au lendemain du 18 brumaire an VIII a été à son tour abandonné, un arrêté des consuls, du 24 thermidor an VIII (13 août 1800), chargea de la rédaction d'un cinquième projet une commission composée de quatre magistrats : Tronchet, président du Tribunal de cassation, Bigot de Préameneu, commissaire du gouvernement près la même juridiction, Malleville, juge au même Tribunal, Portalis, commissaire du gouvernement près le Tribunal des prises[1].

Le projet, achevé dans le délai de quatre mois, fut soumis au Tribunal de cassation et aux tribunaux d'appel qui formulèrent leurs observations. Puis il suivit la filière législative compliquée prévue par la Constitution de l'an VIII.

Le projet fut ainsi discuté au Conseil d'Etat sous la présidence soit de Cambacérès, soit de Bonaparte, qui tint à prendre personnellement une part active aux séances[2].

---

1. V. J.-E.-M. PORTALIS, *Ecrits et discours juridiques et politiques*, publication du Centre de phil. du droit, Aix-Marseille, 1988.
2. Son action fut particulièrement sensible dans le domaine de la famille. Il défendit l'autorité très forte du chef de famille. On lui doit aussi l'institution de l'adoption, dans laquelle il voyait un moyen de se donner un héritier, ainsi que celle du divorce par consentement mutuel ; il songeait au divorce possible avec Joséphine, mais ce n'est pourtant pas selon les règles du

Le premier projet de loi relatif au premier titre, après avoir été adopté par le Conseil d'Etat, fut soumis au Tribunat, puis transmis au Corps législatif. Ce fut un échec. D'une part, le Tribunat comprenait nombre d'anciens révolutionnaires, hostiles au Premier Consul, et qui voyaient en outre dans le projet un reflet trop fidèle des idées de l'Ancien régime ; d'autre part, ni le Tribunat, ni le Corps législatif n'avaient le droit d'amendement : c'était le système rigide du tout ou rien. Le second projet de loi présenté risquant fort d'être à son tour rejeté, Bonaparte retira alors l'ensemble du projet. Pour vaincre l'opposition, le Premier Consul « épura » le Tribunat en ramenant ses membres de 100 à 50 et le divisa en sections, la section de législation étant garnie de partisans du projet. De plus, il institua la procédure ingénieuse de la communication officieuse au Tribunat (arrêté du 18 germinal an X) ; le Conseil d'Etat était désormais tenu de communiquer au Tribunat le projet de loi élaboré, avant même que celui-ci soit soumis au gouvernement ; le Tribunat était ainsi à même de présenter des observations, qui étaient examinées par le Conseil d'Etat, ce qui permettait de réaliser un accord entre les deux assemblées.

Grâce à cette double mesure, l'œuvre fut rapidement poussée[1]. Le vote des textes fut réalisé par séries de lois ; il y en eut 36 qui furent votées et promulguées séparément en 1803 et 1804 et correspondent aux 36 titres du code. Enfin, la loi du 30 ventôse an XII (21 mars 1804) réunit ces lois, déjà rendues obligatoires isolément, en un corps unique, sous le nom de « *Code civil des Français* ». C'est le nom qu'il porte encore aujourd'hui, après avoir été appelé, sous le Premier et le Second Empire, Code Napoléon.

57   ***Abrogation du droit civil antérieur*** ◊ La loi du 30 ventôse an XII ne se contentait pas de codifier le droit nouveau ; elle contenait en outre une formule générale d'abrogation du droit antérieur. Aux termes de son article 7, « à compter du jour où ces lois sont obligatoires, les lois romaines, les ordonnances, les coutumes générales ou locales, les statuts, les règlements cessent d'avoir force de loi générale ou particulière dans les matières qui sont l'objet desdites lois composant le présent code ». Deux observations doivent être faites, qui précisent la portée de ce texte :

1° L'*Ancien droit* fait l'objet d'une *abrogation générale expresse*, mais seulement « dans les matières qui sont l'objet » du Code civil. Il en résulte que, dans les matières du droit civil qui n'ont donné lieu à aucun article du code, les dispositions de l'Ancien droit doivent être considérées comme

---

code civil qu'il a été mis fin à son union avec celle-ci : il fut, en effet, procédé par répudiations réciproques. Sur le rôle de Bonaparte, v. E. Jac, *Bonaparte et le Code civil*, 1918 ; R. Savatier, même titre, 1927 ; Villeneuve de Janti, même titre, thèse Paris, 1934.

1. Les travaux préparatoires du code civil, comprenant notamment les discussions qui s'instituèrent au Conseil d'Etat, au Tribunat et devant le Corps législatif, ont été rassemblés dans certains recueils. Leur consultation permet souvent de saisir la pensée du législateur en 1804. Les recueils les plus connus sont ceux de Fenet, *Recueil complet des travaux préparatoires du code civil*, 1827-1828, 15 vol., et de Locré, *Législation civile, criminelle et commerciale de la France*, 1827-1832, 31 vol.

étant encore en vigueur. En fait, la restriction à la force abrogatoire de la loi de ventôse était minime, car les matières de droit civil non réglementées par le code étaient très rares.

2° Quant aux lois et décrets du *droit intermédiaire*, la loi ne les comprend pas dans sa formule d'abrogation expresse ; ils n'ont donc fait l'objet, par la promulgation du code, que d'une *abrogation tacite* et doivent être considérés comme étant en vigueur toutes les fois qu'ils ne sont pas en contradiction avec le texte ou l'esprit du code civil.

58   *Traits caractéristiques* ◊ Trois traits essentiels caractérisent le code civil et expliquent d'ailleurs son succès[1]. Ce fut d'abord une œuvre de magistrats réalistes, préoccupés de poser des règles claires, pratiques, plutôt que d'édifier une construction savante, théorique ; les exigences de la pratique l'ont toujours emporté sur les tentations de la dogmatique.

Ce fut ensuite une œuvre de sagesse et de modération, et non pas de partisans. Elle a voulu certes consacrer une grande partie des réformes dues à la Révolution, mais elle a su se garder de certains excès, commis par le législateur de l'époque intermédiaire ; elle a cherché une conciliation des réformes révolutionnaires avec les traditions profondes du peuple français et conservé des anciennes coutumes tout ce qui pouvait être maintenu.

L'esprit général du code est l'esprit individualiste, libéral, défendu par les philosophes du XVIIIᵉ siècle. Le plan même du code l'atteste. Après un bref titre préliminaire sur la loi, le code est divisé en trois livres. Le premier : Des personnes (art. 7 à 515) ; le second : Des biens et des différentes modifications de la propriété (art. 516 à 710) ; le troisième : Des différentes manières dont on acquiert la propriété (art. 711 à 2281).

Comme le droit révolutionnaire, le code consacre la sécularisation du droit civil[2]. Celle-ci se traduit notamment par l'organisation dans les mairies des registres de l'état-civil, la réglementation civile du mariage, l'admission du divorce, moins largement toutefois que sous la Révolution.

L'égalité civile est maintenue ; les classes privilégiés demeurent supprimées.

Bien qu'il ne traite que de la personne et ne fasse pas figurer la famille dans ses rubriques, le code, sans revenir aux conceptions aristocratiques de l'Ancien régime, rétablit en partie la force de la famille légitime.

59   *Rapports de famille* ◊ La supériorité du mari est à la base de la réglementation des *rapports entre époux* : la femme, soumise à la *puissance maritale*, doit obéissance à son mari et elle est *incapable* de faire aucun acte juridique sans autorisation de son mari ou de justice.

---

1. V. le *Livre du centenaire du Code civil*, 2 vol., Paris 1904 ; J. CARBONNIER, *Le Code Napoléon en tant que phénomène sociologique*, RRJ, Aix 81-3, p. 327 s. — Rappr., A. ENSMINGER, *Recréation de la forme, recréation de la norme, trois versifications du code civil français au XIXᵉ siècle*, thèse ronéot. Montpellier, 1986.
2. V. J. CARBONNIER, *La sécularisation du droit civil par le code civil des Français*, in *Cristianesimo, secolarizzazione e diritto moderno*, par L. LOMBARDI VALLAURI et G. DILCHER, Milan, 1981, p. 1007 s.

Tranchant, en matière de *régimes matrimoniaux*, en faveur des pays de coutumes, on a décidé que les époux mariés sans contrat de mariage seraient unis sous le régime de la communauté de meubles et acquêts, mais cela ne les empêchait pas de choisir, parmi les régimes conventionnels, le régime dotal, qui était conforme à la tradition des pays de droit écrit.

Quant aux rapports entre parents et enfants, le code réglemente l'établissement de la *filiation légitime* et admet la règle traditionnelle suivant laquelle le mari est de droit le père des enfants de sa femme (*pater is est quem nuptiae demonstrant*).

Quant à l'enfant naturel, le code le traite durement. Il permet l'établissement de la *filiation naturelle* par reconnaissance volontaire, mais interdit la recherche en justice de la paternité naturelle. Certaines dispositions établissent en outre une infériorité du traitement juridique de l'enfant naturel par rapport à celui de l'enfant légitime.

Le code admet l'*adoption*, mais la réglemente étroitement; ainsi l'adoption des mineurs est interdite.

L'âge de la *majorité* est fixé uniformément à 21 ans. Jusqu'à cet âge, l'enfant mineur est soumis à la *puissance paternelle*, qui comporte, quant à sa personne, les droits de garde et de correction et, quant à ses biens, les droits d'administration légale et de jouissance légale. Ces droits sont exercés, en principe, par le père. La puissance paternelle n'est soumise à aucun contrôle.

Dès le décès du père ou de la mère, l'enfant est mis en *tutelle*. Celle-ci est organisée minutieusement, surtout en vue de la protection du patrimoine immobilier du mineur, tant dans son intérêt qu'en vue de la conservation des biens dans la famille.

60 *Successions* ◊ En matière de succession *ab intestat*[1], le code, comme la Révolution, consacre l'unité de la succession, conséquence de l'unité du patrimoine ; les anciennes distinctions entre biens nobles et non nobles, acquêts et propres, propres paternels ou maternels sont supprimées.

Il attribue la succession aux parents par le sang, les classant en différents ordres, un ordre ne succédant qu'à défaut de parents dans l'ordre précédent ; entre successibles relevant du même ordre, la préférence est donnée au plus proche degré[2]. Premier ordre : descendants, pour lesquels la représentation successorale est admise, les descendants

---

1. Dans le titre Des successions, le code ne traite que des successions *ab intestat* ou légales, celles où la loi elle-même fixe le sort des biens, ce qui est le cas lorsque le défunt n'a pas réglé, par des dispositions de dernière volonté, le sort de ses biens. Le code réglemente cependant deux autres modes successoraux, le testament et l'institution contractuelle, mais en tant que *libéralités*.

2. Le degré consiste en une génération et se compte différemment selon qu'il s'agit de la ligne directe ou de la ligne collatérale : en ligne directe, les degrés sont représentés par les générations, un père et son enfant sont ainsi au premier degré, les grands-parents et les petits-enfants, au deuxième (art. 737) ; en ligne collatérale, on compte les degrés en partant de l'un des parents pour remonter jusqu'à l'auteur commun et redescendre ensuite jusqu'à l'autre parent : les frères et sœurs sont parents au deuxième degré, les oncles ou tantes et neveux ou nièces, au troisième, les cousins germains, au quatrième (art. 738).

d'un descendant plus proche prédécédé venant à la succession aux lieu et place de celui-ci. Deuxième ordre : collatéraux privilégiés, frères et sœurs et leurs descendants (avec admission de la représentation) et ascendants privilégiés (père et mère). Troisième ordre : autres ascendants. Quatrième ordre : collatéraux ordinaires, jusqu'au douzième degré.

Le conjoint survivant n'hérite qu'à défaut de parents du sang et il n'est qu'un successeur irrégulier, ne pouvant appréhender les biens successoraux qu'après un envoi en possession délivré par le président du tribunal. A défaut de conjoint, l'Etat recueille les biens.

61 *Propriété et droits réels* ◊ Le code civil attache une importance particulière à la propriété. Le plan du code est caractéristique à cet égard, presque toutes les institutions étant ramenées au droit de propriété. C'est la propriété individuelle, droit essentiel de l'homme, que le législateur réglemente avec beaucoup de soin ; il ignore la propriété collective et ne réglemente même pas l'indivision ou copropriété.

Il affirme, à l'article 544, le caractère absolu du droit de propriété, qu'il débarrasse de toute notion de domaine éminent et de la plupart des droits et charges qui entravaient son exercice. Il prévoit bien que l'usage de sa chose peut être restreint pour le propriétaire par la loi ou les règlements ; mais dans sa conception, ces restrictions doivent être exceptionnelles. Il les prévoit lui-même dans des articles minutieux consacrés surtout à la propriété immobilière, sous forme de servitudes légales imposées dans l'intérêt de l'agriculture et des propriétés voisines.

Toute sa sollicitude va aux immeubles. Toutefois, d'une part, il exclut de la catégorie des immeubles les biens incorporels, les droits personnels, y compris les rentes, les actions et obligations, qu'il classe parmi les meubles ; d'autre part, l'article 1138 consacre la règle suivant laquelle une simple convention peut créer ou transférer la propriété ou un droit réel aussi bien sur un immeuble que sur un meuble, ce qui rend aisée la libre disposition des terres.

Le code facilite la libre circulation à l'article 2279 (« en fait de meubles, la possession vaut titre »), qui permet le transfert de propriété par la simple remise de la possession du meuble, règle empruntée à la tradition de la fin de l'Ancien régime.

62 *Obligations* ◊ Le code consacre la division traditionnelle des sources des obligations en sources contractuelles et sources extra-contractuelles.

1° La source normale de l'obligation, c'est le contrat : l'individu ne peut être lié que par sa volonté, par un accord avec une autre personne. Le code affirme (art. 1134), en des termes relevant de la théorie de *l'autonomie de la volonté*, la liberté contractuelle, c'est-à-dire la liberté pour les personnes de passer des contrats et de faire naître ainsi les obligations qu'elles veulent, sous réserve des conditions légales traditionnelles de validité, tenant au consentement et à ses vices, à la capacité des parties, à l'objet et à la cause (motif déterminant) de la convention, qui ne doivent pas être contraires à l'ordre public et aux bonnes mœurs.

Demeurent abolies l'ancienne prohibition du prêt à intérêt et toutes les entraves résultant d'une organisation corporative professionnelle.

Le code proclame la *souveraineté des clauses du contrat* : celles-ci tiennent lieu de *loi* entre les parties, qui doivent subir la loi du contrat, de la même façon qu'elles sont tenues de déférer à l'ordre de la loi proprement dite. Le débiteur qui n'exécute pas, qui n'est pas libéré par le paiement (ou un mode d'extinction assimilé au paiement, par exemple une remise de dette, une compensation, une prescription) est responsable et doit des dommages-intérêts, à moins que l'inexécution ne soit imputable à un cas fortuit et de force majeure. En cas d'impossibilité d'exécution, le juge ne peut que prononcer la résolution du contrat, sans pouvoir en modifier les effets. Et le débiteur est responsable sur tous ses biens. Il peut même, en 1804, être contraint par corps, c'est-à-dire emprisonné tant qu'il ne paie pas sa dette.

Le code réglemente les effets généraux des contrats et ceux des contrats spéciaux traditionnels : la vente, l'échange, le louage, le mandat, le dépôt, le prêt, la société civile, le cautionnement, la transaction. Tous ces contrats peuvent être conclus sans forme exigée à peine de nullité, et la plupart des textes sont interprétatifs de volonté : les parties peuvent en écarter l'application, inventer des contrats produisant d'autres effets.

Toutefois, le contrat souverain entre les parties ne peut avoir d'effet à l'égard des tiers (art. 1165) : nul ne saurait devenir contractuellement débiteur ou créancier sans l'avoir voulu ; spécialement, on ne peut stipuler pour autrui.

2° A côté des contrats, le code admet que des obligations peuvent naître *sans convention*. Leur source sera alors (art. 1370) soit la loi, soit le quasi-contrat de gestion d'affaires (gérer l'affaire d'autrui sans en avoir reçu mandat), soit le délit ou le quasi-délit civil. Et, à ce dernier point de vue, l'article 1382 consacre la règle suivant laquelle tout fait quelconque de l'homme qui cause un préjudice à autrui, oblige celui par la *faute* duquel il est arrivé à le réparer.

63   *Libéralités* ◊ Pour une catégorie d'actes juridiques, le code civil apporte d'importantes exceptions au principe de l'autonomie de la volonté : il s'agit des *libéralités*, actes ayant pour but la transmission des biens à titre gratuit. Le code (art. 893 à 1100) en reconnaît deux catégories : la *donation entre vifs*, contrat par lequel le donateur se dépouille de son vivant, irrévocablement, d'un bien au profit du donataire, sans rien recevoir en échange, et le *testament*, acte unilatéral par lequel une personne transmet tout ou partie de son patrimoine à son décès.

Les règles du code civil tendent en la matière à un triple but : protéger celui qui se dépouille, en assurant la liberté entière de sa volonté, protéger sa famille contre des libéralités exagérées, sauvegarder l'intérêt public général qui peut être menacé par le but poursuivi par les donateurs et les testateurs. Parmi ces règles, les unes sont communes à toutes les libéralités, les autres sont respectivement applicables aux donations ou aux testaments.

On se bornera à indiquer les principales règles applicables à toutes les libéralités :

1° Le *consentement* est à la base des libéralités comme à celle de tous les actes juridiques. Mais la volonté du disposant doit être particulièrement libre ; le code est plus exigeant qu'en matière d'actes à titre onéreux, notamment en ce qui concerne l'intégrité des facultés mentales du donateur et du testateur ; il admet la possibilité d'attaquer une libéralité pour démence après la mort du disposant (art. 901).

2° Le code s'efforce de lutter contre l'esprit anti-révolutionnaire qui pourrait animer les disposants, ceux-ci cherchant à écarter, par des modalités appropriées, les grands principes du droit nouveau : liberté de conscience, libre choix d'une profession, abolition des anciens privilèges d'aînesse et de masculinité ; il décide que toute *condition impossible, immorale ou illicite* apposée à une libéralité sera réputée non écrite, mais n'invalidera pas la libéralité (art. 900) ; le gratifié peut ainsi conserver le bénéfice de la libéralité sans être tenu de se conformer à la condition illicite.

3° La capacité de disposer et de recevoir à titre gratuit est soustraite, dans une large mesure, au droit commun : il y a des *incapacités spéciales*, soit de disposer, soit de recevoir. Parmi ces dernières, nous en signalerons qui tiennent à l'état de dépendance où se trouvait le disposant par rapport au gratifié : ainsi, le tuteur ne peut pas recevoir de libéralités de son pupille, le médecin ayant traité un malade ne peut pas recevoir de lui une libéralité pendant le cours de la maladie qui aurait une issue fatale ; d'autres incapacités tiennent à la défiance envers la filiation hors mariage : l'enfant naturel ne peut rien recevoir au-delà de sa part successorale qui constitue une limite infranchissable (art. 908, anc. réd.).

4° L'institution de la *réserve héréditaire* limite la liberté de faire des donations et des legs. Le code civil dispose que la présence de certains héritiers *ab intestat* (descendants et ascendants légitimes) ne laisse pour le *de cujus* qu'une quotité de la succession disponible par voie de libéralités. Si la réserve a été entamée, le ou les réservataires peuvent faire réduire en nature les libéralités excessives, c'est-à-dire dépassant la quotité disponible[1].

5° Le code traite de façon spéciale les *libéralités adressées au conjoint du disposant* : il crée une quotité disponible spéciale entre époux et protège tout particulièrement les enfants nés d'un premier lit.

---

1. L'institution de la réserve héréditaire est un exemple typique des solutions transactionnelles souvent consacrées par le code : celui-ci s'est inspiré de la *légitime* des pays de Droit écrit pour la détermination des réservataires et de la réserve *coutumière* pour les caractères juridiques qu'il attribue à la réserve.

B LE DESTIN DU CODE CIVIL

64 **Rayonnement** ◊ Le destin du code civil — du code Napoléon — a été très grand, pour des raisons très diverses : politiques, sociales, idéologiques ... Son succès fut considérable, même si, *en France*, sa pénétration ne s'est opérée qu'en quelques décennies et s'il a suscité des controverses d'ordre confessionnel, économique et politique[1].

Ce succès fut même excessif, car il détermina chez les juristes une tendance à voir dans la codification la source exclusive du droit civil. Rien n'illustre mieux la réussite du code que sa longévité : il continue, malgré les bouleversements constitutionnels et sociaux, à régir les rapports essentiels entre individus ; *il a été la véritable Constitution de la France*[2].

A l'étranger, le code civil fit preuve d'une force d'expansion considérable. Appliqué dans tout l'empire de Napoléon, il resta en vigueur après 1815 en Belgique et jusqu'à 1900 dans les pays rhénans, jusqu'en 1912 dans le canton de Genève. Il a servi de modèle à de nombreux codes étrangers, européens, américains, asiatiques[3].

65 **Ses qualités** ◊ Le succès du code s'explique par des qualités de forme et de fond.

Dans la *forme*, il a été rédigé sans prétention théorique ; la technique y est réduite à la portion congrue, l'œuvre est étrangère à la scolastique, à des considérations d'ordre philosophique, ce qui n'exclut cependant nullement une cohérence logique dans le code[4]. Systématiquement, les rédacteurs du code ont voulu donner satisfaction aux exigences de la pratique en n'hésitant pas à faire une œuvre simple, accessible dans une large

---

1. V. J. CARBONNIER, *Le Code civil*, in P. NORA ET ALI, *Les lieux de mémoire*, t. II, *La nation*, 1986, 2e vol., p. 293 s.

2. V. J. CARBONNIER, *Le code civil des Français a-t-il changé la société européenne ? Programme pour une recherche sociologique sur l'influence du code de 1804*, D. 1975, chron. 171 s.

3. Des codes étroitement inspirés du code civil français ont ainsi été promulgués à Monaco (1818), aux Pays-Bas (1838), en Espagne (1889), au Portugal (1867, remplacé par un code nouveau en 1966), et dans l'Amérique Latine. — L'Italie, lorsqu'elle a réalisé son unité, a reçu en 1865 un code civil très proche du code civil français ; mais elle l'a remplacé en 1942 par un nouveau code civil qui englobe la matière du droit commercial. — Sur l'influence exercée par notre code civil à l'étranger, cf. notamment le *Livre du centenaire du Code civil* dont la troisième partie (p. 587 s.) est précisément consacrée au Code civil à l'étranger. — L'Allemagne, où le droit romain a été appliqué en principe, comme « droit commun », depuis le XVIe siècle, s'est donné en 1896 un code civil (*Bürgerliches gesetzbuch* : B.G.B.), qui par son aspect dogmatique et son plan diffère du code civil français ; le modèle de ce code a inspiré les codes du Brésil (1916) et de la Grèce (1940). Plus moderne que le code civil, le B.G.B. l'a progressivement concurrencé de plus en plus vivement de par le monde, par exemple au Japon. — La Suisse, n'ayant pu réaliser l'unification de son droit civil qu'en deux étapes, possède de ce fait, au lieu d'un code civil unique, deux codes, la réglementation du droit des obligations et du droit commercial se trouvant dans un code fédéral des obligations (1881, révisé en 1936) qui est distinct du code civil (1907).

4. JEAN RAY, *Essai sur la structure logique du Code civil français*, thèse lettres Paris, 1927.

mesure même à des non-juristes. La langue du code est claire, précise. Les rédacteurs ont souvent usé de formules souples, ce qui a permis une évolution du droit par voie d'interprétation.

Dans le *fond*, le code portait la marque du génie de la France, fait de l'esprit de progrès et du sens de la mesure. Il conciliait les courants juridiques qui, jusque-là, s'étaient heurtés les uns aux autres, empruntant à chaque système ses meilleures solutions [1]. Il maintenait les conquêtes de la Révolution, la liberté et l'égalité des individus, la libération des terres à l'encontre des emprises féodales, la liberté contractuelle, débarrassée des entraves religieuses, étatiques et corporatives, la sécularisation des institutions juridiques. En même temps, il restaurait une famille solide et conservait la plupart des institutions techniques du droit de l'Ancien régime, auxquelles la pratique était accoutumée, tout en les rajeunissant. Il s'inspirait enfin du droit romain, en matière d'obligations, les jurisconsultes romains ayant laissé une analyse très subtile et poussée du rapport obligatoire.

66 *Critiques* ◊ On a cependant pu lui faire divers reproches. Voici les principaux :

1º Le code civil est protecteur des possédants : le propriétaire, le capitaliste l'intéressent plus que le travailleur. Il passe à peu près sous silence les rapports de travail et, d'une manière générale, les questions d'ordre professionnel. On a pu dire qu'il était le code de la bourgeoisie capitaliste, de cette bourgeoisie qui avait fait dévier la Révolution.

2º Le code, imbu d'un esprit trop individualiste, a reflété vis-à-vis des groupements une hostilité nettement avouée ; il a méconnu les intérêts collectifs, laissant l'individu seul en face de l'Etat. Il a ignoré les personnes morales, les fondations ; il a été hostile aux associations. Le code n'a même pas traité de la famille. Certes il y tenait, étant fermement attaché à l'idée d'autorité et d'ordre. Mais il a réglementé les institutions familiales en en prononçant à peine le mot : aucun titre n'a été consacré à la famille ; c'est au nom de la personne qu'il a envisagé le mariage, comme un contrat passé entre deux individus de sexe différent. Et la filiation n'a été comprise que comme un rapport entre parents et enfants.

3º Il s'est préoccupé presque uniquement des questions patrimoniales, principalement de celles qui touchaient à la conservation des fortunes immobilières. Des valeurs morales, il n'a point été question [2]. Il devait être donné à la doctrine et à la jurisprudence d'élaborer la théorie des droits de la personnalité.

4º Dans le cadre des rapports familiaux, les rédacteurs du code, effrayés par le relâchement des mœurs qui avait suivi la Révolution, ont trop accentué l'autorité dans la famille, ne faisant pas une place suffisante

---

1. Cf. A.-J. ARNAUD, *Les origines doctrinales du Code civil français*, 1969.
2. V. X. MARTIN, Nature humaine et Code Napoléon, Rev. *Droits*, nº 2-1985, p. 117 s.

dans le ménage à la femme mariée, déclarée incapable, et à la mère dont le rôle à l'égard des enfants n'apparaissait qu'en cas de divorce ou de mort du père.

5° Sur le plan économique, il a trop souligné la souveraineté de la propriété individuelle qui peut s'exercer au détriment des intérêts généraux.

6° Il a fait également de la liberté contractuelle un dogme trop absolu, laissant ainsi s'établir, dans le commerce des hommes, une concurrence sans frein et la primauté du seul intérêt matériel, ce qui risque d'aboutir à l'écrasement du faible par le fort. L'égalité de droit, qui était reconnue, aboutissait souvent à l'inégalité de fait.

7° Il a adopté un régime successoral qui a entraîné un morcellement excessif des terres et des exploitations[1].

Toutes ces critiques sont fondées, mais on ne peut en faire reproche au code civil qui s'explique par son temps. Il a fallu, depuis 1804, parer aux inconvénients et combler les lacunes qui viennent d'être signalées. Nous allons voir comment l'évolution s'est faite et constaterons qu'elle a pu s'accomplir en s'accommodant largement des textes du code et des principes qui avaient été posés, ce qui témoigne de l'excellence de l'œuvre.

67   *Le temps de la stabilité* ◊ Passées quelques décennies d'insertion[2], un temps de stabilité s'est, en droit civil, maintenu assez profondément pendant la plus grande partie du XIXᵉ siècle.

C'est avec le règne de Louis-Philippe que l'essor du commerce, le développement du machinisme entraînent des transformations économiques profondes. La création de la grande industrie suscite dans les villes le développement de la classe ouvrière que les rédacteurs du code civil ne connaissaient pas. Les grandes entreprises commerciales et industrielles seront, surtout à partir de la loi du 24 juillet 1867 sur les sociétés, exploitées sous forme de sociétés par actions ; la fortune mobilière connaîtra ainsi une extension prodigieuse, les titres émis par les sociétés, notamment les actions et les obligations, étant traités juridiquement comme des biens mobiliers.

La solidité de la vie familiale se ressentira, tant dans la classe ouvrière que dans la haute bourgeoise, des nouvelles conditions d'existence : l'obligation pour chacun de travailler, la misère dans la famille ouvrière,

---

1. Le régime de l'égalité des parts *en nature*, et non seulement *en valeur*, a eu des répercussions sur la natalité : certaines familles ont restreint leur postérité pour éviter le partage de l'exploitation familiale. On a pu dire que « l'Ancien Régime faisait le fils aîné, le code civil a fait le fils unique », cf. A. COLIN. *Le droit de succession dans le code civil*, in Livre du centenaire du Code civil, p. 297 s.

2. V. J. CARBONNIER, *Le Code Napoléon en tant que phénomène sociologique*, art. préc.; v. aussi, du même auteur, En l'année 1817, *Mélanges Raynaud*, 1985, p. 81 s., spécialement à partir de l'art. 68 de la Charte du 4 juin 1814 : « Le Code civil et les lois actuellement existantes qui ne sont pas contraires à la présence Charte, restent en vigueur jusqu'à qu'il y soit légalement dérogé ».

l'excès d'argent dans la haute bourgeoisie entraînent le relâchement du lien familial et le dérèglement des mœurs.

Le courant individualiste et libéral s'est même accentué en matière patrimoniale : ainsi l'essor économique provoqué par le libéralisme a rendu nécessaire le développement et la protection du crédit immobilier. Et il a fallu généraliser et améliorer le système de la publicité foncière (L. 23 mars 1855, mod. par le décret-loi du 30 oct. 1935 ; v. aujourd'hui les décrets des 4 janv. et 14 oct. 1955).

68 *L'évolution ultérieure. Le droit des personnes* ◊ Influencée par les données économiques — croissance et crises économiques —, sociales — développement de l'industrie —, politiques — avènement du suffrage universel, IIIe, IVe et Ve Républiques —, idéologiques, cette évolution a profondément complété et transformé le système de 1804. De nouvelles lois ont été adoptées, pas nécessairement intégrées dans le code civil. Et la jurisprudence a exercé, surtout à partir de la fin du XIXe siècle, une influence grandissante et considérable. L'on a assisté, suivant les matières, à un développement et à un recul du libéralisme et de l'individualisme.

Pendant cette période, une influence individualiste, libérale — on dira même aujourd'hui dans le sens de la libéralisation de la famille — s'est manifestée dans le droit du divorce : supprimé sous la Restauration par la loi du 8 mai 1816, il a été rétabli par la loi du 27 juillet 1884, puis de plus en plus favorisé par la jurisprudence et par diverses lois, spécialement par la loi du 11 juillet 1975.

Au sujet des rapports entre les parents, *l'autorité maritale* a été atteinte par la loi du 6 février 1893 qui donna capacité à la femme séparée de corps ; la loi du 13 juillet 1907 a donné à la femme la libre disposition des gains et produits de son travail ; *l'incapacité de la femme mariée* a été supprimée par la loi du 18 février 1938 ; la loi du 22 septembre 1942 a prolongé, en matière de *régimes matrimoniaux*, les effets de la loi du 18 février 1938. Surtout, la loi du 13 juillet 1965 a changé le régime matrimonial légal, la communauté réduite aux acquêts étant substituée à la communauté de meubles et acquêts. Et puis, au terme de l'évolution, la loi du 23 décembre 1985 a pleinement réalisé l'égalité des époux dans les régimes matrimoniaux et des parents dans la gestion du patrimoine des enfants mineurs.

La tendance libérale s'est aussi manifestée en matière de *filiation* : autorisation de la recherche de la paternité naturelle (L. 16 nov. 1912), légitimation de certains enfants adultérins et incestueux (L. 7 nov. 1907, L. 30 déc. 1915, L. 25 avril 1924), augmentation des droits des enfants naturels (L. 2 juil. 1907, Décr.-L. 29 juil. 1939), amélioration de la situation des enfants adultérins et incestueux (L. 15 juil. 1955, L. 5 juil. 1956). Surtout, l'évolution a été marquée par la loi du 3 janvier 1972, caractérisée avant tout par le principe de l'égalité entre enfants légitimes et enfants naturels.

Des lois multiples ont tendu à développer l'*adoption* (L. 19 juin 1923, Décr.-L. 29 juil. 1939, Ord. 23 déc. 1958, L. 21 déc. 1960) ; et la loi du

11 juillet 1966 a réformé toute l'institution par la distinction de l'adoption plénière et de l'adoption simple.

Dans les rapports entre les parents et les enfants, un vent d'égalité a aussi soufflé : quand, à l'autorité du mari dans l'exercice de la puissance paternelle, s'est substituée celle du tribunal devant lequel la femme peut porter des recours contre certaines décisions du mari (L. 18 fév. 1938); puis quand la loi du 4 juin 1970, complétée par une loi du 22 juillet 1987, relative à l'autorité parentale, a aménagé l'exercice de cette autorité dans l'intérêt de l'enfant et conformément au principe d'égalité de l'homme et de la femme dans le mariage. En outre, sur le terrain de la protection du patrimoine des mineurs, une loi du 14 décembre 1964 a modifié les dispositions du code civil relatives à l'administration légale, à la tutelle et à l'émancipation.

Une loi du 3 janvier 1968 a aménagé un système moderne destiné à assurer la sauvegarde des intérêts matériels des majeurs protégés, tandis qu'une loi du 27 juin 1990 a amélioré la protection de la personne des malades mentaux.

La loi du 5 juillet 1974 a abaissé de 21 à 18 ans l'âge de la majorité légale.

69   *L'évolution ultérieure. Les successions* ◊ Au cours de la période étudiée, le code civil n'a pas été modifié de manière fondamentale.

La limitation de la vocation successorale *ab intestat* — c'est-à-dire en l'absence de disposition testamentaire — au sixième degré (L. 31 déc. 1917) a rendu plus effective la vocation successorale du conjoint survivant. Les droits successoraux de celui-ci ont aussi été augmentés de diverses manières, notamment par les lois du 9 mars 1891 et du 29 avril 1925 consacrant sa vocation en usufruit, par des lois du 3 décembre 1930 et du 26 mars 1957 renforçant sa vocation en pleine propriété, par une ordonnance du 23 décembre 1958 supprimant l'envoi en possession pour le conjoint survivant héritier.

Le code de 1804 laissait sans organisation l'indivision successorale, mieux l'indivision tout court. Vision individualiste. Vision irréaliste. Vision aujourd'hui abandonnée : une loi du 31 décembre 1976 a organisé l'indivision. D'autres lois ont apporté des modifications : sur l'indivision et le partage des exploitations agricoles (1961), sur le rapport à la succession, sur la réduction des libéralités excédant la quotité disponible et la réserve.

Une réforme globale du droit des successions reste à faire : elle devrait entraîner une grande amélioration de la condition du conjoint survivant succédant *ab intestat*.

70   *L'évolution ultérieure. La propriété* ◊ Le droit de propriété figure au nombre des droits de l'homme solennellement proclamés par la Déclaration des droits de 1789. Cette notion a été étendue aux droits intellectuels (propriété littéraire et artistique : L. 14 juil. 1866, puis L. 11 mars 1957; L. 3 juil. 1985 relative aux droits d'auteurs et aux droits des artistes-interprètes, des producteurs de phonogrammes et de vidéogrammes et des entreprises de communication audiovisuelle), à la propriété dite industrielle (L. 5 juil. 1844, puis L. 2 janv. 1968, sur les brevets d'invention; L. 23 juin 1857, puis L. 31 déc. 1964, puis L. 4 janv. 1991, sur les marques de fabrique ; L. 26 nov. 1990, relative à la propriété industrielle).

Il y a eu expansion du domaine de la propriété, immobilière et mobilière, spécialement par le développement et la protection du crédit, ainsi que par la circulation des richesses. Mais il s'est produit un recul du caractère absolu du droit de propriété sous l'influence de pressions multiples, d'ordre social, politique et philosophique. A cet égard, les préoccupations ont été très diverses : hygiène, logement, circulation, transports, défense nationale, exploitation des richesses, production de l'énergie. Ainsi, les pouvoirs du propriétaire ont été limités du fait de la création, au profit de certains locataires, fermiers ou occupants de biens immobiliers, de prérogatives afférentes aux immeubles (ex. : maintien dans les lieux). La jurisprudence a aussi contribué à l'affaiblissement du caractère absolu du droit de propriété en en sanctionnant l'abus.

Fidèle à la Déclaration des droits de l'homme, l'article 545 du code civil dispose que « Nul ne peut être contraint de céder sa propriété, si ce n'est pour cause d'utilité publique, et moyennant une juste et préalable indemnité ». Mais des textes successifs ont assoupli les conditions de l'expropriation pour cause d'utilité publique (1921, 1935, 1958). Le Préambule de la Constitution du 27 octobre 1946, relayé par celui de la Constitution du 4 octobre 1958, dispose que « tout bien, toute entreprise, dont l'exploitation a acquis les caractères d'un service public national ou d'un monopole de fait, doit devenir la propriété de la collectivité ». Déjà d'importantes nationalisations avaient été réalisées en 1944 et 1945. Un nouveau vent de nationalisations très nombreuses a soufflé à partir de 1981; le vent a tourné dans le sens de la privatisation de 1986 à 1988; depuis lors, un *statu quo* semble s'être institué.

Dans le cadre de la politique d'interventionnisme et d'économie dirigée ou planifiée, l'Administration a, tant en matière urbaine qu'en matière rurale, limité fortement, en matière immobilière, les prérogatives des propriétaires.

Le statut de la copropriété des immeubles bâtis a été fixé par la loi du 28 juin 1938, puis par celle du 10 juillet 1965, modifiée par la loi du 31 décembre 1985.

71 *L'évolution ultérieure. Les contrats* ◊ Une philosophie latente inspirait les articles du code civil relatifs aux contrats : l'autonomie de la volonté. En concluant un accord, les contractants savaient ce qu'ils faisaient et le faisaient, par hypothèse, de manière autonome, librement. La liberté contractuelle était un corollaire naturel de l'autonomie de leurs volontés. S'étant engagés librement, la parole donnée devait être nécessairement respectée. Par hypothèse, ce qui était contractuel était juste. « Les conventions légalement formées tiennent lieu de loi à ceux qui les ont faites » (art. 1134, al. 1er). Ce qui était important dans ce texte — qui n'a pas été modifié dans sa lettre — c'est que les conventions devaient être respectées *comme des lois* par ceux qui les avaient faites. Dans l'esprit du code civil, l'effet obligatoire n'avait de sens que dans les rapports entre les parties qui avaient conclu le contrat ; en principe, on ne pouvait promettre ou stipuler pour autrui.

De profonds changements ont, depuis lors, affecté cet ensemble. Les uns ont été réalisés par la seule jurisprudence. Les solutions dégagées à partir du dogme de l'autonomie de la volonté l'ont été lorsque, sous l'influence d'une considération de la liberté entendue de manière moins formelle, les tribunaux se sont préoccupés de défendre les contractants en situation de faiblesse : à cet effet, les tribunaux ont accru la remise en cause possible du contrat du fait d'une atteinte à l'intégrité du consentement ou d'un déséquilibre excessif des prestations : l'inflexibilité de l'obligation contractuelle assumée a été adoucie ; la garantie réelle de l'égalité a progressé ; et le rayonnement du processus contractuel, même à l'égard d'autres que les contractants, a permis d'admettre, en dépit de la loi et dans certaines conditions, la validité de nombreuses stipulations, ce qui a notamment satisfait des exigences salutaires en matière d'assurance.

Il faut d'ailleurs souligner que l'article 1134, alinéa 1er, du code civil, si puissante que soit la force obligatoire qu'il attachait à l'engagement, visait expressément les « conventions *légalement* formées », ce qui attestait une prééminence de la loi, en tant que source du droit objectif (*infra*, n°s 192 s.). Dès 1804, il y avait dans le code civil des restrictions à la liberté contractuelle. Et l'article 6 du code civil disposait déjà : « On ne peut déroger par des conventions particulières aux lois qui intéressent l'ordre public et les bonnes mœurs ».

Sur le terrain de la législation, l'évolution a consisté à faire reculer, par des lois de plus en plus nombreuses, le domaine de la liberté contractuelle : d'abord en combattant des abus de puissance sociale ou économique, par exemple dans le domaine du droit du travail, du droit des assurances, ou encore, de manière épisodique puis de manière plus permanente, dans le droit du bail, urbain ou rural. Le domaine des dispositions impératives n'a cessé de s'étendre dans la plupart des branches du droit. Et il faut observer que le mouvement n'a pas seulement été inspiré par des considérations sociales. Des raisons économiques et monétaires ont aussi favorisé le développement de réglementations impératives liées au déclin d'une société de type pleinement libéral et aux progrès de préoccupations de justice sociale[1].

Un mouvement encore plus profond a affecté depuis quelques décennies le droit des contrats : si l'on ne peut pas considérer qu'il ait été sans précédents dans un passé fort lointain, à Rome même, il n'en est pas moins dans son esprit et sa technique un signe important de notre époque et atteste l'émergence, spécialement dans le domaine des contrats, d'une orientation qui s'est développée d'abord aux Etats-Unis et au Canada : il s'agit du droit de la protection des consommateurs (ou non-professionnels). Les unes après les autres, les règles du droit des contrats parmi les plus anciennes — parfois millénaires — sont prises en écharpe par ces

---

1. V. *Le droit contemporain des contrats*, Trav. Univers. Rennes, coord. L. Cadiet, 1987. — V. aussi B. Berlioz-Houin et G. Berlioz, Le droit des contrats face à l'évolution économique, *Mélanges Houin*, 1985, p. 3 s.

textes nouveaux, par cette technique contractuelle inspirée par des considérations de rapports de masse, et non lors de rapports interindividuels (v. *infra*, nᵒˢ 283, 290).

72 ***L'évolution ultérieure. La responsabilité*** ◊ Des textes simples, classiques, inspiraient les règles du code civil sur la responsabilité civile extra-contractuelle : la responsabilité était fondée sur l'idée de faute. Et l'article 1382 du code, premier d'une courte série, exprimait bien la philosophie de la culpabilité et de la réparation en matière civile : « Tout fait quelconque de l'homme, qui cause à autrui un dommage, oblige celui par la faute duquel il est arrivé à le réparer ». D'autres dispositions complétaient cette formule et longtemps furent suffisantes : on put, de la même manière, sanctionner et réparer.

Mais le développement du machinisme a, au siècle dernier, entraîné une multiplication d'accidents et de dommages souvent graves dont les causes pouvaient être anonymes. Pour réparer de tels dommages causés par des choses, il fallut une législation spéciale. C'est ainsi qu'une loi du 9 avril 1898 a permis à l'ouvrier victime d'un accident du travail d'obtenir une indemnité au moins partielle, sans avoir à prouver une faute de l'employeur.

Le développement de la société industrielle et du progrès technique n'a pas tardé ensuite à entraîner la multiplication d'accidents du même genre. Ainsi en a-t-il été quand on a vu se multiplier les accidents d'automobiles. Pendant longtemps, le législateur a pourtant laissé la jurisprudence adapter les règles du code civil à ces situations nouvelles et souvent dramatiques. Et il faut dire que les tribunaux ont fait preuve en la matière d'une puissance inventive peu commune. Pourtant, il est venu un temps où cela n'a pu suffire : tel a été l'objet d'une loi du 5 juillet 1985 tendant à l'amélioration de la situation des victimes d'accidents de la circulation et à l'accélération des procédures d'indemnisation.

Aux textes évoqués ne se réduit évidemment pas l'intervention législative en matière de responsabilité.

[C] LA RÉVISION DU CODE CIVIL

73 ***Histoire*** ◊ Les vicissitudes politiques qu'a connues la France depuis 1804 n'ont pas entraîné la « révision » du code civil. Son centenaire a été célébré.

Quand un siècle eut passé, on put sérieusement se demander s'il ne convenait pas de procéder à une révision du code civil : d'abord parce que ce code ne correspondait plus au droit français positif, soit du fait de nombreuses lois qui y étaient restées extérieures et avaient brisé son unité d'esprit et de technique, soit du fait que les tribunaux avaient interprété les textes du code d'une manière que ceux-ci, à la lettre, n'exprimaient plus de manière satisfaisante.

En outre, les principes mêmes sur lesquels le code avait été construit étaient remis en question ; rédigé à une époque dominée par l'individualisme et le libéralisme, le code avait été élaboré en fonction de l'idée de la défense de la personne individuelle contre l'emprise de l'Etat ; la propriété individuelle, comprise comme un droit absolu, souverain, la liberté contractuelle, opposée à l'intervention de l'Etat, sont les fondements essentiels de son édifice. A ces divers points de vue, le code n'était manifestement plus en accord avec l'état de l'opinion, ni avec le droit positif.

La question de la réforme du code a été débattue au début de ce siècle. En 1904, lors du centenaire du code civil, une commission fut chargée de préparer une nouvelle codification. Il se manifesta une tendance à s'inspirer du code civil allemand, qui venait d'être mis en vigueur le 1er janvier 1900 et dont la valeur scientifique était incontestable. Les travaux de la commission n'aboutirent à rien.

La question revint à l'actualité au lendemain de la Libération, à une époque où des réformes importantes, voire de structure, étaient envisagées par certains[1]. Une commission extra-parlementaire de douze membres fut constituée au ministère de la Justice en vue de préparer un projet de nouveau code civil[2]. Elle a fourni un important travail de rédaction[3]. La première partie (Livre préliminaire ; Livre premier : « Des personnes physiques et de la famille ») a été soumise, en 1953, pour avis aux Facultés de droit, ainsi qu'aux Cours et Tribunaux[4].

Il a fallu renoncer à l'objectif que l'on s'était assigné. Malgré les fortes raisons qui venaient à l'appui de la révision, l'entreprise pouvait, à certains égards, paraître prématurée : comment codifier, alors qu'on ne pouvait pas déceler avec certitude les courants qui l'emporteraient dans le droit civil ? Le courant individualiste, qui a, en grande partie, façonné le droit de la famille, subsisterait-il à une époque de profondes mutations en matière personnelle, familiale, sociale, économique, politique, nationale et internationale[5].

Il paru préférable de recourir à des révisions partielles, successives, procédant par tranches, conservant autant que possible les numéros des anciens articles correspondants[6]. Il est arrivé que de telles révisions aient bénéficié des travaux de la commission de réforme du code civil, certaines améliorations proposées par la commission ayant été retenues par le législateur. Celui-ci s'est engagé dans la voie des révisions partielles sous l'impulsion du ministre de la Justice, M. Jean Foyer. On peut citer, à cet

---

1. Un certain nombre de lois concernant le droit civil furent promulguées par le gouvernement de Vichy. Leur esprit général était familial et social, mais dans un sens paternaliste. A la Libération, l'ordonnance du 9 août 1944 sur le rétablissement de la légalité républicaine proclama la nullité de toute cette législation. Une nullité automatique frappait certains textes (ex. : discrimination raciale). Sinon, la nullité devait découler d'un texte spécial.

2. JULLIOT DE LA MORANDIÈRE, La réforme du code civil, D. 1948, chron. 117.

3. Neuf volumes ont ainsi paru de 1946 à 1955. — Cf. R. HOUIN, Les travaux de la commission de réforme du code civil, RTD civ. 1951, p. 34 s.

4. Cet avant-projet a été accompagné d'un Rapport préliminaire établi par le doyen Julliot de La Morandière, qui présidait la Commission de révision.

5. V. Le droit non civil de la famille, Trav. Fac. sc. sociales Poitiers, 1983, préf. J. CARBONNIER.

6. La conservation des numéros des anciens articles a pu être assurée malgré l'accroissement des dispositions, grâce à l'adjonction d'articles à indices. Exemple : l'ancien article 340 relatif à l'action en recherche de paternité naturelle a été remplacé dans la loi du 3 janvier 1972 sur la filiation par huit articles numérotés 340, 340-1, 340-2, etc.

égard, les réformes intervenues en matière de tutelle, de copropriété, de régimes matrimoniaux, d'adoption, de droit des incapables majeurs, d'autorité parentale, de filiation, de divorce, d'indivision, d'absence, de sociétés.

Dans nombre de textes nouveaux, le rôle du doyen Jean Carbonnier, à qui fut confiée la mission de préparer des avant-projets, a été très important.

74 **_La question, aujourd'hui_** ◊ Le nombre et l'importance de ces réformes sont tels que l'on a pu considérer que la révision du code civil est en bonne voie de réalisation, mais selon une technique différente de celle à laquelle avaient songé les promoteurs des révisions envisagées en 1904 et en 1945[1]. Mais, dans les temps présents, de nouveaux vents de réformes, se manifestant notamment en matière de consumérisme et de crédit, affectent en profondeur le droit des obligations et ont entraîné l'apparition de nouveaux textes qui ne s'accordent plus avec la cohérence de ce droit, tel qu'il s'était élaboré, au moins depuis le XVIIe siècle, sous l'influence de Domat et de ses successeurs[2].

Il n'est pas douteux que les jugements de valeur suscités à notre époque par l'évolution du droit doivent être replacés dans une plus large perspective liée aux crises du droit positif[3] et aux tendances qui l'animent, progressives pour les uns, régressives pour les autres[4].

[D] LES AUTRES CODES

75 **_Distinction_** ◊ Bien que seul le code civil ait été appelé le code Napoléon et même qu'il ait, à une certaine époque, retrouvé officiellement cette appellation[5], ce n'est pas la seule composante de la codification napoléonienne.

Quatre autres codes sont dus à Napoléon : un code de procédure civile en 1806, un code de commerce en 1807, un code pénal en 1810 et un code d'instruction criminelle en 1812. La valeur de ces codes n'égale pas celle du code civil. Leurs destins ont été différents : un code de procédure pénale a remplacé en 1959 le code d'instruction criminelle ; un nouveau code de procédure civile a vu le jour en 1975 ; un nouveau code pénal est actuellement discuté au Parlement.

La signification de ces divers codes est liée aux distinctions du système (sur la codification, v. *infra*, nos 375 s).

---

1. GÉRARD CORNU, La lettre du code à l'épreuve du temps, *Mélanges Savatier*, 1964, p. 157 s. ; BERNARD AUDIT, *Recent revisions of the French Civil Code*, Louisiana Law Review, vol. 38, 1978, p. 747 s.

2. Rappr. au sujet de l'œuvre législative opérée sous le septennat du Président Giscard d'Estaing, P. JESTAZ, L'œuvre législative du septennat (1974-1981) en matière de droit privé, *Mélanges Dehove*, 1983, p. 357 s.

3. V. le no spéc. de la Rev. *Droits*, no 4-1986.

4. B. OPPETIT, Les tendances régressives dans l'évolution du droit contemporain, *Mélanges Holleaux*, 1990, p. 317 s.

5. Ce fut l'objet d'un décret du 17 mars 1852, qui n'a jamais été expressément abrogé.

SECTION 3
LES DISTINCTIONS DU SYSTÈME

76 *Présentation* ◊ C'est à partir de deux sortes de distinctions que s'ordonne notre système juridique : les divisions du droit (§ 1), les ordres de juridictions (§ 2).

§ 1

LES DIVISIONS DU DROIT

77 *Fondement des divisions* ◊ La complexité croissante des rapports sociaux n'a pas seulement entraîné un développement des règles et des solutions juridiques et, par voie de conséquence, des distinctions et des sous-distinctions. Elle a aussi exprimé, d'une manière de mieux en mieux comprise par les juristes, le fait que le système juridique est complexe et que cette complexité est due tout à la fois à l'existence de distinctions tenant en fait à une hiérarchie des normes — traités internationaux, Constitution, lois organiques, lois ordinaires, décrets, arrêtés, etc. (v. *infra*, n°s 148 s.) — et à un pluralisme des ordres juridiques.

Correspondant à une diversité des règles, cette division et cette subdivision des ensembles de règles présentent en outre un intérêt méthodologique et didactique. Ajoutons que l'on peut constater une tendance excessive à la diversification des disciplines entendues comme des branches du droit spécifiques, voire « autonomes ». Mais cela peut correspondre avec l'exigence d'un renouvellement de certaines perspectives traditionnelles.

Deux distinctions combinées forment le cadre le plus général : celle du droit international et du droit national, celle du droit public et du droit privé. Il ne faut pourtant pas croire que ces deux grandes divisions permettent à elles seules de comprendre la complexité de l'ordre juridique.

A DROIT INTERNATIONAL ET DROIT INTERNE

78 *Distinction* ◊ Elle procède de la division du monde en Etats.

Le droit national ou interne est ainsi appelé parce que c'est le droit en vigueur dans un Etat déterminé, ayant des sources, des organes et des sanctions propres à cet Etat, réglementant les rapports sociaux qui se produisent à l'intérieur de cet Etat, sans qu'un élément relevant d'un autre Etat intervienne dans ces relations.

Mais il y a aussi des relations sociales internationales soit entre les Etats, soit entre les individus : elles font l'objet du droit international.

79   *1° Le droit international public* ◊ Dans une analyse classique, on considère que le droit international *public* réglemente les rapports des Etats entre eux. L'existence même de ce droit a fait et fait encore nécessairement problème : y a-t-il un véritable ordre juridique entre les Etats ? Peut-il y avoir un droit des Etats sans Etat[1] ?

A cette question difficile, il est possible de répondre par l'affirmative sans succomber à un esprit d'utopie que tant de conflits entre les Etats semblent démentir.

Le droit international public comporte des sources supranationales : les conventions ou traités internationaux, la coutume internationale, les principes généraux du droit reconnus par les nations civilisées. Il n'est pas démuni d'institutions : Assemblée générale des Nations-Unies, Conseil de sécurité, Cour internationale de justice de La Haye. Il est vrai qu'à ces composantes d'un ordre juridique, ne s'ajoute pas un système de sanctions suffisant contre les violations des règles du droit international. Mais, si l'on admet que le droit, quel qu'il soit, implique, pour sa réalisation, un consensus, même implicite, force est d'admettre que, dans les relations entre les Etats[2], ce consensus existe assez généralement. On rappellera d'ailleurs que l'existence de la sanction n'est pas le critère du droit (*supra*, n° 27), que des règles ne sont pas juridiques parce qu'elles sont sanctionnées, mais sanctionnées parce qu'elles sont juridiques. C'est d'un consensus, fondé ou non sur la peur, que le droit tire son existence[3] (Sur le droit communautaire, v. *infra*, n°[os] 182 s.).

80   *2° Le droit international privé* ◊ Le droit international *privé* régit ceux des rapports entre particuliers qui comportent un élément étranger : par exemple, lorsqu'ils s'établissent entre des personnes de nationalité différente (mariage d'une Française et d'un Italien) ou lorsque l'acte ou le fait générateur du rapport se situe dans un pays étranger (rapport entre l'auteur et la victime d'un accident d'automobile causé par un Français en Suisse). De tels rapports suscitent des questions de conflit de lois, c'est-à-dire de détermination du droit national applicable à une situation juridique internationale intéressant des particuliers (v. *infra*, n°[os] 432 s.).

Le droit international privé concerne encore la condition des étrangers, c'est-à-dire la question de savoir de quels droits les étrangers peuvent jouir dans un pays qui n'est pas le leur (accès à la propriété foncière, accès à certaines professions, droit aux prestations de la sécurité sociale, etc.). L'enseignement du droit international privé porte également sur la nationalité[4].

Le caractère international du droit international privé a été contesté, du fait que les sources et les sanctions de ces règles sont principalement

---

1. V. not. *Le droit international*, Arch. phil. droit, t. 32, 1987.
2. Sur l'individu, en tant que sujet du droit international public, v. not. P.-M. Dupuy, *L'individu et le droit international. Théorie des droits de l'homme et fondement du droit international*, in Arch. phil. droit, préc., p. 119.
3. Sur la *lex mercatoria*, v. *infra*, n° 215.
4. V. P. Graulich, *Introduction à l'étude du droit international privé*, Liège, 1978.

des sources et des sanctions nationales. À quoi les tenants du caractère international ont objecté que la souveraineté nationale et le caractère national de chaque système de solution de conflits de lois n'évacuent pas le respect de la volonté des autres Etats. Reste que, s'agissant de la condition des étrangers et de la nationalité, le caractère national l'emporte, même si l'on s'emploie, dans les rapports entre Etats, à favoriser généralement la cohérence et, autant que possible, l'harmonie.

La conciliation de ces diverses considérations repose sans doute sur la distinction des sources et de l'objet du droit international privé : du fait que les sources du droit international privé sont très largement internes, il s'agit de droit interne ; parce que les règles et les solutions qui le composent portent sur les relations internationales, il est international[1].

B   DROIT PUBLIC ET DROIT PRIVÉ

81   *Distinction* ◊ D'après les conceptions classiques, le droit interne se divise en deux branches, le droit public et le droit privé. Déjà les Romains avaient considéré que les institutions juridiques ressortissent à deux grandes catégories nettement différenciées, suivant qu'elles sont orientées vers les intérêts publics ou vers les intérêts privés[2], les premières appartenant au droit public, les autres au droit privé. De toutes les ramifications du droit, c'est la plus ancienne et la plus importante ; de façon très générale, elle correspond à ce qu'indiquait Montesquieu lorsqu'il définissait le droit public (appelé par lui « droit politique ») comme « les lois dans le rapport qu'ont ceux qui gouvernent avec ceux qui sont gouvernés », et le droit privé (pour lui « droit civil »), comme « les lois dans le rapport que tous les citoyens ont entre eux »[3].

82   *1° L'existence de la distinction* ◊ Ce qui frappe dès l'abord, c'est l'existence aisément perceptible d'ensembles (et de sous-ensembles) de règles reposant sur une idée simple : on n'envisage pas de la même manière les règles concernant les relations entre les citoyens et l'Etat, l'Administration, les collectivités publiques, et les règles applicables aux relations privées des particuliers.

De là se dégagent quelques idées d'ensemble.

83   *a) Le droit public et ses divisions* ◊ Le *droit public* comprend l'ensemble des règles qui, dans un Etat donné, président à l'organisation même de cet Etat et qui gouvernent les rapports de l'Etat et de ses agents avec les particuliers.

---

1. V. *Précis Dalloz, Droit international privé*, par Y. Loussouarn et P. Bourel, 3ᵉ éd. 1988, n° 58.
2. D'après Ulpien (Dig. Liv. I, titre I, fr. 1, § 2), le droit public « *ad statum rei romanae spectat* », le droit privé « *ad singulorum utilitatem pertinet* ».
3. V. R. Guillien, Droit public et droit privé, *Mélanges Brèthe de La Gressaye*, 1967, p. 311 s.

Le droit public se subdivise en plusieurs branches : le *droit constitutionnel*, qui détermine les règles relatives à la forme de l'Etat, à la constitution du gouvernement et des pouvoirs publics[1] ; le *droit administratif*, qui réglemente l'organisation des collectivités publiques — Etat lui-même, régions, départements, communes, etc. — et des services publics, ainsi que leurs rapports avec les particuliers[2] ; le *droit financier*, qui comprend les règles relatives aux finances publiques ; le *droit pénal*, qui institue et aménage le droit de punir tel qu'il appartient à la société et tel qu'il est exercé en son nom par ses organes qualifiés dans le cadre de la *procédure pénale*. A certains égards, le droit pénal a des liens avec le droit privé : il protège les individus dans leur vie, leur honneur, leur propriété ... et, en ce sens, peut être considéré comme la sanction ultime du droit privé. Il n'en demeure pas moins, par son objet, une branche du droit public[3].

84 *b) Le droit privé et ses divisions* ◊ Le droit privé est l'ensemble des règles qui gouvernent les rapports des particuliers entre eux ou avec les collectivités privées, telles que les sociétés, les associations.

C'est le droit civil qui constitue l'essentiel de ces règles. L'expression nous vient des Romains chez qui elle désignait le droit des citoyens romains (*de civis*, citoyen) (rappr. *supra*, n° 5). Le droit privé s'identifiait ainsi avec le droit civil, qui régissait tous les rapports juridiques entre particuliers, sans distinction et sans restriction. Puis un travail de désagrégation du droit privé s'est poursuivi au cours des siècles, en raison des besoins inhérents à certains rapports sociaux, nécessitant des règles spéciales.

85 *Le droit civil* ◊ A travers le rappel de l'évolution du droit français (*supra*, n°s 42 s.), avant puis après le code civil, on a essentiellement traité du droit civil, si bien qu'il n'est plus nécessaire d'y revenir présentement. Deux séries de remarques s'imposent cependant.

Le droit civil a pour objet la réglementation des rapports de droit

---

1. V. P. ARDANT, *Institutions politiques et droit constitutionnel*, L.G.D.J., 2e éd. 1990 ; P. PACTET, *Institutions politiques, Droit constitutionnel*, 10e éd. 1991. — V. aussi L. HAMON, Une discipline juridique ancienne et nouvelle : le droit parlementaire, D. 1989, chron. 294.

2. V. spéc. G. VEDEL et P. DELVOLVÉ, *Droit administratif*, Thémis 11e éd., 2 vol. 1990 ; R. CHAPUS, *Droit administratif général*, éd. Montchrestien, 2 vol. 1987 ; A. DE LAUBADÈRE, J.-C. VÉNÉZIA et Y. GAUDEMET, *Traité de droit administratif*, L.G.D.J., t. I, 11e éd. 1990. — V. aussi J.-L. MESTRE, *Introduction historique au droit administratif français*, 1985. — Sur les relations entre droit constitutionnel et droit administratif, v. G. VEDEL, *Les bases constitutionnelles du droit administratif*, Etudes et documents du Conseil d'Etat, 1954, n° 8, p. 21 s. ; C. EISENMANN, La théorie des bases constitutionnelles du droit administratif, *Rev. dr. publ.* 1972, p. 1345 s. ; G. VEDEL, *Les bases constitutionnelles du droit administratif*, in La pensée de Charles Eisenmann, éd. Economica, 1986, p. 133 s.

3. V. not. J.-H. ROBERT, *Droit pénal général*, Thémis, 1988, p. 60. — Ce que l'on a appelé l'autonomie du droit pénal n'exprime qu'un particularisme assez marginal (v. *Quelques aspects de l'autonomie du droit pénal*, Etudes de droit criminel, par STÉFANI ET ALII, 1956). — Le droit pénal se ramifie en droit pénal général et droit pénal spécial, c'est-à-dire concernant les règles propres aux diverses sortes d'infractions : v. J.-B. DENIS, *La distinction du droit pénal général et du droit pénal spécial*, thèse Paris, éd. 1977. — Rappr. en matière douanière, C. J. BERR et H. TRÉMEAU, *Le droit douanier*, nouv. éd. 1988, spéc. n° 106, p. 78.

privé, c'est-à-dire des droits que les particuliers peuvent exercer dans leurs rapports entre eux et des obligations réciproques pesant sur eux. Il détermine quelles sont les personnes qui peuvent être titulaires de ces droits ou sujets de ces obligations, quels sont les droits privés reconnus à ces personnes et les obligations corrélatives, comment ces personnes acquièrent, transmettent ou perdent leurs droits ou leurs obligations, comment sont sanctionnés ces rapports de droit privé (sur la nature de la procédure civile — ou droit judiciaire privé — v. *infra*, n° 93).

L'histoire du droit, spécialement à notre époque, montre qu'à partir du droit civil des branches du droit se sont plus ou moins éloignées de lui, pour acquérir ce qu'il est convenu d'appeler leur autonomie. En tenant compte des branches du droit privé qui ont conquis celle-ci, on peut définir le droit civil comme étant la branche du droit qui régit les rapports privés, mais seulement en tant qu'ils n'ont rien de spécifiquement commercial, industriel, social ou rural, et abstraction faite des règles relatives à la réalisation judiciaire du droit.

Malgré les retranchements qu'il a subis, le droit civil conserve son aptitude originelle à régir tous les rapports d'ordre privé ; il est très souvent resté le *droit privé commun*, applicable à tous, sauf lorsque certains rapports sont régis par des dispositions particulières.

86   *Le droit commercial* ◊ Un démembrement du droit privé s'est manifesté lorsque, sur l'initiative de Colbert, furent codifiées, en 1673, les règles relatives au commerce [1]. Le droit maritime avait fait, en 1681, l'objet d'une ordonnance de Colbert. Cette branche du droit relève traditionnellement du droit commercial, ce qui n'a pas exclu des discussions relatives à son originalité.

A vrai dire, le mouvement était plus ancien. Ainsi a-t-on vu se développer le *droit commercial*, considéré selon les époques soit comme le droit applicable aux personnes qui ont la qualité de commerçant (conception *subjective*), soit comme le droit applicable aux opérations juridiques constituant des actes de commerce (conception *objective*) ; l'oscillation entre les deux conceptions et la combinaison de celles-ci ont laissé place à maintes querelles de frontières [2].

A notre époque de remise en cause des catégories traditionnelles, le droit commercial peut, en tant que tel, être menacé d'une double manière ; on peut, tout d'abord, être incité à l'absorber dans un ensemble plus vaste, celui d'un droit des affaires comprenant aussi des matières de droit fiscal, de droit pénal, de droit comptable, de droit du travail, de droit administratif, financier, économique, qui ne sont d'ailleurs pas indifférentes à des considérations économiques et politiques, nationales et internationales.

Il est vrai qu'un autre mouvement, en sens inverse de prime abord,

---

1. Sur l'histoire du droit commercial — ou du droit des affaires — v. J. Hilaire, *Introduction historique au droit commercial*, PUF, 1986 ; R. Szramkiewicz, *Histoire du droit des affaires*, Montchrestien, 1989.
2. V. R. Rodière, Le particularisme du droit maritime, *Dr. mar. fr.* 1974, p. 195 s. ; M. de Juglart, Droit commun et droit maritime, *Dr. mar. fr.* 1986, p. 259 s.

s'est manifesté. Maintes modifications du droit civil sont dues à l'influence du droit commercial, considéré comme plus souple, moins formaliste, plus dynamique[1], mais aussi — du moins pendant longtemps — comme plus rigoureux. Ainsi en a-t-il été en matière de cession de créance, l'article 1690 soumettant cette cession à des formalités compliquées et coûteuses, telles que la signification de la cession au débiteur par voie d'huissier, alors que le droit commercial a admis des modes de transmission plus simples. Ainsi en a-t-il été encore en matière de sociétés : la réforme des sociétés commerciales réalisée par la loi du 24 juillet 1966 a influencé fortement la réforme des sociétés civiles et du droit commun des sociétés réalisée par la loi du 4 janvier 1978 ; les réformes successives du droit de la faillite et des entreprises en difficulté ont aussi déteint sur le droit civil, ainsi qu'en témoigne la loi du 31 décembre 1989 relative à la prévention et au règlement des difficultés liées au surendettement des particuliers et des familles[2].

Loin est le temps où l'on pouvait être tenté de dire du droit commercial qu'il était le droit des villes, et du droit civil qu'il était le droit des champs.

Ajoutons que divers corps de règles du droit commercial ont acquis une cohérence propre, qui conduit à les étudier distinctement : droit maritime, droit des transports terrestres et aériens, droit des assurances, droit de la propriété industrielle (brevets, marques de fabrique, dessins et modèles), droit bancaire, etc.

Toute cette évolution explique les vicissitudes du code de commerce de 1807 (v. *infra*, nᵒ 376).

87 *Le droit du travail* ◊ L'émancipation du droit commercial s'affirme à mesure que l'on cesse de n'y voir qu'un simple amalgame de lois relatives au commerce. L'émancipation du *droit du travail* par rapport au droit civil s'est manifestée d'une manière à certains égards comparable : ce droit regroupe les règles relatives aux rapports — individuels ou collectifs — entre les chefs d'entreprise et leurs salariés. Né au siècle dernier, au fil des victoires remportées par les mouvements sociaux, le droit du travail a cessé de n'être que le droit d'un contrat civil, le contrat de travail. Il s'est rapproché d'un droit des relations de travail au sein des entreprises.

Le mouvement ainsi évoqué s'est caractérisé par une protection croissante des salariés. Ainsi, dans le passé, deux articles du code civil étaient seulement consacrés au « louage de services » et les chefs d'entreprise étaient libres de régler leurs rapports avec leurs salariés et les

---

1. Sur la spéculation, v. D. PONTON-GRILLET, La spéculation en droit privé, D. 1990, chron. 157 s.

2. V. C. LYON-CAEN, *De l'influence du droit commercial sur le droit civil depuis 1804*, Livre du Centenaire du Code civil, t. I, p. 205 ; G. LYON-CAEN, Contribution à la recherche d'une définition du droit commercial, *RTD com.* 1949, p. 577 s. ; J. HAMEL, Droit civil et droit commercial, *Mélanges Ripert*, 1950, t. II, p. 261 s. ; VAN RYN, Autonomie nécessaire et permanence en droit commercial, *RTD com.* 1953, p. 565 s. ; P. DIDIER, *Droit commercial*, t. I, p. 3 s. ; D. TALLON, Réflexions comparatives sur la distinction du droit civil et du droit commercial, *Mélanges Jauffret*, 1974, p. 649 s.

conditions de travail de ceux-ci. Les conquêtes des mouvements sociaux, ainsi que le développement du syndicalisme, ont favorisé l'extension, en cette matière du droit privé, des règles impératives destinées à assurer, notamment au sujet du licenciement des salariés, une protection grandissante de ceux-ci[1]. Dans les dernières années, ce mouvement a été notamment marqué par les lois Auroux[2].

88 *2° Le débat sur la distinction* ◊ La distinction du droit public et du droit privé a été mise en cause. C'est un débat qu'aujourd'hui moins que jamais, on ne saurait éluder.

89 *a) Différences entre le droit public et le droit privé* ◊ Traditionnellement, on relève les différences suivantes :

1) Quant au *but*. Le but du droit public est de donner satisfaction aux intérêts collectifs de la nation, en organisant le gouvernement de celle-ci et la gestion des services publics. Le but du droit privé est d'assurer au maximum la satisfaction des intérêts individuels.

2) Quant au *caractère*. Compte tenu de son but, le droit public sera essentiellement impératif, c'est-à-dire que les particuliers ne pourront déroger à ses prescriptions. Le droit privé laissera au contraire une large part à la volonté individuelle et la plupart de ses règles ne seront pas impératives, car, dit-on, le meilleur moyen de donner satisfaction aux intérêts particuliers est de laisser la liberté aux individus.

3) Quant à la *sanction*. Si les règles de droit privé sont méconnues, le particulier lésé s'adressera aux tribunaux et à la force sociale pour obtenir justice. La sanction du droit public est plus difficile à organiser, car ici l'Etat est en cause et il ne sera pas enclin à se condamner lui-même.

90 *b) Critiques de la distinction* ◊ On a reproché à la théorie classique :

1) D'être *imprécise*. La rigidité de cette division générale ne pourrait,

---

1. S'il était arrivé autrefois que ce droit fût considéré par quelques-uns comme un corps de règles destinées à défendre les chefs d'entreprise contre les revendications de leurs salariés, c'est une autre tendance, *a priori* favorable aux salariés contre les employeurs, qui semble l'emporter aujourd'hui dans l'esprit de nombre de spécialistes de la matière, favorables à un certain caractère « unilatéral », « de faveur » (pour le salarié) du droit du travail. — Du droit du travail s'est détaché le droit de la sécurité sociale.

2. Rappr. G. Lyon-Caen, La jurisprudence du Conseil constitutionnel intéressant le droit du travail, D. 1989, chron. 289 s. — V. aussi J. Barthélémy, Turbulences entre droit des sociétés et droit du travail, JCP 1987, I, 3311.

a-t-on dit, s'adapter à la complexité des faits sociaux, dans la mesure où il y a maintes questions qui relèvent à la fois du domaine du droit public et du domaine du droit privé. C'est ce qui a été soutenu, notamment, au sujet du droit pénal ou du droit du travail.

2) D'être *fausse*. On retrouve ici un débat sous-jacent entre considérations d'inspiration libérale et considérations d'inspiration collective ou socialiste.

Suivant celles-ci, il n'est pas vrai que le but du droit privé soit, à la différence de celui du droit public, la satisfaction des intérêts individuels. Toute règle juridique doit être établie en vue des intérêts sociaux. Les droits privés, les plus individuels mêmes comme la propriété, ne doivent être reconnus que dans la mesure où leur établissement est utile aux besoins généraux. Les prérogatives reconnues aux particuliers dans leurs rapports entre eux, comme celles attribuées aux agents de l'Etat, n'expriment que des fonctions sociales. Il s'ensuit qu'en droit privé, comme en droit public, les règles juridiques peuvent être et seront souvent impératives. En revanche, les règles du droit public doivent être sanctionnées par des recours juridictionnels comme celles du droit privé et le développement du droit français nous montre l'établissement de juridictions administratives et de modes de contrainte contre l'Administration dont le rôle n'a cessé d'augmenter, même si l'on peut être amené à considérer que les résultats sont encore loin d'être suffisants.

91 *c) Persistance de la distinction* ◊ Malgré le rapprochement que l'évolution des doctrines et des solutions a opéré entre le droit public et le droit privé, la distinction persiste. L'Administration est, dans une large mesure, régie par des règles et jugée par des juridictions différentes des règles qui s'appliquent et des juridictions compétentes au sujet des rapports entre personnes privées.

On peut signaler de nombreux exemples du particularisme des *règles* du droit administratif : ainsi la propriété des biens de l'Etat ou des collectivités publiques fait l'objet d'un régime particulier et protecteur (inaliénabilité, imprescriptibilité), tout au moins en ce qui concerne la partie désignée sous le nom de *domaine public* par opposition au *domaine privé* (*infra*, n° 341) ; les conventions que l'Administration conclut comportent souvent des règles ou des prérogatives dérogatoires au droit commun : droit pour l'Administration de modifier les conditions du contrat, sauf à indemniser le cocontractant, ou droit d'infliger elle-même des sanctions, par exemple la mise en régie, au contractant défaillant. La responsabilité des personnes morales administratives et des fonctionnaires fait l'objet de règles spéciales.

L'existence de ces règles de droit spécifiques est liée au particularisme des *juridictions* administratives : initialement, le Conseil d'Etat n'était pas un véritable juge pour les litiges mettant en cause l'Administration ; il se bornait à préparer les décisions du Chef de l'Etat et ne se considérait pas comme lié par les règles du code civil. Et c'est ainsi que, progressivement, le Conseil d'Etat a élaboré les règles applicables à l'Administration et que s'est affirmée aussi l'existence d'un droit administratif d'économie dirigée ou planifiée.

La distinction du droit public et du droit privé a persisté, en dépit du fait que le *secteur public* s'est étendu à l'encontre du *secteur privé*, en d'autres termes que le domaine du droit privé s'est restreint[1]. De toute évidence, l'Etat ne limitant plus son rôle à celui de l'Etat-gendarme, comme l'entendaient les libéraux, et se voulant l'Etat-providence, suivant le courant socialiste — inavoué ou affirmé —, il a placé sous la mouvance du droit public des zones conquises sur le secteur privé. L'Etat a développé de plus en plus ses activités d'ordre économique pour contrôler la production et la répartition des richesses. Il a atteint ces objectifs de diverses manières : ainsi a-t-il créé des établissements publics industriels ou commerciaux ; ainsi a-t-il nationalisé de nombreuses entreprises à la Libération, ou en 1981 et 1982[2]. Et il faut tenir compte aussi des activités industrielles et commerciales des collectivités locales.

Encore convient-il d'éviter une confusion entre extension du domaine du droit public et extension du domaine des règles impératives. Celle-ci s'est manifestée dans de nombreux secteurs sans qu'il faille en déduire une restriction du droit privé. Ce n'est pas parce qu'en maintes matières — droit des contrats, droit du travail, droit du bail —, les règles impératives se sont multipliées que, dans ces domaines, le droit public s'est substitué au droit privé. Il est fréquent qu'en droit privé intervienne la considération de l'intérêt général, spécialement pour décider qu'une règle est impérative, c'est-à-dire qu'elle s'impose aux particuliers, qui ne peuvent y déroger. On rencontre des règles impératives dans toutes les parties du droit privé, spécialement dans l'organisation de la famille. Ainsi un père et son fils ne pourraient supprimer, par contrat, les droits et obligations résultant de la filiation, tel que le devoir de secours. Dira-t-on pour autant que le droit de la famille fait partie du droit public ?

Ainsi convient-il de bien distinguer les ordres (ou corps) de règles et le caractère — impératif ou non impératif — des règles. Les deux perspectives ne coïncident aucunement. D'ailleurs, il n'est pas rare que l'Etat, assumant lui-même la gestion d'entreprises, tende à adopter pour cette gestion des règles en partie empruntées au droit privé traditionnel ; en effet, le droit élaboré par le Conseil d'Etat pour l'Administration du XIXe siècle et du début du XXe siècle ne peut convenir aux nouveaux secteurs de l'activité administrative ; seule la soumission au droit privé, et spécialement au droit commercial, est de nature à procurer la souplesse de gestion nécessaire pour leur insertion dans le milieu économique[3].

92   *Collaboration entre les administrations et les particuliers* ◊ L'Etat a souvent admis une collaboration avec les particuliers et les capitaux

---

1. V. not. R. SAVATIER, *Du droit civil au droit public*, 1945 ; L. MAZEAUD, Défense du droit privé, Conquête ou statu quo ?, D. 1946, chron. 25.
2. V. L. HAMON, Les nationalisations devant le Conseil constitutionnel, D. 1983, chron. 79 s.
3. V. not. F. LLORENS, La soumission des personnes publiques au droit de la concurrence, D. 1989, chron. 67 ; J.-Y. CHÉROT, La soumission d'actes de droit public au droit de la concurrence n'est pas contraire à la Constitution, D. 1991, chron. 163 s.

privés. Cette collaboration est réalisée depuis longtemps au moyen de la concession de service public, un particulier collaborant ainsi avec l'Administration dans l'exécution du service public, ou encore grâce à la société d'économie mixte, dans laquelle l'Etat ou une personne morale de droit public possède une participation plus ou moins importante sous forme de titres ou de droits d'administration [1]. A l'époque contemporaine, on a fini par admettre que ce n'est pas seulement par leurs agents et leurs institutions ou établissements propres que les collectivités publiques pourvoient à la satisfaction de l'intérêt général, mais qu'elles y font également participer des personnes et des organismes privés. C'est ainsi que certaines entreprises (transports publics, exploitants d'outillages portuaires, etc.) ont été investies d'une mission de service public. L'accomplissement de celle-ci a conduit à leur accorder le bénéfice de certaines prérogatives de puissance publique, en même temps d'ailleurs qu'on les a assujetties à un contrôle administratif. Toujours dans la même perspective, l'Etat a créé, en vue d'assurer une mission de service public, des organismes auxquels il a conféré le caractère et le statut de personnes privées. Ce fut le cas, après 1945, des caisses de sécurité sociale, gérées en principe d'après les règles de la mutualité, c'est-à-dire par les représentants des assurés eux-mêmes.

Les mouvements actuels qui, depuis 1981, affectent en la matière notre système juridique — nationalisations, privatisations [2]... — ont évidemment amplifié les influences et les interférences. Ils n'ont pas entraîné la suppression de la distinction du droit public et du droit privé.

93 *3º Les disciplines mixtes* ◊ Au sujet de certaines branches du droit, on est porté à parler de disciplines mixtes, relevant à la fois du droit public et du droit privé. On se bornera à signaler ici deux branches du droit.

1) *La procédure civile* (ou *droit judiciaire privé*). Procéder en justice, c'est accomplir les formalités nécessaires (action) pour porter à une juridiction la connaissance d'une affaire (litige) et obtenir d'elle une décision (jugement). Rien d'étonnant si des procédures diversifiées correspondent à des branches différentes du droit substantiel : la procédure civile au droit civil, la procédure pénale au droit pénal, la procédure administrative au droit administratif. La procédure civile peut être définie comme un corps de règles gouvernant la justice civile et régissant la marche des procès qui permettent aux parties d'obtenir la reconnaissance et la sanction de leurs droits.

Il est vain de discuter si la procédure civile appartient au droit public ou au droit privé. Force est de lui reconnaître à cet égard un caractère mixte. Les dispositions qui concernent l'organisation et le fonctionnement des tribunaux relèvent évidemment du droit public. Celles qui intéressent l'action en justice, intimement liée au droit du plaideur, se rattachent

---

1. Constituent notamment des entreprises d'économie mixte, la Société Nationale des Chemins de Fer français (S.N.C.F.), la Société nationale des poudres et explosifs ...
2. V. M. DURUPTY, La privatisation du secteur public en France, D. 1988, chron. 79 s.

manifestement au droit privé. Point de jonction entre les intérêts privés en conflit et le service public de la justice, le procès civil postule un corps de règles hétérogènes.

2) *Le droit international privé.* Sa nature a déjà été envisagée par rapport à la distinction du droit international et du droit national (*supra*, n° 80). Si on l'envisage par rapport à la distinction du droit public et du droit privé, on est aussi porté à constater qu'il s'agit d'une discipline mixte : relevant du droit public, en ce qui concerne la nationalité et la condition des étrangers[1], relevant du droit privé en ce que les conflits de lois portent sur le droit privé. A propos du droit international privé, certains, plutôt que de discipline mixte, font état de « branche autonome du droit »[2].

$\boxed{\text{C}}$ LES BRANCHES AUTONOMES

94   *Définition* ◊ On a déjà signalé une tendance exagérée à l'affirmation de l'autonomie dès branches du droit les plus diverses (*supra*, n° 85). Ce courant est peut-être un signe de croissance[3], comme cela se produit dans l'ordre de la nature. L'écueil se manifeste lorsque, d'un état de *diversité*, on passe à l'idée d'autonomie, car l'importance de celle-ci peut être variable, ce qui est de nature à introduire une dose inutile d'incertitude dans la détermination de la règle de droit.

Sur le fond, le recours à l'idée d'autonomie n'est d'ailleurs pas sans danger quand elle tend à permettre d'échapper à l'application de règles justement contraignantes[4].

Il ne suffit pas de constater qu'une matière est régie par des règles empruntées aux disciplines les plus diverses pour considérer que cette matière constitue une branche autonome du droit, cette autonomie permettant de fonder des solutions originales, dérogatoires.

On retiendra ici, à la suite de M. le doyen Vedel, les deux considérations suivantes, attestant l'existence de deux sources d'autonomie : « L'autonomie apparaît d'abord toutes les fois que l'application à une

---

1. J. MAURY attribue au droit international privé une nature mixte, ses dispositions pouvant « parfois toucher aux intérêts politiques des Etats » (*Règles générales de conflits de lois*, n° 80, p. 91).
2. Y. LOUSSOUARN et P. BOUREL, *Précis Dalloz*, préc., n° 61 ; v. aussi J. VERHOEVEN, *Droit international privé et droit international public : où est la différence?*, Arch. phil. droit, t. 32, 1987, p. 23 s.
3. Rappr. R. GASSIN, Lois spéciales et droit commun, D. 1961, chron. 91 s. — V. encore E. DU PONTAVICE, *L'autonomie du droit de la famille*, Ann. Fac. dr. Sceaux, 1974, p. 9 s. — V. aussi la remarquable analyse de PROSPER WEIL, *Le droit international économique, mythe ou réalité? Aspects du droit international économique*, 1972, p. 1 s.
4. Sur l'autonomie du droit fiscal, permettant aux administrations fiscales — voire aux juridictions — de se dégager des règles extra-fiscales quand elles les contrarient, V. M. COZIAN, Propos désobligeants sur une « tarte à la crème » : l'autonomie et le réalisme du droit fiscal, JCP 1981, I, 3005, et *Les grands principes de la fiscalité des entreprises*, 1983, spéc. p. 3 s. au sujet de « la prétendue autonomie du droit fiscal ».

matière des principes généraux et des méthodes de raisonnement empruntés purement et simplement à une discipline existante conduit à des inexactitudes. Si le droit administratif est regardé comme autonome par rapport au droit civil, c'est parce qu'en raisonnant sur le sort d'un contrat administratif à l'aide de l'article 1134 du code civil, sur un cas de responsabilité à l'aide des articles 1382 et suivants, on aboutit à un résultat erroné. L'autonomie apparaît aussi, quoique d'une façon plus subtile, quand la matière considérée, bien que ne mettant apparemment en œuvre que des principes et des méthodes empruntés à des branches existantes, en fait une sorte de combinaison chimique ayant un caractère de nouveauté ... ainsi en est-il du droit du travail »[1].

A partir de ces réflexions, on discerne bien comment ont pu émerger des branches autonomes du droit. Le mouvement correspond probablement à une loi d'évolution sociologique dans la société post-industrielle, liée à des manifestations diverses d'inflation et de technicisation du droit. Ainsi ont crû ou croissent, par l'effet de la constitution de nouveaux alliages et de courants transversaux, le droit économique, qui emprunte ses composantes au droit commercial, au droit du travail, au droit fiscal, au droit administratif ...[2], ou le droit rural[3]. L'émergence du droit européen, spécialement du droit communautaire, appellerait aussi maintes observations propres à renouveler la réflexion des juristes[4] (V. *infra*, nos 182 s.).

§ 2
LES ORDRES DE JURIDICTIONS

95 ***Justice publique et justice privée*** ◊ L'une des fonctions essentielles de l'Etat est de faire régner l'ordre dans la société : l'Etat se doit d'intervenir dans les différends qui séparent les individus. A cette fin, il organise la justice publique. Dans les civilisations primitives, la personne exerçait un *droit de vengeance* aidée par le clan, ce qui correspond à la solution de conflits opposant deux ou plusieurs personnes relevant de deux clans différents[5].

A cette phase initiale a succédé celle de l'arbitrage, les adversaires

---

1. G. Vedel, Le droit économique existe-t-il?, *Mélanges Vigreux*, 1981, p. 770.
2. V. C. Champaud, Contribution à la définition du droit économique, D. 1967, chron. 215; G. Farjat, *Droit économique*, PUF, 1982. — V. aussi, s'agissant du droit économique ou du droit des affaires, B. Mercadal, Le droit des affaires, pourquoi?, JCP 1985, I, 3182; J. Paillusseau, Le big-bang du droit des affaires, JCP 1988, I, 3330. — Rappr. C. Champaud, Les sources du droit de la concurrence au regard du droit commercial et des autres branches du droit applicable en France, *Mélanges Houin*, 1985, p. 61 s.
3. L. Lorvellec, *Droit rural*, éd. Masson, 1988; J. Hudault, *Droit rural, Droit de l'exploitation agricole*, Précis Dalloz, 1987.
4. V. G. Isaac, *Droit communautaire général*, 3e éd. 1990 ; B. Goldman et A. Lyon-Caen, *Droit commercial européen*, Précis Dalloz, 4e éd. 1983; J. Schapira, G. Le Tallec et J.-B. Blaise, *Droit européen des affaires*, PUF, 1990.
5. La « justice domestique » s'en distingue : elle est exercée au sein d'un groupement particulier (la famille) par le chef de cette famille.

s'accordant pour soumettre leur litige à un *arbitre*. C'est ainsi que, jusqu'au IIIe siècle de notre ère, un *judex* privé tranchait les procès à Rome. Le remplacement de l'arbitrage privé par les tribunaux d'Etat impliquait le renforcement du pouvoir étatique.

La plupart des systèmes juridiques sous justice étatique reconnaissent cependant, dans une mesure variable, la possibilité de l'*arbitrage*[1]. Il n'est pas rare que, pour éviter des frais et des lenteurs, ou encore pour conserver le secret de leurs différends, les particuliers conviennent de soumettre leurs litiges non pas à des tribunaux, mais à des arbitres choisis par eux-mêmes[2]. — V., au sujet de l'arbitrage, *infra*, n°s 609 s.

96   *Plan* ◊ On s'en tiendra, dans la suite des présents développements, à la justice étatique interne[3], non sans observer l'incidence que peuvent avoir, dans l'application du droit, les décisions de juridictions internationales telles que la Cour de justice des communautés européennes (*infra*, n° 185) ou la Cour européenne des droits de l'homme (*infra*, n° 180).

A   L'ORDRE CONSTITUTIONNEL

97   *Distinction* ◊ Trois juridictions relèvent de cet ordre. L'une d'elles, il est vrai, a eu une existence éphémère : il s'agissait, dans la Constitution de 1958 (art. 84), de la Cour arbitrale de la Communauté. Elle était appelée à statuer sur les litiges survenus entre les Etats membres de la Communauté. Elle n'a vécu que le temps de la Communauté initialement constituée entre la République et les peuples des territoires d'outre-mer ayant adopté la Constitution de 1958.

Une autre juridiction de l'ordre constitutionnel, régie elle aussi par la Constitution de 1958, est cependant l'avatar d'une institution plus ancienne. Il s'agit de la Haute Cour de Justice, qui a pour fonction de juger les actes accomplis par le Président de la République, en cas de haute trahison, ainsi que les actes accomplis par les membres du Gouvernement dans l'exercice de leurs fonctions et qualifiés crimes ou délits au moment où ils sont commis. Les particuliers peuvent être déférés devant la Haute Cour de Justice, à certaines conditions, en cas de crimes contre la sûreté de l'Etat.

98   *Le Conseil constitutionnel* ◊ Il constitue la troisième juridiction de l'ordre constitutionnel. Il s'agit d'une institution essentielle dont le rôle n'a cessé de se développer depuis 1958.

Institué par la Constitution de 1958, il est investi de pouvoirs impor-

---

1. V. C. Jarrosson, *La notion d'arbitrage*, thèse Paris II, éd. 1987. — Sur la conciliation et la médiation, v. *infra*, n°s 616 s.
2. Sur la clause d'amiable composition permettant aux arbitres de statuer en équité, v. *supra*, n° 13, *infra*, n° 619.
3. V. R. Perrot, *Institutions judiciaires*, éd. Montchrestien, 3e éd. 1989 ; Geneviève Giudicelli-Delage, *Institutions judiciaires et juridictionnelles*, PUF, 1987.

tants. Il est notamment appelé à se prononcer, avant leur promulgation, sur la conformité à la Constitution des lois votées par le Parlement, lorsqu'il est saisi, à cet effet, par le Président de la République, le Premier Ministre, le Président de l'Assemblée nationale, le Président du Sénat ou soixante députés ou soixante sénateurs. Du fait qu'à partir de 1971, le Conseil constitutionnel, interprétant sa compétence de manière extensive, s'est reconnu, au sujet de la liberté d'association, le pouvoir de contrôler la conformité des lois au Préambule de la Constitution de 1958, il a rempli un rôle grandissant, y compris en matière de droit privé (v. *infra*, nᵒˢ 154 s.). S'agit-il, à vrai dire, d'une juridiction ? La réponse affirmative l'emporte[1].

B L'ORDRE JUDICIAIRE

99 *Histoire* ◊ Au temps de 1789, les Révolutionnaires n'oubliaient pas que la Monarchie s'était jadis heurtée aux Parlements prétendant agir comme législateurs et administrateurs par leurs arrêts de règlement (v. *infra*, nᵒ 222) et l'usage du droit de remontrance. Et ils ont affirmé le *principe de la séparation des pouvoirs*. L'article 16 de la Déclaration de 1789 dispose en effet que « Toute société dans laquelle la garantie des droits n'est pas assurée, ni la séparation des pouvoirs déterminée, n'a point de Constitution ». Même si la distinction entre séparation des pouvoirs et séparation des fonctions est importante, même si, dans la Constitution de 1958, il est fait désormais état de l'Autorité judiciaire (art. 64) et non du Pouvoir judiciaire, la division des tâches demeure fondamentale.

Cette considération inspire les rapports de la Justice avec le législatif et avec l'exécutif. Encore faut-il nuancer le propos. On s'en tiendra ici aux rapports entre l'ordre judiciaire et le législatif (sur les rapports entre l'ordre judiciaire et l'exécutif, v. *infra*, nᵒˢ 121 s.).

Il n'est pas interdit au législateur de s'immiscer dans la fonction de juger, dans la fonction judiciaire : il y parvient par le vote de lois rétroactives ou interprétatives (v. *infra*, nᵒ 425) ou par le vote de lois de validation. En ce sens, la séparation n'est pas respectée. Mais, en sens inverse, la loi des 16-24 août 1790 interdit aux tribunaux de « prendre, directement ou indirectement, aucune part à l'exercice du pouvoir législatif, ni empêcher ou suspendre l'exécution des décrets du corps législatif à peine de forfaiture »[2].

100 *Juridictions civiles et juridictions pénales* ◊ Les juridictions de l'ordre judiciaire remplissent deux sortes de fonctions : d'une part, elles sont chargées de juger les procès entre les particuliers, relatifs à l'application

---

1. C. Debbasch, J. Bourdon, J.M. Pontier et J.-C. Ricci, *La Vᵉ République*, éd. Economica, 1985, p. 65 s. ; G. Giudicelli-Delage, *op. cit.*, p. 191 ; v. cep. P. Ardant, *Institutions politiques et droit constitutionnel*, 2ᵉ éd. 1990, p. 130 s. — Sur l'« autorité » des décisions du Conseil constitutionnel, v. d'ailleurs Cons. const. 8 juill. 1989, JCP 1990, II, 21409, note Franck.

2. Ainsi le juge ne peut-il s'opposer à l'application d'une loi ou d'un décret. V. par ex. au sujet d'un décret sur les baux commerciaux, Civ. 1ʳᵉ, 30 mai 1967, D. 1967, 566.

du droit privé ; d'autre part, elles frappent de peines ceux qui ont commis des infractions. Certaines juridictions — les plus importantes d'ailleurs — exercent en même temps les deux fonctions, ce qui réalise l'*unité des juridictions civile et pénale.* Ainsi le tribunal d'instance connaît, à la fois, des litiges civils de moindre importance et, dans sa formation répressive, en tant que *tribunal de police,* des contraventions, c'est-à-dire des infractions mineures ; le tribunal de grande instance et la cour d'appel jugent, à la fois, les procès civils plus importants et — comme *tribunal correctionnel,* constitué par une chambre du tribunal de grande instance, ou *chambre correctionnelle* de la cour — les délits correctionnels. La *cour d'assises,* compétente pour juger les crimes, fait exception : c'est une formation qui comprend un magistrat de la cour d'appel qui préside, deux autres magistrats de la cour ou du tribunal de grande instance du lieu de tenue des assises et neuf jurés tirés au sort pour chaque affaire à l'audience ; les arrêts rendus par les cours d'assises ne sont susceptibles d'aucun appel[1].

La liaison entre la juridiction civile et la juridiction pénale est encore renforcée par le fait que ces juridictions pénales — qui constituent les juridictions pénales de droit commun[2] — sont également compétentes pour statuer sur l'action civile en réparation du dommage causé par l'infraction, la victime ayant le choix et pouvant soit agir en dommages-intérêts devant un tribunal « civil » (tribunal de grande instance ou tribunal d'instance, selon le montant de la demande), soit porter l'action en dommages-intérêts devant la juridiction pénale.

101   *Les juridictions civiles. Compétence. Voies de recours* ◊ On envisagera l'*organisation des juridictions civiles* dans les développements qui suivent. Il n'en est pas moins nécessaire de formuler des précisions, dès à présent, au sujet de la compétence et des voies de recours.

1) *Compétence.* Parce qu'il existe diverses catégories de juridictions, il est nécessaire, à des fins de division du travail judiciaire, de préciser leurs attributions respectives. On appelle règles de compétence les règles qui déterminent à quelle juridiction il faut s'adresser pour juger telle ou telle affaire. On distingue deux sortes de compétence :

a) la compétence en raison de la *matière (ratione materiae)* ou compétence d'*attribution,* qui détermine quelles sortes d'affaires et jusqu'à quel taux telle ou telle catégorie de tribunaux peut juger ;

b) la compétence en raison de la *personne* ou du *lieu (ratione personae* ou *loci)* ou compétence *territoriale,* qui détermine, parmi les tribunaux de

---

1. Ajoutons qu'en matière pénale, la fréquente nécessité d'une instruction préparatoire fonde l'existence de *juridictions d'instruction* — juge d'instruction, au premier degré, chambre d'accusation, au deuxième degré — organiquement distinctes des *juridictions de jugement.*
2. Outre les juridictions pénales de droit commun, il existe des juridictions pénales spécialisées, notamment les juridictions militaires (tribunaux aux armées en temps de paix, tribunaux territoriaux des forces armées) ou les juridictions pénales pour les mineurs (tribunaux pour enfants, juges des enfants, cour d'assises des mineurs).

telle catégorie, celui auquel on doit s'adresser. La juridiction territorialement compétente est, sauf dispositions contraires — assez nombreuses — celle du lieu où demeure le défendeur, c'est-à-dire, s'il s'agit d'une personne physique, du lieu où celle-ci a son domicile ou, à défaut, sa résidence (art. 42 s., nouv. c. proc. civ.).

2) *Voies de recours.* Lorsque la décision est rendue par la juridiction primitivement saisie, elle peut être attaquée par des voies de recours, parmi lesquelles l'appel et surtout le pourvoi en cassation jouent un rôle capital dans la formation d'une jurisprudence.

Il y a deux sortes de voies de recours : les voies *ordinaires* (appel, opposition), qui permettent d'attaquer en tous points une décision et sont caractérisées par le fait que le délai de recours ainsi que les recours exercés dans les délais sont suspensifs d'exécution ; les voies *extraordinaires* (tierce opposition, recours en révision, pourvoi en cassation), qui ne sont en principe — ce n'est pas le cas de la tierce opposition — ouvertes que dans les cas spécifiés par la loi ; le recours par une voie extraordinaire et le délai ouvert pour l'exercer ne sont pas suspensifs d'exécution, si la loi n'en dispose autrement (art. 527 s., nouv. c. proc. civ.).

102   *1° Les juridictions du premier degré. Juridictions de droit commun et juridictions d'exception* ◊ Parmi les juridictions du premier degré, auxquelles un plaideur doit s'adresser tout d'abord, on distingue les juridictions de droit commun et les juridictions d'exception. On appelle juridictions de *droit commun* celles qui ont compétence pour juger en première instance toutes les affaires de droit privé pour lesquelles la loi n'a pas donné expressément compétence à une autre juridiction. Les autres juridictions, dites d'*exception,* ne peuvent juger que les affaires pour lesquelles un texte leur donne expressément compétence.

103   *Juridictions de droit commun : tribunaux de grande instance* ◊ Les tribunaux de droit commun sont les *tribunaux de grande instance.* Actuellement au nombre de 175[1], il en existe au moins un par département, normalement situé au chef-lieu. Ils ont, depuis l'ordonnance du 22 décembre 1958 portant réforme judiciaire, remplacé les tribunaux civils de première instance, ou tribunaux d'arrondissement créés par la Révolution de 1789. Le tribunal de grande instance siège surtout en forme collégiale[2] : il est composé d'au moins un président et deux juges ; il

1. Il s'agit du nombre des tribunaux de grande instance de la Métropole. Si l'on ajoute les tribunaux des départements d'outre-mer, le nombre total s'élève à 185.
2. La formation collégiale n'est toutefois plus la seule pour l'audience des affaires ordinaires. La loi du 10 juillet 1970 (ajoutant un art. 3-1 à l'ordonnance n° 58-1273 du 22 déc. 1958 relative à l'organisation judiciaire ; v. actuellement l'art. L. 311-10 c. org. jud.) a institué le juge unique dans le cadre du tribunal de grande instance.
En ce qui concerne les instances civiles, la décision de soumettre une affaire ou un groupe d'affaires à un juge unique est, en principe, réservée au président du tribunal de grande instance ou au magistrat délégué par lui à cet effet. Cette décision peut normalement être prise en toutes matières de la compétence du tribunal de grande instance.
La possibilité de statuer à juge unique est cependant écartée dans divers cas actuellement prévus à l'art. L. 311-10, al. 4, c. org. jud. : en matières disciplinaires ou relatives à l'état des

comprend en outre les magistrats du ministère public : le procureur de la République et ses substituts. La plupart des tribunaux ont plusieurs chambres, chaque chambre comprenant le président ou un vice-président et deux juges. Les décisions appelées *jugements* sont ainsi rendues par trois magistrats.

Le tribunal de grande instance connaît, à charge d'appel, de toutes les affaires pour lesquelles compétence n'est pas attribuée expressément à une autre juridiction, en raison de la nature de l'affaire ou du montant de la demande (art. R. 311-1, c. org. jud.). Le tribunal d'instance connaissant des affaires personnelles et mobilières jusqu'à 13 000 F en dernier ressort et jusqu'à 30 000 F en premier ressort seulement (art. R. 321-1) (*infra*, n° 104), au-delà de cette somme, c'est devant le tribunal de grande instance que l'affaire doit être portée. Il n'en peut connaître qu'à charge d'appel (art. R. 311-1 préc.). Dans les matières pour lesquelles il a compétence exclusive en raison de la nature de l'affaire, indépendamment de toute valeur du litige (par exemple, état des personnes : mariage, divorce, filiation, nationalité ; actions immobilières pétitoires, etc.), le tribunal de grande instance statue en *premier et dernier ressort*, c'est-à-dire sans possibilité d'appel — mais cela n'exclut pas la possibilité du pourvoi en cassation — lorsque la valeur en litige est inférieure à 13 000 F, et, au-delà, à charge d'appel (art. R. 311-2, c. org. jud.). Lorsque la valeur du litige reste indéterminée, le jugement est toujours rendu en premier ressort.

104 *Les diverses juridictions d'exception* ◊ Parmi ces juridictions, il faut citer :

1) Les *tribunaux d'instance*, au nombre de 471, statuant à juge unique, situés, en principe, au chef-lieu d'arrondissement ; depuis l'ordonnance du 22 décembre 1958, ils ont remplacé les *juges de paix*, établis autrefois dans chaque canton. Le tribunal n'est compétent que dans les cas spécifiés par un texte ; mais ces cas sont nombreux, si bien qu'on peut considérer le tribunal d'instance comme le juge ordinaire des petits procès. Il est, en principe, compétent en dernier ressort, c'est-à-dire sans appel, jusqu'à 13 000 F, et en premier ressort, c'est-à-dire avec appel possible, jusqu'à 30 000 F (art. R. 321-1, c. org. jud.).

2) Les *tribunaux de commerce*, prévus par le code de commerce pour connaître des procès concernant les actes de commerce ou entre commerçants ; il en existe actuellement 228. Les juges qui les composent sont des

personnes, sous réserve des dispositions propres au divorce et à la séparation de corps. En outre, le renvoi à la formation collégiale d'une affaire portée devant le tribunal de grande instance statuant à juge unique est de droit sur la demande non motivée d'une des parties (art. L. 311-10, al. 2) et le renvoi à la formation collégiale peut également être décidé par le président ou son délégué, soit à la demande du juge saisi, soit d'office (al. 3). En outre, il résulte de l'art. L. 311-10-1, c. org. jud. (réd. L. 5 juil. 1985) que le tribunal de grande instance connaît à juge unique des litiges auxquels peuvent donner lieu les accidents de la circulation terrestre ; le juge peut toujours renvoyer l'affaire en l'état à la formation collégiale. — Ajoutons, qu'à certaines conditions, le président du tribunal peut rendre, dans tous les cas d'urgence, des ordonnances de *référé* (art. 808 s., nouv. c. proc. civ.).

commerçants élus par les commerçants de la circonscription administrative où se trouve le tribunal de commerce. On a estimé qu'ils connaîtraient mieux que des magistrats de carrière les usages et les besoins du commerce et qu'ils réussiraient souvent une conciliation entre les adversaires.

Les tribunaux de commerce jugent en dernier ressort les demandes dont le principal n'excède pas la valeur de 13 000 F (art. 639 c. com., réd. Décr. 4 mars 1988); au-delà, ils statuent à charge d'appel.

3) Les *conseils de prud'hommes* — actuellement au nombre de 282 — ont été institués pour connaître des procès entre employeurs et salariés. Ils sont composés de prud'hommes employeurs et de prud'hommes salariés, élus respectivement par les deux catégories professionnelles intéressées. L'organisation de cette juridiction étant paritaire, un juge du tribunal d'instance intervient en qualité de juge départiteur en cas de partage égal des voix. La procédure implique nécessairement deux phases : une phase préalable de conciliation devant le *bureau de conciliation*, puis, en cas d'échec de la tentative de conciliation, la phase suivante, devant le *bureau de jugement.*

Il résulte de l'article R. 517-3 (réd. Décr. 15 déc. 1982) du code du travail que le conseil de prud'hommes statue en dernier ressort : lorsque le chiffre de la demande n'excède pas un taux fixé par décret[1] ; lorsque la demande tend à la remise, même sous astreinte, de certificats de travail, de bulletins de paye ou de toute pièce que l'employeur est tenu de délivrer, à moins que le jugement ne soit en premier ressort en raison du montant des autres demandes. Hormis ces cas, le conseil de prud'hommes se prononce à charge d'appel devant la chambre sociale de la cour d'appel.

4) Les *tribunaux paritaires de baux ruraux* institués par l'ordonnance du 4 décembre 1944 pour statuer en matière de baux ruraux. Le tribunal comprend le juge du tribunal d'instance, président, et des assesseurs, bailleurs et preneurs, en nombre égal, élus séparément par leurs catégories (v. les art. L. 441-1 à L. 444-1, c. org. jud.).

Il résulte de l'article L. 443-1 du code de l'organisation judiciaire que le tribunal paritaire de baux ruraux se prononce en premier et dernier ressort jusqu'à 13 000 F et, au-delà, à charge d'appel.

5) Les *tribunaux des affaires de sécurité sociale* ont remplacé, depuis une loi du 3 janvier 1985, les commissions de première instance de la sécurité sociale. Leur compétence porte sur le *contentieux général* relatif aux contestations opposant les organismes de sécurité sociale à leurs usagers[2]. Les tribunaux des affaires de sécurité sociale jugent en dernier ressort les demandes dont le principal n'excède pas la valeur de 13 000 F ;

---

1. V. art. D. 517-1 c. trav. : 17 400 F pour les instances introduites à compter du 1er janvier 1991 (Décr. 21 déc. 1990).

2. Le contentieux technique, lié à la technique purement médicale (invalidité, incapacité de travail, soins, cures...) est soumis, en première instance, à des commissions régionales techniques et, en appel, à une commission nationale technique.

au-delà, ils statuent à charge d'appel, l'appel étant porté devant la chambre sociale de la cour d'appel.

105   *2° Les cours d'appel* ◊ L'appel est une voie de recours qui permet de déférer la décision rendue à une juridiction supérieure, qui juge à nouveau la cause, en fait et en droit, puis confirme ou infirme en la réformant la sentence primitive. Son existence manifeste le *principe du double degré de juridiction.* Celui-ci constitue une garantie précieuse pour les justiciables : le juge du premier degré sera incité à faire davantage attention, craignant une réformation de son jugement ; d'autre part, les juges d'appel sont en principe plus expérimentés et moins surchargés que les juges du premier degré. L'appel est admis, en principe, contre tout jugement ; celui-ci est pour cette raison rendu *en premier ressort.* Cependant, l'appel n'est pas possible pour les affaires de peu d'importance : on dit que celles-ci sont jugées *en premier et dernier ressort.*

Les cours d'appel, au nombre de 34[1], chacune compétente pour les juridictions de plusieurs départements[2] sont juges de droit commun au second degré. Chacune connaît des appels dirigés contre les décisions des juridictions de son ressort, qu'il s'agisse des tribunaux de grande instance ou des diverses juridictions d'exception que nous venons d'énumérer.

La cour d'appel est une juridiction collégiale, présidée par le premier président et comprenant, outres les membres du ministère public (procureur général, un ou plusieurs avocats généraux, un ou plusieurs substituts du procureur général), des présidents de chambre, et un certain nombre de conseillers répartis dans des chambres dont le nombre varie selon l'importance de la cour. En principe, les arrêts sont rendus, en audience ordinaire, par trois magistrats (le président de chambre, assisté de deux conseillers) ; exceptionnellement, la cour d'appel rend ses arrêts en audience solennelle, un président et quatre conseillers siégeant ; il en est ainsi en cas de renvoi après cassation (*infra*, n° 114)[3].

106   *3° La Cour de cassation* ◊ L'appel ne suffit pas à assurer une bonne administration de la justice ; il faut encore éviter que les diverses juridictions ne statuent différemment sur un même point : il serait choquant que le gain d'un procès dépende de la juridiction compétente. Aussi une juridiction est-elle placée au-dessus de toutes les autres, la Cour de cassation, qui assure l'unité dans l'application de la règle de droit. « Il y a,

---

1. Il y en a trente en Métropole, 3 dans les départements d'outre-mer et une à Nouméa. Une chambre détachée de la cour d'appel de Fort de France tient audience à Cayenne (art. L. 922-1 c. org. jud., L. 15 avril 1991).
2. Toutefois la cour d'appel de Metz ne couvre qu'un département, la Moselle.
3. Le premier président de la cour d'appel est, en tant que tel, investi de fonctions tant administratives (ex. : inspection des juridictions de première instance de son ressort) que juridictionnelles (dans les affaires dont la cour est saisie, ordonnances de référé ou ordonnances sur requête).

pour toute la République, une Cour de cassation », est-il précisé à l'article L. 111-1 du code de l'organisation judiciaire[1].

Ses lointaines origines pourraient être retrouvées dans le droit de l'Ancienne France, spécialement dans une section du Conseil du Roi chargée d'examiner les recours formés contre les arrêts des Parlements, le *Conseil des parties*. La tourmente révolutionnaire entraîna, il est vrai, la disparition de cet organe, sans pourtant détruire l'idée qui l'inspirait. Ses avatars illustrèrent ensuite la persistance d'un besoin d'unité judiciaire, tant bien que mal réalisée au sommet.

Les Révolutionnaires, qui ont voulu unifier le droit en France, avaient compris qu'il convenait d'instituer une juridiction appelée à veiller à l'application des lois par toutes les juridictions : d'où la création, par la loi des 27 novembre-1er décembre 1790, du *Tribunal de cassation* qui « annulera toutes procédures dans lesquelles les formes auront été violées, et tout jugement qui contiendra une contravention expresse au texte de la loi »[2].

107 *Cour de cassation et juridiction d'appel* ◊ La Cour de cassation[3] est saisie par un *pourvoi*, qui peut être formé contre toute décision rendue en dernier ressort. Elle n'est cependant pas un nouveau degré de juridiction et le pourvoi ne doit pas être confondu avec un appel.

1) La Cour de cassation ne rend pas elle-même des décisions concernant le fond de l'affaire et exécutoires pour les parties en cause. Elle apprécie la valeur des décisions qui lui sont déférées. Si elle estime que la décision a été bien rendue, elle rejette le pourvoi en cassation ; c'est la décision attaquée qui, étant maintenue, sera exécutée. Si elle considère que la décision a été mal rendue, elle la casse ; mais la Cour de cassation ne juge pas l'affaire, elle la renvoie devant une juridiction du même ordre que celle dont émane la décision cassée (v. cep. *infra*, n° 114, sur les cas de cassation sans renvoi).

Les juridictions d'appel, au contraire, rendent des décisions exécutoires.

2) Une juridiction d'appel connaît de toute l'affaire, en fait et en droit (*supra*, n° 105). Il en va différemment de la Cour de cassation : elle doit tenir pour exacts les faits tels qu'ils sont relatés dans la décision attaquée ; elle ne peut apprécier les décisions qu'au point de vue de l'application de la loi ; elle ne peut casser que pour une contravention à la loi.

Ainsi donc, alors que les juges du fond connaissent de tout le litige —

1. En elle-même, elle constitue un ordre de juridiction au sens de l'article 34 de la Constitution (Cons. const. 20 juil. 1977, D. 1978, 701, note HAMON). — V. P. HÉBRAUD, La part de la loi et du décret dans la réforme de la Cour de cassation, *Mélanges Vincent*, 1981, p. 155 s.

2. V. J.-L. HALPÉRIN, *Le Tribunal de cassation*, thèse Paris, 1985.

3. On utilise aussi l'expression de Cour suprême pour la désigner ; pourtant ces mots ne conviennent à proprement parler qu'à une juridiction veillant tout à la fois au respect de la Constitution par le Parlement — rappr. le Conseil constitutionnel (*supra*, n° 98) —, de la loi par le gouvernement (v., au sujet du Conseil d'Etat, *infra*, n° 122) et du droit par les sujets de droit.

constatation des faits et application de la règle de droit —, la Cour de cassation vérifie uniquement si les juges du fond ont fait une application exacte de la règle de droit; elle juge, non pas le litige, mais la décision intervenue à son occasion, et qui lui est déférée.

108   ***a) Organisation de la Cour de cassation et mécanisme du pourvoi en cassation*** ◊ La Cour de cassation, initialement organisée par la loi du 2 brumaire an IV, a fait l'objet de deux réformes générales, l'une en 1947 (L. 23 juil. 1947), l'autre en 1967 (L. 3 juil. 1967). Pour comprendre la portée des réformes intervenues, il est nécessaire de connaître l'évolution de l'organisation de la Cour de cassation et du mécanisme du pourvoi en cassation.

109   ***Evolution législative*** ◊ 1) *Régime primitif.* La Cour de cassation comprenait initialement trois chambres : la Chambre des requêtes, la Chambre civile et la Chambre criminelle. Cette dernière connaissait des pourvois contre les décisions de toutes les juridictions de l'ordre répressif.

En matière de droit privé, jusqu'à la loi du 23 juillet 1947, le pourvoi était, en principe, d'abord déféré à la Chambre des requêtes, qui pouvait ou le rejeter par un arrêt motivé si elle l'estimait manifestement mal fondé, ou l'admettre et le transmettre, par un arrêt non motivé, à la Chambre civile, s'il lui apparaissait sérieux et méritant discussion contradictoire[1].

La Chambre civile statuait toujours par un arrêt motivé. Si elle estimait que les juges du fond avaient correctement appliqué la loi, elle rejetait le pourvoi, et tout était fini, la décision attaquée conservant définitivement son autorité. Dans le cas contraire, elle rendait un arrêt de cassation, annulant la décision attaquée et renvoyant l'affaire devant une autre juridiction du même degré que celle ayant rendu la décision cassée. Cette dernière juridiction, par exemple une cour d'appel, dite juridiction de renvoi, n'était pas liée par l'arrêt de cassation. Si elle se rangeait à l'avis de la Cour de cassation, le litige était terminé, les voies de recours étant épuisées. Mais elle pouvait se prononcer dans le même sens que la décision qui avait été cassée par la Chambre civile. Dans ce cas, il y avait donc conflit entre la Cour de cassation et deux cours d'appel. Divers systèmes ont été successivement suivis pour dénouer le conflit. Bornons-nous à exposer celui de la loi du 1er avril 1837, qui est resté en vigueur jusqu'à la réforme de 1967.

Lorsque la juridiction de renvoi statuait dans le même sens que celle dont la décision avait été cassée, un deuxième pourvoi en cassation était possible, qui s'appuyait sur les mêmes moyens que le premier : il était examiné avec un soin particulier, la Cour de cassation devant statuer *toutes chambres réunies* (sous l'empire de la loi du 2 brumaire an IV, Chambre des requêtes, Chambre civile, Chambre criminelle). L'arrêt ainsi

---

1. De 1938 à 1947, a existé aussi une Chambre sociale : dans certaines affaires, elle avait, par rapport à la Chambre civile, le rôle ordinairement dévolu à la Chambre des requêtes ; dans d'autres, elle pouvait statuer directement.

rendu pouvait être, soit un arrêt de rejet (auquel cas les Chambres réunies se prononçaient contre l'avis de la Chambre civile qui avait cassé la décision attaquée), soit un arrêt de cassation (les Chambres réunies statuant comme l'avait fait la Chambre civile). Dans ce dernier cas, l'affaire était renvoyée devant une troisième juridiction, du même degré que les deux premières, mais avec cette particularité que la nouvelle juridiction de renvoi était tenue de se conformer sur le point de droit à la solution donnée par l'arrêt des Chambres réunies. Ce deuxième renvoi n'était ainsi prononcé que pour ordre, il ne s'expliquait que par le principe suivant lequel la Cour de cassation ne peut juger le procès ; celui-ci était donc soumis à une juridiction du fond, mais avec l'obligation de juger dans le sens consacré par la Cour de cassation. L'arrêt des Chambres réunies ne valait toutefois que pour la cause et ne liait pas les juges dans une cause postérieure.

2) *Système de la loi du 23 juillet 1947.* On a reproché à la Cour de cassation le temps qu'elle mettait à liquider les pourvois. Une des causes des lenteurs parut être le double examen de la même affaire par la Chambre des requêtes et, le cas échéant, par la Chambre civile. D'où l'idée de transformer la Chambre des requêtes en une nouvelle Chambre civile afin de gagner du temps et de décharger les magistrats de la Chambre civile. Mais on ne manqua pas d'objecter que l'existence de plusieurs Chambres civiles risquait d'entraîner des divergences d'interprétation selon les chambres ; c'en serait fait du rôle de la Cour de cassation, qui est d'assurer l'unité d'interprétation du droit[1]. Aussi la loi du 23 juillet 1947, qui a supprimé la Chambre des requêtes et institué diverses Chambres civiles, avait-elle cherché à parer à ce danger.

Les magistrats étaient répartis en deux chambres : la Chambre civile et la Chambre criminelle. La Chambre civile était divisée en quatre sections ; en réalité on pouvait considérer qu'il y avait quatre chambres civiles entre lesquelles les affaires étaient réparties suivant leur nature, le bureau de la Cour opérant la spécialisation des chambres au début de chaque année judiciaire, en fonction des besoins. On distinguait ainsi la Chambre civile, première section civile, la Chambre civile, deuxième section civile, la Chambre civile, section commerciale et financière, la Chambre civile, section sociale.

Chaque section — au sens de chambre — siégeait isolément. Elle ne pouvait rendre d'arrêts qu'avec la présence de 7 membres au moins. Il n'y avait plus de filtrage préalable, chaque section étant directement saisie des pourvois relevant de sa compétence. Ou bien le pourvoi était rejeté, et la décision attaquée conservait définitivement son autorité, ou bien la

---

1. De pareilles divergences pouvaient déjà exister dans l'ancienne organisation. Il y avait parfois conflit sur un point entre la Chambre des requêtes et la Chambre civile ; on pouvait le déceler, notamment, par le fait qu'à propos d'une solution donnée, la Chambre des requêtes rendait systématiquement des arrêts d'admission, alors que la Chambre civile refusait non moins systématiquement de casser. Il pouvait aussi y avoir divergence entre la Chambre criminelle et les autres Chambres, car il arrivait à la première de statuer sur une question de droit privé accessoirement au procès pénal. — L'augmentation du nombre des chambres civiles risquait indubitablement de multiplier de telles divergences.

décision attaquée était cassée. Dans ce cas, l'ancien mécanisme subsistait intégralement, avec la possibilité de l'intervention des Chambres réunies si la juridiction de renvoi refusait de s'approprier la solution en droit de la section initialement saisie et qui avait cassé la première décision. La formation des Chambres réunies exigeait la présence de 35 membres au moins.

Mais supposons que, sur un point, l'une des chambres civiles ait statué en un sens et qu'une question semblable étant posée devant une autre chambre, celle-ci se soit apprêtée à statuer différemment. Il y avait alors menace de contrariété des décisions au sein de la Cour de cassation. Dans ce cas, le premier président, sur proposition du président de chambre et avis du conseiller rapporteur et de l'avocat général, renvoyait l'affaire devant l'*Assemblée plénière civile*. Cette formation a été instituée par la loi du 23 juillet 1947. Elle devait réunir 15 membres au moins. Elle était présidée par le premier président et comprenait nécessairement le président et le conseiller doyen de chacune des chambres civiles, ainsi que de la Chambre criminelle, si le problème juridique en cause était susceptible de se poser également devant cette chambre (par exemple une question de responsabilité civile). Les arrêts rendus par l'Assemblée plénière civile suivaient le même circuit que ceux rendus par la chambre siégeant isolément : il y avait soit rejet du pourvoi, soit cassation de la décision attaquée et renvoi devant une juridiction du fond du même degré que celle qui avait rendu la première décision ; si la juridiction de renvoi ne se rangeait pas à l'avis de l'Assemblée plénière civile, un deuxième pourvoi en cassation était possible ; il était porté devant les Chambres réunies[1].

110   *Système actuel* ◊ Une réforme générale de la Cour de cassation a été, à nouveau, opérée par une loi du 3 juillet 1967. Les résultats de la réforme intervenue en 1947 avaient certes été, dans l'ensemble, satisfaisants, l'augmentation du nombre des chambres, jointe à un effort de réorganisation interne, ayant amené une résorption des retards. Mais ces améliorations risquaient d'être insuffisantes par la suite en raison de l'apport ininterrompu de dossiers nouveaux. De plus, il était apparu à l'expérience que le service des chambres était gravement perturbé dès que leurs membres étaient appelés à participer aux travaux des formations de jugement particulières qu'étaient les Chambres réunies ou l'Assemblée plénière civile, étant donné le nombre important de magistrats dont la présence était requise pour qu'elles pussent délibérer valablement.

C'est pourquoi la loi du 3 juillet 1967, complétée par les lois du 12 juillet 1978, du 3 janvier 1979 et du 6 août 1981[2], a opéré diverses réformes relatives à la composition et aux formations de la Cour de cassation. En outre, une loi du 15 mai 1991 a institué la saisine pour avis de la Cour de cassation.

---

1. V. Nguyen Thanh Nha, *Les chambres réunies de la Cour de cassation, essai d'un bilan de 130 ans de jurisprudence civile*, thèse ronéot. Paris, 1968.
2. Les textes régissant la Cour de cassation sont, depuis la codification de la matière, en 1978, les art. L. 111-1 s. et les art. R. 121-1 s. du code de l'organisation judiciaire. — V. P. Hébraud, Aggiornamento de la Cour de cassation (Lois des 12 juillet 1978 et 3 janvier 1979), D. 1979, chron. 205 s.

111 *b) Composition de la Cour de cassation* ◊ La Cour de cassation est actuellement composée de six chambres : cinq chambres civiles et une chambre criminelle (art R. 121-3, c. org. jud.). « Chacune des chambres de la Cour de cassation comprend : un président de chambre ; des conseillers ; des conseillers référendaires ; un ou plusieurs avocats généraux ; un greffier de chambre » (art. R. 121-4, c. org. jud.) [1]. Afin d'assurer le maximum de souplesse dans le fonctionnement de la Cour de cassation, la loi n'a pas fixé de manière impérative la composition de chacune des chambres.

Le premier président de la Cour de cassation est le premier magistrat de l'ordre judiciaire. Il lui est loisible de présider les débats de l'une des chambres. Il est investi de pouvoirs administratifs étendus : il répartit les conseillers entre les diverses chambres et fixe les attributions de chacune d'elles ; il décide du renvoi de certaines affaires en chambre mixte ou en assemblée plénière.

Chaque chambre est dotée d'un président de chambre qui dirige les débats. Il répartit les dossiers entre les conseillers de la chambre et assure une supervision des arrêts qu'elle rend. Il fait partie du bureau de la Cour de cassation et siège de droit aux assemblées plénières. Les conseillers participent au délibéré et au jugement des affaires.

C'est une loi du 20 février 1967 qui a procédé à la création des *conseillers référendaires*. Ceux-ci siègent avec voix consultative dans la chambre à laquelle ils sont affectés ; ils ont voix délibérative dans le jugement des affaires qu'ils sont chargés de rapporter (art. L. 131-7, al. 1er, c. org. jud.). Distincts des conseillers référendaires, plus jeunes que ceux-ci, les *auditeurs à la Cour de cassation* n'ont pas d'attributions juridictionnelles. Ils « exercent des attributions administratives auprès de la Cour de cassation. — Ils participent aux travaux d'aide à la décision tels que définis par le premier président ainsi qu'à ceux du service de documentation et d'études, notamment en ce qui concerne l'informatique. — Ils peuvent assister aux audiences des chambres » (art. R. 131-14, c. org. jud., réd. Décr. 20 fév. 1984).

Le procureur général et les avocats généraux remplissent le rôle du ministère public devant la Cour de cassation.

112 *c) Formations de la Cour de cassation* [2] ◊ Les arrêts peuvent être

---

1. D'un décret du 10 août 1987, il résulte qu'outre le premier président, il y a, à la Cour de cassation, 6 présidents de chambre, 84 conseillers et 37 conseillers référendaires. Il faut aussi tenir compte de l'existence de 17 auditeurs, ainsi que des membres du Parquet de la Cour de cassation : le procureur général, le premier avocat général assisté de deux premiers avocats généraux délégués, 22 avocats généraux.

2. Nous n'envisagerons que les formations de jugement. En outre, les chambres de la Cour de cassation se réunissent en *audience solennelle* ou en *assemblée générale* dans les cas prévus par les lois et règlements. L'assemblée générale joue, comme dans toutes les juridictions, un rôle administratif. — Le Bureau de la Cour de cassation — composé du premier président, des présidents de chambre, du procureur général et du premier avocat général — assiste le premier président dans l'administration de la Cour. — Le Service de documentation et d'études rassemble les éléments d'information utiles aux travaux de la Cour et procède aux recherches nécessaires (art. R. 131-15 s., c. org. jud.) ; il tient le fichier central des sommaires de toutes les décisions de la Cour de cassation et des décisions les plus importantes des autres juridictions ;

rendus soit par l'*une des chambres*, soit par une *chambre mixte*, soit par l'*Assemblée plénière*.

1) *Arrêts rendus par les diverses chambres*. Chacune des chambres civiles a une compétence déterminée par une ordonnance du premier président, après avis du procureur général. Les trois premières chambres s'appellent chambres civiles (1re, 2e, 3e), la quatrième et la cinquième conservant respectivement l'appellation de chambre commerciale et financière et de chambre sociale.

Chaque chambre comporte un nombre variable de conseillers. Longtemps il fallut, pour qu'un arrêt soit valablement rendu, que sept membres au moins ayant voix délibérative soient présents; il n'en faut plus aujourd'hui que cinq : « les chambres ne rendent les arrêts que si cinq membres au moins sont présents » (art. L. 131-6, al. 1er, c. org. jud.).

Il se peut même que les arrêts soient rendus par un nombre moindre de membres. Il existe, en effet, dans chaque chambre une *formation restreinte* composée seulement de trois magistrats. Lorsque l'institution fut créée par la loi du 3 janvier 1979, elle tendait seulement à ressusciter, mais dans chaque chambre, un mécanisme de filtrage rappelant le rôle rempli autrefois par la chambre des requêtes (*supra*, n° 109); la formation restreinte examinait les pourvois dès la remise de son mémoire par le demandeur et rejetait les pourvois irrecevables ou mal fondés, mais elle n'était pas investie d'un pouvoir de cassation. Ultérieurement, ce pouvoir lui a été attribué par la loi du 6 août 1981, ce qui conduit à abandonner la référence à l'idée de filtrage. De l'actuel article L. 131-6, alinéa 2, du code de l'organisation judiciaire, il résulte que, « lorsque la solution du pourvoi lui paraît s'imposer, le premier président ou le président de la chambre concernée peut décider de faire juger l'affaire par une formation restreinte de trois magistrats. Cette formation peut renvoyer l'examen du pourvoi à l'audience de la chambre, à la demande de l'une des parties; le renvoi est de droit si l'un des magistrats composant la formation restreinte le demande ». Ainsi une chambre, en formation de trois membres, peut, dans certaines conditions, aussi bien casser que rejeter.

2) *Arrêts rendus par une chambre mixte*. Afin d'alléger le système antérieur, la loi de 1967 a remplacé l'assemblée plénière civile instituée par la loi de 1947 par la formation des chambres mixtes, une chambre mixte étant composée de magistrats appartenant à deux ou plusieurs chambres de la Cour et constituée par ordonnance du premier président (art. R. 131-4, c. org. jud.). Le renvoi devant une chambre mixte peut être ordonné lorsqu'une affaire pose une question relevant normalement des attributions de plusieurs chambres ou si la question a reçu ou est susceptible de recevoir devant les chambres des solutions divergentes; il doit l'être en cas de partage égal des voix (art. L. 131-2, al. 1er, c. org. jud.). Le renvoi est décidé soit avant l'ouverture des débats, par ordonnance non motivée du premier président, soit par arrêt non motivé de la chambre

de la sorte, on s'emploie à aider les conseillers et à prévenir les contrariétés de solutions entre les chambres.

saisie; il est de droit lorsque le procureur général le requiert avant l'ouverture des débats (art. L. 131-3, al. 3, c. org. jud.). Une chambre mixte est présidée par le premier président; elle comprend, en outre, les présidents et doyens des chambres qui la composent, ainsi que deux conseillers de chacune de ces chambres, désignés sur proposition du président de chambre par le premier président; l'un de ces conseillers est désigné pour l'année judiciaire (art. L. 121-5 et R. 131-4, c. org. jud.).

3) *Arrêts rendus par l'Assemblée plénière.* Toujours dans le désir d'alléger le système antérieur, la loi de 1967 a supprimé la formation des Chambres réunies, dont les attributions ont été dévolues à l'Assemblée plénière. L'Assemblée plénière est présidée par le premier président ou, en cas d'empêchement de celui-ci, par le plus ancien des présidents de chambre; elle comprend, en outre, les présidents et les doyens des chambres ainsi que deux conseillers de chaque chambre (art. L. 121-6, c. org. jud.), désignés chaque année, dans la première quinzaine de décembre, par le premier président (art. R. 131-3, c. org. jud.). Le renvoi devant l'Assemblée plénière peut être ordonné lorsque l'affaire pose une question de principe, notamment lorsqu'il existe des solutions divergentes entre les juges du fond et la Cour de cassation; il doit l'être lorsque, après cassation d'un premier arrêt ou jugement, la décision rendue par la juridiction de renvoi est attaquée par les mêmes moyens (art. L. 131-2, al. 2, c. org. jud.). Le renvoi est décidé de la même manière que s'il était opéré devant une chambre mixte (art. L. 131-3, c. org. jud.).

113 *d) Rôle de la Cour de cassation* ◊ La Cour de cassation remplit un rôle essentiel dans la formation de la jurisprudence (sur la jurisprudence, v. *infra*, nᵒˢ 217 s.). Deux observations s'imposent à ce sujet.

114 *La Cour de cassation, juge du droit. La cassation avec ou sans renvoi* ◊ Parce que la Cour de cassation est juge du droit et non pas juge du fait (*supra*, nᵒ 107), elle ne rend pas de décisions sur le fond. En cas de cassation, l'affaire est donc renvoyée, sauf disposition contraire, devant une autre juridiction de même nature que celle dont émane l'arrêt ou le jugement cassé ou devant la même juridiction composée d'autres magistrats (art. L. 131-4, al. 1ᵉʳ, c. org. jud.). Toutefois, se constituant alors, en quelque sorte, en troisième degré de juridiction, la Cour de cassation — quelle qu'en soit la formation — peut casser sans renvoi, lorsque la cassation n'implique pas qu'il soit à nouveau statué sur le fond; elle peut aussi, en cassant sans renvoi, mettre fin au litige lorsque les faits, tels qu'ils ont été souverainement constatés et appréciés par les juges du fond, lui permettent d'appliquer la règle de droit appropriée (art. L. 131-5, al. 1 et 2, c. org. jud.).

Parce qu'il faut, de toute façon, mettre fin à un litige, à supposer qu'aient été respectées diverses étapes, il est prévu que, lorsque le renvoi est ordonné, après cassation, par l'Assemblée plénière, la juridiction de renvoi *doit* se conformer à la décision de cette assemblée sur les points de droit jugés par celle-ci (art. L. 131-4, al. 2, c. org. jud.). Alors s'affirme davantage l'autorité de la Cour de cassation dans la détermination du droit.

115 *La Cour de cassation et le contrôle de l'application des lois* ◊ La Cour de cassation contrôle l'application des lois par les tribunaux ; de ce fait, et en même temps, elle assure l'unité d'interprétation de la loi sur tout le territoire. C'est là une nécessité dans un pays où le droit est unifié : la promulgation d'un code civil unique aurait manqué son objectif si chaque juridiction avait pû librement interpréter la loi. Le danger d'interprétations différentes, aboutissant à reconstituer des diversités provinciales ou locales des règles juridiques, est évité grâce à l'institution d'une cour unique, imposant à toutes les juridictions la même interprétation des textes.

Lors de l'institution de la Cour de cassation, on n'eut pas parfaitement conscience de ce rôle capital de la Cour : initialement, elle ne cassait que pour contravention expresse à la loi ; ce n'est qu'ultérieurement qu'on admit la cassation non seulement quand le juge avait refusé d'appliquer la loi ou s'était trompé sur le texte applicable, mais encore quand il avait donné de ce texte une mauvaise *interprétation*.

Le rôle de la Cour de cassation n'a d'ailleurs pas cessé de s'étendre, et cela à un double titre.

1) *Quant aux normes dont l'interprétation est contrôlée.* « Le pourvoi en cassation tend à faire censurer par la Cour de cassation la non-conformité du jugement qu'il attaque aux règles de droit » (art. 604, nouv. c. proc. civ.). Cette dernière expression est large. Outre l'interprétation des lois, la Cour de cassation contrôle l'interprétation des *textes réglementaires* et des *conventions internationales*. La Cour de cassation sursoit à statuer lorsque ce pouvoir d'interprétation a été confié à une juridiction supra-étatique telle que la Cour de justice des communautés européennes[1]. — Sur le contrôle, par la Cour de cassation, de la conformité de la loi à un traité, v. *infra*, n° 164[2].

La Cour de cassation ne contrôle pas la violation des *usages* par les tribunaux[3].

2) *Quant aux critiques auxquelles sont exposés les jugements et arrêts.* L'éventail de ces critiques — techniquement parlant, des « cas d'ouverture à cassation » — est large. Il peut y avoir cassation pour violation de la loi (au sens large du mot) ; on peut rattacher à cette notion la violation de la loi par fausse interprétation, fausse application ou refus d'application, l'excès de pouvoir, l'incompétence ou la perte du fondement juridique de la décision attaquée, par exemple par l'effet de la publication d'un texte

---

1. V., par ex., Com. 20 janv. 1987, *Bull. civ.* IV, n° 22 ; v. *infra*, n° 185.
2. Bien qu'il ne s'agisse plus, juridiquement parlant, des « règles de droit » (*infra*, n° 250), la Cour de cassation contrôle les conventions collectives conclues entre syndicats d'employeurs et de salariés (Ass. plén., 6 fév. 1976, JCP 1976, II, 18481, note H. Groutel ; Soc. 22 juil. 1986, *Bull. civ.* V, n° 470), parce que ces conventions collectives formulent des règles générales appelant une unité d'interprétation. — V. *infra*, n° 250, et *Les obligations*, n° 371.
3. Soc. 18 déc. 1986, *Bull. civ.* V, n° 620.

législatif ou réglementaire déclaré expressément applicable devant la Cour de cassation. Il peut y avoir aussi cassation pour vice de forme ou contrariété de jugements (art. 618, nouv. c. proc. civ.).

Par le contrôle de la *motivation* des jugements et arrêts, la Cour de cassation a très largement étendu son rôle[1]. Il peut donc y avoir cassation pour défaut de motifs (absence totale de motifs, défaut de réponse à conclusions, contradiction de motifs, motifs dubitatifs ou hypothétiques, dénaturation ou manque de base légale)[2]. Ce dernier cas d'ouverture, « pierre de touche de la technique juridique »[3], « est constitué par une insuffisance de motivation de la décision attaquée qui ne permet pas à la Cour de cassation de contrôler la régularité de la décision ou plus précisément de vérifier que les juges du fond ont fait une application correcte de la règle de droit »[4].

Bien qu'elle soit chargée de faire respecter les règles de droit par les tribunaux, la Cour de cassation est traditionnellement un organe juridictionnel. En droit, la décision, même émanant des Chambres réunies, ou, à présent, de l'Assemblée plénière, n'a pas valeur d'un arrêt de règlement (art. 5, c. civ.), car elle ne vaut que pour la cause et ne lie pas les juges dans une cause postérieure : la Cour de cassation n'est pas liée par ses propres décisions, pas plus que les juges du fond ne sont, en principe (v. cep. *supra*, n° 114), liés par elle.

116 ***Rapports et avis de la Cour de cassation*** ◊ Afin de favoriser le dialogue entre les pouvoirs et les autorités dans la genèse des règles et des solutions du droit, le décret du 22 décembre 1967 a prévu que, chaque année, un rapport serait présenté au garde des Sceaux sur la marche des procédures et les délais d'exécution (v. l'art. R. 131-12, c. org. jud.). Dans ce rapport, le premier président et le procureur général peuvent appeler l'attention du garde des Sceaux « sur les constatations faites par la Cour de cassation... et lui faire part des améliorations qui leur paraissent de nature à remédier aux difficultés constatées » (art. R. 131-13, c. org. jud.). Ce rapport annuel, d'une grande richesse, témoigne de l'existence d'une évolution assez profonde dans la formation du droit positif[5] (v. *infra*, n°s 232, 373 s.)

---

1. V. Legros, *Essai sur la motivation des jugements civils*, thèse (dactyl.) Dijon, 1987. — V. aussi *La motivation des décisions de justice*, Trav. Centre nat. de recherches de logique, Bruxelles, 1978.

2. V. Tournon, Le défaut de motifs, vice de forme des jugements, JCP 1946, I, 553 ; Voulet, Le défaut de réponse à conclusions, JCP 1965, I, 1912 ; Le grief de dénaturation devant la Cour de cassation, JCP 1971, I, 2410 ; Catherine Marraud, *La notion de dénaturation en droit privé*, thèse Nancy, éd. 1974 ; Evelyne Prieur, *La substitution de motifs par la Cour de cassation*, thèse Caen, éd. 1986.

3. V. H. Motulsky, Le manque de base légale, pierre de touche de la technique juridique, JCP 1949, I, 775 ; v. aussi Le Clec'h, L'insuffisance de motifs, manque de base légale des décisions judiciaires, JCP 1948, I, 690, Manque de base légale et violation de la loi en matière civile, JCP 1948, I, 720.

4. Marie-Noëlle Jobard-Bachellier et Xavier Bachellier, *La technique de cassation, Pourvois et arrêts en matière civile*, 1989, p. 119.

5. V. sur ces rapports annuels les chroniques de H. Solus (JCP 1970, I, 2321, 1971, I, 2373, 1973, I, 2575), de F. Chabas (JCP 1976, I, 2793) ; v. aussi JCP 1978, I, 2882, 1979, I, 2953, 1980, I, 2993, 1981, I, 3041. — V. J. Déprez, A propos du rapport annuel de la Cour de cassation, « Sois juge et tais-toi » (Réflexion sur le rôle de la Cour de cassation), *RTD civ.* 1978, p. 503 s.

Lors de la préparation de la réforme de la Cour de cassation réalisée en 1967, on s'était demandé s'il ne serait pas souhaitable de permettre à la Cour de cassation, dès qu'une controverse importante apparaît au niveau des juridictions du fond, de donner un avis en droit, qui n'aurait pourtant pas la force d'un précédent. A l'époque, l'idée suscita des résistances plus ou moins inavouées : du côté du Conseil d'Etat, où la fonction de donneur d'avis officiels en droit semblait condamner quelque concurrence, apparemment bien légitime ; du côté de la Cour de cassation, où l'idée d'exprimer un tel avis ou une telle opinion autrement qu'à travers le prisme des arrêts n'avait pas assez fait son chemin dans les esprits[1]. Pourtant, elle avait été reprise en doctrine, spécialement pour servir de substitut aux réponses ministérielles à des questions écrites de parlementaires[2].

La saisine pour avis de la Cour de cassation a été finalement aménagée par une loi du 15 mai 1991. D'un nouvel article L. 151-1 du code de l'organisation judiciaire, il résulte désormais qu'« avant de statuer sur une demande soulevant une question de droit nouvelle, présentant une difficulté sérieuse et se posant dans de nombreux litiges, les juridictions de l'ordre judiciaire peuvent, par une décision non susceptible de recours, solliciter l'avis de la Cour de cassation qui se prononce dans le délai de trois mois de sa saisine. — Il est sursis à toute discussion sur le fond de l'affaire jusqu'à l'avis de la Cour de cassation ou, à défaut, jusqu'à l'expiration du délai ci-dessus mentionné. Toutefois, les mesures d'urgence ou conservatoires nécessaires peuvent être prises. — L'avis rendu ne lie pas la juridiction qui a formulé la demande. Il est communiqué aux parties. — Les dispositions du présent article ne sont pas applicables en matière pénale »[3].

117   *L'encombrement de la Cour de cassation* ◊ Le développement des contentieux a, on l'a vu (*supra*, n° 109), suscité un afflux sans cesse grandissant de pourvois. Dans le même temps, on a vu s'accroître les fonctions de la Cour de cassation. Au surplus, force est de constater que, succombant à une tendance naturelle qui consiste, de la part d'une autorité, à entendre ses propres pouvoirs de manière extensive, la Cour de cassation a étendu de maintes manières son contrôle[4], ce qui n'est pas nécessairement contraire au progrès du droit. Il n'en demeure pas moins que cette tendance contribue puissamment à renforcer le phénomène d'encombrement de la Cour de cassation, qui n'est, au demeurant, pas

---

1. V. la communication présentée par l'auteur, en 1966, au Centre national de recherches de logique de Bruxelles, in *Les lacunes du droit*, Bruxelles, 1968, p. 158.
2. B. OPPETIT, Les réponses ministérielles aux questions écrites des parlementaires et l'interprétation des lois, D. 1974, chron. 107 s. — V. aussi G. ROUHETTE, Une fonction consultative pour la Cour de cassation ?, *Mélanges A. Breton et F. Derrida*, 1991, p. 343 s. — Rappr., au sujet du Conseil d'Etat, dans ses relations avec les cours administratives d'appel, *infra*, n° 127.
3. Art. L. 151-2 c. org. jud. (réd. L. 15 mai 1991) : « La formation de la Cour de cassation qui se prononce sur la demande d'avis est présidée par le premier président. — Elle comprend, en outre, les présidents de chambre et deux conseillers désignés par chaque chambre spécialement concernée ».
4. F. KERNALÉGUEN, *L'extension du rôle des juges de cassation*, thèse ronéot. Rennes, 1979.

propre au système français[1]. Périodiquement, on tire un signal d'alarme. Constamment, on cherche des remèdes[2], dans diverses directions[3]. Les bicentenaires de la Révolution de 1789, puis de l'institution, en 1790, du Tribunal de cassation ont contribué à alimenter, à ce sujet, la littérature juridique[4].

118 *4° Le personnel judiciaire* ◊ Il est composé des magistrats et des auxiliaires de la justice.

119 *a) Les magistrats* ◊ La magistrature comprend deux branches distinctes : les magistrats dits « du siège », qui ont pour fonction de juger ; les membres du ministère public, qui représentent la société.

1) *Magistrats du siège.* Avant la Révolution, leurs charges étaient, en général, patrimoniales et héréditaires. Sous la Révolution, ils étaient pour la plupart élus. Ils sont actuellement normalement recrutés par voie de concours, formés dans le cadre du Centre national d'études judiciaires, devenu École nationale de la magistrature (L. n° 70-613 du 10 juil. 1970, art. 9, modifiant Ord. n° 58-1273 du 22 déc. 1958, etc.) et nommés, en principe, par décret du Président de la République. Il existe cependant des magistrats élus, tels les membres des tribunaux de commerce et des tribunaux paritaires de baux ruraux, ainsi que les conseillers prud'hommes.

Les magistrats du siège remplissent leurs fonctions en toute indépendance et ne peuvent recevoir d'ordres de quiconque. Ils sont protégés contre l'arbitraire par leur inamovibilité : ils ne peuvent, en principe, être ni révoqués, ni déplacés contre leur gré. Ils ne peuvent être l'objet de mesures disciplinaires que sur décision du Conseil supérieur de la magistrature[5]. Ce Conseil intervient également en matière d'avancement des magistrats, ce qui accroît leur protection contre l'arbitraire.

2) *Ministère public.* Les magistrats du ministère public, dits du Parquet, sont « les agents du pouvoir exécutif auprès des tribunaux » (Loi des 16-24 août 1790), devant lesquels ils représentent les intérêts de la société et de l'Etat[6].

1. La Cour judiciaire suprême, Une enquête comparative, *Rev. int. dr. comp.* janv.-mars 1978.

2. V. not. P. DRAI, *Pour la Cour de cassation*, JCP 1989, I, 3374 ; comp. A. BÉNABENT, Pour la Cour de cassation aussi, mais autrement, D. 1989, chron. 223 s.

3. V. not. le nouv. art. 1009-1 nouv. c. proc. civ. résultant d'un décret du 20 juil. 1989 et tendant à éviter qu'un recours en cassation ne soit utilisé à des fins dilatoires.

4. J. BEL, Le bicentenaire de la Révolution, retour aux sources pour la Cour de cassation, D. 1989, chron. 105 s. — V. *La Cour de cassation 1790-1990*, Catalogue de l'Exposition du bicentenaire ; *Le Tribunal et la Cour de cassation 1790-1990*, Livre jubilaire, Litec, 1990 ; *Bicentenaire de la Cour de cassation*, Journées des 28, 29 et 30 nov. 1990, Doc. fr. 1991.

5. V. art. 64 et 65 de la Constitution et Ord. n° 58-1270 du 22 déc. 1958.

6. Il existe un Parquet auprès de la Cour de cassation, de chaque cour d'appel et de chaque tribunal de grande instance. Ce dernier Parquet a une vocation rayonnante, car « le Procureur de la République peut, en toutes matières, exercer le ministère public devant toutes les juridictions du premier degré établies dans son ressort » (art. L. 311-15 c. org. jud.), notamment

Le ministère public a un rôle essentiel en *matière pénale* : il met en mouvement l'action publique et poursuit les délinquants devant les juridictions répressives.

En *matière civile*, il a une double mission [1] :

— En principe, il n'a pas l'initiative d'une action ; dans un procès entre particuliers, il peut simplement intervenir comme « *partie jointe* », c'est-à-dire présenter ses observations dans une affaire dont il a communication. Normalement, son intervention est *facultative*, c'est-à-dire que le Parquet peut prendre connaissance de toutes les affaires dans lesquelles il estime devoir intervenir (art. 426, nouv. c. proc. civ.). Mais il arrive que l'intervention du ministère public soit *obligatoire* : ainsi en est-il en cas de communication *judiciaire*, c'est-à-dire lorsque le juge décide d'office la communication au ministère public (art. 427, nouv. c. proc. civ.) ou encore dans le cas de communication *légale*. Ainsi, le ministère public doit avoir communication : 1) des affaires relatives à la filiation, à l'organisation de la tutelle des mineurs, à l'ouverture ou à la modification de la tutelle des majeurs ; 2) des procédures en matière de « faillite » ; le ministère public doit également avoir communication de toutes les affaires dans lesquelles la loi — ce peut être aussi le décret (ex. : art. 798, nouv. c. proc. civ., en matière gracieuse) — dispose qu'il doit être entendu (art. 425, nouv. c. proc. civ.).

— Parfois, exceptionnellement, le ministère public agit comme *partie principale* (demandeur ou défendeur). Ainsi, l'article 184 du code civil lui donne le droit d'intenter certaines actions en nullité de mariage et l'article 339, alinéa 2, du code civil lui reconnaît le droit d'agir en contestation d'une reconnaissance d'enfant naturel « si des indices tirés des actes eux-mêmes rendent invraisemblable la filiation déclarée » [2].

Les membres du ministère public sont des magistrats professionnels

---

devant le tribunal de commerce ; à ce dernier propos, son intervention est d'ailleurs importante dans les affaires de « faillite », spécialement depuis la réforme opérée par la loi n° 85-98 du 25 janvier 1985 relative au redressement et à la liquidation judiciaires des entreprises.

1. Nous n'indiquons au texte que les attributions judiciaires du ministère public. Il a, en outre, des attributions extra-judiciaires, par exemple la surveillance sur les auxiliaires de justice, sur les officiers de l'état civil, la participation à la protection des incapables...

2. Le ministère public peut-il agir en dehors d'un texte précis lui en donnant le pouvoir et simplement parce que l'ordre public est intéressé ? La question avait fait l'objet d'une controverse classique due à la rédaction de l'art. 46 de la loi du 20 avril 1810. L'alinéa 1er de ce texte paraissait commander la solution restrictive : « En matière civile, le ministère public agit d'office dans les cas spécifiés par la loi ». Mais l'alinéa 2 du même texte pouvait au contraire permettre la solution extensive : le ministère public « surveille l'exécution des lois, des arrêts et des jugements, il poursuit cette exécution dans les dispositions qui intéressent l'ordre public ». Après quelques hésitations, la jurisprudence avait pris parti pour une interprétation modérément extensive des pouvoirs du ministère public (Civ. 17 déc. 1913, D.P. 1914, 1, 26, note BINET, S. 1914, 1, 153, note RUBEN DE COUDER, *Grands arrêts* n° 9 ; Paris 5 mars 1956, D. 1956, 632, note R. LINDON, *RTD civ.* 1956, 761, obs. P. HÉBRAUD. — Comp. cep. Civ. 1re, 10 juin 1953, D. 1953, 612, JCP 1953, II, 7823, note J. SAVATIER). Finalement une solution plus nettement extensive a été retenue, puisque, en dehors des cas spécifiés par la loi, le ministère public « peut agir pour la défense de l'ordre public à l'occasion des faits qui portent atteinte à celui-ci » (art. 423 nouv. c. proc. civ.). — V. en ce sens extensif, Civ. 1re, 8 janv. 1974, D. 1975, 160, note N. GUIMEZANES ; Lyon 16 janv. 1980, D. 1981, 577, note GUIHO.

recrutés de la même façon que les magistrats du siège et faisant partie du même corps. Mais ils ne sont pas indépendants ; ils forment une hiérarchie à la tête de laquelle se trouve, dans chaque ressort de cour d'appel, le procureur général qui, lui, dépend directement du ministre de la Justice. Les magistrats du ministère public communiquent au tribunal ou à la cour, par voie de conclusions écrites, les indications qui ont pu leur être transmises par leurs chefs. Mais cette obéissance hiérarchique n'est pas exclusive d'une indépendance que traduit le vieil adage : « si la plume est serve, la parole est libre », c'est-à-dire que le magistrat du ministère public, après avoir pris des conclusions écrites conformes aux ordres hiérarchiques, peut soutenir oralement une opinion différente. « A l'audience, leur parole est libre » (Ord. 22 déc. 1958, portant loi organique relative au statut de la magistrature, art. 5).

120   *b) Les auxiliaires de la justice* ◊ On peut les grouper en deux catégories, selon qu'ils sont ou non des officiers ministériels.

1. Certains auxiliaires de la justice sont des *officiers ministériels*. Ils sont nommés par le Gouvernement, mais ont un droit patrimonial sur leur charge, sous la forme du droit de présentation de leur successeur : ils peuvent le proposer pour nomination au garde des Sceaux, ministre de la Justice, et se faire payer pour cette présentation un prix, qui est celui de la charge.

Dans cette catégorie rentrent :
— *les avoués* qui, depuis la réforme judiciaire de 31 décembre 1971, sont les seuls avoués à la Cour : leur rôle est de *postuler*, c'est-à-dire de représenter les parties au procès et de présenter à la cour les conclusions de celles-ci ;

— *les avocats à la Cour de cassation et au Conseil d'Etat* : ils jouent le double rôle d'avoué et d'avocat, chargés de postuler, de conclure ainsi que de plaider ;

— *certains greffiers* : depuis l'institution de secrétariats-greffes fonctionnarisés auprès de la plupart des juridictions par la loi du 30 novembre 1965, le statut des greffiers, officiers ministériels, ne s'applique plus qu'aux greffiers titulaires de charge des tribunaux de commerce ; ils sont chargés d'assister le juge dans tous ses actes, et spécialement de tenir la plume à l'audience et d'affirmer l'authenticité du jugement rendu ; ils ont aussi pour mission d'en délivrer des copies aux intéressés ;

— *les huissiers de justice* : les uns, huissiers audienciers, assurent la police de l'audience ; les autres, huissiers ordinaires, signifient les actes de procédure et les jugements et procèdent, notamment, par des saisies, à l'exécution de ceux-ci.

2. D'autres auxiliaires de la justice ne sont pas des officiers ministériels.

Il en est ainsi des avocats. Ceux-ci exercent leur profession dans le cadre de la loi du 31 décembre 1971. Cette loi a réalisé la fusion de trois professions ayant jusque-là des structures originales et des fonctions distinctes dans le procès : les avocats près les cours et tribunaux, les avoués près les tribunaux de grande instance et les agréés près les tribunaux de commerce. Puis la loi du 31 décembre 1971 a été modifiée par une loi nº 90-1259 du 31 décembre 1990 qui a substitué une nouvelle profession d'avocat aux professions existantes d'avocat et de conseil juridique.

Les avocats exercent une profession libérale et indépendante (L. 31 déc. 1971, art. 7). Ils sont inscrits à un barreau. Ceux qui en font partie constituent un ordre représenté par un bâtonnier et administré par le conseil de l'ordre, qui est en même temps une juridiction disciplinaire.

Leurs fonctions consistent : 1) à *représenter* les parties, ce qui correspond à la *postulation* dont étaient chargés les avoués; mais dans cette fonction, l'avocat est limité par le ressort territorial du tribunal de grande instance auprès duquel est installé le barreau dont il fait partie (L. 31 déc. 1971, art. 4)[1]; 2) à *assister* les parties et *plaider* pour elles, sans être limités par un cadre territorial (art. 5); ils ont le monopole de la plaidoirie pour autrui[2]; 3) à donner des *consultations* et rédiger pour autrui des *actes juridiques*.

Parmi les autres auxiliaires de la justice qui ne sont pas officiers ministériels, on peut citer les *experts, séquestres, administrateurs judiciaires, mandataires judiciaires à la liquidation des entreprises, experts en diagnostic d'entreprise.*

C L'ORDRE ADMINISTRATIF. EVOLUTION HISTORIQUE[3]

121   *Histoire* ◊ Il existait dans l'Ancien droit français certaines juridictions spécialisées appelées à se prononcer au sujet de contentieux de nature administrative : en matière fiscale, la Cour des aides, en matière de comptes, la Chambre des comptes du Parlement de Paris.

Mais ce n'est qu'à la suite d'une évolution liée à la Révolution française que s'est développé l'ordre des juridictions administratives. Certes, l'on aurait pu concevoir une *unité de l'ordre judiciaire* aboutissant à un même système juridictionnel pour tous les contentieux : aussi bien les procès opposant les particuliers à l'Administration que les procès opposant les particuliers entre eux. En France, tel n'a pas été le sens de l'histoire.

Bien avant la Révolution, les Rois de France étaient entrés en conflit

---

1. Devant les juridictions d'exception où le ministère d'avocat n'est pas obligatoire, l'avocat, dispensé de procuration, peut représenter la partie en même temps qu'il plaide pour elle.
2. Sous réserve des exceptions prévues par la loi (L. 31 déc. 1971, art. 4) et du droit pour les parties, assistées de leur représentant, de présenter elles-mêmes des observations orales (art. 441, al. 1er, nouv. c. proc. civ.).
3. V. not. A. DE LAUBADÈRE, J.-C. VÉNÉZIA et Y. GAUDEMET, *Traité de droit administratif*, t. I, 11e éd., 1990, nos 424 s., p. 245 s.; G. VEDEL et P. DELVOLVÉ, *Droit administratif*, t. 2, 11e éd. 1990, p. 17 s.

avec les Parlements et les corps judiciaires, ce qui suscita, dès le XVIIᵉ siècle, la séparation des autorités administratives et des autorités judiciaires : il s'agissait d'éviter que les Parlements ne fassent obstruction à l'action administrative. Cette considération historique est essentielle.

Au siècle des Lumières, le mouvement des idées a favorisé une autre distinction, en philosophie politique : la théorie de la séparation des pouvoirs — législatif, exécutif, judiciaire — qu'une tradition — d'ailleurs discutable et discutée — attribue à Montesquieu [1]. On aurait pu concevoir que la division des tâches consacrée par le droit intermédiaire correspondît à une division logique du travail et que les nouvelles juridictions constituant l'ordre judiciaire puissent être naturellement appelées à juger l'administration lorsque celle-ci violait la loi, portant de la sorte atteinte aux droits des particuliers.

Il en a été autrement décidé par la loi des 16-24 août 1790. De l'article 13 du Titre II de cette loi, il résulte que « les fonctions judiciaires sont distinctes et demeureront toujours séparées des fonctions administratives ; les juges ne pourront, à peine de forfaiture, troubler en quelque manière que ce soit les opérations des corps judiciaires, ni citer devant eux les administrations pour raison de leurs fonctions ». C'était interdire aux juges de l'ordre judiciaire de juger l'administration. Mais en l'état du texte, c'était aussi faire échapper les actes de l'administration à tout contrôle juridictionnel, ce qui était bel et bien attentatoire à la liberté des citoyens. La suite allait combler cette lacune [2].

122   *Le contrôle juridictionnel de l'administration* ◊ Arbitraire, immunité, déni de justice ... autant de mots, autant de reproches, que ne pouvait suffire à priver d'effet l'existence du Conseil d'Etat ou des conseils de préfecture.

Certes, la Constitution du 22 frimaire an VIII (art. 52) a institué un Conseil d'Etat : comme l'expression l'indique, il s'agissait d'une institution appelée à *conseiller* les autorités gouvernementales, dans la prise des décisions qu'implique l'administration active, y compris au sujet des litiges dont les *ministres* pouvaient être saisis.

C'est là que l'on perçoit bien une confusion initiale des pouvoirs d'administration et de juridiction. Des conflits naissant nécessairement dans les rapports entre l'administration et les intéressés, l'on reconnut naturellement à l'administré la possibilité d'exercer un recours administratif au supérieur hiérarchique, ce qui, de degré en degré, permit de remonter au chef de l'Etat ou au Conseil des ministres. Ainsi est née la théorie du *ministre-juge*, ce qui, s'agissant des actes de l'Administration, aboutissait à la confusion des fonctions d'administrateur et de juge. Et le Conseil d'Etat ne fut initialement investi que du pouvoir de donner son

---

1. V. C. EISENMANN, *L'Esprit des Lois et la séparation des pouvoirs*, Cahiers de philosophie politique, Univers. de Reims, nᵒˢ 2-3, 1985, p. 3 s. — V. aussi la remarquable étude de D. COHEN, *La Cour de cassation et la séparation des autorités administrative et judiciaire*, thèse Paris II, éd. 1987.

2. V. les communications présentées lors du colloque, *1790-1990, Deux siècles de dualisme juridictionnel*, AJDA 1990, nᵒ 9, p. 579 s.

avis au ministre sur la décision que celui-ci pouvait être appelé à prendre en cas de recours d'un administré. Le Conseil d'Etat n'était que donneur d'avis. C'est le ministre qui jugeait.

Au niveau départemental, un système analogue avait été institué auprès des préfets : la loi du 28 pluviôse an VIII avait créé des *conseils de préfecture*. Si leur rôle était modeste, on les considéra pourtant, dès leur origine et malgré leur appellation, comme de véritables juridictions, investies de ce que l'on a appelé la *justice déléguée*, entendons déléguée par le Souverain.

Des considérations d'ordre politique, juridique et même sociologique ont expliqué un processus de *juridictionnalisation* : l'évolution a consisté à abandonner le système du ministre-juge, à reconnaître clairement l'existence des juridictions administratives, à consacrer et à consolider l'ordre de ces juridictions.

Le mouvement qui a abouti à ces résultats s'explique notamment par le fait qu'une administration qui se développe tend souvent, pour assurer des garanties aux administrés, à se « juridictionnaliser ». Et il en va ainsi spécialement des organes collégiaux appelés à assister l'administration. Ainsi en a-t-il été du Conseil d'Etat qui s'est, en matière de conflits avec l'Administration, organisé en juridiction, tant et si bien que le ministre entérinait le plus souvent les conseils qui lui étaient donnés. Et la loi du 24 mai 1872 a consacré cette évolution (*infra*, n° 123). La suite de l'histoire a permis de poursuivre la construction de l'édifice judiciaire de l'ordre administratif.

On examinera les juridictions de l'ordre administratif en faisant état successivement du Conseil d'Etat et des juridictions administratives de droit commun.

123   *1° Le Conseil d'Etat* ◊ Le passage de la « justice retenue » à la « justice déléguée » (v. *supra*, n° 122) a été consacré par la loi du 24 mai 1872, dont l'article 9 dispose : « Le Conseil d'Etat statue souverainement sur les recours en matière contentieuse administrative et sur les demandes d'annulation pour excès de pouvoir formées contre les actes des diverses autorités administratives »[1]. Ultérieurement, une ordonnance du 31 juillet 1945 a codifié les textes relatifs au Conseil d'Etat. Deux décrets du 30 juillet 1963 ont ensuite amélioré l'organisation de la Haute juridiction[2].

124   *a) Composition* ◊ En droit, le Président du Conseil d'Etat est le Premier ministre et, en son absence, le ministre de la Justice ; mais ils ne peuvent présider que l'assemblée générale du Conseil et la commission permanente (v. *infra*, n° 126). En pratique, seules les séances solennelles sont présidées par le ministre de la Justice.

---

1. V. ensuite l'arrêt *Cadot* rendu par le Conseil d'Etat, le 13 déc. 1889 (S. 1892, 3, 17, note HAURIOU) : il y est affirmé que le ministre n'est pas un juge et que le Conseil d'Etat est une véritable juridiction.
2. Des décrets du 26 août 1975, des 10 janv. et 12 mai 1980 et du 16 janv. 1981 ont opéré quelques autres modifications.

Le vice-président du Conseil d'Etat exerce des pouvoirs étendus. Pratiquement, il préside les séances ordinaires de l'assemblée générale. En outre, il dirige le travail administratif du Conseil d'Etat avec l'assistance d'un secrétaire général, choisi parmi les maîtres des requêtes, qui fait aussi fonction de greffier.

A la tête de chacune des sections du Conseil d'Etat, il y a un président : il y a donc six présidents de section.

Les conseillers d'Etat relèvent de deux catégories : les conseillers d'Etat en service ordinaire — actuellement au nombre de 82 — qui délibèrent et décident ; les conseillers d'Etat en service extraordinaire — actuellement au nombre de 12 — qui sont des personnalités extérieures appelées pendant une durée de quatre ans à siéger dans les formations administratives.

A l'échelon immédiatement inférieur, il y a les maîtres des requêtes — actuellement au nombre de 80 — et au bas de la hiérarchie, on trouve les auditeurs — actuellement au nombre de 34. Les uns et les autres préparent le travail des conseillers. Parmi eux — généralement parmi les maîtres des requêtes — sont choisis les commissaires du gouvernement dont la mission consiste à présenter devant les formations contentieuses des conclusions dans lesquelles ils développent le point de vue du droit ; ils diffèrent des membres du ministère public devant les juridictions judiciaires (*supra*, n° 119), notamment en ce qu'ils ne relèvent pas d'un corps hiérarchisé tel que le Parquet et « n'ont d'existence qu'individuelle » [1] ; dès lors, ils peuvent prendre, même par écrit, des conclusions contraires aux souhaits du gouvernement ; leur plume est donc aussi libre que leur parole [2]. A l'inverse, devant les formations administratives, les fonctions de commissaire du gouvernement sont exercées par des représentants de l'Administration qui y soutiennent les projets soumis au Conseil.

Les auditeurs sont recrutés par la voie de l'Ecole nationale d'administration ; les maîtres des requêtes le sont parmi les auditeurs ; les conseillers le sont parmi les maîtres des requêtes. Il faut cependant corriger cette trajectoire linéaire en observant l'existence d'un recrutement « au tour extérieur » : le gouvernement peut, en effet, nommer directement des maîtres des requêtes, dans la proportion du quart de leur nombre total, et des conseillers dans la proportion du tiers.

Les membres du Conseil d'Etat ne sont pas des magistrats, mais des fonctionnaires soumis à un statut comportant d'importantes garanties disciplinaires. En droit, l'on s'accorde à reconnaître qu'ils ne sont pas inamovibles et qu'ils pourraient donc, en principe, être déplacés, même sans leur consentement. En fait, une tradition séculaire, liée à la valeur du corps, fait à cet égard échapper ses membres — y compris ceux qui composent les formations administratives — aux caprices et aux courroux des gouvernements.

125 *b) Formations* ◊ Si la Cour de cassation ne comporte pas seulement des

---

1. G. Vedel et P. Delvolvé, *op. cit.*, t. 2, p. 80.
2. V. R. Guillien, Les commissaires de Gouvernement près les juridictions administratives, *Rev. dr. publ.* 1955, p. 281 s. ; O. Dupeyroux, Le ministère public auprès des juridictions administratives, *Mélanges Mestre*, 1956, p. 179 s.

formations de jugement, ses membres pouvant notamment se réunir en assemblée générale (*supra*, n° 112), on ne trouve pourtant en son sein aucune formation administrative semblable à celles qui contribuent à marquer l'originalité du Conseil d'Etat. Il faut donc distinguer ici les formations administratives et les formations contentieuses.

126   *Formations administratives* ◊ Elles sont assez diverses.

Quatre *sections administratives* — sections des finances, de l'intérieur, des travaux publics et section sociale — sont respectivement composées d'un président, de conseillers en service ordinaire, de conseillers en service extraordinaire, de maîtres des requêtes et d'auditeurs. Ces sections délibèrent de manière distincte, mais lorsqu'une question intéresse plusieurs sections, elle peut être examinée soit en *sections réunies*, soit en *commission*, celle-ci étant une émanation des différentes sections.

Aux quatre sections administratives, s'est ajoutée, par l'effet d'un décret du 24 janvier 1985, une *section du rapport et des études*, qui a succédé à une commission du même nom. Cette section remplit l'une des missions dévolues au Conseil d'Etat : « appeler l'attention des pouvoirs publics sur les réformes d'ordre législatif, réglementaire ou administratif qui lui paraissent conformes à l'intérêt général » (Ord. 31 juil. 1945, art. 24). Elle a aussi pour rôle de préparer le rapport annuel sur l'activité du Conseil d'Etat.

L'*Assemblée générale du Conseil d'Etat* en matière administrative comporte deux formations : 1) l'*assemblée générale ordinaire*, qui comprend le vice-président, les présidents de section, quinze conseillers affectés aux sections administratives, ainsi que — bien qu'il s'agisse d'une formation administrative — un président adjoint de la section du contentieux et douze conseillers affectés à cette même section ; l'assemblée générale ordinaire se prononce en principe sur les projets de loi ou d'ordonnances, sur les projets de décrets de « décrets autonomes » (v. *infra*, n° 199, sur l'article 37 de la Constitution de 1958) et sur les affaires qui lui sont renvoyées en raison de leur importance ; 2) l'*assemblée générale plénière*, qui comprend avec voix délibérative tous les membres ayant un rang au moins égal à celui de conseiller d'Etat, ainsi que les autres membres s'ils sont rapporteurs, et, avec voix consultative, tous les membres du Conseil est compétente lorsqu'il y a lieu de procéder à une élection (ex. : au Tribunal des conflits, *infra*, n° 130) ou sur renvoi d'une affaire par le vice-président ou par l'assemblée générale ordinaire.

Emanation de l'assemblée générale, la *commission permanente* examine, en cas d'urgence, les projets de lois ou d'ordonnances.

127   *Formations contentieuses* ◊ La section du contentieux est l'une des six sections que comporte le Conseil d'Etat. Elle est composée d'un président, de trois présidents adjoints et elle est divisée en dix sous-sections, chacune d'elles ayant à sa tête un président de sous-section. Cette démultiplication tend à assurer, tant bien que mal, l'adaptation aux difficultés de chaque espèce, ainsi que la maîtrise, si difficile en notre temps, au Conseil d'Etat comme à la Cour de cassation, des flux judiciaires. — Sur la *commission* *d'admission* assurant un « filtrage » lorsque le Conseil d'Etat est saisi en cassation d'un arrêt de cour administrative d'appel, v. *infra*, n° 128.

Chaque *sous-section* instruit les affaires qui lui sont attribuées et elle les juge elle-même, à condition d'être composée de cinq membres ayant voix délibérative. Mais il se peut que la formation de jugement soit constituée par deux, voire par trois *sous-sections réunies*. Et si l'affaire est de plus grande importance ou pose des questions de principe, le vice-président, le président de la section du contentieux ou des sous-sections réunies, la sous-section ou les sous-sections réunies, ainsi que le commissaire du gouvernement peuvent renvoyer l'affaire à la section du contentieux en formation de jugement, voire à l'assemblée du contentieux.

La *section du contentieux en formation de jugement* ne se confond pas avec la section du contentieux en son entier ; elle est une formation au sein de cette section et se compose du président de la section du contentieux, des trois présidents adjoints, des présidents des sous-sections, du rapporteur, ainsi que — bien qu'il s'agisse d'une formation contentieuse — de deux conseillers des sections administratives.

L'*assemblée du contentieux* se compose du vice-président du Conseil d'Etat, des six présidents de section, des trois présidents adjoints de la section du contentieux, du président de la sous-section d'instruction et du rapporteur.

128 *c) Attributions* ◊ L'originalité du Conseil d'Etat résulte tout spécialement de la dualité de ses attributions, administratives et contentieuses.

1) *Attributions administratives.* Comme l'appellation semble le dire, le Conseil d'Etat est, en quelque sorte, un Conseil de l'Etat ou plus exactement du gouvernement[1]. Dans l'accomplissement de cette tâche, il ne se lie d'ailleurs pas lui-même, car il peut — et cela peut surprendre — dire en section du contentieux le contraire de ce qu'il a pu dire en section administrative. Quoi qu'il en soit, le Conseil d'Etat est appelé à donner des avis au gouvernement soit en matière législative, soit en matière réglementaire.

En matière législative, il doit être consulté sur tous les *projets de loi* (Const., art. 39), c'est-à-dire sur des textes d'origine gouvernementale ; mais, n'étant pas le conseil du Parlement, il n'est consulté ni sur les *propositions de loi*, ni sur les *amendements*, car il s'agit alors de textes d'origine parlementaire.

En matière administrative, la mission du Conseil d'Etat est aussi très importante. S'agissant du domaine réglementaire, il est obligatoirement

---

1. Depuis que la loi du 31 déc. 1987 a créé les cours administratives d'appel, le gouvernement n'est plus le seul destinataire des avis du Conseil d'Etat. De l'article 12 de cette loi, il résulte en effet que, lorsqu'une cour administrative d'appel est saisie d'une « question de droit nouvelle présentant une difficulté sérieuse et se posant dans de nombreux litiges », elle peut surseoir à statuer et demander au Conseil de formuler, au vu du dossier, un « avis » dans un délai de trois mois ; en droit, cet avis ne lie pas la cour administrative d'appel. — V. sur la procédure applicable, les art. 57-11 à 57-13 du décr. n° 63-766 du 30 juil. 1963 (réd. décr. 2 sept. 1988).

consulté sur les projets d'ordonnance (Const., art. 38), sur les projets de décret abrogeant ou modifiant des textes de forme législative antérieurs à 1958, ainsi que sur de nombreux textes réglementaires, soit parce que la loi l'ordonne, soit parce que le gouvernement le désire. S'agissant de décisions gouvernementales individuelles, le Conseil d'Etat peut aussi être appelé, soit obligatoirement, soit facultativement, à donner son avis. Il peut aussi être consulté par le gouvernement sur une question de droit.

2) *Attributions judiciaires.* A la différence de la Cour de cassation, le Conseil d'Etat n'est pas seulement un juge de cassation ayant pour mission de se prononcer sur les recours formés contre des décisions rendues en dernier ressort. Il peut être aussi appelé à se prononcer en qualité de juge du fond, soit comme juge de première instance, soit comme juge d'appel.

Le Conseil d'Etat est compétent *en premier et dernier ressort* dans des cas « exceptionnels », entendons exception à la compétence de droit commun des tribunaux administratifs (*infra*, n° 129). Reste que ces cas exceptionnels sont importants, quantitativement — environ 25 % des arrêts — et qualitativement, car la compétence du Conseil d'Etat concerne généralement des actes « de portée nationale »[1] : recours en annulation contre les décrets et les ordonnances, contre les actes réglementaires des ministres, contre les actes administratifs des ministres pris obligatoirement après avis du Conseil d'Etat. Celui-ci est aussi compétent en premier et dernier ressort pour se prononcer sur les recours formés contre les mesures individuelles concernant les fonctionnaires ou agents publics nommés par décret du Président de la République. Il se peut encore que d'autres actes administratifs relèvent de la même compétence parce qu'ils peuvent avoir une ampleur nationale et qu'il convient d'éviter d'emblée à leur sujet une contrariété de décisions entre des tribunaux administratifs.

Bien qu'il existe des cours administratives d'appel ayant en principe compétence pour statuer sur les appels formés contre les jugements des tribunaux administratifs, le Conseil d'Etat est compétent, en tant que *juge d'appel*, pour connaître des appels formés contre les jugements des tribunaux administratifs ayant statué sur les recours en appréciation de légalité, sur les recours relatifs aux élections municipales et cantonales et sur les recours pour excès de pouvoir.

Enfin, le Conseil d'Etat peut se prononcer comme *juge de cassation.* Son rôle est alors comparable à celui de la Cour de cassation (*supra*, n° 113). Comme elle, il ne connaît que des moyens de droit. En son sein, il existe une formation de « filtrage » appelant une comparaison avec ce qui, à la Cour de cassation, était autrefois la chambre des requêtes et ce qui est aujourd'hui la formation restreinte. Il existe, en effet, au Conseil d'Etat, depuis la loi du 31 décembre 1987, une *procédure préalable d'admission* devant être suivie en cas de pourvoi contre un arrêt d'une cour administrative d'appel et qui accorde à la *commission d'admission des pourvois en*

---

1. R. Perrot, *Institutions judiciaires*, 3ᵉ éd. 1989, n° 271.

cassation[1] le pouvoir de refuser, par décision juridictionnelle, d'admettre un pourvoi si celui-ci « est irrecevable ou n'est fondé sur aucun moyen sérieux » (L. 31 déc. 1987, art. 11, al. 1er). Si, des considérations qui précèdent, se dégagent des traits communs entre Conseil d'Etat et Cour de cassation, il n'en subsiste pas moins des différences importantes : ainsi, tandis que, devant la Cour de cassation, le pourvoi est subordonné à l'existence d'un *cas d'ouverture à cassation* — violation de la loi, défaut de motifs, manque de base légale... —, le pourvoi en cassation devant le Conseil d'Etat est « ouvert de plein droit en vertu des principes généraux »[2] ; ainsi encore, les conséquences d'une cassation diffèrent d'une juridiction à l'autre : rares sont les cas de cassation sans renvoi, à la Cour de cassation (*supra*, n° 114) ; il en va autrement au Conseil d'Etat qui peut notamment « régler l'affaire au fond si l'intérêt d'une bonne administration de la justice le justifie » (L. 31 déc. 1987, art. 11, al. 2) (Sur les avocats au Conseil d'Etat et à la Cour de cassation, v. *supra*, n° 120).

129   *2° Les juridictions administratives de droit commun* ◊ Il convient de distinguer les deux degrés de ces juridictions du fond : au premier degré, les tribunaux administratifs, au deuxième degré, les cours administratives d'appel[3].

1) *Les tribunaux administratifs.* Dans chaque département, la loi du 28 pluviôse an VIII avait institué un conseil de préfecture présidé par le préfet. S'ils furent, dès leur création, considérés comme de véritables juridictions, les matières relevant de leur compétence étaient peu nombreuses. La suite des temps fut marquée par des améliorations successives : organisation d'une véritable procédure (L. 22 juil. 1889), substitution d'un des membres du conseil au préfet dans la présidence de la juridiction et institution de conseils interdépartementaux (Décr.-L. du 6 sept. 1926), extension des attributions contentieuses... Puis, opérant une réforme importante du contentieux administratif afin de porter remède à l'encombrement du Conseil d'Etat, un décret du 30 septembre 1953 a remplacé les conseils de préfecture par des tribunaux administratifs, en faisant de ceux-ci, au premier degré, les juridictions de droit commun en matière administrative[4].

2) *Les cours administratives d'appel.* Afin de remédier, cette fois

1. Un décret du 2 septembre 1988, d'où résulte l'adjonction des art. 57-3 à 57-10 au décr. n° 63-766 du 30 juil. 1963, a précisé la composition — le président, un assesseur (nécessairement conseiller d'Etat, comme le président) et le rapporteur — de la commission d'admission, ainsi que la procédure applicable.
2. Cons. d'Etat 7 févr. 1947, *d'Aillières*, JCP 1947, II, 3508, note G. Morange.
3. Il existe aussi de multiples juridictions administratives spécialisées relevant en appel, soit des cours administratives d'appel, soit du Conseil d'Etat, ou relevant du contrôle de cassation par la voie du recours en cassation : Cour des comptes, Conseil supérieur de la magistrature (statuant en matière disciplinaire), Cour de discipline budgétaire et financière, juridictions de dommages de guerre, etc.
4. Il y a 26 tribunaux administratifs en métropole ; il y en a 4 dans les départements d'outre-mer, 2 dans les territoires d'outre-mer et 1 à Saint-Pierre-et-Miquelon.

encore, à l'encombrement du Conseil d'Etat, une loi du 31 décembre 1987, complétée par des décrets des 15 février, 9 mai et 2 septembre 1988, a institué des cours administratives d'appel au nombre de 5, fixé par décret. Juridictions de droit commun au deuxième degré, placées sous l'autorité d'un président, elles sont divisées en chambres, chacune d'elles étant placée sous l'autorité d'un président. Lorsqu'une *chambre* juge, elle doit comprendre son président (ou, le cas échéant, le président de la cour), deux conseillers de la chambre, un conseiller affecté à une autre chambre et le conseiller-rapporteur. En raison de l'importance ou de la complexité de l'affaire, la cour peut siéger en *formation plénière* : celle-ci, présidée par le président de la cour (à défaut, par le président de chambre le plus ancien), comprend cinq autres membres et le conseiller-rapporteur.

Les membres du corps des tribunaux administratifs et des cours administratives d'appel sont inamovibles en ce sens que, « lorsqu'ils exercent leurs fonctions de magistrats dans une juridiction administrative, ils ne peuvent recevoir, sans leur consentement, une affectation nouvelle, même en avancement » (L. 6 janv. 1986, art. 1er, réd. L. 31 déc. 1987). Devant les tribunaux administratifs et les cours administratives d'appel, il existe des commissaires du gouvernement choisis parmi les membres de ces juridictions.

D   LE TRIBUNAL DES CONFLITS

130   *Présentation* ◊ L'existence de deux ordres de juridictions — l'ordre judiciaire et l'ordre administratif — est de nature à susciter des conflits de compétence dès lors que des juridictions de l'un et de l'autre ordre n'interprètent pas de la même manière le principe de séparation des autorités administrative et judiciaire, que ce soit dans le sens de la compétence ou dans celui de l'incompétence. D'où l'existence d'une juridiction unique en France, instituée en 1849, supprimée après le coup d'Etat du 2 décembre 1851, puis rétablie par la loi du 24 mai 1872. Appelé à trancher les conflits évoqués, le Tribunal des conflits, juridiction paritaire, se compose d'un président — le ministre de la justice — et de huit membres : trois conseillers à la Cour de cassation, trois conseillers d'Etat en service ordinaire et deux autres membres désignés par les six précédents (en fait, un conseiller à la Cour de cassation et un conseiller d'Etat).

CHAPITRE 3

LE FONDEMENT DU DROIT

131 **Philosophie et théorie générale du droit** ◊ Derrière les règles et les solutions qui composent le système juridique, il existe des considérations et des finalités d'ordre plus fondamental. Selon le point de départ de la réflexion, se dégagent deux types de réflexions dont les différences sont plus ou moins accusées. Allant du droit au métajuridique, on dessine les grandes lignes de ce qu'on appelle volontiers la théorie générale *du droit*[1] ; on décrit les axes et les finalités du droit, et la rencontre avec la philosophie se situe essentiellement sur le terrain de ce que le droit doit être, de ce que l'on appelle parfois la *déontologie juridique*[2]. La démarche inverse semble davantage provenir d'un horizon extérieur au droit, la pensée philosophique tendant à préciser non seulement ce que le droit peut ou doit être, et ce qu'il est (ontologie juridique)[3], mais, plus amplement, sa signification métaphysique. De cette dualité, peut résulter la tentation commode de distinguer la philosophie *du* droit et la philosophie *sur* le droit[4].

D'où que l'on vienne, il s'agit pourtant, de manière nécessaire, de dégager la signification et les finalités du juridique. Là comme en tant d'autres domaines, l'histoire des idées explique les choix possibles du temps présent.

132 **Histoire des idées** ◊ L'histoire des idées sur le droit se ramène peut-être à une réflexion fondamentale sur l'idée même de droit. Cette attitude peut être constatée, depuis des siècles, un peu partout dans l'univers. Il y a, notamment, une philosophie orientale du droit, bien différente de la nôtre. Là où se rencontrent l'ethnologie juridique et la philosophie du droit, l'on

---

1. P. ROUBIER, *Théorie générale du droit*, 2ᵉ éd. 1951 ; M. VILLEY, *Critique de la pensée juridique moderne (douze autres essais)*, 1976, p. 219 s.
2. BOBBIO, *La fonction actuelle de la philosophie du droit en Italie*, in *Méthode sociologique et droit*, Ann. Fac. Droit Strasbourg, t. V, 1958, p. 9 s.
3. J.-L. VULLIERME, *Éléments d'ontologie juridique*, thèse ronéot. Paris, 1981 ; *Controverses autour de l'ontologie du droit*, sous la direction de P. AMSELEK et C. GRZEGORCZYK, 1989.
4. V. les tomes spéciaux des Arch. phil. droit : t. 7, 1962, *Qu'est-ce que la philosophie du droit ?*, t. 33, 1988, *La philosophie du droit aujourd'hui* ; V. aussi DEL VECCHIO, *Philosophie du droit*, 1953 ; H. BATIFFOL, *Problèmes de base de la philosophie du droit*, 1979 ; M. VILLEY, *Philosophie du droit, Précis Dalloz*, t. I, *Définitions et fins du droit*, 4ᵉ éd. 1980, t. II, *Les moyens du droit*, 2ᵉ éd. 1984 ; J.-M. TRIGEAUD, *Essais de philosophie du droit*, in *Filosofia oggi*, t. 35, 1987. — Tout naturellement, la philosophie du droit est souvent développée dans la longue perspective de la pensée européenne : v. not. ANGEL SANCHEZ DE LA TORRE, *Le droit dans l'aventure européenne de la liberté*, éd. Bière, 1987 ; J.-M. TRIGEAUD, *Philosophie juridique européenne*, éd. Bière, 1990. — V. aussi les textes choisis par S. GOYARD-FABRE et R. SÈVE, *Les grandes questions de la philosophie du droit*, PUF, 1986.

constate la spécificité du concept de droit dans les sociétés primitives. L'espace et le temps concourent à accroître la diversité des attitudes et des opinions. C'est pourtant à partir de l'Antiquité gréco-latine et dans sa filière que l'on expose habituellement en France les principales tendances[1].

133 *La Grèce* ◊ Entre la philosophie grecque et la philosophie sinon du droit, du moins de la justice, les liens ont été souvent très étroits[2]. Peut-être en est-il, à tort ou à raison, resté quelque chose dans cette opinion, plus ou moins répandue, selon laquelle les juristes sont habiles à soutenir tour à tour les thèses les plus diverses, voire les plus contradictoires, et qu'en cela, ce sont les héritiers des *sophistes*.

De fait, le relativisme et le scepticisme de ceux-ci leur permettaient de trouver dans la diversité hasardeuse des règles de droit, ainsi que dans le caractère souvent inachevé de l'ordre juridique, matière à exercer leur agilité intellectuelle, surtout dans l'art de la rhétorique et la prise de conscience de la relativité des valeurs, par exemple au sujet du juste selon la nature et du juste selon la loi[3]. Contre cette tendance, la réaction socratique atteste l'existence, face aux énigmes du droit, d'une autre attitude, fondée sur la raison, la vérité et même le civisme.

La place importante de la politique et du droit dans les œuvres de Platon et d'Aristote n'est ignorée ni des politologues, ni des philosophes du droit; elle n'est pas sans lien avec leur participation assez active à la vie civique[4]. Platon (428 ou 427, à 348 ou 347 av. J.-C.) n'est venu à la philosophie que par et pour la politique. Le droit est destiné à découvrir ce qui est juste entre les hommes, mais aussi à l'intérieur de la conscience individuelle. Platon souhaitait légiférer et il a décrit dans *La République* une cité idéale, dotée d'une constitution complexe, mais gouvernée par des sages agissant de sorte qu'il y ait une harmonie entre la justice et le droit[5]. Nombre d'autres dialogues (*Phédon, Phèdre, Timée, Politique, Les lois...*) marquent l'importance de la justice dans la pensée platonicienne[6].

1. C. BEUDANT, *Le droit individuel et l'Etat, Introduction à l'étude du droit*, 1891; F. GÉNY, *Science et Technique en droit privé positif*, spéc. t. II, 1927; M. VILLEY, *Leçons d'histoire de la philosophie du droit*, 2ᵉ éd. 1984, *La formation de la pensée juridique moderne*, Les Cours de droit, Montchrestien, 5ᵉ éd. 1986; A. BRIMO, *Les grands courants de la philosophie du droit et de l'Etat*, nouv. éd. 1978; G. FASSO, *Histoire de la philosophie du droit*, XIXᵉ et XXᵉ siècles, trad. franç. 1977.

2. Particulièrement éclairants sont, à ce sujet, les travaux de L. GERNET : *Recherches sur le développement de la pensée juridique et morale en Grèce, Etude sémantique*, 1917, *Droit et société dans la Grèce ancienne*, 1955; *Anthropologie de la Grèce antique*, préf. J.-P. VERNANT, 1968; V. aussi *Louis Gernet, historien du droit grec*, par H. LÉVY-BRUHL, in *Hommage à Louis Gernet*, 1966, p. 14 s. — On consultera aussi avec grand profit les études de J. DE ROMILLY, spéc. *La loi dans la pensée grecque*, 1971, et *Problèmes de la démocratie grecque*, 1975.

3. C.-E. PÉRIPHANAKIS, *Les sophistes et le droit*, Athènes, 1953; A.-C. PAPACHRISTOS, La sociologie juridique des sophistes, *Année sociol.* 1974, p. 441 s.

4. V. BURLE, *Essai historique sur le droit naturel dans l'antiquité grecque*, 1908.

5. P. LACHIÈZE-REY, *Les idées morales, sociales et politiques de Platon*, 1951; VAN HOUTTE, *La philosophie politique de Platon dans Les lois*, Louvain 1954; J. LUCIONI, *La pensée politique de Platon*, 1958.

6. V. *Politique et droit chez Platon : la nature du juste*, par Y.-P. THOMAS, Arch. phil. droit 1971, p. 87 s.

Apprécié davantage par les philosophes du droit — surtout s'ils se rattachent à une filiation thomiste —, Aristote (384-322 av. J.-C.) a exercé une grande influence dans l'essor du droit par ses *Ethiques*, sa *Politique*[1] et sa *Rhétorique*. Prolongeant, modifiant, atténuant les analyses de Platon, plus réaliste, il a formalisé de manière durable, à partir d'une croyance dans l'harmonie d'un ordre naturel, la distinction de deux justices : la *justice commutative*, destinée à régler les échanges conformément à une égalité simple, arithmétique (juste prix, juste salaire, juste réparation du dommage subi...), et la *justice distributive*, tendant à une répartition des biens, des avantages, des richesses... proportionnelle aux capacités de chacun, ce qui correspond à une égalité géométrique[2]. De l'ordre prévu par la nature et qui exprime le juste, le droit doit s'inférer. Seulement cela ne suffit pas, et il faut que chaque cité dégage une loi humaine, un *droit positif* destiné à compléter et à parfaire le *droit naturel*[3], assoupli, s'il y a lieu, au moyen de l'équité[4].

D'autres courants de pensée (*stoïciens, épicuriens, cyniques, sceptiques*) ont encore manifesté l'importance que les philosophes grecs attachaient à la philosophie du droit[5]. Faisant de l'absence de douleur le fondement de sa morale, Epicure considère que la justice, par l'effet d'une convention entre les hommes, doit tendre à éviter que ceux-ci se nuisent les uns les autres[6]. Quant aux stoïciens, ils pensent que la loi naturelle et universelle, dégagée et reflétée par les sages, s'exprime par un droit rationnel, idéal et supérieur aux lois positives[7]. Ce qui nous a été transmis des œuvres des fondateurs de l'école stoïcienne (Zénon, Cléanthe, Chrysippe) manifeste les caractères de cette loi naturelle qui concerne plutôt la morale — tandis que le droit naturel était juridique, dans la pensée d'Aristote —, une loi naturelle nécessairement imprécise et répugnant aux formulations du droit, une loi idéale et non pas réelle.

134   *Rome* ◊ La philosophie du droit y est dominée par la figure de *Cicéron* (106-43 av. J.-C.), qui a d'ailleurs transmis les doctrines grecques[8]. De ses œuvres principales — plus spécialement *L'orateur, La République, Les Lois* — se dégage notamment, face au droit romain traditionnel et empirique, l'affirmation d'un droit nouveau reposant sur des principes fonda-

---

1. M. Prélot, *La Politique d'Aristote*, 1960 ; R.-P. Lachance, *Le concept du droit selon Aristote et saint Thomas*, 2ᵉ éd. 1948.

2. V. C. Despotopoulos, *Les concepts de juste et de justice selon Aristote*, Arch. phil. droit 1969, p. 283 s.

3. V. M. Salomon, *Le droit naturel chez Aristote*, Arch. phil. droit 1937, p. 120 s.

4. Importante est aussi, dans la pensée aristotélicienne, l'analyse des relations sociales régies non par le droit, mais par l'amitié ; v. *supra*, nᵒ 11.

5. V. aussi Maridakis, *Démosthène théoricien du droit*, in *Mélanges de Visscher*, IV, 1950, p. 155 s.

6. J. Brun, *Epicure et les épicuriens*, 2ᵉ éd. 1965 ; V. Goldschmidt, *Le fondement naturel du droit positif selon Epicure*, Arch. phil. droit 1976, p. 183 s. et, du même auteur, *La doctrine d'Epicure et le droit*, 1977.

7. Rappr. Cicéron, *Sur les fins des biens et des maux*, III, 20 ; *Traité des devoirs*, I, 12.

8. V. Righi, *La Filosofia civile e giuridica di Cicerone*, 1930 ; Pallasse, *Cicéron et les sources du droit*, 1945 ; G. Ciulei, *Les rapports de l'équité avec le droit et la justice dans l'œuvre de Cicéron*, Rev. hist. droit 1968, p. 639 s.

mentaux, issu de la nature des choses et présentant un caractère universel : « il existe une loi véritable, qui est la droite raison, qui s'accorde avec la nature, répandue en tous, immuable et impérissable »[1]. Cette loi permet de dégager, sinon un « droit naturel » au sens moderne de l'expression, du moins un « juste naturel » inspiré du souci d'assurer l'égalité entre les hommes. Et l'ensemble des règles du droit — lois écrites ou coutumes — que discerne l'élite doit tendre à le préserver et à le consolider.

Influencés par Cicéron et, à travers lui, par la philosophie stoïcienne, les juristes romains ont généralement été fidèles à une division tripartite : *a*) le *jus naturale* est le droit immuable et éternel[2] ; *b*) le *jus gentium*, successivement considéré comme le droit applicable aux étrangers, puis comme un droit commun universel, ce qui ne sera pas ultérieurement sans relation avec l'expression de droit des gens (*infra*, n° 137) ; *c*) le *jus civile*, c'est-à-dire le droit positif en vigueur à un moment donné, dans un pays déterminé.

135   *Le Christianisme* ◊ Le premier courant qui, à la suite de la Révélation chrétienne[3], a marqué la philosophie du droit est celui de l'augustinisme[4]. L'œuvre de *saint Augustin* (354-430) ne se rapporte pas directement au droit, mais, à maintes reprises, elle est de nature à éclairer, soit en raison de l'influence de Platon, soit surtout du fait de la référence essentielle aux textes bibliques. Les lois profanes sont injustes, mais elles doivent être obéies ; c'est le signe d'un positivisme.

En réalité, le véritable idéal est ailleurs ; il repose sur le primat de la justice chrétienne. La loi naturelle est insuffisante, parce que la nature de l'homme est pécheresse ; il faut donc retenir, de manière primordiale, la loi du Christ et la loi mosaïque, sans négliger l'exégèse. On sait recourir, s'il le faut, au bras séculier. Mais, en définitive, la justice n'est autre que la rectitude morale absolue ; et le droit est absorbé par autre chose. Jusqu'au xii⁰ siècle, l'augustinisme l'a emporté, la source authentique du droit étant l'Ecriture sainte ; et cette empreinte s'est manifestée sur le droit monastique (la règle bénédictine, par ex.) ou sur le droit canon (le décret de Gratien, les décrétales, par ex.)[5]. Puis, à partir du xii⁰ siècle, cette suprématie disparaît, à la suite de la révolution scolastique, manifestée par la renaissance du droit romain et de la philosophie, ainsi que par la diffusion de la pensée d'Aristote.

Le droit chrétien, d'origine purement sacrale, ayant cessé de répondre à tous les besoins de la société, *saint Thomas d'Aquin* (1225-1274) reconstitue, sous l'influence d'Aristote, la doctrine du droit naturel, mais il l'enrichit et la refond à la lumière de la loi chrétienne[6]. Entre la loi

---

1. *De republica*, III, 22.

2. A cette conception du droit naturel se rattachent des définitions du droit, par exemple la définition de Celse : « *jus est ars boni et aequi* ».

3. V. *La Révélation chrétienne et le Droit*, Ann. Fac. Droit Strasbourg, t. IX, 1961.

4. Combes, *La doctrine politique de saint Augustin*, 1927.

5. V. J. Gaudemet, La doctrine des sources du droit dans le Décret de Gratien, *Rev. droit canonique* 1951, p. 5 s.

6. V. Stang, *La notion de loi dans saint Thomas d'Aquin*, thèse Paris, 1926 ; D. Lottin, *Le droit naturel chez saint Thomas et ses prédécesseurs*, 2ᵉ éd. 1931 ; S. Michel, *La notion thomiste de bien*

éternelle et la loi positive, il situe le droit naturel, en évitant toute systématisation. Si la morale et le droit sont, à nouveau, distingués, il en va de même de la loi naturelle et du droit naturel, lequel est changeant, sans cesse modifié afin d'offrir les directives que doit préciser, voire compléter, la loi positive. Celle-ci est nécessaire, à tel point que, sans admettre un positivisme juridique, comme Platon et même Aristote, saint Thomas estime qu'elle est douée d'une force créatrice. Au sujet tant du droit naturel que de la loi positive, il est normal de reconnaître un rôle à l'intelligence, à la raison, aux « causes secondes ». C'est l'amorce d'une laïcisation. '

Mais l'histoire de la philosophie du droit est faite d'alternances. Aux XIIIe et XIVe siècles, un autre courant s'affirme. Les caractères essentiels de la philosophie du droit vont être profondément marqués par l'affirmation du nominalisme, due au franciscanisme, plus précisément à *Duns Scot*[1] et à *Guillaume d'Occam*[2]. De là dériveront, par opposition au « droit naturel classique » (celui d'Aristote et de saint Thomas), l'individualisme et ses suites, l'articulation de la pensée à partir de la notion de droit subjectif et même le positivisme juridique de l'époque contemporaine. Que tout cela soit né d'une certaine revanche de l'augustinisme, de la restauration du primat des sources religieuses, d'un désaveu de la doctrine thomiste de l'ordre naturel, de la préférence reconnue à la volonté, par rapport à l'intelligence, de la prise de position nominaliste dans la querelle des *universaux*, de la démarche entreprise pour concilier la pauvreté, telle que la concevait saint François d'Assise, et la richesse des franciscains, c'est une observation probablement difficilement contestable. Quoi qu'il en soit, il y a, avec le franciscanisme, une césure capitale, même si l'on parle encore de droit naturel. La nature dont il est question n'est plus celle d'Aristote, c'est-à-dire la nature cosmique ou interindividuelle, au sein de la cité; c'est désormais une nature individuelle, atomisée. Et, dans la notion de droit subjectif, on trouve liés, désormais, la chose et le pouvoir sur la chose, reconnu à l'individu.

Les autres courants religieux du XVIe siècle, sans être en la matière profondément créateurs, favorisent encore un retour aux sources bibliques. Bien qu'il y ait beaucoup de demeures dans la maison protestante, certaines tendances dominent en elle. De la pensée de *Luther* (1483-1546), se dégagent une dépréciation du droit, le rejet de l'ancien droit naturel (au sens de saint Thomas), la substitution, à cette ancienne philosophie, d'une « forme particulièrement dure de positivisme juridique », une coupure radicale entre le droit et la justice et une influence décisive de l'irrationalisme[3].

---

commun, thèse Nancy, 1931; G. KALINOWSKI, *Le fondement objectif du droit d'après la Somme théologique de saint Thomas d'Aquin*, Arch. phil. droit 1973, p. 59 s.; M. VILLEY, *Questions de saint Thomas sur le droit et la politique*, 1987; M. BASTIT, *Naissance de la loi moderne*, 1990, p. 23 s.
    1. M. BASTIT, *op. cit.*, p. 169 s.
    2. V. M. VILLEY, *La genèse du droit subjectif chez Guillaume d'Occam*, Arch. phil. droit 1964, p. 276 s.; M. BASTIT, *op. cit.*, p. 169 s.
    3. V. BEYER, *Luther und das Recht*, 1935; M. VILLEY, *op. cit.*, p. 279 s. — Comp. J. CARBONNIER, *Coligny ou les sermons imaginaires*, PUF, 1982.

La pensée de *Calvin* (1509-1564) est, ici, distincte de celle de Luther[1]. Elle exprime une doctrine plus complète, plus homogène, mieux explicitée, une séparation encore plus radicale entre le droit et la morale et, surtout, un certain recul de l'irrationalisme, de sorte qu'il est possible de concevoir désormais une politique législative, d'où la raison n'est pas absente et dans laquelle la tendance principale peut consister à aligner le droit sur le fait et à prendre en considération, dans une certaine mesure, les préoccupations d'ordre économique.

Il s'en faudrait de beaucoup que, pendant cette période, l'influence des penseurs catholiques ait été faible. Elle s'est, au contraire, affirmée par la « réforme catholique » et par la scolastique catholique du XVIe siècle, marquée principalement par deux Espagnols : le dominicain *François de Vitoria* (1480-1546)[2] et le jésuite *François Suarez* (1548-1617)[3]. Ceux-ci inscrivent leur réaction contre le protestantisme sous le signe d'un certain retour à saint Thomas. Mais, s'ils ont puissamment contribué à l'évolution du droit, notamment à la naissance du droit international, ils n'ont pas été vraiment fidèles à sa pensée. Ils ont déformé le thomisme, en subissant l'influence du nominalisme et en substituant à l'analyse antérieure du droit naturel une conception principalement rationaliste.

Le XVIe siècle est celui de la Renaissance. Quelle fut l'influence de l'humanisme sur le droit? L'époque est marquée moins par le retour à Aristote, bien antérieur, que par le regain des philosophies hellénistiques, via Rome. Certes, l'influence de Platon s'affirme aussi : mais, loin de contrarier le mouvement, elle expliquera ensuite l'attrait des utopies. Cela dit, une place essentielle est faite désormais au stoïcisme. C'est lui qui manifeste un reniement plus ou moins inavoué du droit naturel thomiste et — ce n'est pas le moindre paradoxe —, en favorisant le rationalisme, conduit tôt ou tard à l'essor du positivisme contemporain. Chaque jour s'affirme davantage, par cette voie, la référence à la nature de l'homme. Au reste, la renaissance des scepticismes ou de l'épicurisme prépare aussi le terrain du positivisme juridique, tandis que, dans le même temps, la montée du rationalisme et de l'esprit de système, l'analyse axiomatique du droit romain, le divorce du droit et du fait et l'idée de la codification orientent la « jurisprudence humaniste ».

136 *Les tendances absolutistes* ◊ L'importance du rôle de l'Eglise romaine dans la société européenne n'a pas seulement suscité, dans le Christianisme, la réaction protestante et de nouvelles doctrines du droit; elle a aussi entraîné une résistance en faveur des pouvoirs temporels, illustrée en France par le gallicanisme[4]. Une évolution lente mais profonde vers la

1. CHÉNEVIÈRE, *La pensée politique de Calvin*, 1937 ; A. BIÉLER, *La pensée économique et sociale de Calvin*, 1959 ; J. BOSC, *Sur la doctrine du droit de Calvin*, in *La Révélation chrétienne et le droit, op. cit.*, p. 87 s.
2. V. BEUVE-MÉRY, *La théorie des pouvoirs publics d'après Vitoria et ses rapports avec le droit contemporain*, 1928.
3. V. RECASENS SICHEZ, *La filosofia del derecho de Suarez*, 1927 ; P.-I. ANDRÉ-VINCENT, *La notion moderne de droit naturel et le volontarisme (de Vitoria et Suarez à Rousseau)*, Arch. phil. droit 1963, p. 237 s. ; M. BASTIT, *op. cit.*, p. 305 s.
4. V. P. HONIGSHEIL, *Le gallicanisme précurseur du XVIIIe*, Arch. phil. droit 1935, p. 139 s.

laïcisation devait se manifester, empruntant spécialement le chemin des tendances absolutistes.

On peut, dans la voie absolutiste, distinguer deux tendances, selon que le pouvoir temporel se détache plus ou moins de la justice naturelle.

Si *Jean Bodin*, dans les *Six livres de la République* (1576), fait l'apologie de la souveraineté monarchique absolue, en situant le prince au-dessus des lois, il considère cependant que celui-ci ne doit pas s'écarter de la justice naturelle : « quant aux lois divines et naturelles, tous les princes de la Terre y sont sujets et il n'est pas en leur puissance d'y contrevenir, s'ils ne veulent être coupables de lèse majesté divine »[1]. De manière plus absolutiste, *Bossuet*, tout en affirmant que la loi divine prévaut sur la volonté du prince[2], estime que la meilleure forme de gouvernement est la monarchie existant en France, raisonnable et paternelle, mais absolue.

La théorie de l'absolutisme inspire un autre courant, qui aboutit à évacuer la loi naturelle. *Machiavel* (1469-1527) estime que, lorsque l'intérêt de l'Etat est en cause, il ne faut pas que le prince hésite sur les moyens, car la réussite les justifie *a posteriori* : point de droit naturel ni de morale auxquels il faudrait soumettre l'Etat et le droit positif[3].

Hobbes (1588-1679), dont l'œuvre la plus célèbre est le *Léviathan* (1651)[4], soutient que, dans l'état de nature, où l'homme est un loup pour l'homme, domine un principe de conservation plaçant les hommes désireux de faire prévaloir leurs droits subjectifs en état de guerre perpétuelle. Il faut donc que, par l'effet d'un contrat social destiné à assurer l'ordre, ils confèrent le pouvoir à un souverain, c'est-à-dire, dans la pensée de Hobbes, à un monarque absolu[5]. Ce souverain est législateur ; c'est lui qui crée un droit positif qui ne peut être que juste, serait-il contraire à la raison divine ; c'est lui qui instaure l'ordre juridique destiné à sauvegarder l'intérêt général ; à partir de là, peuvent être reconnues et protégées les prérogatives des individus[6].

137 *L'Ecole du droit naturel* ◊ Au XVIIᵉ siècle, l'idée de droit naturel a inspiré un courant de pensée d'une importance décisive, marqué par l'influence de l'Ecole du droit naturel[7]. Elle servit de base à ce qu'on a appelé alors le

---

1. M. VILLEY, *La justice harmonique selon Bodin*, Arch. phil. droit 1970, p. 301 s.
2. *Politique tirée des propres paroles de l'Ecriture Sainte* (1679 et 1709) ; V. P. HAZARD, *La crise de la conscience européenne*, t. II, éd. 1935, p. 45 s.
3. *Le Prince* (1513). — V. J.-J. CHEVALLIER, *Les grandes œuvres politiques de Machiavel à nos jours*, 1970, p. 7 et 52.
4. V. aussi *De cive* (1641), *A dialogue between a philosopher and a student of the common law of England* (vers 1666, 1670).
5. La contre-épreuve est fournie, d'après Hobbes, par l'analyse des relations entre les Etats, qui en sont restés à l'état de nature et à la primauté de la force.
6. V. R. CAPITANT, *Hobbes et l'Etat totalitaire*, Arch. phil. droit 1936, p. 46 s. ; L. STRAUSS, *The political philosophy of Hobbes*, 1936 ; J. MOURGEON, *La science du pouvoir totalitaire dans le Léviathan de Hobbes*, Ann. Fac. droit Toulouse 1963, p. 281 s., *Hobbes et Leibniz et la dogmatique juridique*, 1966.
7. SALEILLES, Ecole historique et Droit naturel, *RTD civ.* 1902, 80 ; LE FUR, *La théorie du droit naturel d'après le XVIIᵉ siècle et la doctrine moderne*, Rec. Cours Acad. de La Haye, t. XVIII, 1927, p. 393 s. ; LE PAGE, *L'idée de droit naturel*, 1936 ; P.-I. ANDRÉ-VINCENT, art. préc. ; M. VILLEY, *Abrégé du droit naturel classique*, Arch. phil. droit 1961, p. 25 s. et *Les fondateurs de l'Ecole du*

Droit des gens, ou encore le droit des rapports entre Etats, qui correspond à ce que nous appelons le droit international public. En l'absence d'une autorité supérieure aux Etats et leur donnant des lois pour régir leurs rapports, il n'y avait, semble-t-il, d'autre ressource, lorsqu'on soutint que ces rapports devaient être réglés autrement que par la force, que de recourir à la raison naturelle. C'est ce que fit le hollandais *Hughes de Groot*, dit *Grotius* (1583-1645), dans une œuvre célèbre : *Du droit de la guerre et de la paix* (1625). Désormais, le droit naturel est laïcisé, car il émane non pas de Dieu, mais de la nature sociale de l'homme : c'est d'elle que la raison humaine, observant les pratiques, dégage les principes d'un droit naturel universel et immuable, parce qu'il est à l'image de l'homme. Ce droit naturel est distinct du droit volontaire créé par la volonté humaine. Quant au droit divin, Grotius admet que le droit naturel puisse lui être relié : « Le droit naturel lui-même peut être attribué à Dieu, puisque la divinité a voulu que de tels principes existassent en nous » ; la distinction de la loi de Dieu et du droit naturel atteste cependant un passage historiquement capital « de l'ordre de la Providence à celui de l'humanité »[1]. Grotius reprend l'antique idée de contrat social et, avant Hobbes, Locke et Rousseau, lui confère une importance capitale en soutenant : 1) qu'au nombre des principes du droit naturel figure la maxime *pacta sunt servanda*, imposant le respect de la parole donnée ; 2) que, dans l'ordre interne, ce principe est à la base des rapports entre gouvernants et gouvernés et fonde le devoir d'obéissance pesant sur ces derniers ; 3) que, dans l'ordre international, il impose le respect des engagements[2].

La conception d'un contrat implicite librement consenti par lequel l'homme a abandonné une partie de ses droits pour acquérir des droits sur les autres axe désormais nettement la notion du droit naturel dans une voie individualiste. Cette conception est reprise par *Locke* (1632-1704), spécialement dans son *Essai sur le Gouvernement civil* (1690) : empirique, Locke ne voit pas dans le contrat social l'expression d'une vérité historique ; mais, dans la ligne de l'Ecole du droit naturel, il considère qu'à l'état de nature, les hommes sont libres et égaux et peuvent, éclairés par la raison, connaître et respecter les préceptes du droit naturel. Si l'organisation politique est nécessaire afin d'empêcher spécialement les actes de justice privée et le désordre, et de permettre que le pouvoir soit constitué et aménagé par le contrat social, ce ne peut être que dans le sens d'une préservation des prérogatives naturelles de l'homme : liberté, égalité,

---

droit naturel moderne au XVIIᵉ siècle, Arch. phil. droit 1961, p. 73 s. ; V. aussi La doctrine et le droit naturel, *Rev. d'hist. de la pensée juridique* 1987, n° 4, 1988, n° 6.

1. P. HAZARD, *op. cit.*, p. 53.

2. A ce courant de pensée, dont l'influence sera considérable, on peut ensuite rattacher Puffendorf (1632-1694), qui publie, en 1672, *Du droit de la nature et des gens* (V. P. LAURENT, *Puffendorf et la loi naturelle*, Vrin, 1982), Barbeyrac (1694-1748), Burlamaqui (1674-1744), Thomasius (1655-1728), Wolff (1679-1759). — Sur l'effort de conciliation déployé par ce dernier auteur afin de relier le courant analysé à la perspective aristotélicienne, V. M. THOMANN, *Christian Wolff et le droit subjectif*, Arch. phil. droit 1964, p. 152 s. — V. une remarquable étude des sources et de la formation de l'Ecole du droit naturel moderne, in A. DUFOUR, *Le mariage dans l'Ecole allemande du droit naturel moderne au XVIIIᵉ siècle*, éd. 1972, p. 15 s.

propriété. Et le pouvoir politique sera divisé en pouvoir législatif, pouvoir exécutif et pouvoir judiciaire[1].

138 *Le développement de la pensée moderne* ◊ Au XVIIe et au XVIIIe siècle, on assiste, de divers côtés et dans diverses voies, à un développement de la philosophie du droit. A vrai dire, méditant davantage sur la morale et sur la science, nombre de philosophes ne trouvent ou ne situent le droit qu'au terme de leur construction, souvent par et à travers la politique. Certains n'assignent au droit qu'une place limitée[2]. Et, s'il est évident que la philosophie du droit a été nécessairement influencée par le cartésianisme, il est vrai que *Descartes* (1596-1650) s'est contenté, au moins provisoirement, d'un certain positivisme juridique et d'une « morale par provision » consistant notamment, ainsi qu'il le précise dans le *Discours de la Méthode*, à « obéir aux lois et aux coutumes de mon pays ».

La pensée de *Spinoza* (1632-1677) n'est pas indifférente au droit, sinon dans l'*Ethique* (1677), du moins dans le *Traité théologicopolitique* (1670) et dans le *Traité politique* (1677). A partir d'une description de l'origine de la société semblable à celle de Hobbes, Spinoza aboutit à des conclusions très différentes, puisqu'il se prononce en faveur d'un Etat libéral, favorisant les affections raisonnables qui animent les hommes, assurant le maintien du droit naturel de l'individu et créant un droit civil qui repose sur une analyse conventionnelle de ce qui est juste et de ce qui ne l'est pas[3].

La philosophie du droit qui se dégage de l'œuvre de *Leibniz* (1646-1716) figure principalement dans la *Monadologie* (1714). L'origine du droit se trouve, selon Leibniz, dans l'amour; la justice n'est autre que la charité du sage. Leibniz repousse énergiquement la doctrine qui restreint la justice aux relations extérieures des personnes et blâme sévèrement Puffendorf qui a soutenu cette théorie. Et il distingue trois degrés dans le droit naturel : le *jus strictum*, consistant dans la justice commutative; l'*aequitas* ou la *charitas*, se manifestant par la justice distributive; la *pietas* ou la *probitas*, se confondant avec la justice universelle (*honeste* ou *pie vivere*). A côté de la loi naturelle invariable, qui suppose la croyance en la Providence, il y a les lois positives qui varient selon les circonstances[4].

Rousseau (1712-1778) devait donner à la théorie du contrat social une

---

1. V. R. POLIN, *La politique morale de John Locke*, 1960; M. VILLEY, *Les fondateurs de l'école du droit naturel moderne au XVIIe siècle*, art. préc., p. 90 s.

2. Sur Bacon, M. VILLEY, *op. cit.*, p. 562 s. — Sur Pascal : A. BRIMO, *Pascal et le droit, Essai sur la pensée pascalienne*, thèse Toulouse, 1942; L. SEBAG, *Les aspects juridiques de la vie et de l'œuvre de Blaise Pascal*, Ann. Fac. droit Clermont, 1964, p. 85 s.

3. V. M. FRANCÈS, La liberté politique selon Spinoza, *Rev. phil.*, juil.-sept. 1958, p. 317 s.; R. DE LACHARRIÈRE, Spinoza et la théorie démocratique, *Rev. dr. publ.* 1959, p. 5 s.; R. MASPÉTIOL, *L'Etat et le droit selon Spinoza*, Arch. phil. droit 1960, p. 157 s.; S. BRETON, *Les fondements théologiques du droit selon Spinoza*, Arch. phil. droit 1973, p. 93 s.; G. COURTOIS, *Innocence et responsabilité selon Spinoza*, Arch. phil. droit 1977, p. 97 s.

4. W. REIMANN, *Droit de Dieu, droit de l'homme, droit de l'être dans la philosophie de Leibniz*, Arch. phil. droit avril-juin 1971, t. 34, cah. 2; Y. BÉLAVAL, *Religion et fondement du droit chez Leibniz*, Arch. phil. droit 1973, p. 85 s.; J.-L. GARDIES, *La rationalité du droit chez Leibniz*, Arch. phil. droit 1978, p. 115 s.; R. SÈVE, *Leibniz et l'Ecole moderne du droit naturel*, 1989.

ampleur sans précédent. Fidèle au thème d'un état de nature dans lequel, à l'origine, les hommes vivent libres, égaux et heureux (*Discours sur l'origine et le fondement de l'inégalité parmi les hommes*, 1755) et tenant compte de la cessation de cette situation de nature, il s'emploie à déterminer, autrement que sur le terrain pour le moins hypothétique de l'histoire, les conditions d'une organisation sociale satisfaisante et même légitime (*Du contrat social*, 1762). Exaltant la « volonté générale » à laquelle l'individu ne saurait se soustraire, puisqu'il s'exprime par et à travers elle, Rousseau a exercé une influence considérable[1], qui éclipse quelque peu, du moins dans cet ordre d'idées, le rayonnement de la pensée de Montesquieu[2] ou de Voltaire[3].

139 *La pensée allemande. Les philosophes* ◊ Particulièrement féconde en philosophie du droit, la pensée allemande a été alimentée non seulement par des philosophes, mais aussi par des juristes. Ce qui, de manière évidemment schématique, caractérise la pensée des philosophes, c'est un recul progressif des théories du droit naturel.

Pour *Kant* (1724-1804), « l'homme c'est la fin dernière de la création sur terre, parce qu'il est en celle-ci le seul être qui peut se faire un concept des fins et qui par sa raison peut constituer un système des fins à partir d'un agrégat de choses formées finalement »[4]. Tendant, sans la renier ouvertement, à substituer à la doctrine du *droit naturel*, une théorie du *droit rationnel*, utilisant l'idée de contrat social sans considérer que ce pacte a historiquement existé, Kant exprime un humanisme rationnel. Et il renverse le courant jusnaturaliste car, s'il est vrai que le concept de droit est inhérent à l'homme, il ne suffit pas aussi longtemps que la loi ne l'a pas consacré ; en d'autres termes, dans une perspective qui annonce un certain positivisme, le droit attend de la loi sa valeur : « il n'y a de droit que par la loi »[5]. La raison triomphe alors à travers une légalité propre à régir les peuples libres[6], car le droit est la notion qui se dégage des conditions dans lesquelles la faculté d'agir de chacun peut s'accorder avec la faculté d'agir d'autrui, d'après une « loi universelle de liberté ».

Plus que dans l'œuvre de Kant, la philosophie du droit est essentielle

---

1. R. Hubert, *Rousseau et l'Ecole positiviste*, Arch. phil. droit 1952, p. 407 ; P. Léon, *Le problème du contrat social chez Rousseau*, Arch. phil. droit 1935, p. 157 s. ; R. de Lacharrière, Jean-Jacques Rousseau, Interprétation et permanence, *Rev. dr. publ.* 1961, p. 469 s.

2. V. S. Goyard-Fabre, *La philosophie du droit de Montesquieu*, préf. J. Carbonnier, 1973 ; v. aussi J. Brèthe de La Gressaye, *La philosophie du droit de Montesquieu*, Arch. phil. droit 1961, p. 93 s. ; J.-M. Trigeaud, *Le concept de nature dans la philosophie du droit civil de Montesquieu*, mém. ronéot. Paris II, 1975.

3. V. J. Carbonnier, *En marge : Voltaire ou l'artificialisme juridique*, in *Flexible droit*, 6e éd. 1988, p. 117 s.

4. V. *De la paix perpétuelle : essai philosophique*, 1795 ; *Premiers principes métaphysiques de la doctrine du droit*, 1797 (trad. franç. Vrin, 1968) ; *Métaphysique des mœurs : Doctrine du droit ; Doctrine de la vertu*, 1797 (trad. franç. Vrin, 1968) ; *Remarques explicatives sur la Doctrine du droit*, 1797 (trad. franç. Vrin, 1968).

5. S. Goyard-Fabre, *Kant et le problème du Droit*, 1975, p. 256 ; O. Höffe, *Introduction à la philosophie pratique de Kant, La morale, le droit et la religion*, éd. Castella, 1985.

6. V. S. Goyard-Fabre, *La place de la justice dans la doctrine kantienne du droit*, Arch. phil. droit 1975, p. 235 s. ; M. Villey, *De l'action de Kant sur le Droit*, Leçons..., 1re éd., p. 285 s., *Kant dans l'histoire du droit*, Leçons..., 2e éd., p. 251 s.

dans celle de *Fichte* (1762-1814)[1]. Rarement les relations du droit et de la morale auront été autant analysées : bien que des considérations morales imprègnent la doctrine du droit, Fichte estime que le droit est, par nature et par structure, radicalement différent de la morale, mais qu'il en constitue l'assise, ce qui opère un renversement complet : le droit ne dépend pas de la morale, c'est la morale qui dépend du droit ; mais elle ne s'en déduit pas ; « la philosophie du droit est celle de la moralité dans le rapport du théorique au pratique ». Développant une analyse essentiellement subjectiviste, Fichte considère que le concept de droit est déterminé par l'idée d'activité libre. L'utilisation de la notion de contrat social, lié à l'accord des volontés individuelles, et l'influence indéniable de Rousseau débouchent, par une démarche authentiquement originale, sur la perspective d'un dépérissement du droit, en relation avec le perfectionnement de la société, voire d'une conception socialiste et internationaliste des rapports entre les hommes et entre les peuples.

Déjà éloignée dans la pensée de Kant, puis de Fichte, la théorie individualiste du droit naturel recule encore davantage dans l'œuvre de *Hegel* (1770-1831)[2]. On sait la formule célèbre : « tout ce qui est réel est rationnel, tout ce qui est rationnel est réel ». Sur cette identification essentielle est édifiée une construction saisissante, qualifiée d'« idéalisme objectif ». Etant la réalité objective, l'idée, dont tout procède, évolue, l'histoire étant un développement progressif de l'idée vers l'esprit universel. Et son évolution est soumise à une loi du devenir qui se manifeste d'après un rythme en trois temps s'expliquant par l'imperfection sans cesse corrigée des idées ou des concepts : thèse, antithèse, synthèse. Ainsi s'affirme la dialectique dont le marxisme tirera profit (*infra*, nº 143). D'ores et déjà, par l'identification du rationnel et du réel, la pensée hégélienne engendre un culte de l'Etat qui, à partir des libertés individuelles, absorbe en quelque sorte celles-ci dans la collectivité et affirme sa suprématie.

Il serait irréaliste de prétendre résumer tous les courants de la pensée allemande contemporaine, même dans la seule perspective de la philosophie du droit[3]. Outre l'importance évidente du marxisme (*infra*, nº 143),

1. *Fondement du droit de la nature*, 1796 ; *Doctrine des mœurs*, 1798, *L'Etat commercial fermé*, 1800. — V. M. GUÉROULT, *Etudes sur Fichte*, 1974, spéc. *La doctrine fichtéenne du droit*, p. 60 s. ; A. RENAUT, *Le système du droit, philosophie et droit dans la pensée de Fichte*, PUF, 1986. — Rappr., dans cette lignée qui se rattache à Kant, les œuvres de SCHELLING (1775-1854) : *Nouvelle déduction du droit naturel*, 1795 ; *Idées pour une philosophie de la nature*, 1797.

2. *Les différentes manières de traiter scientifiquement du droit naturel*, 1802-1803 ; *Principes de la philosophie du droit*, 1821. — V. E. WEIL, *Hegel et l'Etat*, 1950 ; E. FLEICHMANN, *La philosophie politique de Hegel*, 1964 ; B. BOURGEOIS, *La pensée politique de Hegel*, 1969 ; J.-P. GUINLE, *La philosophie du droit de Hegel et le développement de la volonté libre*, thèse ronéot. Paris II, 1973, et, du même auteur, *Droit et temps dans la philosophie du droit de Hegel*, Les Etudes philosophiques, 1972, p. 23 s. ; *La religion et le fondement de l'Etat dans la philosophie du droit de Hegel*, Arch. phil. droit 1973, p. 107 s. ; E. WEIL, K.-H. ILTING, E. FLEICHMANN, B. BOURGEOIS et J.-L. GARDIES, *Hegel et la philosophie du droit*, 1979 ; B. BOURGEOIS, *Le droit naturel de Hegel, commentaire*, Vrin 1986 ; J.-C. PINSON, *Hegel, Le droit et le libéralisme*, PUF, 1989.

3. V. par ex. sur Nietzsche (1844-1904), R. MASPÉTIOL, *Le droit et l'Etat chez Nietzsche*, Arch. phil. droit 1968, p. 357 s. ; M. VILLEY, *Nietzsche et le droit*, Arch. phil. droit 1970, p. 385 s. ; S. GOYARD-FABRE, *Nietzsche critique de l'Etat moderne*, Arch. phil. droit 1976, p. 75 s. et, du même auteur *Nietzsche et la question politique*, 1977.

il y a lieu d'appeler l'attention des juristes français sur l'intérêt que présente pour eux le courant de la phénoménologie, manifestant l'influence de *Husserl* (1859-1938)[1]. Refoulant, mais pour des raisons qui lui sont propres, le jusnaturalisme, la démarche phénoménologique tend à saisir l'essence des choses par une intuition simple, débarrassée des théories et des constructions; dans cette ligne de pensée, lorsqu'elle est axée sur le droit, la phénoménologie s'écarte tout à la fois du nominalisme, du volontarisme et du positivisme[2].

140 *La pensée allemande. Les juristes* ◊ Les vicissitudes des règles de droit, leurs variations plus ou moins empiriques dans le temps et dans l'espace avaient depuis longtemps suscité des observations aboutissant à mettre en cause l'idée, pourtant séduisante, d'un droit naturel dégagé à l'aide des lumières de la raison. Après Montaigne, Pascal et bien d'autres, illustré en Angleterre par Burke (*infra*, n° 141), un important courant de pensée a donné, en Allemagne, naissance à l'*Ecole historique* (Hugo, Savigny, Puchta)[3]. S'opposant à Thibaut, qui, sous l'influence des idées françaises, avait préconisé la codification du droit allemand, l'Ecole historique — surtout *Savigny* (1779-1861)[4] —, s'est montrée hostile à l'idée d'un droit naturel qui serait à la fois rationnel, universel et immuable. Mais cela ne l'a pas conduite à favoriser le culte de l'Etat, donc à encourager une codification sous l'égide de celui-ci. La source profonde du droit est et doit rester ailleurs, surtout au niveau de la coutume, proche de la nature, de l'histoire, du peuple, de la nation, si ce n'est du romantisme. Le droit est le produit de forces « intérieures et silencieuses ».

La pensée de *Ihering* (1818-1892)[5] est fort différente, au moins à deux titres : d'abord parce que, tout en étant attaché à une analyse évolution-niste des sociétés et de leurs droits, il ne s'en tient pas à une attitude passive, considère le droit comme la conséquence d'une lutte menée par l'individu, ainsi que par l'Etat, et incite chacun à combattre pour son droit;

1. V. C. Donius, *Existentialisme, phénoménologie et philosophie du droit*, Arch. phil. droit 1957, p. 221 s.; C. Cossio, La norme et l'impératif chez Husserl, Notes analytiques pour en faire l'étude, *Mélanges Roubier*, 1961, t. I, p. 145 s.; N. Poulantzas, *Notes sur la phénoménologie et l'existentialisme juridique*, Arch. phil. droit 1963, p. 213 s.; P. Amselek, *Méthode phénoménolo-gique et théorie du droit*, 1964; V. Peschka, *Le phénoménologisme dans la philosophie du droit moderne*, Arch. phil. droit 1967, p. 259 s.; S. Goyard-Fabre, *Essai de critique phénoménologique du droit*, thèse Paris, 1970; P. Amselek, *La phénoménologie et le droit*, Arch. phil. droit 1972, p. 185 s.; H.R. Pallard, La phénoménologie et le droit, Méthode et théorie en philosophie du droit, *RRJ* 1988-3, p. 677 s.
2. V. spécialement, sur Adolf Reinach, J.-L. Gardies, *La philosophie du droit d'Adolf Reinach*, Arch. phil. droit 1965, p. 17 s.
3. V. A. Dufour, *Droit et langage dans l'école historique du droit*, Arch. phil. droit 1974, p. 151 s.
4. *De la vocation de notre temps pour légiférer et pour cultiver la science du droit* (1814). — V. K. Coing, *Savigny et Collingwood ou Histoire et interprétation du droit*, Arch. phil. droit 1959, p. 1 s.; Z. Krysterfek, La querelle entre Savigny et Thibaut, *Rev. hist. droit* 1966, p. 59 s.
5. *La lutte pour le droit*, 1872; *Le but dans le droit*, 1878. — V. P. Coulombel, Force et but dans le droit selon la pensée de Ihering, *RTD civ.* 1957, p. 609 s.; J. Gaudemet, *Organicisme et évolution dans la conception de l'histoire du droit chez Ihering*, in Jherings Erbe, Göttingen, 1970, p. 29 s.

ensuite, parce que, estimant que le droit tend à assurer les conditions de vie de la société, il voit dans l'Etat la seule source du droit. En affirmant que le droit est « la politique de la force », Ihering souligne toutefois que la force ne saurait, par l'intermédiaire de l'Etat, s'exercer sans barrières et sans freins.

Le courant positiviste, tendant à ne considérer comme étant du droit que l'ensemble des règles consacrées sur un territoire et en un temps donnés, s'est ultérieurement renforcé en Allemagne ou en Autriche sous la forme du positivisme étatiste[1]. Bien que tout classement prête à critique, on peut relier à cette tendance la « théorie pure du droit » élaborée par *Kelsen* (1881-1973)[2] : « théorie pure du droit, c'est-à-dire théorie du droit épurée de toute idéologie politique et de tous éléments ressortissant aux sciences de la nature, consciente de son individualité, qui est liée à la légalité propre de son objet »[3]. A l'ordonnancement juridique, du haut en bas de la pyramide, les règles — on dit aussi les normes — se rattachent d'une manière qui fonde leur validité. L'ensemble est envisagé en tant que tel, ce qui doit permettre au droit d'atteindre un idéal scientifique d'objectivité et d'exactitude, tandis que les personnalités de l'Etat — au sommet — et des particuliers — à la base — se diluent au sein de l'ordonnancement juridique[4].

141 *La pensée anglaise* ◊ Les courants de pensée que l'on peut, schématiquement, rattacher aux idées anglo-saxonnes semblent plus rebelles à une distinction des origines, philosophiques ou juridiques[5]. Mieux vaut discerner certaines lignes de pensée, marquées par l'utilitarisme, le positivisme, l'évolutionnisme et l'empirisme. Autour de quelques idées, on peut évoquer des figures.

S'il existe dans l'histoire de l'idée de droit en Angleterre une tendance favorable à la théorie du droit naturel et dont le grand juriste Blackstone (1723-1780) a été souvent considéré comme un représentant éminent[6], le

---

1. Sur Jellinek et sa théorie de l'« autolimitation de l'Etat », en vertu de laquelle, si le droit trouve sa source dans l'Etat, celui-ci lui est soumis par autolimitation, V. P. Roubier, *op. cit.*, p. 57 s.; V. aussi L. Duguit, La doctrine allemande de l'autolimitation de l'Etat, *Rev. dr. publ.* 1919, p. 161 s.

2. *Les rapports entre le droit interne et le droit international*, Rec. Cours Acad. droit intern. 1926; *Théorie générale du droit international public*, Rec. préc. 1932; *Théorie pure du droit*, 1934, trad. franç. par C. Eisenmann, 1962; *General theory of Law and State*, 1945; *Théorie générale du droit international public*. Rec préc. 1953. — V. P. Amselek Réflexions critiques autour de la conception Kelsénienne de l'ordre juridique, *Rev. dr. publ.* 1978, p. 5 s.; M. Troper, La pyramide est toujours debout! Réponse à P. Amselek, *Rev. dr. publ.* 1978, p. 1523 s.

3. Préf. de la 1ʳᵉ éd., trad. franç., préc. p. VII.

4. Mais cela n'implique pas indifférence envers la sociologie : V. C. Eisenmann, *Science du droit et sociologie dans la pensée de Kelsen*, in *Méthode sociologique et droit*, Ann. Fac. droit Strasbourg, t. V, 1958, p. 59 s.

5. Cf. *Introduction aux rapports de la pensée juridique et de l'histoire des idées en Angleterre depuis la Réforme jusqu'au XVIIIᵉ siècle, De Christopher Saint Germain et Richard Hooker à Lord Mansfield et Edmund Burke*, par H. Jaeger, Arch. phil. droit 1970, p. 13 s.

6. V. G. Augé, *Aspects de la philosophie juridique de Sir William Blackstone*, Arch. phil. droit 1970, p. 71 s.

courant principal de la pensée s'est généralement orienté dans une autre direction. Ainsi est-on plutôt enclin à rattacher Burke (1729-1799)[1] à un mouvement idéologique analogue à celui de Montesquieu ou de l'école historique. Il convient surtout de situer dans cette ligne l'œuvre de *Bentham* (1748-1832), tout à la fois juriste et philosophe[2]. Hostile à la théorie du droit naturel, Bentham fonde sur l'utile — plus précisément sur le plaisir — la morale et le droit : « Le droit lui-même ne présente que des idées de plaisir, d'abondance et de sécurité ». On pourrait, sur cette pente, craindre que la perspective retenue, en stimulant les égoïsmes, entraîne la destruction de l'ordre social ; mais Bentham entend surmonter l'objection en faisant état de la sympathie qui existe entre les hommes et de la crainte des représailles que peut susciter l'égoïsme. Cette attitude empiriste et positiviste, relayée par *Austin* (1790-1859)[3], sera consolidée dans l'utilitarisme de *Stuart Mill* (1803-1873)[4]. Le courant de la pensée analytique, dans la lignée d'Austin, sera ultérieurement illustré par l'œuvre de Hart[5].

Plus ou moins étroitement, les doctrines évolutionnistes, illustrées par la pensée anglaise, ont exercé une influence certaine sur la philosophie du droit. De l'analyse des espèces animales, où la lutte pour la vie entraîne une sélection naturelle, *Darwin* (1809-1882)[6] avait dégagé une ligne d'évolution qu'il transpose dans les sociétés humaines. Reliant l'analyse évolutionniste à une conception utilitariste, *Spencer* (1820-1903) a considéré que le groupe social pouvait être comparé à l'être vivant et que certaines tendances présidaient à son évolution, y compris en matière juridique, ce qui contribua à un renouvellement sensible de l'approche des phénomènes juridiques dans un sens sociologique[7].

142   *La pensée française* ◊ La pensée se détache difficilement, en France, au XIXe siècle, des analyses des écrivains ou des théories des politologues. Des attitudes et des opinions expliquent, à cette époque, nombre d'approches de l'idée de droit, de quelque courant qu'il s'agisse : conservateur, voire

---

1. *Réflexions sur la Révolution française*, 1791. — V. M. VILLEY, *La philosophie du droit de Burke*, Arch. phil. droit 1970, p. 99 s.
2. *Introduction aux principes de morale et de législation*, 1780 ; *Défense de l'usure*, 1787 ; *Traités de législation civile et pénale*, trad. franç. 1802. — V. sur « les principes de législation de Jérémie Bentham », M. VILLEY, *Leçons...* 1re éd., p. 307 s. ; V. aussi EL SHAKANKIRI, *La philosophie juridique de Jeremy Bentham*, thèse Paris, 1969.
3. Cf. A. TRUROL Y SERRA, *John Austin et la philosophie du droit*, Arch. phil. droit 1970, p. 151 s.
4. V. M. VILLEY, *Critique de l'utilitarisme juridique*, RRJ 1981-2, p. 166 s.
5. *The concept of Law*, Oxford, 1961, trad. *Le concept de droit*, Bruxelles, 1976 ; v. aussi, sur ce grand livre de Hart, le compte rendu de H. JAEGER, Arch. phil. droit 1967, t. 12, p. 355 s.
6. *Sur les origines des espèces par la sélection naturelle*, 1859.
7. A cette tendance évolutionniste, il faut surtout rattacher Sir Henry Maine, appelé aussi Sumner Maine (1822-1888) ; V. CARBONNIER, *Sociologie juridique*, 2e éd., p. 98 s. — Sur le réalisme américain (Llewellyn, 1893-1962), sur Roscoe Pound (1870-1964) et sur l'école de la *sociological jurisprudence* aux Etats-Unis, v. CARBONNIER, *op. cit.*, p. 136 s. ; V. aussi J. HALL, *La position présente de la philosophie du droit aux Etats-Unis*, *Mélanges Roubier*, 1961, t. I, p. 261 s.

nationaliste[1], chrétien[2], socialiste, dans un sens plutôt large de ce mot. Cette dernière tendance est notamment marquée en France par *Saint-Simon* (1760-1825)[3], dont la pensée tend à reconstruire la société en faisant du gouvernement l'émanation de la classe industrielle, en mettant fin à l'exploitation de l'homme par l'homme et en fondant une morale nouvelle destinée à remplacer la religion chrétienne[4]. Hostile au droit et plus généralement aux autorités, que ce soit celle de l'Eglise ou celle de l'Etat, *P.-J. Proudhon* (1809-1865)[5] préconise un ordre nouveau fondé sur l'autogestion et la fédération; son combat contre la propriété privée cesse lorsqu'elle est familiale[6].

Durant la même époque, non sans relations avec les idées précédemment évoquées, une nouvelle science naissait en France. Sans doute pouvait-on trouver plus tôt (Montaigne, Montesquieu ...) ou ailleurs[7] des précédents. C'est pourtant à *Auguste Comte* (1789-1853) que l'on doit essentiellement l'éveil de la sociologie[8], ou science des sociétés. En formulant la loi des trois états (théologique, métaphysique, scientifique ou positif) par lesquels passerait nécessairement la connaissance humaine dans chaque branche du savoir, Auguste Comte considérait que la société industrielle de l'Europe de son temps était le signe de l'aboutissement d'un progrès permettant de dégager, dans un système politique hiérarchique et élitiste, les lois sociologiques servant de fondement au droit. Plus précisément, Auguste Comte estimait notamment que la propriété privée n'est

---

1. Ex. : L. DE BONALD (1754-1840) : *Législation primitive*, 1802, *Essai sur le divorce*, 1816, *De la famille agricole, de la famille industrielle et du droit d'aînesse*, 1826; J. DE MAISTRE (1753-1821) : *Les soirées de Saint-Pétesbourg*, 1821; F. LE PLAY (1806-1882) : *Les ouvriers européens*, 1855, *La réforme sociale en France, déduite de l'observation comparée des peuples européens*, 1864, *L'organisation de la famille selon le vrai modèle signalé par l'histoire de toutes les races et de tous les temps*, 1871.
2. Buchez (1796-1865), Lacordaire (1802-1861), Montalembert (1810-1870); sur F. Le Play, v. la note précédente; rappr. J. BRÈTHE DE LA GRESSAYE et M. LABORDE-LACOSTE, *Introduction générale à l'étude du droit*, 1948; J.-Y. CALVEZ et J. PERRIN, *Eglise et société économique*, 1959; *Pratique du droit et conscience chrétienne*, par N. JACOB, J.-M. AUBERT, A. DUMAS, M. VILLEY et J.-L. GARDIES, 1962; P.-I. ANDRÉ-VINCENT, *Le fondement du droit et de la religion d'après les documents pontificaux contemporains*, Arch. phil. droit 1973, p. 149 s.; V. aussi M. DABIN, *Philosophie de l'ordre juridique positif, spécialement dans les rapports de droit privé*, 1929.
3. *L'Industrie* (1817), *L'organisation* (1819-1820), *Du système industriel* (1821-1822), *Catéchisme des industriels* (1823-1824), *Le Nouveau Christianisme* (1825)...
4. Enfantin et Bazard, disciples de Saint-Simon, accentueront ce caractère socialiste, spécialement en réclamant l'appropriation des capitaux productifs (*Exposition de la Doctrine de Saint-Simon*, 1829).
5. *Qu'est-ce que la propriété?* (1840), *La création de L'Ordre dans l'Humanité* (1843), *Système des contradictions économiques, la Philosophie de la misère* (1846), *De la justice dans la Révolution et dans l'Eglise* (1858)...
6. V. GURVITCH, *Proudhon*, 1965; ANSART, *Sociologie de Proudhon*, 1966; BANCAL, *Proudhon, Pluralisme et autogestion*, 1970; J. CARBONNIER, La théorie des conflits de famille chez Proudhon, *Mélanges Gurvitch*, 1968, p. 571 s.
7. Spécialement IBN KHALDOUN (1332-1406), homme d'Etat et chroniqueur arabe, *Prolégomènes* (1377); V. ALI OUMLIL, *La méthodologie d'Ibn Khaldûn*, thèse Paris IV, 1977.
8. *Cours de philosophie juridique positive* (1830-1842), *Système de politique positive* (1851-1854).

qu'une fonction sociale, que le mariage doit être indissoluble et que chacun doit être libre de disposer de ses biens à cause de mort[1].

La démarche sociologique fut ultérieurement approfondie par *Durkheim* (1858-1917), dont l'influence a notamment favorisé l'essor de la sociologie juridique, de manière plus ou moins directe[2]. De sa réflexion méthodologique, tendant à traiter les faits sociaux comme des choses, devait résulter, face aux phénomènes juridiques, une attitude objective à laquelle les juristes n'avaient pas été habitués. A la tendance ainsi dégagée restèrent fidèles les durkheimiens[3]. Et, même si d'autres courants sociologiques ont pu, en France[4] ou à l'étranger[5], remettre en cause nombre de postulats de la conception durkheimienne, celle-ci a marqué le développement de la sociologie juridique appliquée. Du côté des juristes, le positivisme juridique — c'est-à-dire la conception selon laquelle il n'y a de droit que le droit positif, tel qu'il existe à un moment et dans un territoire donnés — rejoignait parfois le courant sociologique en revêtant la forme du positivisme sociologique (et non pas étatique), la règle de droit se dégageant assez directement de l'analyse des faits sociaux[6].

Les brèves remarques qui précèdent ne devraient pas cependant donner à penser qu'en France, la philosophie du droit n'a été, pendant

1. V. P. ARNAUD, *Sociologie de Comte*, 1969.

2. *De la division du travail social* (1893), *Les règles de la méthode sociologique* (1895), *Le suicide* (1897), *Les formes élémentaires de la vie religieuse* (1912). — V. aussi *Leçons de sociologie, Physique des mœurs et du droit* (1950), *Ecrits*, 3 vol. (1975). — V. S. VILLENEUVE, *Durkheim, réflexions sur la méthode et sur le droit*, Arch. phil. droit 1969, p. 237 s.

3. P. Fauconnet, M. Leenhardt, M. Mauss, G. Davy, L. Gernet, H. Lévy-Bruhl... (v. à leur sujet, CARBONNIER, *Sociologie juridique*, p. 113 s.). — V. aussi le n° spéc. *Rev. franç. de sociologie*, vol. XX, janv.-mars 1979.

4. Axée davantage sur la psychologie sociale (l'imitation, l'invention) la pensée de G. de Tarde (1843-1904) a cependant contribué au progrès de la sociologie, y compris de la sociologie juridique (ex. *Les transformations du droit*, 1894). — Nouvelle sera aussi l'approche de G. Gurvitch (1894-1965), qu'une vision pluraliste et anti-étatique du droit conduit à analyser la genèse des «faits normatifs» que sécrètent les communautés, les groupes et les sociétés, globales ou non : *L'idée de droit social* (1932), *Le temps présent et l'idée de droit social* (1932), *L'expérience juridique et la philosophie pluraliste du droit* (1935), *Eléments de sociologie juridique* (1940).

5. Si la sociologie générale est née en France, c'est plutôt à l'autrichien Ehrlich (1862-1922) que l'on attribue la qualité de fondateur de la sociologie juridique (*Grundlegung der Soziologie des Recht*, 1913). — Plus important à cet égard (et à d'autres) aura été l'apport d'un de ses contemporains, MAX WEBER (1864-1920), notamment quant au rôle des professionnels du droit et quant au processus de rationalisation croissante du droit qui accompagne le progrès de celui-ci (*Economie et société*, 1922); V. MAX WEBER, *Sociologie du droit*, trad. franç. par J. Grosclaude, 1986; J. FREUND, *La rationalisation du droit selon Max Weber*, Arch. phil. droit 1978, p. 69 s. — Citons aussi T. Geiger (1891-1952), V. E. ROHRER, *La sociologie juridique de Théodore Geiger*, thèse ronéotée. Paris II, 1971.

6. Cette relation est assez nette dans l'œuvre de juristes français tels que L. DUGUIT (1859-1928 ; V. *L'Etat, le droit objectif et la loi positive*, 1901, *Les transformations générales du droit privé depuis le Code Napoléon*, 1912, *Les transformations du droit public*, 1913) qui approuvait notamment le déclin d'un système individualiste et soutint que le droit était fondé sur la solidarité sociale et sur le sentiment de la justice dans les consciences humaines; V. Arch. phil. droit 1932, cah. 1-2; M. POSET, Philosophie et science dans l'œuvre de Léon Duguit, *Rev. dr. publ.* 1971, p. 353 s.; L. SFEZ, *Duguit et la théorie de l'Etat (Représentation et communication)*, Arch. phil. droit 1976, p. 111 s.

toute cette période, marquée que par des tendances socialistes, sociologiques ou sociologisantes. Il a existé aussi un courant fidèle au positivisme étatiste et portant à considérer que le droit ne peut exister en dehors de l'Etat, qu'il s'identifie avec lui, ce qui n'impliquait pas de la part des tenants de ces thèses — spécialement *Carré de Malberg* (1861-1935)[1] — l'absence d'influences morales ou religieuses. En outre, des courants idéalistes ont conduit à penser que la description et l'analyse des faits sociaux ne permettent pas de dégager de manière suffisante le fondement du droit, mais sans que l'idéal servant à orienter celui-ci demeure extérieur. Ainsi se manifeste la persistance d'une tendance fidèle, à travers des formes variées, à l'idée de droit naturel[2]. On a vu se développer aussi un courant idéaliste moins attaché à cette idée[3], mais ne reniant pas pour cela la référence à des valeurs, parfois moins soucieux du rationnel, voire plus sensible au rôle de l'intuition[4]. Ces diverses théories se définissent toutes plus ou moins, qu'elles le veuillent ou non, par rapport au jusnaturalisme[5].

Est-il besoin d'ajouter, au terme de cette évocation, qu'il est vain d'espérer ici être exhaustif, car, consciemment ou non, le juriste, le

1. *Contribution à la théorie générale de l'Etat* (1920-1922), *La loi expression de la volonté générale* (1931), *Confrontation de la théorie de la formation du droit par degrés avec les idées et institutions consacrées par le droit positif français relativement à sa formation* (1933); V. R. Capitant, *L'œuvre juridique de Raymond Carré de Malberg*, Arch. phil. droit 1937, p. 81 s.; et les Ann. Fac. droit Strasbourg, 1966. — On est habitué à rattacher G. Ripert (1880-1958) à ce courant de pensée, bien qu'il n'ait pas négligé l'étude de l'influence des données sociales sur la genèse et l'évolution des règles juridiques (ex. *Les forces créatrices du droit*, 1955; V. A. Rouast, L'œuvre civiliste de Georges Ripert, *RTD civ.* 1959, p. 1 s.).
2. F. Gény, *Science et technique en droit privé positif*, 1913-1924; V. *Le centenaire du doyen François Gény*, 1963. — V. aussi, en Allemagne, Stammler, qui a développé la thèse d'un droit naturel dont le contenu serait variable et exprimerait à chaque époque le fonds commun des droits positifs (V. Ginsberg, *La philosophie du droit de R. Stammler*, Arch. phil. droit 1962, p. 564 s.). — Une place à part semble devoir être faite à M. Hauriou (1856-1929) : l'attachement de cet auteur au jusnaturalisme ne l'a pas empêché de tenir compte de considérations sociologiques, spécialement en s'efforçant de refouler, dans une certaine mesure, les explications contractualistes, à l'aide d'une théorie de l'« institution » (*Précis de droit administratif*, 1892, *La science sociale traditionnelle*, 1896, *Principes de droit public*, 1910, *Principes de droit constitutionnel*, 1923, L'ordre social, la justice et le droit, *RTD civ.* 1927, p. 795 s.; V. A. Brimo, « La philosophie du droit naturel du doyen Maurice Hauriou », in *La pensée du doyen Maurice Hauriou et son influence*, 1969, p. 63 s., et *Le doyen Maurice Hauriou et l'Etat*, Arch. phil. droit 1976, p. 99 s.).
3. Cette tendance, qui n'est pas propre à la France, y a été illustrée par Le Fur, *Les grands problèmes du droit*, 1937. — V. aussi G. Richard, *Le droit naturel et la philosophie des valeurs*, Arch. phil. droit 1934, p. 7 s.
4. V. Roubier, *op. cit.*, p. 117 s.; Toutsakovitch, *L'intuitionnisme bergsonien dans la philosophie du droit*, Arch. phil. droit 1931, p. 238 s.; Rappr. sur Pétrazycki, A. Grouber, Une théorie psychologique du droit, *RTD civ.* 1911, p. 531 s.; G. Gurvitch, *Une philosophie intuitionniste du droit : Léon Pétrazycki*, Arch. phil. droit 1931, p. 403 s.
5. Encore faudrait-il nuancer de maintes manières cette observation, afin de respecter l'originalité de chacun : de M. Dabin en Belgique (*La philosophie de l'ordre juridique positif*, 1929), de G. Del Vecchio en Italie (*Philosophie du droit*, préc.), de P. Roubier (*Théorie générale du droit*, préc.), de H. Batiffol (*Problèmes de base de la philosophie du droit*, 1979), ou de Michel Villey (v. la biblio. citée *supra*, n° 131; v. aussi *Droit, Nature, Histoire*, « *Michel Villey, Philosophe du droit* », IVᵉ Colloque de l'Assoc. franç. de phil. du droit, 1984, éd. 1985), en France, de H. Coing en Allemagne (*Grundzüge der Rechtsphilosophie*, 1950), etc. — V. H. Batiffol, *La théorie générale du droit de Paul Roubier*, Arch. phil. droit 1967, p. 307 s.

philosophe, le juris-sociologue, l'écrivain...[1] expriment une philosophie du droit.

143   *Marx et les marxismes* ◊ On ne peut, sur ce sujet immense[2], s'accrocher encore aux clivages nationaux, d'ailleurs nuancés d'interférences. Il faut plutôt s'efforcer de distinguer la pensée de *Marx* (1818-1883), d'une part[3], et, d'autre part, les diverses tendances (dirait-on en droit européen), rites (dirait-on en droit musulman) ou écoles (dirait-on en droit romain ou hindou) qui se réclament du marxisme.

L'analyse globale qui, dans la pensée de *Marx*[4], découle du matéria-lisme historique aboutit à considérer que l'évolution des relations de production, en d'autres termes des facteurs économiques qui constituent l'infrastructure de la société, détermine les transformations de la super-structure, des idéologies et, par conséquent, du droit entendu dans ses divers sens (ensemble de règles ou prérogative individuelle), ce qui conduit Marx à soutenir que le droit positif exprime les intérêts de la classe dominante, donc des capitalistes dans les sociétés bourgeoises, puis du prolétariat lorsque celui-ci établit sa dictature[5], en attendant que, dans la société communiste, la disparition du droit arrive dans le sillage du dépérissement de l'Etat[6].

A partir de cette analyse célèbre et au gré de beaucoup de cir-constances, de nombreuses théories ont été élaborées. La critique de l'idéologie juridique, à laquelle s'était livrée Marx en méditant notamment sur la philosophie du droit de Hegel[7], a donné naissance à un courant d'idées renouvelées : tandis que *Pasukanis* approfondit l'étude des rela-tions entre les catégories juridiques et les catégories économiques[8], *Vychinsky* développe la thèse selon laquelle le droit soviétique n'est pas un droit « bourgeois » corrigé, mais un droit nouveau, socialiste et dépouillé de tout caractère « bourgeois »[9]. Pourtant les théories marxistes du droit moderne sont conduites à mieux prendre conscience du fait que le droit

1. V. par ex. ANDRÉ-VINCENT, *La Synthèse cosmogénétique de Teilhard de Chardin et le Droit*, Arch. phil. droit 1965, p. 33 s. ; R. PINTO, Les idées de Paul Valéry sur le droit, *Mélanges J.-J. Chevallier*, 1977, p. 235 s. ; J.-L. LOUBET DEL BAYLE, *Albert Camus et la politique*, Ann. Univ. sc. soc. Toulouse, t. XXVI, 1978, p. 475 s.
2. V. K. STOYANOVITCH, *Marxisme et droit*, 1964, *La pensée marxiste et le droit*, 1974 ; V. aussi Arch. phil. droit 1967, t. XII, *Marx et le droit moderne*.
3. Indépendamment de ses relations étroites avec celle de Marx, l'œuvre d'ENGELS (1820-1895 ; *L'origine de la famille, de la propriété et de l'Etat*, 1884) présente, en philosophie ou en sociologie du droit, un grand intérêt (V. CARBONNIER, *Sociologie juridique*, p. 108).
4. *La question juive* (1843), *Les manuscrits économico-philosophiques* (1844), *L'idéologie allemande* (1845), *Manifeste du parti communiste* (1847), *Les luttes de classe en France* (1850), *Contribution à la critique de l'économie politique* (1859), *Le capital* (1867, 1885, 1894), etc. — V. SAROTTE, *Le matérialisme historique dans l'étude du droit*, 1970.
5. V. N. POULANTZAS, *Pouvoir politique et classes sociales*, 1968.
6. V. G. LYON-CAEN, *Mise au point sur le dépérissement de l'Etat*, Arch. phil. droit 1963, p. 115 s. ; K. STOYANOVITCH, *La théorie marxiste du dépérissement de l'Etat et du droit*, Arch. phil. droit 1963, p. 125 s.
7. V. J.-M. VINCENT, *Droit naturel et marxisme moderne*, Arch. phil. droit 1965, p. 65 s.
8. *La théorie générale du droit et le marxisme*, 1925 ; v. B. MELKEVIK, *Pasukanis et la théorie marxiste du droit*, thèse Paris II, éd. 1990.
9. V. not. *The Law of the soviet state*, trad. 1948.

réagit sur l'infrastructure économique et à ne pas tenir compte seulement de ce qui se passe dans les sociétés « bourgeoises », car l'existence du juridisme soviétique s'est bien mal accordée avec l'anti-étatisme de Marx et a exigé de la part de ceux qui se réclament du marxisme une réflexion renouvelée. Ni l'apologétique, ni le communisme primaire ne sauraient satisfaire cette exigence [1]. Dans la perspective de l'approfondissement des réflexions, la démarche d'*Ernst Bloch* est, à cet égard, une des plus intéressantes [2].

144   *Autres courants* ◊ D'autres courants de pensée, parfois aux confins de diverses catégories du savoir, animent aussi notre temps. Ils ne sont pas sans incidence sur l'évolution de la philosophie du droit. Ainsi en est-il de l'existentialisme [3]. Plus nette est ou pourrait être l'influence de la psychanalyse ou du structuralisme.

Les relations entre la psychanalyse et le droit appellent, plus que par le passé, l'attention des juristes, ce qui les conduit non seulement à élargir à ce sujet l'éventail des sciences auxiliaires du droit, à partir de la psychologie (*infra*, nº 395), mais aussi à tenir compte des recherches psychanalytiques, notamment de celles de *Freud* (1856-1939), pour renouveler l'étude de l'appréhension des règles (de droit pénal, de droit civil, etc.), voire du système, ainsi que l'analyse des comportements face à l'obligatoire en forme de droit.

Pouvant se relier les unes et les autres à l'idée que, de l'appartenance à un ensemble, découlent, pour chaque partie de cet ensemble, plusieurs caractères, les diverses maisons du structuralisme ne sont pas indifférentes à la philosophie du droit, en raison des relations qui existent dans les ordonnancements juridiques, ainsi qu'entre les mots et les signes par lesquels se manifestent les règles de droit [4].

Un puissant courant de pensée tend de nos jours à renouveler, voire à ressusciter, la réflexion philosophique sur les relations entre le droit et la

---

1. V. Toumanov, *Pensée juridique bourgeoise contemporaine*, 1974 : le point de vue marxiste, adopté *a priori* par l'auteur, le conduit à une double analyse : de la doctrine marxiste qui échappe à toute critique ; de la « pensée juridique bourgeoise » — comme s'il n'y en avait qu'une — qui connaîtrait une crise de conscience, liée à un déclin du droit illustré par un besoin accru de réformes... comme si c'était une crise de « conscience », etc. (V. sur ce livre les pertinentes remarques de R. David, *Rev. int. dr. comp.* 1975, p. 296 s.). — Autre exemple, M. Miaille, *Une introduction critique au droit*, 1976 ; V. l'analyse critique de cet ouvrage par P. Pescatore, *Rev. int. dr. comp.*, 1978, p. 543 s.

2. *Droit naturel et dignité humaine*, 1961, trad. franç. 1976. — V. aussi I. Szabo, *Les fondements de la théorie du droit*, trad. franç. 1973 ; l'ouvrage n'est peut-être pas pleinement orthodoxe ; on y trouve des développements éclairants sur le rôle que peut revêtir la conscience du droit — pas seulement sa connaissance — dans les systèmes socialistes (p. 223 s.). — Rappr. C. Varga, *La question de la rationalité formelle en droit : Essai d'interprétation de l'« ontologie de l'être social » de Lukacs*, Arch. phil. droit 1978, p. 213 s.

3. Aux auteurs cités *supra*, nº 139, adde J. Parain-Vial, *L'être dans la philosophie du droit de Gabriel Marcel et le fondement du droit*, Arch. phil. droit 1965, p. 1 s. ; N. Poulantzas, *La critique de la raison dialectique de J.-P. Sartre et le Droit*, Arch. phil. droit 1965, p. 83 s. ; A. Brimo, *Réflexions sur la conception existentialiste de l'État*, Arch. phil. droit 1965, p. 147 s.

4. A.-J. Arnaud, *Structuralisme et droit*, Arch. phil. droit 1968, p. 283 s. ; A. Brimo, *Structuralisme et rationalisation du droit*, Arch. phil. droit 1978, p. 189 s.

justice, individuelle ou sociale[1]. Cette orientation salubre a été principalement illustrée par l'œuvre fondamentale d'*Hayek, Droit, Législation et Liberté* (1973)[2]. Contestant la notion même de justice sociale, Hayek a mis en évidence les limites du pouvoir de légiférer d'opportune et efficace manière et l'importance de l'*ordre spontané* des sociétés humaines[3].

Dans le même ordre d'idées, on doit retenir l'importance des grands courants de la philosophie du droit aux Etats-Unis[4]. Ils ont contribué puissamment à une réhabilitation de la philosophie pratique, non sans manifester, quant au rôle de la société globale, de l'Etat et du droit, des conceptions diverses, parfois nettement antagonistes[5].

Ainsi, dans un livre appelé à un grand retentissement *A Theory of Justice* (1971)[6], *John Rawls* tend à relever le grand défi des sociétés modernes : il se propose de concilier la liberté individuelle et ce qu'on appelle la justice sociale. A la recherche d'une correspondance en histoire de la philosophie, on a évoqué Kant : celui-ci a voulu fonder rationnellement le libéralisme ; John Rawls s'attache à fonder la social-démocratie par opposition tant au socialisme qu'au libéralisme social[7]. A l'inverse, suivant une tradition qui doit beaucoup à Locke, *Robert Nozick* a préconisé un retour aux principes du libéralisme constitutionnel ; son grand livre, *Anarchy, State and Utopia* (1974)[8], manifeste l'influence de l'ultra-libéralisme économique qui tend à ramener l'Etat à son rôle de « veilleur de nuit » tel qu'il était conçu dans la théorie du libéralisme classique[9].

145 *Le choix fondamental : idéalisme ou positivisme* ◊ De toute la riche histoire des idées sur le fondement et les finalités du droit, se dégage l'existence d'un choix assez fondamental entre deux courants, idéaliste et positiviste, comportant maintes variantes.

    1) Les idéalismes. En suivant ce courant, l'on estime qu'au-dessus de

---

1. V. spéc. J.-M. TRIGEAUD, *Humanisme de la liberté et philosophie de la justice*, éd. Bière, t. I, 1985, t. II, 1990.

2. Trad. franç., PUF, 3 vol., t. 1, *Règles et ordre*, 1980, t. 2, *Le mirage de la justice sociale*, 1981, t. 3, *L'ordre politique d'un peuple libre*, 1983.

3. V. P. NEMO, *La société de droit selon F.A. Hayek*, PUF, 1988.

4. J. SERRE, *Les grands courants de la philosophie du droit aux Etats-Unis d'Amérique*, thèse Paris II, 2 vol. ronéot., 1980.

5. OTTFRIED HÖFFE, *L'Etat et la Justice, John Rawls et Robert Nozick, Les problèmes éthiques et politiques dans la philosophie anglo-saxonne*, éd. Vrin, 1988. — V. aussi, du même auteur, *La justice politique*, trad. franç. PUF, 1991.

6. Trad. franç. : *Théorie de la justice*, 1987 ; v., à la suite du colloque ayant accompagné la publication de cette traduction, *Individu et justice sociale, Autour de John Rawls*, éd. Le Seuil, 1988.

7. V. JOHN RAWLS, *Justice et libertés*, nº spéc. de la Rev. *Critique*, juin-juil. 1989.

8. Trad. franç. : *Anarchie, Etat et utopie*, PUF, 1988.

9. Sur la démarche de Dworkin, axée principalement sur l'analyse du concept de droit et de la conception du droit (*Taking Rights Seriously*, 1977 ; *Law's Empire*, 1986), V. not. FRANÇOISE MICHAUT, Vers une conception postmoderne du droit, La notion de droit chez Dworkin, Rev. *Droits*, nº 11, 1990-2, p. 107 s.

l'ensemble des règles qui constituent le « droit positif », il existe un idéal de justice qui appartient aussi au domaine du droit et offre aux hommes une sorte de recours lorsque les règles du droit positif sont injustes, au sens large de ce mot.

Ce sont surtout les doctrines du *droit naturel* qui ont illustré cette tendance et influencé, au début du siècle dernier, les rédacteurs du code civil. Héritée de l'Antiquité, l'idée qu'il existait un droit naturel, composé de règles universelles et immuables et que l'homme pouvait découvrir à l'aide de sa seule raison [1], avait été progressivement laïcisée, spécialement sous l'influence de la philosophie des Lumières. De cette évolution, deux conséquences avaient été déduites : *a)* que, le droit naturel ayant sa source dans l'homme, celui-ci tire de sa nature des droits immuables et inaliénables ; *b)* que le droit naturel a pour but la protection de ces droits imprescriptibles, qui sont, aux termes de la Déclaration des droits de l'homme et du citoyen de 1789 (art. 2), la liberté, la propriété, la sûreté et la résistance à l'oppression [2].

Sous l'effet du temps et l'influence des doctrines positivistes, cette conception du droit naturel a décliné. Son *fondement* fut contesté, en des termes que Montesquieu aurait souvent approuvés : à la diversité des hommes et des groupements humains dans le temps et dans l'espace, ne correspond pas une notion aussi universelle du juste. Quant au *contenu* du droit naturel, on fit valoir qu'il était trop dense et trop immuable, contrairement aux leçons de l'histoire et de la géographie.

Ces critiques ont incité des jusnaturalistes à conserver la notion de droit naturel, mais en la limitant à des principes et en admettant que l'idéal ainsi exprimé pouvait varier selon les époques et les régions, de sorte que le droit naturel serait un idéal contingent ou encore un droit naturel « à contenu variable » [3].

Sous des formes diverses, cette attitude a persisté. L'existence de principes essentiels et d'ailleurs assez stables a pu la conforter : respect dû à la parole donnée, réparation des dommages injustement causés à autrui...

Et puis, la pénétration dans la sphère du droit, au niveau du droit

---

1. Ainsi, était-il précisé à l'article 1 de l'avant-projet de code civil, rédigé en l'an VIII : « il existe un Droit universel et immuable, source de toutes les législations positives, il n'est que la raison naturelle en tant qu'elle gouverne les hommes ».

2. Le conflit entre le droit positif et le droit naturel suscite deux questions : 1° Un citoyen peut-il valablement désobéir à une loi qui heurte le droit naturel ? C'est la question du droit de résistance à l'oppression et du droit à l'insurrection quand le gouvernement viole les droits du peuple, qui préoccupait aussi bien les théologiens du Moyen Age, tel saint Thomas d'Aquin, que les révolutionnaires, en 1789. La doctrine qui prétend libérer les sujets de l'obéissance aux lois injustes a voulu trouver son titre de noblesse dans le célèbre passage de Sophocle où Antigone, refusant d'obéir à l'édit qui défend d'ensevelir son frère, affirme qu'il y a des lois non écrites et immuables supérieures aux ordres des princes. 2° Un juge peut-il refuser d'appliquer une loi contraire au droit naturel ? En droit français, il n'est pas douteux que le juge ne peut refuser d'appliquer une telle loi. Toutefois divers procédés d'interprétation des lois (*infra*, nᵒˢ 468 s.) lui permettent de limiter le plus possible le champ d'application d'une loi qui lui paraît injuste.

3. La formule est de l'allemand STAMMLER dans son ouvrage *Wirtschaft und Recht*.

naturel, d'un certain nombre de règles supérieures a permis de mieux dégager les lignes de force de l'amélioration de beaucoup de systèmes juridiques[1] et de mieux fonder des solutions s'imposant à la conscience humaine, bien qu'elles ne trouvent pas de support dans les lois positives[2].

2) Les positivismes. Ils sont, ainsi qu'on l'a vu précédemment, aussi divers que les idéalismes : tous reposent sur l'idée qu'il n'y a pas de droit autre que celui qui résulte de la réalité positive.

A partir de cette idée, les diverses écoles s'ordonnent autour de ce qu'il convient d'entendre par « réalité positive ». Si l'on adopte, au sujet de celle-ci, une acception large, en la dégageant de la masse des faits sociaux, on s'engage dans la direction du *positivisme sociologique* et l'on se trouve confronté à une question essentielle : qu'est-ce qui fait que tel comportement est érigé en règle de droit, comment s'opère le passage du fait à la règle, c'est-à-dire au droit positif ? Si l'on retient une définition étroite de la réalité positive en réduisant celle-ci aux seules règles de droit consacrées, l'on préfère la voie du *positivisme juridique*, ce qui peut conduire à ne fonder le droit que sur la force ou sur l'Etat. Mais cette analyse, en quelque sorte desséchante, laisse place à d'autres recours et à d'autres guides, spécialement à la morale, destinés à orienter le droit positif et à définir ses finalités, tout en lui restant extérieur.

146   *Les finalités du droit* ◊ Il est malaisé de trouver dans le droit lui-même son propre fondement. Mais, si l'on cherche ailleurs les finalités par rapport auxquelles il se définit et se fonde, on s'aperçoit que, surtout à l'époque contemporaine, ces finalités, par couches successives, rendent plus complexes les fonctions du droit et, par voie de conséquence, plus difficiles à concilier des exigences et des textes multiples.

Aux finalités traditionnelles de la justice, de l'ordre et du progrès, l'héritage révolutionnaire ajoute les exigences célèbres de la liberté, de l'égalité[3], de la fraternité[4] — éléments d'une devise et exigences du droit —, ainsi que de la propriété. Quand s'affirme ultérieurement l'exigence de nouvelles garanties, positives et d'ordre économique (droit au

---

1. En ce sens, l'on a considéré que le jusnaturalisme préservait de l'immobilisme ou de l'attentisme, le droit naturel apparaissant comme un droit idéal, une orientation à observer. — V. aussi P. JESTAZ, L'avenir du droit naturel ou le droit de seconde nature, *RTD civ.* 1983, p. 233 s.

2. Ainsi a-t-on pu justifier la condamnation de certains criminels de guerre, au procès de Nuremberg, pour des crimes qui n'étaient pas toujours sanctionnés par le droit positif au moment où ils ont été commis, mais qui étaient condamnés par le droit naturel.

3. V. Trav. Assoc. H. CAPITANT, t. XIV, 1961-1962, spéc. p. 45 s., sur les notions d'égalité et de discrimination en droit interne et en droit international ; Travaux du Centre de philosophie du droit de l'Université libre de Bruxelles, *L'égalité*, t. I, 1971, t. II, 1974, t. III et IV, 1975, t. V, 1977 ; *Mélanges E. de Lagrange*, 1978, spéc. p. 27 s.

4. V. MARCEL DAVID, *Fraternité et Révolution française*, 1987 ; M. BORGETTO, *La notion de fraternité en droit public français (le passé, le présent et l'avenir de la solidarité)*, thèse Paris II, 1991.

travail, à la santé, à la sécurité, à la solidarité), de nouvelles fins du droit s'ajoutent aux précédentes. Et le mouvement s'est amplifié avec les aspirations à la protection des consommateurs[1] et de l'environnement[2], la recherche d'une meilleure qualité de la vie[3]...

1. Trav. Assoc. H. Capitant, t. XXIV, 1973, *La protection des consommateurs.*
2. J. de Malafosse, *Le droit de l'environnement, Le droit de la nature,* 1974 ; Martine Rémond-Gouilloud, *Du droit de détruire, Essai sur le droit de l'environnement,* 1989.
3. M. Borysewicz, La qualité de la vie : une finalité nouvelle de la règle de droit, *Mélanges Jauffret,* 1974, p. 127 s.

LIVRE 2

COMPOSANTES
DU DROIT

147 *Présentation* ◊ Que l'on parle de phénomènes juridiques ou de situations juridiques, l'on observe la fréquence d'utilisation du mot droit dans ses deux sens possibles : ensemble de règles de conduite régissant, dans une société donnée, les rapports entre les hommes *(droit objectif)* ; prérogatives que le droit, que *ce* droit reconnaît à un individu ou à un groupe d'individus et dont ceux-ci peuvent se prévaloir dans leurs relations avec les autres *(droits subjectifs).*

Si la réalisation du droit repose sur une adéquation satisfaisante de ces composantes, ce que l'on envisagera dans le Livre Trois du présent ouvrage, il importe au préalable de procéder à une démarche analytique et d'envisager successivement le droit objectif et les droits subjectifs en tant que composantes du droit. Cette approche par disjonction laisse place à un choix philosophique fondamental relatif à la précession du droit objectif sur les droits subjectifs ou des droits subjectifs sur le droit objectif, voire à la distinction de ceux qui croient aux droits naturels et de ceux qui n'y croient pas.

On traitera successivement du *droit objectif* (Titre 1) et des *droits subjectifs* (Titre 2).

TITRE 1

LE DROIT
OBJECTIF

148 *Distinction* ◊ L'expression de « source du droit », si utilisée et si banale soit-elle, n'en reste pas moins des plus équivoques [1]. La métaphore renvoie à l'existence de *points d'émergence* de la règle juridique qui révéleraient en même temps ce qui fonde le caractère obligatoire de celle-ci. Et l'incertitude s'introduit aussitôt dans les esprits entre ce qui révèle la règle de droit et ce qui la fonde. D'où le risque de voir proliférer, au-delà des points d'émergence, un pluralisme singulièrement étendu.

Rien d'étonnant, en conséquence, si les juristes essayent, tant bien que mal, de distinguer, parmi les organes du corps social, ceux qui ont qualité pour exprimer la règle de droit et en affirmer le caractère obligatoire. Ce peut être le juge, dans les systèmes ordonnés sur l'intervention fondamentale du magistrat dans la cité, messager du juridique, faiseur de paix et d'harmonie, interprète de quelque volonté supérieure. Ce peut être l'ancien dans le groupe ou l'interprète des usages et pratiques respectés de génération en génération, et puisant leur caractère obligatoire dans la puissance créatrice du temps. Ce peut être le représentant du peuple souverain, le souverain — roi, parlement, président ... — exerçant à ce titre le rôle de législateur.

Dans ces diverses perspectives, la règle de droit, d'apparition continue ou instantanée, tire sa force, par-delà tant de mythes ou de légendes, d'une *légitimité originaire*, à travers les juges, les coutumes ou les lois qui la déclarent ou l'expriment. Et sans doute est-ce cette idée de légitimité originaire qui a favorisé la pérennité de l'expression de *source* du droit.

Si le système juridique découle de ces sources, plus ou moins puissantes et entremêlées, il dépend aussi de certaines influences exercées par des autorités appelées non pas à créer la règle de droit, mais à en favoriser la compréhension et l'évolution et qui, la complétant, verticalement ou horizontalement, aux divers niveaux de la société globale, contribuent indirectement à la construction de l'édifice juridique. Ce sont les *autorités*.

Distincts des sources et des autorités, manifestant de tous côtés la

---

1. V. *Sources du droit*, Arch. phil. droit, t. 27, 1982.

puissance d'abstraction de l'esprit et l'originalité du raisonnement juridique à quelque source que puise celui-ci, de quelque autorité qu'il émane, des *principes* se dégagent, à partir et autour desquels on trouve cet équilibre du droit qui est nécessaire à l'harmonie de la société.

On envisagera successivement :
— Les *sources* (Chapitre 1) ;
— Les *autorités* (Chapitre 2) ;
— Les *principes* (Chapitre 3).

CHAPITRE 1

LES SOURCES

149 *Unité et diversité. La pluralité des sources* ◊ Le droit objectif est l'ensemble des règles de droit qui gouvernent les rapports des hommes entre eux (*supra,* n° 3). L'existence d'un ensemble ne doit pas conduire à penser qu'il s'agit nécessairement d'un corps homogène, unitaire et même moniste. La réalité de la situation juridique oblige à constater, à partir de la primauté du droit écrit, l'existence de divers pluralismes.

Ainsi en est-il en ce qui concerne l'élaboration ou la création du droit objectif, car il y a une pluralité de sources. Il existe un *droit écrit* exprimé essentiellement par la loi, mais aussi d'autres manières, spécialement par le règlement administratif. Dans ces cas, les règles sont *formulées* par une autorité sociale établie à cet effet et dont la mission consiste à les exprimer.

Mais la règle de droit n'émane pas toujours d'une telle source. Certaines règles de droit sont issues peu à peu des usages ; elles constituent la coutume. Un autre type de droit non écrit[1] est fourni par la jurisprudence, qui est l'ensemble des décisions rendues par les tribunaux sur les questions relevant de leur compétence. En effet, quel que soit le souci de précision qui puisse animer les autorités chargées de légiférer, la loi et, pas davantage, la coutume ne peuvent prévoir toutes les difficultés, et il faudra nécessairement adapter la règle générale à chaque situation particulière. Il peut encore arriver que la loi, sans être incomplète, soit obscure, le législateur s'étant mal exprimé. Dans ces divers cas, on est obligé d'interpréter la loi ; et la même observation vaut pour la coutume. Cette interprétation est l'œuvre de la jurisprudence et de la doctrine. Incontestablement, cette dernière n'est pas une source directe de droit. Néanmoins, son rôle est loin d'être négligeable dans le domaine des sources ; en revanche, l'interprétation jurisprudentielle est susceptible d'être créatrice de règles de droit.

La pluralité des sources du droit est confirmée par l'analyse de leurs différences, qui tiennent, selon les perspectives, à la genèse, aux caractères et aux domaines respectifs des divers types de règles. Elle est aussi à l'origine des interférences qui peuvent se manifester, que ce soit entre le droit écrit et le droit non écrit ou à l'intérieur de l'un de ces deux groupes de règles.

On envisagera successivement les *sources supra-législatives* (Section 1), les *lois* (Section 2), les *règlements administratifs* (Section 3), la *coutume* (Section 4) et la *jurisprudence* (Section 5).

---

1. Certes, le plus souvent, des écrits servent à exprimer et à conserver ce droit (jugements, recueils de coutumes ...), mais ces écrits ne sont pas de l'essence de la règle coutumière ou jurisprudentielle.

SECTION 1
LES SOURCES
SUPRA-LÉGISLATIVES

150 *Définition et caractères généraux de la loi* ◊ Le mot *loi* est susceptible de plusieurs sens.

Dans son sens le plus large, il désigne toute règle juridique formulée par écrit[1], promulguée à un moment donné par un ou plusieurs individus investis de l'autorité sociale.

Mais, parmi les textes émanant des autorités sociales, des distinctions peuvent être faites.

Au point de vue du *fond*, qualifié aussi de *matériel*, le mot loi désigne les règles consistant en des dispositions abstraites, c'est-à-dire générales et permanentes, par opposition aux dispositions spéciales visant un rapport juridique déterminé. Au point de vue matériel, la loi se définit comme une règle *abstraite* : elle est formulée au sujet de situations typiques énoncées *in abstracto*. Ce caractère est lié à la généralité de la loi : la règle promulguée a un caractère *général*, en ce qu'elle est destinée à régir non un cas particulier, mais une série de cas semblables susceptibles de se présenter ; elle s'applique à tous ceux, présents et futurs, qui se trouveront à un moment donné dans la situation que la règle a précisément pour mission de délimiter[2]. Enfin, la loi est une règle *permanente* ; ce caractère est également lié à la généralité de la loi : n'étant pas édictée pour un cas particulier, la loi s'applique de façon permanente du jour de sa mise en vigueur jusqu'à son abrogation. Dans ce sens, sera loi le texte, quelle que soit l'autorité dont il émane, qui fixe à 18 ans l'âge de la majorité. De même est une loi l'arrêté par lequel le maire d'une commune limite la vitesse de circulation des automobiles, aussi bien qu'une loi votée par le Parlement relative aux conditions de validité du mariage. En revanche, ne serait pas une loi, l'acte même émanant du Parlement, accordant une récompense nationale à tel individu, ou autorisant une concession à une société privée. De tels actes ne peuvent être des lois qu'au point de vue formel ; elles ne le sont pas quant au fond : il s'agit de dispositions à caractère individuel.

Aussi bien, dans un autre sens (le sens *formel*), on appelle « lois » tant les règles générales que les dispositions spéciales émanant des autorités,

---

1. Tel est d'ailleurs le sens étymologique du mot loi venant du latin *lex*, terme dérivé de *legere* (lire).
2. Cela est nécessaire, mais cela suffit ; peu importe qu'en fait la loi ne concerne qu'un petit nombre de personnes ; au point de vue matériel, le texte constitue une loi du moment qu'on rencontre la condition de généralité. Il en est ainsi par exemple de la loi qui détermine les pouvoirs du Président de la République : bien qu'elle ne s'applique en fait, à un moment donné, qu'à une personne, elle a un caractère de généralité, en ce qu'elle est susceptible d'être appliquée à tous ceux qui, dans l'avenir, exerceront cette fonction.

ayant le pouvoir législatif, par opposition aux règles et actes émanant du pouvoir exécutif, c'est-à-dire des autorités chargées surtout de veiller à l'exécution des lois. C'est en ce dernier sens que l'on entend en général le mot loi dans la pratique et que l'emploie notre Constitution.

Nous utiliserons toutefois le mot loi dans l'une et l'autre acception, le contexte éclairant le sens dans lequel le terme aura été employé.

151 *Hiérarchie des sources de la légalité* ◊ Les organes qui ont autorité pour édicter des règles ou consacrer des solutions juridiques sont fort divers et hiérarchisés. La hiérarchie des règles ordonnées dans un tel esprit, telle qu'elle résulte de la Constitution du 4 octobre 1958, présente une grande importance, car un texte d'une catégorie inférieure est généralement subordonné aux textes d'une catégorie supérieure et ne peut y déroger. Divers moyens juridiques tendent à assurer le respect de cette hiérarchie [1].

L'édifice est, depuis quelques décennies, sujet à d'assez profondes influences qui affectent son évolution, suscitent des controverses et peuvent souvent laisser l'esprit perplexe. On le constatera en examinant successivement la *Constitution* (§ 1), les *traités et accords internationaux* (§ 2) et le *droit communautaire (§ 3).*

§ 1
LA CONSTITUTION

152 *La notion de Constitution* ◊ Le développement des Etats s'est de tout temps manifesté par l'émergence progressive d'un ensemble de règles destinées à assurer, dans chaque cité, dans chaque pays, dans chaque nation, la dévolution et l'exercice du pouvoir [2]. Leur expression a pu revêtir une forme coutumière, la persistance ou la répétition de certains comportements entraînant, par l'effet conjugué du temps et de la volonté, l'existence de Constitutions coutumières. C'est cette démarche qui a caractérisé l'histoire constitutionnelle de l'Angleterre : d'abord des pratiques persistantes ; à quoi se sont ajoutées des *Chartes* ; aujourd'hui, le droit constitutionnel de la Grande-Bretagne demeure partiellement coutumier. Dans l'Ancienne France, les institutions fonctionnaient dans le cadre d'un droit constitutionnel non écrit : les « lois fondamentales du Royaume ».

N'en déduisons pas que, dans un passé lointain, il n'y ait pas eu de constitutions écrites. Dans l'Antiquité, les Cités grecques se dotèrent de Constitutions. A Rome, le fonctionnement des institutions politiques fut régi par des textes précis.

Longtemps après, est venu le temps des constitutions modernes,

---

1. V. M. MONIN, *Réflexions à l'occasion d'un anniversaire : trente ans de hiérarchie des normes*, D. 1990, chron. 27 s.
2. V. P. ARDANT, *Institutions politiques et droit constitutionnel*, 2ᵉ éd., 1990, p. 47 s. ; P. PACTET, *Institutions politiques, Droit constitutionnel*, 10ᵉ éd., 1991, p. 65 s.

marqué principalement par la Constitution des Etats-Unis (1776), puis par la Constitution française du 3 septembre 1791. Ces constitutions écrites se reliaient à l'influence des doctrines philosophiques du *contrat social,* l'établissement de la société civile, puis politique, découlant d'un pacte social originel. Ce pacte *écrit* fixe les règles régissant l'exercice du pouvoir. La constitution est au sommet de la hiérarchie des normes. Elle tend à régir complètement l'organisation et le fonctionnement des institutions. Exemplaires et symboliques, les Constitutions modernes « sont volontaristes, abstraites et générales »[1].

En droit français, depuis la Ve République, il y a, au sommet de la hiérarchie des normes, la Constitution du 4 octobre 1958.

153   *Le contenu de la Constitution* ◊ Ce qui précède concerne les constitutions au sens *formel* du mot, relatif à leurs manifestations, coutumières ou écrites. Mais il importe aussi de procéder à leur analyse d'un point de vue *matériel,* ce qui renvoie à l'étude de leur contenu et révèle que les constitutions peuvent être claires ou obscures, et surtout courtes ou longues.

Abstraction faite de dispositions adventices tenant à des contingences historiques, voire à des affirmations particulières que les circonstances entourant la rédaction de la Constitution ont pu rendre politiquement nécessaires (ex. : la capitale de l'Etat, une religion officielle), on peut distinguer trois sortes de dispositions.

Les unes, essentielles, inhérentes à toute Constitution écrite, concernent l'existence, la structure et le fonctionnement des Pouvoirs publics. Elles sont articulées dans notre Constitution. On y trouve les règles relatives à la Souveraineté, au Président de la République, au Gouvernement, au Parlement, aux Traités et accords internationaux, au Conseil constitutionnel ... L'étude de ces diverses règles relève du droit constitutionnel (*supra,* n° 83).

Il en va, pour partie, de même d'autres blocs de dispositions figurant, le cas échéant, dans les textes constitutionnels, le plus souvent dans des Déclarations ou des Préambules précédant les règles régissant les institutions. Parmi elles, figurent éventuellement des principes relatifs à l'organisation économique ou sociale. On y voit affirmés, souvent en termes de programmes, d'orientations, de conseils, d'intentions, des principes relatifs à l'organisation économique et sociale. Il en existait, sous la IVe République, dans le Préambule de la Constitution du 27 octobre 1946. Il n'y en a pas dans celui de la Constitution de 1958[2].

Mais il en va tout différemment d'une troisième sorte de dispositions, relatives aux *Déclarations des droits.* D'esprit et d'allure philosophiques, ces dispositions énoncent les droits et libertés de l'homme et du citoyen. Dans l'histoire constitutionnelle, la Déclaration des Droits de l'Homme et du Citoyen du 26 août 1789, placée ensuite en tête de la Constitution de 1791, a été appelée à avoir un retentissement universel. Puis, à ce sujet,

---

1. P. ARDANT, *op. cit.,* p. 52.
2. P. ARDANT, *op. cit.,* p. 64.

une formation sédimentaire du droit français — d'aucuns diront un héritage fondamental de la nation, indispensable à la mémoire collective — a relié entre elles nos Républiques, ainsi qu'en témoigne le premier alinéa du Préambule de la Constitution de 1958 : « Le peuple français proclame solennellement son attachement aux Droits de l'Homme et aux principes de la souveraineté nationale tels qu'ils ont été définis par la Déclaration de 1789, confirmée et complétée par le Préambule de la Constitution de 1946 ».

Ce renvoi au préambule de la Constitution de 1946 est d'autant plus important que les compléments que celui-ci a apportés à la Déclaration de 1789 sont nombreux et importants. Ainsi, à son alinéa 1er, il a été précisé que le peuple français « réaffirme solennellement », outre « les droits et libertés de l'homme et du citoyen consacrés par la Déclaration des Droits de 1789 », « les principes fondamentaux reconnus par les lois de la République ».

154 *Le contrôle de constitutionnalité* ◊ Dans une décision, rendue le 23 août 1985, au sujet de l'évolution de la Nouvelle-Calédonie, le Conseil constitutionnel a notamment précisé que l'un des buts du contrôle de constitutionnalité « est de permettre à la loi votée, qui n'exprime la volonté générale que dans le respect de la Constitution, d'être sans retard amendée à cette fin »[1]. Ainsi, « il n'est de loi que conforme à la Constitution »[2].

Encore faut-il que le Conseil constitutionnel soit appelé à exercer son contrôle (sur les conditions de sa saisine, v. *supra*, n° 98). Or, il convient d'observer que l'évolution de cette institution a été marquée par une extension croissante du domaine dans lequel elle s'est reconnu le pouvoir d'exercer son contrôle.

Assez longtemps, l'on a pensé que le Conseil constitutionnel n'était, pour l'essentiel[3], compétent que pour veiller au respect des articles 34 et 37 de la Constitution, relatifs à la distinction des domaines respectifs de la loi et du règlement (*infra*, n°s 200 s.). De ce point de vue, on ne peut dire que l'objectif visé — à savoir la défense du gouvernement contre les empiétements du Parlement sur le domaine du pouvoir réglementaire — ait été atteint. Cela s'explique par maintes complaisances du gouvernement à l'égard de la majorité parlementaire.

Il en a été tout autrement au sujet d'autres articles de la Constitution. Ainsi le Conseil constitutionnel s'est-il prononcé sur la conformité de lois au principe de non-discrimination et au respect des croyances (Const. art. 2), à l'égalité du suffrage (art. 3), à la libre administration des collectivités locales (art. 34) ou territoriales (art. 72), à la liberté individuelle en tant que celle-ci est confiée à la garde de l'autorité judiciaire (art. 66), etc.[4].

---

1. L. Favoreu et L. Philip, *Les grandes décisions du Conseil constitutionnel*, 4e éd., 1986, p. 684.
2. P. Ardant, *op. cit.*, p. 122.
3. Sur l'examen préalable des lois organiques, v. *infra*, n° 192.
4. F. Luchaire, *Le Conseil constitutionnel*, 1980, p. 175. — Toutefois, le Conseil constitutionnel ne se reconnaît pas le droit de faire respecter la primauté des traités ou accords internationaux sur les lois (Décis. 15 juil. 1975, Rec. p. 19). — V. cep., en matière électorale, Décis. 21 oct. 1989, D. 1989, 283, note F. Luchaire.

L'intervention du Conseil constitutionnel n'est possible qu'avant la promulgation d'une loi, ce qui, nécessairement, fait échapper à son contrôle les lois promulguées avant l'entrée en vigueur de la Constitution de 1958. Le Conseil constitutionnel a cependant admis que « la régularité au regard de la Constitution d'une loi promulguée peut être utilement contestée à l'occasion de l'examen des dispositions législatives qui la modifient, la complètent ou affectent son domaine »[1].

155 *L'extension du bloc de constitutionnalité : le Préambule de la Constitution de 1958* ◊ Par sa célèbre décision du 16 juillet 1971 relative à la liberté d'association[2], le Conseil constitutionnel a intégré au bloc de constitutionnalité, par rapport auquel il apprécie la conformité des lois, le Préambule de la Constitution de 1958 et, par une cascade de renvois, la Déclaration des Droits de l'Homme et du Citoyen de 1789, le Préambule de la Constitution de 1946, ainsi que les principes fondamentaux reconnus par les lois de la République[3]. D'où une transformation qualitative de la nature du contrôle du Conseil constitutionnel. Les normes de référence incluant désormais toute une série de règles et de principes intéressant les droits et libertés, leur influence est de nature à se manifester dans de nombreux domaines. A telle enseigne qu'on a pu dire que le Conseil « a fait pénétrer le droit constitutionnel dans chaque branche du droit »[4].

Ainsi, spécialement dans le domaine des principes fondamentaux reconnus par les lois de la République, le domaine du contrôle de constitutionnalité s'est révélé très étendu, ainsi que cela apparaît à travers maintes décisions du Conseil constitutionnel : principe des droits de la défense, principe de la liberté de l'enseignement, principe de l'indépendance de la juridiction administrative, principe de l'indépendance des professeurs d'Université ...[5]

Cette imprégnation de l'ordre juridique par cet ensemble de règles et de principes de portée constitutionnelle s'est manifestée profondément, en droit pénal[6], en droit du travail[7], plus généralement en des domaines

---

1. Cons. const. 25 janv. 1985, Rec. p. 13 ; 25 juil. 1989, Rec. p. 53. — V. J. FERSTENBERG, Le contrôle, par le Conseil constitutionnel, de la régularité constitutionnelle des lois promulguées, *Rev. dr. publ.* 1991, p. 339 s.
2. FAVOREU et PHILIP, *op. cit.*, n° 19 ; D. 1972, 685, AJDA 1971, 533, note RIVERO.
3. J. RIVERO, Les « principes fondamentaux reconnus par les lois de la République » : une nouvelle catégorie constitutionnelle, D. 1972, chron. 265.
4. P. ARDANT, *op. cit.*, p. 126.
5. P. PACTET, *op. cit.*, p. 479. — V. aussi L. FAVOREU, L'influence de la jurisprudence du Conseil constitutionnel dans les diverses branches du droit, *Mélanges Léo Hamon*, 1982, p. 235 ; et, sur la coordination, voire la hiérarchisation des règles ou principes formellement constitutionnels, S. RIALS, Les incertitudes de la notion de constitution, *Rev. dr. publ.* 1984, p. 587.
6. J. LE CALVEZ, Les principes constitutionnels en droit pénal, JCP 1985, I, 3198.
7. G. LYON-CAEN, La jurisprudence du Conseil constitutionnel intéressant le droit du travail, D. 1989, chron. 289.

relevant de la mouvance du droit privé [1], par exemple en procédure civile [2] ou en droit commercial [3]. Ainsi encore, les manifestations du contrôle ont été multiples en droit civil [4]. Mais aucune n'a eu autant de retentissement que celle qui est résultée de l'examen des lois de nationalisation adoptées par le Parlement au début de l'année 1982, sur l'initiative du Gouvernement Mauroy. Saisi par les parlementaires de l'opposition, le Conseil constitutionnel a affirmé, le 16 janvier 1982, la valeur constitutionnelle du droit de propriété et précisé les conditions suivant lesquelles la puissance publique pouvait procéder à des nationalisations [5]. Ainsi a-t-il affirmé, en la circonstance, que les principes « énoncés par la Déclaration des droits de l'homme ont pleine valeur constitutionnelle tant en ce qui concerne le caractère fondamental du droit de propriété dont la conservation constitue l'un des buts de la société politique et qui est mis au même rang que la liberté, la sûreté et la résistance à l'oppression qu'en ce qui concerne les garanties données aux titulaires de ce droit et les prérogatives de la puissance publique ».

La progressive extension du rôle du Conseil constitutionnel sur la voie du « gouvernement des juges » suscite de plus en plus la controverse et l'inquiétude [6].

156 *Autorité des décisions du Conseil constitutionnel* ◊ Il n'est pas exclu qu'une loi contraire à la Constitution n'ait pas été déférée au contrôle du Conseil constitutionnel et qu'elle ait donc été promulguée. En l'état actuel du droit français, les tribunaux ne se reconnaissent pas le droit de contrôler la conformité de la loi à la Constitution. Telle a été la position adoptée notamment par le Conseil d'Etat [7].

Lorsque le Conseil constitutionnel s'est prononcé, ses décisions « ne

---

1. Jean Foyer, De l'influence de la Constitution sur le droit privé, *Rev. int. dr. comp.* 1981, p. 539 ; Marc Frangi, *L'apport du droit constitutionnel aux droits des personnes et aux droits économiques individuels, Contribution à l'étude de la constitutionnalisation du droit privé*, thèse Aix-en-Provence, 1990 ; v., ensuite, une controverse : C. Atias, La civilisation du droit constitutionnel, *Journ. des Econom. et des Etudes Humaines*, oct. 1990, p. 337, et, en réponse, J.-Y. Chérot, Les rapports du droit civil et du droit constitutionnel, même revue, p. 511.

2. Décis. 20 juil. 1977, Rec. p. 63, sur la Cour de cassation.

3. Décis. 25 et 26 juin 1986, Rec. p. 61, sur les privatisations et les prix.

4. F. Luchaire, Les fondements constitutionnels du droit civil, *RTD civ.* 1982, 245 ; v. aussi, au sujet de la responsabilité civile, Cons. const. 22 oct. 1982, D. 1982, 189, note F. Luchaire, *Gaz. Pal.* 1983, 1, 60, note Chabas. — V. aussi Boulouis, Famille et droit constitutionnel, *Mélanges Kayser*, 1979, t. I, p. 147 ; L. Favoreu, Le Conseil constitutionnel et la protection de la liberté individuelle et de la vie privée, *Mélanges Kayser*, préc., p. 411 s.

5. D. 1983, 169, note L. Hamon, JCP 1982, II, 19788, note Nguyen Vinh et Franck, *Gaz. Pal.* 1982, 1, 67, note Piedelièvre et Dupichot, Favoreu et Philip, *op. cit.*, nº 33, F. Terré et Y. Lequette, *Grands arrêts* nº 1. — V. aussi, J.-L. Mestre, Le Conseil constitutionnel, la liberté d'entreprendre et la propriété, D. 1984, chron. 1 ; F. Bouyssou, Les garanties supralégislatives du droit de propriété, D. 1984, chron. 4 ; R. Legeais, Le Conseil constitutionnel français, protecteur du droit de propriété, *Mélanges Flattet*, 1985, p. 61 s. ; R. Badinter et B. Genevois, *Normes de valeur constitutionnelle et degré de protection des droits fondamentaux*, Rapport VIIIᵉ Conf. des Cours constit. européennes, *Rev. fr. dr. adm.* 1990, p. 317 s.

6. V. les études de M. Guénaire, M. Sinkondo, D. Rousseau et M. Troper, publiées sous le titre, Le droit contre la politique, Rev. *Le débat*, nº 64, mars-avril 1991, p. 148 s.

7. Cons. d'Etat, 3 fév. 1978, *C.F.D.T. et C.G.T.*, AJDA 1978, 388, note M. Durupty.

sont susceptibles d'aucun recours. Elles s'imposent aux pouvoirs publics et à toutes les autorités administratives et juridictionnelles » (Const. art. 62, al. 2). Bien que le Conseil constitutionnel soit dépourvu de moyens pour veiller à l'application de cette règle, ses décisions sont respectées de manière très générale. Ainsi a-t-on pu observer des revirements de la Cour de cassation[1] ou du Conseil d'Etat[2], destinés à assurer la conformité de leurs positions à celle du Conseil constitutionnel.

Si le Conseil constitutionnel a déclaré une disposition conforme à la Constitution, et que la loi la contenant a été promulguée, le texte est inattaquable. A l'inverse, « une disposition déclarée inconstitutionnelle ne peut être promulguée ni mise en application » (Const. art. 62, al. 1er)[3]. Et il en va de même des autres dispositions de la loi qui en sont « inséparables ». Le Conseil constitutionnel s'est même reconnu le pouvoir de ne reconnaître la conformité d'une disposition à la Constitution que sous réserve que telle ou telle interprétation lui soit ensuite donnée, lors de sa mise en application, ce qui manifeste une emprise accrue sur le pouvoir exécutif.

§ 2

LES TRAITÉS ET ACCORDS INTERNATIONAUX

157 Droit international et droit interne ◊ On ne reviendra pas ici sur la distinction du droit international, public ou privé, et du droit interne (*supra*, n° 78). Ce qu'il importe présentement d'observer, c'est que, dans la hiérarchie des normes, une place est reconnue aux traités et accords internationaux : au-dessous de la Constitution, à laquelle ils ne doivent pas être contraires ; au-dessus des lois, qui doivent leur être conformes.

Cette place dans la hiérarchie appelle une observation liminaire. D'une part, il n'est pas exclu que, dans l'ordre international des sources du droit, on reconnaisse l'existence d'une autre hiérarchie dans la mesure où l'on y reconnaît l'existence d'un *jus cogens* : il s'agit ou il s'agirait de normes impératives du droit international auxquelles aucune dérogation ne serait permise et dont la violation, à l'occasion de la conclusion de traités ou d'accords internationaux, entraînerait la nullité de ceux-ci[4]. Il y aurait en quelque sorte une limitation de la liberté conventionnelle des Etats rappelant ce qu'est en droit interne l'ordre public.

Relèveraient du *jus cogens* nombre de normes inhérentes à la protection des droits de l'homme — si tant est qu'elles n'aient pas déjà été

---

1. Crim. 25 avril 1985, D. 1985, 329, concl. DONTEMVILLE.
2. Cons. d'Etat, 20 déc. 1985, *Société des Etablissements Outters*, Rec. p. 382. — Au sujet de l'art. 34 de la Constitution, des divergences subsistent (v. P. PACTET, *op. cit.*, p. 464). — V. aussi *Conseil constitutionnel et Conseil d'Etat*, Colloque, 21-22 janv. 1988, L.G.D.J., 1988.
3. V. au sujet d'une loi ultérieure, Cons. const. 8 juil. 1989, JCP 1990, II, 21409, note FRANCK.
4. M. VIRALLY, *Réflexions sur le « jus cogens »*, in *Le Droit international en devenir, Essais écrits au fil des ans*, 1990, p. 147 s.

inscrites dans des déclarations, conventions ou traités internationaux — ou encore la maxime *pacta sunt servanda,* qui ne saurait être écartée du droit régissant les traités. On observera que deux hiérarchies, l'une internationale, l'autre interne, appelleraient une articulation si l'existence du *jus cogens* était bien reconnue : on serait alors porté à considérer que la Constitution de chaque Etat devrait respecter les règles composant le *jus cogens.*

Sous cette réserve, la place des traités dans la hiérarchie des normes appelle trois séries d'observations, les unes relatives à la conformité des traités à la Constitution (A), les autres relatives à la conformité des lois aux traités (B). On présentera ensuite certains développements relatifs au contenu des règles découlant des traités et accords internationaux (C).

A LA CONFORMITÉ À LA CONSTITUTION DES TRAITÉS ET ACCORDS INTERNATIONAUX

158   *Conformité des traités à la Constitution* ◊ De l'article 53, alinéa 1er, de la Constitution, il résulte que « les traités de paix, les traités de commerce, les traités ou accords relatifs à l'organisation internationale, ceux qui engagent les finances de l'Etat, ceux qui modifient les dispositions de nature législative, ceux qui sont relatifs à l'état des personnes, ceux qui comportent cession, échange ou adjonction de territoire, ne peuvent être ratifiés ou approuvés qu'en vertu d'une loi ». « Ils ne prennent effet qu'après avoir été ratifiés et approuvés » (al. 2).

Il est prévu que, « si le Conseil constitutionnel, saisi par le Président de la République, par le Premier Ministre ou par le Président de l'une ou l'autre Assemblée, a déclaré qu'un engagement international comporte une clause contraire à la Constitution, l'autorisation de le ratifier ou de l'approuver ne peut intervenir qu'après la révision de la Constitution ». Le Conseil constitutionnel a admis qu'il pouvait aussi être saisi, en application de l'article 61, alinéa 2, de la Constitution, par soixante députés ou soixante sénateurs[1].

En disposant que, lorsqu'un engagement international comporte une clause contraire à la Constitution, l'autorisation de ratification ou d'approbation ne peut intervenir qu'après la révision de la Constitution, l'on a tiré les conséquences d'une primauté du droit international sur le droit interne, du moins sur les lois.

B LA CONFORMITÉ DES LOIS AUX TRAITÉS ET ACCORDS INTERNATIONAUX

159   *Conformité des lois aux traités* ◊ La supériorité des traités sur les lois internes avait été affirmée à l'article 28 de la Constitution du 27 octobre

1. Décis. 30 déc. 1976, Rec. p. 15 ; 17 juil. 1980, Rec. p. 36 ; 19 juil. 1983, Rec. p. 43.

1946 : « Les traités diplomatiques régulièrement ratifiés et publiés ayant une autorité supérieure à celle des lois internes, leurs dispositions ne peuvent être abrogées, modifiées ou suspendues qu'à la suite d'une dénonciation régulière, notifiée par la voie diplomatique ... ». Dans la Constitution du 4 octobre 1958, la supériorité des traités sur les lois internes est formulée sous condition de réciprocité : « Les traités ou accords régulièrement ratifiés ou approuvés ont, dès leur publication, une autorité supérieure à celle des lois, sous réserve, pour chaque accord ou traité, de son application par l'autre partie ».

Comparée à la précédente, cette nouvelle rédaction appelle deux remarques.

D'une part, bien que cette restriction ne soit pas formulée, on ne peut exclure l'éventualité d'une dénonciation du traité ou de l'accord, opérée suivant les cas en vertu d'une clause conventionnelle, d'une cause de caducité ou d'une répudiation fondée sur des motifs politiques, ce qui est de nature à créer une situation de fait génératrice d'une responsabilité internationale[1].

D'autre part, la primauté du traité sur la loi n'est affirmée dans la Constitution que sous condition de réciprocité[2]. Bien qu'il soit fait état, à l'article 55 de la Constitution, de « l'application par l'autre partie », ce qui correspond à l'existence d'un accord bilatéral, la disposition est, en tous ses éléments, applicable aux traités multilatéraux.

L'introduction du traité ou de l'accord international dans l'ordre juridique français[3] porte donc à le situer dans la hiérarchie des normes : le traité ou l'accord régulièrement ratifié ou approuvé est primé par la Constitution, mais prime la loi ordinaire.

160   *1° La primauté de la Constitution sur le traité ou l'accord international* ◊ La primauté de la Constitution sur le traité se manifeste par les dispositions mêmes de ses articles 52 et suivants, qui les régissent nécessairement. Ainsi est-il prévu, à l'article 53, alinéa 3, que « nulle cession, nul échange, nulle adjonction de territoire n'est valable sans le consentement des populations intéressées ».

L'emprise du droit constitutionnel sur le droit international se manifeste aussi à travers le Préambule de la Constitution de 1958, lequel renvoie à celui de la Constitution de 1946. Or celui-ci dispose notamment que, « sous réserve de réciprocité, la France consent aux limitations de souveraineté nécessaires à l'organisation et à la défense de la paix ».

De cette formule, rapprochée de l'article 3, alinéa 1er, de la Constitution de 1958, aux termes duquel « la souveraineté nationale appartient au peuple qui l'exerce par ses représentants et par la voie du référendum »[4],

---

1. J. BASDEVANT, *Dictionnaire de la terminologie du droit international*, Paris, 1960, p. 204.
2. P. LAGARDE, La condition de réciprocité dans l'application des traités internationaux : son appréciation par le juge interne, *Rev. crit. DIP* 1975, p. 39 s. ; v. aussi concl. J.-F. THÉRY sous Cons. d'Etat, 29 mai 1981, *Rekhou, Rev. dr. publ.* 1981, p. 1707, D. 1981, *Inf. rap.* 530, obs. P. DELVOLVÉ.
3. Rappr. NGUYEN QUOC DINH, La jurisprudence française actuelle et le contrôle de la conformité des lois aux traités, *Annuaire fr. dr. int.* 1975, p. 859.
4. V. aussi l'art. 3, al. 1er, de la Constitution du 27 octobre 1946.

il découle clairement que la Constitution met obstacle à des transferts de souveraineté par voie de traité ou d'accord international. Ainsi que l'a décidé le Conseil constitutionnel, le 30 décembre 1976, « si le Préambule de la Constitution de 1946, confirmé par celui de la Constitution de 1958, dispose que, sous réserve de réciprocité, la France consent aux limitations de souveraineté nécessaires à l'organisation et à la défense de la paix, aucune disposition de nature constitutionnelle n'autorise des transferts de tout ou partie de la souveraineté nationale à quelque organisation internationale que ce soit »[1].

La règle suivant laquelle les traités occupent, dans la hiérarchie des normes juridiques françaises, un rang inférieur à la Constitution, « s'applique au droit communautaire et notamment au droit communautaire dérivé »[2] (v. *infra*, n° 186).

S'il advenait qu'une loi portant ratification ou approbation d'un traité ou accord international viole *directement* l'article 55 et que celle-ci soit soumise au contrôle du Conseil constitutionnel, celui-ci la déclarerait contraire à la Constitution[3]. Il pourrait en être ainsi d'une loi portant approbation d'un traité excluant expressément l'exigence de réciprocité.

Mais que convient-il de décider lorsqu'il s'agit d'une loi contraire à un traité ou à un accord international, et soumise postérieurement au contrôle du Conseil constitutionnel ? Il ne s'agit plus alors de violation directe, mais de violation indirecte ou, pourrait-on dire aussi, médiate et non immédiate. La suite va le montrer (*infra*, n° 162).

161 *2° La primauté du traité ou de l'accord international sur la loi interne* ◊ Cette primauté, découlant de l'article 55 de la Constitution, met obstacle à ce qu'une loi leur soit contraire. Comment et dans quelle mesure s'opère le contrôle de la conformité de la loi au traité ou à l'accord ?

162 *a) L'absence de contrôle du Conseil constitutionnel ?* ◊ Celui-ci contrôle-t-il la conformité d'une loi aux traités ou accords internationaux liant la France ? A travers le respect de la Constitution, qu'il lui incombe d'assurer, fait-il respecter ces engagements par le législateur ?

La question a été posée lors de la réforme opérée par la loi Veil, du 17 janvier 1975, sur l'interruption volontaire de la grossesse. A l'appui d'un recours devant le Conseil constitutionnel, il avait été notamment soutenu que le texte contesté était contraire à l'article 2 de la Convention européenne de sauvegarde des droits de l'homme et des libertés fondamentales, ratifiée par la France en 1974 et dont l'article 2 dispose notamment que « le droit de toute personne à la vie est protégé par la loi ».

Or, pour rejeter ce recours, par sa décision du 15 janvier 1975[4], le

---

1. L. FAVOREU et L. PHILIP, *op. cit.*, n° 26.
2. Rép. min. J.O. déb. Ass. nat., Q, 24 sept. 1990, p. 4454. — V. F. CHEVALIER, L'exception d'inconstitutionnalité. L'Etat de droit et la construction de la communauté européenne, D. 1989, chron. 255 s.
3. Décis. 3 sept. 1986, Rec. p. 135.
4. Cons. const. 15 janv. 1975, D. 1975, 529, note L. HAMON, AJDA 1975, 134, note RIVERO, L. FAVOREU et L. PHILIP, *op. cit.*, n° 24.

Conseil constitutionnel a notamment considéré que, si les dispositions de l'article 55 de la Constitution « confèrent aux traités, dans les conditions qu'elles définissent, une autorité supérieure à celle des lois, elles ne prescrivent ni n'impliquent que le respect de ce principe doive être assuré dans le cadre du contrôle de la conformité des lois à la Constitution prévu à l'article 61 de celle-ci ».

Ainsi, le Conseil constitutionnel ne s'est pas reconnu le pouvoir de contrôler la conformité des lois aux traités. Il a considéré, « en effet, que les décisions prises en application de l'article 61 de la Constitution revêtent un caractère absolu et définitif, ainsi qu'il résulte de l'article 62 qui fait obstacle à la promulgation et à la mise en application de toute disposition déclarée inconstitutionnelle ; qu'au contraire, la supériorité des traités sur les lois, dont le principe est posé à l'article 55 précité, présente un caractère à la fois relatif et contingent, tenant, d'une part, à ce qu'elle est limitée au champ d'application du traité et, d'autre part, à ce qu'elle est subordonnée à une condition de réciprocité dont la réalisation peut varier selon le comportement du ou des Etats signataires du traité et le moment où doit s'apprécier le respect de cette condition »[1].

La position adoptée par le Conseil constitutionnel se comprend aisément. Elle évite d'étendre de manière exagérée le domaine du bloc de constitutionnalité soumis au contrôle du Conseil constitutionnel en y incluant l'ensemble des traités ou accords internationaux ratifiés ou approuvés, quels qu'en soient le contenu et la portée.

163   *b) Le contrôle par le juge* ◊ La primauté des traités ou des accords internationaux sur les lois n'est donc pas contrôlée par le Conseil constitutionnel (v. *supra*, n° 162). A plus forte raison, penserait-on, de prime abord, nier semblable pouvoir aux tribunaux de l'ordre judiciaire ou de l'ordre administratif.

D'emblée, il faut observer que le problème n'a guère, dans le passé, suscité de difficulté sérieuse lorsqu'il s'agit de la conformité entre *un traité ou un accord international et une loi antérieure*. On a considéré, par application de la maxime *lex posterior priori derogat,* que le traité postérieur l'emporte sur la loi antérieure soit parce qu'il a pour effet de l'abroger — expressément ou implicitement —, soit parce qu'il rend celle-ci inapplicable[2]. Toujours est-il que la primauté du traité sur la loi, alors inhérente à la précession des normes et aux maximes d'interprétation (*infra*, n° 469), a été consacrée sans sérieuse difficulté[3].

On ne saurait raisonner de la même manière lorsqu'il s'agit d'une *loi*

---

1. Décis. 15 janv. 1975, préc. ; v. aussi Cons. const. 20 juil. 1977, Rec. p. 39 ; 18 janv. 1978, Rec. p. 21. — Le Conseil constitutionnel s'est cependant reconnu compétent, mais en tant qu'il est juge de la régularité de l'élection des députés et des sénateurs (Const. art. 59), pour contrôler la conformité de la loi électorale du 11 juil. 1986 au protocole n° 1 additionnel à la Convention européenne des droits de l'homme (Cons. const. 21 oct. 1988, D. 1989, 285, note F. Luchaire).

2. Sur la distinction des deux mécanismes, v. P. Frydman, concl. sur Cons. d'Etat, 20 oct. 1989, 2 arrêts, *Nicolo, Roujansky,* J.C.P. 1989, II, 21371.

3. Cons. d'Etat, 7 juil. 1978, *Klaus Croissant,* Rec. p. 292 ; 15 fév. 1980, *Gabor Winter,* Rec. p. 87 ; 22 janv. 1982, *Conseil régional de Paris de l'Ordre des experts-comptables,* Rec. p. 28.

postérieure à un traité ou à un accord international. Sans doute n'est-il pas exclu que le problème de leur coexistence puisse se présenter en termes de coordination des normes considérées. Et il est alors très logique et très satisfaisant de s'en tenir à ce que l'on appelle encore la « doctrine Matter » et à interpréter la loi nouvelle comme une loi réservant l'application des traités antérieurs[1]. On en déduit que, s'il est nécessaire de tenir compte d'un concours entre un traité et une loi, celle-ci s'applique lorsqu'elle n'est pas en opposition avec le traité.

Reste que le problème essentiel, d'une autre nature, se pose en cas de *contrariété* entre les dispositions du traité ou de l'accord et une loi postérieure. Et il s'agit de savoir si le juge est habilité à écarter l'application d'une loi si elle est contraire à un traité ou à un accord international antérieur. Le juge ne peut plus alors éluder la question en raisonnant exclusivement en termes de coordination des normes ; il lui faut raisonner, dans le cas qui lui est soumis, en termes de hiérarchie des normes, en appréciant la validité de l'une (la loi) par rapport à l'existence de l'autre (le traité ou l'accord international).

Reconnaître semblable pouvoir au juge, à l'occasion d'un procès déterminé, c'est lui permettre de se prononcer sur la validité d'une loi, ce dont ne se cachent pas les partisans de cette thèse[2]. Et l'on a précisément avancé, à l'appui de cette opinion, que l'article 55 de la Constitution « comporte nécessairement, par lui-même, une habilitation donnée implicitement aux juges à l'effet de contrôler la conformité des lois aux traités »[3].

Cette interprétation des plus divinatoires de l'article 55 de la Constitution porte en elle-même les signes d'un bouleversement de la place des institutions et de la hiérarchie des normes. Il est tout d'abord pour le moins singulier que les tribunaux de l'ordre judiciaire ou de l'ordre administratif se reconnaissent alors un pouvoir que le Conseil constitutionnel, lequel sait faire preuve d'audace, ne s'est pas reconnu à lui-même ; et il ne suffit pas, pour écarter l'argument, d'objecter que le Conseil constitutionnel se prononce de manière abstraite sur la constitutionnalité d'une loi, tandis qu'un tribunal ne se prononcerait que par voie d'exception, au sujet d'un cas concret ; sa décision, relayée au sommet de chaque ordre de juridiction, est dotée d'un retentissement équivalent.

A vrai dire, là n'est pas nécessairement l'objection essentielle, trop comparative. Car il suffirait que le Conseil constitutionnel entende plus largement ses pouvoirs pour qu'elle disparaisse. Plus perturbateur est le fait qu'en reconnaissant au juge le pouvoir d'écarter l'application d'une loi au motif qu'elle est contraire à un traité ou à un accord international, on soumet le législatif au contrôle du judiciaire, contrairement à notre tradition de séparation des autorités administrative et judiciaire, issue de la loi des 16-24 août 1790, d'où résulte l'interdiction pour les juges de faire obstacle à l'application des lois[4].

---

1. V., précisément, les concl. du Proc. gén. MATTER, sous Civ. 22 déc. 1931, D.P. 1932, 1, 113, note TRASBOT, S. 1952, 1, 257, note NIBOYET.
2. V. les concl. de M. FRYDMAN, préc.
3. M. FRYDMAN, concl. préc.
4. V. JEAN FOYER, La Justice : histoire d'un pouvoir refusé, Rev. *Pouvoirs*, n° 16-1981, p. 27.

Rien d'étonnant si, à cette occasion, on s'est exprimé sans hésitation en affirmant que « la loi n'est certainement plus, aujourd'hui, la norme "sacrée" qu'elle était traditionnellement aux yeux des juges. La profonde remise en cause de sa suprématie sous la Ve République, dont la mise en place effective d'un contrôle de constitutionnalité n'est d'ailleurs évidemment pas le moindre facteur, ne peut en effet rester sans conséquence du point de vue des juridictions ordinaires chargées de l'appliquer »[1]. A quoi il est facile d'objecter que la remise en cause de la suprématie de la loi par la Constitution de la Ve République était destinée à accroître les pouvoirs de l'exécutif et non ceux du judiciaire[2]. Quant aux extensions du pouvoir judiciaire, elles n'ont relevé les unes et les autres, dans la perspective considérée, que de l'auto-justification.

164 *Les solutions jurisprudentielles* ◊ En dépit de ces objections, la jurisprudence a reconnu aux juridictions le pouvoir d'écarter l'application des lois contraires à des traités ou à des accords antérieurement conclus ou approuvés. Cette position a été adoptée successivement par la Cour de cassation et par le Conseil d'Etat.

Par un célèbre arrêt de Chambre mixte rendu le 24 mai 1975, dans l'affaire *Administration des Douanes contre Société Café Jacques Vabre*, la Cour de cassation a décidé de faire prévaloir le traité de Rome sur une loi postérieure contraire[3]. La Cour de cassation a décidé, en l'espèce, « que le traité du 25 mars 1957, qui, en vertu de l'article 55 de la Constitution, a une autorité supérieure à celle des lois, institue un ordre juridique propre, intégré à celui des Etats membres ; qu'en raison de cette spécificité, l'ordre juridique qu'il a créé est directement applicable aux ressortissants de ces Etats et s'impose à leurs juridictions ». On reviendra sur la portée de cette insertion de l'« ordre juridique communautaire » (*infra*, n°s 189 s.). Contentons-nous ici d'observer qu'en dépit de formules plus ou moins lénitives utilisées à l'époque[4], l'arrêt *Café Jacques Vabre*, relatif à un *conflit* entre une loi interne — l'article 265 du code des douanes — et un traité, en faisant prévaloir, par application de l'article 55 de la Constitution, le traité sur une loi postérieure, opérait — fût-ce de manière indirecte ou médiate — un contrôle de constitutionnalité[5].

Pendant assez longtemps, le Conseil d'Etat adopta la solution

---

1. M. Frydman, concl. préc.
2. P. Durand, La décadence de la loi dans la Constitution de la Ve République, JCP 1959, I, 1470.
3. Cass. ch. mixte 24 mai 1975, D. 1975, 497, concl. Touffait, JCP 1975, II, 18180 *bis*, concl. Touffait, *Cah. dr. eur.* 1975, p. 651 s., note Kovar ; F. J. Jeantet, La Cour de cassation et l'ordre juridique communautaire, JCP 1975, I, 2743 ; M. Renard, *L'interprétation de l'article 55 de la Constitution par les tribunaux judiciaires dans l'application des traités internationaux*, Trav. du Comité franç. de droit intern. privé 1975-1977, p. 145 s.
4. V. les concl. du Proc. gén. Touffait.
5. V., depuis lors, dans le même sens, Crim. 5 déc. 1983, *Bull. crim.* n° 352 ; Civ. 1re, 4 juin 1985, *Bull. civ.* I, n° 178 ; 30 oct. 1985, *Bull. civ.* I, n° 278 ; Com. 24 juin 1986, *Bull. civ.* IV, n° 134 ; 5 mai 1987, *Bull. civ.* IV, n° 109 ; Crim. 3 juin 1988, *Bull. crim.* n° 246.

contraire[1]. Mais, par un célèbre arrêt *Nicolo*, rendu le 20 octobre 1989, il a opéré un revirement spectaculaire, surtout si l'on rapproche les termes de l'arrêt des conclusions du commissaire du gouvernement[2] : pour se prononcer sur les termes de l'article 4 de la loi du 7 juillet 1977 relative à l'élection des représentants à l'Assemblée des communautés européennes, le Conseil d'Etat a examiné, ainsi que cela lui était demandé, dans quelle mesure ces dispositions étaient conformes au traité de Rome, en date du 25 mars 1957, instituant la Communauté économique européenne. Et il a considéré, pour rejeter la requête, « qu'aux termes de l'article 227-1 du traité en date du 25 mars 1957 ... le présent traité s'applique ... à la République française ; que les règles ci-dessus rappelées, définies par la loi du 7 juillet 1977, ne sont pas incompatibles avec les stipulations claires de l'article 227-1 précité du traité de Rome ... ». Implicitement, il en résulte que, si elles avaient été contraires à cet article 227-1, le Conseil d'Etat en aurait écarté l'application. Et c'est bien ainsi que sa décision a été accueillie.

La primauté reconnue au traité ou à l'accord international sur la loi interne n'a d'ailleurs pas été affirmée seulement au sujet des lois *postérieures* à ces engagements internationaux. Elle a aussi été rappelée au sujet de lois *antérieures* à ceux-ci, ce qui accentue la portée du principe[3].

Compte tenu de la manière suivant laquelle la Cour de cassation et le Conseil d'Etat exercent leurs pouvoirs, on ne peut manquer de s'interroger sur le fait que le traité ou l'accord international est mieux protégé par le juge — judiciaire ou administratif — que par le Conseil constitutionnel contre les atteintes qui pourraient leur être portées par la loi, et cela néanmoins en vertu de l'article 55 de la Constitution. C'est précisément ce qui pouvait donner à penser — opinion il est vrai hétérodoxe — que l'exception d'inconstitutionnalité pourrait être admise un jour ou l'autre par les tribunaux. De toute façon, en l'état de la jurisprudence, il n'appartient pas aux tribunaux, en se fondant sur l'article 55 de la Constitution, de retenir une absence de réciprocité pour mettre obstacle à l'application d'un traité ou d'un accord international[4].

---

1. Cons. d'Etat, 1er mars 1968, *Syndicat général des fabricants de semoule de France*, Rec. p. 149, D. 1968, 285, note LAGRANGE, AJDA 1968, 235, concl. QUESTIAUX ; 19 avril 1968, *Heidau*, Rec. p. 243 ; 22 oct. 1979, *Union démocratique du travail*, Rec. p. 383, *Election des représentants à l'Assemblée des communautés européennes*, Rec. p. 385 ; 23 nov. 1984, *Roujansky et autres*, Rec. p. 383.

2. JCP 1989, II, 21371, concl. FRYDMAN, D. 1990, 135, note SABOURIN ; H. CALVET, Le Conseil d'Etat et l'article 55 de la Constitution : une solitude révolue, JCP 1990, I, 3429 ; R. KOVAR, Le Conseil d'Etat et le droit communautaire : de l'état de guerre à la paix armée (à propos de l'arrêt du 20 oct. 1989, *Nicolo*), D. 1990, chron. 57 ; J. DEHAUSSY, La supériorité des normes internationales sur les normes internes : à propos de l'arrêt du Conseil d'Etat du 20 oct. 1989, *Nicolo*, JDI 1990, p. 5.

3. Soc. 14 janv. 1987, *Bull. civ.* V, n° 19 ; 16 fév. 1987, *Bull. civ.* V, n° 77.

4. Civ. 1re, 6 mars 1984, *Bull. civ.* I, n° 85 ; 15 nov. 1989, *Bull. civ.* I, n° 346.

C | CONTENU DES RÈGLES RÉSULTANT DES TRAITÉS ET ACCORDS INTERNATIONAUX

165 *Présentation* ◊ Les règles découlant des traités sont très diverses, ce que manifeste leur grande variabilité suivant leur objet, leurs modalités d'exécution, l'époque de leur conclusion, leur aire d'application dans l'espace.

166 *1° Traités-contrats et traités-lois. Traités bilatéraux et multilatéraux* ◊ Deux classifications appellent ici des observations complémentaires.

On distingue, d'un point de vue *matériel,* deux catégories : les *traités-contrats,* qui tendent à réaliser entre Etats des opérations juridiques (ex. traités d'alliance, traités de commerce, etc.) et ont vocation à entraîner des prestations réciproques à la charge des Etats contractants ; les *traités-lois* ou *traités normatifs,* qui ont pour objet de poser des règles de droit du fait du contenu identique de la volonté des signataires. Lorsque l'on envisage les sources du droit objectif, ce sont, ici, les traités-lois qui doivent essentiellement retenir l'attention.

Mais il convient aussi de tenir compte d'une distinction d'ordre *formel,* entre les traités *bilatéraux,* n'intervenant qu'entre deux Etats, et les traités *multilatéraux* ou *collectifs,* conclus entre un plus ou moins grand nombre d'Etats.

Les traités multilatéraux ou collectifs — ou encore les « unions » — tendent à établir des règles de valeur générale, voire universelle. Ces règles peuvent avoir seulement pour objet d'apporter des solutions aux conflits de lois qui se produisent lorsqu'une même situation juridique comporte des éléments pouvant se rattacher à des droits différents (ex., en cas d'accident, lorsqu'une faute a été commise dans un Etat et que le dommage est subi dans un autre Etat). — V. *infra,* n° 433.

L'ambition est plus grande lorsque les traités tendent à supprimer de tels conflits par l'unification des règles applicables dans une matière déterminée, par exemple en matière d'effets de commerce (conventions de 1930 et de 1931) ; il se peut d'ailleurs que les règles unifiées ne concernent que les rapports internationaux[1].

167 *Règles et juridictions internationales* ◊ Les règles découlant des traités ou accords internationaux ne sont pas nécessairement appelées à n'être appliquées et interprétées que par les juridictions françaises, relevant de l'ordre juridique interne.

Il n'est pas exclu que des juridictions internationales remplissent ce rôle en sanctionnant la violation du droit international. Et il arrive qu'à cette occasion, des solutions jurisprudentielles contribuent à la formation du droit.

---

1. Batiffol et Lagarde, *Droit international privé,* t. I, 7ᵉ éd., 1981, n° 32, p. 31.

Ainsi doit-on signaler l'intervention de la Cour permanente de justice internationale, devenue après la Seconde guerre mondiale la Cour internationale de Justice. Ses décisions ont intéressé non seulement les rapports entre Etats, mais aussi, en diverses circonstances, la situation de particuliers, par exemple à la suite de réclamations de souscripteurs français d'emprunts étrangers[1].

L'importance grandissante des juridictions internationales dans l'application des traités et accords internationaux s'est manifestée spécialement au sujet des droits de l'homme.

168 *2° Le droit international des droits de l'homme* ◊ La Déclaration de 1789 ne fut ni la première, ni la dernière du genre. D'autres déclarations, puis des préambules, l'ont, en France, rappelée et complétée. Mais le droit international a amplifié et généralisé le phénomène. Il y a un droit international des droits de l'homme[2].

169 *a) Le système universel* ◊ En 1945, la Charte des Nations-Unies comportait la proclamation de la « foi dans les droits fondamentaux de l'homme, dans la dignité et la valeur de la personne humaine, dans l'égalité des droits des hommes et des femmes ». En 1948, est proclamée, par l'Assemblée générale des Nations-Unies, la *Déclaration universelle des droits de l'homme*. De multiples droits étaient affirmés : droit à la vie, droit de chacun à la reconnaissance de sa personnalité juridique, droit d'asile, droit à une nationalité, droit à la propriété, droit à la liberté de pensée, de conscience, de religion ... Si importante soit-elle, l'on admet que la Déclaration universelle des droits de l'homme, ne constituant qu'une recommandation, ne crée pas d'obligations à la charge des Etats et ne peut être considérée, au sens habituel de ce mot, comme une source de droit.

L'*Acte final d'Helsinki*, en date du 1ᵉʳ août 1975, *sur la sécurité et la coopération en Europe*, qui fut signé par trente-cinq Chefs d'Etat et de gouvernement, énonce parmi les principes régissant les relations mutuelles des Etats participants, « le respect des droits de l'homme et des libertés fondamentales, y compris la liberté de pensée, de conscience, de religion ou de conviction ». Ainsi, est-il précisé, « les Etats participants favorisent et encouragent l'exercice des libertés et droits civils, politiques, économiques, sociaux, culturels et autres qui découlent tous de la dignité inhérente à la personne humaine et qui sont essentiels à son épanouissement libre et intégral ». Du fait même de l'attachement au principe de non-intervention dans les affaires intérieures, affirmé aussi dans l'Acte final d'Helsinki, il n'est pas résulté de celui-ci l'octroi de droits directs aux individus, d'autant plus qu'ils ne sont pas considérés comme des sujets du droit international.

Deux *pactes des Nations-Unies* ouverts à la signature en 1966, auxquels

---

1. V. au sujet de porteurs français de titres d'emprunts émis en France par les gouvernements serbe et brésilien, Cour perm. just. intern. 12 juil. 1929, D.P. 1930, 2, 45, note DECENSIÈRE-FERRANDIÈRE, S. 1929, 4, 17.

2. F. SUDRE, *Droit international et européen des droits de l'homme*, PUF, 1989.

la France a adhéré en 1980 et qui ont été publiés en 1981, comportent des dispositions importantes. L'un est relatif aux droits civils et politiques et formule de multiples proclamations en ce sens : droit à la vie, à l'intégrité corporelle, à la liberté et à la sécurité de la personne, droit de quitter n'importe quel pays, y compris le sien, droit de la famille à la protection de la société et de l'Etat ... L'autre pacte est relatif aux droits économiques, sociaux et culturels : droit de jouir de conditions de travail justes et favorables, droit de toute personne à la sécurité sociale, à un niveau de vie suffisant pour elle et sa famille ...

Le contrôle du respect de ces engagements n'est pas juridictionnel. Mais les normes internationales formulées par ces pactes s'accompagnent de l'aménagement institutionnel d'un contrôle, les Etats s'engageant à présenter des rapports sur les mesures adoptées et les progrès accomplis par eux en vue d'assurer le respect des droits reconnus. Outre ce *contrôle sur rapports,* le pacte international sur les droits civils et politiques aménage un *contrôle sur plaintes* éventuelles pour violation du pacte, assuré par un Comité des droits de l'homme. Mais cet organisme n'est pas investi d'un pouvoir de décision au fond, ni, à plus forte raison, d'un pouvoir de contrainte. Il n'en est pas moins saisi de plaintes individuelles.

Ainsi le développement du droit international des droits de l'homme se manifeste-t-il par l'émergence d'organes appelés à en contrôler l'application. On en donnera encore comme exemple la convention relative aux droits de l'enfant signée à New York le 26 janvier 1990 et ratifiée par la France en application de la loi du 2 juillet 1990[1].

Le processus d'institutionnalisation est plus accentué dans le cadre européen, car il s'accompagne de l'existence d'une juridiction : la Cour européenne des droits de l'homme.

170 *b) Le système européen. La Convention européenne des droits de l'homme* ◊ Signée à Rome le 4 novembre 1950 par les Etats fondateurs du Conseil de l'Europe, assortie de huit protocoles dont la plupart sont en vigueur, ratifiée par la France en 1974, la « Convention européenne de sauvegarde des droits de l'homme et des libertés fondamentales » non seulement affirme un certain nombre de droits et de libertés, mais aussi instaure un contrôle international — et même, dit-on volontiers, « supra-national » — des actes des organes étatiques[2].

171 *Les droits garantis* ◊ Les droits étant garantis au moyen d'un contrôle juridictionnel, les auteurs de la Convention ont, pour l'essentiel, limité leur domaine par référence à l'idée de liberté politique, largement entendue. C'est dire qu'un rapprochement s'impose avec le domaine du Pacte des Nations-Unies sur les droits civils et politiques (V. *supra,* n° 169) et

---

1. V. le texte de cette convention J.O. 12 oct. 1990, p. 12363. — V. G. RAYMOND, La Convention des Nations-Unies sur les droits de l'enfant et le droit français de l'enfance (Convention du 20 novembre 1989), JCP 1990, I, 3451.
2. G. COHEN-JONATHAN, *La Convention européenne des droits de l'homme,* 1989 ; V. BERGER, *Jurisprudence de la Cour européenne des droits de l'homme,* 2ᵉ éd., 1989.

qu'au contraire la Convention européenne des droits de l'homme ne couvre que partiellement de sa protection les « droits sociaux » dont la réalisation est trop dépendante de données économiques et sociales variant suivant les pays.

Quant à la technique de délimitation du domaine des droits garantis, il faut observer que la liste de ceux-ci figure non seulement dans le texte de base de la Convention, mais aussi dans certains protocoles. Ainsi le premier protocole additionnel garantit le respect des biens, le droit à l'instruction et au respect des convictions religieuses et philosophiques des parents, le droit à de libres élections législatives. D'autres protocoles additionnels, spécialement les protocoles 4 et 6, étendent la liste des droits garantis : interdiction de la privation de liberté pour non-exécution d'une obligation contractuelle, liberté pour toute personne de quitter n'importe quel pays, y compris le sien ... La France a ratifié ces protocoles.

On retrouve, dans la liste des droits ou libertés garantis, les diverses vagues qui ont, dans le droit français de l'époque contemporaine, servi et assuré l'amélioration progressive de la situation de l'homme et du citoyen. Droit public et droit privé sont à nouveau entremêlés : leur distinction est inévitablement dépassée. La personne humaine est, dans tous ses aspects, au centre des préoccupations de ce droit international.

172   *La personne physique* ◊ « Le droit de toute personne à la vie est protégé par la loi. La mort ne peut être infligée à quiconque intentionnellement, sauf en exécution d'une sentence capitale prononcée par un tribunal au cas où le délit est puni de cette peine par la loi » (Conv., art. 2.1.).

En dépit de cette restriction, il faut observer que, dans de nombreux pays européens, *la peine de mort* est tombée en désuétude ou a été abolie. Ce fut le cas en France par l'effet de la loi du 9 octobre 1981. D'ailleurs le protocole n° 6 à la Convention consacre, pour le temps de paix, la suppression de la peine de mort. Il a été ratifié par la France (L. 31 déc. 1985), le Conseil constitutionnel ayant considéré que ce protocole « ne porte pas atteinte aux conditions essentielles de l'exercice de la souveraineté nationale et (qu'il) ne contient aucune clause contraire à la Constitution »[1].

L'affirmation du *droit à la vie* ne met pas obstacle à l'avortement thérapeutique. C'est ce qu'a décidé la Commission européenne des droits de l'homme[2], le 13 mai 1980, dans l'affaire X contre Royaume-Uni[3], non sans employer, en cette occasion, une formulation prudente : « La Commission estime qu'elle n'est pas ... appelée à décider si l'article 2 ne concerne pas du tout le fœtus ou si, au contraire, il lui reconnaît un "droit à la vie" assorti de limitations implicites. Elle estime que l'autorisation d'interrompre la grossesse, donnée par les autorités britanniques et incriminée en l'espèce, est compatible avec l'article 2, paragraphe 1, première phrase, parce que si l'on admet que cette disposition s'applique à la phase

---

1. Décis. n° 85-88, 22 mai 1985, Rec. p. 15 ; v. L. Favoreu, obs. *Annuaire fr. dr. int.* 1985, p. 868 s.
2. Sur cette institution, v. *infra*, n° 179.
3. Req. n° 8416-79, *Décisions et rapports*, vol. 19, p. 244 s.

initiale de la grossesse, l'avortement se trouve couvert par une limitation implicite du droit à la vie du fœtus pour, à ce stade, protéger la vie et la santé de la femme ».

La protection de la personne physique [1] est aussi assurée par d'autres dispositions : « Nul ne peut être soumis à la torture ni à des peines ou traitements inhumains ou dégradants » (Conv., art. 3). « Nul ne peut être tenu en esclavage ni en servitude » (Conv., art. 4.1.). « Nul ne peut être astreint à assurer un travail forcé ou obligatoire », ce qui s'accompagne, à travers la définition de cette dernière action, de tempéraments destinés notamment à réserver des activités contraintes, telles que le service militaire obligatoire.

« Toute personne a droit à la liberté et à la sûreté. Nul ne peut être privé de sa liberté, sauf dans les cas suivants et selon les voies légales ... » (Conv., art. 5.1.), ce qui s'accompagne d'un certain nombre de dispositions relatives aux garanties correspondant aux progrès du droit pénal et de la procédure pénale (Conv., art. 5).

Du protocole n° 4 résultent aussi des sauvegardes relatives à la liberté de circulation des personnes. Outre la prohibition de la privation de liberté pour « la seule raison » que le débiteur « n'est pas en mesure d'exécuter une obligation contractuelle » (art. 1er), le protocole n° 4 comporte plusieurs dispositions importantes : « Quiconque se trouve régulièrement sur le territoire d'un Etat a le droit d'y circuler librement et d'y choisir librement sa résidence » (Prot., art. 2.1.) ; « Toute personne est libre de quitter n'importe quel pays, y compris le sien » (art. 2.2.) ; « Nul ne peut être expulsé, par voie de mesure individuelle ou collective, du territoire de l'Etat dont il est le ressortissant » (art. 3.1.) ; « Nul ne peut être privé du droit d'entrer sur le territoire de l'Etat dont il est le ressortissant » (art. 3.2.). Ainsi, le droit européen des droits de l'homme ne consacre pas le droit d'asile [2]. Mais il convient d'ajouter aussitôt qu'en droit interne français et suivant le Préambule de la Constitution du 27 octobre 1946, qui a valeur constitutionnelle (*supra*, n° 155), « tout homme persécuté en raison de son action en faveur de la liberté a droit d'asile sur le territoire de la République ».

173 *La personne et l'esprit : pensée, conscience, opinion, religion* ◊ « Toute personne a le droit à la liberté d'expression. Ce droit comprend la liberté d'opinion et la liberté de recevoir ou de communiquer des informations ou des idées sans qu'il puisse y avoir ingérence d'autorités publiques et sans considération de frontière. Le présent article n'empêche pas les Etats de soumettre les entreprises de radiodiffusion, de cinéma ou de télévision à un régime d'autorisations » (Conv., art. 10.1). « L'exercice de ces libertés comportant des devoirs et des responsabilités peut être soumis à certaines formalités, conditions, restrictions ou sanctions, prévues par la loi, qui constituent des mesures nécessaires, dans une société démocratique, à la sécurité nationale, à l'intégrité territoriale ou à la sûreté publique, à la

1. Rappr. P. Dubois, *Le physique de la personne*, thèse Paris II, éd. 1986, spéc. p. 86 s.
2. M. Bettati, *L'asile politique en question*, éd. 1985.

défense de l'ordre et à la prévention du crime, à la protection de la santé ou de la morale, à la protection de la réputation ou des droits d'autrui, pour empêcher la divulgation d'informations confidentielles ou pour garantir l'autorité et l'impartialité du pouvoir judiciaire » (Conv., art. 10.2). Il existe pourtant en France un régime de contrôle préventif de certaines publications, par exemple de celles qui sont « principalement destinées » à la jeunesse[1].

« Toute personne a droit à la liberté de pensée, de conscience et de religion ; ce droit implique la liberté de changer de religion ou de conviction, ainsi que la liberté de manifester sa religion ou sa conviction individuellement ou collectivement, en public ou en privé, par le culte, l'enseignement, les pratiques et l'accomplissement des rites » (Conv., art. 9.1.)[2]. Rédigée en termes fort généraux, cette disposition assure la protection des convictions d'une personne, qu'elles soient politiques, morales, philosophiques ou religieuses. Ainsi, en tant que philosophie, le pacifisme relève de son application[3], ce qui ne confère pourtant pas aux objecteurs de conscience le droit d'être exemptés d'un éventuel service civil de remplacement[4].

« Nul ne peut se voir refuser le droit à l'instruction. L'Etat, dans l'exercice des fonctions qu'il assumera dans le domaine de l'éducation et de l'enseignement, respectera le droit des parents d'assurer cette éducation et cet enseignement conformément à leurs convictions religieuses et philosophiques » (Prot. n° 1, art. 2).

« Toute personne a droit à la liberté de réunion pacifique et à la liberté d'association, y compris le droit de fonder avec d'autres des syndicats et de s'affilier à des syndicats pour la défense de ses intérêts » (Conv., art. 11.1)[5]. « L'exercice de ces droits ne peut faire l'objet d'autres restrictions que celles qui, prévues par la loi, constituent des mesures nécessaires, dans une société démocratique, à la sécurité nationale, à la sûreté publique, à la défense de l'ordre et à la prévention du crime, à la protection de la santé ou de la morale, ou à la protection des droits et libertés d'autrui. Le présent article n'interdit pas que des restrictions légitimes soient imposées à l'exercice de ces droits par les membres des forces armées, de la police ou de l'administration de l'Etat » (art. 11.2.)[6].

174 *La vie privée et familiale de la personne* ◊ « Toute personne a droit au respect de sa vie privée et familiale, de son domicile et de sa correspondance » (Conv., art. 8.1.). « Il ne peut y avoir ingérence d'une autorité publique dans l'exercice de ce droit que pour autant que cette ingérence est prévue par la loi et qu'elle constitue une mesure qui, dans une société démocratique, est nécessaire à la sécurité nationale, à la sûreté publique,

---

1. L. 16 juil. 1949, sur les publications destinées à la jeunesse.
2. Rappr., notamment au sujet des sectes, Nîmes, 18 juin 1967, D. 1969, 366, note J. CARBONNIER.
3. Comm. europ., décis. n° 7050-75, Rapp. du 12 oct. 1978, *Décisions et rapports* 19, p. 5, 49.
4. COHEN-JONATHAN, *op. cit.*, p. 485.
5. Comp., sur le droit de ne pas adhérer à un syndicat, COHEN-JONATHAN, *op. cit.*, p. 504 s.
6. Sur le droit à de libres élections, v. aussi prot. n° 1, art. 3.

au bien-être économique du pays, à la défense de l'ordre et à la prévention des infractions pénales, à la protection de la santé ou de la morale, ou à la protection des droits et libertés d'autrui » (art. 8.2.) [1].

La *vie privée*, ainsi protégée, n'est pas seulement celle d'une personne désireuse de vivre hors des regards étrangers. Le droit à la vie privée « comprend également dans une certaine mesure le droit d'établir et d'entretenir des relations avec d'autres êtres humains, notamment dans le domaine affectif pour le développement et l'accomplissement de sa propre personnalité » [2]. C'est pourquoi la Commission a admis la recevabilité de requêtes émanant d'homosexuels [3] ou relatives à l'interruption volontaire de grossesse [4]. − Sur les écoutes téléphoniques, v. *infra*, n° 181.

La *vie familiale* est, elle aussi, protégée. « A partir de l'âge nubile, l'homme et la femme ont le droit de se marier et de fonder une famille selon les lois nationales régissant l'exercice de ce droit » (Conv., art. 12) [5] ; mais la Convention ne consacre pas le droit au divorce [6]. Par un arrêt important, du 13 juin 1979, la Cour européenne des droits de l'homme a notamment décidé que le droit au respect de la vie familiale, prévu à l'article 8.1. de la Convention, concernait la famille naturelle et pas seulement la famille légitime [7].

175   *Le droit au respect des biens d'une personne physique ou morale* ◊ De l'article 1er du Protocole n° 1, il résulte que « toute personne physique ou morale a droit au respect de ses biens. Nul ne peut être privé de sa propriété que pour cause d'utilité publique et dans les conditions prévues par la loi et les principes généraux du droit international » (art. 1er, al. 1er) [8]. La Cour européenne des droits de l'homme a précisé, dans l'arrêt *Marckx* , qu' « en reconnaissant à chacun le droit au respect de ses biens, l'article 1er garantit en substance le droit de propriété. Les mots "biens", "propriété", "usage des biens", en anglais *possessions* et *use of property* le donnent nettement à penser ; de leur côté les travaux préparatoires le confirment sans équivoque ... » [9]. Et il convient d'entendre largement la notion de biens ainsi protégés : biens meubles ou immeubles, corporels ou incorporels, y compris les clientèles [10].

---

1. V. M. MAYMON-GOUTALOY, De la conformité du droit français des personnes et de la famille aux instruments internationaux protecteurs des droits de l'homme, D. 1985, chron. 211 s.
2. Comm. europ., décis. n° 6825-74, *Décisions et rapports* 5, p. 89.
3. Comm. europ., décis. n° 7525-76, *Décisions et rapports* 11, p. 117. − Rappr., au sujet de l'état civil des transsexuels, COHEN-JONATHAN, *op. cit.*, p. 371 s.
4. Comm. europ., décis. n° 6959-75, rapport du 12 juil. 1977, par. 55, 57, *Décisions et rapports* 10, p. 100.
5. C'est pourquoi est une atteinte substantielle au droit de se marier l'obligation faite à un condamné à la détention à vie d'attendre, pour contracter mariage, une éventuelle libération conditionnelle encore lointaine (V. COHEN-JONATHAN, *op. cit.*, p. 355). − Sur le droit au mariage des transsexuels, v. COHEN-JONATHAN, *op. cit.*, p. 356.
6. Comm. europ., décis. n° 9697-82, rapport du 5 mars 1985, *Annuaire fr. dr. int.* 1985, p. 430.
7. Aff. *Marckx contre Belgique*, 13 juin 1979, série A, n° 31. − V. BERGER, *op. cit.*, n° 24, p. 103.
8. F. SUDRE, La protection du droit de propriété par la Cour européenne des droits de l'homme, D. 1988, chron. 71 s.
9. Arrêt *Marckx* préc.
10. COHEN-JONATHAN, *op. cit.*, p. 522.

Au sujet de l'usage des biens, figure à l'alinéa 2 de l'article 1er du Protocole n° 1 le texte suivant : « Les dispositions précédentes ne portent pas atteinte au droit que possèdent les Etats de mettre en vigueur les lois qu'ils jugent nécessaires pour réglementer l'usage des biens conformément à l'intérêt général ou pour assurer le paiement des impôts ou d'autres contributions ou des amendes ».

176 *Le droit à un procès équitable* ◊ Fréquemment invoqué à l'appui des recours, le droit à un procès équitable constitue une pièce maîtresse du droit européen des droits de l'homme. Sans doute la nécessité de protéger le citoyen face à la juridiction répressive avait, depuis longtemps, appelé l'attention des auteurs de déclarations. On en voudra notamment pour preuve la Déclaration de 1789 (spéc. l'art. 7). Mais l'article 6 de la Convention européenne des droits de l'homme constitue en philosophie et en théorie générale du droit de la procédure, en *métaprocédure*, en procédure tout simplement, un texte fondamental et novateur[1].

« Toute personne a droit à ce que sa cause soit entendue équitablement, publiquement et dans un délai raisonnable, par un tribunal indépendant et impartial, établi par la loi, qui décidera, soit des contestations sur ses droits et obligations de caractère civil, soit du bien-fondé de toute accusation en matière pénale dirigée contre elle. Le jugement doit être rendu publiquement, mais l'accès de la salle d'audience peut être interdit à la presse et au public pendant la totalité ou une partie du procès dans l'intérêt de la moralité, de l'ordre public ou de la sécurité nationale dans une société démocratique, lorsque les intérêts des mineurs ou de la protection de la vie privée des parties au procès l'exigent, ou dans la mesure jugée strictement nécessaire par le tribunal, lorsque dans des circonstances spéciales la publicité serait de nature à porter atteinte aux intérêts de la justice » (Conv., art. 6.1.). Des dispositions de l'article 6.2 et de l'article 6.3 résultent diverses règles protectrices des personnes accusées d'une infraction pénale et s'ordonnant autour de la présomption d'innocence (art. 6.2)[2].

La protection couvre donc les causes civiles, pas seulement les causes pénales, l'expression « contestations sur les droits et obligations de caractère civil » visant « toute procédure dont l'issue est déterminante pour des droits et obligations de caractère privé »[3].

L'éventail des droits garantis est très large. Il comporte le droit à un tribunal, c'est-à-dire un droit d'accès des justiciables aux tribunaux, qui peut sans doute être réglementé, mais à condition que cette réglementation tende à une bonne administration de la justice[4].

---

1. V. G. Rouhette, L'ordre juridique processuel, Réflexions sur le droit du procès, *Mélanges Raynaud*, 1985, p. 687 s.

2. J. Raymond, *Les droits judiciaires en matière non répressive*, Ann. Univ. sciences sociales de Toulouse 1980, p. 85 s. ; Poncet, *La protection de l'accusé par la convention européenne des droits de l'homme*, Genève, 1977.

3. Cour europ., décis. 16 juil. 1971, *Ringeisen*, série A, n° 13, par. 4.

4. Sur la nécessité du caractère effectif du droit d'accès à la justice et sur les moyens d'y parvenir (ex. : aide judiciaire, simplification de la procédure, ...), v. Cohen-Jonathan, *op. cit.*, p. 412 s.

Au surplus, de l'article 6 de la Convention européenne des droits de l'homme découlent, outre des garanties spéciales destinées aux accusés en matière pénale, des garanties générales propres à exprimer une synthèse du droit européen de la procédure : droit à un tribunal indépendant et impartial établi par la loi, droit à ce que la cause soit entendue publiquement et dans un délai raisonnable. Autant de formules des plus louables et qui ont, d'ores et déjà, donné lieu en droit européen à d'amples développements. On retiendra tout particulièrement ce droit à un procès *équitable* autour duquel le reste s'éclaire : en elle-même, la référence à l'équité est significative (*supra*, n° 13), spécialement en droit international (*infra*, n° 252). Mais, dans le présent cadre, elle prend en outre un sens concret, lié aux données de chaque affaire et à l'ensemble de la procédure à l'issue de laquelle l'instance a pris fin ; d'où le recours à une vérification *in concreto*. De là a été notamment déduite la nécessité de motiver les jugements[1]. Et il en a été de même du « principe de l'égalité des armes » : « le droit à un procès équitable garanti par l'article 6, par. 1, de la Convention paraît impliquer que toute partie à une action civile (et *a fortiori* en matière pénale) doit avoir une possibilité raisonnable d'exposer sa cause au tribunal dans des conditons qui ne la désavantagent pas d'une manière appréciable par rapport à la partie adverse »[2]. Ainsi a été nettement affirmée la nécessité d'un débat effectivement contradictoire en matière civile et pénale. Ainsi a été expressément formulé par la Cour européenne des droits de l'homme « le principe de l'égalité des armes découlant de la notion de procès équitable »[3].

177 *Le principe de non-discrimination* ◊ L'aspiration à l'égalité, fort lointaine par ses origines et même par nombre de ses manifestations, s'est exprimée, surtout dans le droit international des dernières décennies, par un combat contre les discriminations (ex. Pactes des Nations-Unies de 1966, sur les droits civils et politiques, art. 2 et 26, sur les droits économiques, sociaux et culturels, art. 2), du moins contre certaines discriminations, car le mouvement va de pair avec la réclamation, par diverses catégories sociales, du droit à la différence.

L'article 14 de la Convention européenne des droits de l'homme dispose : « La jouissance des droits et libertés reconnus dans la présente Convention » — et il faut en dire autant des protocoles additionnels — « doit être assurée, sans distinction aucune, fondée notamment sur le sexe, la race, la couleur, la langue, la religion, les opinions politiques ou toutes autres opinions, l'origine nationale ou sociale, l'appartenance à une minorité nationale, la fortune, la naissance ou toute autre situation ». Encore convient-il de préciser aussitôt — ce qui n'étonnera pas là où l'égalité est en cause — que toutes les discriminations de traitement ne sont pas

---

1. Comm. europ., décis. n° 1035-61, *Annuaire Conv. eur. droits l'homme*, p. 192 ; v. Cohen-Jonathan, *op. cit.*, p. 433.

2. Comm. europ., décis. n° 434-58, 30 juin 1959, *Annuaire Conv. eur. droits l'homme* II, p. 371.

3. Arrêt du 6 mai 1985, série A, n° 92, par. 32.

interdites, mais seulement celles qui ne reposent pas sur des justifications objectives et raisonnables[1] : en d'autres termes, une discrimination n'est licite que si elle tend vers un but légitime et s'il existe un rapport raisonnable de proportionnalité entre moyens et fins[2].

Ajoutons, d'ailleurs, qu'aucune des dispositions des articles 10 (liberté d'expression), 11 (liberté de réunion et d'association) et 14 (principe de non-discrimination) « ne peut être considérée comme interdisant aux Hautes Parties contractantes d'imposer des restrictions à l'activité politique des étrangers » (Conv., art. 16).

178 *Le contrôle* ◊ En application de l'article 57 de la Convention européenne des droits de l'homme, « toute Haute Partie contractante fournira sur demande du Secrétaire général du Conseil de l'Europe les explications requises sur la manière dont son droit interne assure l'application effective de toutes les dispositions de la Convention ». Semblable contrôle est comparable à ceux qui sont résultés des Pactes des Nations-Unies précédemment évoqués (*supra*, n° 169).

L'originalité du système européen de sauvegarde des droits de l'homme et des libertés fondamentales se manifeste par l'existence d'un contrôle provoqué « par des plaintes émanant, dans certaines conditions, soit des Etats, soit des particuliers, et qui est de nature à entraîner un contrôle juridictionnel du respect des droits et libertés garantis par la Convention ». Ce rôle repose sur l'existence de deux organes : la Commission européenne des droits de l'homme, la Cour européenne des droits de l'homme.

179 *La Commission européenne des droits de l'homme* ◊ Composée d'un nombre de membres égal à celui des Etats contractants (Conv., art. 20), la Commission européenne des droits de l'homme peut être saisie, pour manquement aux dispositions de la Convention, de plaintes émanant soit d'un Etat contractant (art. 24), soit de « toute personne physique, de toute organisation non gouvernementale ou de tout groupe de particuliers qui se prétend victime d'une violation par l'une des Hautes Parties contractantes des droits reconnus dans la présente Convention, dans le cas où la Haute Partie contractante mise en cause a déclaré reconnaître la compétence de la Commission dans cette matière. Les Hautes Parties contractantes ayant souscrit une telle déclaration s'engagent à n'entraver par aucune mesure l'exercice efficace de ce droit » (art. 25.1)[3]. Il est évident que le droit de recours individuel manifeste un grand tournant du droit international dans la prise en considération des personnes privées en tant que sujets du droit international.

---

1. V. MARC BOSSUYT, *L'interdiction de la discrimination dans le droit international des droits de l'homme*, Bruxelles, 1976.
2. COHEN-JONATHAN, *op. cit.*, p. 541 s.
3. Après avoir ratifié la Convention en 1974, la France n'a accepté le droit de recours individuel qu'en 1981, pour un délai de cinq ans (v. la Conv. art. 25.2), ultérieurement renouvelé.

Mais il faut préciser aussitôt la portée du droit de recours en observant que la recevabilité des recours individuels est soumise à des conditions strictes, au respect desquelles la Commission veille d'une manière qui a été parfois jugée trop rigoureuse[1]. Des articles 26 et 27 de la Convention, il résulte que sont irrecevables : 1) la requête anonyme ; 2) la requête qui « est essentiellement la même qu'une requête précédemment examinée par la Commission ou déjà soumise à une instance internationale d'enquête ou de règlement et si elle ne contient pas de faits nouveaux » ; 3) la requête incompatible avec les dispositions de la Convention européenne ; 4) la requête manifestement mal fondée ou abusive ; 5) la requête ne satisfaisant pas aux exigences de l'article 26 de la Convention, aux termes duquel « la Commission ne peut être saisie qu'après l'épuisement des voies de recours internes, tel qu'il est entendu selon les principes de droit international généralement reconnus et dans le délai de six mois à partir de la date de la décision interne définitive »[2].

Dans le cas où la Commission estime que la requête est recevable, elle tente une conciliation et, en cas d'échec de sa tentative, rend un avis sur le fond (Conv., art. 28 s.) : « si une solution n'a pu intervenir, la Commission rédige un rapport dans lequel elle constate les faits et formule un avis sur le point de savoir si les faits constatés révèlent, de la part de l'Etat intéressé, une violation des obligations qui lui incombent aux termes de la Convention ... » (Conv., art. 31.1). « Le rapport est transmis au Comité des Ministres ; il est également communiqué aux Etats intéressés, qui n'ont pas la faculté de le publier » (art. 31.2). « En transmettant le rapport au Comité des Ministres, la Commission peut formuler les propositions qu'elle juge appropriées » (art. 31.3).

L'importance de l'avis exprimé par la Commission est incontestable. Le corps de solutions ainsi dégagées a rarement été remis en cause par la Cour européenne des droits de l'homme. Le contenu et le mode d'expression des « décisions » de la Commission ont conduit des auteurs à faire état à son sujet de « juridiction consultative »[3] et même à trouver dans ces décisions « les éléments essentiels de l'acte juridictionnel »[4]. On a encore fait état d'une « jurisprudence » de la Commission[5]. De semblables analyses sont contestables : l'avis de la Commission relève d'une catégorie de normes en voie de développement (*infra*, n° 247), mais on ne peut, à ce sujet, faire état d'actes juridictionnels ayant à ce titre force obligatoire et dotés d'une autorité de chose jugée[6]. Il en va autrement des décisions de la Cour européenne des droits de l'homme.

---

1. En dépit d'une certaine augmentation, la proportion demeure limitée : environ 7 % des requêtes sont déclarées recevables (Cohen-Jonathan, *op. cit.*, p. 39).
2. Sur la notion d'épuisement des recours internes, v. Cohen-Jonathan, *op. cit.*, p. 112 s.
3. Sudre, *op. cit.*, p. 221.
4. Cohen-Jonathan, *op. cit.*, p. 51.
5. Comp. Cohen-Jonathan, *loc. cit.*
6. Certes, la Commission doit, en l'absence de faits nouveaux, rejeter une requête semblable à celle qu'elle aurait précédemment examinée ou qui aurait déjà été soumise à une autre instance internationale d'enquête ou de règlement (Conv., art. 27, 1, b) ; mais cela n'est pas le signe d'une chose *jugée*, même implicite.

180 *La Cour européenne des droits de l'homme* ◊ Bien qu'il exerce aussi une fonction consultative, c'est surtout en raison de sa fonction contentieuse que cet organe doit être envisagé ici.

La Cour se compose d'un nombre de juges égal à celui des membres du Conseil de l'Europe ; elle ne peut comprendre plus d'un ressortissant d'un même Etat (Conv., art. 38). Les membres de la Cour sont élus pour neuf ans, par l'assemblée parlementaire du Conseil de l'Europe (art. 39 et 40). Suivant les affaires, la Cour siège soit en une chambre composée de sept juges, soit en Cour plénière (Conv., art. 43 ; Règl. int., art. 50).

La Cour ne peut être saisie d'une affaire qu'après la constatation par la Commission de l'échec du règlement amiable et dans le délai de trois mois à dater de la transmission au Comité des Ministres du rapport de la Commission (Conv., art. 32, 47). La Cour ne peut être saisie que par la Commission ou, à certaines conditions, par un Etat membre (Conv., art. 48).

« En cas de contestation sur le point de savoir si la Cour est compétente, la Cour décide » (Conv., art. 49) ; de la sorte, avant de procéder à l'examen au fond, la Cour se prononce éventuellement sur les exceptions préliminaires (interprétation de la déclaration d'acceptation de la juridiction obligatoire, non-épuisement des voies de recours internes, ...).

Dans l'examen de l'affaire au fond, la Cour apprécie l'existence ou l'absence d'une violation de la Convention, par des arrêts *définitifs* (Conv., art. 52), qui sont déclaratoires et ont *l'autorité relative de la chose jugée* [1]. Ces arrêts sont *obligatoires* : d'une part, « les Hautes Parties contractantes s'engagent à se conformer aux décisions de la Cour dans les litiges auxquels elles sont parties » (Conv., art. 53) ; d'autre part, « toute personne dont les droits et libertés reconnus dans la présente Convention ont été violés, a droit à l'octroi d'un recours effectif devant une instance nationale, alors même que la violation aurait été commise par des personnes agissant dans l'exercice de leurs fonctions officielles » (Conv., art. 13). Mais les arrêts de la Cour *ne sont pas exécutoires* ; c'est à l'Etat considéré qu'il appartient donc de se comporter de telle sorte qu'il soit mis fin à la violation constatée et d'en effacer les conséquences.

Reste qu'une originalité juridictionnelle se manifeste par ce que l'on appelle *l'arrêt de prestation* [2] : « Si la décision de la Cour déclare qu'une décision prise ou une mesure ordonnée par une autorité judiciaire ou toute autre autorité d'une Partie contractante se trouve entièrement ou partiellement en opposition avec des obligations découlant de la présente Convention, et si le droit interne de ladite Partie ne permet qu'imparfaitement d'effacer les conséquences de cette décision ou de cette mesure, la décision de la Cour accorde, s'il y a lieu, à la partie lésée une satisfaction équitable » (Conv., art. 50).

181 *Droit international et ordre juridique interne* ◊ Les règles et les solutions découlant de la Convention européenne des droits de l'homme constituent un ensemble, d'aucuns diront même un ordre juridique, dont il

---

1. Cohen-Jonathan, *op. cit.*, p. 203 s.
2. Cohen-Jonathan, *op. cit.*, p. 212 s.

s'agit de préciser l'articulation, mieux l'intégration dans l'ordre juridique interne de chaque Etat membre, et en particulier dans le droit français[1].

S'il est vrai que « ni l'article 13 de la Convention ni la Convention en général ne prescrivent aux Etats une manière déterminée d'assurer dans leur droit interne l'application effective de toutes les dispositions de cet instrument »[2], ce qui laisse à chaque Etat une marge de manœuvre assez importante quant à l'incorporation de cet ordre juridique dans chaque ordre interne, il n'en demeure pas moins que, s'agissant de la France, il y a intégration dans l'ordre juridique interne, à hauteur des traités ou accords internationaux, en application de l'article 55 de la Constitution de 1958 (v. *supra*, n°s 158 s.). Mais l'on s'accorde généralement à penser que, s'agissant d'une convention multilatérale pouvant être considérée comme un traité-loi[3], l'exigence de réciprocité formulée à l'article 55 de la Constitution est écartée.

La jurisprudence française s'est orientée en ce sens[4]. Cette orientation s'est manifestée dans l'attitude adoptée par les juridictions de l'ordre judiciaire. Ainsi certains arrêts de la Cour de cassation sont-ils fondés sur l'article 6 de la Convention européenne relatif à l'exigence d'un procès équitable[5].

La pratique des écoutes téléphoniques et les solutions dégagées en France à ce sujet[6] illustrent le processus d'intégration des règles et solutions européennes dans le droit français. L'existence d'écoutes téléphoniques pratiquées de manière plus ou moins sauvage, en tout cas sans limites et sauvegardes juridiques suffisantes, a suscité, dans notre droit interne, un courant jurisprudentiel orienté dans le sens de la garantie des libertés individuelles[7]. La Cour européenne des droits de l'homme a cependant, à l'unanimité, condamné la France pour violation de l'article 8 de la Convention, par deux arrêts *Huvig* et *Kruslin* rendus le 24 avril 1990, faute de précision, donc de prévisibilité suffisante de la réglementation

---

1. V. Dany Cohen, La Convention européenne des droits de l'homme et le droit international privé français, *Rev. crit. DIP* 1989, p. 451 s. ; G. Rouhette, art. préc.

2. Cour europ. 6 fév. 1976, *Syndicat suédois des conducteurs de locomotives*, série A, n° 20, par. 50.

3. Cohen-Jonathan, *op. cit.*, p. 251

4. R. Merle, La convention européenne des droits de l'homme et la justice pénale française, D. 1981, chron. 227 s. ; P. Estoup, La convention européenne des droits de l'homme et le juge français, *Gaz. Pal.* 1990, 1, doctr. 110.

5. Crim. 5 juin 1980, *Gaz. Pal.* 1981, 1, 6, note Marchi ; 26 janv. 1984, JCP 1984, II, 20197, note Ruzié. — V. aussi, Les exigences du procès équitable, disc. de P. Sargos, *Gaz. Pal.* 12-14 mai 1991. — Au sujet de l'art. L. 122-14-4 du Code du travail prévoyant la condamnation de l'employeur fautif au remboursement des indemnités de chômage versées au salarié licencié sans cause réelle et sérieuse, v. Soc. 18 janv. 1989, D. 1989, 320, note A. Jeammaud ; v. C. et L. Pettiti, chron. *Gaz. Pal.* 1987, 1, doctr. 430, 1988, 1, doctr. 1, 1989, 1, doctr. 281.

6. P. Kayser, La conformité à la Convention européenne des droits de l'homme et à la Constitution de la France des écoutes téléphoniques administratives, D. 1991, chron. 17 s.

7. V. not. Crim. 9 oct. 1980, D. 1981, 332, note Pradel, JCP 1981, II, 18578, note G. di Marino ; Ass. Plén. 24 nov. 1989, D. 1990, 34, JCP 1990, II, 21541, note W. Jeandidier ; V. J. Pradel, Ecoutes téléphoniques et Convention européenne des droits de l'homme, D. 1990, chron. 15 s.

française[1]. Cela a contribué à susciter la réforme opérée par la loi du 10 juillet 1991.

§ 3
LE DROIT COMMUNAUTAIRE

182 *Evolution* ◊ A Paris, en 1950, Robert Schuman présente un projet tendant à favoriser la construction européenne dans la voie *communautaire*. Son plan est accepté, ce qui aboutit le 18 avril 1951 à la signature d'un Traité instituant la *Communauté Européenne du Charbon et de l'Acier* (C.E.C.A.) : l'ensemble comporte divers organes : une Haute Autorité, un Conseil spécial de ministres, une Cour de Justice.

Six ans plus tard, deux traités sont, dans la même ligne, signés à Rome, le 25 mars 1957. L'un institue une *Communauté européenne de l'énergie atomique* (C.E.E.A., *Euratom*). L'autre, appelé à exercer une influence considérable, institue une *Communauté économique européenne* (C.E.E., *Marché Commun*) ; il vise à la constitution d'un marché unique entre les six Etats signataires (Allemagne Fédérale, Benelux, France, Italie) impliquant une union douanière, une libre circulation des produits et des services, une protection de la libre concurrence, ainsi qu'une harmonisation des politiques économiques générales et la mise en œuvre de politiques sectorielles communes. Des institutions spécifiques sont établies à ces effets.

Le Traité de Bruxelles, en date du 8 avril 1965, unifie les institutions : il y aura désormais un Conseil unique et une Commission unique des Communautés Européennes. A partir de 1979, l'élection des membres de l'Assemblée des Communautés Européennes, désignée depuis 1962 par l'expression de Parlement européen, est réalisée au suffrage universel direct. A la suite de l'Acte unique européen signé les 17 et 22 février 1986, entré en vigueur le 1er juillet 1987, l'achèvement du marché intérieur, impliquant la suppression de toutes les barrières mettant obstacle à la libre circulation des personnes, des biens et des capitaux, est devenu un programme venant à échéance le 31 décembre 1992[2].

Dans le même temps que se produisait cette évolution, l'Europe des Six est devenue l'Europe des Neuf, par l'adhésion de la Grande-Bretagne, de l'Irlande et du Danemark, puis l'Europe des Douze par l'adhésion de la Grèce, de l'Espagne et du Portugal.

183 *Les institutions communautaires* ◊ Les principaux organes communautaires sont au nombre de quatre : le Conseil, la Commission,

1. Cour europ. 24 avril 1990, *Kruslin*, D. 1990, 353, note PRADEL, *époux Huvig*, série A, n° 176 B ; v., à propos de la position ultérieure de la Cour de cassation, A. MARON, Rien n'est perdu fors l'honneur (à propos des écoutes téléphoniques), *Dr. pénal*, juin 1990, p. 1. — Rappr. Paris 18 oct. 1990, D. 1990, 536, réquisitions KEHRIG.
2. La France a ratifié l'Acte unique européen en application d'une loi du 16 décembre 1986 (v. J.-P. JACQUÉ, L'Acte unique européen, *RTD eur.* 1986, p. 575 s.).

le Parlement européen, la Cour de Justice des communautés européennes[1].

184 *Le Conseil, la Commission, le Parlement européen* ◊ Le *Conseil,* appelé aussi Conseil des ministres, est composé par les délégués des gouvernements des Etats membres : généralement les ministres des affaires étrangères, remplacés ou assistés, suivant l'ordre du jour, par d'autres ministres. La présidence du Conseil incombe par roulement à chaque Etat membre, pour une durée de six mois. Le Conseil est, pour l'essentiel, détenteur du *pouvoir normatif,* qui se manifeste par des *directives* et des *règlements directement applicables* aux particuliers, de sorte qu'on a été porté à le considérer comme le législateur des Communautés. Mais, par l'effet d'une curieuse confusion, il est aussi investi de pouvoirs de caractère gouvernemental, notamment en matière de relations extérieures ou d'attributions budgétaires.

Composée de dix-sept membres désignés d'un commun accord par les gouvernements des Etats membres, pour une durée de quatre ans, renouvelable, la *Commission* remplit quatre fonctions : *a)* chargée de veiller à l'application des traités et des actes des institutions, elle exerce des pouvoirs d'information, de prévention et de poursuite des infractions et autorise dans certains cas, en raison des *clauses de sauvegarde,* des mesures dérogatoires ; en d'autres termes, elle exerce, en ce sens, une mission de *garante* des traités ; *b)* chargée d'une « *mission générale d'initiative* »[2], elle est, à beaucoup de titres, appelée à faire des propositions, pouvoir d'autant plus important et d'ailleurs sujet à contestations, sinon dans son principe, du moins dans son exercice, que, s'agissant du pouvoir normatif attribué au Conseil, la Commission est investie d'un *monopole de proposition* : en principe, le Conseil ne se prononce alors que sur proposition de la Commission.

Du fait de sa composition, de ses pouvoirs, de sa permanence et des moyens mis à sa disposition, la Commission est l'organe essentiel d'application des traités et des actes du Conseil.

Le *Parlement européen,* dont les membres sont, depuis 1979, élus au suffrage universel direct, exerce principalement trois pouvoirs : un *pouvoir de contrôle politique* à l'occasion de débats, de questions posées à la Commission, voire de motions de censure contraignant la Commission à démissionner ; un *pouvoir budgétaire ;* un *pouvoir de consultation ou de concertation* en matière *législative.*

185 *La Cour de Justice des Communautés européennes* ◊ Siégeant à Luxembourg, elle est composée de treize juges assistés de six avocats généraux, le Président de la Cour étant élu par les juges et parmi eux.

---

1. V. G. ISAAC, *Droit communautaire général,* 3ᵉ éd., 1990 ; J. BOULOUIS, *Droit institutionnel des communautés européennes,* 2ᵉ éd., 1990 ; J. SCHAPIRA, G. LE TALLEC et J.-B. BLAISE, *Droit européen des affaires,* 2ᵉ éd., 1990. — V. aussi B. GENEVOIS, *Le droit international et le droit communautaire,* in *Conseil constitutionnel et Conseil d'Etat,* Colloque des 21 et 22 janv. 1988, éd. 1988.
2. Cour just. Comm. europ. 26 fév. 1976, *Sadam,* aff. 88 à 90/75, Rec. 323.

Suivant les cas, la Cour siège dans ses formations en chambre, ou dans sa formation en assemblée plénière.

Le développement du contentieux soumis à cette juridiction a, au surplus, entraîné, à sa demande et en application de l'article 168-A du traité C.E.E., l'institution d'un tribunal de première instance des communautés européennes, le principe de cette création ayant été formalisé, le 24 octobre 1988, par le Conseil.

Outre diverses attributions consultatives, la Cour de Justice des Communautés européennes est dotée d'attributions de caractère contentieux relevant de deux catégories.

Il se peut, tout d'abord, que la Cour de Justice soit saisie par les plaideurs eux-mêmes, par voie d'action ou d'exception, par l'effet de divers recours : recours en annulation des actes des institutions, recours contre la carence des institutions, exception d'illégalité contre les règlements, recours en responsabilité extra-contractuelle des Communautés, recours contre les sanctions prises par les autorités communautaires, recours en manquements d'États, etc. Dans ces divers cas, la juridiction se prononce au fond en premier et dernier ressort, ce qui met fin au litige.

Dans une autre catégorie de cas, la Cour de Justice n'est saisie que de façon médiate, c'est-à-dire non pas par le plaideur lui-même, mais par une juridiction nationale qui, ayant à se prononcer sur une question de droit communautaire, sursoit à statuer et s'adresse à la Cour de Luxembourg par voie de *question préjudicielle,* de manière incidente.

186   *Droit communautaire primaire et droit communautaire dérivé* ◊ On a vu que le droit européen des droits de l'homme, en se développant, a constitué un ensemble de règles et de solutions dont l'articulation sur le droit interne peut faire problème. Reste que l'on peut encore parler d'un droit international s'ordonnant sur les dispositions d'une convention internationale — et de ses annexes — et sur des solutions dégagées à partir de l'activité de la Commission, du Tribunal et de la Cour européenne des droits de l'homme.

Lorsque l'on envisage *le droit communautaire européen* résultant de l'évolution précédemment rappelée, l'ensemble analysé est beaucoup plus complexe, car l'ordre juridique qui s'est développé en la matière se ramène non seulement à des dispositions d'une convention internationale et à des solutions de caractère judiciaire ou parajudiciaire, mais aussi à un ensemble de normes originales émanant des organes communautaires. Voilà pourquoi l'on doit alors distinguer ici deux sortes de droit communautaire.

Le *droit communautaire originaire* est constitué par les divers traités, accords et conventions qui ont institué les Communautés européennes initiales (1951, 1957), puis modifié, étendu ou complété les dispositions de ces textes. Comportant des clauses liminaires, institutionnelles, matérielles ..., ce droit communautaire n'appelle pas ici d'observations autres que celles qui ont été présentées au sujet de l'autorité des traités dans la hiérarchie des normes du droit français. Il suffit donc d'y renvoyer (v. *supra*, n°s 161 s.).

Il en va tout autrement du *droit communautaire dérivé* des traités évoqués, en ce que ceux-ci ont prévu que les organes communautaires pourraient édicter des normes. Celles-ci émanent généralement du Conseil, sur proposition de la Commission[1]. Le droit sécrété par l'Europe communautaire n'a cessé de se développer et d'accroître l'importance attachée au problème de l'intégration de ce corps de règles dans l'ordre juridique interne de chaque Etat.

187 *Règlements, directives, décisions, recommandations, avis* ◊ L'éventail des normes s'est, à la faveur du droit communautaire, singulièrement élargi.

Semblable à la loi, au sens matériel du terme, dans l'ordre interne, le *règlement* a une portée générale. Applicable à des catégories de personnes envisagées abstraitement et dans leur ensemble, le règlement est obligatoire dans tous ses éléments, c'est-à-dire non seulement quant aux objectifs visés, mais quant aux moyens utilisés pour les atteindre[2]. En outre, le règlement communautaire est directement applicable *dans* — et non pas *par* — tous les Etats membres, ce qui exclut « toutes modalités d'exécution dont la conséquence pourrait être de faire obstacle à l'effet direct des règlements communautaires et de compromettre ainsi leur application simultanée et uniforme dans l'ensemble de la communauté »[3].

De moindre portée normative, la *directive* a été comparée à une *loi-cadre* (v. *infra*, n° 194), appelant un complément par des décrets d'application[4]. Cette technique répond à un désir de plus grande souplesse dans les relations entre normes communautaires et droits internes. La directive lie tout Etat membre destinataire quant au résultat à atteindre, tout en laissant aux instances nationales la compétence quant à la forme et aux moyens (art. 189, al. 3, Traité C.E.E.). Le plus souvent, la directive est adressée à tous les Etats membres, ce qui contribue à faire d'elle un mode de législation indirecte. Reste qu'elle laisse aux Etats membres le choix des moyens à utiliser pour atteindre les objectifs visés — ce qui est loin d'être négligeable — et qu'elle implique le relais de l'Etat membre quant à son insertion dans l'ordre interne. Mais l'on s'interroge sur la portée de cet acte intermédiaire. S'agit-il d'un acte de *réception*, disons d'une décision

1. En principe, les normes sont adoptées à la majorité des voix, mais en vertu d'un compromis de Luxembourg, accepté le 29 janvier 1966 à la demande de la France, la règle de l'unanimité a été substituée à celle de la majorité lorsque les normes ou décisions concernent « des intérêts très importants d'un ou plusieurs partenaires ». A vrai dire, ce compromis s'accorde mal avec l'esprit qui a présidé, en 1986, à l'adoption de l'Acte unique européen.

2. V. not. l'art. 189, al. 2, Traité C.E.E.

3. Cour just. comm. europ. 7 fév. 1973, *Com. c. Halie*, aff. 39/72, Rec. 101. — La Cour de justice des Communautés européennes a décidé qu'« en raison de sa nature même et de sa fonction dans le système des sources de droit communautaire, (le règlement) produit des effets immédiats et est, comme tel, apte à conférer aux droits des particuliers des droits que les juridictions nationales ont l'obligation de protéger » (14 déc. 1972, *Politi*, aff. 43/71, Rec. 1049 ; 10 oct. 1973, *Variola*, aff. 34/73, Rec. 990).

4. G. ISAAC, *op. cit.*, p. 117 ; J. BOULOUIS, Sur une catégorie nouvelle d'actes juridiques : les directives, *Mélanges Eisenmann*, 1975, p. 191 s. — V. Y. GALMOT et J.-C. BONICHOT, La C.J.C.E. et la transposition des directives en droit national, *Rev. fr. dr. adm.* 1988, p. 1 ; A.R. LEITAO, L'effet direct des directives : une mythification ?, *RTD eur.* 1981, p. 425 s.

en l'absence de laquelle la directive est privée de portée dans l'Etat considéré ? S'agit-il seulement d'*exécution* d'une norme dont la portée serait plus contraignante, à telle enseigne qu'en l'absence même de mesures complémentaires de transposition, la directive pourrait d'ores et déjà produire effet dans l'ordre interne de l'Etat réticent ? Plutôt encline à pencher en ce dernier sens, la Cour de justice des Communautés européennes s'est refusée à faire nécessairement échapper les directives au processus de l'applicabilité directe[1].

La *décision* communautaire est, pour les destinataires qu'elle désigne, un acte obligatoire en tous ses éléments, c'est-à-dire non seulement quant aux résultats visés, mais aussi quant aux moyens utilisés en vue de les atteindre (v. l'art. 189, al. 4, Traité C.E.E.). Le destinataire peut être un individu, une entreprise ou un Etat membre, de sorte que la décision présente un caractère variable : tantôt elle ressemble à un acte administratif individuel de droit interne ; tantôt, parce qu'elle s'adresse à un Etat, elle ressemble davantage à une directive.

D'autres normes communautaires sont dépourvues de force contraignante. Ainsi en est-il des *recommandations* et *avis* qui ne lient pas (art. 189, al. 5, Traité C.E.E.). Ils n'en sont pas moins des modes efficaces d'expansion du droit communautaire, qu'il s'agisse des avis adressés par la Commission aux entreprises ou aux Etats ou des recommandations émanant de la Commission et du Conseil. On observera qu'en droit communautaire comme en droit interne, mieux : beaucoup plus encore qu'en droit interne, l'on voit se développer les points d'émergence du droit.

188   *Droit communautaire et Constitution* ◊ La nature du droit communautaire n'a pas fini de susciter la controverse. Par son origine, il présente un caractère international, qu'il s'agisse du droit primaire ou du droit dérivé. A ce titre, en tant qu'il est issu de traités ratifiés par la France, il se situe dans la hiérarchie des normes françaises au-dessus des lois internes. C'est en ce sens qu'en droit constitutionnel, l'on est amené à classer les normes communautaires parmi les normes supra-législatives[2]. On ne saurait pourtant s'en tenir à ce propos, et ce dans une double perspective.

Tout d'abord, il convient d'observer que le droit communautaire — primaire ou dérivé — se situe dans la hiérarchie des normes juridiques françaises à un niveau inférieur à celui de la Constitution.

Encore convient-il de distinguer deux périodes dans le développement du droit communautaire.

---

1. Cour just. comm. europ. 6 oct. 1970, *Franz Grad*, aff. 9/70, Rec. 825 ; 17 déc. 1970, *S.A.C.E. de Bergame,* aff. 33/70, Rec. 1213 ; 4 déc. 1974, *Van Duyn,* aff. 41/74, Rec. 1337. — Ainsi la Cour de justice des Communautés européennes a-t-elle décidé que le juge national saisi d'un litige dans une matière relevant de la directive du Conseil, en date du 9 mars 1968, tendant à coordonner pour les rendre équivalentes, les garanties qui sont exigées, dans les Etats membres, des sociétés, au sens de l'art. 58 du Traité C.E.E. pour protéger les intérêts tant des associés que des tiers, est tenu d'interpréter son droit national à la lumière du texte et de la finalité de cette directive, en vue d'empêcher la déclaration de nullité d'une société anonyme pour une cause autre que celles énumérées à son art. 11 (C.J.C.E., 13 nov. 1990, aff. C-106/89, *Marleasing SA c. Commercial Internacional de Alimentacion S.A.,* JCP 1991, II, 21658, note P. Level). — V. P. Manin, L'invocabilité des directives : quelques interrogations, *RTD eur.* 1990, p. 669 s.

2. P. Pactet, *op. cit.,* p. 505.

Ce qui, dans cet ensemble, est antérieur à la Constitution de 1958 s'est formé à une époque où, suivant le Préambule de la Constitution de 1946, « sous réserve de réciprocité, la France consent aux limitations de souveraineté nécessaires à l'organisation et à la défense de la paix » ; en outre, sous la IVᵉ République, il n'existait pas de contrôle de constitutionnalité des traités internationaux[1].

On a vu qu'ultérieurement, la Constitution de 1958 a institué un contrôle de constitutionnalité des traités et accords internationaux (*supra*, nº 154). Mais faute de caractère rétroactif, ce contrôle n'a pu porter sur les engagements internationaux antérieurs à l'entrée en vigueur de la Constitution de 1958. Et le Conseil constitutionnel a décidé que les traités de Paris et de Rome « régulièrement ratifiés et publiés, sont, dès lors, entrés dans le champ d'application de l'article 55 de la Constitution »[2], ce qui leur confère une autorité supérieure à celle des lois. La même autorité est attachée aux traités et décisions communautaires ratifiés et publiés depuis 1958, qu'ils aient ou n'aient pas fait l'objet d'un contrôle de constitutionnalité.

A l'inverse, le droit communautaire dérivé, qu'il émane du Conseil ou de la Commission, échappe au contrôle du Conseil constitutionnel, faute de nécessité d'une ratification ou d'une approbation dans l'ordre interne[3]. Pourtant, rien n'exclut que ce droit communautaire puisse être contraire à la Constitution. C'est pourquoi, « si une contradiction apparaissait entre l'évolution de ce droit et nos prescriptions constitutionnelles, cette contradiction devrait être soit invoquée par la France pour refuser la transcription, dans son droit interne, des nouvelles normes communautaires, soit résorbée par une révision de la Constitution »[4]. En ce sens, par rapport à notre ordre constitutionnel, on ne saurait faire état d'une supra-nationalité.

189 *Droit communautaire et lois internes* ◊ L'analyse est beaucoup plus délicate lorsque l'on envisage la place du droit communautaire par rapport à l'ordre législatif interne. La question se pose en termes originaux au sujet du droit communautaire dérivé, dans la mesure où l'on considère que ce droit est immédiatement et directement applicable dans les Etats membres, sans nécessaire acceptation par réception des normes qui le composent dans chaque Etat membre. Telle est bien la position adoptée par la Cour de justice des Communautés européennes. Celle-ci a décidé, le

---

1. Et le Conseil d'Etat rejeta, en outre, le recours formé contre le décret de publication du Traité de Rome, pour inconstitutionnalité de la loi de ratification : Cons. d'Etat, 3 mars 1961, *André, Rev. gén. dr. int. publ.* 1961, 426, concl. HENRY.

2. Cons. const. 19 juin 1970, Rec. p. 15.

3. V., au sujet des règlements communautaires, Cons. const. 30 déc. 1977, *RTD eur.* 1979, 142, note G. ISAAC et J. MOLINIER.

4. Rép. min. J.O. déb. Ass. nat. 24 sept. 1990, p. 4454. — Il est rappelé, dans cette même réponse, que toute extension du champ d'application du droit communautaire « qui porterait atteinte à un principe de valeur constitutionnelle, notamment au principe de la souveraineté nationale, pourrait être critiquée devant le Conseil constitutionnel dans les formes prévues par les articles 54 et 61 de la Constitution » (v. *supra*, nº 158). — Rappr. Cons. const. décis. nº 76-71 du 30 déc. 1976 relative à l'élection de l'Assemblée des communautés au suffrage universel.

15 juillet 1964, qu' « à la différence des traités internationaux ordinaires, le traité de la C.E.E. a institué un ordre juridique propre intégré au système juridique des Etats membres lors de l'entrée en vigueur du traité et qui s'impose à leurs juridictions »[1]. De ce processus, plus qu'en germe dans les traités (v. l'art. 189 préc. du Traité de Rome) et fortement encouragé par la Cour de justice des Communautés européennes, les conséquences sont considérables. De cette applicabilité directe, d'aucuns ont d'ailleurs déduit « le droit pour toute personne de demander à son juge de lui appliquer traités, règlements, directives ou décisions communautaires »[2].

Dès lors se manifestent les caractères originaux du droit communautaire européen, qui se différencie du droit international d'une double manière : parce que, pouvant être le résultat de décisions prises non à l'unanimité, mais à une majorité même qualifiée, il revêt un caractère *supra-national* ; parce que, ayant vocation à être immédiatement et directement applicable dans l'ordre juridique de chaque Etat membre, il revêt alors un caractère *trans-national.*

Or ce sont précisément ces traits caractéristiques qui ont suscité des résistances, d'autant plus vives que, la bureaucratie européenne aidant, on a vu se multiplier les normes communautaires, de plus en plus nombreuses, de plus en plus complexes, de plus en plus contraignantes. Loin d'abaisser toutes les barrières, on a élevé de tous côtés des barrières juridiques dont bien souvent seuls des initiés comprennent les dispositions. Et ce courant a illustré le développement de l'eurocratie[3].

190 *Primauté du droit communautaire ?* ◊ Pareil mouvement a appelé une réflexion attentive et renouvelée sur un affaissement insidieux de la hiérarchie des normes, du moins à certains étages, car le gonflement du droit communautaire s'introduisant dans l'ordre juridique interne a été de pair, de la part de ceux qui le font, avec l'affirmation de sa primauté, en tant que tel, sur le droit interne des Etats membres. Loin de laisser à chaque système juridique le soin de situer, en lui-même, la place du droit communautaire, ce qui correspondait à une vision traditionnelle en droit international, on a voulu — du côté de Bruxelles ou de Luxembourg — demander au droit communautaire lui-même de fixer sa propre place par rapport aux droits internes.

Rien d'étonnant, dès lors, si la Cour de justice des Communautés européennes a affirmé le « principe fondamental de la primauté de l'ordre juridique communautaire »[4]. Dans le célèbre arrêt *Costa*[5], la Cour a fondé cette primauté sur l'applicabilité immédiate et directe des normes communautaires, sur « le transfert opéré par les Etats, de leur ordre juridique interne au profit de l'ordre juridique communautaire » entraî-

---

1. Aff. 6/64, *Costa*, Rec. 1141 ; v. aussi Cour just. comm. europ. 9 mars 1978, *Simmenthal*, aff. 106/77, Rec. 609.
2. R. Lecourt, *L'Europe des juges*, Bruxelles, 1976, p. 248.
3. B. Oppetit, L'eurocratie ou le mythe du Législateur suprême, D. 1990, chron. 73 s.
4. Cour just. comm. europ. 10 oct. 1973, *Variola*, aff. 34/73, Rec. 981.
5. Aff. préc. 15 juil. 1964.

nant « une limitation définitive de leurs droits souverains » et sur la nécessaire unité de l'ordre juridique communautaire[1]. Autant d'arguments qui attestent un dépassement du Marché commun fût-ce par le Marché commun, de l'Europe communautaire des Six par l'Europe communautaire des Neuf, puis des Douze, dans une ligne de type fédéral conduisant à porter des atteintes accrues à la souveraineté nationale dans chaque Etat membre.

191   *L'intégration dans le droit interne* ◊ L'existence d'un droit communautaire dérivé est difficilement contestable. La portée de son intégration dans le droit interne de chaque Etat laisse place à une grande perplexité. A s'en tenir au droit français, on ne saurait considérer que celui-ci se plie à la primauté du droit communautaire telle que l'affirme la Cour de justice des Communautés européennes.

Reste posé le problème de l'insertion des normes communautaires dans l'ordre juridique interne. Sa solution est présentée habituellement en termes de spécificité de ce droit. Dès lors, le débat s'ordonne dans les termes d'une alternative : ou bien l'on considère que le droit communautaire ne peut primer les lois internes que par le canal de l'article 55 de la Constitution, c'est-à-dire par le canal de traités, conventions ou décisions sujets à ratification et à approbation ; ou bien l'on considère que l'insertion opère plus largement et concerne naturellement le droit communautaire dérivé, en dépit des nuances pouvant affecter son applicabilité.

Le choix est capital car, compte tenu du contrôle que les juridictions, tant de l'ordre judiciaire que de l'ordre administratif, se sont reconnu le pouvoir d'exercer sur la conformité des lois aux traités, ce pourrait être tout le droit communautaire dérivé qui, à la faveur d'une interprétation large, serait assuré d'une véritable primauté sur les lois ordinaires dans l'ordre interne français.

Telle a bien été la position adoptée par le Procureur général Touffait devant la Cour de cassation lorsque, dans l'affaire *Jacques Vabre,* il invita la Cour de cassation à se fonder sur la *spécificité* des traités communautaires. Et si la Cour de cassation releva que le traité de la C.E.E. était doté d'une autorité supérieure à celle des lois en vertu de l'article 55 de la Constitution, elle considéra cependant que cette convention « institue un ordre juridique propre intégré à celui des Etats membres ; qu'en raison de cette spécificité, l'ordre juridique qu'il a créé est directement applicable aux ressortissants de ces Etats et s'impose à leurs juridictions »[2].

---

1. Suivant le juge Pescatore, la primauté du droit communautaire est une « exigence existentielle » de l'ordre juridique des Communautés (*L'ordre juridique des Communautés européennes,* Liège 1973, p. 227. — V. aussi, du même auteur, L'effet des directives communautaires : une tentative de démythification, D. 1980, chron. 171 s.).

2. Ch. mixte, 24 mai 1975, préc. ; v. aussi Crim. 16 juin 1983, JCP 1983, II, 20044, note A. Decocq ; Trib. corr. Nanterre, 21 janv. 1981, JCP 1981, II, 19617, note A. Decocq, *RTD eur.* 1981, 372, note O. Loy : le tribunal a, de manière singulièrement extensive, décidé que « le juge national chargé d'appliquer, dans le cadre de sa compétence, les dispositions du droit communautaire, a l'obligation d'assurer le plein effet de ces normes en laissant au besoin inappliquée, de sa propre autorité, toute disposition contraire de la législation nationale même postérieure » !

Telle qu'elle résulte de l'arrêt *Nicolo* qui, opérant un revirement célèbre, a reconnu à la juridiction administrative le pouvoir de contrôler la conformité aux traités des lois même postérieures[1], la position du Conseil d'Etat se situe en retrait par rapport à celle de la Cour de cassation. Evoquant la primauté du droit communautaire sur le droit interne telle que la conçoit la Cour de justice des Communautés européennes, le commissaire du gouvernement Frydman a en effet affirmé qu'on ne pouvait s'engager en ce sens « dans une logique, difficilement justifiable, de *supra-nationalité,* à laquelle ne souscrit pas expressément le Traité de Rome et qui conduirait — quoi qu'on puisse en penser sur le plan politique — à rendre celui-ci très certainement inconstitutionnel ». Et dans l'arrêt *Nicolo,* si audacieuse et contestée qu'ait été cette décision, c'est par et à travers l'article 55 de la Constitution qu'a été appréciée la conformité de la loi du 7 juillet 1977 avec les dispositions de l'article 227-1 du Traité de Rome, c'est-à-dire avec des règles relevant du droit communautaire primitif et non du droit communautaire dérivé[2].

On ne saurait donc considérer que, malgré des formulations différentes, les juridictions françaises, tant de l'ordre judiciaire que de l'ordre administratif, aient traduit en droit interne la primauté du droit communautaire dérivé. Cela ne suffit pas à mettre obstacle à la prolifération de celui-ci et aux difficultés grandissantes que suscite son exécution ou sa réception[3]. Cela n'écarte pas non plus le risque d'avancées nouvelles du droit communautaire résultant de futures évolutions jurisprudentielles sur la pente du gouvernement des juges[4].

SECTION 2
LES LOIS

192 *Les lois organiques* ◊ Depuis la Constitution de 1958, il y a lieu de mentionner les *lois organiques* qui forment une catégorie juridique bien définie : elles ont pour objet de fixer les modalités d'organisation et de fonctionnement des pouvoirs publics[5]. La Constitution (art. 6, 13, 23, 25, 27, 34, 47, 57, 63, 64, 65, 68, 71) énumère limitativement les matières dans

---

1. Cons. d'Etat, 20 oct. 1989, préc. — V. *supra,* n° 164.
2. V. R. KOVAR, Le Conseil d'Etat et le droit communautaire : de l'état de guerre à la paix armée (à propos de l'arrêt du 20 octobre 1989, *Nicolo*), D. 1990, chron. 57 s.
3. V. par ex. P. MALINVAUD, L'application de la directive communautaire sur la responsabilité du fait des produits défectueux et le droit de la construction, ou le casse-tête communautaire, D. 1988, chron. 85 s.
4. V., déjà, tous les signes avant-coureurs se manifestant, dans la jurisprudence du Conseil d'Etat, au sujet du contrôle, par celui-ci, de la conformité des règlements administratifs au droit communautaire dérivé : H. CALVET, Le Conseil d'Etat et l'article 55 de la Constitution : une solitude révolue, JCP 1990, I, 3429, spéc. n°s 26 s.
5. C. SIR, Les lois organiques et la Constitution de 1958, D. 1960, chron. 153 s. ; H. AMIEL, Les lois organiques, *Rev. dr. publ.* 1984, p. 405 s. ; J.-P. CAMBY, La loi organique dans la Constitution de 1958, *Rev. dr. publ.* 1989, p. 1401 s.

lesquelles peuvent intervenir de telles lois. Celles-ci sont adoptées selon une procédure particulière fixée par les articles 46 et 61, alinéa 1ᵉʳ, de la Constitution. Les lois organiques ont une force juridique supérieure à celle des lois ordinaires. Une loi ordinaire qui ne serait pas conforme à une loi organique serait jugée contraire à la Constitution.

193 *Les lois ordinaires* ◊ D'après la tradition constitutionnelle républicaine française, la souveraineté nationale est exercée par les représentants du peuple, élus au Parlement, c'est-à-dire par le pouvoir législatif. En vertu des lois constitutionnelles de 1875 (IIIᵉ République), les lois devaient être votées par la Chambre des députés et le Sénat.

D'après la Constitution du 27 octobre 1946 (IVᵉ République), l'Assemblée nationale votait seule la loi (art. 13). Le projet ou la proposition de loi devait cependant faire l'objet d'un examen par le Conseil de la République ; mais, en cas de désaccord, l'Assemblée nationale avait le dernier mot (art. 20, mod. par L. 7 déc. 1954).

Selon l'article 34 de la Constitution du 4 octobre 1958 (Vᵉ République), la loi est votée par le Parlement : en principe, l'Assemblée nationale et le Sénat doivent se mettre d'accord pour l'adoption d'un texte identique ; si l'accord n'est pas possible, même à la suite de la réunion d'une commission mixte composée d'un nombre égal de membres de chacune des deux assemblées, le Gouvernement peut demander à l'Assemblée nationale de statuer définitivement (art. 45). L'initiative des lois appartient concurremment au Premier ministre et, sous certaines réserves, aux membres du Parlement (art. 39 et 40)[1].

A côté des lois « parlementaires », la Constitution de 1958 a prévu des lois « référendaires » : le Président de la République peut demander au peuple de se prononcer directement par voie de *référendum* sur les projets de loi portant organisation des pouvoirs publics ou ratification de certains traités (art. 11). Cette disposition a été utilisée à plusieurs reprises pour réviser la Constitution sans recourir à la procédure de l'article 89[2].

194 *Les différentes sortes de lois ordinaires* ◊ La Constitution de 1958 ne reconnaît que trois catégories de lois hiérarchisées : les lois constitutionnelles, les lois organiques et les lois « ordinaires ». Parmi celles-ci, distinctes des lois habituelles, certaines lois présentent des caractères originaux : ce sont les lois de finances, les lois de programme, les lois d'orientation et les lois-cadres.

Les *lois de finances* prévoient et autorisent, pour chaque année civile, l'ensemble des ressources et des charges de l'Etat (Const., art. 34, 39, 40 et 47).

1. Il s'agit de *projets* de loi quand l'initiative émane du Premier ministre et de *propositions* de loi quand elle est prise par un parlementaire. — Sur la science et l'art de la législation, v. *infra*, nᵒˢ 361 s.
2. Ce fut le cas en 1962 — référendum positif au sujet de l'élection du Président de la République au suffrage universel — et en 1969 — référendum négatif au sujet de la réforme du Sénat et des régions. — V. J. ROBERT, L'aventure référendaire, D. 1984, chron. 243 s.

D'une manière plus souple, est envisagée, à l'article 34 de la Constitution, la possibilité de *lois de programme* qui « déterminent les objectifs de l'action économique et sociale de l'Etat ». On peut cependant s'interroger sur la portée juridique exacte de telles lois, puisqu'elles « ... ne peuvent permettre d'engager l'Etat à l'égard des tiers que dans les limites des autorisations de programmes contenues dans la loi de finances de l'année » (art. 2, 5e al., Ord. 2 janvier 1959 portant loi organique relative aux lois de finances). On a donc pu dire qu'il s'agit d'un engagement de l'Etat envers lui-même, mais non envers les tiers.

Les *lois d'orientation* ne font l'objet d'aucune disposition de la Constitution. L'expression a été utilisée pour la première fois, sous la Ve République, par le législateur avec le vote de la loi d'orientation agricole du 5 août 1960. Ultérieurement, un certain nombre de lois d'orientation ont été votées, parmi lesquelles : la loi d'orientation foncière du 30 décembre 1967, la loi d'orientation de l'enseignement supérieur du 12 novembre 1968, la loi d'orientation du commerce et de l'artisanat du 27 décembre 1973, la loi d'orientation en faveur des personnes handicapées du 30 juin 1975 ... Ces lois sont destinées à servir de fondement à une nouvelle politique dans un secteur socio-économique. Elles se caractérisent par un aspect prévisionnel marqué et contiennent tout à la fois des règles de droit positif directement applicables et de simples principes d'orientation ou engagements. Ainsi définies, les lois d'orientation sont fort proches des *lois-cadres* [1], auxquelles on les assimile parfois purement et simplement. Il s'agit, en effet, également de « lois de principes », dont la caractéristique semble bien être de contenir des dispositions qui ne se suffisent pas à elles-mêmes [2].

195 *Décrets ayant valeur législative. Les précédents* ◊ La compétence exclusive du Parlement dans l'élaboration des lois contredisant ou modifiant des lois antérieures ou ne se fondant pas sur des textes législatifs dérivait du principe de la séparation des pouvoirs mis en honneur à la fin du XVIIIe siècle. Elle était pour les citoyens une garantie considérable contre l'arbitraire du Gouvernement, qui n'est pas issu directement du peuple. Mais ce système entravait souvent l'action gouvernementale pendant les périodes de crise. En maintes circonstances, on a donc vu la compétence parlementaire battue en brèche par le Gouvernement.

Des circonstances de crise ont, dans le passé, incité le chef du pouvoir exécutif à prendre des ordonnances ou des décrets ayant force de loi : cela s'est produit en 1848, en 1851, en 1870, sous l'occupation de 1940 à 1944 de la part du Gouvernement de Vichy, de 1943 à 1945 de la part du Gouvernement provisoire de la République.

En dehors même de telles périodes, il est arrivé, sous l'empire des lois

---

1. V. J. CHARPENTIER, Les lois-cadres et la fonction gouvernementale, *Rev. dr. publ.* 1958, p. 230 s.

2. Sur tous ces points, V. MESNARD, La notion de loi d'orientation sous la Ve République, *Rev. dr. publ.* 1977, p. 1139 s., Ordonnances, lois d'orientation ou lois-cadres, *Rev. dr. publ.* 1982, p. 1073 s.

constitutionnelles de 1875, que le Parlement, en vue de hâter des réformes dont il comprenait l'urgence, mais qu'il se sentait impuissant à réaliser, délègue ses pouvoirs au Gouvernement. Ainsi, toute une série de lois sont venues, en 1926, en 1934, en 1935, en 1938 et 1939, donner au Gouvernement le droit de prendre, en certaines matières visées par la loi de délégation, des décrets ayant force de loi et pouvant modifier ou compléter les lois antérieures. Ces décrets, dits décrets-lois, étaient subordonnés à la loi en ce qu'ils devaient être soumis dans un certain délai à la ratification du Parlement, mais en attendant ils entraient immédiatement en vigueur. Leur nombre a été fort important.

Une telle procédure heurtait, incontestablement, le texte aussi bien que l'esprit de la Constitution de 1875, qui attribuait formellement aux Chambres l'exercice du pouvoir législatif : celui-ci était une fonction que le Parlement devait exercer et dont il ne pouvait disposer.

Cette critique incita la Constitution de 1946 à interdire la pratique des décrets-lois, en disposant, dans son article 13 : « L'Assemblée nationale vote seule la loi. Elle ne peut déléguer ce droit ». Mais cette défense demeura lettre morte. Des délégations du pouvoir législatif furent opérées de manière détournée, spécialement par le procédé de l'extension du pouvoir réglementaire : la loi du 17 août 1948, modifiée par celle du 11 novembre 1953, attribua le caractère réglementaire à certaines matières (organisation des services publics, des établissements nationalisés et des groupements professionnels, valeurs mobilières, contrôle des prix, notamment) et décida qu'elles pourraient être réglées par des décrets susceptibles eux-mêmes de modifier des lois antérieures. Le Conseil d'Etat, dans un avis du 6 février 1953[1], avait lui-même distingué les matières législatives « par nature » et celles relevant du pouvoir exécutif. Les pratiques suivies de la sorte avaient créé une situation ambiguë. Théoriquement, le principe de la supériorité de la loi sur le règlement était maintenu. Dans la pratique, il était très souvent battu en brèche, puisque de nombreuses lois pouvaient ainsi être modifiées par décret.

196 *La Ve République : les ordonnances* ◊ La Constitution de 1958 est caractérisée par un développement des tendances précédentes. D'une part, elle a soustrait à la compétence du Parlement un certain nombre de matières ainsi abandonnées au Pouvoir exécutif, au point qu'en un sens, les matières relevant du Parlement représentent à présent l'exception (V. *infra*, n° 200). Elle a, en outre, renforcé l'action gouvernementale en matière législative, par diverses mesures. Lesquelles ?

1° A titre provisoire, pendant les quatre mois qui ont suivi la promulgation de la Constitution, soit jusqu'au 4 février 1959, son article 92 a donné au Gouvernement le droit de prendre en toutes matières, par ordonnances ayant valeur de loi, les mesures jugées par lui nécessaires, soit pour la mise en place des institutions, soit pour la vie de la nation, la protection des citoyens ou la sauvegarde des libertés. Ces ordonnances ont

---

1. *Rev. dr. publ.* 1953, p. 170.

valeur de loi, bien qu'elles n'aient pas été soumises à la ratification parlementaire ; elles ne sont pas susceptibles de recours. Le Gouvernement a largement utilisé ses pouvoirs intérimaires.

2° A titre permanent, la Constitution de 1958 a prévu un certain nombre de cas dans lesquels le Gouvernement ou le Président de la République peuvent prendre des mesures législatives.

a) En vertu de l'article 38, le Gouvernement peut, pour l'exécution de son programme, demander au Parlement l'autorisation de prendre par ordonnances (en Conseil des ministres, après avis du Conseil d'Etat), pendant un délai limité, des mesures qui sont normalement du domaine de la loi[1]. Ces ordonnances doivent être soumises à la ratification du Parlement, mais elles entrent en vigueur dès leur publication ; elles deviennent toutefois caduques si le projet de loi de ratification n'est pas déposé devant le Parlement avant la date fixée par la loi d'habilitation. Pendant le délai ouvert au Gouvernement pour légiférer par ordonnances, celles-ci, bien que portant sur des matières législatives, demeurent des actes réglementaires susceptibles d'être attaqués pour excès de pouvoir si elles débordent la loi d'habilitation[2]. A l'expiration du délai pour lequel le pouvoir de prendre des ordonnances a été accordé au Gouvernement, celles-ci se trouvent dans une situation curieuse. En effet, tant qu'une ratification expresse ou implicite[3] du Parlement n'est pas intervenue, elles restent soumises au régime juridique des actes réglementaires et peuvent donc faire l'objet d'une annulation pour excès de pouvoir. Mais, d'un autre côté, elles ne peuvent plus être modifiées que par une loi (art. 38, al. 3)[4].

b) L'article 16 de la Constitution permet au Président de la République de prendre « toutes mesures exigées par les circonstances », « lorsque les institutions de la République, l'indépendance de la nation, l'intégrité de son territoire ou l'exécution de ses engagements internationaux sont menacés d'une manière grave et que le fonctionnement régulier des pouvoirs publics constitutionnels est interrompu »[5].

1. Par exemple, la loi du 22 juin 1967 a autorisé le Gouvernement, par application de l'article 38, à prendre, au plus tard jusqu'au 31 octobre 1967, des mesures d'ordre économique et social. Antérieurement, la loi du 4 février 1960 avait autorisé le Gouvernement à prendre, pendant un an, par application de l'article 38, les mesures d'ordre législatif nécessaires pour le maintien de l'ordre, la sauvegarde de l'Etat et de la Constitution, la pacification et l'administration en Algérie, etc.
2. Cons. d'Etat, 3 nov. 1961, *Damiani,* Rec. 607, D. 1961, 723. — Le caractère d'acte administratif attaché aux ordonnances a aussi été retenu par le Conseil constitutionnel : Décis. 23 janv. 1987, *Rev. dr. publ.* 1987, 1341, note Y. GAUDEMET, *Rev. fr. dr. adm.* 1987, 287, note B. GENEVOIS.
3. Cons. const. 23 janv. 1987, préc. — V. Y. GAUDEMET, L'ordonnance du 1er décembre 1986 sur la concurrence est-elle législative ou réglementaire ? (à propos des ratifications implicites), JCP 1991, I, 3486.
4. V. TOUSCOZ, La notion d'ordonnance, *Etudes de droit public,* 1964 ; J.P. RIST, *L'article 38 de la Constitution du 4 octobre 1958 et son utilisation,* thèse Paris II, 1987.
5. Le Président de la République a fait usage de l'article 16, du 23 avril 1961 au 29 septembre 1961, essentiellement en matière pénale.

La question s'est posée de savoir si les ordonnances prises en vertu de l'article 16 sont susceptibles de recours pour excès de pouvoir. Le Conseil d'Etat a estimé qu'elles demeurent soumises à son contrôle, dans la mesure où elles ne sortent pas du domaine assigné normalement au pouvoir exécutif par l'article 37 ; si, au contraire, elles traitent de questions relevant de la compétence du Parlement, elles échappent à son contrôle[1].

c) L'utilisation de l'article 11 de la Constitution, permettant de faire voter, par voie de *référendum,* des lois relatives à l'organisation des pouvoirs publics (*supra,* n° 193), a favorisé aussi l'extension des pouvoirs du Gouvernement[2].

SECTION 3
LES RÈGLEMENTS ADMINISTRATIFS

197 *Distinctions* ◊ La Constitution de 1958 attribue le pouvoir réglementaire au Président de la République et au Premier ministre. L'exercice de ce pouvoir s'effectue par voie de décrets. Les décrets sont *individuels* lorsqu'ils concernent une ou plusieurs personnes nominativement désignées (nomination d'un fonctionnaire, par exemple) ; ils sont *réglementaires* lorsqu'ils formulent des dispositions générales. En la forme, on distingue trois sortes de décrets : *a)* les *décrets simples,* signés en principe par le Premier ministre et, exceptionnellement, par le Président de la République, avec le contreseing d'un ou plusieurs ministres ; *b)* les *décrets en Conseil des ministres,* signés par le Président de la République, après délibération en Conseil des ministres, avec le contreseing de tous les ministres ; *c)* les *décrets en Conseil d'Etat,* pris après avis du Conseil d'Etat[3].

1. Cons. d'Etat, 2 mars 1962, D. 1962, 307. — Le Conseil d'Etat exerce un contrôle sur les ordonnances prises en vertu d'une loi référendaire : V. ainsi Cons. d'Etat, 19 oct. 1962, JCP 1963, II, 13068, note Debbasch, relativement à l'ordonnance du 1er juin 1962 instituant, en application de la loi référendaire du 13 avril 1962, une cour militaire de justice.
2. Les événements d'Algérie ont été l'occasion de l'utilisation de ce texte. La loi, approuvée par le référendum du 14 janvier 1961, a, dans son article 2, décidé que jusqu'à l'accomplissement de l'auto-détermination, des décrets pris en Conseil des ministres pourraient régler l'organisation des pouvoirs publics en Algérie. La loi, approuvée par le référendum du 13 avril 1962, a, dans son article 2, disposé que, jusqu'à la mise en place en Algérie de l'organisation politique nouvelle, le Président de la République pouvait arrêter, par voie d'ordonnances ou décrets pris en Conseil des ministres, toutes mesures législatives ou réglementaires relatives à l'application des déclarations gouvernementales du 19 mars 1962 (accords d'Evian).
3. Antérieurement à deux lois organiques des 7 et 21 juillet 1980, on distinguait les règlements d'administration publique ou les décrets en forme de règlements d'administration publique, pris après avis de l'Assemblée générale du Conseil d'Etat, et les décrets en Conseil d'Etat, pris après avis d'une section du Conseil d'Etat.

Les ministres, dans le cadre de leurs attributions ministérielles[1], les préfets, dans le cadre du département, les maires, dans celui de la commune, peuvent aussi prendre des *arrêtés* réglementaires[2].

A RÈGLEMENTS POUR L'EXÉCUTION DES LOIS

198 *Généralités* ◊ Les actes du pouvoir exécutif, en ce qu'ils tendent à assurer l'exécution des lois, se distinguent de celles-ci : ils ne tirent pas, en effet, leur valeur de la seule autorité qui les a édictés ; ils doivent s'appuyer sur une loi antérieure dont ils se présentent comme des mesures d'exécution. Il se peut que la loi elle-même prévoie que le Gouvernement prendra un décret pour compléter ses propres dispositions ; mais le Gouvernement peut prendre et prend souvent un décret pour régler les détails d'exécution d'une loi, car il entre dans sa mission d'assurer l'exécution des lois (Const. 1958, art. 21).

Les règlements pris pour l'exécution des lois sont subordonnés à celles-ci et ne peuvent comporter de dispositions qui leur soient contraires.

Deux démarches procédurales permettent d'assurer la primauté de la loi :

1) *Le recours en annulation,* qui a pour effet de faire disparaître l'acte réglementaire illégal. Ce recours ne peut être porté que devant une juridiction administrative ; les tribunaux de l'ordre judiciaire ne peuvent en aucun cas connaître d'un tel recours.

2) *L'exception d'illégalité,* qui tend simplement à faire écarter, à l'occasion d'un litige particulier, l'application du règlement illégal. Lorsqu'une telle exception est invoquée, les tribunaux de l'ordre judiciaire doivent, en principe, surseoir à statuer jusqu'à ce que la juridiction administrative saisie par les parties ait apprécié la validité du règlement. Toutefois, les tribunaux judiciaires sont parfois compétents pour connaître de cette exception : il en est ainsi de façon générale en matière pénale ; en matière civile, il en est ainsi seulement lorsqu'il s'agit d'actes réglementaires portant atteinte à la liberté individuelle, à l'inviolabilité du domicile ou au respect du droit de propriété.

---

1. En principe, les ministres n'ont pas de pouvoir réglementaire, sauf si un texte le prévoit formellement ; en outre, selon une exception traditionnelle, ils peuvent faire les règlements nécessaires pour l'organisation de leurs services.
2. Ils peuvent aussi prendre des arrêtés individuels (par exemple, arrêté d'un maire portant nomination d'un garde champêtre).

B RÈGLEMENTS AUTONOMES

199 *Présentation* ◊ Distinct de celui que recouvrent les règlements pris pour l'exécution des lois, il existe un vaste domaine dans lequel le pouvoir réglementaire s'exerce à titre propre, disons autrement que de manière subordonnée à la loi.

La Constitution de 1958 détermine, dans ses articles 34 et 37, les domaines respectifs de la loi et du règlement. Déjà, sous le IVᵉ République, le législateur avait fait passer certaines matières dans le domaine réglementaire. Mais l'on a voulu, sous la Vᵉ République, faire figurer dans la Constitution elle-même les règles de délimitation[1]. De son article 34 résulte une énumération limitative des matières législatives réservées en principe à la loi parlementaire ; toutes autres matières ont un caractère réglementaire et relèvent en conséquence du domaine des *règlements autonomes*. En ce sens, on a pu considérer, surtout au lendemain de l'avènement de la Vᵉ République, que le domaine réglementaire était devenu la règle, le domaine législatif l'exception[2].

On envisagera successivement la *distinction* et la *protection des domaines*.

200 *1° La distinction des domaines* ◊ A la lecture de l'article 34 de la Constitution, on observe l'existence de deux axes de partage, le *domaine* de la loi étant déterminé de deux manières.

La loi fixe les règles concernant un certain nombre de matières. Ces matières relèvent donc intégralement du domaine législatif : la loi seule les réglemente. Les décrets du pouvoir exécutif ne peuvent intervenir ici qu'en s'appuyant sur un texte de loi dont il s'agit d'assurer l'exécution. Parmi ces matières, on relève : les droits civiques et les garanties fondamentales accordées aux citoyens pour l'exercice des libertés publiques ; la nationalité, l'état et la capacité des personnes, les régimes matrimoniaux, les successions et les libéralités ; la détermination des crimes et délits (mais non des contraventions), ainsi que des peines qui leur sont applicables ; la procédure pénale (mais non la procédure civile) ; l'amnistie ; la création de nouveaux ordres de juridictions et le statut des magistrats....

Pour d'autres matières énumérées à l'article 34, la loi ne détermine que les *principes fondamentaux* ; parmi elles, figurent le régime de la propriété, des droits réels et des obligations civiles et commerciales, le droit du travail, le droit syndical et la sécurité sociale. Il s'agit là essen-

---

1. V. J.M. Duffau, *Pouvoir réglementaire autonome et pouvoir réglementaire dérivé*, thèse Paris II, 1976 ; Colloque d'Aix-en-Provence, *Vingt ans d'application de la Constitution de 1958 : le domaine de la loi et du règlement*, 2ᵉ éd., 1981 ; Colloque de l'Université de Paris II, 21-22 janv. 1988, *Conseil constitutionnel et Conseil d'Etat*, spéc. Introduction par F. Luchaire, p. 43 s.

2. P. Durand, La décadence de la loi dans la Constitution de la Vᵉ République, JCP 1959, I, 1470.

tiellement du domaine économique et social. Dans ces matières, la loi issue du Parlement doit se borner à formuler les principes fondamentaux. Et, à condition de respecter ces principes, le Gouvernement doit avoir les mains libres pour diriger l'économie et la politique sociale ; par voie de décrets pris après avis du Conseil d'Etat (art. 37) et tirant leur force d'eux-mêmes, il a notamment l'initiative de la réglementation des diverses formes de propriété et de leur contenu, de la réglementation des contrats spéciaux ; il peut, sur ces questions, abroger ou modifier les textes antérieurs contenus dans le code civil ou les lois particulières.

Lorsqu'il s'est agi de savoir ce qui est principe fondamental et ce qui ne l'est pas, des problèmes sont apparus, que le Conseil constitutionnel et le Conseil d'Etat ont eu à résoudre [1]. En dépit des dispositions de l'article 62, alinéa 2, de la Constitution, aux termes duquel les décisions du Conseil constitutionnel s'imposent à toutes les autorités administratives et juridictionnelles, des divergences d'interprétation pourraient se produire entre le Conseil constitutionnel et le Conseil d'Etat en ce qui concerne l'interprétation des articles 34 et 37. Cela ne s'est produit que très exceptionnellement. Dans la pratique, la jurisprudence a eu du mal à s'en tenir à la distinction des règles et des principes fondamentaux.

Malgré la supériorité intrinsèque de la loi, il apparaît donc, à la lecture des textes, que le législateur « ordinaire » n'est plus le Parlement, mais bien le pouvoir réglementaire. Pourtant, par suite notamment d'une conception extensive de la notion de « principes fondamentaux », l'interprétation tend à faire relever de la loi nombre de règles et de principes relatifs aux matières énumérées à l'article 34.

L'énumération des matières législatives contenue dans l'article 34 est limitative comme l'est, en principe, toute énumération figurant dans un texte juridique. Aussi bien l'article 37, alinéa 1er, de la Constitution dispose : « Les matières autres que celles qui sont du domaine de la loi ont un caractère réglementaire ». L'observation du régime de protection des domaines respectifs de la loi et du règlement oblige cependant à atténuer cette première analyse.

201 *2° La protection des domaines* ◊ On envisagera successivement la protection du domaine législatif contre les empiétements du pouvoir réglementaire et la protection du domaine réglementaire contre les empiétements du pouvoir législatif[2].

On observera au préalable que, dans le cadre des *règlements autonomes*, le pouvoir réglementaire n'est pas affranchi de toute contrainte. Le fait qu'il échappe alors à une subordination au pouvoir législatif

---

1. Aux références préc. *adde,* J. DE SOTO, La loi et le règlement dans la Constitution du 4 octobre 1958, *Rev. dr. publ.* 1959, 240 ; L. HAMON, Les domaines de la loi et du règlement, à la recherche d'une frontière, D. 1960, chron. 253. — Ex. : la publicité des débats judiciaires étant un principe général du droit, il n'appartient qu'au législateur d'en déterminer, d'en étendre ou d'en restreindre les limites ; sur la nullité d'une disposition prise en ce domaine par le pouvoir réglementaire : Cons. d'Etat, 4 oct. 1974, D. 1975, 369, note J.-M. AUBY, JCP 1975, II, 17967, note R. DRAGO, *Gaz. Pal.* 1975, 1, 117, note D. AMSON.

2. V. P. PACTET, *Institutions politiques et droit constitutionnel*, 10e éd., 1991, p. 516 s.

n'empêche pas que les règlements autonomes soient des actes administratifs soumis à ce titre à un contrôle de légalité par le Conseil d'Etat[1]. Sans être subordonnés à la loi, dans les limites résultant des articles 34 et 37 de la Constitution, les règlements autonomes n'en sont pas moins soumis au droit[2]. Il en résulte que les règlements autonomes sont subordonnés « aux règles constitutionnelles et à tout ce qui se trouve à l'étage de la loi, ce qui est pratiquement très important en ce qui concerne les principes généraux du droit non écrits »[3].

Encore convient-il que le pouvoir réglementaire n'empiète pas sur le domaine législatif. Là où le Parlement est seul habilité à intervenir, la loi doit toujours être considérée comme supérieure au règlement dans la hiérarchie des règles de droit. Dès lors, un acte réglementaire contredisant une loi ou régissant une matière réservée à celle-ci pourrait être annulé par le Conseil d'Etat sur un recours pour excès de pouvoir ou à la suite d'une exception d'illégalité (v. *supra*, n° 198). En revanche, le Conseil constitutionnel, devant lequel ne sont pas déférés les actes administratifs, ne pourrait avoir à sanctionner l'empiétement. Et le Parlement ne pourrait réagir qu'en adoptant une proposition de loi contredisant le règlement irrégulier, ce qui supposerait que le gouvernement n'use pas des diverses armes constitutionnelles dont il dispose pour empêcher le vote d'une loi qui le dérange ou le désavoue.

En sens inverse, contre des empiétements du pouvoir législatif, il existe des garde-fous. Au cours même de la procédure législative, le Gouvernement peut opposer l'irrecevabilité d'un texte dont l'objet relèverait du domaine du règlement (Const. art. 41)[4]. Mais qu'advient-il en l'absence d'opposition du Gouvernement ? Pendant un certain temps, on avait pu penser qu'à condition d'être saisi de la question, le Conseil constitutionnel pourrait déclarer la loi en cause contraire à la Constitution. Mais, adoptant une position différente par une décision en date du 30 juillet 1982, le Conseil constitutionnel a considéré, compte tenu des articles 37, alinéa 2, et 41 de la Constitution, que celle-ci « n'a pas entendu frapper d'inconstitutionnalité une disposition de nature réglementaire contenue dans une loi, mais a voulu, à côté du domaine réservé de la loi, reconnaître à l'autorité réglementaire un domaine propre et conférer au Gouvernement, par la mise en œuvre des procédures spécifiques des articles 37, alinéa 2, et 41, le pouvoir d'en assurer la protection contre

---

1. Cons. d'Etat, 12 fév. 1960, *Société Eky*, D. 1960, 263, note L'Huillier, S. 1960, 131, concl. Kahn.

2. R. Chapus, De la soumission au droit des règlements autonomes, D. 1960, chron. 119 s. ; comp. L. Favoreu, Les règlements autonomes existent-ils ?, *Mélanges Burdeau*, 1977, p. 405 s., Les règlements autonomes n'existent pas, *Rev. fr. dr. adm.* 1987, p. 871 s.

3. A. de Laubadère, J.-C. Vénézia et Y. Gaudemet, *Traité de droit administratif*, t. 1, 11e éd. 1990, n° 843, p. 514. − V., en ce sens de la subordination des règlements autonomes au respect des principes généraux du droit, Cons. d'Etat, 26 juin 1959, *Syndicat général des ingénieurs-conseils*, D. 1959, 541, note L'Huillier, S. 1959, 202, note Drago, *Rev. dr. publ.* 1959, 1004, concl. Fournier.

4. De l'article 37, alinéa 2, de la Constitution, il résulte, en outre, que les textes de forme législative intervenus « après l'entrée en vigueur de la présente Constitution ne pourront être modifiés par décret que si le Conseil constitutionnel a déclaré qu'ils ont un caractère réglementaire ... ».

d'éventuels empiétements de la loi »[1]. Par rapport aux inspirations des articles 34 et 37, alinéa 1ᵉʳ, de la Constitution, on observe ici une sorte de revanche du Parlement et une atténuation notable de l'idée suivant laquelle celui-ci ne serait plus qu'un législateur d'exception.

SECTION 4
LA COUTUME

202 *Présentation* ◊ On emploie parfois le terme *coutume* dans un sens large pour désigner toutes les règles de droit qui se dégagent des faits et des pratiques dans un milieu social en dehors de l'intervention du législateur. Dans ce sens, la coutume est synonyme de droit non légiféré ; elle comprend toutes les sources extra-légales, non seulement les usages, mais également la jurisprudence, voire la doctrine[2].

Aussi bien dans le temps que dans l'espace, rarement un mot aura été aussi polysémique. D'un système juridique à un autre, d'une famille de droits à une autre, la notion de coutume varie très sensiblement et peut être définie de manière plus ou moins étroite, l'acception du système français — du moins l'acception classique — à l'époque contemporaine étant assez stricte. Différente est la coutume en droit anglais[3], en droit hindou, en droit africain, en droit mélanésien ...

203 *Évocation historique* ◊ La seule histoire de notre Ancien droit illustre le propos qui précède. On sait quelle a été, dans l'Ancienne France, en pays de coutumes, l'importance primordiale de celles-ci (v. *supra*, nᵒˢ 46 s.). Mais il faut bien observer qu'entre la coutume médiévale et la coutume des derniers siècles de l'Ancien régime, des différences importantes ont été observées[4]. Une coupure — comparable, toutes proportions gardées, à la codification napoléonienne — résulta, en effet, de la rédaction officielle des coutumes prescrite par l'Ordonnance de Montils-lès-Tours de Charles VII en 1454, puis réalisée en application de Lettres patentes de 1497 et 1498 et d'une ordonnance de Louis XII, de 1506 (*supra*, nᵒ 47). C'est au XVIᵉ siècle que la plupart des coutumes furent rédigées. En ce sens, ce qu'on appelle, par opposition au droit écrit, le droit coutumier était quand même, matériellement parlant, un droit « écrit ».

Le pouvoir royal ordonna, puis stimula fortement la rédaction des coutumes. Reste que la population prit une part active à cette œuvre,

---

1. Cons. const. décis. nᵒ 82-143, 30 juil. 1982, Rec. 57 ; L. Favoreu et L. Philip, *Grandes décisions du Cons. const.* nᵒ 37.
2. A. Lebrun, *La coutume, ses sources, son autorité en droit privé*, thèse Caen, 1932 ; Kosehembahr-Lyskowski, Le Code civil et la coutume, *Mélanges Capitant*, 1937, p. 403 s. ; A. Pache, *La coutume et les usages dans le droit positif*, thèse Lausanne, 1938. — V. le numéro spécial de la Rev. *Droits*, nᵒ 3-1986 : *La coutume*.
3. A. Tunc, Coutume et « common law », Rev. *Droits*, nᵒ préc., p. 51 s.
4. V. P. Timbal, Les Cours de droit, D.E.S., 1958-1959, *La coutume, source du droit privé français* ; J.-M. Carbasse, Contribution à l'étude du processus coutumier, Rev. *Droits*, nᵒ préc., p. 25 s.

puisque, dans chaque ressort coutumier, une assemblée composée de représentants des trois ordres se prononçait sur le projet qui lui était présenté. Les articles acceptés étaient aussitôt promulgués au parlement compétent, le texte ainsi officiel faisant pleine foi, empêchant d'alléguer des coutumes contraires, mais laissant place à d'ultérieurs changements, subordonnés au respect des mêmes conditions. Ainsi, la coutume de Paris, rédigée en 1510, a été réformée en 1580. N'en concluons pas, sous cette réserve, à une rigidité de la coutume et à l'assimilation de celle-ci à un texte législatif : dans les cas non prévus, la coutume orale put compléter la coutume rédigée. Et à certaines conditions, on admit de manière relativement facile la désuétude de telle ou telle règle coutumière.

L'histoire de notre Ancien droit nous apprend de quelle manière s'est opéré progressivement le passage d'une conception populaire (Guy Coquille : « c'est le peuple qui fait la loi ») à une conception monarchique de la coutume (Jean Bodin : « La loi peut casser les coutumes et la coutume ne peut déroger à la loi »). Mais, en matière de droit privé, au moins jusqu'au règne de Louis XIV (*supra*, n° 48), l'intervention législative royale demeura fort limitée.

204   *Plan* ◊ Effet du temps, évoluant avec le temps, située dans le temps, la coutume suscite des réflexions au cœur des sources du droit, qu'il s'agisse de la *notion* (§ 1), du *rôle* (§ 2) et du *rayonnement* (§ 3) de la coutume.

§ 1

LA NOTION DE COUTUME

205   *Usages, pratique, coutume* ◊ La coutume est très souvent considérée comme la plus ancienne source de droit. Certaines sociétés de l'Antiquité n'avaient point de pouvoirs publics permanents, ou du moins ceux-ci n'avaient pas toujours la faculté d'édicter des lois. Or il n'y a pas de société sans droit. En l'absence de lois, les règles de droit se forment par les usages : quand un usage est devenu suffisamment constant et régulier, les hommes en viennent à considérer qu'il doit être obligatoirement suivi ; on est alors en présence de ce qu'on appelle une coutume.

Que l'usage en vienne à avoir cette valeur n'est pas étonnant si l'on songe au rôle considérable qu'il joue dans la vie, en dehors même du droit ; les usages gouvernent la vie sociale sous tous ses aspects (*supra*, n° 24), en raison du rôle de l'imitation et des avantages du conformisme. Si, en présence d'une certaine situation, par exemple à l'occasion du décès d'une personne, il y a un usage régulièrement suivi depuis longtemps pour la dévolution des biens du défunt, chacun acceptera qu'il soit suivi en l'occurrence, par suite précisément de la tendance générale à l'imitation et au conformisme, et parce qu'on est conscient de ce que c'est le seul moyen d'éviter un conflit. Le respect des usages a été considéré dans l'histoire comme un grand bienfait, une source de paix sociale.

Encore convient-il de comparer la notion d'usage — au singulier ou au pluriel — avec deux autres notions : la pratique et, surtout, la coutume.

La *pratique* du droit, liée aux manifestations de son application concrète (*infra*, nᵒˢ 403 s.), n'est pas sans lien avec l'existence et le développement d'usages ; c'est elle qui permet de mesurer l'effectivité du droit et de fournir, le cas échéant, aux particuliers des modèles de conduite (ex. : art. 372-1 c. civ., en matière d'autorité parentale), aux autorités qui font ou disent le droit des modèles de référence. Aidant à la compréhension du droit, elle n'en est pourtant pas, à proprement parler, une composante, en dépit de l'influence du positivisme sociologique ; elle n'en exerce pas moins un rôle important dans la formation du droit[1].

Les usages ne se confondent pas avec la *coutume*. Si un simple usage peut acquérir force obligatoire, tout usage ne constitue pas une coutume. L'usage fixe la conduite à tenir dans certaines circonstances. Cet élément, qui est à la base de la coutume, ne suffit pas à la constituer ; il existe, en effet, quantité d'usages entrés dans les mœurs, qui n'ont pas le caractère juridique, tels les usages mondains ou les manières de s'habiller, de se nourrir (*supra*, nᵒ 24). Ce ne sont pas des usages *juridiques*. Il en est au contraire qui présentent ce caractère et remplissent un rôle important dans certaines branches du droit, par exemple en droit commercial.

206   *Eléments constitutifs d'ordre matériel* ◊ Les juristes ont précisé les caractères qu'un usage doit présenter pour être juridiquement obligatoire, pour constituer une coutume[2]. La coutume implique des comportements suffisamment répandus dans l'espace et anciens dans le temps.

Dans l'espace, il faut que l'usage soit largement répandu dans le milieu social, dans une profession, dans une localité. De cette exigence, on a, suivant une ligne classique, déduit qu'il convenait de distinguer, en matière commerciale, les usages et la coutume[3], la dose de contrainte attachée à celle-ci étant singulièrement plus forte dans l'esprit des sujets de droit[4]. Force est pourtant de constater que, s'agissant de comportements relevant de la mouvance du droit, la distinction des usages et de la coutume est artificielle et probablement inutile. Il est vrai que, par la notion d'usages, spécialement en matière commerciale, on vise généralement des usages conventionnels qu'il n'est pas interdit aux contractants d'écarter par des clauses de leurs accords. Mais il en va de même des dispositions de la loi lorsqu'elles ne présentent qu'un *caractère supplétif de volonté* (*infra*, nᵒ 425), ce qui ne supprime pas, pour autant, leur force de loi. Il n'est pas étonnant, dans ces conditions, que souvent, dans le discours

---

1. V. *Le rôle de la pratique dans la formation du droit*, Trav. Assoc. H. Capitant, Journées suisses, t. XXXIV, 1983 ; v. *infra*, nᵒˢ 403 s. — V. aussi G. Endréo, L'habitude, D. 1981, chron. 313 s.

2. Rappr., sur l'incidence juridique d'un usage assouplissant le caractère obligatoire d'une règle écrite, les art. 389-3, al. 1ᵉʳ et 450, al. 1ᵉʳ, c. civ., au sujet de l'usage qui peut autoriser les mineurs non émancipés à accomplir eux-mêmes des actes juridiques.

3. M. Pédamon, Y a-t-il lieu de distinguer les usages et les coutumes en droit commercial ?, *RTD com.* 1959, p. 335 s. ; F. Leymarie, *Les usages commerciaux*, thèse Bordeaux, 1970 ; J. Boucourechliev, *Usages commerciaux, usages professionnels : élaboration et formulation*, in *Dix ans de droit de l'entreprise*, Fond. nat. du droit de l'entreprise, 1978, p. 19 s.

4. V. en ce sens, F. Gény, *Méthode d'interprétation et sources en droit privé positif*, 2ᵉ éd., nouv. tir. 1954, t. I, nᵒ 119, p. 361.

juridique, le terme d'usage soit généralement utilisé, plutôt que celui de coutume[1].

Dans le temps, il est nécessaire, pour qu'il y ait coutume, que l'usage soit constant, régulièrement suivi, qu'il soit ancien[2], qu'il ait eu une certaine durée. Une fois n'est pas coutume. Au Moyen Age, le droit canonique avait fixé cette durée[3]. De nos jours, on s'abstient communément de la préciser, et elle ne peut l'être que par tel ou tel texte législatif ou réglementaire, ou, cas par cas, par les décisions des tribunaux. A tout le moins exige-t-on l'écoulement d'un certain temps[4].

207 *Elément constitutif d'ordre psychologique* ◊ Il est nécessaire que l'usage soit considéré comme ayant force obligatoire par la population qui le suit. C'est l'élément *psychologique* de la coutume, qu'on appelait au Moyen Age *l'opinio necessitatis.* Cette opinion résulte de la croyance généralement répandue qu'il s'agit d'une règle juridiquement obligatoire ; d'ailleurs, quand l'usage intéresse seulement une catégorie de personnes, par exemple les membres d'une profession, c'est seulement au sentiment de ces personnes qu'on se référera, et non pas à celui de la totalité de la population.

Même si l'on peut contester, historiquement et sociologiquement parlant, cette analyse[5], la condition ainsi posée mérite d'être retenue, bien qu'elle ait été critiquée de diverses manières.

Parce que l'on ne peut fixer facilement le moment auquel une coutume se forme, si tant est qu'il s'agisse d'une coutume, on a soutenu que la coutume n'émergeait parmi les sources du droit qu'à travers sa révélation, voire sa consécration jurisprudentielle[6]. A quoi l'on peut répondre que les phénomènes juridiques ne se réduisent pas à leurs manifestations contentieuses et que rien ne permet d'exclure, *a priori,* l'existence de règles issues d'un ordre juridique sans procès. On ne peut pas plus absorber la coutume dans la jurisprudence que la jurisprudence dans la coutume (*infra,* n° 231).

Parce que l'on définirait la juridicité de la coutume par la croyance à son caractère juridique, il y aurait, a-t-on soutenu[7], une pétition de principe[8]. A quoi l'on peut répondre qu'il n'y a pas pétition de principe en

---

1. B. OPPETIT, Sur la coutume en droit privé, Rev. *Droits,* n° préc., p. 39 s., spéc. p. 47. — V. cep. sur la distinction des usages et de la coutume quant au rôle de la Cour de cassation, celle-ci ne contrôlant pas le respect des usages, Soc. 18 déc. 1986, *Bull. civ.* V, n° 620 ; *supra,* n° 115. — V. aussi, sur la preuve de la coutume, *infra,* n° 507.

2. La tradition nous laisse des règles. Elle peut aussi mettre obstacle à l'apparition de règles nouvelles : v. R. GRANGER, La tradition en tant que limite aux réformes du droit, *Rev. int. dr. comp.* 1979, p. 37 s.

3. R. WEHRLE, *De la coutume dans le droit canonique,* thèse Paris, 1928 ; J. GAUDEMET, La coutume en droit canonique, *Rev. hist. droit* 1988, p. 224 s.

4. V. cep. sur l'idée d'une « coutume » à formation rapide, quasi instantanée, B. STARCK, A propos des « accords de Grenelle », Réflexions sur une source informelle du droit, JCP 1970, I, 2363.

5. Sur « la genèse de l'obligatoire dans la formation de la coutume », v. J. CARBONNIER, *Flexible droit,* 6e éd., 1988, p. 99 s.

6. E. LAMBERT, *Etudes de droit commun législatif, La fonction du droit civil comparé,* 1903, t. I, p. 137 s.

7. M. VIRALLY, *La pensée juridique,* 1960, p. 158.

8. Sur cette critique, v. B. OPPETIT, art. préc., p. 44.

ce sens que la croyance dans le caractère juridique d'un usage n'est pas la résultante de quelque juridicité par hypothèse en cause. Mieux vaut observer que cette *opinio juris* pourrait être une manifestation parmi d'autres de la puissance de l'imaginaire dans la formation du droit[1].

§ 2 ————————————————————————
LE RÔLE DE LA COUTUME

208   *Loi ou coutume ?* ◊ Un débat classique s'est instauré sur les avantages et les inconvénients respectifs de ces deux modes de création du droit.

La loi écrite a le mérite de la précision et de la certitude, alors que la coutume est imprécise, ce qui peut être une cause d'insécurité pour les intéressés. La loi est générale, la même pour tous ; elle a une vertu centralisatrice. Le droit coutumier est de nature particulariste, il varie suivant les lieux, les professions, les milieux sociaux, ce qui peut être néfaste pour l'unité politique d'un pays. La technique législative est d'un rendement plus rapide que la technique coutumière. La coutume ne peut réaliser des réformes rapides, puisque l'usage ne devient coutume que quand il a duré assez longtemps.

Mais, dans une opinion qui fut soutenue au début du xixe siècle, en Allemagne, par l'Ecole historique (*supra*, n° 140), tous ces inconvénients du droit coutumier seraient largement compensés par le fait qu'il est un droit plus populaire : il est né du peuple lui-même, puisque c'est son usage qui devient le droit, tandis que la loi est formulée par les seuls gouvernants et imposée par eux. Issu du peuple lui-même, le droit coutumier est exactement ce qui convient à sa nature et répond à ses besoins ; il se modifie quand ses besoins se modifient, car l'usage change alors. La loi, au contraire, n'évolue pas en même temps que la société ; elle est souvent en retard, et quand une réforme intervient, elle arrive parfois trop tard et se heurte à l'opinion.

Ce fut certes le grand mérite de l'Ecole historique que d'avoir mis en relief les avantages du droit coutumier. Mais cette thèse ne vaut que dans une société stable, dont la vie économique se modifie peu. A une époque où les situations économiques et sociales évoluent rapidement, la coutume ne peut mettre le droit en concordance avec ces changements. Dès lors, la loi reste le mode principal de création du droit, d'autant qu'elle permet de réaliser un droit uniforme dans un pays unifié.

Pourtant, loin de disparaître, surtout en un temps de prolifération du droit écrit — lois, règlements ... —, la coutume exerce un rôle grandissant, qu'il convient de préciser.

209   *Survivance des coutumes de l'Ancien droit* ◊ On n'a jamais mis en doute la survivance des anciennes règles coutumières dans les matières

———————
1. V. H. LALOU, *Les lois imaginaires*, 1935 ; H. DECUGIS, *Les étapes du droit des origines à nos jours* (suite), 1943, spéc. p. 1 s.

non réglées par le code civil. La loi du 30 ventôse an XII l'indique expressément (*supra*, n° 57)[1]. De même, la loi du 15 septembre 1807 mettant en vigueur le code de commerce a laissé subsister les usages antérieurs compatibles avec les dispositions du code[2]. Enfin, il y a lieu de tenir compte de toutes les anciennes coutumes dès lors qu'elles sont compétentes au regard des règles de conflits de lois dans le temps (*infra*, n°s 436 s.)[3]. On envisagera uniquement ici le rôle actuel de la coutume.

210 *Coutume secundum legem* ◊ Dans un certain nombre de cas, des règles de nature coutumière, ainsi que des usages, spécialement des usages locaux, s'appliquent en vertu d'une prescription formelle du législateur ou de l'autorité réglementaire.

Ainsi en est-il des usages locaux relatifs à la propriété foncière, rendus applicables par les articles 645, 663, 671 et 674 du code civil, pour l'utilisation des eaux, les clôtures, les distances à observer pour les plantations ou pour certaines constructions, le code civil ayant voulu tenir compte de la diversité de climats, de modes de culture et d'habitation.

En matière contractuelle, il est aussi référé aux usages pour compléter ou interpréter les contrats (art. 1135, 1159, 1160). Ces usages sont dits « conventionnels », en ce qu'ils consistent dans les pratiques, souvent spéciales à une profession ou à une région, que les particuliers suivent dans les conventions qu'ils passent. Il s'agit de clauses qui, initialement, étaient toujours insérées dans un certain type de conventions et qui ont finalement été sous-entendues, les parties étant censées s'y être référées implicitement, du seul fait qu'elles ne les avaient pas écartées.

211 *Coutume praeter legem* ◊ Ce rôle de la coutume a été contesté : peut-on admettre la force obligatoire de la coutume en dehors d'un renvoi de la loi ? L'argument essentiel en faveur de la thèse négative a été tiré des principes de notre droit constitutionnel classique : le Parlement serait seul dépositaire de la souveraineté nationale ; la mission qui lui est dévolue exclurait toute possibilité de création directe de droit.

Cette thèse ne paraît pas soutenable. Même dans le droit constitutionnel classique, nettement attaché au légalisme, le monopole du Parlement se bornait à faire des lois ; d'autres autorités — à savoir celles investies du pouvoir réglementaire — pouvaient édicter des règles ; et la coutume est une règle différente de la loi. Rien ne s'oppose en principe à ce que la coutume, à laquelle le législateur lui-même reconnaît compétence dans d'assez nombreux cas, puisse intervenir sans renvoi du législateur,

---

1. Sont ainsi restées en vigueur les coutumes relatives au bail à domaine congéable (jusqu'à la loi du 8 février 1897) et au bail à complant (jusqu'à la loi du 25 juin 1902).
2. Cette opinion est fondée sur ce que l'art. 2 de la loi du 15 sept. 1807 n'a, à la différence de la loi du 30 ventôse an XII, abrogé expressément que les « anciennes lois » et non les anciennes coutumes (Req. 20 oct. 1920, D.P. 1920, 1, 161 ; Civ. 7 janv. 1946, D. 1946, 132. — Lyon-Caen et Renault, *Traité de droit commercial*, t. I, n° 42).
3. Req. 18 fév. 1884, D.P. 84, 1, 187 ; Civ. 29 juil. 1889, D.P. 90, 1, 109 ; Caen, 24 janv. 1912, S. 1913, 2, 269 ; Trib. civ. Versailles, 31 mai 1927, *Gaz. Pal.* 1927, 2, 581.

lorsqu'il y a une lacune du droit légiféré. Les rédacteurs du code civil ont d'ailleurs été favorables à la force obligatoire de la coutume[1].

En fait, les cas d'intervention d'une coutume *praeter legem* sont très rares en droit civil, parce que, quand une question soulève des conflits d'intérêts importants, elle est réglée par la loi ou par la jurisprudence avant qu'une coutume ait eu le temps de se former.

Tout au long du XIXe siècle, on pouvait citer comme exemple la coutume qui veut que la femme porte le nom patronymique de son mari[2]. On peut également considérer comme faisant l'objet d'une règle coutumière la preuve de la qualité d'héritier : celle-ci se fait par des procédés (acte de notoriété, intitulé d'inventaire) dont le rôle a été dégagé progressivement par l'usage, dans les rapports entre les notaires et les grands établissements auprès desquels il faut, en certaines circonstances, justifier de la qualité d'héritier[3].

212 *Coutume contra legem* ◊ Il existe des liens assez étroits entre le problème de l'abrogation des lois — y compris des lois impératives — par la désuétude (*infra*, n° 422) et celui de la coutume *contra legem*, ainsi posé : peut-il exister, juridiquement valable, une coutume contraire à la loi ? Entre les deux situations, il existe cependant la différence qui sépare ce qui est uniquement destructeur et ce qui présente aussi un aspect constructif.

Si l'on doit admettre sans difficulté qu'une coutume puisse détruire une loi *interprétative* ou *supplétive* de volonté — le groupe pouvant faire ce que l'un de ses membres peut faire —, on peut hésiter à admettre l'existence de coutumes contraires à des lois *impératives* (*infra*, n° 425). On en cite pourtant des cas, par exemple la coutume en vertu de laquelle, malgré l'exigence d'un acte notarié en matière de donations (art. 931 c. civ.), la pratique du don manuel est valable. Mais le doute grandit lorsque la règle impérative présente un caractère d'ordre public.

§ 3 ——————————————————————

LE RAYONNEMENT DE LA COUTUME

213 *Variations* ◊ L'importance de la coutume varie selon les branches du droit. Cette diversité, affectant d'ailleurs non seulement le rôle mais aussi

---

1. V. en ce sens le « Discours préliminaire » au projet du Code civil de Portalis (Fenet, t. I, p. 469 s.).

2. On tend à abriter cette coutume derrière un texte depuis que la loi du 6 février 1893 a ajouté un alinéa à l'article 299 : « Par l'effet du divorce, chacun des époux reprend l'usage de son nom » (art. 264, al. 1er, actuel).

3. Parmi les règles coutumières, on peut encore citer celle en vertu de laquelle, en matière commerciale, les quittances font foi de leur date par elles-mêmes, contrairement à l'art. 1328 c. civ. En droit commercial, une règle coutumière présume la solidarité entre codébiteurs contractuels contrairement à l'art. 1202 c. civ. (Civ. 18 juil. 1929, D.H. 1929, 556, S. 1929, 1, 380 ; 7 janv. 1946, D. 1946, 132).

la notion de coutume, contribue à expliquer la perplexité que suscite la matière dans l'esprit des juristes.

214   **En droit public** ◊ La coutume est, en *droit international public,* une source de droits et d'obligations pour les Etats, expressément envisagée à l'article 38-2° du Statut de la Cour permanente, puis de la Cour internationale de justice ; elle y est définie ainsi : « La coutume internationale comme preuve d'une pratique générale acceptée comme étant le droit »[1]. Le concept de coutume a, en droit international public, été élaboré sur le modèle traditionnel. Quant au fondement de la coutume, diverses théories ont été proposées : les unes et les autres s'ordonnent autour de conceptions, soit volontaristes (accord tacite, expression de la volonté des Etats), soit objectivistes (ex. : conscience juridique collective) de la coutume en droit international public.

En *droit constitutionnel,* on s'interroge sur la possibilité d'un rôle de la coutume, dès lors que l'Etat dont le droit est en cause est doté d'une constitution écrite[2]. Là se manifeste, plus qu'ailleurs, la différence qui peut exister entre une pratique et une coutume (*supra,* n° 205). La manière suivant laquelle une constitution est appliquée relève du domaine du fait et ne saurait donner naissance à une règle obligatoire. Telle est l'opinion qui, sans être unanime, est généralement reçue en doctrine. Il n'est d'ailleurs pas fait état de la coutume dans notre Constitution et le Conseil constitutionnel n'y fait pas référence. A supposer même qu'on parvienne à lui reconnaître une place, ce ne saurait être que *praeter legem.* Une coutume contraire à la Constitution heurte généralement la doctrine qui avance, à l'appui de son opinion, l'existence de mécanismes aménagés de révision de la Constitution[3]. On hésitera d'ailleurs à admettre qu'il ne puisse y avoir d'abrogation par désuétude d'une disposition constitutionnelle.

En *droit administratif,* l'existence de la coutume en tant que source du droit est controversée[4]. Certains auteurs écartent nettement la coutume comme source directe de la légalité[5]. D'autres adoptent des attitudes plus nuancées, reconnaissant que l'usage occupe une place importante dans le

---

1. Gianni, *La coutume en droit international,* thèse Paris, 1931 ; J. Haemmerlé, *La coutume en droit des gens d'après la jurisprudence de la Cour permanente de justice internationale,* thèse Nancy, 1933 ; P. Guggenheim, Les deux éléments de la coutume en droit international, *Mélanges Scelle,* 1950, t. I, p. 275 s. ; S. Sur, La coutume internationale, sa vie, son œuvre, Rev. *Droits,* n° préc., p. 111 s.

2. J. Chevallier, La coutume et le droit constitutionnel français, *Rev. dr. publ.* 1970, p. 1375 s. ; J.-C. Maestre, A propos des coutumes et des pratiques constitutionnelles : l'utilité des constitutions, *Rev. dr. publ.* 1973, p. 1275 s. ; D. Lévy, Le rôle de la coutume et de la jurisprudence dans l'élaboration du droit constitutionnel, *Mélanges Waline,* 1974, t. I, p. 30 s. ; R. Capitant, La coutume constitutionnelle, rééd. *Rev. dr. publ.* 1979, p. 959 s. ; S. Rials, Réflexions sur la notion de coutume constitutionnelle, *Rev. adm.* 1979, p. 265 s.

3. P. Pactet, *Institutions politiques, Droit constitutionnel,* 10ᵉ éd., 1991, p. 68 ; P. Ardant, *Institutions politiques,* 2ᵉ éd., 1990, p. 60.

4. M. Réglade, *La coutume en droit public moderne,* thèse Bordeaux, 1919 ; G. Teboul, *Usages et coutume dans la jurisprudence administrative,* thèse Paris II, éd. 1989.

5. J.-M. Auby et R. Drago, *Traité de contentieux administratif,* 2ᵉ éd. 1984, t. II, n° 1242, p. 354 s.

contentieux administratif et que la coutume peut, en matière administrative, compléter la loi mais ne saurait aller à l'encontre de celle-ci[1].

215 *En droit commercial* ◊ Depuis des siècles, le droit commercial a subi profondément l'influence des usages et de la coutume[2]. Aussi bien est-ce en ce domaine que l'on peut estimer généralement inopérante la distinction des usages et de la coutume (v. *supra*, n° 206). Traditionnellement, le droit commercial a fait une place à la *coutume*. Ainsi le contrat de compte courant, entre les banques et leurs clients, est soumis à des règles qui ont été élaborées par l'*usage du commerce*. On citera en particulier les règles permettant, en matière de compte courant, l'anatocisme, c'est-à-dire la capitalisation des intérêts, contrairement à l'article 1154 du code civil, et celles reculant le point de départ de la prescription des intérêts au jour de la clôture du compte, contrairement à l'article 2277 du code civil[3]. Plus généralement, on observera que le droit commercial réserve une place importante aux *sources professionnelles*, en particulier aux normes élaborées par des organismes de caractère corporatif. Certaines décisions des tribunaux illustrent la puissance de ces diverses forces[4]. La prospective du droit des affaires confirme cette analyse[5].

Dans le cadre des relations commerciales internationales, l'importance des usages, des coutumes, des contrats-types est ancienne et croissante. Maintes conventions internationales y font référence. On a vu se développer « un nouveau droit coutumier des affaires »[6], semblable à la *lex mercatoria* médiévale. Certains auteurs ont affirmé la juridicité de celle-ci[7]. D'autres l'ont, il est vrai, contestée, soutenant que la *lex mercatoria* n'était en réalité qu'une manifestation de l'équité[8] ou que sa juridicité n'était pas établie[9]. Quoi qu'il en soit, on peut estimer que la jurisprudence

---

1. V. TEBOUL, thèse préc.
2. J. ESCARRA, Valeur juridique de l'usage en droit commercial, *Ann. dr. com.* 1910, p. 97 s. ; TANAKA, Fonction de la coutume en droit commercial, *Mélanges Gény*, 1934, t. III, p. 247 s.
3. Civ. 25 fév. 1930, D.H. 1930, 251 ; 21 juil. 1931, D.P. 1932, 1, 49, note HAMEL ; 3 fév. 1937, S. 1937, 1, 225. — V. aussi, en ce sens qu'il ne saurait être interdit au juge, en matière de commerce, de constater un usage pour en faire le fondement de sa décision : Req. 22 déc. 1902, D.P. 1905, 1, 149. — Rappr. sur la *pratique*, J. HILAIRE et J. TURLAN, Les mots et la vie, La « pratique » depuis la fin du Moyen Age, *Mélanges Yver*, 1976, p. 369 s.
4. Paris 12 janv. 1965, D. 1965, 687, note GORÉ (l'usage peut prévaloir contre la loi) ; 30 juin 1983, *Gaz. Pal.* 1983, 2, 636 (« l'usage en matière commerciale est une source du droit ») ; Montpellier 24 juin 1968, *RTD com.* 1968, 829, obs. E. DU PONTAVICE (l'usage vaut indépendamment de sa reconnaissance par les tribunaux) ; B. OPPETIT, art. préc., p. 48.
5. *Quel droit des affaires pour demain ? Essai de prospective juridique*, Centre de recherche sur le droit des affaires (CREDA), 1984, n°s 195 s.
6. B. OPPETIT, art. préc., p. 42. — V. aussi, du même auteur, *La notion de source du droit et le droit du commerce international*, Arch. phil. droit, t. XXVII, 1982, p. 43 s.
7. B. GOLDMAN, Frontières du droit et *lex mercatoria*, Arch. phil. droit, t. IX, 1964, p. 177 s. ; *La lex mercatoria dans les contrats et l'arbitrage internationaux*, JDI 1979, p. 475 s.
8. J.-D. BREDIN, La loi du juge, *Mélanges Goldman*, 1983, p. 15 s.
9. P. LAGARDE, *Approche critique de la lex mercatoria, ibid.*, p. 125 s.

française s'est orientée dans le sens de la juridicité des usages du commerce international[1].

216 **En droit social** ◊ Dans une analyse de type classique, on a pu constater l'existence de coutumes ou d'usages *secundum legem* en droit social. Ainsi a-t-on observé qu'il existait, spécialement en droit du travail, des usages auxquels il est renvoyé sans permission d'y déroger (ex. : art. L. 122-5 et L. 122-6 c. trav.).

De manière plus novatrice, on considère qu'outre les règles découlant de la législation du travail, des conventions collectives (*infra*, n° 250) et du règlement intérieur (*infra*, n° 249), l'entreprise serait régie par un « droit coutumier social »[2]. Mais la nature juridique des usages ainsi considérés suscite l'hésitation en doctrine et en jurisprudence. Certains les rapprochent des usages professionnels[3]. Après avoir assimilé l'usage d'entreprise à une convention collective[4], la Cour de cassation a décidé qu'un tel usage ne pouvait être considéré comme un accord collectif[5].

SECTION 5
LA JURISPRUDENCE

217 **Présentation** ◊ En anglais, le terme *Jurisprudence* désigne la philosophie du droit et la théorie générale du droit. En français, le sens du mot est très différent. On appelle jurisprudence, l'« ensemble des décisions de justice rendues pendant une certaine période soit dans une matière (jurisprudence immobilière), soit dans une branche du Droit (jurisprudence civile, fiscale), soit dans l'ensemble du Droit »[6].

On envisagera successivement l'*existence* (§ 1) et la *nature* (§ 2) de la jurisprudence, puis les *relations* de celle-ci avec les *autres sources* du droit (§ 3).

---

1. Civ. 2e, 9 déc. 1981, JDI 1982, 931, note B. OPPETIT ; v. aussi P. FOUCHARD, Les usages, l'arbitre et le juge, *Mélanges Goldman*, 1983, p. 67 s.
2. C. MOREL, Le droit coutumier social dans l'entreprise, *Dr. soc.* 1979, p. 279 s. — V. aussi H. THUILLIER, *L'usage en droit du travail*, JCP 1975, éd. CI, II, 11619 ; P. OLLIER, L'accord d'entreprise dans ses rapports avec les autres sources du droit dans l'entreprise, *Dr. soc.* 1982, p. 680 s.
3. M. MIQUEL, *L'usage en droit du travail*, thèse Toulouse, 1974, p. 15 s. ; comp. cep. G. VACHET, L'usage d'entreprise est-il un véritable usage ?, JCP 1984, éd. CI, II, 14328.
4. Soc. 13 juin 1984, JCP 1985, éd. CI, II, 14411, note VACHET.
5. Soc. 12 juin 1986, *Leboulanger*, BS Lefebvre, 2-1987, p. 77, obs. J. DÉPREZ. — V. aussi J. DÉPREZ, note JCP 1991, éd. E, II, 161, sous Soc. 10 oct. 1990.
6. *Vocabulaire juridique*, Assoc. H. CAPITANT, V° Jurisprudence, 1. — V. SENN, *Les origines de la notion de jurisprudence*, 1926.

§ 1
L'EXISTENCE DE LA JURISPRUDENCE

218 *Distinction* ◊ L'existence de la jurisprudence peut être présentée à partir d'une analyse de ses composantes (A), puis de ses domaines (B).

A COMPOSANTES DE LA JURISPRUDENCE

219 *Présentation* ◊ Pour que l'on puisse faire état de l'existence d'une jurisprudence, il faut supposer que des *décisions de justice* ont été rendues. Et généralement, le mot n'est utilisé que lorsque ces décisions ont été rendues à la suite de procès, en d'autres termes dans le cadre de ce qu'on appelle la *juridiction contentieuse*[1], différente de la *juridiction gracieuse*, qui implique l'absence de litige, tout au moins de litige déclaré, ostensible[2].

Mais il ne suffit pas que des décisions de justice soient rendues — et connues, diffusées (v. *infra*, n°s 382 s.) — pour que l'on puisse parler de jurisprudence. Encore faut-il que ces décisions soient motivées, car c'est la motivation des décisions[3], soutien du dispositif de celles-ci, qui permet de comprendre ce corps de pensée que constitue *une* jurisprudence — sur telle ou telle question, en tel ou tel domaine — ou, de manière plus générale, la jurisprudence[4]. Dans l'Ancienne France, le vieil usage, recommandé par Beaumanoir, de motiver les décisions était tombé en désuétude. Le droit intermédiaire a réagi contre cet état de choses. De l'article 15 de la loi des 16-24 août 1790 est résultée l'obligation d'exprimer, avant le dispositif du jugement, « les motifs qui auront déterminé » celui-ci. La règle sera reprise à l'article 141 de l'ancien code de procédure civile et à l'article 163 du code d'instruction criminelle. L'obligation de motiver les jugements, arrêts et sentences est presque générale. Elle est notamment exprimée à l'article 455, alinéa 1er, du nouveau code de procédure civile. Faute de motivation comme il en était des décisions des anciens parlements[5], comme il en est aujourd'hui de celles des jurys d'assises, on ne peut parler de jurisprudence.

---

1. P. JESTAZ, La jurisprudence, ombre portée du contentieux, D. 1989, chron. 149 s.
2. D. LE NINIVIN, *La juridiction gracieuse dans le nouveau code de procédure civile*, thèse Rennes I, éd. 1983. — V. aussi M. CHRÉTIEN, *Les règles de droit d'origine jurisprudentielle*, thèse Lille, 1936 ; LE BALLE, Les Cours de droit, D.E.S. 1960-1961, *Genèse du droit jurisprudentiel.*
3. *La motivation des décisions de justice*, Trav. du Centre national de recherches de logique, Bruxelles, 1978 ; LEGROS, *Essai sur la motivation des jugements civils*, thèse (dactyl.) Dijon, 1987 ; *supra*, n° 115. — V. aussi R. LINDON, La motivation des arrêts de la Cour de cassation, JCP 1975, I, 2681.
4. MARIANNE SALUDEN, *Le phénomène de la jurisprudence, Etude sociologique*, thèse ronéot. Paris II, 1983.
5. V. SAUVEL, Histoire des jugements motivés, *Rev. dr. publ.* 1955, p. 5 s.

L'importance de la jurisprudence se manifeste par l'ensemble des décisions, de plus en plus nombreuses, rendues par les juridictions. Mais c'est surtout lorsque l'on envisage les solutions rendues par les juridictions situées au sommet des diverses hiérarchies que la jurisprudence prend tout son relief. Façonnée à partir de l'analyse des arrêts rendus par la Cour de cassation (*supra*, n⁰ˢ 106 s.), cette acception de la jurisprudence est, à notre époque, de plus en plus nécessaire à la compréhension du droit.

220 *Rôle du juge dans sa fonction contentieuse* ◊ Les tribunaux sont chargés de juger les litiges. A cet effet, ils appliquent le droit aux rapports humains. Un litige suscite donc deux questions : une question de fait et une question de droit[1].

Le juge, ayant découvert et déterminé les faits, doit leur appliquer le droit. Rien de plus facile si la règle de droit applicable a été proclamée expressément et nettement par la loi ; dans ce cas, l'office du juge sera presque mécanique. Mais souvent les choses sont moins simples. Tout d'abord la loi est parfois douteuse, le législateur s'étant mal exprimé : certes il y aurait lieu, quand le législateur édicte une règle, qu'il la formule de façon claire et précise ; mais il n'y réussit pas toujours. En outre, les faits donnant lieu au litige peuvent être complexes et offrir une combinaison non prévue par la loi ; car le législateur est incapable de faire face à l'extrême complexité des cas particuliers et de fixer par avance la règle qui doit les régir. Il ne doit d'ailleurs pas s'engager dans cette voie, sinon la loi serait démesurément étendue, difficilement compréhensible ; inéluctablement d'ailleurs, il y a des lacunes[2]. Le juge peut enfin se trouver en présence d'un fait qui a totalement échappé au législateur, par exemple d'un fait nouveau dû aux transformations de la vie par suite des progrès de la science[3].

1. G. MARTY, *La distinction du fait et du droit*, thèse Toulouse, 1929 ; C. MARRAUD, *La notion de dénaturation en droit privé*, thèse Nancy, éd. 1974 ; M. ROTONDI, Considérations en « fait » et en « droit », *RTD civ.* 1977, p. 1 s.
2. V. *Le problème des lacunes en droit*, par le Centre national de recherches de logique, Bruxelles, 1968. — V. aussi LESCOT, Les tribunaux en face de la carence du législateur, JCP 1966, I, 2007.
3. Portalis le disait déjà dans son Discours préliminaire du Code civil : « Comment enchaîner l'action du temps ? Comment s'opposer au cours des événements ou à la pente insensible des mœurs ? Comment connaître et calculer d'avance ce que l'expérience seule peut nous révéler ? ... Un Code, quelque complet qu'il puisse paraître, n'est pas plutôt achevé que mille questions inattendues viennent s'offrir au magistrat. Car les lois, une fois qu'elles ont été rédigées, demeurent telles qu'elles ont été écrites. Les hommes, au contraire, ne se reposent jamais ; ils agissent toujours, et ce mouvement, qui ne s'arrête pas, et dont les effets sont diversement modifiés par les circonstances, produit à chaque instant quelque combinaison nouvelle, quelque nouveau fait, quelque résultat nouveau ». — La prise de conscience accrue de la réalité sociologique par le législateur l'a conduit depuis quelques décennies à utiliser des notions souples — dites aussi notions-cadres — qui ont conféré aux tribunaux, spécialement dans le droit de la famille, une influence accrue (G. CORNU, *L'apport des réformes récentes du Code civil à la théorie du droit civil*, Cours de droit civil approfondi, Les Cours de droit 1970-1971, p. 136 et 188), sur l'opportunité de laquelle il est permis de s'interroger. — Rappr. S. RIALS, *Le juge administratif et la technique du standard (Essai sur le traitement juridictionnel de l'idée de normalité)*, thèse Paris II, éd. 1980 ; v. aussi *infra*, n⁰ 364.

221 *L'obligation de juger. L'article 4 du code civil* ◊ Que va faire le juge lorsque la loi est obscure, incomplète ou muette ?

Sous l'Ancien droit, en application de l'article 7 du Titre Premier de l'ordonnance de 1667, le Roi était, en principe, le seul interprète de la loi. La Révolution transféra le pouvoir législatif à une assemblée représentative. Et dans la ligne d'une conception légaliste et volontariste héritée de Rousseau, l'article 12 de la loi des 16-24 août 1790 sur l'organisation judiciaire disposa que « les tribunaux s'adresseront au Corps législatif, toutes les fois qu'ils croiront nécessaire soit d'interpréter une loi, soit d'en faire une nouvelle ».

Ce *référé législatif* se reliait à l'article 10 de la même loi qui interdisait aux tribunaux de « prendre, directement ou indirectement, aucune part à l'exercice du pouvoir législatif, ni empêcher ou suspendre l'exécution des décrets du Corps législatif à peine de forfaiture » (v. *supra*, n° 99). Le référé législatif était suspensif ; le procès était provisoirement arrêté. Ce système est resté en vigueur jusqu'à la loi du 16 septembre 1807 qui a prévu, au niveau de la Cour de cassation, la possibilité d'une demande d'avis interprétatif du Conseil d'Etat. Puis, à la suite des lois du 30 juin 1828 et du 1ᵉʳ avril 1837, la procédure du référé législatif a été supprimée [1] (comp., sur la saisine pour avis de la Cour de cassation, depuis la loi du 15 mai 1991, *supra*, n° 116).

Dès 1804, il est vrai, le code civil avait fait obligation au juge de se prononcer dans chaque litige qui lui était soumis. L'article 4 du code civil dispose, en effet, que « le juge qui refusera de juger, sous prétexte du silence, de l'obscurité ou de l'insuffisance de la loi, pourra être poursuivi comme coupable de déni de justice ». Le déni de justice est réprimé par le code pénal (art. 185) [2].

Puisque le juge doit juger et que la loi ne lui fournit pas toujours intégralement la solution, il aura recours à ses propres lumières. Et l'on pourrait songer alors à lui permettre de statuer en équité, en s'inspirant du bon sens et du sentiment de justice (v. *supra*, n° 13). Mais une telle solution offrirait de sérieux inconvénients : l'arbitraire du juge, l'incohérence dans les décisions, car ce qui est équitable pour l'un ne le sera pas forcément pour l'autre ; deux cas identiques pourraient recevoir des solutions différentes selon le sentiment personnel que le juge se fait de l'équité. Déjà on disait dans l'Ancienne France : « Dieu nous garde de l'équité des Parlements ».

A défaut d'une solution d'équité, le juge doit donc fournir une solution rationnelle : il voudra se déterminer non pas au hasard, mais en se fondant sur des raisons solides, et, parmi celles-ci, il y a les décisions rendues antérieurement dans des cas identiques. Le juge s'appuiera sur les pré-

---

1. Y. L. Hufteau, *Le référé législatif et les pouvoirs du juge dans le silence de la loi*, Trav. fac. droit Paris, 1965.
2. L. Favoreu, *Du déni de justice en droit public français*, 1964 ; Civ. 4 fév. 1920, D.P. 1924, 1, 62 ; Civ. 3ᵉ, 16 avril 1970, D. 1970, 474, note M. Contamine-Raynaud ; comp. Civ. 3ᵉ, 3 déc. 1980, *Gaz. Pal.* 1981, 2, 481, note A. Piédelièvre.

cédents judiciaires[1], sur ce qu'on appelle la jurisprudence. Plusieurs raisons permettent d'expliquer ce procédé. Il y a d'abord une raison psychologique, l'influence de l'exemple : on comprend que le juge ait tout naturellement tendance à adopter comme règle celle qui a servi à trancher précédemment un cas semblable. Il faut ensuite tenir compte du fait que les jugements sont motivés, c'est-à-dire qu'avant d'énoncer sa sentence, le juge doit la justifier par le raisonnement. Dès lors, un autre juge qui doit juger une affaire semblable, s'il est convaincu par la justesse du raisonnement, pourra se l'approprier à son tour. L'utilisation des précédents judiciaires tient encore au fait que les juges sont conscients de ce qu'il leur faut satisfaire un besoin de sécurité.

222   *L'interdiction de légiférer. La prohibition des arrêts de règlement. L'article 5 du code civil* ◊ Que la jurisprudence puisse créer du droit, cela heurte, semble-t-il, le principe de la séparation des pouvoirs, et notamment du judiciaire et du législatif, qui est à la base de notre droit public depuis la Révolution. Les révolutionnaires, en 1789, se méfiaient des tribunaux ; ils se souvenaient des difficultés que la Royauté eut jadis avec les Parlements qui tentèrent d'arrêter maintes réformes législatives (v. *supra*, n° 48). Aussi le pouvoir judiciaire fut-il séparé du pouvoir législatif : au premier, il est interdit d'empiéter sur les attributions du second ; il n'a pas le droit d'édicter des dispositions qui auraient force de loi ; dans la tradition du droit public français, la puissance législative n'appartient qu'au Parlement qui représente la volonté générale.

Pour compléter l'interdiction faite au pouvoir judiciaire d'empiéter sur le domaine du pouvoir législatif, l'article 5 du code civil interdit aux juges de prononcer par voie de disposition générale et réglementaire sur les causes qui leur sont soumises. Par ce texte, le code civil interdit la pratique des arrêts de règlement : sous l'Ancien Régime, il était loisible aux Parlements de rendre des arrêts non pas applicables seulement à un cas déterminé, mais constituant une règle qui, par la suite, était applicable à tous les cas analogues. Certes le Parlement qui procédait ainsi ne statuait que pour son ressort, et avec cette réserve qu'il lui était défendu de modifier le droit existant ; mais il agissait comme fait un législateur : il posait une règle de droit applicable dans l'avenir dans tel cas déterminé. Ce pouvoir de formuler une règle de droit avait beau n'être en quelque sorte que subsidiaire, il était manifestement contraire à la séparation des pouvoirs et a été écarté par l'article 5[2].

1. V. Sauvel, Essai sur la notion de précédent, D. 1955, chron. 93 ; C.V. Fragistas, Les précédents judiciaires en Europe continentale, *Mélanges Maury*, 1960, t. II, p. 139 s. ; A. Sergenne, Le précédent judiciaire au Moyen Age, *Rev. hist. droit* 1961, p. 224 s. ; M. Saluden, thèse préc., p. 653 s.

2. V. Deteix, *Les arrêts de règlement*, thèse Paris, 1930 ; H. Sinay, La résurgence des arrêts de règlement, D. 1958, chron. 85 ; A. Audinet, Faut-il ressusciter les arrêts de règlement ?, *Mélanges Brèthe de La Gressaye*, 1967, p. 99 s. ; Hébraud, obs. *RTD civ.* 1960, p. 712, 1972, p. 176 ; B. Beignier, Les arrêts de règlement, Rev. *Droits*, n° 9-1989, p. 45 s. — L'interdiction des arrêts de règlement a aussi pour corollaire le rejet d'une autorité obligatoire du précédent (P. Hébraud, Le juge et la jurisprudence, *Mélanges Couzinet*, 1974, p. 339).

Dès lors, une juridiction ne saurait se prononcer par une disposition générale et réglementaire, donc par une disposition appelée à la lier elle-même, voire à en lier d'autres à l'avenir.

Ainsi est prohibée une disposition réglementaire consistant à interdire à une société d'édition toute publicité non seulement d'un produit pharmaceutique faisant l'objet du litige, mais également de tous les produits fabriqués et mis en vente par l'un quelconque des membres de la chambre syndicale des fabricants de produits pharmaceutiques[1] ou à édicter un règlement de procédure relatif au recouvrement simplifié de petites créances commerciales[2].

223   *Relativité de la chose jugée* ◊ De la prohibition des arrêts de règlement, on rapproche volontiers la relativité de la chose jugée, qui elle aussi paraît s'opposer au pouvoir de la jurisprudence de créer du droit. Les jugements n'ont qu'une autorité relative, limitée à l'affaire sur laquelle ils statuent : la solution donnée ne vaut que pour l'espèce à propos de laquelle elle a été rendue ; le même tribunal pourrait, le lendemain, rendre une décision différente dans une affaire similaire. Le fait qu'une juridiction, si haut placée qu'elle soit, a tranché une question dans un certain sens n'oblige pas une autre juridiction à adopter la même solution[3]. Il en est autrement dans les pays anglo-saxons où règne la valeur obligatoire du précédent judiciaire, les tribunaux étant liés par les décisions rendues dans des affaires semblables par les juridictions supérieures[4]. La relativité de la chose jugée concourt ainsi à l'interdiction des arrêts de règlement : si une règle de droit dégagée par un tribunal saisi d'un litige devait être obligatoirement suivie par lui dans des cas similaires, ce serait rétablir indirectement l'arrêt de règlement.

224   *Les arrêts de principe* ◊ La prohibition des arrêts de règlement n'empêche pas le juge d'émettre des principes généraux de solution, dès lors qu'il y a un lien entre le principe exprimé et la solution du litige. En d'autres termes, ce que l'article 5 interdit au juge — même au juge de cassation — , c'est de créer des normes, et ce en dehors de tout litige. Cela n'exclut pas la création de normes prétoriennes dans le cadre de l'activité juridictionnelle. Reste que la motivation et la solution retenues se rattachent à un cas, ce qui laisse place à la possibilité d'adaptation à d'autres cas. Ainsi le système « tout à la fois permet l'édiction de principes généraux de solution à propos des litiges qui se présentent, mais n'empêche nullement de les modifier lorsque se présentent d'autres espèces »[5].

Longtemps contestée à partir d'une interprétation extensive de

---

1. Com. 13 janv. 1971, J.C.P. 1971, II, 16932, note Hauser.
2. Civ. 1re, 22 oct. 1957, J.C.P. 1957, II, 10278.
3. Ce principe comporte une seule exception : en cas de cassation d'une décision par les chambres réunies de la Cour de cassation, ou, à présent, par l'Assemblée plénière, la juridiction de renvoi doit se ranger à l'opinion de la Cour de cassation (*supra*, n° 114).
4. V. P. Hébraud, art. préc., p. 344 s. ; Dworkin, Un adoucissement de la théorie du « stare decisis » à la chambre des Lords, *Rev. int. dr. comp.* 1967, p. 185 s.
5. M. Saluden, thèse préc., p. 666.

l'article 5 du code civil, l'admission des arrêts de principe n'est plus discutée aujourd'hui[1]. « Entre les "arrêts de cœur" fustigés par d'Aguesseau et les "arrêts de règlement" interdits, il y a tout simplement des arrêts de portée générale »[2]. Ce sont les arrêts de principe.

On a parfois considéré que les arrêts de principe sont des « décisions consacrant une solution pour la première fois, après examen approfondi d'une question particulièrement importante, susceptible de nombreuses déductions ou de nature à se reproduire souvent »[3]. Cette définition paraît trop restrictive. On peut considérer que constitue un arrêt de principe, un arrêt contenant un principe d'application générale appelé à régir d'autres cas analogues, ce qui se manifeste plus précisément par les arrêts de la Cour de cassation contenant un « chapeau » : immédiatement après avoir visé un texte, voire exceptionnellement sans en avoir visé aucun, la Cour de cassation énonce une telle règle dans un « attendu de principe ». Un arrêt de principe peut être un arrêt de cassation ou un arrêt de rejet[4]. Les « chapeaux » ne sont de règle que dans les arrêts de cassation[5].

La jurisprudence joue donc un rôle décisif dans le processus d'éclosion et d'expression des arrêts de principe. Mais la doctrine exerce aussi, par l'intérêt qu'elle leur porte, une influence importante en la matière[6].

B DOMAINE DE LA JURISPRUDENCE

225 *Droit jurisprudentiel et droit écrit* ◊ Bien que la jurisprudence ne repose pas sur une tradition orale, on peut encore, au sens classique du mot, l'opposer au droit écrit (lois, règlements administratifs, etc.).

A l'intérieur d'un domaine du droit pour partie codifié, la jurisprudence peut exercer un rôle important, non seulement dans l'application ou l'interprétation des règles existantes, mais aussi en consacrant des règles juridiques dans des zones vierges de textes. Ainsi en est-il encore, dans une large mesure, en droit international privé. Egalement, en dépit d'un pullulement inouï de textes, le droit administratif demeure principalement jurisprudentiel. D'où l'importance de ce qu'il est convenu d'appeler, du côté du droit public, le contentieux administratif.

On observe cependant, depuis quelques décennies, un recul de la jurisprudence dans certains domaines précédemment soumis à son empire. Les auteurs du nouveau code de procédure civile (1975) y ont notamment inclus nombre de règles relatives aux principes directeurs du

---

1. V. not. Belaid, *Essai sur le pouvoir créateur et normatif du juge*, thèse Paris II, éd. 1974, p. 27.

2. P. Bellet, Le juge et l'équité, *Mélanges Rodière*, 1981, p. 12.

3. E.H. Perreau, *Technique de la jurisprudence en droit privé*, t. I, 1923, p. 37.

4. Marie-Noëlle Jobard-Bachellier et Xavier Bachellier, *La technique de cassation, Pourvois et arrêts en matière civile*, 1989, p. 21. — V., en ce sens que les « arrêts contraires » sont des arrêts de principe, Sophie Marguery, *Contradiction et continuité dans la jurisprudence de la Cour de cassation*, thèse Bordeaux I, 1984, p. 23 s.

5. M. Saluden, thèse préc., p. 664.

6. C. Atias, L'ambiguïté des arrêts dits de principe en droit privé, JCP 1984, I, 3145.

procès qui relevaient antérieurement de la jurisprudence. La même tendance a été observée dans le droit de la responsabilité du fait des choses inanimées, depuis la loi du 5 juillet 1985, dite loi Badinter, « tendant à l'amélioration de la situation des victimes d'accidents de la circulation et à l'accélération des procédures d'indemnisation ».

Lorsque des besoins de règles nouvelles se manifestent, le recours aux solutions législatives semble d'ailleurs assez naturel à beaucoup d'esprits, tant est répandue dans notre pays cette idée, fausse mais tenace, née de l'influence excessive du positivisme légaliste, et suivant laquelle les « lacunes du droit » — à supposer qu'il y en ait — ne peuvent être comblées que par des lois. — Sur la codification, v. *infra*, nᵒˢ 375 s.

226 *Croissance du contentieux et développement de la jurisprudence* ◊ Le recul de la jurisprudence, en certains domaines, est, en d'autres, plus que compensé par l'effet d'une impressionnante croissance du contentieux, observée non seulement en France, mais aussi à l'étranger[1] et illustrée par ce que l'on appelle aujourd'hui l'« explosion judiciaire ».

La croissance du contentieux se manifeste en tous domaines : civil, administratif, constitutionnel et international. Certes l'ampleur du phénomène varie d'une matière à l'autre, ne serait-ce que parce que l'émergence des diverses sortes de contentieux ne se situe pas, suivant les uns et les autres, durant la même période de l'évolution des sociétés. Reste qu'un peu partout, on constate un hiatus entre le taux de croissance du nombre des procès et le taux de croissance du nombre des juges.

Fatalement les considérations s'entremêlent. Les causes de la croissance des contentieux sont multiples, à commencer par celles qui tiennent au développement d'un Etat de droit et à l'idée selon laquelle plus il y a de justice, plus il y a de droit dans un Etat. Nul ne peut regretter qu'une connaissance plus satisfaisante des voies de droit, liée à une meilleure connaissance de celui-ci, ait facilité le combat pour le droit. Mais il n'est pas de principe sans exception, ni de progrès sans excès, ni de lumière sans ombre dans l'aventure des hommes. Précisément le courant ici évoqué s'est développé à un point tel que l'on a évacué l'une des fonctions de la justice : non pas — bien au contraire — sa fonction manifeste, toute d'accueil, qui tend à trancher les conflits, mais sa fonction latente, naturellement dissuasive, et qui consiste à détourner les plaideurs de recourir trop facilement aux tribunaux.

L'extension du volume est sans doute moins importante que la diversité croissante des contentieux. La détermination des causes de ce mouvement est facilitée par les progrès de la sociologie judiciaire. La typologie des contentieux s'est précisée. A travers cela aussi s'opère une profonde transformation du rôle du juge, tenté davantage par l'*obiter dictum*[2], l'avis en droit donné en dehors de tout procès ou dégagé par une instance

---

1. V. *La crise du juge*, Colloque du Centre de phil. du droit de l'Univ. de Louvain et de l'Association franç. de phil. du droit, L.G.D.J.,1990.
2. Sur le procédé de l'*obiter dictum* consistant à insérer, dans un arrêt, un motif étranger à l'espèce, V. Hébraud, obs. *RTD civ.* 1969, 607.

supérieure, sitôt qu'apparaissent des questions de droit épineuses et sujettes à controverse (v. *supra*, n° 116) ou encore l'incitation à des réformes législatives (v. *infra*, n° 232).

Il va de soi que de telles observations s'imposent avec plus ou moins de force suivant le contentieux considéré : civil, administratif, constitutionnel, communautaire, européen, international, arbitral ...

Dès lors, plus que jamais, il convient de s'interroger sur la nature de la jurisprudence.

§ 2

NATURE DE LA JURISPRUDENCE

227 *Le débat* ◊ Entendue comme l'habitude de juger une question d'une certaine façon, la jurisprudence est-elle une simple autorité ou une authentique source du droit ?[1].

On sait que la question agite depuis fort longtemps la doctrine[2]. Aujourd'hui encore les auteurs sont partagés. Certains tiennent pour la première analyse[3], d'autres pour la seconde[4].

La première conception se relie à l'idéologie révolutionnaire et au principe de la séparation des pouvoirs. Les juges ne sauraient participer à la création du droit, car ils usurperaient un pouvoir qui n'appartient qu'aux élus de la nation. La loi écrite étant censée avoir tout prévu, le juge en est le serviteur, il l'applique mécaniquement. Aussi bien toutes les précautions étaient-elles prises pour empêcher la jurisprudence, « la plus détestable des institutions » (Le Chapelier), de devenir une source du droit : les arrêts de règlement étaient prohibés. Mieux, conçu comme un auxiliaire du corps législatif, le tribunal de cassation était institué non pour imposer l'unité d'interprétation, mais pour protéger la loi contre les empiétements du juge ; se présentait-il une difficulté sérieuse d'interprétation, la solution en revenait au législateur par l'entremise du référé législatif (*supra*, n° 221). Néanmoins, dès cette époque, quelques esprits pragmatiques et perspicaces, au premier rang desquels il faut citer Portalis, devaient rappeler le rôle irremplaçable du juge. La loi ne peut tout régler : parfois obscure, elle est souvent incomplète et devient progressivement obsolète. Il faut donc l'interpréter, la compléter, l'adapter. Si le

---

1. Les développements qui suivent sont la reproduction du commentaire publié aux *Grands arrêts de la jurisprudence civile*, par F. TERRÉ et Y. LEQUETTE, 9ᵉ éd., 1991, n° 69, p. 300 s. — Que Y. LEQUETTE en soit remercié.
2. V. O. DUPEYROUX, La doctrine française et le problème de la jurisprudence source du droit, *Mélanges Marty*, 1978, p. 464 s. ; F. ZÉNATI, *La jurisprudence*, 1991.
3. CARBONNIER, *Droit civil, Introduction générale*, nᵒˢ 142 s. ; CORNU, *Introduction, Les personnes, Les biens*, n° 440 ; AUBERT, *Introduction au droit*, n° 163.
4. MARTY et RAYNAUD, *Introduction générale*, n° 119 ; MAZEAUD et CHABAS, t. I, vol. 1, n° 105. — V. dans le sens d'une distinction : négation *de jure*, reconnaissance *de facto* du pouvoir normatif, STARCK, ROLAND et BOYER, *Introduction au droit*, nᵒˢ 827 s.

législateur s'en abstient, qui mieux que le juge peut remplir cette triple tâche ! En lui faisant obligation de juger malgré le silence, l'obscurité ou l'insuffisance de la loi, l'article 4 du code civil l'y incite et lui reconnaît implicitement un pouvoir propre lui permettant de créer le droit lorsque cela est nécessaire à la solution du litige dont il a à à connaître. Encore fallait-il que la Haute juridiction en ait les moyens ! La suppression du référé législatif et corrélativement le pouvoir reconnu à la Cour de cassation, réunie dans sa formation la plus prestigieuse, d'imposer sa solution aux juges du fond, devaient les lui donner[1].

228   *La jurisprudence source de droit* ◊ Soutenir que la jurisprudence peut être source du droit suppose que l'on explique comment une règle générale peut sortir de décisions particulières. Par quelle étrange alchimie les décisions de justice qui sont normes individuelles, concrètes et catégoriques peuvent-elles se muer en une règle de droit générale, abstraite et hypothétique ?

La réponse est double.

En premier lieu, dans toute décision de justice, il y a *deux* aspects : l'aspect *individuel*, concret, qui s'incarne au premier chef dans le dispositif et qui apporte une solution à l'espèce ; les présupposés *généraux* sur lesquels elle repose et qui s'expriment à travers sa motivation. En règle générale, ceux-ci devront d'autant plus au juge que les directives de la loi sont plus discrètes ; ils seront d'autant plus importants qu'ils émanent d'une juridiction plus élevée dans la hiérarchie judiciaire. Juge du droit, la Cour de cassation a naturellement tendance à privilégier la « fonction généralisante » de l'acte juridictionnel au détriment de sa « fonction individualisante »[2]. C'est dire que de ses décisions et spécialement de ses arrêts de principe, se dégagent des modèles destinés à guider l'action future des juges du fond[3].

En second lieu, les modèles ainsi proposés aux juges du fond sont l'objet d'une double loi : loi d'imitation, loi de continuité.

Loi d'*imitation* : ce que la Cour de cassation a jugé, les juges du fond le jugeront. Ils savent, en effet, que s'ils ne respectent pas les directives de la Haute juridiction, leurs décisions seront censurées. Encore faut-il, pour que le système fonctionne correctement, que le modèle proposé soit unique, clair et connu de ses destinataires. Unique : les formations des Chambres mixtes et de l'Assemblée plénière sont là pour y pourvoir. Clair : le prononcé d'arrêts de principe aux formules soigneusement ciselées y

---

1. V. L. Husson, *Analyse critique de la méthode de l'exégèse*, Arch. phil. droit 1972, p. 115 s.
2. P. Bellet, Grandeur et servitudes de la Cour de cassation, *Rev. int. dr. comp.* 1980, 296.
3. A ce stade de l'explication, il faut faire justice d'un argument toujours reproduit bien que non pertinent : la jurisprudence ne saurait être une source du droit car les décisions des juges n'ont qu'une autorité relative de chose jugée (*supra*, n° 223). C'est méconnaître que l'autorité relative de chose jugée concerne la situation concrète sur laquelle la décision s'est prononcée et non la règle abstraite qui y est impliquée. La preuve : les décisions revêtues d'une autorité absolue de chose jugée n'ont pas sur le plan jurisprudentiel une autorité supérieure à celles qui n'en sont pas revêtues (Hébraud, obs. *RTD civ.* 1969, 607 s.) ; inversement, l'autorité relative de chose jugée n'empêche pas, dans les pays de *common law*, les décisions de justice d'avoir valeur de précédent.

répond. Connu de ses destinataires : la publication au Bulletin des arrêts de la Cour de cassation n'a pas d'autre fin[1].

Loi de *continuité* : ce que la Cour de cassation a jugé dans le passé, elle le rejugera dans l'avenir. Certes rien ne l'y oblige : un revirement de jurisprudence est toujours possible. Aussi bien les auteurs qui ne voient dans la jurisprudence qu'une autorité insistent-ils sur cette précarité. Mais l'argument prouve trop : on ne saurait, en effet, dénier à la jurisprudence valeur de source du droit sous le prétexte qu'elle ne s'impose pas au juge qui l'a posée, car il en va de même du législateur ! Celui-ci peut toujours modifier ou abroger une loi antérieure. Au reste, la stabilité de la jurisprudence n'est probablement pas aujourd'hui, en de nombreux domaines, inférieure à celle de la loi ; de plus en plus souvent, produit de ministères « techniques », celle-ci énonce moins une règle de conduite qu'elle ne devient un procédé de gouvernement, alors que celle-là est l'œuvre de magistrats imprégnés, au-delà de leur diversité, de ce que Ripert nommait « l'esprit juridique », c'est-à-dire « l'esprit conservateur au sens philosophique du terme »[2].

Mais, ajoute-t-on, cette précarité de la jurisprudence serait plus redoutable parce qu'accentuée par le caractère *rétroactif* qui marque ses revirements. De fait, il est vrai qu' « une jurisprudence nouvelle s'applique toujours dans tous les procès nouveaux, sans que l'on prenne en considération la date à laquelle les faits du procès se sont produits et quand bien même ces faits seraient antérieurs au changement de jurisprudence »[3]. Cela tient à une raison fort simple. Lorsqu'elle confère un certain sens à une règle, la jurisprudence fait corps avec celle-ci. Partant, cette règle est censée avoir toujours eu cette signification. — Sur les revirements de jurisprudence, v. *infra*, n° 453.

229 *Fondement de la force obligatoire de la jurisprudence* ◊ La remarque qui précède est essentielle en ce que, faisant pénétrer au cœur du problème, elle permet de mieux approcher le véritable *fondement* de la force obligatoire de la jurisprudence. Contrairement à ce qui a pu être soutenu, celle-ci ne saurait procéder d'une réception implicite du législateur[4], pas plus que d'un rapprochement avec la coutume. Soutenir que l'absence de réaction du législateur face à la jurisprudence implique une approbation tacite de celle-ci ne va pas sans beaucoup d'artifice. Quant à l'opinion qui voudrait déceler le fondement de la jurisprudence dans

---

1. Sur l'arrêt de la Cour de cassation, V. BRETON, Annales Fac. Toulouse, 1975, 7 s. ; PERDRIAU, Visas, « chapeaux » et dispositifs des arrêts de la Cour de cassation en matière civile, JCP 1986, I, 3257 ; La portée doctrinale des arrêts civils de la Cour de cassation, JCP 1990, I, 3468 ; LINDON, La motivation des arrêts de la Cour de cassation, JCP 1975, I, 2681 ; VOULET, L'interprétation des arrêts de la Cour de cassation, JCP 1970, I, 2305 ; M.-N. JOBART-BACHELLIER et X. BACHELLIER, *op. cit.*

2. *Les forces créatrices du droit*, 1955, p. 8 s., n°s 3 s.

3. ROUBIER, *Le droit transitoire*, 2ᵉ éd., n° 7, p. 25 ; sur les procédés que la jurisprudence utilise pour atténuer cette rétroactivité, v. obs. B. ANCEL et Y. LEQUETTE sous Civ. 1ʳᵉ, 13 janv. 1982, *Grands arrêts DIP* n° 57.

4. WALINE, Le pouvoir normatif de la jurisprudence, *Mélanges Scelle*, t. II, p. 613 s., spéc. p. 622.

l'« assentiment des justiciables »[1] ou dans la « commune reconnaissance »[2], elle néglige le fait que la jurisprudence est d'abord un « phénomène d'autorité » et, pour la première explication, qué la Haute juridiction
n'hésite pas parfois à imposer ses conceptions malgré les résistances des
juges du fond et des praticiens.

En réalité, comme l'a lumineusement montré Pierre Hébraud[3], la
jurisprudence puise sa force dans la mission même du juge. Chargé de
trancher au fond les procès qui lui sont soumis en fonction de règles
légales ou réglementaires, le juge dispose d'une autonomie qui lui permet
de modeler le sens de celles-ci, voire parfois de les modifier ou de les
compléter. Prenant acte des insuffisances de la loi, il n'hésite plus en effet,
en certains domaines — droit international privé[4], mais aussi droit civil ou
droit commercial[5] — à fonder ses décisions sur des principes généraux
qu'il découvre et consacre et dont la violation donne ouverture à cassation
(rappr. art. 604 nouv. c. proc. civ. qui précise que l'objet du pourvoi en
cassation est la censure de la non-conformité de la décision attaquée « aux
règles »). La jurisprudence qui s'en dégage s'incorpore à ces règles ou
tient la place des règles absentes « au niveau qui est le leur et non à un
niveau particulier qui lui serait propre »[6]. Faisant corps avec la règle
qu'elle interprète ou s'identifiant à la règle qu'elle supplée, elle a dans la
hiérarchie des normes la même valeur que celle-ci. La preuve : si l'autorité à qui il appartient de poser ces règles — pouvoir législatif, pouvoir
réglementaire — veut combattre cette jurisprudence, elle ne le pourra
qu'en prenant un texte de même nature que les dispositions auxquelles
elle est intégrée ou dont elle tient la place.

§ 3

LA JURISPRUDENCE ET LES AUTRES SOURCES DU DROIT

230 *Rapprochements* ◊ L'analyse de la jurisprudence a suscité et suscite des
tentatives de rattachement assez diverses, son pouvoir étant expliqué par
le rôle des juristes[7] ou par celui des seuls juges[8]. Ces analyses plus ou

---

1. J. Maury, Observations sur la jurisprudence en tant que source du droit, *Mélanges Ripert*, 1950, t. I, p. 43.
2. Ph. Jestaz, La jurisprudence : réflexions sur un malentendu, D. 1987, chron. 11.
3. Le juge et la jurisprudence, *Mélanges Couzinet*, 1974, p. 329 s., spéc. p. 334 et p. 363 s.
4. V. par ex. *Grands arrêts DIP* n°s 54, 59 et 62.
5. V. B. Oppetit, Arch. phil. droit 1987, p. 179 s., spéc. p. 181 ; A. Perdriau, chron. préc., n°s 39 s. et annexe II.
6. Hébraud, art. préc., p. 363 ; v. aussi B. Oppetit, *Le rôle créateur de la Cour de cassation*, in *Bicentenaire de la Cour de cassation*, 28-30 nov. 1990, éd. 1991, p. 158 s.
7. Maury, art. préc., not. p. 28 s. — Rappr., sur les relations entre jurisprudence et doctrine, *Les réactions de la doctrine à la création du droit par les juges*, Trav. Assoc. H. Capitant, Journées italiennes, t. XXXI, 1980.
8. Comp. F. Michaut, Le rôle créateur du juge selon l'école de la « sociological juris-prudence » et le mouvement réaliste américain, Le juge et la règle de droit, *Rev. int. dr. comp.* 1987, p. 343 s.

moins émancipatrices ont pu encourager une sorte d'impérialisme contre lequel des résistances se sont manifestées[1].

231   *Jurisprudence et coutume* ◊ Le procédé de formation de la règle de droit jurisprudentielle peut, dans une certaine mesure, être rapproché de la coutume par l'élément d'adhésion qu'elle implique : la règle jurisprudentielle se consolide lorsque la solution est acceptée par les usagers, spécialement par les juristes. On les a même parfois confondues en disant que la jurisprudence, en tant que telle, n'existe pas : il n'y aurait que des règles coutumières dont la formation est provoquée par les décisions judiciaires[2]. Cette théorie paraît inexacte, la règle de droit jurisprudentielle n'ayant rien de ce que suppose la formation du droit coutumier : elle n'est pas directement créée par la conscience populaire, mais par des techniciens du droit ; il peut lui manquer aussi le *substratum* de durée : un seul arrêt peut faire jurisprudence et au demeurant une règle jurisprudentielle est une règle de droit dès la première décision qui l'a formulée. — Sur la tentative inverse d'absorption de la coutume dans la jurisprudence, v. *supra,* n° 207.

232   *La modification de la loi par la jurisprudence* ◊ L'importance grandissante de la jurisprudence a multiplié ses interférences avec la loi et augmenté leurs occasions de conflits[3]. Ainsi arrive-t-il à la jurisprudence de modifier la loi.

Jurisprudence *secundum legem, praeter legem, contra legem* ? On peut s'interroger en transposant une problématique dégagée au sujet de la coutume (v. *supra,* n° 210). En ce qui concerne la jurisprudence, les principes sont certains, découlant de la répartition des fonctions entre les pouvoirs publics, telle qu'elle a été établie depuis la Révolution : le juge doit appliquer la loi et la respecter, car c'est au pouvoir législatif qu'il appartient de la faire.

La réalité judiciaire est pourtant différente. D'abord, il y a les cas où la loi n'est pas claire : le juge doit tout de même statuer. Au début du XIXᵉ siècle, il y a eu un régime sous lequel, dans ce cas, on devait demander au législateur de donner le sens de la loi (*supra,* n° 221). Mais il a été vite abandonné, comme entraînant des longueurs. Actuellement, c'est au juge

---

1. O. Dupeyroux, La jurisprudence, source abusive de droit, *Mélanges Maury,* 1960, t. II, p. 349 s., La doctrine française et le problème de la jurisprudence source de droit, *Mélanges Marty,* 1978, p. 463 s. ; v. aussi A. Decencière-Ferrandière, Essai critique sur la justice internationale, *Rev. gén. dr. int. publ.* 1934, p. 148 s. ; J. Rivero, Le juge administratif, un juge qui gouverne, D. 1951, chron. 23 ; P. Conte, L'arbitraire judiciaire : chronique d'humeur, JCP 1988, I, 3343. — Rappr. Entretiens de Nanterre, 16-17 mars 1990, Cah. dr. entr., JCP éd. E, suppl. 6-1990, spéc. sur *Sécurité du droit et jurisprudence,* le rapport de Y. Gaudemet, p. 12 s.

2. Rappr. Planiol, *Traité élémentaire de droit civil,* 1ʳᵉ éd., 1899, t. I, n° 14.

3. P. Esmein, La jurisprudence et la loi, *RTD civ.* 1952, p. 17 s. ; J.-L. Bergel, « La loi du juge », Dialogue ou duel ?, *Mélanges Kayser,* 1979, t. I, p. 21 s.

qu'il appartient d'interpréter la loi, et en l'interprétant, il peut lui donner un sens qui ne correspond pas à la pensée du législateur.

Ensuite, les tribunaux ont complété la loi. S'appuyant sur elle, raisonnant logiquement sur ses textes par voie d'analyse et de synthèse, d'induction et de déduction, n'hésitant pas à s'appuyer sur leur sens de l'équité, des besoins et des traditions du peuple, ils ont dégagé les principes généraux de notre droit civil et comblé les lacunes de la législation.

Enfin, au fur et à mesure que le code vieillissait, les tribunaux se sont montrés plus hardis. Profitant de la rédaction souple et pratique de ses textes, ils les ont adaptés aux besoins nouveaux, ne craignant pas de les interpréter parfois d'une manière différente ou même opposée par rapport au sens qui leur était attribué primitivement. Le fait s'est produit notamment en présence d'une loi plus ou moins ancienne, et que le législateur négligeait de modifier, comme il eût dû le faire, pour l'adapter à des besoins nouveaux ou satisfaire le sentiment de justice de la population.

Encore convient-il de souligner : 1° qu'il est nombre de réformes échappant au pouvoir de la jurisprudence — par exemple lorsqu'il s'agit de modifier des règles comportant des chiffres[1] ; 2° que, de toute façon, il est souhaitable que la loi reste l'expression de la volonté générale et ne devienne pas celle de la volonté du pouvoir judiciaire ; 3° que, selon une heureuse formule, « les tribunaux sont des redresseurs de torts, et non des lois »[2] ; 4° que, si les tribunaux peuvent utilement conseiller le législateur, les réformes que celui-ci réalise à notre époque, de manière singulièrement plus active que par le passé, peuvent être de nature à tempérer des ardeurs judiciaires excessives. Il ne faut pas confondre, en effet, l'échange des expériences avec le mélange des genres[3].

233 *Le combat de la loi contre la jurisprudence* ◊ Il est assez fréquemment arrivé que les solutions dégagées par la jurisprudence soient consolidées ou amplifiées ultérieurement par le législateur. Mais il se peut aussi que celui-ci intervienne pour combattre une jurisprudence, conforme ou non à la lettre ou à l'esprit de la législation antérieure[4]. Lorsque ces interventions affectent des procès en cours, l'attitude du législateur peut prêter le flanc à la critique, car cette incursion dans le domaine judiciaire doit être appréciée par rapport au principe de la séparation des pouvoirs et celui-ci est particulièrement heurté lorsque la loi nouvelle remet en cause la décision rendue à la suite d'un procès qui a pris fin[5]. Indépendamment

---

1. V. C. LOMBOIS, *Les chiffres en droit civil*, Ann. Université de Poitiers, 1962, p. 15 s.
2. P. MALAURIE, La jurisprudence combattue par la loi, *Mélanges Savatier*, 1964, p. 603.
3. V. cep. J. DÉPREZ, A propos du rapport annuel de la Cour de cassation, « Sois juge et tais-toi » (Réflexions sur le rôle du juge dans la cité), *RTD civ.* 1978, p. 503 s. — V. aussi M.R.D.M., Rôle de la Cour de cassation en matière de réformes législatives, JCP 1989, I, 3411.
4. P. MALAURIE, art. préc.
5. V. M. LESAGE, *Les interventions du législateur dans le fonctionnement de la justice*, thèse Lille, 1960. — Sur la portée de l'expression selon laquelle une loi est déclarée, par le législateur, applicable aux instances en cours, V. P. MALAURIE, art. préc., p. 612.

de ces circonstances particulières, le combat de la loi contre la jurisprudence illustre la supériorité de celle-là sur celle-ci et répond à divers
besoins, spécialement d'ordre politique[1]. On peut aussi, dans une vision
moins conflictuelle, y voir un dialogue fructueux entre les institutions[2].

1. On observe aussi, çà et là, une résistance singulière de l'Administration, si l'on en juge
par l'extrait suivant d'une intervention lors d'un débat parlementaire : « Je trouve, par exemple,
stupéfiant que votre collègue M. CHARASSE, s'agissant d'une décision de la Cour de cassation, et
plus précisément d'un arrêt du 18 avril 1989 de la chambre commerciale, ait pu, sans susciter de
protestations, adresser à ses personnels une note figurant au *Bulletin officiel des impôts* et dont
je ne résiste pas non au plaisir, mais à la nécessité, de donner lecture : "Cette décision de la Cour
de cassation ne paraît pas conforme tant au texte de loi qu'à la volonté clairement exprimée du
législateur. Dans ces conditions, il est indispensable d'attendre pour savoir si cette jurisprudence sera confirmée ou non par le Parlement" » (J.O. déb. parl. Ass. nat. 1re séance du
15 nov. 1989, interv. de M. de CHARETTE).
2. V. C. CHOUCROY, *A propos du 20e anniversaire du Rapport annuel de la Cour de cassation :
séparation et décloisonnement des pouvoirs*, Rapport Cour cass. 1989, p. 29 s.

CHAPITRE 2

LES AUTORITÉS

234   *Leur diversité* ◊ L'Etat n'a pas le monopole de la création des règles juridiques. Aux sources de type législatif, on a vu qu'il convenait d'ajouter les sources coutumières ou jurisprudentielles, étant d'ailleurs observé que, sauf en matière d'arbitrage privé, les juridictions sont des autorités publiques.

On ne saurait pourtant s'en tenir à ces sources du droit, car celui-ci émerge de toutes parts en tant que phénomène propre à servir de modèle, de recommandation, d'avis, de guide intellectuel des comportements. A ce titre, on doit, plus que jamais, faire état d'un pluralisme juridique. Reste que, de ces divers points d'émergence, ne résultent pas directement des règles de droit obligatoires ayant vocation à prendre ce caractère à l'égard de tous les sujets de droit.

La description — nécessairement sommaire — du rôle des autorités dans l'ordre juridique appelle plusieurs remarques liminaires. Tout d'abord, le mot autorité n'est pas utilisé ici au sens où il est fait état, dans la Constitution de 1958, de l'« autorité judiciaire » (art. 64 s.), cette expression manifestant l'intention de ne pas placer celle-ci sur le même plan que les autres pouvoirs (législatif, exécutif) dans la Cité.

Une autre exclusion s'impose dans la mesure où le mot autorité peut servir à désigner un ensemble de prérogatives reconnues à une personne à l'égard d'une autre (ex. : autorité parentale, art. 371 s. c. civ.). De leur exercice découlent des habitudes individuelles pouvant éventuellement servir de critères de référence (ex. : art. 372-1, al. 1er, c. civ.), mais pas des règles comparables à celles qui découlent des sources du droit.

Par le mot autorité, on désigne présentement des groupes ou des institutions dont la mission contribue indirectement à la formation du droit. En tant que ces autorités auraient une vocation à influencer le droit dans la *société globale*, elles n'ont, en elles-mêmes, aucun pouvoir normatif. Mais il n'est pas exclu que, dans le cadre de *sociétés particulières* au sein de la société globale — ces expressions étant utilisées ici dans leur signification sociologique —, les normes émises par ces autorités puissent être dotées d'une force juridique obligatoire.

Ces autorités sont nombreuses. On envisagera les *autorités doctrinales* (Section 1) et les *autorités administratives* (Section 2), avant d'évoquer les *autres autorités* (Section 3).

SECTION 1
LES AUTORITÉS DOCTRINALES

235   *Plan* ◊ A mesure que se développe la connaissance du phénomène juridique, tout un chacun ne répugne pas à avoir — spécialement en France — son opinion sur le droit, sur telle branche ou telle règle de droit. Mais la perception de cet ensemble d'opinions ne suffit pas, si l'on veut comprendre en quoi consiste la doctrine (§ 1) et quel est son rôle (§ 2).

§ 1
NOTION DE DOCTRINE

236   *Définition* ◊ Traditionnellement, on entend par doctrine les opinions émises sur le droit par des personnes qui ont pour fonction de l'étudier (professeurs, magistrats, avocats ...)[1]. Le vocabulaire juridique de l'Association Henri Capitant, rédigé sous la direction du doyen Cornu, retient en première ligne la définition suivante : « Opinion communément professée par ceux qui enseignent le Droit (*communis opinio doctorum*), ou même ceux qui, sans enseigner, écrivent sur le Droit. En ce sens doctrine s'oppose à jurisprudence ».

Le terme de doctrine peut cependant être aussi utilisé pour désigner une opinion exprimée sur une question particulière. C'est ainsi qu'en droit international public, on fait état de la doctrine de Monroë (sur la doctrine *Matter*, v. *supra*, n° 163).

De nos jours, la notion même de doctrine suscite une plus grande perplexité que par le passé, spécialement quant à la détermination des personnes ayant pour fonction d'étudier le droit. A cet égard, le développement du syndicalisme a favorisé, à côté de la doctrine universitaire — et non sans interférences d'ailleurs —, l'émergence de doctrines de type syndical. Le phénomène est constaté en droit rural, en raison du rôle des syndicats agricoles[2]. Il est manifeste en droit social : on peut, à ce sujet, parler d'une doctrine syndicale, plus ou moins « engagée »[3].

A l'extrême, chacun peut être tenté, s'il est curieux, d'avoir sa propre doctrine. En tout cas, pour être membre de celle-ci, il n'est pas nécessaire d'être docteur en droit.

237   *Manifestations* ◊ La doctrine se manifeste de multiples manières : par des traités, des manuels, des précis, des chroniques, des commentaires

---

1. J. BONNECASE, *La pensée juridique française de 1804 à l'heure présente*, 2 vol. 1933.
2. V. Laurence BOY, note D. 1979, 382 sous Civ. 1re, 14 juin 1978.
3. V. A. SUPIOT, *Le juge et le droit du travail*, thèse ronéot. Bordeaux, 1970.

d'arrêt, qui lui permettent de présenter ses systèmes et ses théories, ses approbations, ses critiques, ses propositions, ses opinions.

A s'en tenir à la doctrine d'ordre universitaire, on peut observer que les ouvrages des auteurs consacrés aux questions juridiques sont de trois sortes, bien que tel ou tel d'entre eux puisse appartenir à plusieurs catégories à la fois.

Les uns sont des ouvrages scolaires, destinés aux étudiants et à l'enseignement du droit. D'autres sont des ouvrages de pratique, exposant de façon claire et méthodique les solutions du droit positif. D'autres, enfin, les ouvrages de doctrine proprement dits, se placent à un point de vue scientifique ; ils ne se contentent pas d'exposer les règles légales ou les décisions de jurisprudence, ils les analysent, les commentent, les soumettent à la critique de leur observation ou de leur raisonnement, les confrontent avec les besoins sociaux, avec les enseignements de l'histoire, de la sociologie ou du droit comparé : ce sont surtout ces ouvrages qui peuvent servir d'appui ou de guide au juge ou au législateur.

238 *Doctrine classique* ◊ Elle comprend les ouvrages publiés presque jusqu'à la fin du xixe siècle. Ils suivent les tendances libérales, individualistes de 1804. Leur méthode consiste avant tout, en se servant des procédés logiques de raisonnement, à faire l'exégèse des articles du code, d'où l'appellation d'*Ecole de l'Exégèse*, puis à en extraire les principes généraux, qui permettront d'en élargir l'application. On ne doute pas de la vérité absolue de ces principes ; on ne consent guère à les confronter avec la vie pratique et on est ordinairement peu critique à l'égard du code civil. En général, on se préoccupe peu de ce qui est décidé au *Palais*, si ce n'est pour critiquer les jugements lorsque ceux-ci s'éloignent des principes affirmés par l'*Ecole*[1].

La doctrine classique nous a laissé des commentaires du code civil souvent très développés. Leur présentation même traduit la fidélité au code : celui-ci est suivi, soit article par article (Troplong), soit du moins dans l'ordre général des textes (Toullier, Demolombe, Laurent). Il convient de faire une place à part à Aubry et Rau, dont le *Cours de Droit civil*, paru de 1838 à 1847, a été l'ouvrage le plus célèbre du siècle, celui d'ailleurs qui a eu le plus d'influence sur la jurisprudence : tout en continuant à faire du droit civil une interprétation du code — en ce sens que les auteurs sont partis des textes du code pour en dégager des théories, sans promouvoir une recherche scientifique libérée du texte —, l'œuvre s'évade du cadre légal, son plan suit la logique et non plus les seules divisions du code.

239 *Doctrine moderne* ◊ Les ouvrages publiés au xxe siècle n'ont plus manifesté le même respect pour le code et la lettre de ses articles, la même rigueur dans les raisonnements logiques ; ils se sont préoccupés de faire

---

1. V. cep. P. RÉMY, Eloge de l'Exégèse, Rev. *Droits*, n° 1-1985, p. 115 s. — V. aussi sur l'interprétation, *infra*, n°s 470 s.

œuvre plus vivante, plus près de la réalité : ils ont eu le souci de ne pas faire de théorie pure et de ne pas méconnaître les besoins de la pratique. Ils se sont davantage attachés à la critique des institutions du code, à leur origine historique ; ils ont fait appel largement à la sociologie, à l'économie et au droit comparé[1]. Et surtout, ils ont pris comme objet de leur exposé et de leur étude non seulement la loi, mais son interprétation par les juges, la jurisprudence. Un genre juridique nouveau s'est donc développé : le commentaire des décisions de justice, on dit plus volontiers la *note d'arrêt*, dont la méthode a été en premier lieu illustrée par Labbé au siècle dernier[2]. Depuis lors, le genre a évolué[3].

§ 2
RÔLE DE LA DOCTRINE

240   *La doctrine n'est pas une source du droit* ◊ On pourrait concevoir un système juridique dans lequel des avis de la doctrine ont force de loi. Ainsi des empereurs romains avaient décidé que les opinions de certains jurisconsultes, émises dans leurs consultations ou dans leurs livres, s'imposaient aux juges. Mais une telle pratique est des plus rares dans un pays où il y a des lois ou une jurisprudence établie par des juges permanents. De nos jours, il n'est pas douteux que la doctrine n'est pas une source de droit[4]. Cela signifie que l'opinion d'un auteur, quelle que soit son autorité, ne s'impose en rien au juge ; il en est ainsi, aussi bien d'une opinion isolée, émise soit abstraitement et d'avance dans un ouvrage, soit concrètement dans une consultation, que d'une doctrine unanime. Si le juge se rallie à une opinion doctrinale, il ne peut se borner à la citer ; il doit s'approprier tout le raisonnement ayant conduit à la solution consacrée.

241   *La doctrine est une autorité* ◊ Si la doctrine n'est pas une source du droit, elle exerce cependant un rôle très important de clarification et de mise en ordre. Sans elle, le droit ne serait qu'un amas de règles et de décisions qui constituerait souvent un fouillis inextricable. Cette mise en ordre relève, en elle-même, de la recherche scientifique, ce que, dans l'opinion des autres communautés scientifiques, on aurait parfois tendance à oublier. Même si la doctrine n'est pas unanime en telle ou telle matière, sur tel ou tel point de droit, même si, en son sein, se développent des controverses[5], son rôle est d'autant plus irremplaçable qu'on peut à la limite imaginer un système juridique sans lois ou sans coutume ou sans

1. C. ATIAS, La doctrine française de droit privé (1900-1930), RRJ 1981, p. 189 s. ; J.-M. TRIGEAUD, art. *Rev. hist. Fac. Droit*, 7-1988, p. 210 s.
2. V. MALAURIE, Rapport franç. Trav. Assoc. H. CAPITANT, préc., p. 87 ; R. MENDEGRIS, *Le commentaire d'arrêt en droit privé*, Dalloz, 1975.
3. J. CARBONNIER, Note sur des notes d'arrêts, D. 1970, chron. 137 s.
4. R. DAVID, RRJ 1986, p. 109 s., spéc. p. 118 s.
5. C. ATIAS, La controverse et l'enseignement du droit, *Ann. hist. Fac. Droit*, 2-1985, p. 110 s. ; v. du même auteur, *Théorie contre arbitraire*, 1987.

jurisprudence, mais qu'on ne peut imaginer un système juridique sans doctrine, car c'est elle qui fait prendre aux autres composantes du droit conscience de leur propre existence.

La doctrine peut guider la *jurisprudence* : une opinion doctrinale, surtout s'il s'agit d'une doctrine concordante et récente, est susceptible d'être, pour le juge, un élément de décision parmi d'autres, que ce soit du fait d'un ouvrage, d'un commentaire d'arrêt, voire d'une consultation rédigée à l'occasion d'un procès. On peut même dire que certaines jurisprudences sont principalement dues à des auteurs qui, par leurs travaux, par la systématisation des décisions judiciaires, ont guidé les tribunaux ; ainsi Saleilles et Josserand ont exercé une influence majeure sur la formation de la jurisprudence relative à la responsabilité du fait des choses (art. 1384, al. 1er)[1].

La doctrine peut aussi exercer une influence sur le *législateur*. Les auteurs ne se bornent pas à commenter les lois et les décisions de jurisprudence en expliquant leur sens, leur portée, leurs conditions d'application ; ils portent aussi sur elles un jugement de valeur, en appréciant les moyens techniques employés, les résultats pratiques donnés par la loi ou une jurisprudence. Par cette critique, et en s'inspirant du droit comparé et de l'histoire, la doctrine peut proposer des réformes apportant ainsi une contribution précieuse. A plus forte raison en est-il ainsi lorsqu'il lui est demandé de rédiger des projets de réforme. C'est ainsi que l'influence du doyen Carbonnier a été très importante dans le mouvement de rénovation du droit civil français qui s'est développé depuis les années 1960. On ajoutera, au sujet de la rédaction des textes, que l'influence de la doctrine se manifeste aussi dans la perspective de l'harmonisation ou de l'unification internationales des droits.

La doctrine contribue aussi à la formation du droit dans la mesure où, par ses réflexions et ses constructions, elle dégage des *principes* consacrés ensuite par le législateur ou la jurisprudence[2] (v. *infra*, nos 251 s.).

Il est d'autant plus salubre de mettre la doctrine en garde contre certaines déviations[3], qu'elle exerce un rôle important, en tant qu'autorité, dans la construction du droit positif[4].

SECTION 2
LES AUTORITÉS ADMINISTRATIVES

242 *Diversité des modes de création du droit écrit* ◊ Aux modes classiques de création des règles du droit privé (lois, ordonnances, règlements

---

1. V. aussi, au sujet des « principales notes d'Henri Capitant sur des décisions rendues en matière de droit matrimonial », Le Balle, Les Cours de droit, D.E.S. 1960-1961, p. 57 s.
2. V. C. Atias, L'ambiguïté des arrêts dits de principe en droit privé, JCP 1984, I, 3145.
3. J.-D. Bredin, Remarques sur la doctrine, *Mélanges Hébraud*, 1981, p. 111 s.
4. H. Batiffol, *La responsabilité de la doctrine dans la création du droit*, RRJ 1981, p. 175 s. ; C. Atias, La mission de la doctrine universitaire en droit privé, JCP 1980, I, 2999.

administratifs ...), se sont ajoutés, surtout depuis une trentaine d'années, d'autres modes de genèse des normes écrites. Il s'agit de droit écrit en ce sens que les règles sont formulées par des autorités compétentes à cet effet ; au surplus, ces règles présentent un caractère général, en ce que les solutions retenues ne concernent pas uniquement tel ou tel cas particulier. Il ne s'agit pourtant pas de *droit légiféré*. De celui-ci, les règles présentement évoquées se distinguent plus ou moins, quant à la forme ou quant au fond. A vrai dire, on peut hésiter parfois à employer le terme de *règles*. Ainsi, le développement de l'économie planifiée a conduit à observer que, « dans la mesure où il ne formule pas de règles, mais propose une stratégie globale à la nation, le Plan apparaît comme un acte original et ne ressemble ni aux lois ni aux décrets, même s'il en imite la forme extérieure »[1].

Traditionnelle, naturelle dans le domaine administratif, l'action de l'administration tend à se développer largement en tous domaines, y compris en droit privé, autrement que par voie de règlements administratifs (*supra*, n°s 197 s.). On a étudié, en ce sens, « le droit administratif du droit civil »[2] et même utilisé l'expression de « sources administratives du droit privé »[3]. Dans cette perspective, on a notamment étudié l'importance de points d'émergence de normes très diverses.

La diversité se manifeste quant aux *autorités* (§ 1) et quant à leurs *actes* (§ 2). De la sorte se dessine sous nos yeux un nouveau paysage du droit.

§ 1
LES AUTORITÉS

243   *L'Administration* ◊ Il convient de corriger ce qui précède en observant, dans le sens de la tradition, que l'Administration a eu recours depuis assez longtemps à certains des processus ici envisagés. Indépendamment des modes de création classique du droit par voie de règlements administratifs (*supra*, n°s 197 s.), l'Administration contribue aussi à la construction du droit objectif, soit négativement en mettant de diverses manières obstacle à l'application des lois ou décisions de justice[4], soit positivement, spécialement par voie de circulaires ou de réponses ministérielles aux questions écrites de parlementaires.

244   *Les autorités administratives indépendantes* ◊ La compréhension de l'état, en France, des choses du droit passe par la prise de conscience de

---

1. P. DIDIER, *Droit commercial*, t. I, 1970, p. 41.
2. J. CARBONNIER, Le droit administratif du droit civil, *Rev. hist. droit* 1974, p. 758 s.
3. J.-M. OLIVIER, *Les sources administratives du droit privé*, thèse ronéot. Paris II, 2 vol., 1981.
4. J.-M. OLIVIER, thèse préc. p. 815 s., sur « la pratique administrative source abusive du droit ». — V. J.-M. AUBY, L'obligation gouvernementale d'assurer l'exécution des lois, JCP 1953, I, 1080 ; v. aussi, sur l'application du droit, *infra*, n°s 403 s.

l'importance grandissante de ce qu'il est convenu d'appeler les « autorités administratives indépendantes »[1]. Elles sont administratives parce qu'elles ont été habilitées à prendre des mesures présentant le caractère d'actes administratifs unilatéraux. Elles sont dites indépendantes parce que, sans être dotées d'une personnalité juridique propre et tout en étant instituées dans le cadre d'action de personnes publiques existantes, elles sont soustraites au pouvoir hiérarchique, que ce soit celui du Premier ministre, du gouvernement ou des ministres[2]. Force est de constater qu'à mesure que ces autorités ont proliféré − bureaucratie aidant −, les critères permettant de les reconnaître se sont, à divers égards, plus ou moins obscurcis.

Leur liste est impressionnante. On se bornera à citer les plus importantes : Commission des opérations de bourse (COB)[3], Commission nationale de l'informatique et des libertés (C.N.I.L.), Commission nationale des clauses abusives, Conseil de la Concurrence[4], Conseil supérieur de l'audiovisuel (C.S.A.)[5] ...

Les partisans de ces autorités sont plus ou moins conscients du fait que leur développement porte condamnation des structures traditionnelles de l'organisation des pouvoirs publics, qu'il s'agisse de l'Administration ou de la Justice. De surcroît, en accordant à certaines de ces autorités des pouvoirs exorbitants − de type législatif, exécutif[6] et juridictionnel[7] − on a renié certains principes essentiels de distinction, sinon des pouvoirs, du moins des fonctions, ce qui n'est évidemment pas sans risques ni dangers pour les libertés individuelles.

§ 2

LES ACTES DES AUTORITÉS

245 *Diversité* ◊ L'éventail des actes ou des documents par lesquels les administrations ou les autorités administratives indépendantes exercent leurs fonctions est très large. Outre les autorisations, permis, visas, injonctions, sanctions, qui présentent un caractère individuel et nous éloignent de la notion de norme, on relèvera que la participation à l'élaboration du droit

---

1. P. Sabourin, Les autorités administratives indépendantes, une catégorie nouvelle, AJDA 1983, p. 275 s. ; J. Chevallier, Réflexions sur l'institution des autorités administratives indépendantes, JCP 1986, I, 3254 ; J.-L. Autin, Du juge administratif aux autorités administratives indépendantes : un autre mode de régulation, Rev. dr. publ. 1988, p. 1213 s., Les autorités administratives indépendantes, Rev. adm. 1982, p. 333 s.

2. A. de Laubadère, J.-C. Vénézia et Y. Gaudemet, *Traité de droit administratif*, t. 1, 11e éd., 1990, n°s 81 s.

3. Nicole Decoopman, *La Commission des opérations de bourse et le droit des sociétés*, thèse Paris XI, éd. 1979.

4. R. Drago, Le Conseil de la concurrence, JCP 1987, I, 3300.

5. Sur le Comité national d'éthique pour les sciences de la vie et de la santé, v. le rapport de la Cour de cassation 1988, p. 37 s.

6. Nicole Decoopman, Le pouvoir d'injonction des autorités administratives indépendantes, JCP 1987, I, 3303.

7. R. Martin, La fonction juridictionnelle du Conseil de la concurrence, JCP 1990, I, 3469.

peut se manifester indirectement par voie de suggestions contenues dans des *rapports* annuels, par exemple dans les rapports annuels de la Commission des opérations de bourse (Ord. 28 sept. 1967, art. 4, al. 3), de la C.N.I.L. (L. 6 janv. 1978, art. 23, al. 1er), de la Commission nationale des clauses abusives (L. n° 78-23 du 10 janv. 1978, art. 38, al. 2), etc.[1].

Il est possible que telle ou telle autorité soit investie du pouvoir d'édicter des *règlements*. Ainsi, pour l'exécution de sa mission, la Commission des opérations de bourse peut, dans certaines conditions, prendre des règlements concernant le fonctionnement des marchés placés sous son contrôle (Ord. 28 sept. 1967, art. 4-1).

On s'en tiendra dans la suite des présents développements aux actes présentant des caractères plus spécifiques.

246 *Circulaires administratives* ◊ Parmi les divers textes de droit écrit non légiféré, les circulaires administratives remplissent un rôle grandissant, non seulement en droit public, mais aussi en droit privé[2]. Destinées à guider les agents publics, les fonctionnaires et les juges dans l'application des lois et des règlements, elles ont acquis une importance jugée parfois excessive et de nature à accompagner, voire à faciliter, un certain recul des sources traditionnelles du droit, y compris dans les rapports de droit privé, ce qui atteste, d'une certaine manière, le développement du « droit administratif du droit civil »[3]. La consultation des recueils de jurisprudence montre que les juridictions judiciaires ont de plus en plus souvent à connaître de circulaires. Malgré cette progression, l'attitude du juge judiciaire demeure constante : l'instruction ministérielle ne saurait tenir lieu du règlement exigé par la loi ; simples mesures internes à l'Administration, les circulaires n'ont aucune force obligatoire ; elles ne lient ni les magistrats, ni les particuliers[4]. La jurisprudence du Conseil d'Etat est différente : elle repose, depuis 1954, sur la distinction des *circulaires interprétatives,* qui restent privées de toute valeur juridique et ne peuvent être ni attaquées devant la juridiction administrative, ni invoquées à l'appui d'un pourvoi, et des *circulaires réglementaires* qui sont, au contraire, revêtues d'une valeur juridique[5].

Au demeurant, même dans le domaine du droit privé, la portée pratique des circulaires est évidente, non seulement en matière de législation sociale ou économique, mais aussi à propos de certaines questions étroitement liées au droit des personnes, par exemple en ce qui concerne les prélèvements d'organes[6].

---

1. Rappr. sur les rapports de la Cour de cassation, *supra,* n° 116.
2. J. Rivero, Les mesures d'ordre intérieur administratives, thèse Paris, 1934 ; Y. Gaudemet, Remarques à propos des circulaires administratives, *Mélanges Stassinopoulos,* 1974, p. 561 s.
3. J. Carbonnier, art. préc.
4. Req. 11 janv. 1816, S. 1816, 1, 366 ; Civ. 13 mars 1901, D. p. 1901, 1, 161 ; 15 mai 1923 et 7 avril 1925, D.P. 1926, 1, 68 ; Com. 23 oct. 1950, D. 1951, 4, *Grands arrêts* n° 6. — Il n'en demeure pas moins que certaines circulaires guident le fonctionnement des juridictions : V. par ex. la circ. du 1er juil. 1966, en matière de tutelle.
5. Cons. d'Etat 29 janv. 1954, *Notre Dame du Kreisker, Rev. prat. dr. adm.* 1954, 50, concl. Tricot, *Grands arrêts jurisp. adm.* 9e éd., n° 89.
6. Circ. Min. Santé du 3 avril 1978 (J.O. 4 avril 1978). — La publication de certaines circulaires au *Journal officiel* atteste l'importance de ces documents.

247   *Recommandations* ◊ Inspirées de pratiques des organisations internationales[1], les recommandations sont des actes par lesquels une autorité invite leurs destinataires à se comporter d'une certaine manière, mais sans que ces suggestions soient généralement assorties d'une force contraignante, *de jure*. Cela ne saurait cependant conduire à sous-estimer leur portée *de facto*, voire *de jure*, si l'autorité administrative dispose, le cas échéant, du pouvoir de recourir aussi à des mesures plus contraignantes.

Ainsi en est-il des recommandations de la COB, et elles sont nombreuses[2]. La Commission nationale des clauses abusives « recommande la suppression ou la modification des clauses qui présentent un caractère abusif. Le ministre chargé de la consommation peut, soit d'office, soit à la demande de la commission, rendre publiques ces recommandations, qui ne peuvent contenir aucune indication de nature à permettre l'identification de situations individuelles » (L. n° 78-23 du 10 janv. 1978, art. 38, al. 1er)[3]. Disposant d'un large pouvoir d'édiction de règlements ou de décisions, la C.N.I.L. peut aussi émettre des recommandations. A vrai dire, ce pouvoir n'apparaît qu'incidemment à l'article 22, alinéa 2, de la loi du 6 janvier 1978 : « Sont tenus à la disposition du public, dans les conditions fixées par décret, les décisions, avis ou recommandations de la commission dont la connaissance est utile à l'application ou à l'interprétation de la présente loi ». Et la C.N.I.L. ne s'est pas privée du pouvoir d'en édicter[4].

248   *Les rescrits* ◊ Les *réponses des ministres aux questions écrites* que peuvent leur poser les parlementaires, non seulement afin de connaître l'orientation de leur action, mais aussi en vue d'être éclairés sur l'interprétation des lois ou des décrets, ont pris, surtout depuis quelques années, une importance grandissante[5]. Généralement émises « sous réserve de l'appréciation souveraine des tribunaux », les réponses ministérielles ont une grande portée, spécialement auprès des professionnels. Elles attestent l'importance croissante de la bureaucratie dans la vie juridique, parce qu'il peut être souvent plus rapide d'obtenir une réponse de bureaucrate qu'une solution de juge et parce que l'influence des bureaux dans la genèse du droit légiféré — lois ou décrets — dissuade les particuliers de résister à l'Administration, notamment en matière fiscale[6].

Ces réponses ministérielles rappellent les *rescrits* par lesquels les empereurs romains répondaient aux demandes de consultations juri-

---

1. M. VIRALLY, La valeur juridique des recommandations des organisations internationales, *Annuaire fr. dr. int.* 1956, p. 66 s. ; C.A. MORAND, Réflexions sur la nature des recommandations internationales et des actes de planification, *Rev. gén. dr. int. publ.* 1970, p. 969 s.
2. N. DECOOPMAN, *op. cit.*, p. 133 s.
3. V. ANNE SINAY-CYTERMANN, La Commission des clauses abusives et le droit commun des obligations, *RTD civ.* 1985, p. 471 s.
4. Sur l'exclusion du contrôle juridictionnel de la légalité, une recommandation n'étant pas une norme de droit, v. Cons. d'Etat 27 sept. 1989, *S.A. Chopin et Cie et autres c. C.N.I.L.*, JCP 1990, II, 21525, note J. FRAYSSINET.
5. V. B. OPPETIT, Les réponses ministérielles aux questions écrites des parlementaires et l'interprétation des lois, D. 1974, chron. 107.
6. Le procédé permet aussi d'obtenir, par le canal d'un parlementaire, une consultation juridique.

diques qui leur étaient présentées. Or l'idée a, plus récemment, pris une importance nouvelle, de sorte qu'on a pu parler d'une « résurgence du rescrit »[1], cet acte étant un « avis émanant d'une autorité consultée par une personne privée ou un organisme public sur l'interprétation ou l'application d'une norme »[2].

Ainsi la loi du 8 juillet 1987 et l'instruction du 16 décembre 1988 (art. L. 64 B et L. 80 B LPF) ont entraîné l'instauration du rescrit fiscal permettant au contribuable d'obtenir à l'avance l'accord de l'Administration des impôts sur une situation fiscale dont les conséquences, une fois acceptées, ne peuvent plus être remises en cause par l'administration fiscale[3]. Dans la même ligne, par un règlement n° 90-07 homologué par arrêté du ministre de l'économie et des finances du 5 juillet 1990, la COB a admis que, « consultée par écrit préalablement à la réalisation d'une opération et sur une question relative à l'interprétation de ses règlements », elle pouvait rendre, par rescrit, un avis précisant si l'opération projetée n'est pas contraire à ses règlements, l'accord ainsi donné mettant l'intéressé à l'abri[4].

D'autres démarches ou d'autres actes peuvent être rapprochés de ces rescrits fiscaux ou financiers. Ils peuvent en différer quant à la portée des avis émis et quant aux autorités dont ils émanent. Tous attestent le désir de lutter contre une insécurité juridique grandissante.

SECTION 3
AUTRES AUTORITÉS

249 *Les règlements intérieurs* ◊ Ils peuvent concerner des institutions publiques ou des institutions privées.

Les assemblées parlementaires fonctionnent en application, non seulement de la Constitution, mais aussi de leurs règlements, qui comportent maintes dispositions. De l'article 61 de la Constitution de 1958, il résulte que les règlements des assemblées parlementaires « doivent être soumis au Conseil constitutionnel qui se prononce sur leur conformité à la Constitution »[5].

Il existe aussi des règlements intérieurs au sein de groupements privés. On signalera le règlement intérieur d'entreprise, acte de règle-

---

1. B. Oppetit, La résurgence du rescrit, D. 1991, chron. 105 s.
2. B. Oppetit, chron. préc. p. 105.
3. B. Benoit, Le rescrit fiscal, *Rev. fr. compt.* 1989, n° 199, p. 39.
4. P. Le Cannu, Le rescrit de la COB, Un nouvel instrument d'interprétation du droit boursier, *Bull. Joly Sociétés* 1990, p. 927 s. ; M. Galimard, Le rescrit boursier, *Journ. not.* 1990, p. 1209 s. ; L. Richer et A. Viandier, Le rescrit financier, JCP 1991, éd. E, I, 10.
5. V. aussi les art. 17, al. 2, et 23, al. 2, de l'ord. n° 58-1067 du 7 nov. 1958 portant loi organique sur le Conseil constitutionnel, ainsi que l'ord. n° 58-1100 du 17 nov. 1958 modifiée relative au fonctionnement des assemblées parlementaires.

mentation privée dont la nature juridique peut susciter l'hésitation[1]. En droit des associations et surtout des sociétés, les statuts présentent des caractères qui les rapprochent de certains règlements[2] ; des observations comparables peuvent être présentées au sujet des règlements intérieurs de ces groupements[3].

Entre les règlements des institutions publiques et ceux des institutions privées, une place doit être faite aux normes de *déontologie* que les organisations professionnelles, officielles ou non, peuvent établir à l'intention de leurs membres : codes des diligences normales, codes des devoirs et intérêts professionnels, codes de déontologie ...[4].

250 *Les conventions collectives* ◊ Au point où l'on en arrive, on ne saurait bien discerner d'autorité autre que celle qui s'attache à un accord de volontés. C'est dire que le mot n'est pratiquement plus utilisé alors dans le sens retenu jusqu'à présent.

Pourtant, il faut y regarder de plus près. La convention collective de travail se présente comme un contrat passé entre quelques individus, mais dont les clauses seront obligatoires pour tout un ensemble d'autres individus. Ce sont des conventions ayant pour objet l'aménagement des conditions d'emploi et de travail des salariés et leurs garanties sociales (art. L. 131-1 s., R. 132-1 s. c. trav.).

L'originalité de la convention collective se manifeste surtout dans l'hypothèse de son extension par voie administrative (art. L. 133-1 s. c. trav.). En effet, à condition qu'ils aient été négociés et conclus dans certaines conditions, les dispositions de la convention de branche ou d'un accord professionnel ou interprofessionnel peuvent être rendues obligatoires pour tous les salariés et employeurs compris dans le champ d'application de ladite convention ou dudit accord (art. L. 133-8, al. 1er, c. trav.).

Il n'est donc pas étonnant que l'on ait été conduit à s'interroger sur la place de la convention collective dans la hiérarchie des normes par rapport au droit international et au droit interne, par rapport aux lois, aux usages, aux contrats[5]. L'analyse de la convention collective de travail en droit international répond d'ailleurs à cette interrogation : « L'originalité principale de la convention collective n'est-elle pas que l'accord autonome des partenaires sociaux suffise par lui-même (certes parce que la loi le veut ou l'accepte) à créer des règles qui sont matériellement des lois, règles impersonnelles, générales, permanentes ? Un processus contrac-

---

1. B. Soinne, *L'analyse juridique du règlement intérieur d'entreprise*, Paris, 1970 ; G. Lyon-Caen, Du nouveau sur le règlement intérieur et la discipline dans l'entreprise, D. 1983, chron. 7 s.
2. Comp. Dominique Velardocchia, *Les accords extra-statutaires entre associés*, thèse Aix-Marseille III, 1991.
3. P. Le Cannu, Le règlement intérieur des sociétés, *Bull. Joly Sociétés*, 1986, p. 723 s.
4. V. not. Y. Gaudemet, Remarques sur le pouvoir normatif des syndicats, le droit public et le contentieux de la désignation des délégués syndicaux, *Mélanges Waline*, 1974, p. 758 s.
5. N. Aliprantis, *La place de la convention collective dans la hiérarchie des normes*, thèse Strasbourg, éd. 1980. — V., sur les actes juridiques collectifs, *infra*, n° 276.

tuel, de droit subjectif, donne vie à des règles de droit objectif : dissociation de la forme et du fond, a-t-on dit, puisque la règle de droit objectif ne naît pas de sa source "naturelle", l'autorité publique ou étatique, effet qui dépasse la cause »[1].

---

1. P. RODIÈRE, *La convention collective de travail en droit international, Contribution à l'étude des normes juridiques de source professionnelle*, thèse Paris I, éd. 1987, p. 378.

CHAPITRE 3

LES PRINCIPES

251   ***Sens du mot*** ◊ Le mot *principe* a plusieurs sens dans l'ordre juridique, les uns et les autres se rattachant plus ou moins étroitement à une idée de généralité. Il est souvent recouru à cette notion, de sorte que, pour éviter les confusions, il n'est pas rare que le substantif soit accompagné de l'adjectif *fondamental.*

En *droit constitutionnel,* la notion de principe fondamental est doublement importante. Elle l'est tout d'abord quant à la situation des lois par rapport à la Constitution. L'on a vu que le Conseil constitutionnel contrôle la conformité des lois au Préambule de la Constitution de 1958, lequel renvoie à celui de la Constitution de 1946. Or, dans ce dernier texte, le peuple français a réaffirmé solennellement « les principes fondamentaux reconnus par les lois de la République ». La notion de principe fondamental est donc, à ce titre, importante dans le fonctionnement de nos institutions (v. *supra,* n° 155) [1].

La notion de principe fondamental est encore utilisée en droit constitutionnel au sujet de la distinction des domaines respectifs de la loi et du règlement, l'article 34 de la Constitution de 1958 déterminant, à l'aide de cette notion, certains domaines relevant du pouvoir législatif (v. *supra,* n° 200).

C'est dans un autre sens que les *principes* sont ici envisagés.

252   ***Les principes généraux*** ◊ C'est à une époque relativement récente que les auteurs ont, le plus souvent, appelé l'attention sur l'existence de principes généraux du droit. D'une branche du droit à l'autre, selon que le terrain juridique était plus ou moins recouvert de textes, leur importance varie.

La voie a été ouverte surtout à travers le droit public. Ainsi, en droit international public, on a pu observer que l'article 38 du Statut de la Cour internationale de justice fait figurer « les principes généraux du droit reconnus par les nations civilisées » parmi les sources du droit applicable par la Cour. Il en avait été de même, avant la dernière guerre mondiale, de la Cour permanente de justice internationale, ce qui avait notamment suscité la réflexion au-delà du seul droit public [2]. Au nombre de ces

---

1. V. J. RIVERO, Les « principes fondamentaux » reconnus par les lois de la République : une nouvelle catégorie constitutionnelle, D. 1972, chron. 265 s. ; J.-P. COSTA, *Principes fondamentaux, principes généraux, principes à valeur constitutionnelle, in Conseil constitutionnel et Conseil d'Etat,* LGDJ, 1988, p. 133 s.

2. V. l'analyse si pénétrante de G. RIPERT, *Les règles du droit civil applicables aux rapports internationaux (Contribution à l'étude des principes généraux du droit visés au Statut de la Cour permanente de Justice internationale),* Cours Acad. intern. de La Haye, t. 44, 1933, p. 565 s.

principes généraux — respectés ou non, c'est une autre affaire —, on cite la permanence des engagements conclus par les Etats, quelles que soient les vicissitudes de leurs gouvernements[1].

Dans l'ordre interne, l'importance des principes généraux s'est d'abord affirmée en droit public[2], surtout lorsque le Conseil d'Etat s'est fondé sur des « principes généraux du droit applicables même en l'absence d'un texte »[3]. C'est ainsi qu'il a reconnu une existence propre au principe du respect des droits de la défense[4].

253   *En droit privé* ◊ L'émergence et le développement des principes généraux en droit public pouvaient s'expliquer par diverses raisons tenant notamment à l'absence de codification, au rôle nécessairement créateur de la jurisprudence, à des préoccupations d'ordre général propres au droit public.

Bien que ces considérations aient été, pour l'essentiel, étrangères au droit privé, l'existence de principes généraux y a aussi été admise, même lorsque des textes (rappr. l'art. 1584, al. 3, c. civ., relatif aux principes généraux des conventions) n'y faisaient pas référence[5]. Le plus célèbre est probablement celui sur lequel la Cour de cassation, consacrant la théorie de l'enrichissement sans cause, a fondé l'action *de in rem verso* « dérivant du principe d'équité qui défend de s'enrichir aux dépens d'autrui » et n'a été « réglementé par aucun texte de nos lois ... »[6]. Ultérieurement, surtout depuis une quinzaine d'années, la Cour de cassation a fondé assez souvent ses décisions sur des *principes généraux* ou sur des *principes,* en dehors de tout texte formulant ceux-ci. La doctrine en a fait la constatation au sujet des diverses branches du droit privé, qu'il s'agisse notamment de droit civil, de droit commercial, de procédure civile, de droit international

---

1. M. Virally, *Le rôle des « principes » dans le développement du droit international,* in *Le droit international en devenir, Essais écrits au fil des ans,* 1990, p. 195 s.
2. Letourneur, Les principes généraux du droit dans la jurisprudence du Conseil d'Etat, *EDCE* 1951, p. 195 s. ; B. Jeanneau, *Les principes généraux du droit dans la jurisprudence administrative,* thèse Paris, 1954 ; R. Chapus, *De la valeur juridique des principes généraux du droit et autres règles jurisprudentielles en droit administratif,* D. 1966, chron. 99 ; B. Jeanneau, La théorie des principes généraux du droit à l'épreuve du temps, *EDCE* 1981-1982, p. 33 s.
3. Cons. d'Etat, 22 mai 1946, *Maillon,* S. 1946, 3, 52. — Citons encore le principe de l'égalité des citoyens devant les charges publiques.
4. Cons. d'Etat, 22 mai 1946, préc. ; rappr. Cons. d'Etat, 19 oct. 1962, *Canal* JCP 1963, II, 13068. — Le principe général du respect des droits de la défense imprègne aussi le droit pénal (Crim. 12 juin 1952, J.C.P. 1952, II, 7241, note Brouchot ; J. Léauté, Les principes généraux relatifs aux droits de la défense, *Rev. sc. crim.* 1953, p. 47 s.). En procédure civile, il s'agit d'un « principe directeur », celui de la *contradiction* (art. 14 s., nouv. c. proc. civ.) ; v. M.-A. Frison-Roche, *Généralités sur le principe de contradiction, Etude de droit processuel,* thèse ronéot. Paris II, 1988. — Rappr., en droit européen des droits de l'homme, *supra,* n° 176, quant au droit à un procès équitable ; v. aussi, en droit interne, *infra,* n° 653.
5. J. Boulanger, Principes généraux du droit et droit positif, *Mélanges Ripert,* 1950, t. I, p. 51 s. ; G. Ripert, *Les forces créatrices du droit,* 1955, n°s 123 s. ; G. Lyon-Caen, Du rôle des principes généraux du droit civil en droit du travail (première approche), *RTD civ.* 1974, p. 229 s.
6. Req. 15 juin 1892, D.P. 92, 1, 596, S. 93, 1, 281, note Labbé, *Grands arrêts* n° 145 ; v. aussi Civ. 25 juil. 1938, D.H. 1938, 531.

privé[1]. En adoptant cette attitude, moins attentive à des assises textuelles que par le passé, la Cour de cassation marque bien la nécessité de ne pas confondre le droit avec les lois. De la sorte, il peut lui être plus facile de mener une entreprise nécessaire — et constamment recommencée — de rationalisation du droit.

Les principes généraux ou les principes ainsi dégagés sont très divers.

En la forme, il en est qui s'expriment par des maximes ou des adages, souvent transmis en termes latins[2]. Les uns ont été relayés par des textes (ex. art. 2279, al. 1er, c. civ. : « En fait de meubles, la possession vaut titre ») ; d'autres ont subsisté sans ce support (ex. : *accessorium sequitur principale* : l'accessoire suit le principal)[3] ; mais il se peut aussi que le principe général existe tel quel sans le secours d'une maxime ou d'un adage.

Quant au fond, ils peuvent correspondre à des aspirations variées. Tandis que certains tendent à assurer une certaine cohésion de l'ordre juridique (ex. : *error communis facit jus* : l'erreur commune crée le droit), d'autres se rattachent à des valeurs de morale et d'équité.

254 *Portée des principes* ◊ Elle peut être indiquée à un double titre.

On observera tout d'abord que, suivant les arrêts, la Cour de cassation emploie l'expression de principe général ou simplement le mot principe, lorsque le degré de généralité de la règle est moindre[4].

Tout comme au sujet de la coutume, on peut s'interroger sur la place des principes par rapport aux sources du droit, ce qui laisse place à une grande perplexité tenant à la nature des principes ici étudiés[5]. On utilisera pour la surmonter les catégories employées au sujet de la coutume dans ses rapports avec la loi[6]. Il arrive tout d'abord que des principes opèrent *secundum legem* : ils coexistent avec des textes de loi ou sont induits de ceux-ci, ce qui se manifeste dans le visa des arrêts. Mais il se peut que le principe soit exprimé, consacré *praeter legem*, en l'absence de texte[7]. En outre, il arrive que soit retenu un principe *contra legem* : alors qu'aux termes de l'article 732 du code civil, « la loi ne considère ni la nature ni l'origine des biens pour en régler la succession », la Cour de cassation a

---

1. B. OPPETIT, Rapport sur *Les « principes généraux »* dans la jurisprudence de cassation, Entretiens de Nanterre, 17 et 18 mars 1989, Cah. dr. entr., JCP éd. E, suppl. 5, 1989, p. 12 s. ; v. aussi, du même auteur, *Les principes généraux du droit en droit international privé*, Arch. phil. droit, t. 32, 1987, p. 179 s.

2. DAGUIN, *Axiomes, aphorismes et brocards français du droit*, 1926 ; H. ROLAND et L. BOYER, *Adages du droit français*, 2 vol., 2e éd. 1986, *Expressions latines du droit français*, 2e éd. 1985 ; A. LAINGUI, L'adage, vestige de la poésie du droit, *Mélanges Imbert*, 1989, p. 345 s.

3. G. GOUBEAUX, *La règle de l'accessoire en droit privé*, thèse Nancy, éd. 1969.

4. B. OPPETIT, rapp. préc., p. 15. — L'expression d'« arrêt de principe » risque cependant d'entretenir une confusion : au sens où on l'entend dans l'expression « arrêt de principe », le principe peut être lié uniquement à une disposition déterminée de la loi (*supra*, n° 224). Autre chose est le principe ou le principe général.

5. Rappr. B. JEANNEAU, *La nature des principes généraux du droit en droit français*, Trav. Inst. dr. comp. Univ. Paris, t. XXIII, 1962, p. 203 s. ; G. MORANGE, Une catégorie juridique ambiguë : les principes généraux du droit, *Rev. dr. publ.* 1977, p. 761 s.

6. V. B. OPPETIT, rapp. préc., *loc. cit.*

7. Ex. : Req. 15 juin 1892, préc.

estimé qu'une cour d'appel *avait pu* décider que certains biens, considérés comme des souvenirs de famille, échappaient aux règles habituelles de la dévolution successorale et du partage[1].

Ces observations renvoient à des questions encore plus essentielles, relatives à la *nature des principes généraux.* Dès lors qu'un pourvoi peut être fondé sur la seule violation d'un principe, et ce indépendamment de tout texte, voire contrairement à une disposition existante et non abrogée, on peut être conduit à penser que le principe doit être assimilé à une norme juridique existante sans pouvoir être ramené à une opinion doctrinale ou à une disposition de la loi[2]. A vrai dire, pour en être vraiment assuré, il conviendrait que la jurisprudence ait, à diverses reprises, consacré sans équivoque des principes *contra legem.*

S'il en était vraiment ainsi, encore faudrait-il se demander si cette force permettant de contredire la loi n'appartient pas plutôt au juge. N'est-il pas arrivé à la jurisprudence d'aller à l'encontre de la loi ? L'on peut être cependant enclin à penser alors que le juge ne fait que révéler un principe préexistant.

---

1. Civ. 1re, 21 fév. 1978, D. 1978, 505, note LINDON, JCP 1978, II, 18836, concl. GULPHE, *Grands arrêts* no 215.
2. B. OPPETIT, rapp. préc., p. 16.

TITRE 2

LES DROITS SUBJECTIFS

255 **_Présentation_** ◊ Les droits subjectifs sont les prérogatives — on dit aussi les intérêts — que le droit objectif consacre et sauvegarde au profit des _sujets de droit_, ce qui explique l'expression de droits subjectifs. Les sujets de droit sont essentiellement envisagés ici non pas comme des personnes soumises à un souverain, mais comme les supports des prérogatives reconnues et protégées par le système juridique[1].

C'est l'existence des droits subjectifs qui assure le fonctionnement du système juridique. Pour que coexistent harmonieusement les prérogatives et les intérêts des uns et des autres, l'existence et le régime juridique des droits subjectifs sont soumis à un ensemble de règles.

256 **_Droits subjectifs et libertés publiques_** ◊ La notion de _droit subjectif_ se distingue malaisément de celle de _liberté publique_. Entre elles, le rapprochement s'opère naturellement à la lecture des déclarations des droits (v. _supra_, nᵒˢ 150 s.). Quand il est précisé, à l'article 2 de la Déclaration de 1789, que les droits naturels et imprescriptibles de l'homme « sont la liberté, la propriété, la sûreté, et la résistance à l'oppression », il apparaît bien que, notamment, la liberté aspire à un exercice aussi étendu qu'il est possible, du fait de la coexistence entre les hommes, et se montre rebelle à un cadre précis ordonnant son existence et sa destinée. Au contraire, la propriété se coule dans la forme d'une prérogative dont les caractères sont nettement précisés par le droit positif : « la propriété est le droit de jouir et disposer des choses de la manière la plus absolue, pourvu qu'on n'en fasse pas un usage prohibé par les lois ou par les règlements » (art. 544 c. civ.).

Reste qu'il peut être parfois difficile de distinguer les droits subjectifs des libertés publiques. La distinction se révèle pourtant d'autant plus nécessaire que des textes, déclarations et conventions internationales, plus nombreux que par le passé, s'ajoutant les uns aux autres, ont imposé une référence plus fréquente, dans tous les domaines du droit, y compris en droit privé, à des libertés publiques et à des droits de l'homme.

---

1. V. J. Dabin, _Le droit subjectif_, Dalloz, 1952 ; Arch. phil. droit, t. 34, 1989.

Dans certains domaines, il est vrai, la matière sur laquelle porte la prérogative facilite le partage. Ainsi en est-il quand il s'agit de la participation des *citoyens* à l'activité politique, par l'électorat ou l'éligibilité. Aussi bien l'article 7 du code civil dispose-t-il que « l'exercice des droits civils est indépendant de l'exercice des droits politiques, lesquels s'acquièrent et se conservent conformément aux lois constitutionnelles et électorales ». L'attribution de la qualité de national français ou de citoyen français — ce qui n'est pas nécessairement identique[1] — relève du même ordre de considérations. Ainsi en est-il du *droit à la nationalité*, affirmé à l'article 5 de la Déclaration universelle des droits de l'homme (1948).

Si l'on envisage d'autres droits, c'est encore dans le cadre des libertés publiques qu'on peut en traiter : liberté d'aller et de venir, liberté de parole, de pensée, d'expression, liberté de l'imprimerie, de la presse, de la communication audiovisuelle, liberté de conscience, liberté syndicale... Le fait que ces prérogatives soient souvent affirmées ou consacrées dans des préambules, des déclarations ou des dispositions générales, n'exclut pas qu'elles puissent trouver leur prolongement dans des droits subjectifs : ainsi la liberté de l'écrivain se prolonge dans le droit, matériel et surtout moral, de l'auteur sur son œuvre. Restent que les prérogatives considérées se manifestent avant tout dans les rapports de l'individu avec la puissance publique, dont les agents protègent contre les empiétements de l'Etat les libertés indispensables.

Les *droits subjectifs* se manifestent sinon exclusivement, du moins principalement dans la perspective des relations entre les particuliers — individus ou groupements — soit dans leurs rapports entre eux, soit dans leurs rapports avec les biens. Ils sont de ce fait dotés d'une structure et d'un contenu caractérisé : droit de créance, droit de propriété, d'usufruit, de servitude... Mais force est de reconnaître que, plus l'on se rapproche du statut de la personne humaine en tant que telle, y compris dans sa vie privée ou familiale, plus le relief inhérent à la notion de droit subjectif s'atténue, sans que pour autant diminue la force de la prérogative reconnue au sujet de droit. Ainsi l'article 9, alinéa 1er, du code civil dispose que « chacun a droit au respect de sa vie privée ».

La distinction de la liberté publique et du droit subjectif se manifeste notamment au sujet de la condition du justiciable. Celui-ci dispose de la *liberté* d'ester en justice, c'est-à-dire de saisir les tribunaux français pour obtenir justice : il s'agit d'une liberté publique si fondamentale que le pouvoir d'accès aux tribunaux français est reconnu non seulement aux Français, mais aussi aux étrangers[2]. En outre, le justiciable est investi d'un droit subjectif : l'*action en justice*, qui « est le droit, pour l'auteur d'une prétention, d'être entendu sur le fond de celle-ci afin que le juge la dise bien ou mal fondée » (art. 30, al. 1er, nouv. c. proc. civ.) ; « pour l'adversaire, l'action est le droit de discuter le bien-fondé de cette prétention » (al. 2).

---

1. V. H. Solus, *Traité de la condition des indigènes en droit privé*, Sirey, 1927.
2. Civ., sect. civ., 21 mai 1948, S. 1949, 1, 121, note Niboyet, JCP 1948, II, 4422, note P. L.-P.

257 ***Droits subjectifs et pouvoirs*** ◊ Il convient de distinguer le droit subjectif et le *pouvoir*. Ce dernier mot est, depuis longtemps, habituel en philosophie politique et en droit public : le principe dit de la séparation des pouvoirs a fait couler beaucoup d'encre ; en droit administratif, la jurisprudence du Conseil d'Etat a permis l'élaboration de la théorie du détournement de pouvoir[1] et, dans une réflexion transdisciplinaire, la doctrine a été amenée à comparer l'abus de droit (subjectif) et le détournement de pouvoir[2].

En droit privé, la notion de pouvoir a aussi été étudiée[3]. Elle est fréquemment utilisée dans le droit des incapacités lorsqu'il s'agit de déterminer les conditions dans lesquelles peuvent agir ceux qui représentent ou assistent les incapables. En matière de régimes matrimoniaux, la détermination des pouvoirs des époux sur les biens qui constituent le patrimoine du ménage — biens propres de chacun d'eux, biens communs — commande leur condition pécuniaire (V. par ex. art. 1421 s. c. civ.). Le contrat de mandat est non moins révélateur : c'est l'« acte par lequel une personne donne à une autre le pouvoir de faire quelque chose pour le mandant et en son nom » (art. 1984, al. 1er, c. civ.). On signalera encore, en matière de sociétés commerciales, l'existence de maintes dispositions relatives aux pouvoirs des dirigeants sociaux (ex. : L. 24 juil. 1966, art. 98, 113, 124, 437-4°).

Comme le droit subjectif, le pouvoir est une prérogative. Mais, à la différence du droit subjectif, le pouvoir permet à celui qui le détient « d'exprimer un intérêt au moins partiellement distinct du sien »[4] au moyen d'actes juridiques ayant notamment pour effet d'engager autrui. La finalité des prérogatives est différente, ce qui explique les différences pouvant exister entre le contrôle de l'exercice des droits subjectifs et celui des pouvoirs (v. *infra*, nos 427 s.).

258 ***Plan*** ◊ On envisagera successivement :
— Les *sources* des droits subjectifs (Chapitre 1) ;
— Les *titulaires* des droits subjectifs (Chapitre 2).

---

1. A. DE LAUBADÈRE, J.-C. VÉNÉZIA et Y. GAUDEMET, *Traité de droit administratif*, t. 1, 11e éd. 1990, nos 719 s.
2. VIDAL, *Essai d'une théorie générale de la fraude en droit privé*, thèse Toulouse, 1957, p. 341 s.
3. E. GAILLARD, *Le pouvoir en droit privé*, thèse Paris II, éd. 1985.
4. E. GAILLARD, *op. cit.*, p. 233.

CHAPITRE 1

LES SOURCES
DES DROITS SUBJECTIFS

259   *Situations juridiques* ◊ Tous les comportements sociaux ne sont pas, dans une société et à une époque données, pris en considération par le système juridique en ce sens que celui-ci ne leur fait pas nécessairement produire de conséquences juridiques : ce piéton qui contemple un paysage, ce lecteur dans une bibliothèque ont sans doute usé de leur liberté ; mais leur situation présente n'est pas génératrice d'effets de droit ; ce n'est pas une situation juridique.

Si, au contraire, des conséquences juridiques sont attachées à certaines situations — on peut dire aussi à certains comportements —, il s'agit alors de *situations juridiques*. Cette expression se comprend aisément si on l'entend de manière générale ; et sans doute convient-il, à son sujet, d'évacuer toute autre approche : il n'y a pas de situations juridiques au sens large et de situations juridiques au sens étroit. Bref, il y a ou il n'y a pas situation juridique.

Il n'en demeure pas moins nécessaire d'admettre l'existence de ce que la doctrine désigne par l'expression de *situation de fait* [1]. Ce sont, en bonne logique, qu'on le veuille ou non, des situations juridiques en ce sens que des conséquences de droit leur sont attachées. Mais, suivant la formule souvent rappelée de Roger Houin, « la situation de fait est une sorte d'ersatz, une sorte de doublet d'une situation juridique bien connue et bien réglementée par la loi » [2] : séparation de fait, société de fait, tutelle de fait... Leur prise en considération se relie à l'idée même de système juridique et aux structures qui caractérisent celui-ci, en tant qu'il est l'expression d'un ordre confronté aux exigences de l'évolution ou du changement [3].

260   *Faits juridiques* ◊ La distinction, au moins liminaire, d'un sens large et d'un sens sinon étroit, du moins restreint, s'impose au contraire lorsqu'on emploie l'expression de *fait juridique*.

Au *sens large*, les faits juridiques sont tous les événements de la vie sociale emportant des conséquences juridiques, c'est-à-dire influant sur la création, la transmission et l'extinction des droits. Ainsi un dommage causé par la faute d'un individu fait naître au profit de la victime une

---

1. V. *Les situations de fait*, Trav. Assoc. H. Capitant, t. XI, 1957 ; L. Leveneur, *Situations de fait et droit privé*, thèse Paris II, éd. 1990.
2. Trav. Assoc. H. Capitant, préc., p. 322.
3. Rappr. Santi Romano, *L'ordre juridique*, trad. franç. 1975 ; v. aussi *Le système juridique*, Arch. phil. droit, t. 31, 1986.

créance en réparation du préjudice subi, un accord entre deux personnes peut transmettre un droit de l'une à l'autre, le décès d'un individu opère transmission de ses droits patrimoniaux à ses héritiers.

Dans une terminologie plus précise, on distingue deux sortes de faits juridiques : les *faits* juridiques proprement dits et les *actes* juridiques.

Les *faits juridiques* sont constitués soit par des situations de fait — par exemple la naissance, la mort, l'âge —, soit par des actions — détérioration d'un objet, coup porté, injure —, qui entraînent par leur existence même une création, une modification ou une transmission des droits. Ces actions peuvent être aussi bien volontaires que non volontaires ; même si elles sont volontaires, elles demeurent des faits juridiques au sens étroit du terme, dès lors que l'effet juridique qu'elles produisent n'a pas été *voulu*. Ainsi l'auteur de coups et blessures volontaires doit réparation à la victime ; celle-ci a une créance de dommages-intérêts. Cette créance a sa source dans un fait juridique, bien que les coups et blessures aient été volontaires : l'auteur responsable a volontairement frappé ou blessé, mais il n'était pas dans son intention de réparer le préjudice par le versement d'une indemnité pécuniaire ; c'est la loi qui impose la réparation.

Ainsi voit-on que tous les comportements inspirés par la volonté humaine ne sont pas des actes juridiques, car les *actes juridiques sont des manifestations de volonté accomplies en vue de produire des effets de droit et sans lesquelles ces effets de droit ne se produiraient pas* [1]. Ainsi en est-il d'un *contrat* conclu entre deux personnes afin de faire naître entre elles des obligations, ou encore d'un *testament* par lequel une personne exprime sa volonté de transmettre en tout ou en partie ses biens à une autre personne, le légataire.

On envisagera successivement les *faits juridiques* (Section 1) et les *actes juridiques* (Section 2).

SECTION 1
LES FAITS JURIDIQUES

261   *Distinction* ◊ Nombreux sont les faits juridiques. Très divers sont, en effet, les événements qui influent sur les relations humaines. A la différence des actes juridiques, les faits juridiques présentent des variétés innombrables, à l'image de l'infinie diversité des situations juridiques. Divers par les circonstances qui leur donnent naissance, ils le sont aussi par leurs effets, qu'il s'agisse de *créer*, de *modifier* ou d'*éteindre* des droits subjectifs.

On distingue les *faits involontaires* et les *faits volontaires*.

---

1. V. L'acte juridique, numéro spécial de la Rev. *Droits*, n° 7-1988.

§ 1
LES FAITS INVOLONTAIRES

262 *Fréquence* ◊ De nombreux faits juridiques se produisent indépendamment de la volonté de tel ou tel de ceux qui peuvent être plus ou moins directement concernés par ces faits. On est porté à dire qu'il s'agit là de faits *naturels*, en ce qu'ils seraient le fruit du hasard ou du cours naturel des choses. Cette qualification n'est pas dépourvue d'équivoque, car les faits considérés peuvent être *accidentels*.

Force est, en outre, d'observer que, si les faits juridiques peuvent se produire indépendamment de tout comportement volontaire, ils ne sont pourtant pas nécessairement exclusifs de toute donnée de caractère volontaire. Ainsi le décès est un fait juridique ; il peut néanmoins être l'effet d'un suicide.

263 *Evénements* ◊ Des faits juridiques jalonnent *la vie des personnes* physiques, marquent les étapes de l'existence de la personne : la *naissance* — voire la *conception* — à partir de laquelle les individus sont dotés de la personnalité juridique. Du fait de sa naissance, l'enfant se trouve notamment investi de droits de famille : il peut réclamer des aliments à ses père et mère, venir à leur succession ; les parents ont l'obligation d'entretenir et d'élever leurs enfants et la charge d'administrer leurs biens jusqu'à la majorité ou l'émancipation de ceux-ci.

La situation de la personne privée n'est pas indifférente à certaines *données juridiques* qui peuvent aussi être considérées comme des faits juridiques. Ainsi en est-il de certaines déficiences physiques ou mentales qui peuvent entraîner la mise en tutelle ou en curatelle.

Des événements indépendants de la volonté de l'homme qui est affecté par eux, événements imprévisibles et irrésistibles, par exemple, selon les circonstances, la foudre, un incendie, un naufrage, une guerre, peuvent aussi entraîner des conséquences juridiques. Ils peuvent avoir pour effet de faire échapper une personne à la responsabilité d'un manquement à ses obligations.

264 *Ecoulement du temps* ◊ Au bout d'un certain temps, le fait d'atteindre l'âge de la *majorité* fait cesser l'incapacité qui frappe l'individu mineur, considéré jusque-là comme n'ayant pas un développement suffisant pour exercer ses droits[1]. Encore faut-il remarquer que si l'atteignement de l'âge de la majorité constitue un fait juridique, l'émancipation est un acte juridique — ou la conséquence d'un acte juridique : le mariage — qui produit ses effets parce que les auteurs de l'acte ont eu la volonté de lui en faire produire en anticipant sur l'âge de la majorité.

---

1. V. G. Cornu, L'âge civil, *Mélanges Roubier*, 1961, t. II, p. 9 s. ; J. Casals, *Age et droit privé*, thèse ronéot. Paris II, 1976.

L'écoulement d'un certain temps peut aussi entraîner des conséquences dans le sens soit de l'acquisition, soit de l'extinction d'un droit subjectif. On dit qu'il y a alors *prescription*. Dans l'intérêt de la paix sociale, il est parfois bon de stabiliser certaines situations qui se sont prolongées même si elles sont contraires au droit et même à la morale (v. *supra*, n° 11). Permettre d'anéantir cette situation sous prétexte qu'à l'origine il ne se trouve pas un droit véritablement établi, ce serait ruiner les légitimes prévisions, non seulement des individus bénéficiant de la situation même — ce qui après tout ne serait pas trop grave —, mais encore de tous ceux qui, constatant que le titulaire de la situation apparente n'était pas dérangé dans l'exercice de son droit, ont pu valablement croire que cette situation était juridiquement fondée. Tel est le fondement de la *prescription acquisitive* des droits réels au profit de personnes non titulaires de ces droits[1].

La même idée sert aussi de fondement à la *prescription extinctive* des droits, qui s'applique en principe à tous les droits pécuniaires et d'après laquelle le droit se perd par le non-usage. Ainsi un créancier qui ne réclame pas au débiteur son paiement perd son droit à l'expiration d'un certain délai. Toutefois, le droit de propriété est un droit perpétuel qui ne se perd pas par le non-usage. Si l'on ne se sert pas de son droit de propriété, on ne le perd que si quelqu'un d'autre possède la chose, par exemple, s'installe dans une maison et s'y comporte comme propriétaire, mais alors on perdra son droit en raison de l'activité de cette autre personne qui aura bénéficié de la prescription acquisitive[2].

Le droit civil détermine le délai de prescription et les conditions de possession ou de non-usage, tant pour la prescription acquisitive que pour la prescription extinctive. Le délai, ordinairement de trente ans, est souvent abrégé. En outre, fréquemment interviennent des conditions se rattachant à la *bonne foi* des intéressés, c'est-à-dire à leur ignorance de la situation juridique véritable.

§ 2 ——————————————————————————

LES FAITS VOLONTAIRES

265 *De la volonté* ◊ Les faits juridiques précédemment étudiés sont indépendants de la volonté de l'homme. D'autres faits peuvent être voulus, comme

---

1. La prescription de trente ans (art. 712, 2219 s., c. civ.) peut effectivement permettre à un possesseur, fût-il de mauvaise foi, de devenir propriétaire. Mais en réalité le vrai rôle de la prescription est de permettre à un propriétaire la preuve aisée de sa propriété ; supposons un propriétaire qui doit, dans une certaine circonstance, justifier de son droit ; vainement produirait-il un titre ; on lui rétorquerait que celui-ci n'a pu lui transférer la propriété que s'il est émané d'un propriétaire ; à supposer qu'il puisse représenter le titre de son auteur, il risquerait de voir son adversaire reproduire la même argumentation et de se voir imposer la nécessité de produire le titre de l'auteur de son auteur, et ainsi de suite ; à un moment donné l'intéressé risquerait d'être pris en défaut. La prescription acquisitive permet d'éviter cet écueil : sera considéré comme légitime propriétaire celui qui, par lui-même ou par ses auteurs, aura possédé l'immeuble pendant trente ans.

2. F. TERRÉ et P. SIMLER, *Précis Dalloz, Les biens*, n°s 135 s., 478 s.

le délit civil, la possession. Il faut se garder de confondre ces faits avec les actes juridiques. Dans l'acte juridique, les parties veulent non seulement l'acte, mais aussi les conséquences juridiques que la loi y attache. Ainsi, si deux personnes concluent un contrat de vente, c'est pour que la propriété de l'objet vendu passe du vendeur à l'acquéreur et que celui-ci devienne débiteur du prix. Quand une personne, au contraire, commet un délit civil, c'est-à-dire cause par sa faute intentionnelle un préjudice à autrui, sa conduite implique une volonté consciente des conséquences dommageables de l'acte, mais on ne peut dire que cette personne a voulu la conséquence juridique que la loi y attache, à savoir la naissance de l'obligation de réparer.

A   LES FAITS VOLONTAIRES ILLICITES

266 *Caractères* ◊ Ils attestent l'existence de *comportements volontaires*, impliquant à l'origine un acte de volonté d'un ou de plusieurs individus, et *illicites* parce qu'ils sont répréhensibles et entraînent la *responsabilité civile* de leurs auteurs, parce qu'ils constituent des délits ou des quasi-délits.

267 *Faits générateurs de la responsabilité civile* ◊ La théorie de la responsabilité civile [1] comporte un principe général qui est celui de la *responsabilité du fait personnel* : quiconque cause, par sa faute, un dommage à autrui doit réparer le préjudice causé à la victime. Les articles 1382 et 1383 du code civil sanctionnent ainsi les *délits* et *quasi-délits*, c'est-à-dire les manquements à l'obligation générale de prudence, de diligence et de loyauté qui pèse sur tous les hommes dans l'exercice de leur liberté. Délits et quasi-délits se distinguent entre eux, en ce que les premiers impliquent un manquement intentionnel à cette obligation, une volonté consciente des suites préjudiciables de l'acte, tandis que les seconds sont des actes d'imprudence ou de négligence, leurs auteurs n'ayant pas prévu les conséquences dommageables de leurs actes. S'agissant de matières civiles, et non pénales, la distinction est d'ailleurs dépourvue en général de portée pratique, les délits comme les quasi-délits obligeant l'auteur du dommage à réparer l'intégralité du préjudice subi.

Dans certains cas, une personne est responsable du dommage causé par la faute de personnes dont elle doit répondre. L'article 1384, alinéa 1er, pose le principe de la *responsabilité du fait d'autrui* par la formule : on est responsable du dommage qui est causé par le fait des personnes dont on doit répondre. Les alinéas suivants en explicitent des cas. Les père et mère sont ainsi responsables du fait de leurs enfants mineurs habitant avec eux, à moins qu'ils n'établissent qu'ils n'ont pu empêcher le fait dommageable. De la même façon, l'artisan est responsable du fait de ses apprentis. Le maître ou commettant est responsable du fait de ses domestiques

---

1. V. A. WEILL et F. TERRÉ, *Précis Dalloz, Les obligations*, n°s 577 s.

et préposés ; sa responsabilité tranche même sur les autres cas de responsabilité du fait d'autrui par plus de sévérité : elle ne peut être écartée par la preuve de l'absence de faute, de choix ou de surveillance chez le commettant, ce qui atteste une régression de la responsabilité fondée sur la faute au profit de la responsabilité objective, fondée sur le *risque* : celui qui a l'autorité sur autrui ainsi que le profit de son activité doit en supporter les risques, même s'il n'a aucune faute à se reprocher.

Une même tendance se manifeste dans les cas de *responsabilité du fait des choses*. Le code civil avait institué pour deux catégories particulières de choses — celles qui, en 1804, étaient les causes les plus habituelles de dommages : animaux et bâtiments —, des responsabilités existant de plein droit et non subordonnées à la preuve d'une faute : le propriétaire d'un animal ou celui qui s'en sert est responsable du dommage causé par le fait de cet animal, sans que la victime ait à prouver la faute du gardien de l'animal, sans que celui-ci puisse se décharger de sa responsabilité en prouvant qu'il n'a pas commis de faute (art. 1385) ; le propriétaire d'un bâtiment est responsable du dommage causé par sa ruine lorsqu'elle est arrivée par suite du défaut d'entretien ou par le vice de construction (art. 1386), faits qui ne sont pas toujours imputables au propriétaire. A partir de la fin du XIXᵉ siècle, la jurisprudence a trouvé dans l'article 1384, alinéa 1ᵉʳ, les éléments d'un système général de responsabilité du fait des choses que l'on a sous sa garde, dans lequel le gardien de la chose ne peut s'exonérer par la preuve de l'absence de faute, ni même dans certains domaines et sous certaines conditions par la preuve d'une cause étrangère irrésistible et imprévisible ; c'est dans ce sens qu'une loi du 5 juillet 1985 tendant à l'amélioration de la situation des victimes d'accidents de la circulation a marqué une évolution importante du droit de la responsabilité civile [1].

On constate que se sont multipliés les cas dans lesquels une personne est déclarée responsable dès lors que son activité est la cause d'un dommage sans que nécessairement cette activité ait été fautive. De la sorte, s'est développée l'importance de l'idée suivant laquelle toute personne introduisant un risque dans la société serait responsable du dommage causé par la réalisation fortuite de ce risque.

B | LES FAITS VOLONTAIRES LICITES

268   *Fréquence* ◊ Ils sont extrêmement nombreux. Certains sont envisagés simplement en ce qu'ils entraînent la modification d'une situation juridique, ce qui peut impliquer l'adoption d'un certain comportement, voire le respect de certaines exigences. Ainsi en est-il par exemple d'un changement de domicile.

---

1. V. *Précis Dalloz, Les obligations*, nᵒˢ 737 s.

Il est, plus précisément, des faits juridiques qui, générateurs d'obligations, ressemblent davantage à des actes juridiques de sorte qu'on parle à leur sujet de quasi-contrats[1]. Le fait considéré est *volontaire*, mais ce n'est pas un acte juridique, car si cet acte a été voulu et fait naître des obligations, l'acte n'a pas été accompli en vue de faire naître ces obligations : la loi les reconnaît, parce que cela lui paraît juste et utile, mais sans tenir compte de ce que les intéressés ont pu vouloir à cet égard. Cela dit, le fait volontaire ici envisagé est un fait *licite* : bien que le comportement des individus ait fait naître une situation appelant rétablissement d'un équilibre d'ordre juridique, ce comportement n'est pas en soi illicite, ne constitue pas une faute, n'est pas un délit ou un quasi-délit.

269 *1° Gestion d'affaires* ◊ Il y a gestion d'affaires lorsqu'une personne, le gérant d'affaires, sans en avoir reçu mandat ni pouvoir légal, accomplit un acte dans l'intérêt et pour le compte d'une autre personne, nommée géré ou maître de l'affaire[2] ; par exemple, en l'absence de l'intéressé, une personne prend l'initiative de faire réparer sa maison menaçant ruine, de payer ses dettes afin d'éviter une saisie de ses biens. La gestion d'affaires fait naître des obligations de part et d'autre ; ainsi le gérant doit apporter à la gestion tous les soins d'un bon père de famille (art.1374, al. 1er) et doit rendre compte de sa gestion ; le maître doit, si la gestion a été utile ou s'il l'a ratifiée, remplir les engagements que le gérant a contractés en son nom, l'indemniser de tous les engagements personnels qu'il a pris et lui rembourser toutes les dépenses utiles ou nécessaires qu'il a faites.

270 *2° Paiement de l'indu* ◊ Il y a paiement de l'indu : 1) lorsqu'on paye une dette qui n'existe pas ; 2) lorsqu'on paye plus qu'on ne doit ; 3) lorsqu'on paye une dette due par un autre ; 4) lorsqu'on paye une obligation nulle (sauf si le paiement emporte confirmation). Dans ces divers cas, la somme indûment perçue doit être restituée, accompagnée des fruits de la chose ou des intérêts de l'argent lorsque l'*accipiens* a perçu l'indu de mauvaise foi[3].

271 *3° Enrichissement sans cause* ◊ Il arrive fréquemment qu'un individu s'enrichisse aux dépens d'autrui ; le plus souvent l'accroissement d'un patrimoine et l'appauvrissement corrélatif d'un autre ont une cause légitime, procédant d'un acte juridique : vente, donation, etc. Mais il arrive que ce phénomène s'opère en dehors de toute cause juridique : une personne effectue un paiement dont elle n'était pas tenue ; ou bien elle érige une construction sur le terrain d'autrui et par le phénomène de l'*accession*, cette construction va appartenir au propriétaire du sol, qui s'enrichit ainsi injustement aux dépens du constructeur, de sorte que, comme dans le cas précédent, celui qui a reçu le paiement s'est enrichi sans cause au détriment de celui qui l'a effectué. Cet enrichissement sans

1. V. *Précis Dalloz, Les obligations*, nos 789 s.
2. V. *Précis Dalloz, Les obligations*, nos 792 s.
3. V. *Précis Dalloz, Les obligations*, nos 806 s.

cause est source d'obligation : l'appauvri peut intenter contre l'enrichi une action dite *de in rem verso*, qui lui permet d'obtenir la restitution de ce dont il s'est appauvri, tout au moins dans la mesure de l'enrichissement procuré. Le code civil s'était contenté de réglementer des cas particuliers d'enrichissement sans cause, sans proclamer le principe auquel ils se rattachent ; la jurisprudence a généralisé ces solutions en affirmant le principe d'équité suivant lequel nul ne doit s'enrichir aux dépens d'autrui[1].

272   *4° Possession* ◊ Elle est un rapport de fait entre une chose et une personne, par lequel cette personne a la possibilité d'accomplir, sur cette chose, personnellement ou par l'intermédiaire d'un tiers, des actes qui, dans leur manifestation extérieure, correspondent à l'exercice d'un droit, qu'elle soit ou non titulaire régulière de ce droit. Et il se peut qu'à l'origine de sa prise de possession, il y ait, de sa part, un acte illicite.

La définition de la possession met en évidence un état de fait illustrant une similitude avec l'exercice des prérogatives attachées à la propriété. La possession est protégée en tant que telle pour des raisons de paix publique et de simplicité[2]. L'on insiste sur une double idée : la possession est un fait, indépendamment du point de savoir si ce fait correspond effectivement à un droit de propriété ; ensuite elle s'analyse essentiellement dans le fait d'exercer des actes correspondant à ceux qu'accomplit le propriétaire d'une chose.

La première idée est exacte : la possession est un fait, un *fait juridique*. Mais la seconde idée est critiquable en ce que la possession est prise dans son sens étroit et originaire : elle éveille à la fois l'idée de chose matérielle et l'idée de propriété. Or il s'est produit une extension progressive de la notion de possession, celle-ci pouvant s'appliquer à un droit, et non pas seulement à une chose. L'article 2228 formule en ce sens la définition suivante : « La possession est la détention ou la jouissance d'une chose ou d'*un droit* que nous tenons ou que nous exerçons par nous-mêmes, ou par un autre qui la tient ou qui l'exerce en notre nom ».

La possession produit également des effets en matière de droit familial (*possession d'état*)[3].

---

1. Req. 15 juin 1892, D.P. 92, 1, 596, S. 93, 1, 281, note Labbé, *Grands arrêts* n° 145 ; v. *Les obligations*, n°s 815 s. ; v. *supra*, n° 253.
2. V. *Les biens*, n°s 52 s. ; v. *supra*, n° 264.
3. V. *Précis Dalloz, Les personnes, La famille, Les incapacités*, n° 93.

SECTION 2
LES ACTES JURIDIQUES

273 *Généralités. Negotium et instrumentum* ◊ D'une manière générale, les actes juridiques sont des manifestations de volonté accomplies en vue de produire des effets de droit et sans lesquelles ces effets de droit ne se produiraient pas.

De cette manière, correspondant à l'usage le plus fréquent c'est l'opération juridique envisagée quant au fond — le *negotium* — qui est désignée. C'est en quoi l'acte juridique présentement examiné se distingue du document écrit, c'est-à-dire de l'*instrumentum,* lequel est établi en vue de constater soit un acte juridique (au sens de *negotium*), par exemple un acte de vente, soit un fait juridique, par exemple un constat d'accident.

274 *Actes juridiques, droit objectif ou droits subjectifs* ◊ Envisagé dans sa signification de fond (*negotium*), l'acte juridique remplit un rôle capital dans la vie juridique. Ce rôle se manifeste aux *sources mêmes du droit objectif* : une Constitution, une loi, un règlement administratif, un jugement sont des actes juridiques dont l'importance a déjà été examinée. On sait leur rôle en *droit constitutionnel*, en *droit administratif*, en *droit judiciaire.*

En droit international public, le traité est aussi un acte juridique de fondamentale importance. Entendu au sens large, le mot désigne tout accord conclu entre membres de la communauté internationale et destiné à produire certains effets de droit. Un *concordat* est, en ce domaine, un acte juridique bilatéral. Et il faut en dire autant de quantité d'accords, formels ou informels, conclus avec des organismes internationaux ou sous leur égide. Il existe aussi en droit international public des actes juridiques unilatéraux produisant des effets de droit : ainsi en est-il de nombre de *notifications*, par exemple de la notification de la rupture de relations diplomatiques ou encore de l'acte par lequel un Etat constate l'existence d'un Etat nouveau ou d'un gouvernement nouveau. D'autres actes relèvent encore, en droit international public, de la catégorie des *actes collectifs*, par exemple une *résolution* du Conseil de sécurité.

Ce qui est vrai du droit international public l'est aussi du *droit communautaire* (*supra*, n°s 182 s.) : le Traité de Rome de 1957 est un acte juridique ; et il y a lieu d'en dire autant de l'Acte unique européen signé à Luxembourg et à La Haye en 1986.

Sur l'autre versant du juridique, du côté des actes juridiques des personnes — publiques ou privées — tendant à produire des effets de droit, on s'en tiendra dans la suite des présents développements à tous ceux qui ne tendent pas à modifier le droit objectif et n'ont pour objet que d'en assurer la réalisation à travers les droits subjectifs. Au demeurant, on va voir aussitôt que le passage d'un versant à l'autre du juridique peut être délicat.

§ 1 ─────────────────────────────

CLASSIFICATIONS
DES ACTES JURIDIQUES

275 *1° Actes administratifs et actes de droit privé* ◊ L'activité de l'Administration peut se manifester soit par des actes de droit privé, semblables à ceux qu'accomplissent des personnes privées et soumis au droit privé, soit par des actes administratifs qui relèvent du droit administratif.

L'acte administratif a suscité de multiples analyses[1]. On en distingue deux notions, l'une formelle (ou organique), l'autre matérielle[2].

En adoptant une approche *formelle* ou *organique*, on considère que l'acte administratif est celui qui émane d'un organe administratif de l'Etat, ce qui permet alors de le distinguer d'actes émanant soit d'organes législatifs ou juridictionnels, soit d'organismes privés, voire de personnes privées.

Dans cette ligne de pensée, liée à la détermination de l'organe d'où émane l'acte (l'organe administratif), *seuls les actes administratifs unilatéraux sont considérés comme des actes administratifs.* Cette qualification est refusée aux contrats conclus entre l'Administration et les personnes privées ; ces contrats sont des actes juridiques, mais ce ne sont pas des actes administratifs. Le critère formel de détermination de l'acte administratif est commode, mais ne laisse pas de susciter des hésitations lorsque la nature — publique ou privée — de l'organe d'où émane l'acte est indécise. Mieux encore, il a été admis que certains actes émanant d'organismes privés chargés d'un service public administratif pouvaient constituer des actes administratifs, par exemple des actes émanant d'associations de chasse[3] ou de fédérations sportives[4].

Suivant une autre démarche, on retient une notion matérielle de l'acte administratif. Celui-ci serait nécessairement doté d'une portée individuelle, à la différence des *actes législatifs*, qui seraient nécessairement dotés d'une portée générale.

Cette distinction correspond bien à la tradition française suivant laquelle la loi est l'expression de la volonté générale, cette volonté se manifestant naturellement par une règle abstraite et générale.

---

1. V. les si précieux Cours de doctorat de C. EISENMANN, *Cours de droit administratif*, éd. 1983, spéc. t. II, p. 11 s.
2. A. DE LAUBADÈRE, J.-C. VÉNÉZIA et Y. GAUDEMET, *Traité de droit administratif*, t. 1, 11ᵉ éd., 1990, nᵒˢ 787 s. ; G. VEDEL et P. DELVOLVÉ, *Droit administratif*, 11ᵉ éd., 1990, t. 1, p. 232 s.
3. Cons. d'Etat, 7 juil. 1978, *Min. qualité de la vie c. de Vauxmoret*, AJDA 1979, nᵒ 6, p. 36, concl. ROUGEVIN-BAVILLE ; 28 mars 1979, *Min. qualité de la vie c. Boutet et autres*, Dr. adm. 1979, nᵒ 174.
4. Trib. conflits 7 juill. 1980, *Peschaud c. Groupement du football professionnel*, D. 1981, *Inf. rap.* 42.

On ne saurait pourtant s'en tenir à ces observations : d'une part, il se peut que le Parlement adopte des dispositions de caractère individuel ; d'autre part, il n'est pas rare que des dispositions de caractère général émanent d'organes administratifs. Voilà pourquoi, la distinction des actes réglementaires et des actes individuels de l'Administration entraîne d'importantes conséquences. Au premier rang de celles-ci, on signalera que les règlements administratifs sont des sources du droit positif (*supra*, nos 197 s.), ce qui fonde leur autorité à l'égard de l'Administration et le pouvoir reconnu aux tribunaux de procéder, si c'est nécessaire, à leur interprétation. La publicité de ces divers actes est aussi soumise à des règles différentes : les actes réglementaires sont publiés (*infra*, no 419) ; les actes individuels sont notifiés [1].

276 *2º Conventions, actes unilatéraux, actes collectifs* ◊ De la convention qui est définie comme un accord de volontés, on distingue l'acte unilatéral et l'acte collectif. Cette distinction est importante en droit privé et en droit public.

Un acte juridique est *unilatéral* lorsque l'effet juridique auquel il tend résulte de la manifestation de volonté d'une seule personne [2]. Ainsi en est-il de la reconnaissance d'un enfant naturel (art. 335 c. civ.), du testament (art. 895 c. civ.), de la fondation (L. 23 juill. 1987, art. 18) ou encore de divers actes abdicatifs [3] tels que les renonciations à succession (art. 784 c. civ.), à usufruit (art. 622), à servitude (art. 1638).

Parfois aux confins des sources du droit objectif, les actes administratifs unilatéraux sont nombreux, le caractère unilatéral de l'acte — même issu d'accords successifs et multiples — tenant au fait que l'acte manifeste la volonté d'une seule personne : l'Etat. Constituent notamment des actes unilatéraux, les arrêtés municipaux ou les autorisations administratives. L'octroi d'un permis de construire se traduit par un acte administratif unilatéral.

L'acte *collectif* est l'acte juridique par lequel se manifestent les volontés d'un ensemble de personnes unies par une communauté d'intérêts ou impliquées par une action commune [4]. Ainsi en est-il d'une délibération prise par une assemblée, qu'il s'agisse d'une assemblée parlementaire, d'une assemblée d'actionnaires ou d'une assemblée de copropriétaires ; il existe des questions communes à ces diverses réunions, spécialement quant à la manière suivant laquelle se développent les délibérations et se pratiquent les votes. Il existe aussi des *contrats collectifs* passés entre quelques personnes, mais dont les clauses sont, à certaines conditions, obligatoires pour un ou plusieurs ensembles d'autres personnes. — Rappr. *supra*, no 250, au sujet des conventions collectives.

---

1. V. J.-M. RAINAUD, *La distinction de l'acte réglementaire et de l'acte individuel*, 1966.
2. V. J. MARTIN DE LA MOUTTE, *L'acte juridique unilatéral, Essai sur sa notion et sa technique en droit civil*, thèse Toulouse, 1951 ; MARIE-LAURE IZORCHE, *L'avènement de l'engagement unilatéral en droit privé contemporain*, thèse ronéot. Aix-Marseille III, 1989.
3. V. F. DREIFUSS-NETTER, *Les manifestations de volonté abdicatives*, thèse Strasbourg, 1985.
4. ROUJOU DE BOUBÉE, *Essai sur l'acte juridique collectif*, thèse Toulouse, éd. 1961.

277 *3° Actes à titre gratuit et actes à titre onéreux* ◊ L'acte *à titre gratuit* est inspiré par une pensée de libéralité, on dit aussi de bienfaisance, *l'animus donandi* (en cas de donation) ; il n'engendre pour celui qui l'effectue aucune contrepartie de nature pécuniaire[1]. Constituent ainsi des actes à titre gratuit : la donation, le legs contenu dans un testament, la remise de dette à titre gracieux. L'acte *à titre onéreux* implique un avantage pécuniaire qui compense un sacrifice ; il est inspiré par une idée d'échange ; ainsi en est-il de la vente, du louage.

Des intérêts multiples s'attachent à cette distinction. Bornons-nous à indiquer les idées directrices d'où ils procèdent pour la plupart.

1. L'acte à titre gratuit se présente comme un acte anormal, voire dangereux tant pour le disposant lui-même qui ne reçoit rien en échange de ce qu'il donne ou fait, que pour ses créanciers ou ses héritiers présomptifs, qui risquent d'être lésés ou dépouillés ; c'est pourquoi le législateur doit s'efforcer de sauvegarder certains intérêts légitimes, alors qu'en principe ceux-ci ne risquent pas d'être atteints par un acte onéreux.

2. La personnalité des parties joue un rôle presque toujours déterminant dans les actes à titre gratuit ; ceux-ci sont accomplis *intuitu personae,* alors que la considération de la personne, si elle intervient dans certains contrats à titre onéreux — tel celui passé avec un architecte, un peintre — est souvent absente dans de tels contrats, par exemple en cas d'embauchage de personnel non qualifié ou d'achats courants.

3. Celui qui rend service gratuitement paraît plus digne d'intérêt que celui qui tire bénéfice de son action ; aussi sa responsabilité est engagée plus difficilement (V. ainsi pour le dépôt, art. 1927 et 1928 ; pour le mandat, art. 1992, al. 2).

278 *4° Actes conservatoires, actes d'administration, actes de disposition* ◊ L'*acte conservatoire* tend à maintenir le patrimoine dans son état actuel, à ne pas laisser dépérir une valeur ou un droit[2]. Ainsi en est-il de certains constats ou encore d'actes d'inscription hypothécaire. En matière de procédure, plus spécialement dans le cadre des voies d'exécution, il existe des procédures orientées vers la même fin : ce sont les *saisies conservatoires.* Il est clair que la catégorie des actes conservatoires se relie à une prise de conscience d'un écoulement du temps qui peut, surtout s'il s'accélère, rendre particulièrement nécessaire la prise en considération de l'*urgence*[3].

L'*acte d'administration* tend à faire fructifier un bien sans en compro-

---

1. V. J.-J. DUPEYROUX, *Contribution à la théorie générale de l'acte à titre gratuit,* thèse Toulouse, 1955.
2. P. PAGEAUD, *Un aspect de la sécurité juridique : l'acte conservatoire comme acte nécessaire,* thèse Poitiers, 1941.
3. P. JESTAZ, *L'urgence et les principes classiques du droit civil,* thèse Paris, éd. 1968.

mettre la valeur en capital ; ainsi en est-il de la perception de loyers ou de la mise en location d'une machine[1].

Au contraire, l'*acte de disposition* porte atteinte ou risque de porter atteinte à la valeur d'un bien considéré comme un capital ; tel est le cas de la vente d'immeuble[2].

La distinction tripartite envisagée ici, reposant sur la gravité de l'acte et sur la notion économique de valeur, est importante. Ainsi, le patrimoine d'un mineur étant administré par une autre personne — administrateur légal, tuteur —, il est normal que les actes de cette personne soient subordonnés à des conditions dont l'importance varie en fonction de la gravité de l'acte. Encore convient-il d'observer que cette *gravité* ne dépend pas seulement de la *nature* de l'acte (location ou vente), mais aussi de son *objet* — la vente d'un immeuble est généralement considérée comme étant plus importante que la vente d'un meuble — ainsi que des *conséquences* variables — y compris en raison de l'évolution du droit positif — des actes ainsi accomplis.

279   *5° Actes entre vifs et actes à cause de mort* ◊ Les actes *entre vifs* sont ceux dont les effets juridiques se produisent du vivant des parties, les actes *à cause de mort* ceux dont les effets se produisent à leur décès. Le droit civil admet plus facilement les actes entre vifs ; ce n'est que dans certains cas et à des conditions plus strictes en général qu'il admet que la volonté puisse produire effet après la mort. Ainsi notre droit reconnaît la valeur du testament, acte unilatéral à cause de mort, mais interdit, en principe, les contrats à cause de mort, les pactes sur succession future (art. 1130 c. civ.).

280   *6° Conventions et contrats. Classifications propres aux contrats* ◊ Bien que, dans la pratique, on utilise souvent de manière indifférente les deux mots, une terminologie précise repose sur la distinction de la *convention*, dont l'effet peut être de créer, de transformer ou d'éteindre des effets de droit, et du *contrat*, qui a seulement pour objet de *créer* des rapports de droit. Tout contrat serait une convention, mais toute convention ne serait pas un contrat. On invoquera en ce sens l'article 1101 du code civil : « Le contrat est une convention par laquelle une ou plusieurs personnes s'obligent, envers une ou plusieurs autres, à donner, à faire ou à ne pas faire quelque chose ».

On évoquera les principales classifications des contrats.

1. *Contrats synallagmatiques et unilatéraux.* « Le contrat est *synallagmatique* ou bilatéral lorsque les contractants s'obligent réciproquement les uns envers les autres » (art. 1102 c. civ.) ; ce qui le caractérise, c'est la réciprocité des engagements qui en découlent, par exemple dans la vente :

---

1. TRASBOT, *L'acte d'administration en droit privé français*, thèse Bordeaux, 1921 ; R. VERDOT, *La notion d'acte d'administration en droit privé français*, thèse Aix, 1963 ; F. LEDUC, *L'acte d'administration : nature et fonction*, thèse Bordeaux I, 1991.
2. R. VERDOT, De l'influence du facteur économique sur la qualification des actes d'administration et des actes de disposition, *RTD civ.* 1968, p. 449.

transfert de propriété et délivrance de la chose par le vendeur, paiement du prix par l'acheteur. Le contrat « est *unilatéral* lorsqu'une ou plusieurs personnes sont obligées envers une ou plusieurs autres, sans que de la part de ces dernières il y ait d'engagement » (art. 1103 c. civ.) : ainsi, dans le prêt, l'emprunteur est débiteur de la somme prêtée lors de la conclusion du prêt, sans que le prêteur soit tenu d'aucune obligation[1]. Le contrat unilatéral est ainsi qualifié en raison de ses effets ; il n'en est pas moins le résultat d'un accord ; ce n'est pas un acte unilatéral (v. *supra*, n° 276).

2. *Contrats commutatifs et contrats aléatoires.* Le contrat est *commutatif* lorsque les contractants connaissent dès la conclusion de l'acte l'étendue des prestations qu'ils doivent et des prestations qu'ils retirent ; le contrat est *aléatoire* quand les avantages ou les pertes dépendent d'un événement incertain (art. 1104 c. civ.), par exemple en cas de jeu, de pari, de rente viagère[2]. Lorsque le contrat est *aléatoire*, les contractants ayant par hypothèse fait entrer le hasard dans le champ contractuel, la *lésion* (sur cette notion, v. *infra*, n° 289) ne peut être une cause de nullité de leur contrat[3].

3. *Contrats à exécution instantanée et contrats successifs.* Un contrat est à *exécution instantanée* lorsqu'il donne naissance à des obligations susceptibles d'être exécutées par une seule prestation, comme la vente d'un objet, l'échange, le mandat portant sur une seule opération. Un contrat est *successif* lorsqu'il comporte l'exécution d'obligations s'échelonnant dans le temps, les contractants se liant pour une certaine durée, déterminée ou indéterminée, par exemple par un bail ou un contrat de travail[4].

L'intervention d'une certaine durée entraîne nécessairement des conséquences quant aux effets d'un anéantissement ultérieur du contrat (nullité, résolution, ...), car il est difficile en droit d'effacer le passé.

4. *Contrats consensuels, solennels et réels.* Le contrat *solennel* est celui pour la *validité* duquel la loi exige que le consentement soit donné en certaines formes : celles-ci consistent le plus souvent en la rédaction d'un acte notarié (ex. : la donation entre vifs, le contrat de mariage, l'hypothèque). Le contrat *réel* est celui qui, pour sa formation, exige non seulement l'accord des parties, mais la remise d'une chose au débiteur ; le prêt à usage, le gage et le dépôt sont des contrats réels : la promesse de prêter une somme ou un objet est bien un contrat valable, mais ce n'est pas un prêt, celui-ci n'étant formé que par la remise de la chose à l'emprun-

---

1. R. Houin, *La distinction des contrats synallagmatiques et des contrats unilatéraux*, thèse Paris, 1937.
2. J.-L. Mouralis, *La notion d'aléa et les actes juridiques aléatoires*, thèse ronéot. Grenoble, 1968 ; rappr. A. Bénabent, *La chance et le droit*, thèse Paris, éd. 1973.
3. J. Déprez, La lésion dans les contrats aléatoires, *RTD civ.* 1955, p. 1 s. ; F. Grua, Les effets de l'aléa et la distinction des contrats aléatoires et des contrats commutatifs, *RTD civ.* 1983, p. 263.
4. G. Brière de l'Isle, De la notion de contrat successif, D. 1957, chron. 153 ; J. Azéma, *La durée des contrats successifs*, thèse Lyon, 1968.

teur[1]. Le contrat *consensuel* est celui qui se forme uniquement par l'accord des parties. C'est le plus fréquent (v. *infra*, n°s 296, 519 s.).

5. *Contrats administratifs et contrats de droit privé.* Le recours aux contrats se manifeste dans l'activité de l'Administration par la conclusion soit de contrats de droit privé, soumis au droit privé, donc en cas de procès à la compétence des juridictions de l'ordre judiciaire, soit de contrats administratifs, soumis au droit public, donc en cas de contentieux à la compétence des juridictions administratives. Parmi les contrats administratifs, on citera le marché de travaux publics, le contrat d'emprunt public et, en ce qu'elle comporte des éléments contractuels, la concession de service public.

La détermination du critère du contrat administratif a donné lieu à de vives discussions et à un contentieux abondant. Deux critères ont été alternativement ou cumulativement utilisés : la relation du contrat avec le service public, l'existence parmi les clauses du contrat — voire dans son environnement — de clauses exorbitantes du droit commun, et jugées notamment telles parce qu'elles ne sauraient être librement consenties dans le cadre des lois civiles ou commerciales.

§ 2 ───────────────────────

CONDITIONS DES ACTES JURIDIQUES

281 *Présentation* ◊ On s'en tiendra ici aux seules conventions et contrats de droit privé, étant observé, d'une part, que ce sont les actes juridiques — et de loin — les plus fréquents et, d'autre part, qu'à leur sujet, une évolution manifeste et révélatrice de notre droit s'est produite, dans son esprit et dans sa lettre.

[A] ESPRIT DU DROIT DES CONTRATS

282 *L'autonomie de la volonté* ◊ Une philosophie latente inspire, dans le code civil, le droit des contrats. Elle est exprimée à l'article 1134, alinéa 1er, du code civil : « Les conventions légalement formées tiennent lieu de loi à ceux qui les ont faites ». Tiennent lieu de *loi* ... C'est dire à quel point le législateur considère avec force l'engagement de la volonté.

On a vu dans cette formule la consécration d'une théorie célèbre empruntée à la morale de Kant : la théorie de l'*autonomie de la volonté*. Le volontarisme est si fort que la volonté peut se donner à elle-même sa propre loi (auto-nomie). Et s'il en est ainsi, c'est parce que la volonté libre des individus ne peut que réaliser la justice. Des conséquences impor-

---

1. MARIE-NOËLLE JOBARD-BACHELLIER, Existe-t-il encore des contrats réels en droit français ? ou la valeur des promesses de contrat réel en droit positif, *RTD civ.* 1985, p. 1 s.

tantes sont déduites de cette théorie : le contrat est la source principale des obligations ; le contrat est supérieur à la loi, laquelle, face aux volontés particulières, doit seulement suppléer au défaut de volonté et ne doit contrarier les volontés individuelles que lorsque l'ordre public est en cause (sur les règles interprétatives ou supplétives de volonté, v. *infra*, n° 425). D'où la règle suivante : « On ne peut déroger, par des conventions particulières, aux lois qui intéressent l'ordre public et les bonnes mœurs » (art. 6 c. civ.). *A contrario*, on peut déroger aux autres ; or celles-ci, dans un système juridique, politique, économique et social libéral, sont rares et doivent rester telles.

A vrai dire, dès l'époque du code civil, la théorie philosophique de l'autonomie de la volonté, si influente soit-elle dans les esprits, n'était pas consacrée par la loi. Même à l'article 1134, alinéa 1er, si la volonté tenait lieu de loi à ceux qui avaient conclu la convention, c'est à la condition que celle-ci ait été *légalement* conclue, ce qui laissait place à l'idée d'une prééminence du droit objectif sur le pouvoir créateur reconnu sans doute aux volontés individuelles, mais reconnu à celles-ci de manière en quelque sorte *dérivée* et non pas *originaire*. Dans cette mesure, on pouvait considérer que la théorie de l'autonomie de la volonté était trahie à la racine, si tant est qu'on ait vraiment voulu la consacrer dans la loi.

Reste qu'à cette référence fondamentale et, en tout cas, à l'affirmation essentielle du rôle de la volonté, dans le contexte d'une société libérale et d'un Etat entendant borner son rôle à celui d'un Etat-gendarme, des conséquences importantes étaient dégagées dans le droit des contrats et persistèrent longtemps après le déclin de la théorie philosophique de l'autonomie de la volonté :

1° Le *principe de la liberté contractuelle*, suivant lequel les contractants peuvent librement conclure ou ne pas conclure des contrats — comportant des obligations librement aménagées — en tous domaines, en toutes matières, les restrictions apportées à cette liberté étant exceptionnelles et découlant de l'existence de règles d'ordre public (art. 6 c. civ.) dont le domaine et le rayonnement étaient réduits.

2° Le *principe du consensualisme*, suivant lequel, en matière contractuelle, pourvu qu'il y ait rencontre des consentements des contractants, ceux-ci pouvaient exprimer leur consentement suivant le mode qu'ils jugeaient bon. En d'autres termes, des exigences de *forme* ne contrariaient pas, en principe, la liberté des contractants : sauf exception, les contrats étaient consensuels (v. *infra*, n° 296). Ainsi la vente d'un bien suppose, outre la chose et le prix, un accord de volonté ; mais celui-ci, quel qu'en soit le mode d'obtention, assure, sauf volonté contraire des contractants, le transfert de propriété de la chose.

3° Le *principe de la force obligatoire*, suivant lequel les contractants sont tenus d'exécuter leurs obligations, dès lors qu'ils se sont engagés (v. *infra*, n° 312).

On ajoutera que le système consacré par le code civil reposait avant tout sur une approche *individualiste* du contrat, à la fois dans son origine, dans la relation bipolaire qu'il institue et dans le régime juridique que le système lui réserve. En outre, bien qu'en certaines matières, notamment en droit maritime, voire plus largement en droit commercial, la perspective internationale ait été déjà présente, c'est quand même dans le cadre *national* que le contrat était perçu et régi.

283 ***Recul de la conception classique*** ◊ Pendant une longue période, correspondant approximativement aux trois premiers quarts du XIXe siècle, en dépit de l'effacement notable de la théorie de l'autonomie de la volonté, les principes du libéralisme et du consensualisme ont conservé leur force. De nouveaux domaines s'offrirent à l'emprise du concept contractuel ; ainsi celui-ci ne fut-il pas étranger, à travers l'utilisation du contrat de société, facilité par la grande loi du 24 juillet 1867, au développement du capitalisme moderne [1].

Deux séries de mouvements ont affecté le droit des contrats depuis le dernier quart du XIXe siècle : les uns se comprennent aisément par rapport aux axes initiaux du droit positif ; les autres, plus récents, sont porteurs de plus profondes remises en cause.

1° *Le recul des principes classiques.* Outre la prise de conscience des insuffisances de la théorie de l'autonomie de la volonté et du fait que c'est dans sa conformité au droit positif que le contrat puise sa force [2], on observe un recul de la liberté contractuelle (*infra*, n° 293) et du consensualisme (*infra*, n° 300) : moins que par le passé, les contractants ont été libres de faire ce qu'ils voulaient, comme ils le voulaient.

Cela ne signifie pourtant pas que, même s'il y a eu depuis cette époque accroissement des sources extracontractuelles d'obligations, donc diminution du rôle du contrat en importance relative, il y ait eu diminution du nombre des contrats. Bien au contraire, on a observé que la technique contractuelle s'est sans cesse développée : par l'augmentation du nombre des contrats conclus, par l'apparition de nouvelles figures contractuelles — spécialement dans la pratique des affaires [3] —, par le développement du recours aux techniques contractuelles — de droit public ou de droit privé — dans le secteur public [4].

Corrélativement, la pensée juridique a enrichi l'analyse des rôles respectifs de l'objectif et du subjectif dans l'acte juridique [5].

---

1. G. Ripert, *Aspects juridiques du capitalisme moderne*, L.G.D.J., 2e éd. 1951, spéc. p. 109 s.
2. E. Gounot, *Le principe de l'autonomie de la volonté*, thèse Dijon, 1912.
3. Josserand, L'essor moderne du concept contractuel, *Mélanges Gény*, 1935, t. II, p. 333 s., Aperçu général des tendances actuelles de la théorie des contrats, *RTD civ.* 1937, p. 1 s. ; M. Vasseur, Un nouvel essor du concept contractuel, les aspects juridiques de l'économie concertée et contractuelle, *RTD civ.* 1964, p. 4 s. — V. aussi *Le droit contemporain des contrats*, Trav. Fac. Sc. jur. Rennes, coord. par L. Cadiet, 1987.
4. A. de Laubadère, J.-C. Vénézia et Y. Gaudemet, *Traité de droit administratif*, t. 1, 11e éd. 1990, n°s 996 s., p. 611 s.
5. Cf. *Le rôle de la volonté dans le droit*, Arch. phil. droit, t. 3, 1958 ; Hébraud, Rôles respectifs de la volonté et des éléments objectifs dans les actes juridiques, *Mélanges Maury*, t. 2, 1960, p. 419 s. ; A. Rieg, *Le rôle de la volonté dans l'acte juridique en droit privé français et allemand*, thèse Strasbourg, éd. 1961 ; Hauser, *Objectivisme et subjectivisme dans l'acte juridique*, thèse Paris, éd. 1971.

2° L'ébranlement des structures classiques. Les structures classiques du droit des contrats reposaient sur une base d'esprit individualiste, l'ensemble étant naturellement ordonné sur le cadre national. Or de nouveaux courants ont remis en cause cet ensemble. Des ondes transversales ébranlent le système.

a) Tout d'abord, le développement des *relations internationales* a favorisé la conclusion de traités ayant, spécialement en matière commerciale, pour effet de développer, notamment en matière de transports — ferroviaires, maritimes, aériens — des lois uniformes ou des règles destinées à favoriser l'unification des systèmes. De toute évidence, le développement du droit communautaire, axé sur l'harmonisation des droits, exerce une très grande influence sur le droit des contrats (v. *supra*, n°s 182 s.). Ce n'est d'ailleurs pas un hasard si les principales modifications dont celui-ci a été affecté depuis le début du siècle sont demeurées extérieures au code civil.

b) Une approche nouvelle du droit des contrats s'est aussi manifestée par l'abandon d'une perspective exclusivement individualiste. Le désir de protéger des catégories entières de contractants — les salariés en cas de contrat de travail, les assurés face aux compagnies d'assurances, les locataires ou les fermiers par rapport aux propriétaires — a favorisé la prise en considération des contrats dans le cadre de rapports non pas seulement interindividuels, mais aussi en tant qu'ils servent de supports à des *rapports de masses.* C'est dans la même perspective, mais de manière sans doute plus corrosive des structures classiques, que se développe présentement à une cadence accélérée le droit de la protection des consommateurs [1].

c) Enfin, parfois lié aux deux précédents, un troisième mouvement affecte le droit des contrats. Tandis que, dans le schéma classique, le droit commun des contrats permettait d'assurer une grande cohésion dans l'aménagement de leur régime juridique, les règles — le plus souvent supplétives de volonté — consacrées aux divers contrats spéciaux servant seulement à compléter le système et à aider les contractants, on a vu se produire un éclatement du système : d'abord parce que, sur la voie d'une certaine spécificité des branches du droit et du fait du développement de certaines techniques contractuelles — contrats de société, d'assurance, de travail, d'édition, ... —, des contrats se sont de plus en plus affirmés hors de l'ensemble constitué par le code civil [2] ; ensuite parce que, de diverses manières, il y a eu, en quelque sorte, par la remise en cause de certains

---

1. *Les obligations,* n°s 249 s.
2. *Le droit contemporain des contrats, op. cit.,* p. 153 s.

postulats fondamentaux (*infra*, n° 290), un éclatement du droit commun des contrats.

B CONDITIONS DE FOND

284 *Présentation* ◊ L'acte juridique ne peut produire effet que s'il satisfait à certaines conditions de fond tenant au consentement, à la capacité, à l'objet et à la cause. On évoquera brièvement ces conditions en raisonnant sur l'exemple du contrat.

285 *1° Le consentement* ◊ Le contrat, principale variété des actes juridiques, se réalise par un accord de volontés impliquant le consentement des parties.

286 *De qui émane le consentement ? La représentation* ◊ Le consentement émane normalement de la *partie* ou des *parties* à l'acte, c'est-à-dire des personnes elles-mêmes qui veulent l'effet à produire. A cette solution d'évidence, il convient d'observer qu'il est dérogé en cas de *représentation*.

La représentation est un procédé juridique grâce auquel une personne agit pour le compte et au nom d'une autre, de telle sorte que les effets de l'acte passé par le représentant se produisent directement sur la tête du représenté comme si celui-ci avait passé l'acte personnellement ; le représentant, ne jouant qu'un rôle d'intermédiaire, n'est pas personnellement partie à l'acte, il n'en subit pas les effets. Auteur de l'acte juridique, le représentant agit au nom et pour le compte du représenté, lequel est tout à la fois celui dont le droit est exercé et celui « à qui sont imputées les conséquences résultant de l'action »[1].

Le représentant, qui passe le contrat, agit au nom du représenté et fait connaître l'intention de ce dernier à celui avec qui il contracte. Si, bien qu'agissant au nom d'autrui, il laissait ignorer sa qualité d'intermédiaire, il n'y aurait plus représentation. En effet, il peut y avoir *mandat sans représentation* ; on parle parfois de *représentation imparfaite* : une personne peut donner mandat à une autre d'accomplir un acte juridique pour son compte, mais en stipulant que le mandataire agira en son propre nom, sans dévoiler la personnalité du mandant ; en pareil cas, le mandataire agira sous son propre nom. Par exemple une personne qui désire acheter un immeuble et qui craint que le propriétaire, connaissant sa personnalité, lui offre des conditions trop dures, donne mandat à telle personne d'acheter tel immeuble, mais en lui interdisant de dévoiler sa personnalité.

---

1. M. STORCK, *Essai sur le mécanisme de la représentation dans les actes juridiques*, thèse Strasbourg, éd. 1982, n° 127, p. 92. — V. aussi G. MADRAY, *De la représentation en droit privé français*, thèse Bordeaux, 1931.

Un tel mandat est assez rare en matière civile, mais il est courant en matière commerciale ; le mandataire agit alors en son propre nom, sans dévoiler la personnalité de son mandant ; en pareil cas, le mandat prend le nom de *commission* ; le mandataire agit comme *commissionnaire*. Ainsi un industriel charge un commissionnaire, dans le cadre d'un contrat de commission de vente, de vendre ses produits. Toutes les fois qu'il y a mandat sans représentation, le tiers qui contracte avec le mandataire ne connaît généralement que celui avec qui il a traité ; c'est à lui qu'il a affaire, lui qu'il a pour créancier ou pour débiteur ; en outre, seul le mandataire a qualité pour demander l'exécution du contrat au tiers.

Le mécanisme de la représentation permet de bien mettre en évidence la notion de *pouvoir*, qui est distincte de la notion de droit subjectif (v. *supra*, n° 257). Ainsi le représentant est investi de pouvoirs qui limitent son action pour autrui (v. l'art. 1998 c. civ.). S'il dépasse les pouvoirs qu'il tient du représenté — voire du juge ou de la loi — les actes accomplis par lui demeurent en principe inopposables au représenté, sous réserve de l'application de la théorie de l'apparence (*infra*, n° 401).

Le rayonnement de la notion de représentation est très vaste. Il se manifeste non seulement en droit privé, mais aussi en droit public.

287 *Existence et qualité du consentement* ◊ Le consentement est une condition de validité de l'acte juridique. Il doit exister et être exempt de vices.

Il est des situations qui excluent totalement le consentement. Ainsi en est-il lorsque l'acte juridique est passé par un enfant en bas-âge ou par un fou (sauf, pour celui-ci, une réserve tenant aux intervalles de lucidité) : l'un et l'autre ne peuvent émettre un consentement libre et réfléchi.

Dans d'autres situations, le consentement existe, mais il est altéré et il s'agit de savoir si cette altération est de nature à entraîner l'anéantissement de l'acte juridique. L'évolution constatée en matière civile au sujet des conventions manifeste l'existence d'un débat important.

Du fait que les rédacteurs du code civil ont consacré le principe du consensualisme, fondant la force obligatoire du contrat sur le consentement, il était logique d'en déduire que le contrat n'était pas valable dès lors que le consentement de l'un ou l'autre contractant était altéré. Mais la prise en considération systématique de la psychologie des contractants aurait été source d'une grande incertitude : très diverses sont les erreurs qu'un contractant peut commettre, nombreuses aussi sont les habiletés plus ou moins blâmables dont un contractant use pour obtenir la conclusion d'un contrat ; quant aux contraintes qui peuvent peser sur la volonté, elles ne sont pas toujours facilement discernables. En tenant compte de tout ce qui peut altérer un consentement, on aurait créé l'insécurité dans les rapports contractuels.

Voilà pourquoi, s'agissant des conventions, le code civil n'a attaché de conséquences à l'altération du consentement qu'au moyen d'une *casuistique* et n'a pris en considération, à certaines conditions, que certains vices du consentement.

288 *Les vices du consentement* ◊ Dans le droit commun des conventions, quelle que soit, en principe, la convention, trois sortes de vices entraînent des conséquences : l'erreur, le dol et la violence[1].

1. *L'erreur.* Il y a erreur lorsqu'une personne ne consent à un acte que parce qu'elle se trompe sur l'un de ses éléments. De nombreuses erreurs peuvent être ainsi commises : une personne achète une commode qu'elle croit ancienne et qui ne l'est pas ; une personne achète une maison croyant, à tort, qu'elle va être nommée fonctionnaire dans une certaine ville.

De l'article 1110 du code civil, délibérément restrictif, il résulte que « l'erreur n'est une cause de nullité de la convention que lorsqu'elle tombe sur la substance même de la chose qui en est l'objet » (al. 1er) et qu'« elle n'est point une cause de nullité, lorsqu'elle ne tombe que sur la personne avec laquelle on a intention de contracter, à moins que la considération de cette personne ne soit la cause principale de la convention » (al. 2)[2].

Deux cas d'erreur sont donc expressément retenus comme causes de nullité des contrats : l'*erreur sur la substance de la chose,* c'est-à-dire sur les qualités substantielles au sens de qualités jugées substantielles même si elles sont étrangères à la matière de la chose (ex. : erreur sur l'authenticité d'un tableau, sur l'époque d'un meuble) ; l'*erreur sur la personne,* c'est-à-dire sur l'identité ou sur les qualités essentielles des contractants, lorsque l'acte est conclu en considération de la personne de ceux qui y participent (ex. : personnalité de l'acheteur déterminant le vendeur à lui faire crédit ; qualité de peintre chez la personne à laquelle on commande un tableau).

Outre ces cas d'erreur, on retient aussi d'autres erreurs qui altèrent davantage le consentement au point de signifier son absence : il s'agit, dit-on, de cas d'*erreur-obstacle* : ainsi en est-il de l'erreur sur la *nature* de l'acte — deux personnes passent un contrat, l'une croit vendre son bien, l'autre croit qu'il ne s'agit que d'une location — ou de l'erreur sur l'*objet* de l'acte : l'acheteur pensait acquérir tel bien alors que le vendeur voulait en vendre un autre.

Les autres erreurs sont indifférentes, notamment l'erreur sur les qualités non substantielles (par ex. dans un livre la qualité du papier), sur la personne lorsque la considération de celle-ci n'est pas déterminante, sur la valeur de la chose, sur les motifs non déterminants...

2. Le *dol* — mieux vaudrait dire l'erreur provoquée par le dol — consiste en une manœuvre pratiquée par une personne pour en tromper une autre. Si l'acte passé est un contrat, le dol ne constitue un vice du consentement que s'il émane de l'autre partie à l'acte (art. 1116 c. civ.). Ainsi, pour déterminer une personne à acheter un immeuble de rapport, le vendeur produit des contrats de location simulés mentionnant des loyers

---

1. Sur les vices du consentement en matière d'actes unilatéraux, v. J. Martin de La Moutte, *L'acte juridique unilatéral, Essai sur sa notion et sa technique en droit civil,* thèse Toulouse, 1951, n°s 209 s.
2. La nullité pour erreur est applicable aux actes unilatéraux, par exemple à une renonciation à succession (Civ. 24 mai 1948, JCP 1949, II, 4569, note C.B.).

élevés. Parce qu'elle est provoquée par un dol, la preuve de l'erreur, qui incombe à la victime, est plus facile qu'en cas d'erreur spontanée ; en outre, des erreurs qui n'affectent pas la validité d'un acte lorsqu'elles sont spontanées (ex. : erreur sur la valeur) justifient l'inefficacité du contrat lorsqu'elles ont été provoquées par des manœuvres dolosives.

Retenant progressivement une conception large de la notion de manœuvre, la jurisprudence a admis que le silence gardé par une partie dissimulant un fait que l'autre avait intérêt à connaître peut être constitutif d'un dol[1].

3. La *violence* est la contrainte exercée sur un individu pour le contraindre à conclure un acte (art. 1111 s. c. civ.). La contrainte peut être physique ou morale, le consentement étant alors donné par crainte, sous la menace déterminante d'un mal.

La violence est sanctionnée par la nullité de l'acte, même si, l'acte étant contractuel, elle émane d'une tierce personne, non partie à l'acte (art. 1111).

289 *La lésion* ◊ La lésion se manifeste en cas de déséquilibre dû à une disproportion manifeste des prestations prévues dans un contrat. Au-delà d'un certain seuil, on se demande si, suivant des considérations de justice voire d'équité contractuelles, l'exigence naturelle d'un *juste prix* ne doit pas justifier alors l'anéantissement ou le réajustement du contrat.

Principalement inspirés par des considérations individualistes, suivant lesquelles c'est aux parties qu'il appartient, dans l'usage de la liberté contractuelle, de se protéger elles-mêmes, estimant dangereux, pour la stabilité des contrats, de donner au juge le pouvoir d'apprécier l'exactitude de l'équivalence des prestations, les rédacteurs du code civil n'ont admis l'annulation — ou « rescision » — que dans certains contrats ou à l'égard de certaines personnes (art. 1118 c. civ.).

Les personnes ainsi protégées sont les mineurs (art. 1305) et les majeurs placés en curatelle (art. 510-3) ou sous la sauvegarde de justice (art. 491-2, al. 2). Lorsque la lésion est, en ce qui les concerne, prise en considération, on peut estimer que c'est parce qu'elle atteste que le consentement de ces personnes a été altéré.

En va-t-il de même des cas dans lesquels un contrat peut être annulé (rescindé) pour lésion, notamment en cas de partage (art. 887, al. 2) ou de vente d'immeuble (art. 1674 : seul le vendeur est protégé contre la lésion) ? Bien que l'article 1118, relatif à la lésion, se situe dans le cadre de textes concernant le consentement, le droit français s'est orienté dans le sens d'une thèse qui fonde, lorsqu'elle est admise, la rescision pour lésion non pas sur l'existence présumée d'un vice du consentement, mais sur celle du seul déséquilibre entre les prestations. Dans cette mesure, la conception objective l'emporte sur la conception subjective. Et si la lésion entraîne, dans certains cas, l'anéantissement du contrat, c'est sans doute parce qu'il

---

1. Ex. : Com. 1er avril 1952, D. 1952, 685, note J. COPPER-ROYER. — V. aussi, en matière d'assurances, par ex. l'art. L. 113-8 c. assur.

y a atteinte à la cause de l'obligation mal équilibrée. — Sur la cause, v. *infra*, n° 294.

290 ***Recul de la conception classique : l'obligation de renseigne-ments*** ◊ Dans un système juridique moins dominé qu'au siècle dernier par la seule prise en considération de la liberté et de la volonté formelles, on estime de plus en plus qu'il vaut mieux prévenir que guérir, d'autant plus que si ce qu'on appelle la guérison consiste dans l'anéantissement d'un contrat vicié, pareille solution entraîne souvent, par elle-même, une déperdition économique.

Afin de prévenir la survenance de vices du consentement, l'on a donc été incité, en matière de contrats, à imposer à l'un des futurs contractants l'obligation de renseigner l'autre. Ce courant d'idées explique notamment l'élargissement du concept de dol, cause de nullité des contrats, par la jurisprudence (*supra*, n° 288). En outre, des lois plus ou moins récentes ont multiplié les cas dans lesquels, lors de la période de formation du lien contractuel, un contractant est tenu de renseigner l'autre ou de lui laisser le temps de la réflexion. Nombre de textes relevant du droit de la protection du consommateur se situent dans cette perspective[1]. Ainsi la protection de vices collectifs tend à coexister, non sans distorsions, avec la théorie classique des vices individuels du consentement. Et, par là même, un rapprochement s'opère entre le traitement du consentement et le traitement de la capacité.

291 ***2° La capacité*** ◊ Envisagée dans une perspective élargie, englobant spécialement les matières de droit public ou de droit judiciaire, la notion de capacité appelle une comparaison avec celle de *compétence*. Celle-ci a trait à la délimitation des domaines dans lesquels une autorité administrative ou judiciaire investie de pouvoirs peut exercer ces pouvoirs (sur la distinction de la capacité et du pouvoir, v. *supra*, n° 257). — Sur la compétence des juridictions, v. *supra*, n° 101.

La *capacité* est l'aptitude d'une personne à être titulaire de droits et à les exercer. Un incapable est une personne à laquelle la loi ne reconnaît pas la faculté de passer tout acte juridique, en particulier un contrat. C'est à travers la considération de l'auteur de l'acte et non de l'objet sur lequel porte l'acte que se manifeste la limitation de la liberté. C'est en quoi l'incapacité doit être distinguée de l'*indisponibilité réelle* d'un bien qui fait échapper celui-ci, en principe, à l'emprise de certains actes juridiques, spécialement des actes de disposition. Ainsi doit être compris l'article 1128 du code civil, aux termes duquel « il n'y a que les choses qui sont dans le commerce qui puissent être l'objet des conventions ». Echappent précisément à l'emprise des actes de disposition diverses sortes de biens : biens relevant du domaine public, biens frappés d'inaliénabilité, dans la mesure où les clauses d'inaliénabilité sont valables (art. 900-1 c. civ.). De l'article 1123 du code civil, il résulte que « toute personne peut

---

1. V. *Les obligations*, n° 157.

contracter, si elle n'en est pas déclarée incapable par la loi ». La capacité est donc la règle, l'incapacité, l'exception. L'article 1124 dispose que sont incapables de contracter, dans la mesure définie par la loi : les mineurs non émancipés, les majeurs protégés au sens de l'article 488. A ces incapables, on peut ajouter tous ceux à qui la loi interdit dans des cas particuliers certains contrats.

L'*incapacité spéciale* ne porte alors que sur certains contrats, quelle que soit la partie avec laquelle l'incapable contracte : ainsi les associations reconnues d'utilité publique ne peuvent recevoir des dons sans une autorisation administrative (L. 1er juill. 1901, art. 11, al. 2 ; c. civ. art. 910). La loi peut aussi interdire à certaines personnes de passer certains actes juridiques avec telles ou telles autres personnes déterminées : ainsi en est-il de l'interdiction faite au médecin ou au ministre du culte de recevoir des libéralités de la personne qu'il soigne ou qu'il assiste dans les conditions prévues à l'article 909 du code civil ; certains auteurs préfèrent alors, à l'expression d'incapacités spéciales, celle d'interdictions légales de contracter.

On distingue aussi deux sortes d'incapacités. Il y a *incapacité de jouissance*, lorsque la personne est absolument privée du droit de passer des actes juridiques au sujet desquels elle est incapable : ainsi le mineur non émancipé ne peut faire des donations. Il y a *incapacité d'exercice*, lorsque la personne, sans pouvoir accomplir seule nombre d'actes, peut cependant les accomplir, soit par l'intermédiaire d'un représentant (administrateur légal, tuteur), soit avec l'assistance d'une autre personne (curateur) ou une autorisation.

292   *3° L'objet* ◊ L'objet de l'acte juridique est l'obligation qu'il crée, modifie ou éteint. Ainsi, s'agissant d'un acte unilatéral, l'objet de l'acte par lequel un héritier accepte une succession est la consolidation, sur sa tête, de la qualité d'ayant cause universel du défunt, qu'il s'agisse de l'actif ou du passif. Au sujet des contrats, l'article 1126 du code civil dispose que « tout contrat a pour objet une chose qu'une partie s'oblige à donner ou qu'une partie s'oblige à faire ou ne pas faire ». Donner signifie ici, en droit, transférer la propriété, que ce soit à titre onéreux ou à titre gratuit.

Trois exigences relatives à l'objet du contrat, en matière de droit privé, ont une vocation générale.

L'objet doit être *certain*, c'est-à-dire suffisamment précisé dans l'acte, pour que l'on sache ce que les parties au contrat ont voulu. L'exigence ainsi formulée laisse place à quelque souplesse. De l'article 1129, alinéa 1er, du code civil, il résulte qu'« il faut que l'obligation ait pour objet une chose au moins déterminée quant à son espèce » ; mais, à l'alinéa 2, il est ajouté : « La quotité de la chose peut être incertaine, pourvu qu'elle puisse être déterminée ».

L'objet doit être *possible*. Cela ne signifie pas que la chose future échappe à l'emprise de l'acte juridique. Au contraire, l'article 1130, alinéa 1er, dispose que « les choses futures peuvent être l'objet d'une obligation » ; ainsi n'est-il pas rare qu'un entrepreneur s'engage à construire une maison sur le terrain d'autrui [1]. Reste que l'objet doit être possible : on cite volontiers la promesse de rendre autrui immortel ; pareil engagement, au demeurant peu sérieux, serait inefficace.

L'objet doit être *licite*. Il serait illicite s'il était contraire aux règles *impératives* du droit positif, c'est-à-dire aux règles que les particuliers ne peuvent écarter, spécialement dans leurs actes juridiques [2]. De la sorte, leur liberté contractuelle est restreinte, l'acte juridique contraire à la règle impérative ne pouvant produire effet. Ainsi est-il précisé, à l'article 1128 du code civil : « il n'y a que les choses qui sont dans le commerce qui puissent être l'objet des conventions ». On dit encore que les choses qui sont *hors du commerce* ne peuvent faire l'objet de celles-ci. Ainsi les droits de famille sont des biens dont on ne peut disposer ; ainsi encore, les biens du domaine public sont hors du commerce ; ils sont inaliénables et insaisissables. On observera que le mot « commerce » ne doit pas être entendu ici dans le sens — plus étroit — que l'on utilise lorsque l'on distingue droit civil et droit commercial (V. *supra*, n° 86).

293   *De l'ordre public* ◊ C'est surtout à partir de l'analyse de l'objet de l'acte juridique que l'on apprécie l'incidence de l'article 6 du code civil, aux termes duquel « on ne peut déroger, par des conventions particulières, aux lois qui intéressent l'ordre public et les bonnes mœurs ».

Très souvent, les domaines recouverts par les règles impératives et par les règles d'ordre public coïncident. Mais la coïncidence n'est pas totale : dans un sens plus étroit, l'expression de règles d'ordre public vise des règles impératives certes, mais plus impératives que les autres, ce qui n'est pas sans conséquence en matière de conflits de lois dans le temps (*infra*, n° 433) ou en matière de procédure civile (*supra*, n° 118, au sujet du rôle du ministère public). On raisonnera ici comme s'il y avait coïncidence, ce qui correspond d'ailleurs à l'interprétation retenue au sujet de l'article 6 du code civil.

L'ordre public se manifeste au sujet des diverses conditions du contrat : objet, cause, formes, etc. S'agissant plus spécialement de l'objet, il prive d'effet l'acte contraire à un ordre public classique, économique ou social. Le recul de la liberté contractuelle a correspondu à ce développement de l'ordre public, affirmé expressément dans les lois ou dégagé par la jurisprudence. — Sur la distinction de l'ordre public de direction et de l'ordre public de protection, v. *infra*, n° 308.

294   *4° La cause* ◊ Le terme de *cause* est, en droit comme ailleurs, polysémique. Il a un sens particulier en procédure civile, plus largement en droit processuel : l'avocat défend une cause ; plus techniquement, il y a une *cause* de la demande en justice.

---

1. Certaines choses futures ne peuvent pourtant faire l'objet d'une obligation : ainsi les pactes sur une succession future sont, en principe, prohibés (art. 1130, al. 2, c. civ.). — V. Terré et Lequette, *Les successions, Les libéralités*, n°ˢ 603 s.
2. Sur la distinction des règles impératives, d'une part, des règles interprétatives ou supplétives de volonté, d'autre part, v. *infra*, n° 425.

En droit substantiel — par opposition au droit processuel — le terme de cause peut avoir deux sens, qui correspondent d'ailleurs à deux sortes de causes, philosophiquement parlant : la cause *efficiente* et la cause *finale*. La cause efficiente relève de la recherche du rôle déterminant de certains antécédents d'un événement, par exemple d'un accident.

Ce n'est pas dans cette acception que le terme de cause est ici envisagé : il s'agit présentement de préciser pourquoi, en vue de quoi, à quelle fin l'auteur d'un acte juridique l'a accompli, dans quel dessein les contractants ont contracté.

Dans cette perspective finaliste, on distingue la cause du contrat et la cause de l'obligation. Ainsi la *cause du contrat* de vente est-elle le transfert de la propriété d'un bien moyennant un prix ; cette cause permet de *qualifier* l'accord conclu par les intéressés. Quant à la *cause de l'obligation contractuelle*, elle est ce que pour quoi, en vue de quoi, un contractant accomplit l'acte juridique : dans l'exemple de la vente, la cause de l'obligation du vendeur, c'est l'obtention d'une somme d'argent, tandis que la cause de l'obligation de l'acheteur, c'est l'acquisition de la propriété du bien vendu.

C'est de la cause de l'obligation qu'il s'agit à l'article 1131 du code civil : « L'obligation sans cause ou sur une fausse cause, ou sur une cause illicite, ne peut avoir aucun effet ». La cause étant entendue comme le *motif déterminant* en raison duquel le contractant s'est engagé, l'appréciation de l'existence de cette donnée psychologique permet au juge, à travers le contrôle de la licéité de la cause, de veiller notamment au respect d'une certaine morale contractuelle.

C CONDITIONS DE FORME

295 *Histoire* ◊ Deux grands courants s'opposent ou s'entrecroisent au cours de l'histoire.

Suivant le courant *formaliste*, on ne reconnaît la validité de l'acte juridique que si les personnes ont exprimé leur volonté suivant *certaines formes*. On dit alors que l'acte est solennel.

C'est le système qui caractérise les droits archaïques : l'acte juridique doit être passé suivant des formes solennelles précises, suivant un certain rite. Pareilles extériorisations répondent aux exigences de la société globale, non sans faciliter ensuite, sur le terrain de la preuve de l'acte, la tâche des acteurs.

Telle a été la conception du droit romain primitif, le consentement s'exprimant en des formes solennelles, notamment des paroles sacramentelles. Ultérieurement, le droit romain a admis l'existence de certains contrats consensuels — la vente, le louage, le mandat, la société —, mais il n'a jamais consacré le principe du consensualisme.

Le formalisme inspirait aussi les législations barbares. Il a persisté en France, au Moyen-Age : des formalités devaient être observées, telles la remise d'un objet quelconque pour manifester l'accord ou encore la « paumée », c'est-à-dire la poignée de mains. A nouveau, on pouvait observer que l'exigence d'une formalité — fût-ce la seule remise d'une chose — établit de façon non douteuse la volonté des parties et en facilite donc ultérieurement la preuve, mais que le commerce juridique en souffre : lourdeurs, ralentissement, archaïsmes...

D'où l'évolution qui s'est produite dans l'Ancien droit. Sous l'influence du droit canonique, on a admis que le consentement suffit à obliger, celui qui n'est pas fidèle à sa parole commettant un péché. On a aussi tenu compte des nécessités du commerce, qui exigent la rapidité des transactions. Et, à partir du XVIe siècle, le droit moderne a tendu vers la reconnaissance du consensualisme en matière d'actes juridiques.

96   *Le principe du consensualisme* ◊ A la suite de la lente évolution qui s'est produite dans l'Ancien droit, les temps vinrent où, les tempéraments et les exceptions s'accumulant, il convenait de renverser le principe traditionnel. A l'époque où triomphait l'autonomie de la volonté et où, quant au fond, l'emportait la liberté contractuelle, il était logique que fût aussi consacré le principe du consensualisme. Celui-ci impose le respect de la parole donnée, chacune des parties à un contrat devant tenir son engagement. En outre, du point de vue pratique, le consensualisme aboutit à une grande simplification, car il permet d'éviter des formalités plus ou moins longues et coûteuses.

Une illustration manifeste du consensualisme résulte de l'article 1138, alinéa 1er, du code civil, aux termes duquel « l'obligation de livrer la chose est parfaite par le seul consentement des parties contractantes » : c'est dire qu'en cas de vente — à condition qu'il s'agisse de la vente d'un corps certain (*infra*, n° 342) et en l'absence de clause contraire —, le transfert de la propriété d'un bien vendu résulte de la seule rencontre des volontés du vendeur et de l'acheteur.

D'une certaine manière, la victoire du consensualisme a manifesté un accroissement du rôle de l'*implicite* dans notre droit.

97   *Formalisme et droit de la famille* ◊ On ne saurait pourtant penser que, même en 1804, la victoire du consensualisme ait été totale. Ainsi le droit de la famille échappait-il assez largement à son rayonnement. Et l'évolution ultérieure n'a guère modifié cet état de choses.

Dans le domaine du droit de la famille, les actes juridiques permis doivent être passés en certaines formes réglées par la loi : mariage, divorce par consentement mutuel, reconnaissance d'enfant naturel, adoption (simple ou plénière), émancipation...

Ainsi en est-il au sujet des *formes solennelles*, l'acte accompli sans respecter ces formes n'étant pas valable. Mais il faut ajouter que, sur le terrain probatoire, la preuve des événements d'ordre personnel ou familial relève du formalisme de la preuve par *les actes de l'état civil*.

En outre, c'est souvent du fait de considérations tenant à une situation familiale que sont exigées des *formes habilitantes* : ce sont les formalités à l'aide desquelles un incapable d'exercice peut être relevé de son incapacité — par exemple l'autorisation que le majeur en curatelle doit demander à son curateur — ou encore celles qui sont imposées, pour la passation de certains actes, au représentant d'un incapable, telles les formalités auxquelles sont soumis certains actes du tuteur relatifs au patrimoine de son pupille.

Ce n'est pas seulement le mariage, c'est aussi le contrat de mariage qui est soumis à des formes solennelles (*ad solemnitatem*). Ainsi les exigences du formalisme se manifestent-elles aussi dans le cadre des relations patrimoniales.

298 *Signification du formalisme* ◊ La consécration du principe du consensualisme est un signe, parmi d'autres, de la puissance du volontarisme : l'expression de la volonté n'est, quant à sa validité, subordonnée à aucune exigence de forme ; malgré cela, l'acte juridique produit effet. A l'inverse, lorsque, par exception au principe, l'acte juridique est subordonné à des conditions de forme, cet acte *n'est pas valable* si les formalités, exigées par hypothèse *ad validitatem* — on dit aussi *ad solemnitatem* — ne sont pas accomplies [1]. Il en va d'ailleurs de même, non sans nuances, lorsqu'un acte est passé au mépris de formes habilitantes.

En cela, les *formes solennelles* diffèrent d'autres sortes de formes. Des formalités de solennité, on distingue en effet les formalités de preuve, les formalités de publicité et les formalités administratives.

1. *Les formalités de preuve.* Lorsque la preuve n'est pas libre et ne dépend pas de la seule conviction du juge, cela signifie que la preuve est subordonnée à l'exigence de certaines formes. On dit alors que ces formes sont exigées *ad probationem*, et non pas *ad validitatem* (v. *infra*, nos 519 s.). Cela signifie qu'en leur absence, l'acte juridique n'en sera pas moins valable, mais que faute de pouvoir en rapporter la preuve selon les exigences du droit positif, on ne pourra s'en prévaloir. Même lorsque le contrat est consensuel, il peut donc être imprudent de se passer de tout écrit établi à des fins probatoires (*préconstitué*) ; des difficultés de preuve peuvent surgir et chacune des parties se trouvera à la merci de la déloyauté de l'autre ; voilà pourquoi, dans la pratique, les actes de quelque importance donnent lieu à la rédaction d'un écrit.

2. *Les formalités de publicité.* Nombre d'actes juridiques sont de nature à entraîner des conséquences à l'égard des *tiers*, c'est-à-dire des personnes qui n'y ont pas été *parties*. Pour que ces actes produisent ces effets et soient de la sorte opposables aux tiers, la loi exige alors qu'ils soient publiés : ainsi les ventes d'immeubles ou les constitutions d'hypothèque doivent faire l'objet d'une publicité au bureau de la conservation des hypothèques [2]. L'inobservation de la formalité de publicité n'entraîne pas la nullité de l'acte. La sanction de l'exigence posée n'en est pas moins

---

1. M.-A. GUERRIERO, *L'acte juridique solennel*, thèse Toulouse, éd. 1975.
2. V. SIMLER et DELEBECQUE, *Précis Dalloz, Les sûretés, La publicité foncière*, 1989.

importante, car l'acte non publié est, en principe, inopposable aux tiers[1].
— Sur l'inopposabilité, v. *infra*, n° 305.

3. *Les formalités administratives.* De plus en plus souvent, il est arrivé que l'Etat impose aux particuliers qui veulent accomplir un acte juridique l'obligation d'obtenir une autorisation administrative. Dans le même ordre d'idées, divers contrats sont soumis à une déclaration obligatoire à des organismes publics pour permettre à ceux-ci de déceler éventuellement certaines irrégularités : le bail d'un local d'habitation doit entraîner, dans certaines conditions, une déclaration au service municipal du logement (art. L. 621-5 et L. 621-6 c. constr. et hab.) ; certains contrats de travail doivent faire l'objet d'une déclaration au service public de la main-d'œuvre (ex. : art. L. 320-1 c. trav.).

En vertu de l'article 1840 A du code général des impôts, sont nulles, si elles ne sont pas constatées par un acte authentique ou un acte sous seing privé enregistré dans les dix jours, toutes promesses unilatérales de vente d'un immeuble, d'un droit immobilier, d'un fonds de commerce, d'un droit au bail ou d'actions ou parts de sociétés civiles immobilières.

L'exigence de la formalité fiscale de l'enregistrement constitue une autre manifestation d'un formalisme indirect.

299   *Domaine des formes solennelles* ◊ On a vu que, dans le droit extra-patrimonial, il n'est pas rare que la validité d'un acte soit subordonnée à l'accomplissement de formes solennelles. Or il existe aussi en matière patrimoniale des exceptions au principe du consensualisme. Celles-ci se manifestent dès lors que la *validité* d'un acte dépend de l'accomplissement de certaines formes, pratiquement de la rédaction d'un écrit qui est alors souvent un *acte authentique*, mais peut être aussi un *acte sous seing privé*.

Il n'est pas rare que les *actes unilatéraux* soient soumis à des formes solennelles. Ainsi en va-t-il de la renonciation à succession (art. 784 c. civ.) ou du testament (art. 967 s. c. civ.) ; même lorsque le testament est *olographe*, c'est-à-dire rédigé par son auteur sur une feuille de papier ordinaire et sans le secours de quiconque, cet acte n'en est pas moins soumis à des exigences de forme : « le testament olographe ne sera point valable, s'il n'est écrit en entier, daté et signé de la main du testateur : il n'est assujetti à aucune autre forme » (art. 970 c. civ.).

Loin de répugner aux nécessités du formalisme, le droit commercial a recours à lui, du fait même de la fréquence des actes unilatéraux : ainsi est-il impossible de signer une lettre de change, un billet à ordre, un chèque, soit comme émetteur, soit comme endosseur ou accepteur, sans se soumettre à certaines formalités substantielles requises à peine de nullité. Autant dire que le droit des effets de commerce est pétri de formalisme. On observera d'ailleurs que celui-ci compense, en quelque

---

1. L'acte soumis à publicité foncière peut d'ailleurs, dans la perspective de la formalité exigée, être soumis à certaines exigences de forme : ainsi « tout acte sujet à publicité dans un bureau des hypothèques doit être dressé en la forme authentique » (Décr. 4 janv. 1955, art. 4, al. 1ᵉʳ).

sorte, au sujet des actes unilatéraux, l'absence du protagoniste, c'est-à-dire de l'autre, qui par son intervention favorise l'émergence de l'acte juridique.

Dans le système né du triomphe du consensualisme à l'époque du code civil, il existe en outre des contrats qui, exceptionnellement, sont subordonnés à l'accomplissement de formes solennelles, plus spécialement à l'exigence d'un acte authentique. Ainsi, est nécessaire la rédaction d'un acte notarié lorsqu'il y a contrat de donation (art. 931 c. civ.), hypothèque conventionnelle (art. 2127 c. civ.), contrat de mariage (art. 1394 c. civ.). Le formalisme s'explique par l'importance de ces contrats qui réalisent fréquemment des opérations dangereuses ou complexes, par la nécessité de les entourer de garanties de régularité, de sincérité et de protection des intéressés ou de leur famille, l'entremise d'un notaire assurant le sérieux de l'acte.

Un désir comparable de protection inspire aussi les formalités habilitantes.

300 *Renaissance du formalisme* ◊ L'histoire des institutions juridiques est souvent marquée par un mouvement d'alternance. Après un triomphe du consensualisme au début du siècle dernier, on a observé, au siècle suivant, une renaissance du formalisme [1], du moins en droit écrit, la jurisprudence s'employant généralement à atténuer les exigences légales [2].

Plusieurs raisons expliquent ce retour des exigences de forme. Au siècle dernier, le formalisme se justifiait avant tout par la protection de l'auteur de l'acte ou de sa famille. Cette préoccupation n'est pas ignorée par le mouvement de renaissance du formalisme. L'idée de protection s'est même développée au profit d'autres personnes ou d'autres catégories, par exemple celle des consommateurs, ce qui a entraîné une grande extension du domaine des formalités solennelles concrétisées par la rédaction obligatoire de nombreux écrits. En outre des considérations d'intérêt public, liées notamment à la protection de l'épargne et du crédit, à la législation des changes et des investissements, à l'économie planifiée, orientée, communautaire... ont favorisé le mouvement observé, signe parmi d'autres des progrès de la société bureaucratique.

Ce renouveau du formalisme présente certaines caractéristiques qui accentuent la diversité des formes.

D'une part, le progrès du formalisme s'est surtout manifesté par la subordination de la validité de l'acte à la rédaction d'un écrit, sans que cet écrit soit nécessairement un acte authentique. De plus en plus souvent un *acte sous seing privé* est exigé en tant que forme solennelle : ainsi en est-il du contrat de vente d'immeuble à construire régi par l'article L. 261-10 du code de la construction et de l'habitation, du contrat de bail à ferme (art. L. 411-4 c. rural), du contrat de société (art. 1835 c. civ.), du contrat d'édition (L. 11 mars 1957, art. 53), du contrat de cession de brevet d'invention (L. 2

---

1. MOENECLAY, *La renaissance du formalisme dans les contrats*, thèse Lille, 1914.
2. J. FLOUR, Quelques remarques sur l'évolution du formalisme, *Mélanges Ripert*, 1950, t. II, p. 136 s.

janv. 1968, art. 43, al. 2), etc. On observera encore que le droit de la protection du consommateur abonde en exigences de formes solennelles [1].

D'autre part, il convient de remarquer que la renaissance du formalisme affecte aussi les autres sortes de formalités : ainsi les formalités de publicité ont-elles été aménagées au sujet de certains meubles immatriculés : navires (Décr. 27 oct. 1967, art. 93), avions (art. L. 121-1 s. c. aviation civ. et com.), bâtiments de rivière (art. 101 c. dom. public fluvial et navig. intér.). Quant aux formalités administratives, elles se sont multipliées, à mesure que se sont développées de nouvelles branches du droit en corrélation avec l'accroissement du rôle de l'Etat et des collectivités publiques : droit de la construction et de l'urbanisme, droit de l'environnement, droit des relations financières, droit communautaire. On ne manquera pas de souligner, dans cet ordre d'idées, l'importance du permis de construire (art. L. 421-1 s., R. 421-1 s. c. urbanisme).

D̄ SANCTIONS

301 *Définition* ◊ Le terme de sanction est fréquemment employé en droit. Dans un sens plus sociologique que juridique, il renvoie à l'analyse du caractère effectif des exigences du droit. — V. *infra*, n°s 403 s.

Plus généralement, son emploi se relie à sa signification technique, généralement indifférente à la diversité des branches du droit : la *sanction* est la conséquence que le droit attache au non-respect de ses exigences. Il s'agit donc ici de savoir ce qui se passe lorsque les conditions de l'acte juridique ne sont pas satisfaites.

302 *Nullité et autres sanctions* ◊ La nullité semble être de prime abord la sanction naturelle lorsque les conditions requises pour la validité d'un acte juridique ne sont pas réunies : aucun des effets juridiques que l'auteur ou les auteurs de l'acte avaient l'intention de provoquer en le passant ne se produit ; l'acte est anéanti. Cet anéantissement radical peut être conforme à une certaine logique. Mais, du point de vue des particuliers, il peut être excessif par rapport au vice affectant l'acte et tromper de la sorte leurs légitimes prévisions ; et, du point de vue général, dans l'ordre notamment de l'économique et du social, il est souvent peu satisfaisant que les opérations accomplies soient anéanties trop facilement. Tant il est vrai que les activités productrices — y compris celle qui consiste dans la production d'actes juridiques — sont des composantes essentielles, nourricières même, du tissu économique et social. Rien d'étonnant donc si l'on observe à notre époque une certaine tendance au refoulement des nullités.

303 *Nullité et inexistence* ◊ A vrai dire, il est une sanction plus profonde encore que la nullité. Qui dit nullité dit cause d'annulation possible, donc

---

1. V. *Les obligations*, n°s 249 s.

d'anéantissement de quelque acte ou de quelque élément d'acte qui existe tant qu'il n'a pas été anéanti, annulé, même rétroactivement.

Quand on fait état d'*inexistence*, on imagine un acte — ou plutôt ce qui se dit tel — atteint d'un vice si essentiel que l'idée même de nullité serait inappropriée. L'on devrait dire alors que la situation est tellement viciée qu'il n'y a même plus d'acte à anéantir ; il n'y a plus d'acte du tout ; il y a inexistence.

Semblable opinion a été soutenue par des auteurs au sujet d'actes profondément inaptes à l'existence juridique, inviables en quelque sorte à leurs yeux : mariage contracté entre deux personnes de même sexe, contrat passé par un dément, enchère portée par un particulier dans une adjudication judiciaire sans recours à un auxiliaire de justice[1].

A la distinction des nullités et de l'inexistence seraient attachées des conséquences : tout intéressé pourrait se prévaloir de l'inexistence d'un acte, sans qu'il soit besoin d'intenter une action en justice pour faire prononcer son inefficacité ; l'opération serait définitivement et irrémédiablement inefficace, ni la confirmation des intéressés, ni la prescription ne pouvant la consolider après coup.

Force est de reconnaître qu'en droit privé, la théorie de l'inexistence n'a guère été accueillie, d'autant plus que, si profond que puisse être le vice affectant un acte juridique — ou ce qui en présente l'apparence —, dès qu'une contestation surgit à son sujet, il demeure nécessaire d'avoir recours à la justice pour qu'elle soit tranchée.

Observons toutefois que le recours à la notion d'inexistence a pu présenter quelque utilité dans les domaines où les nullités ne sont admises que de manière parcimonieuse parce que, en la matière, on retient ou on a retenu une règle suivant laquelle il n'y aurait « *pas de nullité sans texte* », par exemple en matière de nullité d'actes de procédure[2]. Même en ce domaine, la notion d'inexistence n'est guère accueillie.

304   *L'inexistence des actes administratifs* ◊ L'on observe qu'il n'existe pas de différences fondamentales quant à la théorie des nullités entre le droit privé et le droit public, celui-ci n'ignorant pas, notamment, la distinction des nullités absolues et des nullités relatives[3]. Mais, en droit public, une place est reconnue à l'inexistence des actes administratifs, ce qui permet notamment de priver d'effet certains actes grossièrement irréguliers, bien que soient écoulés les délais des recours contentieux. Force est de constater que la jurisprudence a aussi utilisé la notion d'inexistence des actes administratifs pour priver d'effet certaines dispositions d'ordre procédural jugées trop rigoureuses[4].

305   *Nullité, résolution, inopposabilité* ◊ Du fait d'un élément d'ordre tem-

---

1. Req. 20 déc. 1902, D. 1903, 1, 137, note GLASSON, S. 1903, 1, 257, note TISSIER.
2. Req. 20 déc. 1902, préc.
3. A. DE LAUBADÈRE, J.-C. VÉNÉZIA et Y. GAUDEMET, *op. cit.*, n° 879.
4. J.-M. AUBY, *La théorie de l'inexistence des actes administratifs*, thèse Paris, 1947 ; P. WEIL, Une résurrection : la théorie de l'inexistence en droit administratif, D. 1958, chron. 49 s.

porel ou d'ordre personnel, *ratione temporis* ou *ratione personae*, la nullité se distingue de la résolution ou de l'inopposabilité.

Il y a nullité lorsqu'un vice affecte un acte juridique à son origine, spécialement un contrat. Si l'acte est valable lors de sa formation, il se peut que certains faits postérieurs à celle-ci, par exemple l'inexécution de ses obligations par l'un des contractants — le défaut de paiement du prix par un acquéreur... — entraînent l'inefficacité du contrat : l'action en *résolution* sanctionnera une telle inexécution. La résolution fait disparaître le contrat non seulement pour l'avenir, mais encore rétroactivement, les prestations effectuées en vertu du contrat devant être restituées. Mais une telle restitution est incompatible avec la nature de certains contrats, les contrats successifs, tels le louage, le contrat de travail (*supra*, n° 280) : on ne peut effacer certains faits, par exemple le fait que le locataire a joui des lieux loués pendant un certain temps, que le salarié a travaillé pour son employeur. Alors, la *résiliation* remplace la résolution : il y a extinction des obligations des parties, mais sans rétroactivité. On distinguera encore la *caducité* de la résolution (ou de la résiliation) : on doit alors supposer qu'un événement postérieur à la formation du contrat et indépendant de la volonté des parties (par exemple la suppression de la fixation administrative de prix auquel se réfère un contrat d'approvisionnement) supprime un élément essentiel à la prise ou à la poursuite d'effet de l'acte juridique[1].

Alors qu'un acte annulé ne produit effet à l'égard de personne, il arrive qu'un acte, tout en étant valable, soit *inopposable* à certaines personnes qui pourront agir comme s'il n'existait pas ; mais il conserve tous ses effets dans les rapports entre d'autres intéressés[2]. L'inopposabilité sanctionne notamment le défaut d'accomplissement des formalités de publicité : l'acte non publié, par exemple une vente d'immeuble, est valable et produit ses effets dans les rapports des parties ; mais la vente est inopposable à un acquéreur postérieur du même immeuble qui aurait, lui, accompli les formalités de publicité[3]. De même est inopposable aux tiers un acte qui n'a pas acquis date certaine (art. 1328 c. civ.).

306 *Régime des nullités. Action en nullité et exception de nullité* ◊ Il existe de multiples régimes des nullités qui varient suivant les différentes branches du droit, ainsi que fréquemment, dans chaque branche, suivant les matières. Il existe, en procédure, un régime des nullités des actes de procédure (art. 112 s. nouv. c. proc. civ.) et des jugements (art. 458 s. nouv. c. proc. civ.). En droit civil, il y a un régime de nullités propre aux conditions du mariage (art. 180 s. c. civ.). En matière de sociétés, notamment sous l'influence d'un courant issu du droit communautaire, des

---

1. Y. BUFFELAN-LANORE, *Essai sur la notion de caducité des actes juridiques en droit civil*, thèse Toulouse, éd. 1963 ; N. FRICÉRO-GOUJON, *La caducité en droit judiciaire privé*, thèse ronéot. Nice, 1979.

2. D. BASTIAN, *Essai d'une théorie générale de l'inopposabilité*, thèse Paris, 1929 ; J. DUCLOS, *L'inopposabilité (Essai d'une théorie générale)*, thèse Rennes, éd. 1984 ; rappr. NGUYEN XUAN CHANH, *De l'application de la notion d'inopposabilité en droit commercial*, thèse ronéot. Clermont-Ferrand I, 1977.

3. SIMLER et DELEBECQUE, *Précis Dalloz, Les sûretés, La publicité foncière*, n°s 640 s.

solutions originales ont été retenues, destinées à refouler des annulations peu satisfaisantes du point de vue économique (art. 1844-10 s. c. civ. ; L. 24 juill. 1966, art. 360 s.).

De manière générale, la nullité d'un acte juridique peut être invoquée par le demandeur intentant une *action en nullité*. Elle peut aussi être invoquée par un défendeur à un procès, soulevant l'*exception de nullité*. Ainsi un créancier actionne son débiteur en paiement de son obligation ; et le débiteur se défend en faisant valoir que le contrat est nul pour vice du consentement.

Si le jugement annule l'acte, celui-ci est anéanti pour l'avenir, de sorte qu'on ne pourra pas en déduire d'effets nouveaux. Et il est anéanti rétroactivement pour le passé : les effets déjà réalisés doivent être supprimés et les parties doivent être, en principe, replacées dans le *statu quo ante*, de sorte que les prestations fournies en vertu de l'acte annulé doivent être restituées.

307   *Régularisation* ◊ Le désir grandissant, en certaines matières, de favoriser la consolidation des actes irréguliers, plutôt que de les anéantir, explique l'intérêt porté, surtout à notre époque, à la régularisation des actes juridiques[1]. Le procédé, il est vrai, ne date pas d'hier. Ainsi, l'article 1599 du code civil disposant que « la vente de la chose d'autrui est nulle », est-il admis que la vente est régularisée lorsque le vendeur acquiert la propriété de la chose vendue pour quelque cause que ce soit. L'évolution du droit des sociétés est aussi marquée par l'essor du mécanisme de la régularisation (art. 1839, 1844-11 s. c. civ. ; L. 24 juill. 1966 sur les sociétés commerciales, art. 6, 365 s.).

Spontané, voire provoqué, ce mécanisme n'implique pas nécessairement l'existence d'une cause de nullité, de sorte qu'il apparaît, selon les cas, comme un moyen de prévenir une annulation ou comme un substitut de la nullité. La régularisation de l'acte consiste dans l'effacement *objectif* du vice ; il en résulte que, par le jeu d'une équivalence des résultats[2] elle peut remplacer une exacte réparation du vice, disons une réitération rigoureusement régulière de l'acte. A l'inverse, la *confirmation* d'un acte nul (v. *infra*, n° 308) manifeste *subjectivement* le renouvellement du consentement dans des conditions de nature à en assurer la validité et l'efficacité.

308   *Nullités absolues et nullités relatives* ◊ Suivant une distinction classique, traditionnellement dégagée et pratiquée en droit privé, on distingue les nullités relatives et les nullités absolues, cette distinction reposant sur le degré d'importance de l'irrégularité et entraînant des différences corrélatives quant au régime de l'annulation.

1. *Distinction.* Les nullités *relatives* supposent que fait défaut une condition de validité exigée en vue de protéger les intérêts d'une ou plusieurs personnes déterminées. Par exemple, si le consentement d'une

---

1. C. Dupeyron, *La régularisation des actes nuls*, thèse Toulouse, éd. 1973.
2. J. Patarin, *Le principe de l'équivalence des résultats*, thèse Paris, éd. 1954.

partie est entaché d'erreur sur la substance de la chose, la nullité existe dans l'intérêt de cette partie, et d'elle seule ; si un incapable d'exercice a passé un acte sans le concours des formalités destinées à l'habiliter, c'est encore dans son intérêt que la loi déclare annulable l'acte accompli.

Les nullités *absolues* sanctionnent la violation de conditions plus impérieuses tenant à la protection d'intérêts généraux. Ainsi en est-il lorsque l'objet de l'obligation est hors du commerce ou lorsque l'obligation est dépourvue de cause. Est encore sanctionnée par la nullité absolue, la violation des formes solennelles. Pourtant, certaines formes solennelles sont avant tout inspirées par la protection d'un intérêt particulier. Autant dire que la distinction des domaines des deux sortes de nullité ne coïncide pas pleinement avec celle de l'intérêt particulier et de l'intérêt général, à vrai dire souvent entremêlés.

2. *Régime*. Trois différences existent entre les régimes des deux sortes de nullité.

a) La nullité relative ne peut être *invoquée* que par la ou les personnes que la loi a voulu protéger et ses représentants légaux ou successeurs ; la nullité absolue peut être invoquée par tout intéressé [1].

b) La nullité relative peut se couvrir par la *confirmation* ; la personne que la loi voulait protéger peut, lorsque le vice a disparu (par exemple lorsqu'elle a reconnu l'erreur dont elle a été victime ou lorsqu'elle est devenue capable), confirmer l'acte, c'est-à-dire lui conférer la validité qui lui manquait en renonçant à invoquer la nullité. Au contraire, les nullités absolues qui peuvent être invoquées par tous les intéressés ne peuvent disparaître du fait du comportement de tel ou tel d'entre eux.

c) La nullité relative doit être invoquée assez rapidement ; sinon l'action en nullité se prescrit, en principe au bout de cinq ans (art. 1309 c. civ.). Au contraire, l'action en nullité absolue se prescrit au bout de trente ans, délai de prescription de droit commun, qui concerne toutes les actions en justice tant réelles que personnelles (art. 2262 c. civ.) [2].

Il existe cependant, quant à la prescription, une règle commune à toutes les nullités, absolues ou relatives : la prescription n'éteint que l'action en nullité et non l'exception de nullité. Si un acte nul n'a pas été exécuté, le défendeur à l'action en exécution pourra toujours invoquer la nullité pour se défendre. Cette règle est formulée dans l'adage latin : *quae temporalia sunt ad agendum perpetua sunt ad excipiendum.*

---

1. C'est principalement pour cette raison que la distinction de l'ordre public de direction — dont la violation peut être invoquée par tout intéressé — et de l'ordre public de protection — dont la violation ne peut être invoquée que par celui ou ceux que la loi a voulu protéger — présente un grand intérêt (v. *Les obligations*, n° 248).
2. Req. 5 mai 1879, D.P. 80, 1, 145, note C. Beudant.

§ 3

EFFETS DES ACTES JURIDIQUES

309   *Présentation* ◊ L'acte juridique oblige la personne de qui il émane. Du moment que sa volonté s'est exprimée dans les conditions prévues par le droit, elle est liée. Encore convient-il de distinguer les effets des actes unilatéraux, des conventions et des actes collectifs.

310   *1° Effets des actes unilatéraux* ◊ Lorsque les conditions de l'acte unilatéral sont réunies, cet acte entraîne à l'égard de son auteur des effets de droit. Il ne saurait avoir à l'égard des tiers un effet obligatoire, c'est-à-dire notamment les rendre débiteurs. En outre, en droit privé français, on répugne traditionnellement à admettre que, sauf exceptions, l'acte unilatéral d'une personne puisse entraîner à sa charge un engagement à l'égard des tiers. La question n'en prête pas moins à controverse [1]. Reste que l'acte unilatéral, en ce qu'il modifie une situation juridique, est de nature à créer une situation opposable aux tiers.

En droit administratif, les effets de l'acte unilatéral sont plus forts. Dans un très grand nombre de cas, cet acte prend la forme d'une décision exécutoire qui non seulement modifie l'ordonnancement juridique existant, mais produit un effet de contrainte (v. *infra*, n° 605). Ainsi la nomination d'un fonctionnaire entraîne à l'égard de celui-ci des droits et des obligations, l'Administration étant, de son côté, obligée de l'« installer ».

311   *2° Effets des contrats* [2] ◊ Il est important de distinguer à ce sujet les effets des contrats de droit privé et des contrats administratifs.

312   *Effets des contrats de droit privé* ◊ Le système du code civil s'ordonne à partir de l'article 1134, qui pose, dans son alinéa 1er, le principe de l'*effet obligatoire* du contrat : « Les conventions légalement formées tiennent lieu de loi à ceux qui les ont faites », c'est-à-dire aux *parties* au contrat [3]. Celles-ci sont tenues par son caractère obligatoire et tenues de respecter leurs obligations, même lorsque des circonstances imprévues, bouleversant leurs prévisions, entraînent après coup une disproportion très importante de leurs prestations réciproques (rejet de la théorie de l'*imprévision*). A vrai dire, dans la pratique, des clauses contractuelles préviennent généralement les conséquences de semblables bouleversements. En outre, on a vu s'atténuer, du fait d'interventions diverses du législateur, l'effet radicalement obligatoire du contrat. Restent qu'en principe, le juge

---

1. V. *Les obligations*, nos 25 s.
2. Le terme de contrat est entendu ici comme synonyme de celui de convention.
3. Il en va de même de leurs *ayants cause universels* ou *à titre universel* — notamment des héritiers — qui recueillent un patrimoine ou une partie d'un patrimoine laissé par un défunt ; ils sont liés par les contrats passés par leur auteur.

ne peut modifier les clauses d'un contrat et que, sauf disposition contraire et sous réserve de l'ordre public, les lois nouvelles ne modifient pas le régime juridique des effets des contrats en cours (v. *infra*, nᵒˢ 450 s.).

A l'égard des *tiers*, les solutions découlent de l'article 1165 du code civil : « Les conventions n'ont d'effet qu'entre les parties contractantes ; elles ne nuisent point au tiers... ». Tel est l'effet relatif du contrat. Dire qu'un contrat produit effet à l'égard de telle personne, cela signifie qu'elle devient, par ce contrat, créancière ou débitrice d'une obligation. Envisagé au point de vue des tiers, le principe de l'effet relatif du contrat permet d'affirmer qu'un tiers ne peut être rendu créancier ou débiteur par l'effet d'un contrat auquel il n'a pas été partie. Mais un contrat, bien qu'il ne puisse lier un tiers, est une réalité dans le monde social ; il existe *erga omnes*, il est opposable à tout le monde. Ainsi, lorsqu'un entrepreneur engage une personne qui est encore liée par un contrat de travail passé avec un autre employeur, sa responsabilité peut être mise en cause ; le premier contrat de travail lui est opposable et il ne peut agir au détriment des intérêts de l'autre employeur[1].

313 *Effets des contrats administratifs* ◊ L'on est porté à faire état, à leur sujet, d'une situation d'inégalité. Parce que l'acte juridique se relie au fonctionnement d'un service public ou du fait des clauses exorbitantes qu'il comporte, l'Administration dispose de pouvoirs importants : l'exécution du contrat s'opère sous sa surveillance et son contrôle ; et elle est même investie à ce sujet d'un certain pouvoir de direction. L'Administration est en outre dotée d'importants pouvoirs de sanction, ainsi que d'un pouvoir de modification unilatérale des prestations dues par son cocontractant — ce qui s'accompagne pour celui-ci, en contrepartie, d'un droit à indemnisation —, ainsi que d'un pouvoir de résiliation du contrat. On ajoutera que les exigences de la continuité du service public ont entraîné, au sujet du contrat administratif, l'admission de la théorie de l'imprévision, qui a été rejetée au sujet des contrats de droit privé[2].

314 *3º Effets des actes collectifs* ◊ Pour plusieurs raisons, les actes collectifs s'accordent mal avec l'effet relatif des actes juridiques. Dans leur genèse même, toutes les fois qu'ils prennent la forme d'une délibération, et à moins que l'unanimité ne soit exceptionnellement requise, le jeu de la loi de la majorité permet, à certaines conditions et dans certaines limites, à celle-ci d'imposer ses décisions à la minorité.

En outre, même lorsqu'il ne s'agit pas de délibérations de groupe — assemblées, conseils, etc. —, l'acte collectif est souvent marqué par une vocation à l'extension de ses effets à d'autres personnes que celles qui ont, par elles-mêmes ou par leurs représentants, participé à l'élaboration de l'acte. Le régime des *conventions collectives* de travail est, à ce sujet, très révélateur, le processus normatif permettant d'étendre, dans certaines conditions, par voie administrative, la convention de branche ou l'accord professionnel ou interprofessionnel, leurs avenants ou annexes (art. L. 133-1 s. c. trav.). — V. *supra*, nᵒˢ 250, 276.

1. A. WEILL, *La relativité des conventions en droit privé français*, thèse Strasbourg, 1938.
2. A. DE LAUBADÈRE, J.-C. VÉNÉZIA et Y. GAUDEMET, *op. cit.*, nᵒˢ 1039 s.

CHAPITRE 2

LES TITULAIRES
DES DROITS SUBJECTIFS

315 *La personnalité juridique* ◊ Les droits subjectifs sont destinés à des êtres humains, considérés individuellement ou en groupes, lorsque ceux-ci constituent des entités suffisamment caractérisées et structurées. L'observation des situations juridiques, c'est-à-dire affectées d'une manière ou d'une autre par le juridique, permet de constater, dans une vision classique qui demeure des plus actuelles dans la pratique du droit, une articulation essentielle reposant sur la reconnaissance de l'existence de *personnes*, en d'autres termes d'êtres humains dotés de la *personnalité juridique*.

La personnalité juridique est précisément cette aptitude à être *titulaire actif ou passif de droits subjectifs*, que le droit objectif — le système juridique dit-on aussi — reconnaît à chacun. Du fait de cette attribution, fondée, suivant les opinions, sur la nature, la raison ou la volonté, latente à l'état de nature ou issue de la convention sociale, l'homme devient propriétaire, créancier, ce qui est tout à son avantage ; mais, par l'effet du même processus, il devient débiteur ou peut encore être obligé de subir une servitude de passage de son voisin sur son terrain.

Manifestation d'un individualisme qui n'a cessé de se développer dans la civilisation d'Occident, la notion de personne appelle, de toute évidence, des analyses, des réflexions, des opinions, des théories sur le terrain de la philosophie en général, de la philosophie du droit plus particulièrement[1]. Plus précisément, aux confins de la philosophie du droit et de la philosophie politique, elle implique une distinction des notions de personne et de sujet de droit[2].

316 *Plan* ◊ La détermination des titulaires des droits subjectifs, telle que le droit l'assure, atteste l'existence de règles et de solutions impliquant les influences conjuguées de la nature, de la fiction et de la volonté. Et il importe, à cet égard, de distinguer les *personnes physiques* (Section 1) et les *personnes morales* (Section 2).

---

1. J.-M. TRIGEAUD, Persona *ou la justice au double visage*, Biblioteca di Filosofia Oggi, t. I, Gênes, 1990.
2. V. *Le sujet de droit*, Arch. phil. droit, t. 34, 1989, spéc. C. GRZEGORCZYK, *Le sujet de droit : trois hypostases*, p. 9 s.

SECTION 1
LES PERSONNES PHYSIQUES

317 *De l'être humain à l'être social* ◊ En s'attachant à l'être humain, le droit objectif considère cet être physique en tant qu'il est aussi un être social, une personne juridique : c'est cette considération, génératrice d'attachement, de rattachement, qui assure, consacre ou consolide l'insertion de l'être humain dans la société globale.

A partir de cette observation, destinée à mettre en évidence la signification du passage de l'être physique à la personnalité juridique, on envisagera successivement l'*existence* (§ 1), l'*identification* (§ 2) et les *droits* des personnes physiques (§ 3).

§ 1 ————————————————————————

L'EXISTENCE
DES PERSONNES PHYSIQUES

318 *Présentation* ◊ De prime abord, en l'état de notre civilisation d'Occident, le problème paraît simple. D'emblée pourtant, la remarque appelle deux observations, l'une d'ordre négatif, l'autre d'ordre positif.

Négativement, seuls des êtres humains envisagés individuellement sont dotés de la personnalité juridique. C'est pourquoi les *animaux*, quels qu'ils soient, y compris les animaux de compagnie, en sont dépourvus, ce qui évidemment n'exclut pas que le traitement juridique des animaux appelle des règles ou des solutions spécifiques[1]. Force est pourtant de constater qu'il existe un courant — observé surtout dans les périodes de décadence — qui tend à traiter l'animal quelque peu, voire beaucoup, à l'instar des personnes physiques[2].

Positivement, tous les êtres humains ont droit à la personnalité juridique, ce qui vaut condamnation de l'esclavage, aboli en France en 1848. Les déclarations et pactes internationaux sont formels : « Chacun a le droit à la reconnaissance en tous lieux de sa personnalité juridique » (Décl. univers. des droits de l'homme de 1948, art. 6) ; « Nul ne sera tenu en esclavage ni en servitude ; l'esclavage et la traite des esclaves sont interdits sous toutes leurs formes » (art. 4) ; « Nul ne peut être tenu en esclavage ni en servitude » (Conv. europ. des droits de l'homme, de 1950, ratifiée par la France en 1974, art. 4-1) ; « Chacun a droit à la reconnaissance en tous

---

1. WEILL, TERRÉ et SIMLER, *Les biens*, nᵒ 3.
2. Ainsi, une Déclaration des droits des animaux, en date du 15 oct. 1978, a été élaborée sous l'égide de l'UNESCO ! — V. A.-M. SOHM-BOURGEOIS, La personnification de l'animal : une tentation à repousser, D. 1990, chron. 33 s.

lieux de sa personnalité juridique » (Pacte des Nations-Unies relatif aux droits civils et politiques, art. 16) ...

319 *Les composantes de la personne physique* ◊ Pour qu'existe cette personne physique — française ou étrangère — dotée de la personnalité juridique, il faut un corps humain ; et il faut que ce corps soit en vie.

A LE CORPS HUMAIN

320 *Sa nécessaire protection juridique* ◊ Le corps est, en droit, plus que le support de la personne ; il en est une composante même, bien que, longtemps, sous l'influence d'une philosophie rationaliste ou spiritualiste, il ait été plus ou moins évacué, à ce sujet, des préoccupations du droit. Parce qu'il est cependant une composante de la personne, il appelle tout naturellement une protection particulière non seulement contre les atteintes provenant des autres, mais contre les atteintes de la personne elle-même[1].

321 *Sa protection contre les autres* ◊ L'un des premiers devoirs de la collectivité est d'assurer la sécurité des personnes et des biens. Des personnes ? Cela est bien exprimé à l'article 2 de la Déclaration de 1789 : « Le but de toute association politique est la conservation des droits naturels et imprescriptibles de l'homme. Ces droits sont la liberté, la propriété, la sûreté, et la résistance à l'oppression ». La sûreté, ce mot vise notamment la sécurité des personnes, dont la protection est assurée par le droit pénal, lequel sanctionne les coups et blessures, l'homicide, le meurtre, l'assassinat, ce qui n'exclut d'ailleurs pas l'existence de sanctions civiles, notamment l'octroi aux victimes de dommages-intérêts. On répare autant qu'il est possible les dommages corporels.

Les exemples qui précèdent ont trait à des actes *illicites*, manifestant à des degrés variables l'existence de violences qui suscitent normalement la réprobation du corps social. Mais la protection assurée au corps humain contre les atteintes des tiers est de plus vaste ampleur. De la tradition individualiste et libérale française, s'est dégagé en effet, non sans racine historique plus lointaine, le principe de l'inviolabilité du corps humain, suivant lequel — hormis l'incidence de l'intérêt général — nul ne peut être obligé de faire ce qu'il ne veut pas faire (*nemo praecise cogi ad factum*). Une illustration de cette règle figure à l'article 1142 du code civil : « Toute obligation de faire ou de ne pas faire se résout en dommages et intérêts, en cas d'inexécution de la part du débiteur » ; à défaut de pouvoir contraindre celui-ci *manu militari,* son créancier devra donc se contenter d'une indemnité en argent.

Du fait tant des progrès de la science que du développement des sociétés modernes, l'existence d'atteintes, directes ou indirectes, plus

---

1. P. Dubois, *Le physique de la personne*, thèse Paris II, éd. 1986.

nombreuses que par le passé à l'inviolabilité du corps humain s'est manifestée, non sans que l'on s'efforce d'assurer en ce domaine un équilibre aussi satisfaisant que possible entre un principe bien reconnu et la légitimité d'un certain nombre d'atteintes.

Au demeurant, l'*intérêt général* avait déjà manifesté son emprise en divers secteurs de la vie sociale, par exemple en matière de conscription. Puis, à des fins de santé publique, et non sans résistances, on a développé, contre certaines maladies, la vaccination obligatoire. A des fins de sécurité routière, on a aussi imposé l'alcootest ou le port de la ceinture de sécurité, à l'avant puis aussi à l'arrière des véhicules.

Encore convient-il d'observer que, lorsque ce n'est plus l'intérêt général, mais l'*intérêt particulier* qui est en cause et invoqué à l'encontre du principe de l'inviolabilité du corps humain, ce principe ne connaît pas normalement d'exception directe. Une personne ne peut être contrainte *à son corps défendant*. Mais, indirectement, du fait que l'on peut juridiquement déduire de son comportement des conséquences qui lui sont défavorables, cette menace constitue une pression sur son comportement physique. Si, par exemple, un juge ordonne, en matière civile, une comparution d'une partie au procès et si celle-ci refuse de se rendre à cette convocation, le juge peut en « tirer toute conséquence de droit » (art. 198 nouv. c. proc. civ.), ce qui est de nature à inciter l'intéressé à obtempérer.

322 *Sa protection contre elle-même* ◊ L'examen de cette question est souvent lié à l'interrogation suivante : quel est le droit d'une personne sur son corps ? Dans le passé, semblable interrogation a été formulée au sujet du *suicide*. Pour l'admettre, on a soutenu que la personne humaine était propriétaire de son corps ; pour le condamner, on a fait valoir qu'elle ne l'était pas. De sorte qu'assez naturellement, la fréquente admission du suicide, à notre époque, a acclimaté l'idée du droit pour chacun de disposer de son corps, de le détruire, manifestation extrême de la propriété. Pourtant, si le suicide n'est pas interdit, ce n'est pas parce que la personne humaine a un droit sur son corps, semblable à celui d'un propriétaire pouvant détruire sa maison ; c'est parce que son acte est l'expression ultime et irremplaçable de la liberté individuelle. Le droit ne s'accorde pas à l'idée d'une relation de la personne physique à elle-même. La personne n'est pas propriétaire de son corps, puisque son corps, c'est elle.

Reste à savoir dans quelle mesure une personne peut accomplir des actes juridiques ayant pour objet le corps humain. A cette possibilité, fait obstacle l'article 1128 du code civil, aux termes duquel « il n'y a que les choses qui sont dans le commerce qui puissent être l'objet des conventions » (*supra*, n° 292) ; et l'on s'accorde à considérer, au sens de cet article, que le corps humain ne peut être l'objet d'une convention, voire plus largement d'un acte juridique.

Encore convient-il d'observer que le comportement d'une personne physique n'est pas sans conséquence sur les atteintes que son cadavre pourrait subir après son décès. Ainsi, « des prélèvements d'organes peuvent être effectués à des fins thérapeutiques ou scientifiques sur le cadavre d'une personne n'ayant pas fait connaître de son vivant son refus d'un tel prélèvement » (L. 22 déc. 1976, art. 2, al. 1er).

Plus problématiques sont les actes juridiques par lesquels une personne disposerait de son vivant de tout ou partie de son corps. Si l'on admet traditionnellement la validité du contrat conclu avec une nourrice, les autres comportements échappent normalement, en application de l'article 1128 du code civil, à l'emprise du contrat. Mais cela ne signifie pas qu'ils soient illicites. A propos de certaines pratiques, le législateur est intervenu afin de les réglementer dans un sens de protection de la personne : prélèvement d'organes sur une personne vivante (L. 22 déc. 1976, art. 1), situation des personnes qui se prêtent à des recherches biomédicales (L. 20 déc. 1988).

B LA VIE HUMAINE

323 *Distinction* ◊ L'être humain n'est considéré comme une personne physique, au sens juridique de l'expression, que s'il est en vie, ce qui suscite des questions relatives tant au début et à la fin de la personnalité qu'au sujet de l'incertitude pouvant affecter l'existence même d'une personne qui a vécu mais dont on ne sait si elle vit encore.

324 *L'apparition de la personnalité juridique* ◊ Pour être doté de la personnalité juridique, il faut d'abord naître vivant ; le mort-né, c'est-à-dire celui qui était déjà mort dans le sein de sa mère ou qui est mort pendant l'accouchement n'a jamais vécu d'une vie propre ; il n'a pas la personnalité juridique et il est considéré comme ne l'ayant jamais eue. Il ne suffit d'ailleurs pas que l'homme naisse vivant ; il n'a de personnalité qu'à la condition de naître *viable*, c'est-à-dire avec tous les organes nécessaires et suffisamment constitués pour lui permettre de vivre (v. art. 311-4, 725, 906 c. civ.)

Une précision est ici nécessaire. La vie de l'homme commence avec sa conception, mais tant qu'il n'est pas né, il n'a pas une vie indépendante de celle de sa mère. Aussi, en vertu d'une tradition qui remonte au droit romain, admet-on que la personnalité ne commence qu'à la naissance. Toutefois, si l'intérêt de l'enfant le postule, celui-ci peut acquérir des droits dès le moment de sa conception, pourvu qu'il naisse vivant et viable. C'est ce qu'exprime l'adage *Infans conceptus pro nato habetur quoties de commodis ejus agitur* : l'enfant conçu est considéré comme né chaque fois qu'il y va de son intérêt. Cette règle n'est écrite nulle part dans nos lois, mais le code civil en fait application en matière de filiation (art. 311, al. 2), ainsi que de succession (art. 725) ou de donation (art. 906), ce qui permet à un enfant posthume d'hériter ou de bénéficier d'une donation. Et la jurisprudence a généralisé la règle en en faisant usage dans d'autres hypothèses, par exemple en permettant de reconnaître un enfant naturel avant sa naissance.

L'évolution des mœurs et les progrès scientifiques ont renouvelé le débat, ce qui a appelé une attention accrue sur le sort des embryons et des fœtus. La Déclaration universelle des droits de l'homme (1948) dispose que « tout individu a droit à la vie, à la liberté et à la sûreté de sa personne » (art. 3). Puis il est écrit, dans la Convention européenne des droits de l'homme, que « Le droit de toute personne à la vie est protégé par la loi » (art. 2-1). Et, en 1966, semblables affirmations sont réitérées dans le Pacte des Nations-Unies sur les droits civils et politiques : « Le droit à la vie est inhérent à la personne humaine. Ce droit doit être protégé par la loi. Nul ne peut être arbitrairement privé de la vie » (art. 6-1).

De ces formules découle la question essentielle : puisque toute personne a droit à la vie, il faut savoir, en termes de droit, quand existe cette personne. De l'article 1er de la loi Veil, du 17 janvier 1975, sur l'interruption volontaire de la grossesse, il résulte notamment que « la loi garantit le respect de tout être humain dès le commencement de la vie », étant précisé qu'« il ne saurait être porté atteinte à ce principe qu'en cas de nécessité... ». On admettra volontiers que, dans l'intention de ceux qui ont voulu cette disposition, il s'agissait de faire remonter, dans notre droit, le moment de l'émergence de la personnalité juridique de la naissance jusqu'à la fécondation, ce qui n'est pas sans conséquence sur le sort des embryons. Reste que la lettre du texte, qui n'emploie pas l'expression de personne humaine mais celle d'être humain, laisse pour le moins planer un doute. Et surtout, l'esprit de ces formules restrictives s'accorde difficilement avec une loi destinée à libéraliser l'avortement[1].

325   *La disparition de la personnalité juridique* ◊ La personnalité juridique, supposant la vie, cesse avec la *mort* [2], ce qui n'empêche ni la protection de la mémoire des morts, des cadavres et des sépultures, ni le fait que la volonté d'une personne puisse produire des conséquences après sa mort, par l'effet d'un testament.

Le problème de la constatation de la mort, conditionnant l'établissement d'un acte de décès, s'est compliqué de nos jours, en raison de l'évolution de la science médicale qui permet, d'une part, de mieux saisir le processus biologique de la mort — celle-ci n'apparaissant plus comme un événement unique, instantané, intéressant toutes les fonctions vitales à la fois —, d'autre part, de prolonger certaines situations où un sujet est maintenu entre la vie et la mort, on dit aussi en coma dépassé ou prolongé[3].

326   *L'incertitude sur l'existence d'une personne physique* ◊ Dans le langage usuel, l'absence est le fait de ne pas être présent en un lieu dans lequel on pouvait ou on devait se trouver à un moment donné[4]. Ainsi, on dit qu'une personne est absente quand elle est sortie de chez elle ou qu'elle est en voyage. En matière juridique, ce qui caractérise *l'absence* d'une personne physique, ce n'est plus seulement la non-présence à son

1. J. CARBONNIER, *Sur les traces du non-sujet de droit*, Arch. phil. droit, t. 34, 1989, p. 197 s., spéc. p. 202 s.
2. L.-M. RAYMONDIS, Problèmes juridiques d'une définition de la mort, *RTD civ.* 1969, p. 29 s. ; B. CALAIS, La mort et le droit, D. 1985, chron. 221 s.
3. V. les circulaires du 24 avril 1968 relative aux autopsies et prélèvements et du 3 avril 1978 relative aux prélèvements d'organes.
4. M. VIVANT, Le régime juridique de la non-présence, *RTD civ.* 1982, p. 1 s.

domicile ou à sa résidence, c'est le fait qu'on ne sache pas ce qu'elle est devenue, plus précisément qu'on ne sache pas si elle est vivante ou si elle est morte.

D'un côté, des mesures de conservation, de gestion, mais aussi de répartition des biens de l'absent peuvent être nécessaires. De l'autre, il faut préserver ses intérêts. D'où la distinction de deux périodes, opérée aux articles 112 et suivants du code civil : *a*) une période de *présomption d'absence* — celle-ci étant constatée par le juge des tutelles — envisagée en fonction de l'idée que l'existence de l'absent est présumée, que son retour est même probable ; *b*) une période consécutive à une *déclaration d'absence* — prononcée par le tribunal de grande instance, dix ans normalement après la constatation de la présomption d'absence —, le jugement déclaratif d'absence étant assimilé à un acte de décès et emportant normalement, après sa transcription à l'état civil, tous les effets que le décès établi de l'absent aurait eus [1].

§ 2

L'IDENTIFICATION
DES PERSONNES PHYSIQUES

327 *Sa nécessité* ◊ La reconnaissance de la personnalité juridique assure l'insertion de l'être humain dans la société globale, sa connaissance et sa reconnaissance par celle-ci.

Ce discernement est nécessaire pour la société, disons, plus juridiquement, pour l'Etat, les administrations, les collectivités locales, qui ont besoin de connaître les citoyens, les électeurs, les contribuables, et toutes sortes de groupes dont le dénombrement est nécessaire à la politique économique et sociale de la Nation. Le développement de l'informatique, propre à alimenter, de puissante et dangereuse manière, le traitement approprié mais éventuellement liberticide de tout un chacun se relie au même genre de préoccupations.

L'identification des personnes physiques est ancienne. Jusqu'à ces dernières décennies, elle se réalisait par des lettres, non par des chiffres, bien que l'existence du matricule militaire ne date pas d'hier. Le développement de la sécurité sociale atteste de nos jours l'importance grandissante des chiffres, utiles à l'obtention de prestations, mais aussi aux besoins de l'investigation sociologique ou démographique. La société bureaucratique, avec ses formulaires et ses registres, a fait le reste.

328 *Distinction* ◊ L'identification des personnes physiques s'opère principalement de quatre manières, auxquelles correspondent quatre sortes de règles.

---

1. Le régime spécial de la *disparition* a été prévu au sujet de la situation de telle ou telle personne disparue « dans des circonstances de nature à mettre sa vie en danger, lorsque son corps n'a pu être retrouvé » (art. 88 s. c. civ.).

Tout d'abord, l'insertion de la personne physique dans la société globale s'opère par sa *nationalité*. De l'article 5 de la Déclaration universelle des droits de l'homme (1948), il résulte que « tout individu a droit à une nationalité » et que « nul ne peut être arbitrairement privé de sa nationalité, ni du droit de changer de nationalité ». La nationalité est « l'appartenance juridique et politique d'une personne à la population constitutive d'un Etat »[1]. — V. *supra*, nos 80, 93.

Le rattachement de la personne physique s'opère aussi par sa désignation, c'est-à-dire par son *nom*[2], lequel peut être considéré, dans une certaine mesure, comme une institution de police civile.

Un troisième mode d'identification est d'ordre spatial. Il a trait à la localisation de la personne, qui résulte en principe de son *domicile*. La société globale n'est pas non plus indifférente à cette donnée qui permet de situer les personnes physiques quant à leur vie personnelle, familiale, professionnelle, publique.

Enfin on observera que la tenue de *registres d'état civil*, dans lesquels sont inscrites, transcrites ou mentionnées les principales données constitutives de l'état d'une personne, présente de multiples utilités pour l'Etat comme pour les personnes physiques, lesquelles sont appelées fréquemment à rapporter la preuve de leur état civil.

Ces divers mécanismes d'identification présentent, plus ou moins il est vrai, un certain caractère hybride tenant au fait que l'identification d'une personne imprègne naturellement, dans la conscience, l'inconscient ou le subconscient, son image, son personnage, mieux encore sa personnalité. Qui dit identification, dit aussi, en maintes circonstances ou en maints aspects, identité de la personne, si ce n'est droit de celle-ci à sa différence, si ce n'est à son secret, à ses secrets.

On se bornera ici à des observations sommaires relatives au nom et au domicile[3].

329 *1o Le nom* ◊ C'est l'appellation servant à désigner une personne physique dans sa vie sociale et juridique, dans l'exercice de ses droits et l'accomplissement de ses devoirs. Cette appellation se décompose en plusieurs éléments : essentiellement le nom patronymique et ses accessoires, parmi lesquels les prénoms[4].

A titre originaire, le *nom patronymique* d'une personne physique résulte habituellement d'un rapport de famille[5], en raison d'un lien de filiation ou de mariage. C'est ainsi que l'enfant légitime prend le nom de

1. P. LAGARDE, *La nationalité française*, 2e éd., 1989, no 1 ; v. aussi no 5, p. 5, au sujet du rattachement du droit de la nationalité au droit public ou au droit privé.

2. MICHELLE GOBERT, Le nom ou la découverte d'un masque, JCP 1980, I, 2966.

3. Sur la nationalité, v. Y. LOUSSOUARN et P. BOUREL, *Précis Dalloz, Droit international privé*, 3e éd., 1988, nos 516 s. — Sur les actes de l'état civil, v. *Les personnes, La famille, Les incapacités*, nos 84 s.

4. Sur les accessoires du nom : prénom, surnom, pseudonyme, titres de noblesse, v. *Les personnes, La famille, Les incapacités*, préc., nos 50 s.

5. Il en va pourtant autrement dans certains cas, le nom patronymique d'une personne résultant alors d'une décision de l'autorité administrative ; ainsi en est-il du nom de l'enfant trouvé, qui lui est attribué par l'officier de l'état civil (art. 58 c. civ.).

son père (sur les enfants naturels, v. art. 334-1 s. c. civ. ; sur les enfants adoptifs, v. art. 357, al. 1er, et 363 c. civ.). Mais cet enfant légitime peut, à son nom patronymique ainsi déterminé, ajouter, à titre d'usage, le nom de sa mère en application de l'article 43, alinéa 1er, de la loi du 23 décembre 1985, suivant lequel « toute personne majeure peut ajouter à son nom, à titre d'usage, le nom de celui de ses parents qui ne lui a pas transmis le sien ». Du fait du mariage, chacun des époux a un droit d'usage du nom de son conjoint, droit qu'utilise souvent dans notre société la femme mariée. Sous réserve de diverses exceptions et tempéraments, à la suite du divorce, chacun des époux reprend l'usage de son nom (art. 264 c. civ.). Le changement de nom patronymique est subordonné à des conditions assez strictes (L. 11 germinal an XI, Titre II), ce qui illustre le fait que le nom soit considéré non seulement comme l'objet d'un droit subjectif, mais aussi comme une institution de police civile ; il faut en dire autant de l'obligation, imposée à chacun, de porter son nom dans la vie juridique (art. 99 c. civ.).

Reste que, loin d'être seulement une institution de police civile, le nom est l'objet d'un droit subjectif. Pour bien marquer l'appartenance du nom patronymique à la personne physique, la jurisprudence a été souvent portée à considérer le droit au nom comme un droit de propriété, semblable au droit qu'une personne peut avoir sur tel ou tel élément de son patrimoine. Mais cette analyse est de nature à faire considérer le droit au nom comme présentant les caractères d'un droit patrimonial cessible, transmissible (par succession), saisissable... Or, le droit au nom découlant d'ailleurs, la plupart du temps, de rapports de famille, cela est de nature à refouler l'idée d'un rattachement à tel ou tel patrimoine individuel. En outre, il est admis que le droit d'une personne sur son nom patronymique est incessible : elle ne peut se dépouiller en le cédant, car il est trop lié à sa personnalité. C'est pourquoi on est porté à y voir un droit de la personnalité, comme le droit à l'honneur, le droit au respect de la vie privée, le droit à l'image... (v. *infra*, n° 351).

330   **2° *Le domicile*** ◊ Sous l'Ancienne France, la localisation de la personne présentait une grande importance, spécialement du fait que le droit n'était pas unifié : le domicile constituait un important élément de rattachement lorsqu'il s'agissait de déterminer le droit applicable à des relations de droit privé. Depuis la rédaction du code civil, cet intérêt a disparu. Mais nombre d'intérêts pratiques demeurent attachés à la détermination du domicile d'une personne physique, par exemple en droit civil quant au lieu du paiement (art. 1247 c. civ.) ou, en matière de procédure civile, quant à la compétence territoriale (art. 43 nouv. c. proc. civ.).

De l'article 102, alinéa 1er, du code civil, il résulte que « le domicile de tout Français, quant à l'exercice de ses droits civils, est au lieu où il a son principal établissement ». Ce mode de rattachement n'est pas unique. Il coexiste avec la notion, plus concrète, de résidence qui, suivant les cas, le concurrence ou le remplace. En principe, le domicile est *volontaire*, c'est-à-dire qu'il est choisi librement et résulte de la coexistence d'un élément matériel — le principal établissement — et d'un élément intentionnel — la volonté de l'intéressé de fixer là son principal établissement. Il arrive aussi que le domicile, dit alors *légal*, soit déterminé par la loi. C'est ainsi que « le mineur non émancipé est domicilié chez ses père et mère. Si les père et mère ont des domiciles distincts, il est domicilié chez celui des parents avec lequel il réside » (art. 108-2 c. civ.).

Les caractères du domicile attestent la coexistence de considérations d'intérêt général et d'intérêt privé, tenant d'une part à des nécessités de police ou de politique, d'autre part à des préoccupations de protection de l'intimité de la vie privée. D'abord, le domicile est *nécessaire* en ce sens que toute personne a un domicile, lequel présente donc un caractère obligatoire, si difficile qu'en puisse être la détermination. En outre le domicile est *unique*, une personne ne pouvant avoir qu'un domicile, ce qui s'expliquait surtout autrefois par des raisons d'ordre politique, ce qui s'accompagne aujourd'hui de tempéraments ou d'exceptions, d'origine légale, jurisprudentielle ou volontaire[1]. Enfin le domicile est *inviolable* : s'expose en effet aux sanctions pénales prévues à l'article 184, alinéa 2, du code pénal, « quiconque se sera introduit, à l'aide de manœuvres, menaces ou voies de fait ou contrainte, dans le domicile d'un citoyen ». Il y aurait d'ailleurs, de la sorte, une atteinte à la vie privée de celui-ci contraire à l'article 9 du code civil (v. *infra*, n° 350). Ajoutons que les constats, perquisitions ou visites domiciliaires au domicile des particuliers sont entourés de garanties particulières, qu'imposent d'ailleurs les déclarations, conventions et pactes internationaux (Décl. univ. des droits de l'homme, art. 12 ; Conv. europ. des droits de l'homme, art. 8 ; Pacte des Nations-Unies sur les droits civils, civiques et politiques, art. 17).

§ 3

LES DROITS
DES PERSONNES PHYSIQUES

331   *Distinction* ◊ Les droits subjectifs des personnes physiques s'ordonnent, en droit français, à partir de la notion de *patrimoine*, qui constitue un ensemble abstrait présentant les caractères d'une construction juridique typique. Certains droits de la personne physique relèvent de cette entité : ce sont les *droits patrimoniaux*. Mais tous les droits subjectifs de la personne physique ne se rattachent pas nécessairement à cet ensemble, qui ne constitue donc pas un prisme obligé des prérogatives individuelles : ce sont les *droits extra-patrimoniaux*.

A   LE PATRIMOINE

332   *Distinction des universalités* ◊ Les droits subjectifs ne sont pas toujours envisagés isolément. On peut aussi les considérer comme faisant partie

---

1. V. *Les personnes, La famille, Les incapacités*, n°s 77 s.

d'un ensemble, qui forme alors une *universalité*. Son existence entraîne des conséquences juridiques : d'une part, certains liens existent nécessairement entre les droits du fait de leur appartenance à un même ensemble ; d'autre part, le groupement de droits est soumis à des règles distinctes de celles qui régissent les droits isolément envisagés[1].

Il y a des *universalités de fait* établies en vue d'un rapport juridique déterminé par la volonté des particuliers : elles consistent en une réunion d'éléments actifs qui pourraient être envisagés isolément, mais qui, à certains égards, ont une destination commune et, par conséquent, un régime juridique particulier. Si, par exemple, je lègue ou je vends ma bibliothèque, l'opération ne porte pas sur tel ou tel livre, mais sur l'ensemble des livres qui la constituent.

Il y a des *universalités juridiques*, établies par la loi, qui se caractérisent par le fait qu'elles comportent non seulement un actif, c'est-à-dire des droits existant au profit d'une personne, mais également et indissolublement lié, un passif, c'est-à-dire des obligations dont la personne est tenue envers d'autres. Et c'est ainsi que *le patrimoine est l'ensemble des rapports de droit appréciables en argent, qui ont pour sujet actif ou passif une même personne et qui sont envisagés comme formant une universalité juridique.*

Le patrimoine n'est donc pas une simple addition de biens. C'est une entité si abstraite que quelqu'un qui serait totalement démuni n'en aurait pas moins, en droit, un patrimoine, parce qu'il n'en aurait pas moins vocation à devenir titulaire actif de droits subjectifs (de droits réels : droit de propriété, droit d'usufruit... ; de droits personnels, ou droits de créance, à l'égard de telle ou telle personne). Mieux encore, un patrimoine peut être négatif : une personne peut n'avoir que des dettes ; ces dettes n'en constituent pas moins son patrimoine. Ainsi voit-on que la notion de patrimoine constitue une abstraction par excellence.

333 *Le patrimoine est une universalité juridique* ◊ Il est indépendant des éléments qui le composent ; il constitue un tout qui n'est pas altéré par les modifications qui se produisent dans le nombre ou l'importance des éléments qui le composent. Malgré ces modifications, le patrimoine est conçu comme restant le même, à partir du postulat suivant lequel la personne, qui fait son unité, ne change pas.

Deux conséquences essentielles résultent de l'idée d'universalité juridique :

a) L'universalité juridique est caractérisée par l'existence d'un ensemble de biens : elle explique le lien entre l'actif et le passif, le premier répondant du second.

Ce ne sont d'ailleurs pas les biens du débiteur, isolément envisagés,

---

1. PLASTARA, *La notion juridique de patrimoine*, thèse Paris, 1903 ; H. GAZIN, *Essai critique sur la notion de patrimoine dans la doctrine classique*, thèse Dijon, 1910 ; MEROVATCH, Le patrimoine, *RTD civ.* 1936, p. 811 ; P. CATALA, La transformation du patrimoine dans le droit civil moderne, *RTD civ.* 1966, p. 185 s.

qui répondent des dettes jusqu'à leur extinction : cette situation serait intolérable, car elle entraverait leur libre circulation, l'acquéreur étant exposé aux poursuites des créanciers. A tous ceux-ci — et indépendamment des sûretés spéciales que peuvent constituer les privilèges, les hypothèques, les gages... — l'article 2092 du code civil accorde un droit de gage général sur le patrimoine du débiteur : « quiconque s'est obligé personnellement, est tenu de remplir son engagement sur tous ses biens mobiliers et immobiliers, présents et à venir ». Le droit de gage général des créanciers plane sur le patrimoine, sur l'ensemble des biens, sans affecter aucun bien isolément. Jusqu'à leur saisie par les créanciers, les biens, libres de toutes charges, peuvent circuler, les actes du débiteur étant opposables aux créanciers, réserve faite de la fraude. Le patrimoine d'une personne répondant des obligations qui pèsent sur celle-ci, le créancier peut même saisir les biens acquis postérieurement à la naissance de sa créance.

b) Une autre conséquence de l'idée d'universalité est qu'en son sein fonctionne la *subrogation réelle*[1], c'est-à-dire que les différents biens composant l'universalité peuvent changer, mais que l'universalité demeure ; à l'intérieur de l'universalité, le nouveau bien prend la place de l'ancien, est soumis au même régime juridique que celui-ci, il lui est subrogé. La subrogation réelle garantit la stabilité des situations juridiques. Par exemple, un bien hypothéqué étant détruit, l'indemnité due par le responsable ou versée par une compagnie d'assurances lui est substituée et servira à payer, le cas échéant, les créanciers qui avaient hypothèque sur ce bien.

334 *Le patrimoine est lié à la personne* ◊ La définition du patrimoine précédemment rappelée n'est pas une création de la loi, figurant par exemple dans les articles du code civil. Il s'agit d'une construction doctrinale qui a profondément imprégné le droit français et, à ce sujet, marqué son originalité par rapport à des droits de pays voisins du nôtre, comme par exemple le droit allemand. Ce sont Aubry et Rau qui, dans leur célèbre Cours de droit civil, ont au XIXᵉ siècle systématisé la notion de patrimoine en le considérant comme indissolublement lié à la personnalité[2]. Le patrimoine est une émanation de la personnalité. Il est la personnalité de l'homme considéré dans ses relations avec les objets extérieurs. L'idée du patrimoine se déduit directement de celle de la personnalité, même s'il existe des droits extra-patrimoniaux (*infra*, nᵒˢ 349 s.).

---

1. Demogue, Essai d'une théorie générale de la subrogation réelle, *Rev. crit. lég. et jur.* 1901, 296 ; Henry, *De la subrogation réelle conventionnelle et légale*, thèse Nancy, 1913 ; H. Capitant, Essai sur la subrogation réelle, *RTD civ.* 1919, p. 385 ; M. Lauriol, La subrogation réelle, thèse Alger, 1953 ; V. Ranouil, *La subrogation réelle en droit français*, thèse ronéot. Paris II, 1981.
2. R. Sève, *Détermination philosophique d'une théorie juridique : la théorie du patrimoine d'Aubry et Rau*, Arch. phil. droit 1979, p. 247 s.

Le patrimoine étant la projection de la personne sur le terrain des intérêts matériels, quatre principes ont été dégagés :

a) *Seules les personnes peuvent avoir un patrimoine.* On n'admet pas l'existence d'un patrimoine sans une personne qui lui serve de support.

b) *Toute personne a nécessairement un patrimoine,* car elle est apte à avoir des droits et des obligations qui prendront place dans ce contenant.

c) *Le patrimoine reste lié à la personne aussi longtemps que dure la personnalité.* Il est donc *intransmissible entre vifs.* Une personne peut céder certains droits dont elle est titulaire, par exemple son droit de propriété sur tel immeuble, mais l'acquéreur n'acquiert que le droit cédé, non le patrimoine. Même si la cession a porté sur tout l'actif, l'acquéreur ne sera pas tenu des dettes du vendeur[1].

d) *Une personne n'a qu'un patrimoine* : celui-ci n'est pas plus divisible que la personnalité[2]. Une personne peut, en fait, affecter certains de ses biens à tel but, d'autres biens à tel autre but, par exemple consacrer certains de ses biens à un commerce, les autres à sa vie privée : elle n'aura pas, pour cela, plusieurs patrimoines. Les biens affectés au commerce, composant son fonds de commerce, ne formeront pas un patrimoine indépendant, mais demeureront confondus dans l'ensemble de son patrimoine. En conséquence, les obligations par elle contractées dans l'exercice de son commerce continuent à la grever personnellement, elle et son patrimoine : elles ne forment pas le passif d'un patrimoine distinct, qui pourrait être cédé à l'acquéreur du fonds de commerce et qui serait réglé par préférence sur l'actif commercial. Créanciers commerciaux et autres créanciers viennent tous en concours sur l'ensemble de tous les biens du défunt.

335 *Universalités autres que le patrimoine de la personne* ◊ Le législateur, en édictant des règles spéciales pour certaines masses de biens, a admis, dans des domaines variés, l'existence d'universalités se détachant plus ou moins de la notion classique de patrimoine. Ce sont, le plus souvent, des masses incluses dans un patrimoine global.

a) Le phénomène est frappant en matière de *régimes matrimoniaux.* Sous les régimes matrimoniaux communautaires, il existe généralement trois masses de biens. La trilogie classique est celle des propres du mari, des propres de la femme et des biens communs. Cette dernière masse composée, dans le régime légal (applicable aux époux qui n'ont pas fait de

---

1. Si, en cas de décès, les droits et les dettes du défunt subsistent, on admet la transmission du patrimoine à cause de mort en l'expliquant par une fiction empruntée aux Romains : l'héritier continue la personne du défunt, de sorte que le patrimoine successoral — actif et passif — se fond dans le patrimoine de l'héritier.

2. La personne n'en n'est pas moins titulaire de droits extra-patrimoniaux (v. *infra*, nos 349 s.).

contrat de mariage), des économies des époux et des biens acquis avec elles, n'est pas comprise comme un véritable patrimoine ; elle n'en est pas moins une véritable universalité juridique, avec un actif et un passif ; et, en son sein, fonctionne la subrogation réelle, conséquence essentielle de l'idée d'universalité.

b) Il existe dans le droit des *successions* des situations dans lesquelles une même personne se trouve à la tête de deux masses.

En principe, au décès d'une personne, son patrimoine se fond dans celui de l'héritier, tenu de ce fait des dettes du défunt, donc personnellement au-delà de l'actif de la succession. Cette situation pouvant être désastreuse pour l'héritier, la loi lui accorde le droit de n'accepter la succession que sous *bénéfice d'inventaire* : bien qu'il soit propriétaire des biens héréditaires, il en résulte une séparation entre ses biens et ceux du défunt : l'héritier ne sera tenu des dettes du défunt que dans les limites de l'actif successoral.

La fusion des biens du défunt et de ceux de l'héritier peut aussi être désastreuse pour les créanciers de la succession, car ils risquent d'avoir à concourir sur l'ensemble des biens avec les créanciers d'un héritier insolvable. Pour éviter cette situation, la loi accorde aux créanciers du défunt le droit de demander la *séparation des patrimoines* du défunt et de l'héritier ; de la sorte, les créanciers du défunt pourront se payer sur les biens de celui-ci avant les créanciers personnels de l'héritier.

c) En *droit maritime*, la loi du 3 janvier 1967 sur les navires (art. 58) permet au propriétaire, même envers l'Etat, de limiter sa responsabilité envers des cocontractants ou des tiers, si les dommages se sont produits à bord du navire ou s'ils sont en relation directe avec la navigation ou l'utilisation du navire. A cet effet, un « fonds de limitation unique » est constitué (art. 62, al. 1er) ; il est affecté « exclusivement au règlement des créances auxquelles la limitation de responsabilité est opposable » (art. 62, al. 2), le propriétaire n'étant pas, en principe, responsable au-delà (art. 60, 61). Le droit maritime a reconnu ainsi à l'armateur un patrimoine maritime distinct de son patrimoine ordinaire, une *fortune de mer*, suivant la terminologie traditionnelle, distincte de sa fortune de terre.

d) En *droit commercial*, l'idée s'est peu à peu dégagée que les divers éléments constitutifs du fonds de commerce (clientèle, droit au bail, enseigne, marques, marchandises, etc.) constituent un ensemble qui est un bien incorporel distinct de ses éléments constitutifs : un nantissement (qui est en réalité une hypothèque mobilière) peut être pris sur ce tout (L. 17 mars 1909). Mais le fonds de commerce ne constitue cependant pas une véritable universalité juridique : en cas de cession du fonds, toutes les créances afférentes ne passent pas automatiquement à l'acquéreur, et celui-ci n'est pas davantage tenu systématiquement du passif commercial ; surtout, le fonds de commerce ne constitue pas un patrimoine affecté aux seuls créanciers commerciaux, et qui n'auraient action que sur lui : tous les créanciers, civils et commerciaux, concourent sur l'ensemble des biens. — V. *supra*, n° 334.

336 *Inconvénients de la théorie classique* ◊ La conception française d'un patrimoine unique et indivisible, attribut et émanation de la personnalité, a été vivement contestée.

D'un point de vue pratique, on a fait justement valoir qu'elle ne permettait pas de donner satisfaction à de justes besoins et qu'elle entravait, à tort, certaines initiatives privées. Ainsi a-t-on fait valoir que la position du droit français avait entravé ou perturbé l'opportune constitution de *fondations*, par exemple de tel institut de recherche, de telle œuvre charitable, à laquelle des biens sont affectés par un bienfaiteur. Dès lors, les praticiens et les tribunaux ont dû recourir, dans le passé, à des subterfuges, parfois douteux, pour permettre tout de même la constitution, au moins indirecte, de fondations[1].

On a aussi souhaité qu'un commerçant puisse n'affecter qu'une partie de sa fortune aux aléas des affaires, afin de préserver le reste de ses biens pour la sécurité de sa famille, étant précisé que les créanciers commerciaux auraient alors un droit de préférence par rapport aux créanciers civils sur le patrimoine commercial. On concevrait aussi que l'aliénation d'un fonds de commerce s'accompagne de la transmission à l'acquéreur de toutes les créances et dettes relatives à ce fonds.

Pas toujours satisfaisante en pratique, la conception classique est contestable en son principe même. Pourquoi n'y aurait-il pas d'universalité juridique possible sans une personne qui en soit le support ? La construction logique et abstraite d'Aubry et Rau, à base individualiste, est bien trop étroite. On peut, en effet, considérer que l'universalité juridique implique un lien entre les éléments qui la composent ; or ce lien existe lorsqu'une masse de biens et de dettes trouve sa cohérence dans une affectation commune à un but déterminé indépendamment du rattachement à une personne ; lorsque des biens et des dettes ont une telle affectation, ils sont nécessairement liés et devraient pouvoir constituer une universalité juridique, un patrimoine.

337 *Théorie du patrimoine d'affectation* ◊ Les inconvénients attachés à la conception classique du patrimoine ont conduit à proposer de lui substituer la théorie du patrimoine d'affectation.

Pour en comprendre la signification, il importe d'observer que, si le régime juridique d'un bien dépend de sa nature juridique, il arrive aussi qu'il soit lié à son utilisation et, plus largement, à son affectation, ce qui vise à la fois la détermination d'un but et la réalisation de la démarche qui permet d'atteindre celui-ci. Illustrée en droit public par la distinction du domaine public et du domaine privé, l'affectation d'un bien, ou d'un groupe de biens, inspire ou explique de manière originale maintes situations de droit privé, qu'il s'agisse ou non de protéger une ou plusieurs personnes par l'usage déterminé du bien : immeubles par destination, servitudes, fonds de commerce, libéralités avec charges, etc.[2].

L'affectation des biens peut être plus ou moins importante et plus ou

---

1. Terré et Lequette, *Les successions, Les libéralités*, nᵒˢ 589 s.
2. V. S. Guinchard, *Essai d'une théorie générale de l'affectation des biens en droit privé français*, thèse Lyon, 1974.

moins forte. Lorsqu'elle atteint un certain niveau, elle peut concerner à la fois un actif et un passif, des droits et des dettes. Et par cette voie, l'on se rapproche de la notion de patrimoine. On peut situer dans cette ligne la théorie, inspirée par la doctrine allemande, du *patrimoine d'affectation (Zweckvermögen)*.

Dans cette conception, le patrimoine se caractérise comme un ensemble de biens affectés à des destinations particulières ; de là résultent des conséquences diamétralement opposées à celles qui découlent de la théorie classique. Notamment :

a) Une personne peut avoir, outre son patrimoine général, des patrimoines affectés à des destinations particulières.

b) Les patrimoines spéciaux peuvent être transmis à titre universel, l'acquéreur recueillant l'actif et le passif.

c) Une personne peut créer une fondation en détachant, par donation entre vifs ou legs, une masse de biens et en l'affectant à une œuvre.

Parce que certains besoins de la pratique n'ont pu, du moins jusqu'à une époque récente, être satisfaits, dans le cadre du droit français, à l'aide de la théorie du patrimoine d'affectation, des itinéraires détournés ont été utilisés pour parvenir aux buts visés.

Le procédé le plus habituellement utilisé a consisté à favoriser l'apparition de nouvelles personnes juridiques, plus précisément de *personnes morales* (sociétés, etc.), aptes en raison de cette personnalité à être sujets actifs et passifs de droits, donc à avoir un patrimoine propre (sur les *personnes morales*, v. *infra*, n°s 352 s.). Pour créer un patrimoine commercial, séparé du reste de la fortune du commerçant, celui-ci provoque la création, avec d'autres, d'une société anonyme ou d'une société à responsabilité limitée, en lui faisant apport des biens qu'il veut affecter à son activité commerciale ; et, en détenant une portion substantielle du capital — plus de la moitié, plus des trois quarts ... —, il est assuré de conserver le contrôle de la société.

Cela a contribué à l'accroissement du nombre des sociétés dotées de la personnalité morale : sociétés anonymes, sociétés à responsabilité limitée, etc. Leur développement, attestant sinon l'idée de fraude à la loi, du moins l'existence de détours habiles servant à favoriser, avec des complicités plus ou moins nombreuses, l'apparition de sociétés plus ou moins fictives, a conduit fréquemment à soutenir qu'il y avait là une hypocrisie regrettable et qu'il vaudrait mieux reconnaître franchement la possibilité de constituer des sociétés d'une seule personne et même celle d'entreprises individuelles à responsabilité limitée, la séparation des patrimoines d'une même personne étant portée à la connaissance des tiers à l'aide d'une publicité destinée à leur assurer une protection satisfaisante[1].

---

1. V. J. BOULEZ, *Essai sur l'entreprise individuelle, La société unipersonnelle*, thèse Lyon, 1974 ; *L'entreprise personnelle*, t. 1, *Expériences européennes*, Etudes du Centre de Recherches sur le Droit des affaires de la Chambre de commerce de Paris, 1978, spéc. p. 188 s. ; Fondation nationale pour le droit de l'entreprise, Biblioth. du droit de l'entreprise, t. 7, 1978, *A la recherche d'une structure juridique pour l'entreprise individuelle*, par D. ALIBERT, p. 63 s.

Depuis quelques années, un mouvement législatif important s'est développé dans un sens qui rapproche singulièrement de l'admission des patrimoines d'affectation, même s'il s'opère le plus souvent à la faveur de l'émergence de personnes morales (sur la personnalité morale, v. *infra*, nᵒˢ 353 s.). Une loi du 11 juillet 1985 a permis, dans certaines conditions, la constitution de sociétés à responsabilité limitée d'une seule personne (L. 24 juill. 1966, art. 34, réd. L. 11 juill. 1985) ou d'exploitations agricoles à responsabilité limitée dotées de la personnalité morale (L. 11 juill. 1985, art. 11 s.). Ultérieurement, une loi du 23 juillet 1987 sur le mécénat, complétée par une loi du 4 juillet 1990, a admis la fondation, en tant qu'« acte par lequel une ou plusieurs personnes physiques ou morales décident l'affectation irrévocable de biens, droits ou ressources à la réalisation d'une œuvre d'intérêt général » (art. 18, al. 1ᵉʳ)[1]. On peut aussi considérer que le fonds commun de placement ou de créances constitue un patrimoine d'affectation[2].

B │ LES DROITS PATRIMONIAUX

338 *Présentation* ◊ Certains droits ont une valeur pécuniaire ; ils sont appréciables en argent. On les appelle droits « patrimoniaux », car dans la conception classique du patrimoine, celui-ci ne comprend que des droits et obligations de valeur pécuniaire, d'ordre économique. Il en est ainsi, par exemple, du droit de propriété ou du droit de créance, tel le droit pour le bailleur de recevoir un loyer pour la chose louée, car on peut dire ce que vaut un droit de propriété, de même qu'on peut évaluer une créance.

Les droits patrimoniaux constituent des *biens*. Ce mot peut être pris dans deux sens : dans un sens étroit et matériel, les biens sont les choses qui sont l'objet du commerce juridique entre les hommes (une maison, un domaine, un tableau, ...) ; dans un autre sens, plus abstrait et plus juridique, les biens ce sont les droits divers permettant de se procurer le bénéfice des choses (droit de propriété, droit de créance) ; en droit et en fait, ce sont ces droits, beaucoup plus que les choses elles-mêmes, qui entrent dans le patrimoine.

Etant appréciables en argent, les droits patrimoniaux ont une valeur d'échange ; ils sont *cessibles* à un nouveau titulaire ; le moyen le plus utile de s'en servir, c'est souvent de les céder, de les échanger contre d'autres droits ; ils sont également *transmissibles* aux héritiers et aux légataires du titulaire, *saisissables* par ses créanciers ; la saisie est suivie de la vente des biens, qui dégage la valeur pécuniaire, le prix obtenu étant distribué entre les créanciers. Les droits patrimoniaux sont enfin *prescriptibles* et donnent prise soit à la prescription acquisitive, soit à la prescription extinctive.

---

1. « Lorsque l'acte de fondation a pour but la création d'une personne morale, la fondation ne jouit de la capacité juridique qu'à compter de la date d'entrée en vigueur du décret en Conseil d'Etat accordant la reconnaissance d'utilité publique. Elle acquiert alors le statut de fondation reconnue d'utilité publique » (art. 18, al. 2).
2. T. BONNEAU, *Les fonds communs de placement, les fonds communs de créances, et le droit civil*, *RTD civ.* 1991, p. 25.

La principale distinction des droits patrimoniaux est celle des droits réels et des droits personnels[1].

339 *1° Les droits réels* ◊ Le droit réel confère à son titulaire un pouvoir *direct* et *immédiat* sur une chose, ce pouvoir s'exerçant sans l'entremise d'une autre personne : le propriétaire d'une chose l'habite, la vend, la loue... ; l'usufruitier d'un domaine en perçoit les fruits sans avoir à s'adresser à une personne quelconque. Le droit réel repose sur l'existence de deux éléments : la *personne, sujet actif du droit réel*, titulaire de ce droit, et la *chose, objet du droit* ; c'est un droit direct sur la chose (*jus in re*), même si le commerce avec les autres personnes permet généralement de tirer les avantages attachés au droit réel.

340 *Des choses appropriées et des choses sans propriétaire* ◊ La plupart des choses sont l'objet d'un droit de propriété, le propriétaire pouvant être un particulier, une société, une association, une collectivité publique, comme l'Etat, un département ou une commune. Cependant, il existe des choses non appropriées, des choses sans maître. Il y a des *choses communes*, par exemple l'air, l'eau de la mer et les eaux courantes. Elles n'appartiennent à personne parce qu'il faut que l'usage en soit commun à tous (art. 714, al. 1er, c. civ.). Quant aux *choses sans maître*, elles ne sont pas appropriées, mais elles sont appropriables[2].

341 *Biens des personnes privées et biens du domaine public* ◊ Si « les particuliers ont la libre disposition des biens qui leur appartiennent, sous les modifications établies par les lois » (art. 537, al. 1er, c. civ.), « les biens qui n'appartiennent pas à des particuliers sont administrés et ne peuvent être aliénés que dans les formes et suivant les règles qui leur sont particulières » (al. 2).

Les biens qui n'appartiennent pas à des particuliers et sont administrés par les personnes morales de droit public se subdivisent en biens du *domaine public* et biens du *domaine privé* de l'Etat ou des collectivités publiques (départements, communes....). Certains biens appartiennent aux personnes morales publiques de la même manière qu'à des particuliers. Ainsi l'Etat a sur les forêts domaniales les mêmes droits que le propriétaire d'une forêt privée sur celle-ci. Ces biens forment ce qu'on appelle le domaine privé. D'autres biens — une route nationale, un port, ... — relèvent des collectivités publiques d'une manière qui leur est propre, en ce qu'elle est inséparable de leur vocation au bien commun ; ils forment le domaine public[3].

---

1. Sur les droits intellectuels (propriété littéraire et artistique, droits sur les brevets, les marques de fabrique, les dessins et modèles, ...), v. WEILL, TERRÉ et SIMLER, *Les biens*, nos 33 s.
2. WEILL, TERRÉ et SIMLER, *Les biens*, n° 14.
3. DE GASTINES, Distinction du domaine public par rapport au domaine privé, D. 1978, chron. 249.

342 *Classification des choses et ordre économique* ◊ L'insertion et l'utilisation des choses dans l'ordre économique éclairent plus particulièrement certaines classifications.

a) *Choses consomptibles et choses non consomptibles.* Les choses *consomptibles* sont celles qui se consomment du seul fait que l'on s'en sert selon leur destination (denrées alimentaires, combustibles, monnaie...). Lorsque au contraire, une chose est susceptible d'un usage prolongé, on la dit *non consomptible*, alors même qu'elle diminuerait de valeur du fait de cette utilisation (maison, meubles meublants).

Seules les choses non consomptibles peuvent être l'objet de droits impliquant, pour leur titulaire, l'obligation de les rendre, après coup, dans leur individualité ; lorsque ces droits portent sur des choses consomptibles, leur nature en est affectée : ainsi, lorsque de telles choses sont soumises à un *usufruit*, celui-ci devient un *quasi-usufruit*, c'est-à-dire que l'usufruitier devient propriétaire avec charge de rendre, à l'expiration de l'usufruit, soit des choses de même qualité et en même quantité, soit une somme d'argent représentative de la valeur de ces choses.

b) *Choses fongibles et non fongibles.* Les choses *fongibles* sont celles qui sont envisagées dans leur genre ou espèce et non dans leur identité, et qui peuvent donc être remplacées indifféremment par d'autres choses semblables, ressortissant au même genre, par exemple des billets de banque, tant de quintaux de blé de telle qualité. Sont au contraire *non fongibles* les choses qui, dans un certain rapport juridique, sont envisagées dans leur individualité, par exemple telle maison, tel tableau, tel sac de blé, et qu'on ne peut donc remplacer exactement.

La distinction présente de nombreux intérêts. Ainsi le transfert de propriété par le seul effet de la convention suppose que l'objet de celle-ci soit déterminé dans son individualité même, qu'il soit, dit-on, à l'état de *corps certain* ; lorsque la vente porte sur des choses de genre, déterminées seulement en qualité et quantité, le transfert de propriété est différé et se réalise seulement lors de l'individualisation de la chose vendue, par exemple au moyen d'une marque mise par le vendeur sur la chose vendue ou par la délivrance[1].

343 *Les meubles et les immeubles. Histoire* ◊ Cette distinction est fondamentale. Elle présente un caractère général, en ce qu'elle s'applique à *tous les biens*, donc, au-delà des choses, aux droits, à toutes sortes de droits portant sur des choses. Mieux encore, elle englobe non seulement *tous les droits réels* — dont il est présentement question —, mais aussi tous les droits personnels, ou droits de créance, qui seront indiqués ultérieurement (*infra*, n° 347). La distinction est aussi applicable aux droits intellectuels, c'est-à-dire aux droits découlant des créations de l'esprit, qui sont considérés comme des meubles.

On conçoit que la possibilité de déplacement d'un bien influe sur sa

1. Sur la distinction des fruits et des produits et sur les notions de capitaux et d'économies, v. WEILL, TERRÉ et SIMLER, *Les biens*, n° 16.

condition juridique et on comprend cette distinction pour les biens corporels, pour les choses. Mais des raisons historiques expliquent son extension aux biens incorporels, c'est-à-dire aux droits, et l'apparition d'un nouveau critère de distinction, tenant à la valeur et à la productivité.

La distinction des meubles et des immeubles vient du droit romain, mais elle n'y avait pas la même importance que dans le droit français : le critère de la distinction résidait uniquement dans la nature des choses et la classification ne s'appliquait qu'aux choses matérielles. Le régime juridique des meubles et des immeubles n'était d'ailleurs pas foncièrement différent : c'est ainsi que la propriété en était transférée par des procédés identiques, qu'ils comportaient les uns et les autres l'hypothèque.

C'est dans l'Ancien droit que la distinction des meubles et des immeubles a changé de caractère. On voulut également distinguer les biens selon leur valeur ; or, pour les choses matérielles, cette distinction correspondait à celle des immeubles et des meubles. L'importance économique des immeubles, dans un pays d'économie surtout agricole, était considérable ; les meubles, comprenant essentiellement les meubles meublants, le numéraire et les bijoux, étaient bien moins importants, et l'on pouvait dire : *res mobilis res vilis*. L'organisation sociale et politique du pays renforçait par ailleurs l'importance de l'immeuble. Les immeubles et les meubles seront dès lors, quant à l'aliénation, au régime matrimonial, à la dévolution héréditaire, soumis à des règles différentes.

La classification, qui reposait à la base sur un critère physique, trouvait sa justification dans une idée de valeur. Ceci explique précisément que la classification ait été étendue aux choses incorporelles, c'est-à-dire aux droits eux-mêmes, de telle sorte que *tous* les biens se divisèrent désormais en meubles et immeubles. Et l'on rangea dans la classe des immeubles tous les droits incorporels présentant, par leur stabilité et leur caractère frugifère, quelque importance dans la composition des patrimoines. Ainsi les rentes foncières ou constituées et les offices vénaux ont été considérés comme immeubles.

Le code civil recueillit la classification et en fit une des bases essentielles du droit du patrimoine.

344   *Intérêts de la distinction* ◊ Certaines différences entre la condition juridique des meubles et celle des immeubles sont fondées sur leur nature physique. D'autres découlent de considérations d'ordre économique, liées à la valeur des biens.

a) Les différences liées à la nature physique sont justifiées.

L'*aliénation des immeubles* n'est pas régie par les mêmes règles que celle des meubles. Les aliénations immobilières et les constitutions de droits réels immobiliers sont soumises à des régimes spécifiques de publicité. Pour les *meubles*, au contraire, il n'y a pas, en principe, de publicité : celle-ci se heurterait à d'énormes difficultés, voire à une impossibilité, réserve faite de certaines catégories de meubles qui sont identifiables, localisables (par exemple, les navires et les aéronefs). Aussi décide-t-on qu'en règle générale, les transactions mobilières sont opposables aux tiers, par elles-mêmes et indépendamment de toute publicité.

Dans le même ordre d'idées, on observe que les immeubles sont susceptibles d'*hypothèque*, alors qu'en principe, les meubles ne le sont pas, car un régime hypothécaire implique une publicité qui serait inopérante pour la plupart des meubles. Mais lorsqu'une publicité est techniquement réalisable, le législateur n'hésite pas, afin de permettre au débiteur de se servir de ses biens pour accroître son crédit, à instituer de véritables hypothèques mobilières (ex. : hypothèques des navires, des avions). On peut en dire autant d'un certain nombre de gages sans dépossession (nantissement de fonds de commerce, warrants...) [1].

En matière immobilière, la *possession* ne produit pas les mêmes effets qu'en matière de propriété. Ainsi, lorsqu'une personne a de bonne foi acquis une maison d'une personne qui n'en était pas propriétaire et qu'elle est entrée en possession de la maison, elle n'en devient pas, pour cette seule raison, propriétaire, car nul ne peut transférer à autrui plus de droits qu'il n'en a lui-même. En matière de meubles — et à condition qu'il s'agisse de meubles corporels — l'acquéreur de bonne foi entré en possession du bien mobilier en devient propriétaire, alors qu'il a pourtant acquis ce bien d'un non-propriétaire (art. 2279 c. civ.). La raison de la différence tient à la nécessité d'assurer la sécurité dans les transactions mobilières : un acheteur ne pouvant vérifier les droits de son vendeur, il est nécessaire d'admettre que celui qui a les apparences de la propriété, c'est-à-dire le possesseur, soit considéré comme propriétaire.

Si une contestation s'élève à l'occasion d'un immeuble, elle doit être jugée par le tribunal du lieu de la situation de cet immeuble. Au contraire, les meubles n'ayant pas de situation fixe, les procès relatifs à des droits mobiliers relèvent en principe de la compétence du tribunal du lieu où demeure le défendeur, ce qui s'entend, s'il s'agit d'une personne physique, du lieu où celle-ci a son domicile ou, à défaut, sa résidence, et s'il s'agit d'une personne morale, du lieu où celle-ci est établie (art. 42 s. nouv. c. proc. civ.).

b) D'autres différences ont été fondées sur le *critère de valeur*. L'adage *res mobilis res vilis*, qui était encore exact à l'époque de la rédaction du code civil, a cessé depuis longtemps d'être conforme à la réalité. La catégorie des choses mobilières s'est de multiples manières diversifiée et enrichie (valeurs mobilières accompagnant le développement du capitalisme ; droits intellectuels jalonnant les progrès de la science).

Rien d'étonnant dès lors si, de ce point de vue, les différences entre la condition juridique des meubles et des immeubles se sont sensiblement atténuées (administration légale et tutelle, régimes matrimoniaux). Pourtant des différences subsistent : du côté des voies d'exécution, la saisie d'un immeuble est soumise à des règles bien plus complexes que celle d'un bien mobilier. La vente d'immeubles est rescindable pour cause de *lésion* de plus des sept douzièmes subie par le vendeur (art. 1674 c. civ.) ; sauf exceptions liées généralement à des textes de circonstance, la lésion n'est pas sanctionnée en matière de vente mobilière [2]. — V. *supra*, n° 289.

---

1. SIMLER et DELEBECQUE, *Précis Dalloz, Les sûretés, La publicité foncière*, n°s 510 s.
2. *Les obligations*, n°s 200 s. — Sur la répartition des biens dans les catégories des meubles et des immeubles, v. WEILL, TERRÉ et SIMLER, *Les biens*, n°s 19 s.

45 ***Des droits sur les choses. Les droits réels principaux*** ◊ Sur les choses ainsi présentées, les personnes physiques sont, dans certaines conditions, titulaires de *droits réels*. La chose est un élément du droit réel. Le droit sur la chose en est l'autre élément.

Parmi les droits réels principaux, le plus important est le *droit de propriété*. C'est le droit le plus complet qu'une personne puisse exercer sur une chose. Il comprend l'usage (*usus*) de la chose, le droit d'en tirer tous fruits ou produits (*fructus*), le droit d'en disposer, soit matériellement, en la consommant, en la transformant ou en la détruisant, soit juridiquement, en cédant le droit que l'on a sur elle (vente, donation) ou en la grevant de droits réels (servitudes, hypothèque) (*abusus*). L'évolution économique et sociale a, depuis la rédaction du code civil, marqué un recul des prérogatives du propriétaire (*supra*, n° 70).

Parmi les droits réels principaux, on place encore les *démembrements de la propriété* ou *droits réels sur une chose qui est la propriété d'autrui* : ces droits réels sont appelés « démembrements de la propriété » en ce qu'ils confèrent à leur titulaire une partie seulement des prérogatives attachées au droit de propriété. Ainsi en est-il de l'*usufruit* ou droit d'user et de jouir de la chose dont un autre, appelé *nu-propriétaire*, a la propriété ; l'usufruit est un droit viager qui prend fin, au plus tard, au jour du décès du titulaire de l'usufruit. Ainsi en est-il encore de la *servitude,* charge établie sur un immeuble (dit *fonds servant*) pour l'utilité d'un autre immeuble (dit *fonds dominant*), par exemple de la servitude de passage donnant à son titulaire le droit de passer sur le terrain d'autrui.

46 ***Les droits réels accessoires*** ◊ Pour se garantir contre le risque d'insolvabilité de leur débiteur et l'insuffisance du droit de gage général sur le patrimoine du débiteur institué à l'article 2092 du code civil, les créanciers peuvent obtenir des *sûretés*. Il peut s'agir de sûretés personnelles consistant à garantir le créancier, non par l'existence d'un seul débiteur, mais par plusieurs personnes répondant de la même dette, de sorte que le créancier aura plus de chances d'être payé, car si l'un des débiteurs est insolvable, un autre ne le sera peut-être pas. Ainsi trouvera-t-il avantage à l'engagement soit d'un *codébiteur solidaire*, soit d'une *caution*. Les sûretés ainsi obtenues sont des sûretés personnelles, reposant sur des droits personnels contre certaines personnes, non pas sur des droits réels portant directement sur des choses.

Les sûretés peuvent être des *sûretés réelles*, consistant dans l'affectation au payement d'une dette d'un ou de plusieurs biens, appartenant en général au débiteur : le créancier obtient sur le bien qui lui est affecté un droit réel servant de garantie à la dette. Ce sont les *droits réels accessoires*, accessoires de la créance. Ainsi, le créancier se fera remettre en *gage* un meuble de son débiteur ou prendra *hypothèque* sur un immeuble de celui-ci. Ce droit réel ne lui permet pas d'user de la chose de son débiteur, mais seulement de faire servir cette chose à la garantie de sa créance. Il aura ainsi les prérogatives du droit réel : droit de préférence, droit de suite.

Parmi les sûretés réelles, figurent aussi les *privilèges*. Le privilège s'analyse en un droit, que la loi confère à un créancier en raison de la qualité de sa créance, d'être préféré aux autres créanciers, même hypothécaires (art. 2095 c. civ.). Certains privilèges sont *généraux*, la loi conférant à certaines créances dignes de protection un droit de préférence sur tous les biens ou sur tous les meubles du débiteur. Les privilèges *spéciaux* confèrent au créancier un droit de préférence sur un ou plusieurs biens déterminés.

347 *2° Les droits personnels ou droits de créance* ◊ Le droit personnel, ou droit de créance, est le droit qu'a une personne, appelée créancier, d'exiger une certaine prestation d'une autre personne, le débiteur. Il comporte trois éléments : le créancier, sujet actif du droit, le débiteur, sujet passif, et la prestation, objet du droit. Ce droit, appelé droit de *créance*, par rapport au sujet actif, se nomme *obligation* ou *dette*, si on l'envisage du côté du sujet passif.

Les obligations se divisent en trois grandes catégories :

1. l'obligation de *donner*[1], par laquelle le débiteur s'engage à transférer au créancier un droit réel sur une chose lui appartenant (par exemple, l'obligation assumée par le vendeur ou par le donateur) ; on l'appelle parfois un *jus ad rem* par opposition au *jus in re* ;

2. l'obligation de *faire*, par laquelle le débiteur s'engage à un fait (l'obligation du peintre qui s'engage à faire un tableau, de l'architecte qui se charge de l'élaboration du plan de construction d'une maison) ;

3. l'obligation de *ne pas faire*, par laquelle le débiteur s'engage à une abstention (un vendeur de fonds de commerce s'engage à l'égard de l'acquéreur à ne pas ouvrir dans la même ville un établissement semblable à celui qu'il cède).

348 *3° Comparaison du droit réel et du droit personnel* ◊ On peut signaler l'existence de trois différences importantes entre le droit réel et le droit personnel ou de créance :

a) Le droit réel, s'exerçant directement sur la chose, est *absolu*, en ce sens qu'il peut être opposé par son titulaire à toutes autres personnes. Tout autre individu est tenu de laisser le titulaire du droit réel exercer son pouvoir sur la chose. Ce titulaire ne peut d'ailleurs opposer son droit à tout le monde que sous une forme négative ; on doit respecter ce droit, mais aucun acte positif ne peut être exigé d'autrui.

Le droit personnel est *relatif* : il n'établit de rapports qu'entre le créancier et le débiteur ; c'est seulement de ce dernier que le créancier peut exiger la prestation, objet du droit.

La différence entre l'absolutisme du droit réel d'où découle son opposabilité *erga omnes* et la relativité du droit personnel doit toutefois

---

1. Au sens du latin *dare* : transférer ou constituer un droit réel (la propriété ou un autre droit réel).

être nuancée. D'une part, l'absolutisme du droit réel comporte une limite inhérente à la publicité : un droit réel ne peut parfois être opposé à certaines personnes que si l'acte constitutif ou translatif du droit a été publié. D'autre part, si le droit personnel est relatif, c'est uniquement au point de vue de son effet obligatoire ; abstraction faite de cet effet, le droit personnel est en lui-même opposable aux tiers en tant que fait.

b) Le droit réel comporte le *droit de suite* : le titulaire d'un droit réel quelconque peut suivre en quelques mains qu'elle passe la chose qui lui appartient ou qui est grevée d'un droit en sa faveur. Ainsi le propriétaire d'un immeuble peut le revendiquer contre tout détenteur ; l'usufruitier peut réclamer la chose, pour en jouir, quel que soit le propriétaire de cette chose. Ces solutions découlent naturellement de ce que les droits réels, étant absolus, sont en principe opposables à tous, quel que soit le contradicteur.

Au contraire, le droit personnel n'emporte pas droit de suite. Deux conséquences découlent de ce principe :

— le créancier n'a qu'un droit de gage général sur le patrimoine de son débiteur ; il ne possède aucun droit particulier sur tel ou tel bien de son débiteur ; aussi celui-ci pourra-t-il aliéner ses biens jusqu'à ce que le créancier procède à leur saisie ; un créancier ordinaire n'a pas le droit de suite sur les biens de son débiteur ; il ne peut les saisir entre les mains d'un acquéreur ;

— l'absence de droit de suite affecte aussi l'exécution des obligations concernant l'utilisation des choses : après vous avoir promis de vous prêter mon automobile pour un voyage, je la vends ; vous ne pourrez réclamer l'exécution de l'obligation à l'acquéreur nouveau propriétaire ; moi seul en suis tenu.

c) Le droit réel emporte *droit de préférence.* Comme l'attribut précédent, il s'explique par le large rayonnement du droit réel. S'il y a conflit entre le titulaire d'un tel droit et le titulaire d'un droit personnel, à propos d'une chose, le premier, ayant un droit absolu, opposable à tous, sera préféré au second, qui, par hypothèse, n'a aucun droit contre le titulaire du droit réel. Par exemple, une personne a déposé une chose lui appartenant chez un commerçant ; avant restitution, le dépositaire devient insolvable. Cette situation n'affectera pas le titulaire du droit réel ; il écartera toute prétention sur la chose ; les créanciers du dépositaire ne pourront saisir le bien qui n'appartient pas à leur débiteur ; tel est le résultat de l'obligation négative qui pèse sur tout le monde de ne pas troubler le titulaire du droit réel.

$\boxed{\text{C}}$ LES DROITS EXTRA-PATRIMONIAUX

349 *Présentation* ◊ Pour comprendre l'existence de ces droits, fort importants, qui sont attachés à la personne, et de très forte manière, sans se situer dans le cadre du patrimoine — lui-même pourtant émanation de la

personne dans la conception française classique —, il faut retenir tout
d'abord l'idée que ces droits ne sont pas conçus ou perçus comme ayant
une valeur pécuniaire, du moins si on les envisage en eux-mêmes et quant
à leur objet direct. On envisage, par exemple de la sorte le droit de se faire
reconnaître comme l'enfant naturel d'une personne, les droits des parents
sur la personne et les biens de leur enfant (attributs de l'autorité parentale), le droit d'un auteur d'une œuvre littéraire de décider si son œuvre
sera ou non publiée. On appelle ces droits extra-patrimoniaux, par opposition aux droits patrimoniaux dont l'objet direct est d'assurer la protection
d'un intérêt pécuniaire et qui ont, en eux-mêmes, une valeur pécuniaire.

350   *1º Domaine des droits extra-patrimoniaux* ◊ Ils sont de provenances
très diverses et trouvent leurs sources aussi bien en droit public qu'en
droit privé, en droit international qu'en droit national. Inévitablement, la
réflexion se situe souvent dans cette zone plus ou moins incertaine où
s'effectue le départ difficile entre libertés publiques et droits subjectifs
(*supra*, nº 256), si tant est qu'il soit toujours nécessaire.

   Sont des droits extra-patrimoniaux, les *droits politiques* manifestant la
participation aux organes déterminant la puissance publique dans l'Etat :
par exemple l'électorat, l'éligibilité aux assemblées politiques. L'article 7
du code civil dispose qu'« ils s'acquièrent et se conservent conformément
aux lois constitutionnelles et électorales ». Leur considération amène à
distinguer, parmi les personnes, celles qui ont et celles qui n'ont pas la
qualité de citoyen.

   Sont des droits extra-patrimoniaux, les *droits publics, civils ou
civiques*, proclamés et consacrés par la Déclaration des droits de l'homme
de 1789, par la Déclaration universelle des droits de l'homme de 1948, la
Convention européenne des droits de l'homme de 1950, le Pacte des
Nations-Unies de 1966 sur les droits civils et politiques, et qui résultent de
la seule qualité d'homme : le droit à la vie, à la liberté, à l'honneur, à la
nationalité, à la liberté de conscience et de parole, à la protection de la vie
privée, etc. Ces droits sont parfois dits publics, car ils s'exercent avant tout
dans les rapports entre les individus et les agents de l'Etat ; ils protègent
contre les empiétements de l'Etat les libertés indispensables. Mais ils
s'exercent aussi dans les rapports des particuliers entre eux. Chacun doit
respecter la vie, la liberté, l'honneur, la personnalité des autres.

   Sont des droits extra-patrimoniaux, les *droits de famille* (ex. : le droit
d'autorité parentale). Dans tous les régimes juridiques, on reconnaît le
groupement familial destiné à donner satisfaction aux besoins sexuels, à
pourvoir à la procréation et à l'éducation des enfants et à assurer la vie en
commun des époux ou des personnes unies par les liens du sang. L'organisation juridique de la famille, ce mode d'intégration de l'individu à la
société globale, se traduit par la reconnaissance de droits de famille, par
exemple les droits des époux, ceux attachés à la filiation, c'est-à-dire au
lien juridique qui unit les père et mère à leurs enfants et par extension à
leurs descendants, ceux tenant d'une manière plus générale à la parenté,
laquelle est le lien juridique unissant des personnes qui, par filiation,
descendent les unes des autres (parenté en ligne directe) ou descendent
d'un auteur commun (parenté en ligne collatérale).

Sont des droits extra-patrimoniaux, les *droits de la personnalité,* qui à maints égards manifestent plus directement, en la personne de leurs titulaires, la répercussion de nombre de droits extra-patrimoniaux déjà plus ou moins évoqués à travers certaines catégories. C'est ainsi que le respect de l'identité de chacun va de pair avec la reconnaissance d'un droit au nom considéré comme un droit de la personnalité plus que comme un droit de propriété. Dans la même perspective de l'identification, se situe le droit à l'inviolabilité du domicile en tant que droit de la personnalité. Et il convient d'en dire autant du droit de chacun à sa propre image, ainsi qu'au respect de sa vie privée. Le droit à l'honneur est aussi, parmi beaucoup d'autres, un droit de la personnalité, donc un droit extra-patrimonial.

551 *2° Régime des droits extra-patrimoniaux* ◊ A la différence des droits patrimoniaux, les droits extra-patrimoniaux sont *incessibles, intransmissibles* aux héritiers et aux légataires du titulaire, *insaisissables* par ses créanciers et *imprescriptibles,* qu'il s'agisse de prescription acquisitive ou de prescription extinctive.

Ces différences sont importantes. Il convient cependant de signaler des nuances, qu'il s'agisse de l'une ou de l'autre catégorie de droits.

Certains caractères attachés normalement aux droits extra-patrimoniaux ne sont pas nécessairement inconnus du côté des droits patrimoniaux. Ainsi existe-t-il des cas dans lesquels, un bien étant affecté par une clause d'inaliénabilité (ex. : art. 900-1 c. civ.), le titulaire du droit de propriété sur ce bien ne pourra pas céder ce droit. Ainsi certains droits patrimoniaux, présentant un caractère viager (ex. : un droit d'usufruit sur une maison), ne seront pas transmis aux héritiers et légataires.

A l'inverse, on ne saurait considérer que les droits extra-patrimoniaux sont nécessairement dépourvus de conséquences pécuniaires : l'établissement d'une filiation entraîne des conséquences d'ordre successoral ; à l'autorité parentale, sont attachées des prérogatives d'ordre pécuniaire, spécialement le droit de jouissance légale, c'est-à-dire le droit de percevoir les revenus des biens des enfants jusqu'à ce que ceux-ci aient atteint l'âge de seize ans accomplis (art. 383 s. c. civ.) ; quand une personne a été atteinte dans son honneur par une diffamation, elle peut éventuellement obtenir des dommages-intérêts, qui constituent une sanction pécuniaire ; quant au droit d'une personne soit au secret de sa vie privée, soit à son image, qui constituent des droits de la personnalité, ils n'empêchent pas leurs titulaires d'en monnayer la divulgation, ce qui ne signifie d'ailleurs pas qu'en agissant de la sorte, ils se dépouillent de leur droit, car ils se bornent à l'exploiter. Des remarques semblables pourraient être formulées au sujet du droit au nom patronymique ; mais à cet égard, du fait de la possibilité d'user de celui-ci comme un nom commercial ou une dénomination sociale, se manifeste une tendance accentuée dans le sens d'une certaine patrimonialisation[1].

Il arrive aussi que coexistent, dans le cadre d'une même protection

---

1. Com. 12 mars 1985, D. 1985, 471, note GHESTIN, JCP 1985, II, 20400, concl. MONTANIER, note BONET, *Grands arrêts* n° 18.

globale, un droit patrimonial et un droit extra-patrimonial. Telle est, du moins dans le système français, la conception dualiste du *droit d'auteur*, qui se traduit à la fois par la possibilité, pour l'auteur, de céder le droit d'édition de son œuvre, qui est un droit pécuniaire, patrimonial, et par la possibilité de faire respecter son œuvre — contre le plagiat, contre une traduction infidèle, ... — et de ne pas la divulguer, voire de la détruire, ce qui constitue le *droit moral* de l'auteur, qui est un droit extra-patrimonial ; le *droit pécuniaire* et le *droit moral* de l'auteur sont distincts mais il existe entre eux une étroite dépendance.

SECTION 2
LES PERSONNES MORALES

352 *Personnalité juridique et personnalité morale* ◊ La personnalité juridique étant l'aptitude à être titulaire actif et passif de droits (*supra*, n° 315), on pourrait être tenté, surtout dans une vision purement individualiste du droit, de considérer que seuls des individus peuvent être dotés de la personnalité juridique, qu'il n'y a donc que des personnes physiques.

Cette coïncidence est contredite par le droit positif. Les systèmes juridiques reconnaissent, de diverses manières, à des entités l'aptitude à participer en tant que telles à la vie juridique.

Il est même des corps de règles dont l'ordonnancement repose sur les seuls groupements d'individus et sur les relations entretenues entre ces groupements. Les discussions suscitées par la place de l'individu en *droit international public* sont à ce propos des plus éclairantes. Ce droit régissant les rapports entre Etats ou entités internationales, on se demande depuis longtemps si l'individu est, en tant que tel, un sujet du droit international public, si ce droit lui fait une place, en tant que *personne*, étant évidemment observé que l'homme est, au moins dans la civilisation d'Occident, considéré comme la fin de tout Droit. Force est alors d'observer qu'en l'état actuel du droit international public, encore si incomplet et imparfait, une dissociation doit être retenue : en tant qu'il est le destinataire du système, l'individu peut être considéré comme un sujet de ce droit, mais il n'est que de manière exceptionnelle investi en tant que tel de compétences internationales[1]. Celles-ci ne sont reconnues qu'à des groupements d'individus, à des collectivités, généralement étatiques, dotées de la personnalité juridique.

Ailleurs, coexistent des personnes physiques et des personnes morales. Celles-ci sont des groupements dotés, sous certaines conditions, d'une personnalité juridique plus ou moins complète : Etat, collectivités territoriales, établissements publics, sociétés, associations, syndicats, ...

---

1. V. not. G. TÉNÉKIDÈS, *L'individu dans l'ordre juridique international*, thèse Paris, 1933 ; P. REUTER, Quelques remarques sur la situation juridique des particuliers en droit international public, *Mélanges Scelle*, 1950, t. II, p. 535 s. ; J. DE SOTO, L'individu comme sujet du droit des gens, *ibid.*, t. II, p. 687 s.

On évoquera successivement leur *existence* (§ 1) et leur *régime juridique* (§ 2).

§ 1
EXISTENCE DES PERSONNES MORALES

353   *1° La controverse doctrinale* ◊ Autant la reconnaissance de la personnalité juridique des personnes physiques ne suscite plus, dans son principe même, de controverse, tant elle semble conforme à la nature, autant celle des groupements a suscité des discussions.

On se bornera ici à résumer les diverses positions. D'une manière radicale, on nie l'existence de groupements dotés de la personnalité juridique, en se fondant, non seulement sur le caractère artificiel de la construction de la personnalité morale, mais aussi sur son inutilité, les résultats qu'elle permet d'atteindre pouvant l'être au moyen d'autres techniques : contrats collectifs, propriétés collectives. Cette position négatrice est abandonnée en droit français, d'abord parce que le droit vit de constructions abstraites, ensuite parce que le concept de personne morale permet de dépasser la somme des intérêts individuels que manifestent les personnes physiques, même réunies.

La véritable controverse a opposé les partisans de la théorie de la *fiction* aux partisans de la théorie de la *réalité* des personnes morales. Les partisans de la première théorie ont soutenu que la personnalité morale accordée à des groupements est le résultat d'un artifice, les personnes morales étant des créations de pure technique. La personnalité morale est une *fiction* juridique. Seule la loi peut, soutient-on, user de ce procédé ; seule elle peut, par une disposition expresse, accorder, à son gré d'ailleurs, la personnalité morale à un groupement.

A l'encontre de cette théorie, un mouvement s'est produit au XIXe siècle, lié à la persistance ou à la renaissance de la prise en considération d'intérêts collectifs. D'où le développement de la théorie de la *réalité* des personnes morales, certaines entités étant suffisamment réelles pour être considérées comme des sujets de droit. Par rapport à la théorie de la fiction, cette thèse est radicalement inverse, quelle que soit la sorte de réalité retenue : intérêts collectifs, volonté collective (« conscience collective »), organisation collective. Ainsi a-t-il été objecté aux partisans de la fiction que, lorsque le législateur veut atteindre un but supposé licite, il n'a pas, *a priori*, besoin d'user du procédé de la fiction ; que le recours à celle-ci entraîne une interprétation restrictive qui n'est pas sans inconvénients ; qu'il est dangereux que l'octroi de la personnalité juridique à un groupement soit subordonné à une décision de l'autorité publique.

354   *2° Solutions du droit positif* ◊ Le code civil ne consacre aucun chapitre, et jusqu'en 1978, ne consacrait même expressément aucun article, à la personnalité morale. Cette attitude traduisait, en 1804, une réaction contre les pratiques de l'Ancien régime et une méfiance envers les groupements

de toutes sortes qui avaient autrefois ébranlé l'autorité de l'Etat et étroitement limité la liberté individuelle. Pourtant l'individualisme ne pouvait
être poussé à l'extrême. On ne pouvait, de manière absolue, méconnaître
l'existence d'intérêts collectifs.

D'ailleurs, en *droit public*, la personnalité de l'Etat n'a jamais été niée,
pas plus que celle de certaines collectivités publiques : les départements et
les communes. Ces diverses entités sont dotées de la personnalité juridique. Il faut en dire autant des territoires d'outre-mer, des régions ou des
établissements publics. Reste qu'en droit public, l'idée de fiction, en tant
que support de la personnalité juridique, paraît bien l'emporter.

En *droit privé*, il arrive souvent que le législateur se prononce en
matière de personnalité morale, soit pour l'affirmer (ex. : syndicat des
copropriétaires, L. 10 juill. 1965, art. 14, al. 1er) ou la dénier (ex. : L. 23 déc.
1988, art. 7-1, fonds communs de placement ; L. 23 déc. 1988, art. 34, fonds
communs de créances ; v. aussi art. 1871, al. 1er, c. civ., au sujet des
sociétés en participation), soit pour fixer nettement le moment où le
groupement jouit de la personnalité morale (ex. : art. 1842, al. 1er, c. civ.,
sociétés civiles ; L. n. 66-537 du 24 juill. 1966, art. 5, al. 1er, sociétés
commerciales ; L. 23 juill. 1987, art. 18, al. 2, fondations). Mais il n'en
demeure pas moins que la théorie de la réalité des personnes morales a
été, en droit privé, consacrée par la jurisprudence, au sujet des comités
d'établissement : « La personnalité civile n'est pas une création de la loi ; ...
elle appartient, en principe, à tout groupement pourvu d'une possibilité
d'expression collective pour la défense d'intérêts licites, dignes, par suite,
d'être juridiquement reconnus et protégés »[1].

355   *Les groupements non personnalisés* ◊ La considération de la théorie de
la réalité n'entraîne pas la reconnaissance de la personnalité morale à
toute espèce de groupement. Ainsi l'émergence de la personnalité morale
des *groupements de biens*, à l'horizon des patrimoines d'affectation,
demeure limitée.

Quant aux *groupements de personnes* dépourvus de personnalité juridique, ils sont fort nombreux[2]. Il arrive, tout d'abord, que les membres du
groupement ne souhaitent pas que celui-ci soit doté de la personnalité
juridique : à certaines conditions, leur volonté sera respectée ; ainsi en
est-il en cas de constitution de sociétés en participation (art. 1871 c. civ.).

En outre, il existe des groupements dont le rôle est fondamental dans
la vie juridique et sociale, mais qui sont pourtant dépourvus de la personnalité juridique. Ainsi en est-il de la *famille* qui, entendue largement ou
étroitement, est dépourvue, en droit français, de la personnalité juridique,
ce qui n'exclut pourtant pas que des biens — tels les souvenirs de famille[3]
— lui soient, de quelque manière, rattachés.

---

1. Civ., 2e sect. civ., 28 janv. 1954, D. 1954, 217, note G. Levasseur, JCP 1954, II, 7978, concl.
Lemoine, *Grands arrêts* nº 15.
2. V. *Les groupements et organismes sans personnalité juridique*, Trav. Assoc. H. Capitant, t.
XXI, 1969, éd. 1974.
3. Civ. 1re, 21 fév. 1978, D. 1978, 505, note Lindon, JCP 1978, II, 18836, concl. Gulphe, *Grands
arrêts* nº 215.

356 *L'entreprise* ◊ L'évolution économique a favorisé le développement de la notion d'entreprise [1]. Celle-ci apparaît comme un ensemble groupant des biens et des hommes qui fournissent leur travail. Cet ensemble est orienté vers un but déterminé, à savoir la production pour le marché de certains biens ou l'offre de certains services, ainsi que la réalisation de profits.

L'assimilation classique de l'entrepreneur et de l'entreprise a empêché l'apparition d'une notion juridique d'entreprise suffisamment nette et cohérente, tenant compte, à côté des éléments matériels, des éléments humains qui composent cette unité économique et sociale.

Au sein de l'entreprise, considérée s'il est possible comme une notion juridique, il n'y a pas seulement des capitaux apportés par l'entrepreneur ; il n'y a pas seulement des dirigeants d'entreprise, qui, souvent, se confondent avec les apporteurs de capitaux ; il y a aussi, quel qu'en soit le nombre, les salariés de l'entreprise, son personnel, c'est-à-dire une collectivité qui a pris de plus en plus d'importance à mesure que se sont accrus les droits de tous ces salariés. Toute l'évolution du droit social a consisté à accroître les avantages et le rôle de ceux-ci dans le capital et la vie de l'entreprise.

Au-delà de l'intérêt des créanciers et des salariés, c'est l'intérêt général qui a exercé de plus en plus d'influence en la matière, qu'il s'agisse d'entreprises prospères ou d'entreprises en difficulté. Mais le mouvement n'a pas abouti à la reconnaissance de la personnalité morale aux entreprises en tant que telles, c'est-à-dire en tant qu'elles reposent sur la coopération du capital — très souvent manifesté par l'intermédiaire de sociétés dotées, quant à elles, de la personnalité morale (sociétés anonymes, sociétés à responsabilité limitée...) — et du travail.

357 *L'humanité, titulaire de droits ?* ◊ A mesure que, dans la ligne de la philosophie des droits de l'homme, se sont développées les proclamations, les déclarations, les lois, bref les garanties, à mesure aussi que se sont réalisées de prodigieuses découvertes, l'espèce humaine a appelé, en tant que telle, en tant qu'elle est l'humanité, la reconnaissance de ses droits : d'où l'affirmation, à diverses reprises, d'un patrimoine commun de l'humanité : dans le domaine maritime [2] ou spatial [3], dans celui de la culture [4] ou de l'hérédité biologique...

Alors, le juriste est conduit à penser que les questions posées dépassent un droit axé sur la personne humaine envisagée individuellement et que cet anthropomorphisme doit s'effacer devant une compréhension élargie à l'échelle de l'humanité perçue comme le sujet de droit par excellence. Pourtant, c'est toujours de la personne humaine qu'il s'agit,

---

1. M. DESPAX, *L'entreprise et le droit*, thèse Toulouse, éd. 1957.
2. Sur le fond des mers considéré comme le patrimoine commun de l'humanité, v. not. J. COMBACAU, *Le droit international de la mer*, PUF, coll. Que sais-je ?, 1985, p. 85 s.
3. V. cep. C. CHAUMONT, *Le droit de l'espace*, PUF, coll. Que sais-je ?, 2e éd. 1970, p. 106 s.
4. V. les Conventions de l'UNESCO du 16 novembre 1972, pour la protection du patrimoine mondial culturel et naturel, et du Conseil de l'Europe du 3 octobre 1985, pour la sauvegarde du patrimoine architectural de l'Europe. — V. aussi la loi du 1er déc. 1989 sur les biens culturels maritimes.

même en termes de devenir de l'espèce, fût-ce en un temps où l'aventure spatiale porte à nouveau à s'interroger sur l'existence d'autres espèces humaines que la nôtre dans les galaxies.

§ 2

TRAITEMENT JURIDIQUE DES PERSONNES MORALES

358 *Personnalité et capacité* ◊ Le groupement est considéré comme ayant une *personnalité juridique* distincte de celle des divers membres qui le composent.

A la différence des personnes physiques pour lesquelles la capacité de jouissance est la règle, les groupements n'ont pas tous la même capacité. Les *sociétés* ont une personnalité et une capacité complètes du point de vue patrimonial. Il en est de même des *syndicats* et des *groupements d'intérêt économique.* Quant aux *associations,* il faut distinguer. Les associations simplement déclarées n'ont qu'une capacité juridique restreinte : elles peuvent agir en justice, recevoir des dons manuels ainsi que des dons des établissements d'utilité publique, acquérir à titre onéreux, posséder et administrer les cotisations de leurs membres, les locaux destinés à leur administration et les immeubles strictement nécessaires à leur but (L. 1er juill. 1901, art. 6). Les associations qui ont obtenu la reconnaissance d'utilité publique ont une capacité étendue ; toutefois, elles ne peuvent acquérir d'autres immeubles que ceux nécessaires au but qu'elles se proposent (L. 1er juill. 1901, art. 11). Quant aux *fondations,* elles ne jouissent de la capacité juridique qu'à compter de l'entrée en vigueur du décret leur accordant la reconnaissance d'utilité publique (L. 23 juill. 1987, art. 18).

L'aptitude des personnes morales à jouir de certains droits est limitée par le principe de la *spécialité des personnes morales.* Alors qu'une personne physique dirige son activité juridique à son gré, sous réserve des règles relatives à l'exercice des professions, une personne morale est créée pour l'exercice d'une activité déterminée, la personnalité lui étant reconnue par rapport à un but particulier : elle doit se spécialiser dans son activité juridique ; elle ne doit accomplir que les actes juridiques correspondant à son objet. Ainsi une personne morale publique ne peut recevoir des libéralités lui imposant des charges ne relevant pas de son objet. Une société ou une association doivent limiter leur activité à l'objet indiqué dans les statuts. Elles peuvent, il est vrai, à certaines conditions, définir cet objet de manière fort large ou le modifier.

359 *Identification des personnes morales* ◊ Les personnes morales doivent pouvoir être identifiées. Aussi ont-elles presque toujours une *désignation,* tout comme les personnes physiques ont un nom. Ainsi les associations ont-elles un titre, les sociétés une dénomination sociale. Le nom de la personne morale est cependant très différent de celui de la personne physique ; il n'exprime pas un rapport de famille. C'est pourquoi la personne morale peut, en principe, le choisir librement, à condition d'éviter des confusions préjudiciables ; elle peut aussi le modifier facilement, sous réserve, le cas échéant, d'exigences de publicité.

Il est indispensable de situer les intérêts d'une personne morale en un lieu déterminé, qui joue pour elle le rôle d'un domicile. Pour les personnes morales de droit privé, ce lieu sera en principe celui du *siège social*. Ce siège n'est jamais qu'un domicile « d'élection », en ce qu'il est déterminé par les statuts. Mais il doit correspondre, comme le domicile des personnes physiques, au lieu du principal établissement, celui-ci n'étant pas nécessairement le lieu de l'exploitation, mais plutôt le centre de l'activité juridique, financière et administrative de la personne morale.

LIVRE 3

RÉALISATION
DU DROIT

360 *Présentation* ◊ Destiné à régir la vie des hommes en société, le droit n'est pas un ensemble ou un système abstrait, servant à occuper seulement les esprits, mais sans prise nécessaire sur le réel. Ses composantes — droit objectif, droits subjectifs — aspirent à une réalisation aussi satisfaisante que possible. Cela n'est pas facile, car il y a une sorte de tension, si ce n'est d'opposition latente, entre la société et l'individu en tant qu'être social. Tout l'art du droit consiste en cette conciliation indispensable d'exigences nécessaires à la coexistence des libertés. L'histoire et la géographie nous apprennent qu'un droit objectif sans droits subjectifs est contraire aux aspirations naturelles de l'homme, que des droits subjectifs sans droit objectif sont vains et mènent à l'anarchie.

Pour comprendre ce qui caractérise la réalisation du droit, il convient d'examiner tout d'abord les données fondamentales de son *insertion* dans le groupe social. La question est posée dès qu'il s'agit de son émergence. Mais, intellectuellement, ce n'est là qu'une première étape de la réflexion, car le droit aspire naturellement à établir avec le fait une relation aussi adéquate que possible.

Or cette relation se révèle d'autant plus délicate que, dans l'ordre des phénomènes juridiques, les questions de *preuve* occupent une place centrale. A tel point que le défaut de preuve équivaut souvent à un défaut d'existence.

Il ne faut pas non plus négliger le fait que, dans une société policée, où n'est plus de mise le droit primitif de se faire justice à soi-même, la survenance d'une contestation implique le recours à la justice, les organes juridictionnels étant alors appelés à se prononcer à la suite de *procès*.

L'étude de la réalisation du droit implique donc l'examen de trois séries de questions :
— L'*insertion* (Titre 1) ;
— La *preuve* (Titre 2) ;
— Le *procès* (Titre 3).

TITRE 1

L'INSERTION

361 *Le droit en tant que science et en tant qu'art* ◊ Le droit est-il une science ou un art ? La question est classique. Mais peut-être n'est-il pas nécessaire de la formuler dans les termes d'une alternative, car le droit est probablement à la fois un art et une science. Tout dépend, en réalité, du sens que l'on donne aux mots.

Un *art*, c'est, dans une définition assez courante, un ensemble de procédés techniques inventés et employés par l'homme en vue d'atteindre un résultat qui lui plaît ou lui semble utile. En ce sens, l'on peut considérer que le droit est un art : il comporte un art de l'élaboration des règles (lois, décrets, etc.), ce qui implique d'ordinaire un choix entre plusieurs solutions et entre diverses formulations[1]; à cela, s'ajoute tout un art de l'application et de l'interprétation des règles par les juges, par les praticiens, si ce n'est même par les usagers du droit.

Ces constatations n'excluent pourtant pas l'appartenance du droit au domaine des *sciences*. Certes, si l'on ne devait reconnaître ce rattachement que face à des phénomènes dont les causes, les manifestations et les répétitions dépendraient du déterminisme, on ne pourrait analyser le droit comme une science, compte tenu des caractères du phénomène juridique : irréversible, indéterminé, souvent unique, arbitraire dit-on aussi, etc. Si l'on tient, au contraire, pour une science, un « ensemble de connaissances raisonnées et coordonnées »[2], la réponse contraire s'impose.

Dans cette perspective, le caractère scientifique du droit se manifeste aux trois étapes de la *connaissance* (Chapitre 1), de l'*application* (Chapitre 2) et de l'*interprétation* (Chapitre 3) du droit.

---

1. Sur les tendances de l'art législatif en France, V. Carbonnier, *Essais sur les lois*, 1979, p. 231 s. — V. aussi sur le rôle du député dans la confection de la loi, Jean Foyer, *Le député dans la société française*, 1991, p. 105 s.
2. Carbonnier, *Introduction*, n° 22.

CHAPITRE 1

LA CONNAISSANCE

362   *Théorie de la connaissance juridique* ◊ Tant du côté de la doctrine que du côté de la pratique, des réflexions renouvelées se sont développées au sujet de la légitimité de l'action et de la fonction du droit. Les auteurs ont, en ce sens, assigné des tâches précises à la doctrine[1]. Ils ont fait valoir qu'une épistémologie du droit, entendue comme une théorie de sa connaissance « vraie » impliquant une attention principale portée sur l'émergence du phénomène juridique, passait par le recours à des concepts empruntés aux autres sciences sociales[2].

    Sans que les démarches aboutissent nécessairement à des conclusions différentes, la réflexion qu'appelle, d'un point de vue plus sociologique, l'observation de l'émergence du droit, de sa genèse dit-on encore, est aussi nécessaire et fructueuse. Elle incite à porter successivement le regard, du côté des auteurs de règles ou de solutions, sur l'*expression* (Section 1) de celles-ci, du côté des destinataires, sur leur *assimilation* (Section 2).

SECTION 1
L'EXPRESSION DU DROIT

363   *Diversité des situations* ◊ On envisage ici les processus d'élaboration du droit objectif — règles ou solutions — en tant que celles-ci tendent à ordonner les conduites sociales et à reconnaître ou consacrer les droits subjectifs.

    Ce vaste domaine de la science juridique comporte des secteurs variés, selon l'autorité sociale dont émane la règle : il y a une science de la législation, consistant à dégager les aspirations et à les faire aboutir à travers des modifications du droit en vigueur[3] ; il y a une science de la jurisprudence, liée à la manière dont les tribunaux contribuent, selon leur rythme, au recul de règles anciennes, à l'apparition de règles nouvelles, à la combinaison des unes et des autres ; il y a peut-être aussi une science de

---

    1. P. Durand, La connaissance du phénomène juridique et les tâches de la doctrine moderne du droit privé, D. 1956, chron. 73 s.

    2. J.-F. Perrin, *Pour une théorie de la connaissance juridique*, Genève, 1979 ; C. Atias, *Science des légistes, savoir des juristes*, Presses univ. d'Aix-Marseille, 1991. — Comp., not., au sujet de la conscience du droit, P. Gast, *Expérience spirituelle et conscience du droit*, thèse ronéot. Paris II, 1991.

    3. R. Houin, De lege ferenda, *Mélanges Roubier*, 1961, t. I, p. 273 s.

la genèse des règles coutumières, des usages, voire des pratiques[1] ...
Chaque catégorie entretient des relations propres avec les circonstances
du temps et du lieu ; l'apparition de la règle n'est pas la même selon qu'il y
a évolution ou révolution[2].

Le contenu de la règle dépend des finalités du droit et des choix opérés
par l'autorité qui la détermine[3]. Très souvent, la règle revêt la forme d'un
commandement, positif (ex. : « Les enfants doivent des aliments à leurs
père et mère ou autres ascendants qui sont dans le besoin », art. 205 c. civ.)
ou négatif (ex. : « On ne peut déroger, par des conventions particulières,
aux lois qui intéressent l'ordre public ou les bonnes mœurs », art. 6 c. civ.) ;
mais il se peut aussi que les normes expriment et décrivent certaines
données de caractère indicatif et non impératif. De toute façon, la sociologie de la création de la norme, rejoignant les enseignements du droit
comparé, distingue la genèse des règles selon que celles-ci se dégagent de
la société régie par elles, qui sécrète alors son propre droit, ou, au
contraire, sont empruntées à des droits étrangers et sont introduites à la
faveur d'une « réception » d'un droit (ou d'une règle de droit) ou — dit-on
encore — d'une « acculturation juridique »[4].

364   *Les catégories juridiques* ◊ L'ordonnancement scientifique des règles
de droit varie selon l'ampleur de l'entreprise ; il ne se réalise pas, par
exemple, de la même manière selon qu'il s'agit d'un article de loi, d'une loi
ou d'un code, d'une décision judiciaire d'espèce ou d'un arrêt de principe.
A s'en tenir aux constantes de l'ordonnancement juridique, il convient
seulement de constater ici que la systématisation du droit repose sur
l'existence de définitions et de classements, souvent liés à ce qu'on appelle
la *nature juridique* d'une institution, d'un contrat, d'un bien. D'où l'importance de l'opération de *qualification,* c'est-à-dire de la détermination de la
nature d'un bien ou d'un rapport de droit à l'effet de le classer dans l'une
des catégories juridiques existantes[5]. Encore faut-il observer que, sauf
exception en certains domaines, le nombre des catégories existantes n'est
pas limitatif, ce qui permet, le cas échéant, à la volonté individuelle de

1. J.-L. SOURIOUX, *Recherches sur le rôle de la formule notariale dans le droit positif,* thèse
Paris, éd. 1967 ; Trav. Assoc. H. CAPITANT, t. XXXIV, Journées suisses, 1983.
2. V. P.-I. ANDRÉ VINCENT, *Les révolutions et le droit,* 1974.
3. V. Arch. phil. droit, t. 25, 1980, *La loi* ; *La philosophie à l'épreuve du phénomène juridique :
droit et loi,* Ve Colloque de l'Assoc. franç. phil. droit, Centre de phil. droit Aix-Marseille, 1987 ; A.
VIANDIER, *Recherche de légistique comparée,* 1988 ; *La science de la législation,* Trav. du Centre de
philosophie du droit de Paris II, 1988 ; J. LENOBLE et A. BERTON, *Dire la norme, Droit, politique et
énonciation,* L.G.D.J., 1990.
4. CARBONNIER, *Sociologie juridique,* p. 235 s. ; R. DAVID, *Réflexions sur le Colloque d'Istanbul,*
Ann. Fac. droit Istanbul, n° 6, 1956, p. 238 s. ; A. PAPACHRISTOS, *La réception des droits privés
étrangers comme phénomène de sociologie juridique,* thèse Paris II, 1975 ; J. GAUDEMET, Les
transferts de droit, *Année sociol.* 1976, p. 29 s. ; R. RODIÈRE, Les migrations de systèmes
juridiques, *Mélanges Marty,* 1978, p. 947 s. ; v. aussi, sur Boissonade et la réception du droit
français au Japon, *Rev. int. dr. comp.* 1991, p. 325 s.
5. V. F. TERRÉ, *L'influence de la volonté individuelle sur les qualifications,* thèse Paris, 1955,
éd. 1957.

forger de nouvelles catégories si celles qui existent ne sont pas adéquates[1].

Le droit se réalise à l'aide de *catégories juridiques,* c'est-à-dire de cadres dans lesquels prennent place les éléments de la vie juridique, selon leurs natures et leurs ressemblances ; ces éléments sont en si grand nombre qu'il est indispensable de les ordonner en les groupant à partir de leurs affinités communes. On aura ainsi quelques catégories fondamentales, par exemple les droits, les choses, les actes juridiques, les faits juridiques, chacune de ces catégories essentielles se subdivisant en catégories particulières, lesquelles peuvent comporter de nouvelles divisions. Par exemple, les droits se répartissent en droits extra-patrimoniaux et en droits patrimoniaux ; les droits patrimoniaux se divisent en droits réels et personnels (*supra,* n°s 338 s.). Les actes juridiques se divisent en actes unilatéraux et bilatéraux, en actes à titre onéreux et à titre gratuit (*supra,* n° 277). De son côté, le droit pénal connaît le système des catégories avec la répartition des infractions en crimes, délits et contraventions ; à l'intérieur de ces grands cadres, chaque infraction (par exemple : vol, escroquerie) constitue une catégorie définie par la loi.

Le juriste doit résister à la tentation d'établir un nombre excessif de catégories. Sinon elles deviendraient inutilisables, alors que la réalisation du droit suppose un échange constant entre le concret et l'abstrait, du concret à l'abstrait, puis de l'abstrait au concret, et ainsi de suite. Inversement, il ne faut pas se contenter de quelques grandes catégories, sinon on est conduit à faire entrer dans une même catégorie des éléments trop différents. Ainsi on ne peut se contenter de la division des droits patrimoniaux en droits réels et en droits personnels ; les droits des auteurs et artistes sur leurs œuvres ne peuvent entièrement entrer dans aucune de ces deux catégories ; il a fallu imaginer la catégorie des droits intellectuels[2].

Ainsi s'établit, par l'intermédiaire des catégories juridiques, une relation d'ordre logique entre la détermination de ce qu'on appelle la *nature juridique* (d'un bien, d'un acte, ...) et le *régime juridique* qui en découle. Il faut pourtant observer que la réalité des choses de la vie juridique est souvent plus complexe. Il arrive tout d'abord que la visée d'un objectif, caractérisé par l'application d'un certain régime, implique le recours à telle ou telle catégorie juridique, que les volontés individuelles ne peuvent alors éluder[3], ce qui peut d'ailleurs conduire le juge à *requalifier* les données qui lui sont soumises, ce que font les particuliers prévalant sur ce qu'ils disent. En outre, il n'est pas rare que telle donnée concrète, établie dans un cas et pouvant alors servir de support à une détermination de la nature juridique, soit problématique dans un autre cas et dépende alors d'une détermination de la nature juridique. Tour à tour peut opérer un jeu

---

1. V. not. J.-P. Baud, *Contrats nommés et contrats innomés en droit savant,* Studia Gratiana, XIX, 1976, p. 31 s. ; Dominique Grillet-Ponton, *Essai sur le contrat innomé,* thèse ronéot. Lyon III, 1982.

2. Weill, Terré et Simler, *Précis Dalloz, Les biens,* n°s 33 s.

3. Rappr. R. Perrot, *De l'influence de la technique sur le but des institutions juridiques,* thèse Paris, éd. 1953.

de miroirs entre nature juridique et régime juridique. Intellectuellement, les deux plans demeurent cependant distincts dans la réalisation du droit[1].

Les catégories juridiques permettent l'appréhension par le droit des situations de fait les plus diverses. Mais à elles seules, elles ne suffisent pas. Un droit relevant de la civilisation de l'écriture — serait-il qualifié de coutumier — repose sur des *textes* (§ 1), dont la compréhension et l'application satisfaisantes nécessitent la prise en considération du *contexte* (§ 2).

§ 1
LE TEXTE

365   ***Droit et langage*** ◊ L'importance, dans le droit, de *discours* soumis aux prescriptions d'un langage — que ce soit celui du législateur, du juge, du praticien ou du membre de la doctrine ... — se manifeste de multiples manières : il sert à exprimer la règle, il réagit sur la règle ; et, dans ces deux aspects, il remplit, en matière juridique, des fonctions qui retiennent, plus que par le passé, l'attention, que ce soit en linguistique (*infra*, n° 396), en philosophie ou en théorie générale du droit[2].

Au sujet des rapports entre droit et langage, il convient, au demeurant, de distinguer deux approches bien différentes : droit du langage et langage du droit.

A DROIT DU LANGAGE

366   ***Du bon usage*** ◊ La langue française intéresse tout naturellement le droit, car l'unité et la cohésion nationales passent, dans notre tradition, par la reconnaissance de la langue française et de son rôle, dans toutes ses composantes : orthographe, syntaxe, grammaire, etc.

Il est naturel, inévitable même, que la formation du langage résulte des usages et soit de création purement coutumière. Notre langue n'est pas codifiée : « la seule règle qui la gouverne est celle du bon usage »[3]. A vrai dire les Lettres Patentes de 1635 pour l'établissement de l'Académie française disposent : « La principale fonction de l'Académie sera de travailler avec tout le soin et toute la diligence possibles à donner des règles certaines à notre langue et à la rendre pure, éloquente et capable de traiter les arts et les sciences » (art. XXIV). De cela ne résulte pas une véritable autorité normatrice, si prestigieux que puisse être le Dictionnaire de l'Académie française.

Reste donc qu'un dictionnaire, même officiel, n'est pas un code et que,

---

1. Rappr. cep. J.-L. Bergel, *Différence de nature (égale) différence de régime*, *RTD civ.* 1984, p. 255 s.
2. Arch. phil. droit, t. XIX, 1974, *Le langage du droit* ; *Théorie des actes de langage, Ethique et droit*, Etudes sous la direction de P. Amselek, PUF, 1986.
3. P. Malaurie, *Le droit français et la diversité des langues*, JDI 1965, p. 569.

par voie de loi, de règlement, disons de texte administratif, on ne saurait sérieusement vouloir définir la langue française. Sans doute a-t-on connu dans le passé quelque réforme de l'orthographe : un arrêté du 26 février 1901 eut pour objet le traitement de l'orthographe dans les examens ou concours dépendant du Ministère de l'Instruction publique comportant des épreuves d'orthographe. Il ne fut guère appliqué [1].

A notre époque, pourtant, l'interventionnisme généralisé des pouvoirs publics s'est manifesté jusques et y compris dans la substance de la langue française. Ainsi un décret du 2 juin 1989 a institué un Conseil supérieur de la langue française ayant pour mission d'étudier « les questions relatives à l'usage, à l'aménagement, à la promotion et à la diffusion de la langue française » (art. 2, al. 1er). Et, à cet effet, « il fait des propositions, recommande des formes d'action et donne son avis ... ». Propositions, recommandations, avis ... on retrouve les concepts et les outils de la bureaucratie triomphante (rappr. *supra*, n° 247).

Aussi bien, dans un rapport en date du 19 juin 1990, M. Maurice Druon a présenté « des rectifications qui devraient, selon l'avis du Conseil supérieur, approuvé par l'Académie, être apportées à l'orthographe du français » [2].

La normativité des rectifications proposées fut exprimée en ces termes : « Il a été entendu que les propositions des experts devraient être à la fois fermes et souples : fermes afin que les rectifications constituent une nouvelle norme et que les enseignants puissent être informés précisément de ce qu'ils auront à enseigner aux nouvelles générations d'élèves ; souples, car il ne peut être évidemment demandé aux générations antérieures de désapprendre ce qu'elles ont appris, et donc l'orthographe actuelle doit rester admise » [3]. L'entreprise a fait long feu. Tout naturellement, elle a suscité une vive polémique et a été abandonnée : on nie l'orthographe si on la détache de l'usage, du seul usage, du bon usage, indissociable de l'écoulement du temps et rebelle aux décrets et aux recommandations.

567   *De l'usage de la langue française* ◊ S'il est vain de prétendre régir par des textes juridiques la structure et le contenu de la langue française, il en est autrement quant à son *usage* [4]. L'ordonnance de Villers-Cotterêts « sur le fait de la justice » a, en 1539, imposé, dans les documents de procédure et les arrêts, l'emploi de la langue française. Ce texte n'a pas été ultérieurement abrogé. Pareille volonté d'unité linguistique a persisté. Elle a été, depuis quelques décennies, renforcée, à mesure que s'est accrue la nécessité de défendre la langue française, notamment par la création d'institutions diverses : Haut comité pour la défense et l'expansion de la langue française, Haut comité de la langue française, Haut conseil de la francophonie et, en dernier lieu, Conseil supérieur de la langue française.

---

1. P. MALAURIE, art. préc., p. 569, note 14.
2. J.O., Doc. adm. n° 100, 6 déc. 1990, p. 4.
3. J.O., Doc. préc., p. 3.
4. P. MALAURIE, art. préc., p. 574 s. ; D. LATOURNERIE, *Le droit de la langue française*, EDCE n° 36, 1984-1985, p. 89 s.

Une étape importante a surtout été franchie avec la loi du 31 décembre 1975 relative à l'emploi de la langue française[1]. De cette loi résulte, dans certaines conditions, l'obligation de l'emploi de la langue française dans les transactions concernant les biens et les services, dans le contrat de travail, dans toute inscription apposée dans les lieux publics, dans les contrats conclus entre une collectivité ou un établissement public et une personne quelconque. La jurisprudence a aussi contribué à assurer, non sans nuances, la défense de la langue française par exemple au sujet des actes judiciaires[2]. De toute façon, on ne saurait ignorer certains particularismes régionaux ou sectoriels, ainsi que des considérations relatives à l'usage du français dans les relations internationales[3].

B LANGAGE DU DROIT

368 *Généralités* ◊ Traditionnellement, on reproche à la langue du droit d'être obscure, désuète, archaïque. La satire de la justice et des robins a alimenté ce courant critique.

L'on comprend aisément que des efforts aient été déployés pour lutter contre le mal ainsi dénoncé[4]. La loi des 16-24 avril 1790 dispose, en ce sens : « Les lois civiles seront revues et réformées par les législateurs et il sera fait un code général des lois simples, claires et appropriées à la Constitution ».

C'est surtout depuis une vingtaine d'années « qu'a été rouvert le procès du langage juridique auquel on reproche, comme autrefois, son archaïsme, sa technicité, sa lourdeur et son obscurité »[5]. Des souhaits ont été exprimés en haut lieu. En 1973, une « commission de modernisation du langage judiciaire » a été instituée auprès de la Chancellerie. Plusieurs circulaires sont résultées de ses travaux, spécialement une circulaire du 15 septembre 1977 relative à la modernisation du vocabulaire judiciaire[6]. Force est de constater que si, souvent, les résultats atteints n'ont pas répondu à toutes les espérances, ce n'est pas seulement du fait de résistance du milieu juridique, mais aussi parce que la matière du droit impose un certain recul par rapport au langage profane, faute de quoi l'expression du juridique en termes élémentaires est de nature à le corrompre et à nuire à sa prévisibilité, donc à la sécurité juridique. En tout cas, mieux vaut ne pas comprendre — comme en tant d'autres secteurs de la vie — et par conséquent se renseigner, que croire que l'on comprend et se tromper.

---

1. V. Delaporte, La loi relative à l'emploi de la langue française, *Rev. crit. DIP* 1976, p. 447 s.
2. D. Latournerie, art. préc., p. 102 s.
3. P. Malaurie, art. préc., p. 574 s. ; D. Latournerie, art. préc., p. 113 s. — Sur les problèmes inhérents à la traduction, v. P. Malaurie, art. préc., p. 585 s. ; Ichiro Kitamura, *La traduction juridique, Un point de vue japonais*, Les cahiers de droit, vol. 28, n° 4, déc. 1987, p. 747 s.
4. L. Fougère, *La modernisation du langage juridique*, EDCE n° 36, 1984-1985, p. 121 s.
5. L. Fougère, *op. cit.*, p. 121.
6. V. Mimin, *Le style des jugements*, 1962 ; Schroeder, *Le nouveau style judiciaire*, 1978 ; P. Estoup, *Les jugements civils*, 1978.

§ 2 ─────────────────────

LE CONTEXTE

569 *Diversité* ◊ Le contexte varie selon les sources et les autorités. Point n'est besoin d'insister à ce sujet sur le contexte de la règle coutumière, en tant qu'il s'agit d'une règle tôt ou tard rédigée.

Il convient, au contraire, de présenter quelques développements relatifs au droit écrit et au droit jurisprudentiel.

A │ QUANT AU DROIT ÉCRIT

570 *Distinction* ◊ La signification de la règle de droit écrit est liée à son contexte législatif ou réglementaire[1]. Il convient aussi de tenir compte de l'incidence d'une éventuelle codification.

571 *1° Législation et réglementation. Les origines* ◊ Par rapport aux conceptions héritées de la Révolution française, la signification de la législation a très sensiblement évolué, surtout depuis une cinquantaine d'années[2].

Dans la conception initiale, inspirée par Jean-Jacques Rousseau, *la loi est l'expression de la volonté générale*. Peut-être n'est-ce là qu'un mythe parmi d'autres — loi révélée, volonté des ancêtres, législateur étranger[3], ... —, mais la croyance qui s'y est attachée est, de toute façon, restée longtemps assez forte. Or un double recul s'est manifesté à notre époque, affectant à la fois la généralité et la volonté.

Parce qu'elle est censée exprimer la volonté *générale*, celle de la nation tout entière représentée par l'ensemble de ses députés, sans considération de classe, de caste, de groupe de pression, la loi, à l'aube de la France contemporaine, « est la règle de droit, elle n'est pas l'instrument d'une politique »[4]. Cette conception juridique, entraînant une délimitation restrictive du domaine de la législation, a été largement abandonnée à partir de la fin du XIXe siècle, à mesure que le pouvoir de gouverner les hommes par les lois s'est affirmé de manière grandissante et que la loi est

───────────

1. V., en philosophie du droit, *La loi*, Arch. phil. droit 1980, t. 25. — Sur la sociologie législative, v. CARBONNIER, *Sociologie juridique*, p. 392 s. ; v. aussi, sur la sociologie de la création de la norme, les rapports de J. COMMAILLE et de M.-P. MARMIER-CHAMPENOIS (*L'exemple des changements législatifs intervenus en droit de la famille*) ainsi que de A.-J. ARNAUD (*L'avant-dire droit législatif*) présentés lors du deuxième colloque de sociologie juridique franco-soviétique, 1978.

2. V. spéc. les articles de G. BURDEAU, *Essai sur l'évolution de la notion de loi en droit français*, Arch. phil. droit 1939, p. 7 s., *Le dépassement de la loi*, Arch. phil. droit 1963, p. 35 s.

3. Sur le mythe du législateur étranger, v. J. CARBONNIER, *Essais sur les lois*, 1979, p. 191 s.

4. G. BURDEAU, art. préc., Arch. phil. droit 1939, p. 25.

devenue l'expression moins de la volonté générale que de *la volonté du législateur* et, derrière celui-ci, des techniciens, qu'il s'agisse de bureaucrates ou d'experts.

A ce recul de la généralité, s'est ajouté un recul du volontarisme car, sous l'influence d'un double courant, le « législateur juridique » a cessé de pouvoir exprimer aussi facilement que par le passé une *volonté* générale [1]. D'une part, des groupes de pression, exprimant les intérêts de catégories sociales ou professionnelles déterminées — commerçants, agriculteurs, salariés, ... — ont limité beaucoup plus que précédemment les choix législatifs. D'autre part, la législation s'est inclinée davantage devant les données issues de l'analyse de la réalité. Il y a eu, en ce sens, une revanche du fait sur le droit, conduisant celui-ci à s'aligner davantage sur celui-là, notamment en matière pénale (ex. : avortement, chèques sans provision, ...).

372   *Caractères de la législation* ◊ Les transformations affectant la genèse de la législation ont entraîné des conséquences quant aux caractères de celle-ci. L'idée de loi étant, dans la conception révolutionnaire, assez étroitement rattachée à la *raison*, c'est-à-dire à la raison humaine manifestée par la volonté générale, on avait initialement considéré que cette raison, appliquée aux sciences humaines selon les modes de pensée qui permettaient de l'utiliser dans le domaine des sciences physiques, présentait à la fois un caractère *immuable* et un caractère *abstrait*, l'un et l'autre servant à expliquer la nécessaire généralité de la loi.

L'évolution constatée au XXᵉ siècle a provoqué un recul du prestige de la légalité parce qu'il y a eu une certaine *désacralisation* de celle-ci, du fait d'une participation plus élargie à son élaboration et d'une contestation plus fréquente et plus vive de ses manifestations.

Cet état d'esprit accompagne un phénomène d'inflation législative [2], qui se traduit tout à la fois par la prolifération et l'instabilité des règles. La prolifération illustre le désir de régir par des textes — lois, règlements, etc. — un nombre sans cesse grandissant de rapports sociaux, ce qui entraîne, notamment, l'apparition de lois dont l'utilité est douteuse [3], voire de lois n'ayant d'existence que sur le papier. Dans un ordre d'idées voisin, les promesses électorales s'accompagnent de programmes de réformes, qui trouvent leur prolongement dans des projets de lois, dont l'existence, en tant que telle, revêt, même avant tout débat parlementaire, dans l'esprit des profanes mal informés, un caractère obligatoire. On ajoutera que l'abondance des règlements administratifs émanant des bureaux renforce

---

1. C. CHOUCROY, *A propos du 20ᵉ anniversaire du Rapport annuel de la Cour de cassation : séparation et décloisonnement des pouvoirs*, Rapport Cour cass. 1989, p. 23 s.
2. R. SAVATIER, L'inflation des lois et l'indigestion du corps social, D. 1977, chron. 43 s. ; J. CARBONNIER, *Essais sur les lois, op. cit.*, p. 271 s. — Comp. J.-P. HENRY, Vers la fin de l'état de droit ?, *Rev. dr. publ.* 1977, p. 1207 s.
3. Ainsi en est-il de nombre de modifications apportées, depuis une trentaine d'années, à la loi du 24 juillet 1966 sur les sociétés commerciales (obligations échangeables, options d'achat ou de souscription d'actions, etc.). L'entreprise assez permanente de réforme de la législation de la faillite pourrait donner lieu à des observations analogues.

le phénomène inflationniste. Encore faut-il remarquer que ces courants n'affectent pas seulement des terres vierges de droit ; ils entraînent d'incessantes modifications des règles existantes, devenues de la sorte beaucoup plus instables que par le passé.

373 *Contenu de la législation* ◊ A la faveur de tous ces changements, le contenu de la législation appelle une analyse renouvelée quant à la forme et quant au fond.

Quant à la *forme* dans la mesure où, s'ajoutant aux considérations tenant au langage du droit (*supra*, n° 368), des observations sont nées d'une analyse renouvelée des méthodes législatives, spécialement quant au langage du législateur[1], quant aux définitions utilisées par le législateur[2] ou quant au recours aux euphémismes[3].

Il convient, en outre, d'observer que la situation de la loi — au sens strict du mot — par rapport aux autres sources du droit s'est sensiblement modifiée. L'essor de la jurisprudence, dans le dernier quart du XIXe siècle, puis celui des règlements administratifs — ostensibles ou non — à partir des dernières décennies de la IIIe République, ont provoqué, en valeur relative, un certain déclin de la loi. Davantage contestée par la jurisprudence, la pratique ou la doctrine, elle a vu, de cette manière aussi, reculer son prestige. D'elle-même, de l'intérieur si l'on peut dire, la règle n'a pas craint, le cas échéant, de se dépouiller quelque peu de sa normativité essentielle, en acceptant, par exemple, l'épreuve de l'expérimentation[4] ou la survenance d'une suspension de sa force obligatoire. L'apparition ou le développement des lois-cadres, des lois de programme ou d'orientation, des plans ou des directives a contribué aussi à modifier la signification de la loi, même si la primauté de celle-ci demeure un fondement essentiel de notre régime démocratique.

Quant au *fond*, tout ce vaste mouvement déstabilisateur a éloigné les esprits des explications traditionnelles du fondement de la force obligatoire des lois, ce qui ne s'est pas nécessairement accompagné d'un abandon d'une sorte de personnification du législateur[5].

Qu'il s'agisse de la forme ou du fond, la situation observée en France, mais aussi dans nombre de sociétés proches de la nôtre, atteste l'existence d'un état de crise affectant le système juridique tout entier[6], non seulement quant à la signification de la loi, mais aussi quant à la technique législative[7].

---

1. G. CORNU, *Le langage du législateur*, Ann. Univ. Neuchâtel, 1977-1978. — Rappr. BECQUART, *Les mots à sens multiples dans le droit civil français*, thèse Lille, 1928.
2. G. CORNU, Les définitions dans la loi, *Mélanges Vincent*, 1981, p. 77 s., *Les définitions dans la loi et les textes réglementaires*, RRJ 1987, p. 1175 s.
3. J.-L. SOURIOUX et P. LERAT, L'euphémisme dans la législation récente, D. 1983, chron. 221 s.
4. Ainsi en a-t-il été lors de l'élaboration du nouveau code de procédure de 1975. La réforme a été notamment marquée par l'instauration, à titre expérimental (décr. 13 oct. 1965), du *juge des mises en état*, devant certaines juridictions. Ce juge est devenu ensuite (décr. 9 sept. 1971) le *juge de la mise en état*.
5. G. CORNU, *La bonté du législateur*, Ann. fac. dr. Louvain, 1989, p. 229 s.
6. V. le n° spécial de la Rev. *Droits*, n° 4-1986 : *Crises dans le droit*.
7. V. not. A. VIANDIER, Rev. *Droits* préc., p. 75 s.

374   *Réglementation. Déréglementation* ◊ Quand on parle d'inflation législative, on ne manque pas de viser aussi de la sorte l'inflation réglementaire. L'on déplore une ardeur dans la production de règles, de circulaires, de recommandations, d'avis, de plans, ... qui sont le signe bien connu de la bureaucratie, de la technocratie, de l'eurocratie. Cette abondance rejaillit sur la règle de droit : la quantité altère la qualité ; et souvent la mauvaise réglementation chasse le bon droit[1].

Les pouvoirs publics affirment leur volonté de lutter contre ces maux. Et, sans plus attendre, ils agissent par voie de circulaires, parfois pittoresques, sinon naïves et attendrissantes. Par une circulaire du 14 juin 1983, un Premier ministre, s'adressant à Mesdames et Messieurs les ministres et secrétaires d'Etat, dans le style d'un maître d'école parlant à des écoliers, leur a rappelé notamment ceci : « Les projets de loi doivent correspondre à une véritable nécessité juridique ... Il va d'abord de soi que toute tentation d'élaborer un texte de principe, qui ne modifierait pas substantiellement les dispositions en vigueur et n'aurait pour raison d'être que de traduire une inspiration générale différente, doit être repoussée ... Il faut éviter d'introduire dans les projets des dispositions sans contenu normatif, généralement consacrées à des déclarations de principe ou à la présentation de la philosophie du texte ... Les rédacteurs des projets doivent également observer la règle de l'économie des moyens. Elle doit les conduire à modifier les textes existants plutôt qu'à les refaire, et ne leur apporter que les modifications strictement nécessaires »[2].

Vains conseils ! La suite l'a montré[3]. La réglementation prolifère, défectueuse en quantité, en qualité. Dans son rapport annuel présenté le 20 juin 1991, le Conseil d'Etat a notamment mis en garde le gouvernement contre « deux tendances regrettables ... La première consiste à attacher plus de prix à l'importance apparente d'une loi qu'à son contenu réel. Elle conduit à réécrire en termes différents et souvent plus ambitieux mais plus imprécis, des dispositions qui existent déjà dans la législation. La seconde tendance est de créer des institutions ou des organismes nouveaux, souvent demandés par un groupe social ou professionnel, sans avoir déterminé de manière suffisamment précise leur rôle et leur insertion dans les structures existantes, ni même s'être suffisamment interrogé sur la possibilité de les faire fonctionner »[4].

L'excès de réglementation, joint à d'autres données d'ordre économique, social et politique, a encouragé, il est vrai, un puissant courant, du moins dans le discours, en faveur de ce qu'il est convenu d'appeler la *déréglementation*[5]. Force est d'observer que notre système juridique reste

---

1. D. LATOURNERIE, La qualité de la règle de droit : l'influence des circuits administratifs de son élaboration, *Rev. adm.* 1979, p. 591 s.

2. Rappr., dans le même sens, une circulaire du Premier ministre, en date du 25 mai 1988, J.O. 27 mai 1988, p. 7381 s., spéc. p. 7382.

3. V. not. LAPOYADE DESCHAMPS, Un texte insaisissable (Commentaire du décret n° 87-637 du 5 août 1987 pris pour l'application de l'article 1414 du Code civil), D. 1989, chron. 154, note 1 : « L'art de décréter se perd », etc.

4. *Le Monde*, 22 juin 1991.

5. V. not. *La déréglementation*, Colloque organisé à Corte le 30 janvier 1986, RRJ 1987-2, p. 639 s.

encore, dans une large mesure, à l'étape des intentions. Il est vrai que, pour déréglementer, il faut encore réglementer[1].

375 **2° La codification** ◊ D'une manière générale, la codification peut revêtir de multiples aspects, selon la portée de la transformation qu'elle opère[2]. En ce sens, il s'agit encore de son objet. L'effet « novatoire »[3] de la codification est plus ou moins accentué. Le décalage entre le droit antérieur et le droit codifié est considérable lorsque la codification d'un droit sert de procédé technique à la réception d'un droit étranger. La différence est moins nette lorsqu'elle tend seulement à unifier un droit. On sait que ce fut l'objectif principal poursuivi à l'époque napoléonienne[4]. Puis vient l'hypothèse dans laquelle la codification va de pair avec la rédaction d'un droit coutumier.

On distinguera la codification, au sens classique et la codification administrative[5].

376 **a) La codification classique** ◊ Elle n'implique pas simplement le rassemblement d'un nombre plus ou moins élevé de textes. Depuis le début du XIXᵉ siècle, elle n'est pas considérée, dans notre doctrine, comme une simple compilation. Elle appelle, dans le temps même où cette réunion est réalisée, diverses réformes de *fond*, soit parce que les circonstances qui ont conduit à souhaiter une codification nécessitent une modernisation ou une simple adaptation de ce droit à l'évolution sociale et politique, soit parce que, chemin faisant, les rédacteurs d'un nouveau code peuvent profiter de l'occasion pour améliorer les règles antérieures. Golab traduit cette idée en affirmant que « la codification ne peut pas être une compilation »[6]. On dit aussi : « Codification, c'est modification »[7].

L'élaboration des codes napoléoniens, tout particulièrement du code civil, a illustré, en droit français, l'importance de la codification (*supra*, nᵒˢ 55 s., 64 s., 375). L'entreprise répondait alors à un profond besoin

1. Rappr. une circulaire du 15 juin 1987 relative aux circulaires, trop nombreuses, etc. : J.O. 19 juin 1987, p. 8460.
2. J. VANDERLINDEN, *Le concept de code en Europe occidentale du XIIᵉ au XIXᵉ siècle, Essai de définition*, Bruxelles, 1967.
3. GÉNY, *Méthode d'interprétation et sources en droit privé positif*, t. I, nᵒ 52, p. 110.
4. V. not. *La famille, la loi, l'État, de la Révolution au Code civil*, par le Centre de recherche interdisciplinaire de Vaucresson, éd. Imprimerie nationale 1989, spéc. p. 237 s.
5. V. Travaux et recherches de l'Institut de Droit comparé de l'Univ. de Paris, t. XXIII, 1962, spéc. *Les problèmes de la codification à la lumière des expériences et des situations actuelles*, p. 175 s. ; comp. TUCKER, Tradition et technique de la codification dans le monde moderne : l'expérience de la Louisiane, *Mélanges Julliot de La Morandière*, 1964, p. 593 s. ; *Codification : valeurs et langage*, Actes du Colloque internat. de droit civil comparé, Montréal, 1ᵉʳ-3 oct. 1981 ; *La codification et l'évolution du droit*, XVIIIᵉ Congrès de l'Institut international d'expression française (IDEF), Rev. jur. et pol. Indépendance et coopération, 1986, nᵒˢ 3-4 ; J.-L. SOURIOUX, *Codification et autres formes de systématisation du droit à l'époque actuelle*, Le droit français, Journ. de la soc. de législ. comparée 1988, p. 145 s.
6. S. GOLAB, Théorie et technique de la codification, *Mélanges Del Vecchio*, 1930, p. 296.
7. Cf. J. TH. de SMIDT, *Le problème de la rédaction des droits coutumiers*, Rapports généraux au Vᵉ Congrès international de droit comparé, éd. Bruxelles, 1960, t. I, p. 98, citant une formule de M. POIRIER.

d'unification. Il n'en faudrait pas déduire une vision limitée, car la codification peut se rattacher à des considérations diverses quant à son objet et quant à son type.

Il est évident, tout d'abord, que les diverses branches du droit français n'ont pas atteint le même degré d'évolution, ce qui rejaillit tout naturellement sur l'ampleur de la codification. Là où le droit français est codifié de longue date, le problème habituellement posé est celui de la révision des codes. Ailleurs, l'on a pu hésiter à procéder à des codifications, notamment parce que l'entreprise semblait prématurée, inopportune. Ce courant s'est manifesté notamment en droit international privé[1], ce qui n'a pourtant pas empêché l'insertion de textes relevant de cette matière dans diverses lois tendant à la rénovation du droit civil français.

Ailleurs on a pu constater l'émergence de nouveaux codes, se substituant, le cas échéant, en tout ou en partie, à d'anciens codes. Ainsi en a-t-il été du code de procédure pénale (1958) ou du nouveau code de procédure civile (1975)[2].

Réussie dans certains domaines, par exemple en droit civil[3], la substitution de certains textes, de certains chapitres ou de certains titres à d'autres peut, ailleurs, défigurer un code. Alors l'introduction successive des dispositions nouvelles dont la structure initiale n'est pas modifiée nuit à la coordination de l'ensemble. Elle peut aboutir, dans la matière renouvelée, soit à empêcher la formation d'une jurisprudence opportune, soit à maintenir une jurisprudence critiquable. Le même reproche est d'ailleurs concevable si l'on envisage une autre conséquence possible : la décodification. Le droit commercial français illustre à ce sujet un mouvement singulier de flux et de reflux, de codification, de décodification, de recodification[4]. A vrai dire, là se rejoignent, le cas échéant, la codification classique et la codification administrative.

377   *b) La codification administrative* ◊ Du type classique de codification, il faut distinguer un autre type, destiné à faciliter, par leur regroupement, la connaissance de règles nombreuses, éparses et même diverses par leur origine, tantôt législative, tantôt réglementaire. Inspirée davantage des processus de « consolidation » ou de « restatement » connus notamment aux Etats-Unis[5] et plus limitée que la précédente quant à sa portée, cette méthode s'est beaucoup développée dans notre système juridique. On a pu employer, pour la désigner, l'expression de *codification administrative*[6],

---

1. *La codification en droit international privé*, Trav. du Comité franç. de dr. intern. privé, 1955, éd. 1956.
2. G. CORNU, *La codification de la procédure civile en France*, in *La codification et l'évolution du droit*, XVIIIᵉ Congrès de l'IDEF, Rev. jur. et pol. Indépendance et coopération, 1986, p. 689 s.
3. G. CORNU, *La refonte dans le code civil français du droit des personnes et de la famille*, Rev. jur. et pol. Indépendance et coopération, 1986, p. 674 s.
4. B. OPPETIT, La décodification du droit commercial français, *Mélanges Rodière*, 1981, p. 197 s., L'expérience française de codification en matière commerciale, D. 1990, chron. 1 s.
5. V. D. TALLON, *Codification and consolidation of the law at the present time*, Israel law review, 1979, p. 1 s.
6. V. J.-C. GROSHENS, La codification par décret des lois et règlements, D. 1958, chron. 157 s. ; OLIVIER, *La codification administrative*, thèse dactyl. Paris, 1958.

dans la mesure où l'absence de modification de fond apportée aux dispositions légales existantes permet en principe de procéder à la codification par voie réglementaire.

C'est ainsi qu'un décret du 10 mai 1948 institua, « auprès de la Présidence du Conseil une Commission supérieure chargée de réunir l'ensemble des textes législatifs et réglementaires en vigueur, de coordonner et de compléter les travaux déjà entrepris à cet effet par les différentes administrations et de soumettre au Gouvernement toutes suggestions relatives à la simplification de ces textes, en vue de faciliter les travaux de codification proprement dits »[1].

Vaste, ce mouvement l'était d'ailleurs à divers titres. En premier lieu, par la diversité des normes qu'il devait recouvrir. La codification allait porter non seulement sur des textes législatifs, mais aussi sur des textes réglementaires. On ne saurait trop souligner combien cette nouveauté transformait la fonction traditionnelle de la codification. C'était une codification *intégrale* qui était recherchée. En deuxième lieu, le mouvement était vaste dans l'espace. L'instruction générale sur la codification, rédigée en vue de permettre aux diverses administrations de suivre une procédure uniforme, précisait notamment que les dispositions codifiées s'appliqueraient à l'ensemble du territoire métropolitain, et notamment aux départements du Haut-Rhin, du Bas-Rhin et de la Moselle, « toutes les fois qu'il n'en sera pas disposé autrement ». En troisième lieu, le mouvement était vaste dans le temps. En effet, les divers textes qui, selon le programme élaboré par la commission, prescrivirent successivement la codification de diverses matières, précisèrent presque tous que cette codification serait *permanente* et que les codes, ainsi rédigés, seraient mis à jour tous les ans.

L'activité de la commission a été à l'origine de nombreux codes : code des pensions civiles et militaires de retraite (1951), code de la santé publique (1953), code de la famille et de l'aide sociale (1956), code du travail (1973), code de l'organisation judiciaire (1978) ...

Cette première vague de la codification administrative a été suivie, à partir de 1989, par une nouvelle vague dans le sens d'une relance de la codification[2]. Abrogeant le décret du 10 mai 1948, un décret du 12 septembre 1989 a substitué à la commission antérieure, une « Commission supérieure de codification chargée d'œuvrer à la simplification et à la clarification du droit ». L'objectif est et demeure le développement des travaux de codification[3].

Ainsi s'amplifie, sous l'influence là aussi grandissante de l'administration et de la bureaucratie, un mouvement qui s'accompagne, comme on pouvait le craindre, de modifications de fond, de nature législative, sous

---

1. G. ARDANT, La codification permanente des lois, règlements et circulaires, *Rev. dr. publ.* 1951, p. 35 s. ; ETTORI, *Les codifications administratives*, EDCE 1956, p. 42 s.
2. V. « La relance de la codification », Alloc. de MM. ROCARD et BRAIBANT, *Rev. franç. dr. adm.* 1989, p. 303 s.
3. V. le rapport d'activité de la Commission sup. de codif. (nov. 1989-nov. 1990), J.O. 17 nov. 1990, p. 14165 s. ; v. spéc. Rép. min. JO déb. Ass. nat. (Q) 29 juill. 1991, p. 2963. — V. aussi, par ex., C. GABOLDE, Le nouveau code des tribunaux administratifs et des cours administratives d'appel, D. 1990, chron. 11 s. — Rappr. Y. GAUDEMET, La codification de la procédure administrative non contentieuse en France, D. 1986, chron. 107 s.

couvert de codification administrative, d'origine réglementaire. Il y a des
« codifications dangereuses ». C'est ce que l'on a justement observé au
sujet du Livre des procédures fiscales ou du code des douanes[1].

B   QUANT AU DROIT JURISPRUDENTIEL

378   *Evolution* ◊ Depuis une trentaine d'années, l'on constate en France un
phénomène volontiers qualifié d'*explosion judiciaire*. Beaucoup de causes
sont à l'origine d'un accroissement considérable du nombre des litiges.
L'afflux des procès ne cesse de s'amplifier, sans que le corps judiciaire
puisse, malgré d'immenses efforts et des trésors d'imagination, absorber à
la cadence voulue le flot des affaires nouvelles. La justice n'arrive plus à
combler le retard ; tout au plus parvient-elle à éviter que celui-ci
s'accroisse. Ce qui tient du prodige si, par rapport au nombre des affaires,
on compare ce qu'est aujourd'hui le nombre des magistrats à ce qu'il était
il y a un demi-siècle. D'ores et déjà, de savantes et inquiétantes réflexions
ont été menées sur la « maîtrise des flux judiciaires ». C'est l'histoire d'une
maîtrise perdue[2].

L'augmentation du nombre des procès — allant de pair avec l'accroissement du mécontentement ou de la lassitude des justiciables, attitudes
toutes deux malsaines — impose d'emblée une interrogation d'ordre
quantitatif, relativement au nombre des magistrats. De prime abord, l'on
pourrait penser que, dans un pays, une justice n'est pas *nécessairement*
améliorée par l'accroissement du nombre des juges. Et il se peut, au
demeurant, que d'autres démarches pourraient aussi remédier à la crise
de la justice : traitement approprié des contentieux de masse (si tant est
qu'il y en ait beaucoup) ; recours accru à la conciliation ou à l'arbitrage ;
allégement (nécessairement limité) de la motivation ; amélioration de
l'aide à la décision ; etc. Reste que, notamment à la lumière de situations
comparables, telles qu'on les a constatées en Italie ou en Allemagne
fédérale, il y a, en France, une très notable insuffisance du nombre des
magistrats.

Loin de décroître ou de demeurer étale, le flot ne fera que s'amplifier
dans un avenir relativement proche. L'attention est, en effet, appelée sur
deux facteurs nouveaux d'expansion du contentieux : la *décentralisation,*
qui favorise, à de nouveaux étages de l'organisation administrative et
politique, l'apparition et l'expansion de nouvelles aires de contentieux, y
compris dans le champ des relations de droit privé ; la *désétatisation* — en
marche, en projet, en attente —, qui appelle une déréglementation et ne
peut, par contrepoids, qu'entraîner du côté du judiciaire le traitement de
difficultés d'ordre juridique antérieurement assuré de manière prépondé-
rante par la loi et le règlement.

1. M. PRELLE, Les codifications dangereuses, *Gaz. Pal.* 1990, 2, doctr. 622.
2. V., de manière plus générale, le n° spéc. de la Rev. *Droits, La fonction de juger*, n° 9-1989 ;
La crise du juge, Colloque du Centre de phil. droit de Louvain et de l'Assoc. franç. phil. droit,
1989, éd. 1990.

Tel est le contexte, d'ordre quantitatif, dans lequel se situe l'expression du droit jurisprudentiel. Inévitablement, il développe, d'un point de vue qualitatif, une crise de conscience.

379 *Une crise de conscience* ◊ Pour que, par rapport au juste, le juge assure sans crise sa mission, il importe que les termes de la médiation du juste et du sage demeurent clairs. Ils le sont restés aussi longtemps que le juste a été la finalité primordiale du droit, lequel tend aussi, essentiellement, à organiser, à ordonner (*supra*, n°s 30 s.).

C'est sur ces bases que, pendant des siècles, le droit a vécu. Les juges, plus généralement les juristes, étaient, consciemment ou non, des philosophes du droit, les juges au premier chef, appelés à dire le droit (*judicium*). Qu'il y ait eu dans le passé des révoltes de Parlements, c'est certain. Mais cela n'a pas voulu dire, au sens employé à notre époque, crise du juge ou de la justice.

L'horizon s'est obscurci quand s'est développé l'utilitarisme des temps modernes. Et peut-être faut-il voir dans ce mouvement d'idées, sinon la première source, du moins une source principale de la crise actuelle du juge. A mesure que se multiplient les finalités du droit, la médiation du juste au sage devient de plus en plus complexe, tandis que se renforce tout naturellement la tentation souvent paresseuse du positivisme juridique.

Pour surmonter une crise de conscience, on trouverait profit à tenir compte, pour finir, des exigences ou des correctifs dont a besoin la justice des hommes : l'équité, la prudence au sens aristotélicien du mot. Car l'homme de bon jugement n'est pas l'homme de science. Il n'ignore pas que, s'agissant des affaires humaines, le vrai s'efface habituellement devant le vraisemblable et ne se confond pas avec le démontrable. Il ne s'incline pas devant un savoir transcendant quand il doit juger, donc comprendre. Et la raison qui inspire le juge est plus raisonnable que rationnelle[1].

C'est dans ce contexte quantitativement et qualitativement en crise que se transmet le message exprimé dans les décisions de justice.

SECTION 2
L'ASSIMILATION DU DROIT

380 *Plan* ◊ Elle dépend de certaines *conditions*, qu'il convient d'envisager (§ 1), avant d'apprécier les *résultats* atteints (§ 2).

---

1. V. G. Khairallah, Le « raisonnable » en droit privé français, *RTD civ.* 1984, p. 439 s.

§ 1 ——————————————————————————————

LES CONDITIONS

381 *Distinction* ◊ L'assimilation du droit passe par la satisfaction de certaines exigences, relatives à la *diffusion* des règles et des solutions (A), à l'*enseignement* du droit (B) et au développement des *sciences auxiliaires* du droit (C).

A LA DIFFUSION

382 *Les progrès* ◊ Dans l'histoire des progrès de l'humanité — ici de l'*homo juridicus* — on compare volontiers l'invention de l'imprimerie et celle de l'ordinateur. En tout cas, on peut distinguer, dans cette perspective, la diffusion classique et la diffusion par l'informatique[1].

383 *1° La diffusion classique* ◊ Il est nécessaire que le droit soit accessible à tous, ce que ne facilite pas sa complexité croissante. Les publications des lois et règlements au *Journal officiel* de la République française n'intéressent pas seulement l'émergence de leur caractère obligatoire et leur mise en vigueur (*infra*, n° 414). Ceci étant lié à cela, elles permettent la diffusion sans laquelle l'obligation de se conformer à des règles secrètes serait inconciliable avec la liberté. Dans un ordre d'idées voisin, la rédaction des coutumes, la motivation et la publication des décisions de justice sont les conditions mêmes du caractère obligatoire de la coutume et de la jurisprudence. Un raisonnement comparable pourrait être développé au sujet de toutes les manifestations du droit objectif. D'où l'existence de questions liées à l'accès à la connaissance, étant observé qu'en principe, de quelque manifestation du droit objectif qu'il s'agisse — droit coutumier ou droit écrit, droit jurisprudentiel ou droit légiféré —, l'écrit est le véhicule indispensable de la diffusion du savoir juridique.

a) Parce que la *coutume* se forme par l'usage, sans décision écrite, elle est en principe difficile à connaître. La prise de connaissance de la coutume peut cependant être facilitée par l'existence de recueils qui relatent les usages principaux en certaines matières. Il existe ainsi un certain nombre de recueils privés qui rapportent, par exemple, les usages relatifs à la propriété foncière, ou ceux appliqués dans des places de commerce. De tels recueils n'ont qu'une simple valeur documentaire et, en cas de litige, ne s'imposent pas au juge. On observe parfois une

---

1. On renverra principalement, en la matière, à A. Dunes, *La documentation juridique*, *Dalloz*, coll. Méthodes du droit, 1977 ; Y. Tanguy, *La recherche documentaire en droit*, PUF, coll. Droit fondamental, 1991.

constatation officielle des coutumes sous le contrôle de l'autorité publique. Il y a eu un exemple célèbre dans l'Ancien droit avec la rédaction officielle des coutumes (*supra*, n° 47). A l'époque contemporaine, on peut citer comme manifestation de la rédaction des coutumes, la constatation des usages généraux observés à propos de maintes ventes commerciales. En principe, la rédaction officielle d'une coutume n'en change pas la nature ; elle ne devient pas, pour autant, loi. Une telle rédaction ne fait donc pas obstacle à ce que l'usage puisse évoluer ; mais il faut reconnaître qu'il tend alors à se figer.

b) Pour avoir une vision complète et juste de ce qu'est le droit positif, il ne suffit évidemment pas de consulter les codes et les lois, il faut connaître et savoir analyser l'application que la jurisprudence en a faite, l'interprétation qu'elle en a donnée. Sans l'être tous — loin de là, et l'écart se creuse — les arrêts de la Cour de cassation sont publiés au *Bulletin officiel* des arrêts de la Cour de cassation. Il n'en demeure pas moins que la jurisprudence connue ne représente qu'une faible fraction dans l'immense masse des décisions : les recueils privés publient les décisions les plus intéressantes qui leur sont fournies notamment par les « correspondants » avec qui leurs rédacteurs ont pu nouer des contacts auprès des diverses juridictions.

c) La diffusion des lois et règlements s'opère premièrement par l'intermédiaire du *Journal officiel*. Divers bulletins officiels ou privés servent à la diffusion des normes qui prolifèrent, en particulier de celles qui sont émises par nombre d'autorités administratives indépendantes.

384   *La documentation* ◊ On ne saurait présenter ici une documentation exhaustive[1]. L'on se contentera donc de présenter quelques informations documentaires soit générales, soit principalement relatives au droit civil :

1. TRAITÉS, MANUELS, PRÉCIS

ATIAS, Droit civil, Les biens, 2ᵉ éd. 1991 ; Les personnes, Les incapacités, 1985.

AUBERT, Introduction au droit et thèmes fondamentaux du droit civil, 4ᵉ éd., 1990.

AUBRY et RAU, Cours de droit civil français, 6ᵉ et 7ᵉ éd., par BARTIN, ESMEIN, PONSARD et DEJEAN DE LA BÂTIE, 1938-1975.

BÉNABENT, Droit civil, La famille, 3ᵉ éd. 1988 ; Les obligations, 2ᵉ éd. 1989.

BEUDANT, Cours de droit civil français, 2ᵉ éd., publiée par R. BEUDANT et P. LEREBOURS-PIGEONNIÈRE, 19 vol., 1938-1953, avec le concours de Mᵐᵉ BÉQUIGNON-LAGARDE, de MM. BATIFFOL, BRETON, BRÈTHE DE LA GRESSAYE, LAGARDE, LE BALLE, LENOAN, R. PERROT, A. PERCEROU, RAYNAUD, RODIÈRE, VOIRIN.

---

1. V. les ouvrages de A. DUNES et de Y. TANGUY, préc.

CARBONNIER, Droit civil, Introduction, 18ᵉ éd. 1990 ; t. 1, Les personnes, 17ᵉ éd. 1989 ; t. 2, La famille, 13ᵉ éd. 1989 ; t. 3, Les biens. Monnaie, immeubles, meubles, 13ᵉ éd. 1990 ; t. 4, Les obligations, 14ᵉ éd. 1990.

COLIN et CAPITANT, Cours élémentaire de droit civil français, t. 3, 10ᵉ éd. 1950, par L. JULLIOT DE LA MORANDIÈRE.

COLLARD-DUTILLEUL et DELEBECQUE, Contrats civils et commerciaux, 1991.

COLOMBET, La famille, 2ᵉ éd. 1990.

COLOMER, Droit civil, Les régimes matrimoniaux, 4ᵉ éd. 1990.

CORNU, Droit civil, Introduction, Les personnes, Les biens, 4ᵉ éd. 1990 ; Les régimes matrimoniaux, 5ᵉ éd. 1989.

DAGOT, Les sûretés, 1981 ; La publicité foncière, 1981.

Dalloz, Répertoire civil de l'Encyclopédie juridique, 1ʳᵉ éd., 5 vol. 1951-1955 ; 2ᵉ éd., 7 vol. 1969-1976.

FLOUR et AUBERT, Droit civil, Les obligations, vol. I, L'acte juridique, 4ᵉ éd. 1990, vol. II, Sources : le fait juridique, 4ᵉ éd. 1989.

FLOUR et SOULEAU, Droit civil, Les successions, 2ᵉ éd. 1987 ; Les libéralités, 1982.

GHESTIN, Traité de droit civil, Les obligations, Le contrat : formation, 2ᵉ éd. 1988.

GHESTIN et DESCHÉ, Traité des contrats, La vente, 1990.

GHESTIN et GOUBEAUX, Traité de droit civil, Introduction générale, 3ᵉ éd. 1990.

GOUBEAUX, Traité de droit civil, Les personnes, 1989.

GRIMALDI, Droit civil, Successions, 1989.

HAUSER et D. HUET-WEILLER, Traité de droit civil, La famille, Fondation et vie de la famille, 1989.

JOSSERAND, Cours de droit civil positif français, 3ᵉ éd., 3 vol., 1938-1940.

JULLIOT DE LA MORANDIÈRE, Traité de droit civil de COLIN et CAPITANT, refonte, t. 1, 1957, t. 2, 1959.

C. LABRUSSE-RIOU, Droit de la famille, 1984.

G. DE LA PRADELLE, Essai d'introduction au droit français, t. 1, Les normes, 1990.

LARROUMET, Droit civil, t. I, Introduction à l'étude du droit privé, 1984 ; t. II, Les biens, droits réels principaux, 2ᵉ éd. 1988 ; t. III, Les obligations, 1ʳᵉ partie, 1986.

MALAURIE et AYNÈS, Droit civil, Les personnes, Les incapacités, par MALAURIE, 1989 ; La famille, par MALAURIE, 2ᵉ éd. 1989 ; Les obligations, 2ᵉ éd. 1990 ; Les biens, 1990 ; Les sûretés, La publicité foncière, 3ᵉ éd. 1990 ; Les régimes matrimoniaux, 1988 ; Les successions, Les libéralités, par MALAURIE, 1989 ; Les contrats spéciaux, 4ᵉ éd. 1990.

MARTY et RAYNAUD, Droit civil, Introduction générale à l'étude du droit, 2ᵉ éd. 1972 ; Les personnes, par RAYNAUD, 3ᵉ éd. 1976 ; Les obligations, t. I, Les sources, par RAYNAUD, 2ᵉ éd. 1988, t. II, Les effets, par RAYNAUD et JESTAZ, 2ᵉ éd. 1989 ; Les biens, par RAYNAUD, 2ᵉ éd. 1980 ; Les sûretés, La publicité foncière, par RAYNAUD et JESTAZ, 2ᵉ éd. 1987 ; Les régimes matrimoniaux, par RAYNAUD, 2ᵉ éd. 1985 ; Les successions et les libéralités, par RAYNAUD, 1983.

MAZEAUD (H., L. et J.), Leçons de droit civil, t. I, 1ᵉʳ vol., Introduction à l'étude du droit, par CHABAS, 9ᵉ éd. 1990 ; t. I, 2ᵉ vol., Les personnes : la personnalité, les incapacités, par CHABAS, 7ᵉ éd. 1986 ; t. I, 3ᵉ vol., par DE JUGLART, 6ᵉ éd. 1976 ; t. II, 1ᵉʳ vol., Obligations : théorie générale, par CHABAS, 8ᵉ éd. 1991 ; t. II, 2ᵉ vol., Biens : droit de propriété et ses démembrements, par CHABAS, 7ᵉ éd. 1989 ; t. III, 1ᵉʳ vol., Sûretés, Publicité foncière, par V. RANOUIL et CHABAS, 6ᵉ éd. 1988 ; t. III, 2ᵉ vol., Principaux contrats : 1ʳᵉ partie, Vente et échange, par DE JUGLART, 6ᵉ éd. 1984, 2ᵉ partie, Autres contrats, par DE JUGLART, 5ᵉ éd. 1980 ; t. IV, 1ᵉʳ vol., Régimes matrimoniaux, par DE JUGLART, 5ᵉ éd. 1982 ; 2ᵉ vol., Successions, Libéralités, par BRETON, 4ᵉ éd. 1982.

PIEDELIÈVRE, Droit des biens, 1977.

PLANIOL et RIPERT, Traité théorique de droit civil français, 2ᵉ éd., 13 vol. 1952-1960, plus 1 vol. de tables, 1963, publié avec le concours de MM. BECQUÉ, BESSON, BOULANGER, ESMEIN, GABOLDE, GIVORD, HAMEL, LEPARGNEUR, LOUSSOUARN, MAURY, PICARD, RADOUANT, ROUAST, R. SAVATIER, J. SAVATIER, TRASBOT, TUNC, VIALLETON.

RIPERT et BOULANGER, Traité de droit civil, d'après le Traité de PLANIOL, 4 vol., 1956-1959.

SÉRIAUX, Les successions, Les libéralités, 1986.

SIMLER et DELEBECQUE, Droit civil, Les sûretés, La publicité foncière, 1989.

SOURIOUX, Introduction au droit civil, 2ᵉ éd. 1990.

STARCK, ROLAND et BOYER, Introduction au droit, 3ᵉ éd. 1991 ; Obligations : 1. Responsabilité délictuelle, 3ᵉ éd. 1988 ; 2. Contrat, 3ᵉ éd. 1989 ; 3. Régime général, 3ᵉ éd. 1989.

TERRÉ et LEQUETTE, Droit civil, Les successions, Les libéralités, 2ᵉ éd. 1988.

TERRÉ et SIMLER, Droit civil, Les régimes matrimoniaux, 1989.

TEYSSIÉ, Droit civil, Les personnes, 1983.

THÉRY, Sûretés et publicité foncière, 1988.

VINEY, Traité de droit civil, La responsabilité : conditions, 1982 ; La responsabilité : effets, 1988.

WEILL et TERRÉ, Droit civil, Les personnes, La famille, Les incapacités, 5ᵉ éd. 1983 ; Les obligations, 4ᵉ éd. 1986.

WEILL, TERRÉ et SIMLER, Droit civil, Les biens, 3ᵉ éd. 1985.

ZÉNATI, Les biens, 1988.

2. PÉRIODIQUES

Les lois et décrets peuvent être commodément consultés soit dans le Journal officiel de la République, soit dans les recueils périodiques privés : recueil Dalloz, Semaine Juridique, Gazette du Palais, etc.

Dans ces mêmes recueils privés, sont également publiés des jugements et des arrêts, avec des commentaires, et aussi des articles de doctrine. La référence à ces recueils, de même que l'indication des arrêts, sont faites au moyen d'abréviations conventionnelles.

Les abréviations usuelles sont les suivantes :

a) *Pour les décisions de justice :*

Req. :   Cour de cassation, chambre des Requêtes (jusqu'en 1947).

Cass. civ. 1re (ou 2e) sect. civ. :	Cour de cassation, chambre civile, 1re (ou 2e) section civile (jusqu'en 1964).
Civ. 1re (ou 2e ; ou 3e) :	Cour de cassation, 1re (ou 2e ; ou 3e) chambre civile (depuis 1965).
Com. :	Cour de cassation, section, puis chambre commerciale et financière.
Soc. :	Cour de cassation, section, puis chambre sociale.
Crim. :	Cour de cassation, chambre criminelle.
Ch. mixte :	Cour de cassation, réunie en chambre mixte.
Ass. plén. :	Assemblée plénière de la Cour de cassation.
Ch. réunies :	Cour de cassation, chambres réunies.
Trib. civ. Chartres :	Tribunal civil de Chartres (jusqu'en 1958).
Trib. gr. inst. Chartres :	Tribunal de grande instance de Chartres (depuis 1958).
Trib. inst. Asnières :	Tribunal d'instance d'Asnières.
Lyon :	Cour d'appel de Lyon.
Cons. d'Etat ou C.E. :	Conseil d'Etat.
Trib. adm. :	Tribunal administratif.
Trib. Confl. :	Tribunal des conflits.

La date de la décision, puis la référence à un périodique suivent l'indication de la juridiction.

Ex. : Crim. 6 déc. 1967, D. 1968, J, 430 = arrêt de la chambre criminelle de la Cour de cassation en date du 6 décembre 1967, rapporté au recueil Dalloz de 1968, partie jurisprudence, page 430.

b) *Pour les recueils périodiques :*
J.O. Journal officiel.

Recueil Dalloz. Pendant plusieurs décennies, il a existé deux périodiques Dalloz, l'un mensuel (Dalloz périodique) : D.P., devenu ensuite Dalloz critique : D.C. ; l'autre, hebdomadaire (Dalloz hebdomadaire) : D.H., devenu ensuite Dalloz analytique : D.A. Il n'existe plus aujourd'hui qu'une seule série, qui est hebdomadaire et qui a fusionné avec un autre périodique, le recueil Sirey. On cite : D (ou DS).

Quand il s'agit de l'ancien Dalloz mensuel, on précise l'année, la partie du recueil et la page : Colmar 20 janvier 1933, D.P. 1935, 2, 25. Pour le recueil hebdomadaire, on cite seulement l'année et la page, pour les décisions de justice (Crim. 6 déc. 1967, D. 1968, 430 ou D. 1968, J, 430). Pour les chroniques, on précise chron. et la page ; pour les sommaires d'arrêts, on précise Somm. et la page ; les « Informations rapides », apparues il y a une dizaine d'années, sont citées I.R. ou *Inf. rap.* et la page. Quant aux lois et décrets, on précise L., et la page. Exemples : Ripert, Le bilan d'un demi-siècle de vie juridique, D. 1950, chron. 1 ; Loi n° 83-1405 du 8 décembre 1983 relative au contrôle de l'état alcoolique, D. 1984, L, 7.

Semaine juridique, citée Sem. Jur. ou, plus fréquemment, J.C.P. (abréviation de Juris Classeur Périodique). Après avoir indiqué l'année, on précise la partie, puis le numéro attribué au document recherché. Exemples : Malinvaud, La responsabilité civile du vendeur à raison des vices de la chose, J.C.P. 1968, I, 2153, Crim. 25 janv. 1968, J.C.P. 1968, II, 15425 ; décret n° 68-273 du 20 mars 1968, J.C.P. 1968, III, 34104. Il existe plusieurs éditions de la Semaine Juridique. A défaut de précision, la référence est faite à l'édition générale (G).

Gazette du Palais. Elle comprend un journal, autrefois quotidien, aujourd'hui tri-hebdomadaire, et un recueil bimestriel qui reprend en grande partie ce qui a déjà été publié dans le journal. Les recueils bimestriels sont usuellement reliés en deux recueils semestriels.

Le numéro précisé après l'année indique qu'il s'agit du premier ou du second semestre. Exemple : Gaz. Pal. 1960, 1, 200 = année 1960, 1er semestre, page 200. S'il s'agit d'un article de doctrine ou d'une loi, on précise, avant d'indiquer la page, que la référence concerne la partie « doctrine » ou la partie « législation » (ex. : Gaz. Pal. 1960, 1, doctr. 23 ou Gaz. Pal. 1960, 1, Lég. 22). Au bas du recueil semestriel, se trouve indiquée la date du journal où la décision a été également publiée ; lorsqu'on connaît seulement cette dernière date, on peut donc néanmoins retrouver rapidement la décision dans le recueil semestriel.

Recueil Sirey. Il comprenait plusieurs parties, qu'on désignait par des chiffres : Cass. civ. 22 juin 1880, S. (ou Rec. Sir.) 1881. 1. 23 = Sirey 1881, 1re partie, page 23. Il a été fusionné avec le recueil Dalloz.

Revue trimestrielle de droit civil = Rev. trim. dr. civ. (ou *RTD civ.*). Cette revue est un instrument de travail extrêmement précieux en raison de ses commentaires méthodiquement classés, de ses bibliographies, de ses articles de fond, ainsi que de l'index des textes nouveaux et du commentaire des plus importants d'entre eux. On précise l'année et la page.

Bulletin des arrêts de la Cour de cassation, chambres civiles (y compris la chambre commerciale et la chambre sociale). Les arrêts y sont classés par chambre (ou, pendant un certain temps, par section), de sorte qu'il comporte actuellement cinq parties (que l'on cite : I, II, III, IV, V). A l'intérieur de chaque partie, les arrêts sont classés par date et par numéro d'ordre. On peut donc à son gré indiquer seulement la chambre et la date de l'arrêt ou préciser, en outre, son numéro ou la page : Cass. civ. 1re, 30 avril 1968, Bull. civ. I, n° 129, page 101. La consultation du bulletin est indispensable pour tout travail de recherche scientifique complet.

Tous ces recueils possèdent des tables annuelles, notamment les tables alphabétiques par matières. Certains recueils possèdent en outre des tables chronologiques de jurisprudence et des tables alphabétiques suivant le nom des parties au litige.

En outre, la Gazette du Palais publie des tables où sont cités non seulement ce qui a été publié à la Gazette du Palais, mais aussi des décisions et des articles publiés dans d'autres revues. Par conséquent, elles constituent un outil de travail important.

3. RECUEILS DE GRANDES DÉCISIONS

ANCEL et LEQUETTE, Grands arrêts de la jurisprudence française de droit international privé, 1987.

BERGER, Jurisprudence de la Cour européenne des droits de l'homme, 2ᵉ éd. 1989.

BOULOUIS et CHEVALLIER, Grands arrêts de la Cour de justice des Communautés européennes, t. 1, 4ᵉ éd. 1987 ; t. 2, 2ᵉ éd. 1988.

CAPITANT, TERRÉ, LEQUETTE, Grands arrêts de la jurisprudence civile, 9ᵉ éd. 1991.

FAVOREU et PHILIP, Les grandes décisions du Conseil constitutionnel, 5ᵉ éd. 1989.

LONG, WEILL, BRAIBANT, DELVOLVÉ et GENEVOIS, Les grands arrêts de la jurisprudence administrative, 9ᵉ éd. 1990.

4. VOCABULAIRES, LEXIQUES

CORNU, Vocabulaire juridique, Association Henri CAPITANT, 3ᵉ éd. 1991.

GUINCHARD et MONTAGNIER, Lexique de termes juridiques, 7ᵉ éd. 1988.

385   *2° La diffusion par l'informatique* ◊ Le développement de l'informatique, entraînant l'apparition de précieuses banques de données[1], est de nature à faciliter l'activité juridique et même à modifier profondément le travail quotidien des juristes. Pour le comprendre, il convient d'observer que le droit est doublement concerné par le développement de l'informatique.

Il l'est, tout d'abord, dans la mesure où le développement de celle-ci, de ses avantages mais aussi de ses dangers, spécialement pour les libertés, appelle des réactions d'ordre juridique. C'est d'ailleurs pourquoi la loi n° 78-17 du 6 janvier 1978 relative à l'informatique, aux fichiers et aux libertés dispose que l'informatique « doit être au service de chaque citoyen » et « ne doit porter atteinte ni à l'identité humaine, ni aux droits de l'homme, ni à la vie privée, ni aux libertés individuelles ou publiques » (L. 6 janv. 1978, art. 1ᵉʳ)[2].

C'est d'une autre relation entre l'informatique et le droit qu'il s'agit présentement. Ce qu'on envisage, c'est l'apport de l'informatique au développement du droit. Et c'est en ce sens qu'il convient de faire état de *l'informatique juridique*. L'on considère que celle-ci n'est pas, à proprement parler, une science, « mais un langage technique offert aux sciences pour leur proposer de nouveaux modes d'expression et d'action »[3].

---

1. V. Y. TANGUY, *op. cit.*, p. 113 s.
2. V. J. HUET et H. MAISL, *Droit de l'Informatique et des Télécommunications, Etat des Questions*, Textes et jurisprudence, Etudes et commentaires, éd. Litec, 1989.
3. P. CATALA, *L'informatique et la rationalité du droit*, Arch. phil. droit 1978, p. 296 ; v. aussi J. HUET, La modification du droit sous l'influence de l'informatique : aspects de droit privé, J.C.P. 1983, I, 3095 ; M. VIVANT, Quelques mots sur l'informatique juridique, J.C.P. 1985, I, 3211.

La principale fonction de l'informatique juridique est *documentaire*. Face à la multitude croissante des textes — lois, décrets, arrêtés, circulaires, recommandations, directives, etc. — et des décisions judiciaires, compte tenu aussi d'une accélération évidente de la vie juridique dans la société industrielle ou post-industrielle, l'informatique juridique se signale, dès à présent, par un bilan impressionnant[1].

L'automatisation des règles et des décisions sous des formes plus ou moins perfectionnées, et surtout au moyen d'ordinateurs de puissance grandissante, permet une concentration d'une telle quantité de données que l'activité du juriste — législateur, juge[2], praticien[3] ... — et même du profane peut s'en trouver transformée, quant à l'étendue de la matière traitée et quant à la vitesse avec laquelle la machine peut retrouver l'information souhaitée. A mesure que ces procédés se perfectionnent au sujet de la façon de traiter la matière juridique — mise en mémoire des données[4], modes de sélection de celles-ci au moment de l'utilisation, sortie des réponses —, se réalise une adaptation de l'informatique à l'expression juridique de nature à réduire le temps de recherche. Ajoutons que, même en ce qui concerne la seule fonction documentaire, on ne saurait imaginer en tous domaines une information exhaustive totalement automatisée, ne serait-ce que parce qu'il faudrait connaître très exactement les frontières du phénomène juridique. Au demeurant, le développement de l'informatique juridique enrichit de saisissante manière la compréhension et la connaissance des sources, réelles ou formelles, du droit[5].

Pas plus que la sociologie juridique (*infra*, n° 391), l'informatique ne peut créer la règle de droit, ni l'ordinateur se substituer au législateur, au juge, au praticien ou au profane. Outre la nature normative du droit, les caractères du phénomène juridique — irréversibilité, indétermination, unicité fréquente, ... — y mettent souvent obstacle. Pourtant l'on peut constater qu'il existe aussi, dans la perspective du droit, une *fonction*

---

1. P. Catala et J. Falgueirettes, Le traitement de l'information juridique sur ordinateur, J.C.P. 1967, I, 2052 ; A. Chouraqui, *L'informatique au service du droit*, 1974. — V. aussi l'ouvrage collectif : *L'informatique juridique : du rêve à l'instrument*, Montréal, 1977 ; et, dans le cadre des Annales de l'Institut de recherches et d'études pour le traitement de l'information juridique (I.R.E.T.I.J., Montpellier), les Actes du colloque « *Apports de l'informatique à la connaissance du droit* », Montpellier, 1989.

2. Outre les importants travaux de l'I.R.E.T.I.J., on citera : E. Bertrand, Une expérience aixoise : de la documentation et de l'information juridique à l'informatique, J.C.P. 1968, I, 2195 ; E. Bertrand et P. Julian, Vers une informatique judiciaire : l'analyse des arrêts de la cour d'appel d'Aix-en-Provence, D. 1972, chron. 123 s., Logique et éthique judiciaire, D. 1973, chron. 75 s. ; Bibent, *L'informatique appliquée à la jurisprudence*, 1975 ; H.-D. Cosnard, Pour une informatique judiciaire, réflexions sur l'expérience aixoise, D. 1978, chron. 22 s. — Comp. C. Loyer-Lahrer, *La Cour d'appel de Rennes et sa jurisprudence*, thèse ronéot. Rennes, 1978.

3. V. P. Le Minor, Traitement et production des actes notariés par l'automation, J.C.P. 1969, I, 2240.

4. V. not. A. Dunes et B. Desché, De la logique à l'informatique : système des structures conceptuelles, *Gaz. Pal.* 1973, 2, doctr. 606.

5. V. le rapport de P. Catala, Actes du colloque préc. de l'I.R.E.T.I.J., p. 273 s. — V. aussi H. Manzanarès, Les banques de données juridiques après le rapport Leclercq, *Gaz. Pal.* 1985, 2, doctr. 582 ; S. Bories, A la rencontre du droit vécu (l'étude des masses jurisprudentielles : une dimension nouvelle des phénomènes socio-judiciaires), J.C.P. 1985, I, 3213.

scientifique de l'informatique, ce qui dénote quelque parenté avec la sociologie juridique : elle détermine des composantes de la décision juridique ; elle peut signaler les conséquences logiques du système préexistant ; elle est de nature à indiquer les lignes de cohérence d'un ensemble de règles, passé, présent ou futur[1]. Il n'en a pas moins été soutenu que le développement de l'informatique était générateur d'une crise du droit[2].

B L'ENSEIGNEMENT

386 *Apprendre le droit* ◊ L'enseignement du droit ou l'« éducation juridique » ont suscité, depuis quelques décennies, un renouveau des analyses, selon des formes diverses[3]. Dans ce même temps où, dans l'ordre du droit constitutionnel, la place et le rôle de l'Université française sont précisés[4], un retour aux sources et à l'évolution historique des Facultés de droit a singulièrement enrichi la réflexion, qu'il s'agisse des structures, de l'objet ou des méthodes d'enseignement[5]. On signalera l'activité de la *Société pour l'histoire des Facultés de droit et de la science juridique*, spécialement le colloque organisé par elle en 1985 sur « Les méthodes de l'enseignement du droit du Moyen Age à nos jours » : glose, exégèse, controverse, manuels, cours magistral[6].

Il y a d'ailleurs un lien indissociable entre faire le droit et le faire connaître. L'apprendre aux autres est justement le moyen de favoriser cette connaissance et, au-delà, la conscience même du droit et du juridique. Chacun sait à quel point de fiction se situe aujourd'hui la maxime suivant laquelle *Nul n'est censé ignorer la loi* (infra, n° 399). Or le progrès de l'Etat de droit et le développement ininterrompu du désir de savoir et de comprendre en matière juridique ont renouvelé totalement les réflexions et favorisé le développement de ce que l'on a appelé, à tort ou à raison, l'*épistémologie juridique*. Ce qui, s'agissant du droit, est essentiel, c'est que cette adéquation recherchée fait corps avec le système juridique. La connaissance du droit est partie intégrante du droit. Et si elle n'est pas assurée de manière suffisante, cette discordance est à la source de dysfonctionnements dommageables pour la société toute entière.

1. J.-L. Bergel, Informatique et Légistique, D. 1987, chron. 171 s.

2. H. Croze, Le droit malade de son information, Rev. *Droits*, n° 4-1986, p. 81 s.

3. J. Lambert, Le rôle de l'Enseignement dans la différenciation du système juridique de *common law* et du système juridique de droit civil, *Mélanges Roubier*, 1961, t. I, p. 295 s. ; J.-D. Bredin, Pour la réforme des réformes : remarques sur l'enseignement du droit, *Mélanges Julliot de La Morandière*, 1964, p. 73 s. ; Università degli Studi di Perugia, *L'educazione giuridica*, I. Modelli di Universita e Progetti di riforma, 1975, spéc. *L'enseignement du droit en France*, par P. Malaurie, p. 353 s., II. Profili storici dell'educazione giuridica, 1979 ; International Legal Center, *Legal education in a changing world*, 1975.

4. Y. Gaudemet, L'Université vue de la Constitution, Rev. *Commentaire*, 1991, p. 369 s.

5. F. Boulanger, Réflexions sur le problème de la formation des étudiants dans les Facultés de droit, J.C.P. 1982, I, 3077 ; A. Tunc, *Réflexions sur les méthodes d'enseignement*, RRJ 1982, p. 56 s.

6. *Ann. hist. Fac. droit* 1985, n° 2, p. 9 s.

Ce ne sont pas seulement la connaissance et la conscience, en tant que composantes du juridique et moteurs des interactions qu'il implique, qui sont en cause, ce sont aussi les opinions sur le droit. Opinions singulièrement importantes puisqu'elles rejoignent des courants créateurs, aux sources du droit : opinions des juristes, qui participent à l'œuvre de la doctrine, opinions des profanes, qui contribuent à la lente et progressive genèse des coutumes. C'est dire que l'imaginaire — et pas seulement l'imagination — occupe une place qui n'est pas négligeable dans la vie du droit. Reste qu'en apprenant celui-ci, on recueille les fruits de cette puissance créatrice, sans tarir l'imaginaire, tant il est vrai qu'en matière juridique se renouvellent sans cesse pour lui les occasions de poursuivre son cours.

Apprendre, en un sens, c'est transmettre. Apprendre le droit, ce peut être, de ce fait, assurer la survie du droit existant. D'où l'importance des anciens, émetteurs vivants de la mémoire collective et des normes qu'elle véhicule, dans les civilisations de l'oralité. Aussi longtemps que les coutumes ne sont pas rédigées, et de quelque manière que s'opère le passage, l'apprentissage est la condition même de la survie du groupe. Il y a dans l'héritage une fonction de mémorisation qui assure la soudure entre les générations et refoule les conflits latents qui peuvent opposer celles-ci. Or la culture est l'objet d'un héritage, spécialement dans sa composante juridique. Et précisément, apprendre, c'est à la fois la transmettre et en hériter. Il en va de même dans nos civilisations évoluées, dites de l'écrit. L'invention de l'imprimerie autrefois, celle de l'informatique à notre époque ont changé l'acte d'apprendre le droit ; elles n'ont pas aboli la nécessité de l'apprendre.

Outre le temps, l'espace n'est pas indifférent à la chose. A travers la diversité des systèmes juridiques, on discerne, au cœur de la relation bipolaire, des différences essentielles tenant aux rapports pouvant exister entre ceux qui font le droit et ceux qui l'enseignent. Droit civil ou *common law* ? Là où le droit est principalement enseigné par d'autres que ceux qui l'ont fait, c'est la connaissance qui prime ; là où il a été montré par ceux qui le faisaient, c'est la mémoire[1].

Voilà pourquoi il est si important de développer les réflexions et les études en matière de pédagogie juridique[2] et, à cette fin, d'œuvrer pour « identifier les voies d'accès à la connaissance du droit, vérifier la pertinence des différentes pratiques qui tendent à l'assurer et réunir les informations permettant, s'il échet, de les faire évoluer »[3].

87 *Enseignement et renseignement* ◊ La nécessité de la communication de la connaissance dépasse largement, en droit, le cadre de la seule pédagogie. C'est aussi d'un problème plus vaste d'éducation de masse ou d'information qu'il s'agit. Question immense, d'une ampleur semblable à celle de

---

1. J. LAMBERT, art. préc.
2. V. spéc. P. ORIANNE, *Apprendre le droit, Eléments pour une pédagogie juridique*, éd. Frison-Roche, 1990, p. 93.
3. P. ORIANNE, *op. cit.*, p. 16.

tant d'autres, à notre époque, dans notre milieu, à l'échelle de la société nationale et internationale.

Dans le cadre d'une éducation juridique encore rudimentaire, la communication de la connaissance tend à revêtir plus souvent qu'autrefois la forme d'une obligation de renseignements. Ce n'est plus seulement l'officier de l'état civil qui lit aux futurs époux (art. 75, al. 1er, c. civ.) des articles du code civil qu'ils écoutent d'une oreille distraite, ni le juge qui, au sein d'une juridiction échevinale, communique sa science aux assesseurs. C'est aussi le particulier qui, pour pouvoir obtenir à son profit l'application d'une règle de droit, doit au préalable informer son partenaire ou son adversaire de l'existence et du contenu de la règle. Or, bien souvent, ce mode d'information, plus ou moins préalable, pourrait être étendu à d'autres hypothèses. Ce faisant, le droit moderne conduit à analyser, en des termes nouveaux, les rapports qui existent entre la règle de droit et les personnes. Le tête à tête de l'individu isolé et de la règle froide et abstraite est alors refoulé. A la limite, c'est le particulier qui, enseignant le particulier, le jour où le besoin s'en fait sentir, s'intercale dans le circuit, rejoignant en quelque sorte une devise du monde moderne, qui préside aux activités de la B.B.C. : « La nation enseigne la nation ».

Dans le domaine du *fait*, s'agissant plus précisément de relations nouées entre les particuliers au moyen d'actes juridiques, on a vu se développer l'obligation de renseignements (*supra*, n° 290). Dans le domaine du *droit*, on voit se répandre ou l'on préconise l'extension du devoir d'information juridique[1].

C   LES SCIENCES AUXILIAIRES DU DROIT

388   *Présentation* ◊ La compréhension du droit, qui conditionne sa connaissance, implique le recours aux sciences auxiliaires du droit. Sans doute, celles-ci n'ont-elles pas seulement une vertu documentaire, cognitive même. Elles ont aussi une visée plus lointaine, vers le futur, dans le sens de l'amélioration du droit. Reste qu'avant de changer, s'il y a lieu, l'ordre des choses de la vie juridique, il faut les bien connaître. Et l'on peut alors, dans une transdisciplinarité bien comprise, se féliciter du développement, à notre époque[2], des sciences auxiliaires du droit.

389   *1° L'histoire du droit* ◊ La connaissance de l'histoire du droit français est nécessaire à celui qui veut comprendre ce droit. Plusieurs raisons fondent cette opinion.

Il faut, tout d'abord, observer que des solutions actuelles du droit

---

1. L. PANHALEUX, Le devoir d'information juridique, *Rev. jur. Ouest*, 1990-2, p. 125 s. — Rappr., de manière plus générale, au sujet de l'information, P. CATALA, Ebauche d'une théorie juridique de l'information, D. 1984, chron. 97 s.

2. V. *Le droit, les sciences humaines et la philosophie*, Trav. de la XXIX⁰ Sem. de synthèse du Centre intern. de synthèse, éd. Vrin, 1973. — V. aussi les n⁰ˢ 118-119 de la Rev. de Synthèse : *Philosophie et épistémologie juridiques*, 1985, p. 153 s.

français plongent leurs racines dans le passé, y compris dans des temps antérieurs à la Révolution française et à la codification napoléonienne. Ainsi a-t-on pu constater, au moins jusqu'à une époque récente, que le droit régissant le déroulement des procès devant les juridictions civiles ne pouvait bien s'expliquer que par référence à des axes juridiques dégagés au XVIᵉ et au XVIIᵉ siècles. Sans doute, en maintes matières, les codes napoléoniens ont marqué — plus ou moins — une rupture avec le passé. Mais l'évolution ultérieure, voire le retour au passé ou même simplement le contraste entre les époques, ont progressivement renforcé l'intérêt proprement scientifique attaché à l'étude du passé[1]. Les auteurs de certaines réformes législatives — par exemple celle du divorce, en 1975 — ont même pu trouver des modèles dans les solutions d'un droit qu'on croyait dépassé, par exemple le droit de la Révolution française[2].

Indépendamment des solutions précises qui ont pu être antérieurement consacrées, l'histoire du droit offre un fonds irremplaçable d'observations et d'expériences aux juristes et leur permet parfois de s'aventurer utilement à la découverte sinon des lois d'évolution des institutions, du moins de tendances naturelles les concernant, sur courte ou longue période, cycliques ou non, permanentes ou à éclipses. On observera d'ailleurs que, pendant longtemps, en France, le juriste a été en même temps et dans une certaine mesure un historien — du moins un historien du droit romain — même si sa méthode n'était pas, à proprement parler, historique, au sens moderne de ce mot. Le phénomène de la codification et l'essor des sciences historiques ont, à l'époque moderne, conduit à mieux distinguer ces deux comportements, sans que l'histoire cesse d'être indispensable au juriste[3]. Elle s'est seulement séparée davantage du droit positif pour se rapprocher du droit comparé.

90   *2° Le droit comparé* ◊ On laissera aux comparatistes le soin de disserter sur le point de savoir si le droit comparé est une science ou n'est seulement que l'application au droit d'une méthode comparative. De toute façon, cette discipline, apparue d'abord sous l'aspect de la législation comparée, puis ayant — plus ou moins — élargi ses ambitions vers la jurisprudence, la doctrine, voire une certaine pratique, est ressentie aujourd'hui comme étant de plus en plus nécessaire au droit[4]. Il convient d'observer d'ailleurs que la notion de droit comparé appelle, à plus d'un titre, une définition extensive : tout d'abord, parce qu'il est souvent artifi-

1. Arch. phil. droit 1959, *Droit et histoire.*
2. Le Bicentenaire de 1789 a favorisé, dans cette perspective, nombre d'études fructueuses : v. *supra*, n° 54.
3. V. H. BATIFFOL, P. OURLIAC et P.-C. TIMBAL, Histoire du Droit et Droit comparé dans l'enseignement des Facultés de droit, D. 1957, chron. 205.
4. R. DAVID, *Traité élémentaire de droit civil comparé*, 1950, *Le droit comparé, Droits d'hier, Droits de demain*, 1982 ; GUTTERIDGE, *Le droit comparé*, trad. 1953 ; *Livre du centenaire de la Société de législation comparée*, 2 vol., 1969-1971 ; L.-J. CONSTANTINESCO, *Traité de droit comparé*, 2 vol., 1972-1974 ; R. DAVID et C. JAUFFRET-SPINOSI, *Précis Dalloz, Les grands systèmes de droit contemporains*, 9ᵉ éd. 1988 ; R. RODIÈRE, *Précis Dalloz, Introduction au droit comparé*, 1979 ; E. AGOSTINI, *Droit comparé*, PUF, 1988 ; R. SACCO, *La comparaison juridique au service de la connaissance du droit*, éd. Economica, 1991.

ciel de limiter son objet à la comparaison de règles se rattachant à des sociétés globales différentes, l'existence d'un droit comparé interne n'étant plus guère mise en doute, même à l'intérieur d'Etats non fédéraux[1] ; ensuite, parce que, tel comportement étant ici régi par des règles de droit, mais ailleurs par des normes non juridiques, il est nécessaire de concevoir la notion de droit dans son acception la plus large.

On est porté à reconnaître au droit comparé deux fonctions : l'une *documentaire*, l'autre en quelque sorte, *normative*. Dans la première direction, il tend à assurer une meilleure connaissance du droit étranger, ce qui est de plus en plus nécessaire aux particuliers, aux juges et aux législateurs, compte tenu de l'interdépendance politique, économique et sociale entraînée par l'accroissement des populations et le développement des moyens de production et de communication ; en outre, comme par une sorte d'effet réflexe, lié au retour comparatif sur soi-même, la connaissance du droit étranger favorise une meilleure compréhension des solutions, des structures et des tendances du droit national. Dans une perspective qu'il n'est pas excessif de qualifier de normative, le droit comparé sert à l'amélioration du droit national, par suite d'une imitation raisonnable des lois, des jurisprudences, voire des pratiques ailleurs découvertes ; de manière plus générale, il n'est probablement pas utopique d'y voir le moyen d'un vaste progrès du droit, voire de la paix, sous l'influence des divers courants qui tendent, avec plus ou moins de succès, à unifier les droits ou tout au moins à les harmoniser[2].

391 *3° La sociologie juridique* ◊ Appelée aussi sociologie du droit, cette branche de la sociologie a pour objet l'analyse des phénomènes juridiques considérés comme des faits sociaux[3]. Cette définition laisse place, semble-t-il, à maintes discussions sur la distinction malaisée de la sociologie juridique et de ce que les « juris-sociologues » ont parfois tendance, sans ironie, à qualifier de « droit dogmatique ». Il faut bien convenir que la querelle de frontière n'est pas négligeable, du moins en théorie. On est enclin, tout d'abord, à écarter un critère lié à la différence des domaines et consistant à réduire le droit à l'étude des règles, tandis que la sociologie juridique analyserait les causes de celles-ci, car le droit s'est souvent préoccupé de l'analyse de ces causes (historiques, sociales, politiques ...) et les juristes ne dédaignent pas l'étude des forces créatrices du droit, ni celle de son devenir ; inversement, la sociologie éclaire notamment la perception du sens des textes.

Sitôt abandonnée cette séparation artificielle, les obstacles augmentent. Et certaines issues doivent être vite écartées : ainsi ne peut-on considérer qu'à la différence du droit, la sociologie du droit débarrasse les règles juridiques de leur caractère normatif, ce qui aboutirait à les

---

1. V. Le droit comparé « interne », par Imre Szabo, *Mélanges Ancel*, 1975, t. I, p. 59 s.
2. V. R.B. Schlesinger et P. Bonassies, Le fonds commun des systèmes juridiques, *Rev. int. dr. comp.* 1963, p. 501 s.
3. J. Carbonnier, *Sociologie juridique*, 1978 ; v. aussi, du même auteur, *Flexible droit, Pour une sociologie du droit sans rigueur*, 6ᵉ éd., 1988. — V. la revue *Droit et Société*, publiée depuis 1985.

dénaturer : le droit dans le fait ou, plus nettement, la normativité inhérente au phénomène juridique sont propres à l'objet même des investigations menées par le sociologue du droit. Aussi est-on plutôt enclin à penser que la distinction de ces deux branches du savoir résulte d'une différence d'attitude ou d'« angle de vision », le juriste étant à l'intérieur du système juridique, le sociologue se situant en dehors de celui-ci[1]. A quoi l'on peut être parfois tenté de répondre que la notion de juriste est incertaine — car le profane est, en un sens, un juriste qui s'ignore — et que, sans rouvrir un débat sur l'objectivité scientifique, spécialement dans les sciences humaines, l'on peut estimer que le sociologue, qu'il le veuille ou non, fait lui aussi, peu ou prou, partie du système, ce qui substitue pour le moins à des différences de nature des différences de degré. La distinction des attitudes du droit et de la sociologie n'en demeure pas moins essentielle, spécialement au regard de l'analyse des rapports entre le fait et le droit, car la sociologie juridique comporte notamment une approche spécifique de l'analyse du fait *hors* du droit (règles excentriques, normes parajuridiques ou extra-juridiques ...) ou du fait *dans* le droit, « assumé » en quelque sorte par celui-ci.

Sans oublier le rôle des pionniers[2], on doit constater qu'un essor de la sociologie juridique s'est produit en France depuis une trentaine d'années. Durant cette période, on a vu se préciser les méthodes de la sociologie juridique, qui traduisent l'adaptation de méthodes utilisées en sociologie générale (statistique, enquête sur le terrain, sondage d'opinion publique, étude de cas littéraires, sociaux ...) ou l'élaboration de méthodes liées plus directement aux manifestations particulières des phénomènes juridiques (recherche thématique sur les recueils de jurisprudence, analyse d'arrêts, ...). Corrélativement, se sont dégagées les fonctions de la sociologie juridique, documentaire, voire normative, théorique ou pratique[3]. Des recherches d'évolution tendent à discerner des courants gouvernant les transformations du juridique[4], tandis que des recherches de structure situent la règle par rapport à la réalité qui la sécrète et la reçoit, ou précisent les relations existant au sein d'un phénomène juridique (contrat, mariage, divorce, héritage, procès, etc.) ainsi qu'entre les phénomènes juridiques et judiciaires. En outre, l'analyse scientifique et systématique des connaissances, des opinions, des attitudes, des aptitudes, des images et des aspirations facilite et oriente, en maintes circonstances, les décisions

---

1. J. CARBONNIER, *Sociologie juridique*, préc., p. 22.
2. Sans remonter jusqu'à Montesquieu, Le Play ou Durkheim, on citera H. LÉVY-BRUHL, *Aspects sociologiques du droit*, 1955. — V. aussi, le livre essentiel de Max WEBER, *Sociologie du droit*, trad. franç. par J. GROSCLAUDE, éd. 1986.
3. Les sources documentaires sont très riches : v. not. J.-P. POISSON, *Notaires et sociétés*, Travaux d'Histoire et de Sociologie Notariales, t. I, 1985, t. II, 1990. — Comp., du côté de la sociologie juridique théorique et abstraite, sur les œuvres de Niklas Luhmann, le n° spéc. de *Droit et Société*, 11-12, 1989.
4. Rappr. TARDE, *Les transformations du droit*, 1894.

du particulier, du législateur[1] et du juge[2], la sociologie contribuant de la sorte, mais sans ordonner, au progrès du droit[3].

392 *4° L'ethnologie et l'anthropologie juridiques* ◊ Apparemment plus éloignées du droit que la sociologie juridique, ces deux sciences sont parfois confondues. A cet état des choses ou des propos, il y a probablement une raison d'ordre logique : si l'on considère, en effet, que l'*anthropologie* est, comme l'étymologie le dit, la science de l'homme considéré comme un genre, « le genre humain, dans la série animale »[4], il est assez naturel qu'on puisse mieux découvrir celui-ci en remontant à ses origines, c'est-à-dire à l'aide de l'*ethnologie*, qui est la science des peuples primitifs ou, pour parler un langage plus correct ou plus poli, archaïques.

L'*ethnologie juridique*, science des règles ou des institutions juridiques archaïques — même si l'on en trouve des traces dans les sociétés industrielles évoluées[5] — a été principalement orientée sur l'opposition entre la rationalité des systèmes modernes[6] et la mentalité prélogique des sociétés primitives[7], qui rejaillit notamment sur leur conception du temps, du contrat, de la propriété, de la responsabilité[8]. On ne peut pourtant nier l'existence d'une rationalité parfois fort subtile au sein des sociétés dites archaïques[9].

L'*anthropologie juridique* tente de discerner, derrière les diversités des cultures et des droits qu'étudient le droit, la sociologie juridique et l'ethnologie juridique, ce qu'il pourrait y avoir de juridique dans le fonds naturel et, à ce titre, universel, de l'homme[10]. On peut être alors conduit à découvrir ce fonds commun élémentaire dans la prohibition de l'inceste[11], voire plus largement, dans la nécessité de l'échange et de la communication[12] ; mais la difficulté tient au fait qu'en quittant la zone des instincts pour celle du droit, on risque d'abandonner en même temps celle de la nature pour celle de la culture. Dans cet ordre d'investigations qui excitent la curiosité, on a formulé l'hypothèse d'un « protodroit », qui existerait dès

---

1. V. J. CARBONNIER, La sociologie juridique et son emploi en législation, *Rec. Acad. Sciences morales et politiques*, 1968, p. 91 s., *Essais sur les lois*, 1979.
2. V. not. J.-G. BELLEY, *Conflit social et pluralisme juridique en sociologie du droit*, thèse ronéot. Paris II, 1977 ; V. aussi *Année sociol.* vol. 27, 1976, *Sociologie du droit et de la justice*.
3. V. A.-J. ARNAUD, *Critique de la raison juridique*, 1. *Où va la sociologie du droit ?*, 1981.
4. CARBONNIER, *Sociologie juridique, op. cit.*, p. 55.
5. CHASSAN, *Essai sur le symbolique du droit*, 1845 ; R. MAUNIER, *Folklore juridique*, Arch. phil. droit 1937, n°s 3-4, p. 7 s., et *Introduction au folklore juridique*, 1938.
6. V. Arch. phil. droit 1978 : *Formes de rationalité en droit*.
7. L. LÉVY-BRUHL, *Les fonctions mentales dans les sociétés inférieures*, 1910, *La mentalité primitive*, 1922 ; J. CAZENEUVE, *Dix grandes notions de la sociologie*, 1976, p. 99 s.
8. R. MAUNIER, *Etudes de sociologie et d'ethnologie juridiques*, 20 vol., 1931-1934 ; P. MÉTAIS, *Mariage et équilibre social dans les sociétés primitives*, 1956 ; J. POIRIER, *Introduction à l'ethnologie de l'appareil juridique*, in Ethnologie générale, coll. Pléiade 1968, et *Pour un programme d'urgence*, Nomos, 1974, p. 265 s. ; ADAMSON HOEBEL, *The law of primitive man*, 1967.
9. V. spéc. l'ouvrage de B. MALINOWSKI, *Mœurs et coutumes des mélanésiens* (1re éd. franç. 1933), devenu *Trois essais sur la vie sociale des primitifs*, éd. franç. 1975.
10. NORBERT ROULAND, *Anthropologie juridique*, 1988 ; v. aussi A.-J. ARNAUD, *L'Homme-Droit, Éléments pour une anthropologie juridique*, 1989.
11. C. LÉVI-STRAUSS, *Les structures élémentaires de la parenté*, 1949.
12. M. MAUSS, *Sociologie et anthropologie*, éd. 1950.

l'apparition de la vie humaine ; ce ne serait pas encore un véritable droit, mais une sorte d'élément social apte à se transformer sous des aspects divers en un ensemble juridique[1].

93 *5° La logique juridique* ◊ Que l'on parle de logique du droit ou de logique juridique, le fait est que la matière a fait l'objet, depuis quelques décennies, d'études importantes qui ont secoué une assez longue torpeur[2], d'une manière générale[3] ou plus spécialement au sujet de la logique judiciaire[4]. On est, dans ces conditions, conduit à discerner plusieurs courants (sur les rapports entre droit et logique, v. aussi *supra*, n° 19).

a) Les uns reposent sur la fidélité à des attitudes, à des méthodes et à des raisonnements qui se relient soit au passé ancien de la logique classique, issue de l'Antiquité et renouvelée sous l'influence de l'essor des sciences expérimentales, soit à l'usage des ressources de la dialectique hégélienne dans le déroulement du raisonnement juridique[5].

Dans cette ligne de pensée, assez rigoureusement méthodologique, le renouveau des analyses a porté à mieux mettre en relief l'originalité de la démarche juridique, qui repose sur le passage nécessaire par la *contradiction* entre des thèses opposées, ce comportement se manifestant tout particulièrement à l'occasion du débat judiciaire. Ajoutons que, surtout lorsque le système juridique est très élaboré, l'existence de principes et d'axiomes favorise la démarche *déductive* dans la recherche des solutions.

Le *syllogisme juridique* — en application duquel, les faits constatés étant ce qu'ils sont (*mineure*) et la règle étant ce qu'elle est (*majeure*), on décide d'appliquer celle-ci à ceux-là (*conclusion*) — illustre aussi un raisonnement classique du juriste, par exemple lorsqu'il s'agit de savoir si la règle imposant de réparer le dommage causé fautivement à autrui (art. 1382 c. civ.) oblige à réparation, dans tel cas précis d'accident, l'un de ceux qui ont participé à sa réalisation. On observe pourtant aussi, lorsque les

1. Y. Noda, Quelques réflexions sur le fondement du droit comparé, Essai d'une recherche anthropologique du fondement du droit comparé, *Mélanges Ancel*, 1975, t. I, p. 23 s. ; l'auteur développe cette idée en se référant à celle d'un thème musical seul et unique variant suivant les systèmes juridiques. — V. aussi L. Morgan, *La société archaïque*, trad. franç. 1971 ; A. Mignot, Droit coutumier et anthropologie juridique (ou réflexions sur les études de droit coutumier), *Rec. Penant*, 1977, p. 352 s.

2. V. Saint-Albin, *Logique judiciaire ou traité des arguments*, 1841 ; Fabreguettes, *Logique judiciaire et l'art de juger*, 2e éd. 1926. — On doit aussi tenir compte de F. Gény, *Méthode d'interprétation et sources en droit privé positif*, 2e éd. 1919, nouv. tirage 1954.

3. Arch. phil. droit, t. XI, 1966, *La logique du droit* ; Ann. Fac. Droit Toulouse, t. XV, 1967, fasc. 1, *La logique juridique* ; V. J. Carbonnier, Les recherches de logique juridique, *Année sociol.* 1966, p. 365 s. ; Ghestin et Goubeaux, *Introduction générale*, n°s 35 s. ; rappr. Arch. phil. droit, t. 23, 1978, *Formes de rationalité en droit*. — V. aussi E.S. de La Marnierre, *Éléments de méthodologie juridique*, 1976. — On signalera, dans une perspective semblable, la naissance et le développement de l'Assoc. intern. de méthodologie juridique (Aix-en-Provence) ; v. aussi *Regards sur la méthodologie juridique*, RRJ 1990-4, p. 705 s.

4. Trav. Fac. Droit Paris, Série Droit privé, n° 6, *La logique judiciaire*, 1969 ; V. aussi H. Jaeger, *La logique de la pensée judiciaire et la philosophie du jugement*, Arch. phil. droit 1966, p. 59 s.

5. Rappr. E. Bertrand, Le rôle de la dialectique en droit privé positif, D. 1951, chron. 151 s.

faits sont incertains et la règle de droit suffisamment souple, une démarche inverse de la part des usagers, des auxiliaires du droit et de la justice, ainsi que des juges, consistant à inverser le raisonnement, à dégager une solution estimée préférable et, les faits demeurant en principe ce qu'ils sont, à découvrir dans l'ensemble des règles du droit celle qui convient le mieux, en vue de rattacher cette conclusion aux faits donnant lieu au raisonnement.

b) Les autres courants s'ordonnent, dans des sens fort différents, sur des perspectives plus profondes de renouvellement.

Une voie difficile conduit certains à transposer en matière de logique juridique l'acquis de la logique mathématique moderne ou logique symbolique[1], l'adaptation ayant donné naissance à une logique déontique dont l'ésotérisme a, du moins jusqu'à présent, suscité une certaine résistance passive des juristes.

Tout différent est le chemin de la rhétorique juridique, ouvert — ou rouvert — sous l'influence des remarquables travaux réalisés en Belgique par C. Perelman[2] ou sous son impulsion, plus précisément par le Centre national de Recherches de Logique[3]. Il ne s'agit plus d'étendre au droit les modèles mathématiques. Au contraire, la pratique du droit, orientée dans le sens de nécessaires décisions, l'éloigne de la logique qui inspire les sciences exactes : celle-ci vise à la démonstration, à l'issue d'un « raisonnement nécessaire », tandis que la logique juridique se relie à un raisonnement simplement vraisemblable et repose sur l'argumentation.

394 *L'argumentation* ◊ Parmi les multiples arguments qui contribuent à caractériser la logique juridique[4], quatre sont plus fréquemment

---

1. Le pionnier semble être l'allemand U. Klug, *Juristische Logik*, Berlin 1951 ; V. H. Mahdavy, *Analyse logico-philosophique du langage juridique, Contribution à une méthodologie juridique*, thèse Paris, 1957 ; G. Kalinowski, *Introduction à la logique, Eléments de sémiotique juridique, Logique des normes et logique juridique*, 1965 ; v. aussi, du même auteur, la logique floue ou la logique formelle ? Plaidoyer en faveur d'un enseignement de logique aux étudiants en droit, D. 1988, chron. 297 s. — Comp. A. Jeammaud, *Des oppositions de normes en droit privé interne*, Lyon III, 1975.

2. C. Perelman et L. Olbrechts-Tyteca, *Traité de l'argumentation*, 2e éd., Bruxelles, 1970 ; C. Perelman, *Justice et raison*, Travaux de la Fac. de Philosophie et Lettres de l'Univers. libre de Bruxelles, t. XXV, Bruxelles, 1963, *Logique juridique, Nouvelle rhétorique*, 1976.

3. *Le fait et le droit, études de logique juridique*, 1961 ; *Les antinomies en droit*, 1965 ; *Le problème des lacunes en droit*, 1968 ; *Les présomptions et les fictions en droit*, 1974 ; *La motivation des décisions de justice*, 1978 ; *La preuve en droit*, 1981 ; *Les notions à contenu variable en droit*, 1984 ; v. aussi les *Etudes de logique juridique*, t. I à VII, 1966-1978. — Rappr. *Le raisonnement juridique*, Actes du Congrès mondial de philosophie du droit et de philosophie sociale, Bruxelles 1971.

4. V. leur description par C. Perelman, *Logique juridique, Nouvelle rhétorique, op. cit.*, n° 33, p. 54 s. ; V. aussi, sur l'argument de contradiction, l'argument d'identification ou le raisonnement par l'absurde, Ghestin et Goubeaux, *Introduction générale*, n° 61 ; sur l'argument d'autorité, V. Rugelio Perez Perdomo, Arch. phil. droit 1971, p. 227 s. — Comp., sur l'intuition, A. Tunc, note D. 1954, 10, sous Paris 10 juin 1953.

employés que les autres, quelle que soit la nature de la règle (législative, réglementaire, coutumière, jurisprudentielle ...).

a) *Argument* a pari *ou argument d'analogie.* Si l'on suppose une règle de droit régissant une situation, l'argument d'analogie consiste à étendre cette règle à des situations semblables. En d'autres termes, il apparaît normal de soumettre aux mêmes règles de droit les rapports qui ne diffèrent que sur des points dont l'existence ne semble pas *justifier* un traitement différent. Ainsi l'ancien article 513 du code civil permettait d'interdire au prodigue d'aliéner ou d'hypothéquer ses immeubles ; dans le silence de la loi et par analogie, les tribunaux ont décidé que la constitution d'une servitude lui était alors interdite.

b) *Argument* a fortiori *ou à plus forte raison.* Il consiste à étendre une règle à un cas non prévu par l'autorité qui l'a édictée lorsque les raisons sur lesquelles elle est fondée se retrouvent dans ce cas avec une force accrue. Ainsi, de ce que l'ancien article 513 du code civil permettait d'interdire aux prodigues de vendre, il a été déduit qu'à plus forte raison, l'acte étant plus grave, ils ne pouvaient alors donner.

c) *Argument* a contrario. Une règle étant subordonnée à des conditions déterminées, on en déduit que la règle inverse est applicable lorsque ces conditions ne sont pas remplies. Ainsi, l'article 6 du code civil disposant qu'« on ne peut déroger, par des conventions particulières, aux lois qui intéressent l'ordre public et les bonnes mœurs », on peut en déduire qu'il est possible de déroger par des conventions particulières aux lois qui ne dérogent pas à l'ordre public et aux bonnes mœurs. En réalité, cette conséquence repose aussi sur le fait, qu'en pareil cas, l'on revient d'une exception (la restriction de la liberté) à un principe de liberté contractuelle. Dans d'autres cas, l'usage du seul argument *a contrario* peut être dangereux : ainsi, de ce que l'article 102, alinéa 1er, du code civil dispose que « le domicile de tout Français, quant à l'exercice de ses droits civils, est au lieu où il a son principal établissement », les tribunaux ont — jusqu'à la réforme réalisée par une loi du 10 août 1927 — décidé, *a contrario*, que les étrangers n'avaient pas de domicile en France[1].

d) *Les exceptions doivent être interprétées restrictivement (exceptio est strictissimae interpretationis).* Les développements qui précèdent attestent l'importance de cet argument, hérité du passé sous la forme d'une maxime. Celle-ci est commandée par la notion même d'exception, c'est-à-dire de dérogation à la règle de principe[2]. Une règle exceptionnelle qu'on étendrait par analogie deviendrait règle de principe. La jurisprudence n'a cependant pas toujours appliqué cette directive : si la règle méconnaît les nécessités pratiques, pourquoi ne pas s'efforcer de la restreindre par

---

1. Comp., sur les résistances que l'argument *a contrario* suscite, J. VIDAL, L'« enfant adultérin ... "a contrario" », Portée du principe de la liberté d'établissement de la filiation adultérine, J.C.P. 1973, I, 2539 ; E. AGOSTINI, L'argument « a contrario », D. 1978, chron. 149 s.
2. Civ., 1re, 3 janv. 1964, J.C.P. 1964, II, 13492 ; Soc. 21 nov. 1973, D. 1974, Somm. 4.

une interprétation large des exceptions ? Ainsi la prohibition de principe de la stipulation pour autrui (art. 1119 c. civ.) a été tournée par une interprétation hardie des exceptions prévues à l'article 1121 du code civil.

395 *6° La psychologie juridique* ◊ Bien que, du moins dans la théorie française du droit, les études de psychologie juridique soient rares[1], l'approche des phénomènes juridiques à partir de la psychologie peut être des plus fructueuses. On comprend aisément que, dans l'une de ses directions, la psychologie juridique se relie étroitement à la *psychologie sociale* et à ce titre soit inséparable de la sociologie juridique, au moins dans l'un des principaux courants de celle-ci. La présence, voire la pression de considérations sociales inhérentes au droit, qu'il s'agisse des cadres, des acteurs et des actes de la vie juridique, peut, dans cet ordre d'idées, alimenter de fructueuses réflexions. D'ores et déjà, on a vu se développer, ici ou ailleurs, des études éclairantes de psychologie judiciaire[2], non loin des préoccupations de la sociologie criminelle.

L'analyse des ressorts de la psychologie individuelle est de nature à améliorer la compréhension du droit. Les moralistes, autrefois surtout, n'ont pas négligé cette approche de la réalité humaine et sociale[3]. De proche en proche, on s'aperçoit qu'il y a là une mine inépuisable de réflexions, notamment sur la parenté des maximes et des règles. Plus directement axées sur la psychologie juridique, on doit citer dans cet ordre d'idées les études développées sur le rôle du sentiment dans le droit[4].

Il convient aussi de tenir compte du développement de la caractérologie, qui n'est pas sans incidence sur l'approche du juridique, qu'il s'agisse de caractérologie individuelle[5] ou de caractérologie (ou de psychologie) des peuples[6], par exemple à partir de la distinction, proposée prudemment par certains, des peuples introvertis et des peuples extravertis[7].

L'essor de la psychanalyse n'a pas laissé insensible l'univers des juristes. On a vu apparaître des études sur les relations entre la psychanalyse et le droit[8]. Evidemment la démarche n'est pas la même, y compris en

---

1. V. cep. J. CARBONNIER, *Etudes de psychologie juridique*, Ann. Univ. Poitiers, 1949, p. 29 s.
2. V. EMILIO MIRA Y LOPEZ, *Manuel de psychologie juridique*, 1954, trad. franç. PUF, 1958 ; ALTAVILLA, *Psychologie judiciaire*, trad. franç. 1959.
3. V. J. CARBONNIER, *Sociologie juridique*, 1978, p. 66.
4. V. not. J. et A. POUSSON, *L'affection et le droit* ; et les références *supra*, n° 11.
5. G. BERGER, *Juges, avocats, plaideurs, accusés, Notes psychologiques*, in *La Justice*, 1961, p. 229 s. ; H. SOLUS, Les préoccupations d'ordre psychologique du code de procédure civile, *Mélanges Julliot de La Morandière*, 1964, p. 511 s.
6. Sur la formation de l'esprit français par les légistes, v. CARL SCHMITT, *Du politique « Légalité et légitimité » et autres essais*, éd. Paris 1990, p. 177 s.
7. Y. NODA, *Introduction au droit japonais*, 1966, p. 177 s. — V. aussi les études de T. AWAJI, *Les Japonais et le droit*, et de I. KITAMURA, *Une esquisse psychanalytique de l'homme juridique au Japon*, reproduites in Etudes de droit japonais, Paris 1989, p. 9 s. — Rappr. dans le cadre de l'anthropologie, Ruth BENEDICT, *Le chrysanthème et le sabre*, trad. franç. 1987.
8. A. EHRENZWEIG, *Psychoanalytic jurisprudence*, 1971 ; P. LEGENDRE, *L'amour du censeur, Essai sur l'ordre dogmatique*, 1974, *L'empire de la vérité*, 1983, *L'inestimable objet de la transmission, Étude sur le principe généalogique en Occident*, 1985, *Le dossier occidental de la parenté*, 1988, *Le désir politique de Dieu, étude sur les montages de l'Etat et du droit*, 1988, *Le crime du caporal Lortie, Traité sur le père*, 1989.

droit, suivant qu'on est fidèle à Freud ou à Jung et, à plus forte raison, suivant la position que l'on adopte par rapport aux multiples écoles ou maisons de la psychanalyse.

96   **7° *La linguistique, la sémiologie et la sémiotique juridiques***   ◊ Le développement de la linguistique juridique[1] s'est tout naturellement orienté vers des réflexions relevant de la *sémantique*. Suivant le Vocabulaire de Lalande, celle-ci est cette « partie de la linguistique qui s'occupe du vocabulaire et de la signification des mots » ; elle est une « étude historique du sens des mots considéré dans ses variations ». A l'évidence, consciemment ou non, la préoccupation sémantique occupe une place de choix dans le domaine du droit.

Pourvue de sens, la langue est, suivant l'analyse décisive de Ferdinand de Saussure, « un système de signes exprimant des idées, et par là, comparable à l'écriture, à l'alphabet des sourds-muets, aux rites symboliques, aux formes de politesse, aux signaux militaires, etc. Elle est seulement le plus important de ces systèmes ... On peut donc concevoir une science qui étudie la vie des signes au sein de la vie sociale ; elle formerait une partie de la psychologie sociale, et par conséquent de la psychologie générale ; nous la nommerions sémiologie. Elle nous apprendrait en quoi consistent les signes, quelles lois les régissent ... La linguistique n'est qu'une partie de cette science générale, les lois que découvrira la sémiologie seront applicables à la linguistique et celle-ci se trouvera ainsi rattachée à un domaine bien défini dans l'ensemble des faits humains »[2].

Le *signe* se caractérise par une intention de communication et par la dictinction du signifiant et du signifié. Son rôle dans la vie du droit est aisément observable, ce qui explique l'apparition de la *sémiologie juridique*[3]. La difficulté première tient au fait que, pour être conforme à sa visée et opérationnelle, cette branche du savoir implique une définition nette de la notion de signe, alors que la vie juridique peut donner prise à des hésitations. On retiendra donc, à ce sujet, la définition retenue par M. Gridel : « instrument de l'information juridique, il devient un objet finalisé, un message réifié : le signe juridique est l'union d'un *corpus* et d'un *animus* »[4]. Le *corpus* est « objet de perception instantanée » ; l'*animus* est « l'intention de communication juridique ». A la lumière de cette définition, M. Gridel a étudié le régime juridique des bornes de délimitation immobilière, de certains attributs vestimentaires — insignes, robes[5] ou uniformes — et la signalisation routière[6].

1. V. J.-L. Sourioux et P. Lerat, *Le langage du droit*, 1975 ; G. Cornu, *Linguistique juridique*, 1990 ; *Vocabulaire fondamental du droit*, Arch. phil. droit, t. 35, 1990. — V. aussi *supra*, nᵒˢ 365 s.

2. F. de Saussure, *Cours de linguistique générale*, Payot, 3ᵉ éd. 1972, p. 33.

3. J.-P. Gridel, *Le signe et le droit*, thèse Paris II, éd. 1979.

4. J.-P. Gridel, *op. cit.*, p. 29.

5. Rappr. A. Garapon, *L'âne portant des reliques, Essai sur le rituel judiciaire*, Paris 1985.

6. V. A. Ensminger, *Un refrain des rues et des lois : les disques privés de stationnement interdit*, RRJ 1989, nᵒ 3, p. 639 s. — Rappr., sur les règles de l'air et la circulation aérienne, le décr. du 11 juil. 1991 (JO 17 juil. 1991).

Il convient de ne plus confondre la sémiologie et la sémiotique. Bien que la définition de celle-ci suscite une grande diversité des approches et des opinions[1], deux différences paraissent devoir être signalées. D'une part le domaine de la sémiotique englobe l'ensemble des signes évoqués, et pas seulement la langue, même si c'est le signe par excellence. D'autre part, si la sémiotique concerne la langue, elle envisage celle-ci dans ses rapports avec la logique. On appelle encore « dans une première approximation *sémiotique générale* l'étude de ces rapports, l'étude comparée de la logique et du langage, ou, si l'on veut, l'étude comparée du langage scientifique et du langage ordinaire ». Dans cette perspective la sémiotique juridique consiste dans l'étude des rapports du droit, de la logique et du langage[2].

397   *8° L'économie juridique* ◊ L'expression est nouvelle et peut surprendre. Elle renvoie à l'analyse des rapports entre le droit et l'économie, mais d'une manière inhabituelle dans la tradition de pensée européenne, surtout en France.

Certes, depuis l'Antiquité, les relations entre le droit et l'économie ont retenu l'attention des penseurs, toutes catégories confondues. Les influences réciproques de l'économie sur le droit et du droit sur l'économie sont notamment prises en considération au premier chef et depuis fort longtemps en droit commercial. La perspective retenue est alors essentiellement celle du traitement des phénomènes économiques par le droit. — Sur le droit des affaires, v. *supra*, n° 86.

Or l'on peut imaginer aussi, du point de vue de la connaissance et de la compréhension des phénomènes juridiques, une démarche inverse. Dans cet ordre d'idées, on s'est, surtout outre-Atlantique, interrogé sur le coût des institutions et des mécanismes juridiques. Çà et là, on s'est déjà demandé en France à quoi pouvait répondre tel ou tel ensemble de règles ou de solutions juridiques, par exemple dans le droit des accidents de la circulation ou dans le droit de la faillite. Mais un courant de pensée plus systématique a favorisé l'analyse économique du droit[3]. Ce courant original, fructueux, mieux encore indispensable, a pénétré dans la pensée juridique française[4].

1. V. Colloque international de sémiotique juridique, Aix-en-Provence 11-13 mars 1985, RRJ 1986, n° 2, p. 5 s., spéc. G. KALINOWSKI, *La sémiotique juridique*, p. 111 s.

2. V. la *Rev. intern. de sémiotique juridique* (Intern. Journal for the Semiotics of Law) publiée sous le patronage de l'Assoc. intern. de sémiotique juridique. — V. aussi F. PAYCHÈRE, *Théorie du discours juridique*, thèse ronéot. Paris II, 1990.

3. P.A. POSNER, *Economic Analysis of Law*, Little Brown and C°, 2ᵉ éd. 1977 ; E. MAC KAAY, La règle juridique observée par le prisme de l'économiste, une histoire stylisée du mouvement de l'analyse économique du droit, *Rev. intern. de droit économique* 1986, t. 1, p. 43 s.

4. Corinne LEPAGE-JESSUA, *Essai sur les notions de coût social en droit administratif*, thèse ronéot. Paris II, 2 vol., 1982 ; *L'analyse économique du droit*, RRJ 1987, p. 409 s. ; rappr. B. LEMENNICIER, *Le marché du mariage et de la famille*, PUF, 1988.

§ 2 ⎯⎯⎯⎯⎯⎯⎯⎯⎯⎯⎯⎯⎯⎯⎯⎯⎯⎯⎯

LES RÉSULTATS

398 *Les écarts* ◊ Il est bien illusoire de croire que le droit est connu de tous, et de manière satisfaisante. La constatation s'impose dans les sociétés insuffisamment développées. Mais force est de constater qu'il en va de même dans les sociétés les plus évoluées, modernes, post-modernes, de quelque qualificatif qu'on les affuble. L'explication est très simple : suivant le processus décrit par Max Weber, le mouvement de complexification croissante du droit, lié d'ailleurs à une certaine forme de rationalisation, rend difficile l'accès au droit. D'aucuns en viennent même à penser qu'en un sens du moins, il y a trop de droit, disons d'un certain ou incertain droit : trop de lois (inflation législative ; v. *supra*, n° 372), trop de jurisprudence (explosion judiciaire ; v. *supra*, n° 378), etc.

Cet état des choses se traduit par une insécurité juridique grandissante[1] et par la prise en considération croissante du risque juridique[2].

On ne partira pas à la recherche des causes profondes de ce phénomène. On se bornera à rappeler une vénérable maxime avant d'évoquer certaines situations caractéristiques qui illustrent l'écart inévitable entre le droit et la réalité[3], du fait d'écrans, provoqués le cas échéant par l'erreur des uns et la volonté des autres, et qui obscurcissent la communication juridique.

[A] NUL N'EST CENSÉ IGNORER LA LOI

399 *Une vénérable maxime* ◊ Nul ne saurait alléguer, pour échapper à l'application de la loi, qu'il n'en connaissait pas l'existence. C'est une maxime traditionnelle : nul n'est censé ignorer la loi[4]. Exprimée au sujet de la loi, mais ayant, en réalité, un plus vaste rayonnement, cette règle est jugée indispensable à la stabilité sociale : *l'autorité* du droit ne peut dépendre de circonstances de fait propres à un individu, spécialement à ses connaissances ... ou à son ignorance. Ainsi l'a voulu la sagesse romaine : *nemo censetur ignorare legem.*

Nul ? En imposant à chacun de connaître la loi, la formule manifeste une exigence qui s'accompagne de divers modes de diffusion de la règle,

---

1. V. Les Entretiens de Nanterre des 16-17 mars 1990, consacrés principalement à la sécurité juridique, JCP éd. E, *Cah. dr. entr.*, 6-1990, p. 1 s.
2. V. not. J.-J. François, La juristratégie, une nouvelle approche du risque juridique, *Gaz. Pal.* 1990, 1, doctr. 97.
3. Rappr. Atias et Linotte, Le mythe de l'adaptation du droit au fait, D. 1977, chron. 251 s.
4. V. Dereux, Etude critique de l'adage « Nul n'est censé ignorer la loi », *RTD civ.* 1907, p. 513 s. ; R. Guillien, Nul n'est censé ignorer la loi, *Mélanges Roubier*, 1961, t. I, p. 253 s. ; F. Terré, *Le rôle actuel de la maxime Nul n'est censé ignorer la loi*, Trav. et recherches de l'Institut de droit comparé, t. XXX, 1966, p. 91 s.

spécialement au moyen de la publication des lois (*infra*, n°s 413 s.), des décrets (*infra*, n°s 419 s.) ou des arrêtés (*infra*, n° 420). De la sorte, le système tend à assurer le respect du principe de l'égalité des citoyens devant la loi.

N'est censé ? Le libellé de la règle conduit à affirmer que la maxime exprime une fiction. Aussi bien, nul ne peut prétendre, de nos jours encore moins qu'autrefois, posséder, en la matière, la science infuse. Il semble bien, pourtant, que le droit positif attache, en principe, à la règle le caractère d'une présomption irréfragable, c'est-à-dire d'une présomption qui ne peut être combattue par la preuve contraire (v. *infra*, n° 562). Encore convient-il de constater l'existence de certains tempéraments :

Aux termes de l'article 4 du décret du 5 novembre 1870, « les tribunaux et les autorités administratives et militaires pourront, selon les circonstances, accueillir l'exception d'ignorance alléguée par les contrevenants si la contravention a eu lieu dans le délai de trois jours à partir de la promulgation ». Cette disposition est étrangère au droit civil ; elle vise uniquement certains textes d'ordre répressif, relatifs aux contraventions.

Dans certains cas, le droit positif tient compte de la bonne foi de ceux qui ont été victimes d'une erreur. L'erreur qui est ainsi prise en considération peut porter sur le fait ou sur le droit ; elle constitue un titre pour celui qui l'a commise et qui peut donc invoquer l'ignorance où il se trouvait d'une disposition législative. Ainsi en est-il d'un mariage qui, bien que nul, peut produire ses effets à l'égard des époux s'il a été contracté de bonne foi, c'est-à-dire sous le coup d'une erreur, deux époux ignorant, par exemple, qu'étant parents à un degré prohibé pour le mariage, ils auraient dû solliciter une dispense du Chef de l'Etat [1].

Ignorer ? Dans la perspective présente, l'on peut considérer que l'erreur et l'ignorance sont des termes synonymes. Largement entendu, le phénomène de l'ignorance du droit appelle de plus en plus l'attention, compte tenu de la prolifération et de l'émiettement des règles. On s'interroge aussi sur les remèdes qui pourraient guérir le mal.

La loi ? Le mot est trompeur, car la présomption de connaissance a été étendue aux règlements administratifs. Ainsi en est-il des décrets, à condition que, comme les lois, ils aient fait l'objet d'une certaine publicité. Il a encore été décidé « que les délais de transport par chemins de fer sont établis par des arrêtés ministériels rendus publics, ayant force de loi, auxquels il ne peut être dérogé et que nul n'est censé ignorer ..., (que) le défendeur ne peut légalement prétendre qu'il ait été induit en erreur sur les conditions des délais de transport par les renseignements émanés d'un employé » [2]. L'accès moins facile des citoyens aux règles coutumières ou

---

1. Il peut s'agir d'une erreur de fait, les époux ignorant qu'ils étaient parents, ou d'une erreur de droit, les époux connaissant leur parenté mais ignorant la prohibition du mariage sauf dispense du chef de l'Etat. — L'article 202, al. 1er, c. civ., modifié par la loi du 3 janvier 1972 sur la filiation, dispose que le mariage qui a été déclaré nul produit ses effets à l'égard des enfants, quand bien même aucun des époux n'aurait été de bonne foi. — Si l'erreur de droit peut justifier l'annulation d'un acte juridique pour vice du consentement, elle « ne prive pas d'efficacité les dispositions légales qui produisent leurs effets en dehors de toute manifestation de volonté de la part de celui qui se prévaut de leur ignorance » (Civ., 1re, 4 nov. 1975, D. 1977, 105, *Bull. civ.* I, n° 307, p. 256).

2. Civ. 21 janv. 1901, *Gaz. trib.* 6 juin 1901 ; V. aussi Req. 15 juin 1875, S. 1877, 1, 176.

jurisprudentielles explique le recul de la maxime traditionnelle en ce qui concerne ces règles.

B   LES ÉCRANS

00   ***Distinction*** ◊ Illustrant les difficultés de l'insertion du droit dans la réalité, ils s'expliquent par des raisons d'ordre psycho-sociologique assez variables. On retiendra, à ce sujet, deux phénomènes intéressants.

01   *1° L'apparence* ◊ Il existe naturellement, entre la règle de droit et le fait, des actions et des réactions. La règle assume, oriente, canalise ou contrarie le fait ; le fait, à son tour, confirme, complète ou contrarie la règle. Et la résistance qu'il oppose au droit se manifeste de manières très diverses. L'une d'elles illustre tout particulièrement l'importance des *phénomènes* dans la vie juridique. Par application de ce que l'on appelle la *théorie de l'apparence*, il arrive que, fondée sur l'apparence, la croyance erronée dans l'existence d'une situation juridique conduise, dans certaines conditions, à faire prévaloir certains effets de cette apparence sur la réalité juridique[1]. *Error communis facit jus.*

La seule existence d'une apparence à laquelle le droit attache des conséquences[2] ne suffit pas à donner lieu à l'application de la théorie évoquée. Il faut supposer, pour cela, que, se fiant à une apparence, une personne se trompe sur l'existence d'une situation juridique ; or il arrive qu'en pareil cas, le droit attache des conséquences à cette croyance erronée et refoule corrélativement l'application normale — logique, dit-on aussi — des règles de droit[3].

Ainsi, en vertu de la loi elle-même, le paiement fait entre les mains du possesseur d'un écrit constatant une créance et se prévalant de celui-ci libère le débiteur, même s'il est ultérieurement démontré que c'était une autre personne qui était le véritable créancier (art. 1240 c. civ.), mais il existe nombre d'autres cas. Et l'élaboration de la théorie de l'apparence a été rendue particulièrement nécessaire lorsque les tribunaux ont estimé qu'en dehors même des situations prévues par des textes, l'apparence pouvait être de nature à assurer la protection de certaines personnes, serait-ce au prix d'une atteinte aux intérêts normalement consacrés par le

---

1. IONESCO, *Les effets juridiques de l'apparence en droit privé*, thèse Strasbourg, 1927 ; J.-CH. LAURENT, *L'apparence dans le problème des qualifications juridiques*, thèse Caen, 1931 ; F. GIRAULT, *L'apparence source de responsabilité*, thèse Paris, 1937 ; P. BARBIER, *L'apparence en droit civil et en droit fiscal*, thèse Paris, 1945 ; J. CALAIS-AULOY, *Essai sur la notion d'apparence en droit commercial*, thèse Montpellier, 1959 ; J.-P. ARRIGHI, *Apparence et réalité en droit privé*, thèse ronéot. Nice, 1974 ; rappr. JOUVE, Recherche sur la notion d'apparence en droit administratif français, *Rev. dr. publ.* 1968, 283 s.

2. Ex. art. 1642 c. civ. : l'obligation de garantir les vices de la chose vendue ne couvre pas les « vices apparents et dont l'acheteur a pu se convaincre lui-même ».

3. WAHL, La maxime « *Error communis facit jus* », Exposé critique de la jurisprudence, *RTD civ.* 1908, p. 125 s. ; H. MAZEAUD, La maxime « *Error communis facit jus* », *RTD civ.* 1924, p. 929 s. ; J.-L. SOURIOUX, La croyance légitime, J.C.P. 1982, I, 3058.

droit. L'illustration classique de cette attitude concerne le régime des actes de l'*héritier apparent* : supposons, par exemple, que l'héritier apparemment le plus proche d'un défunt se mette en possession de ses biens et en vende certains, et que se révèle ensuite un héritier plus proche ; malgré ce rang préférable, les actes accomplis dans l'intervalle resteront, à certaines conditions, valables, ce qui aboutit à protéger les acquéreurs, mais à nuire corrélativement au véritable héritier[1].

Il est parfaitement possible que celui-ci n'ait commis aucune faute en se manifestant tardivement, de sorte que la théorie de l'apparence ne repose pas sur l'idée d'une responsabilité mise à sa charge[2]. Ce qui justifie la théorie, c'est le désir d'assurer une certaine sécurité des transactions et, pour cela, de tenir compte de la croyance erronée des tiers, lorsque celle-ci se fonde sur des données suffisamment caractérisées. Bien entendu, on discerne les dangers que pourrait comporter une interprétation trop favorable aux tiers de bonne foi : les tribunaux s'emploient donc à cantonner la théorie, en subordonnant son application à l'existence soit d'une « erreur légitime » qu'aurait commise toute personne raisonnable placée dans la même situation, soit — ce qui est nettement plus restrictif — d'une « erreur commune », « invincible », à laquelle aucune personne ne peut échapper[3].

402   *2° La simulation* ◊ La prise en considération de l'apparence s'opère dans des conditions particulières lorsque les auteurs d'actes juridiques dissimulent leurs volontés derrière un acte apparent (*simulé*), en ne les concrétisant que dans un acte secret ou contre-lettre[4]. On se trouve donc en présence de deux conventions : l'une qui est ostensible mais mensongère, l'autre qui est sincère mais secrète. L'article 1321 du code civil précise l'effet de la contre-lettre, tant à l'égard des parties qu'à l'égard des tiers. Il est aisé de comprendre que les deux conventions superposées échappent dans une certaine mesure au droit commun des effets des contrats[5] (*supra*, n°s 309 s.).

Pour qu'il y ait simulation, trois conditions doivent être réunies : *a*) les parties doivent être d'*accord* sur le contrat qu'elles passent en réalité. La

---

1. CRÉMIEU, De la validité des actes accomplis par l'héritier apparent, *RTD civ.* 1910, p. 39 s. ; SANATESCO, *De la validité des actes faits par l'héritier apparent*, thèse Paris, 1912 ; J. DONNEDIEU DE VABRES, Les actes de l'héritier apparent, *RTD civ.* 1940-1941, p. 385 s. ; V. Civ. 26 janv. 1897, D.P. 1900, 1, 33, note SARRUT, S. 1897, 1, 313, *Grands arrêts* n° 222.

2. V. au sujet d'un mandat apparent et de la croyance des tiers dans l'étendue des pouvoirs d'un mandataire, d'où résulte l'engagement du mandant : Ass. plén. 13 déc. 1962, D. 1963, 277, note CALAIS-AULOY, J.C.P. 1963, II, 13105, note ESMEIN, *Grands arrêts* n° 186. — Dans l'affaire ayant donné lieu à l'arrêt précité de la Cour de cassation rendu le 26 janvier 1897, la bonne foi du véritable héritier était d'autant plus évidente qu'il avait, dans un premier temps, essayé sans succès de contester le titre de l'héritier apparent.

3. GHESTIN et GOUBEAUX, *Introduction générale*, n°s 770 s., spéc. n° 783.

4. V. *Précis Dalloz, Les obligations*, n°s 562 s.

5. V. BARTIN, *Des contre-lettres*, thèse Paris, 1885 ; GLASSON, *De la simulation*, thèse Paris, 1897 ; J.-D. BREDIN, Conception jurisprudentielle de l'acte simulé, *RTD civ.* 1956, p. 261 ; JOSSERAND, *Les mobiles dans les actes juridiques*, n°s 192 s. ; DAGOT, *La simulation en droit privé*, thèse Toulouse, éd. 1967 ; A. HINFRAY, Du paradoxe juridique de la simulation, Rev. *Administrer*, nov. 1982, p. 11.

simulation doit être distinguée du *dol (supra,* n° 288), bien qu'elle ait souvent un but frauduleux. En cas de dol, il y a une manœuvre contre l'une des parties à l'acte, émanant de l'autre partie ; en cas de simulation, les parties sont d'accord, il y a entente entre elles à l'égard des tiers, aucune n'est trompée ; *b)* l'acte doit être *contemporain* de l'acte apparent ; la simulation doit être distinguée de la situation dans laquelle l'acte postérieur révoque ou modifie un acte antérieur réellement convenu ; *c)* l'acte modificatif est *secret* : son existence ne doit pas être révélée par l'acte apparent. Ainsi, la *déclaration de command,* par laquelle une personne déclare acheter pour le compte d'une autre sans faire connaître immédiatement le nom de cette dernière, ne contient pas une véritable simulation.

La simulation ne s'accompagne pas nécessairement d'une fraude. Sans doute, souvent elle en suppose une : fraude fiscale, si, par exemple, l'on dissimule une partie du prix de vente pour payer des droits de mutation moins élevés ; fraude civile, notamment si l'on veut soustraire un bien à l'action des créanciers ou éviter l'application de règles d'ordre public, telles que celles sur les incapacités de recevoir ou sur la réserve héréditaire : par exemple, sous l'apparence d'une vente, on dissimule une donation qui entame la réserve des héritiers ; la simulation peut encore avoir pour objet de tourner une prohibition légale, telle celle de l'usure : on présente un prêt usuraire sous la forme d'un autre contrat.

Mais la simulation n'implique pas nécessairement la fraude ; elle peut avoir un but licite et peut même être digne d'éloges : par exemple, un bienfaiteur désire dissimuler sa donation pour garder l'anonymat.

L'article 1321 du code civil dispose : « Les contre-lettres ne peuvent avoir leur effet qu'entre les parties contractantes ; elles n'ont point d'effet contre les tiers ». Ainsi, en cas de simulation, c'est la contre-lettre qui produit, en principe, effet entre les parties. Mais à l'inverse de ce qu'il prévoit pour les rapports des parties entre elles, l'article 1321 dispose seulement que la contre-lettre n'a point d'effet contre les tiers, ce qui réserve donc à ceux-ci le droit de s'en prévaloir s'ils y ont intérêt.

CHAPITRE 2

L'APPLICATION

403 *Présentation* ◊ La règle de droit n'est pas destinée à demeurer une simple création de l'esprit ; il est de sa nature de s'appliquer à des situations concrètes, de se *réaliser*. Ce passage dépend de beaucoup de conditions, à commencer — on l'a vu (*supra*, nᵒˢ 362 s.) — par la communication de la connaissance[1].

Si l'on porte l'attention sur l'étape de l'application, des observations générales s'imposent au sujet du *processus* même par lequel se réalise le passage (Section 1). On envisagera ensuite les cadres dans lesquels se réalise l'application : *dans l'espace* (Section 2) et *dans le temps* (Section 3).

SECTION 1
LE PROCESSUS D'APPLICATION

404 *Plan* ◊ Il n'est pas étonnant que le problème de l'application du droit constitue, en lui-même, une singulière énigme. Le constat de l'écart entre théorie et pratique attire plus l'attention que par le passé (§ 1). Il oblige à porter successivement le regard du côté de la légalité (§ 2), puis du côté des comportements des sujets de droit (§ 3).

§ 1
LA QUESTION DE L'APPLICATION

405 *Règles de droit et comportements de fait* ◊ Entre la règle de droit et la réalité de fait à laquelle elle s'applique, la distinction est nécessaire, mais malaisée.

La difficulté tient tout d'abord à ce que, dans une opinion de plus en plus répandue, le droit ne se réduit pas aux seules *règles* de droit ; on

---

1. Le problème est de grande ampleur : philosophique (v. par ex. A. GIULIANI, *L'applicazione della lege*, Rimini, 1983), sociologique, psychologique. — Sur la mesure de la connaissance et même de la conscience du droit par les sujets de droit, v. Trav. du premier Colloque de sociol. jurid. franco-soviétique, Paris, 1975, p. 139 s. ; v. aussi : dans les pays socialistes, I. SZABO, *Les fondements de la théorie du droit*, 1973, p. 225 s., sur la conscience juridique ; P. GAST, *Expérience spirituelle et conscience du droit*, thèse ronéot. Paris II, 1991 ; sur les analyses de Geiger, H.-E. ROHRER, *La sociologie juridique de Theodor Geiger*, thèse ronéot. Paris II, 1971, p. 190 s.

estime opportun d'y inclure les comportements des individus conformes au droit, car ils en font partie intégrante[1]. Il arrive d'ailleurs que la transition soit particulièrement délicate : ainsi en est-il lorsque des modèles de comportement ne sont pas fixés *a priori* par le droit, mais découlent des pratiques suivies habituellement par un groupe[2], voire par un individu déterminé[3] (v. *supra*, n° 205).

Même si l'on retient une définition extensive du domaine du droit[4], il subsiste une distinction essentielle de la règle de droit et du fait auquel cette règle est destinée. Et une réflexion sur le rôle du droit implique une analyse de l'adéquation de la règle au fait. Une vue réaliste des choses du droit conduit à s'interroger aussi sur la *distance* variable qui peut exister entre le droit et le fait[5].

406   *Facteurs de distanciation* ◊ Parmi les nombreuses causes de l'écart qui existe entre le droit et le fait, les unes tiennent principalement au droit, les autres s'expliquent davantage par le fait.

Du côté du droit, plusieurs constatations s'imposent. En premier lieu, le *volume* excessif des règles et des solutions est de nature à nuire à leur réception, car les capacités d'absorption de l'esprit humain sont limitées ; de là peut résulter une mauvaise réception de la règle (*supra*, n° 398). En deuxième lieu, les modes d'*expression* de la règle peuvent nuire à sa diffusion ; on s'efforce d'atténuer l'obstacle en améliorant le langage du droit (v. *supra*, n° 368), non sans confondre, dans la critique, la langue juridique et le jargon judiciaire. En troisième lieu, la *contrainte* qui accompagne souvent la règle juridique peut susciter assez naturellement un réflexe de rejet.

Plutôt du côté du fait, on signalera d'autres obstacles. Tout d'abord, l'infinie *complexité* du réel, dont la règle ne peut suivre toutes les nuances et les sinuosités ; plus ou moins ancrés sur des catégories générales, absolues dit-on parfois, la règle ou l'agent qui applique la règle sont donc obligés, le cas échéant, de délaisser la *quantité négligeable (de minimis non curat praetor*, disait-on à Rome), de soumettre ce qui est accessoire au régime du principal[6], d'éviter une relativisation des catégories consistant à faire varier les contours de celles-ci en fonction des règles auxquelles elles servent de support[7]. Ajoutons que le *sentiment* de l'obligatoire, au

---

1. « Le Droit, écrit un auteur (J. Carbonnier, *Flexible droit*, 6ᵉ éd., 1988, p. 20), est plus grand que les sources formelles du Droit ».
2. Sans s'imposer nécessairement aux juges lorsqu'ils sont appelés à se prononcer en matière de responsabilité professionnelle (Paris 25 avril 1945, D. 1946, 190, note Tunc, J.C.P. 1946, II, 3161, note Rabut. — Rappr. Com. 4 mars 1968, J.C.P. 1969, II, 15777, note Gavalda) ; au sujet, par exemple, de la responsabilité médicale, les pratiques suivies habituellement par une profession constituent d'utiles modèles de comportement.
3. V. J.-C. Coviaux, *L'habitude individuelle dans le droit des obligations*, thèse ronéot. Paris, 1973.
4. Sur la connaissance du phénomène, V. P. Durand, La connaissance du phénomène juridique et les tâches de la doctrine moderne du droit privé, D. 1956, chron. 73 s. ; v. aussi *supra*, n° 24.
5. V. Atias et Linotte, Le mythe de l'adaptation du droit au fait, D. 1977, chron. 251 s.
6. V. G. Goubeaux, *La règle de l'accessoire en droit privé*, thèse Nancy, éd. 1969.
7. Rappr., sur les tolérances, notamment en matière bancaire, Y. Letartre, *Les facilités de caisse*, thèse ronéot. Lille, 1975.

sens juridique de ce mot, peut varier selon le lieu, le temps ou la matière, que les *pressions sociales* peuvent refouler la règle au point d'entraîner une sorte d'abrogation de fait, que des *courants d'opinion* — politiques, littéraires, etc. — peuvent nuire au prestige des règles et que le *comportement des intermédiaires* entre les règles de droit et les sujets de droit est rarement négligeable.

407 *Effectivité ou ineffectivité* ◊ On a parlé d'un mythe de l'adaptation du droit au fait[1]. On a aussi tracé un programme d'exploration d'un domaine mal connu entre le droit et le fait[2]. Dans le même temps, l'attention a été, de tous côtés, portée davantage sur l'analyse des *pratiques*[3].

L'importance et la difficulté du problème de l'application sont très évidentes, dans un climat social et juridique qui manifeste tout à la fois — ce qui n'est d'ailleurs pas contradictoire — un besoin de meilleure adéquation et de plus grande libéralisation, surtout dans certains domaines particulièrement imprégnés de droit.

Dans l'immense majorité des situations, l'application des règles de droit se réalise sans qu'il soit nécessaire d'avoir effectivement recours à la contrainte : l'adhésion, totale ou partielle, à l'ordre juridique ou la peur du gendarme et des ennuis expliquent généralement cette attitude et le vaste domaine de ce qui constitue l'application non contentieuse de la règle (v. *infra*, n° 604). L'esprit juridique est généralement plus occupé par l'analyse de l'application contentieuse — ou précontentieuse, ou paracontentieuse — de la règle de droit, rendue nécessaire par la violation de la règle ou la contestation de celle-ci. Afin d'assurer l'application de la règle, le système comporte un large éventail de sanctions — pénales, civiles, administratives, ... — et il aménage diverses procédures judiciaires (v. *infra*, n°ˢ 603 s.).

Malgré cette tendance profonde et ces efforts constants, l'on constate assez fréquemment, entre la règle et son application, un écart plus ou moins large ou, dit-on encore, une marge plus ou moins étendue d'inapplication effective, d'« ineffectivité » totale ou partielle[4]. Le droit ne se réduisant pas à des normes, ou à un ensemble de normes, il est nécessaire de connaître l'accueil fait à la règle, quel que soit le degré de la contrainte attachée à celle-ci. Encore convient-il d'observer qu'une loi inappliquée (ineffective) n'est pas nécessairement une loi inutile, parce qu'elle met à la disposition des individus une technique, dont ils se serviront peut-être ultérieurement. Il est d'ailleurs contraire à l'essence de l'ordre juridique de penser qu'une règle ineffective doive nécessairement être abolie. Des remarques comparables peuvent aussi être présentées au sujet des décisions de justice ; pourtant, de ce côté, l'ineffectivité heurte davantage

---

1. ATIAS et LINOTTE, chron. préc.
2. P. GODÉ, *La réalisation du droit : un no man's land*, RRJ 1983-3, p. 523 s.
3. *Le rôle de la pratique dans la formation du droit*, Trav. Assoc. H. CAPITANT, Journées suisses, t. XXXIV, 1983 ; P. AMSELEK, Le rôle de la pratique dans la formation du droit : Aperçus à propos de l'exemple du droit public français, *Rev. dr. publ.* 1983, p. 1471 s. ; *supra*, n° 205.
4. CARBONNIER, *Effectivité et ineffectivité de la règle de Droit, Flexible droit, op. cit.*, p. 125 s. ; V. aussi J. CRUET, *La vie du droit et l'impuissance des lois*, 1908.

l'esprit, ce qui explique les efforts tentés — avec un succès relatif — pour essayer de la combattre, là où elle se manifeste[1].

408 *Les fictions* ◊ L'application du droit s'opère à l'aide d'un certain nombre de techniques destinées à capter et à régir le fait considéré par l'ordre juridique. En ce sens aussi, le droit est médiation (v. *supra*, n°s 30 s.). Nécessairement, pour assumer le réel, il opère une certaine réduction. A cet effet, il utilise des *catégories* juridiques à partir desquelles se réalise la qualification des données relevant du droit (*supra*, n° 364). On observera aussi, en matière probatoire, l'importance des *présomptions*, c'est-à-dire des « conséquences que la loi ou le magistrat tire d'un fait connu à un fait inconnu » (v. *infra*, n°s 512 s., 553 s.).

Les *fictions* servent aussi à assurer l'application du droit, création de l'esprit humain, au réel ondoyant et divers. C'est un « artifice de technique juridique ... consistant à supposer un fait ou une situation différents de la réalité en vue de produire un effet de droit »[2]. Exemple : « dans toute disposition entre vifs ou testamentaire, les conditions impossibles, celles qui sont contraires aux lois ou aux mœurs sont réputées non écrites » (art. 900 c. civ.). Elles sont réputées non écrites, alors qu'elles sont bel et bien écrites. A l'aide de cette fiction, le législateur vise à maintenir l'acte qui les contient, mais en l'amputant, en faisant *comme si* les conditions écrites ne l'avaient pas été. Autre sens au mot fiction : « Idée, concept doctrinal imaginé en vue d'expliquer une situation, un mécanisme »[3]. Ainsi, pour expliquer que les héritiers assument les dettes de la succession, s'ils acceptent celle-ci, avance-t-on traditionnellement l'idée suivant laquelle ils *continuent la personne du défunt* ; or la personnalité juridique d'un être humain s'éteint à son décès (*supra*, n° 325).

La technique de la fiction a tout naturellement retenu l'attention[4], de manière négative ou positive. L'emploi du terme de fiction peut, négative-ment, servir à désigner un obstacle artificiel inhérent à une règle ou à une institution, et que l'on juge contraire à la nature, ce qui conduit alors à l'écarter[5].

C'est surtout d'un point de vue positif que la fiction est prise en considération, en vue de faire utilement abstraction de la réalité, voire de substituer à la réalité « une construction de l'esprit »[6]. Il en va ainsi lorsque

---

1. *L'effectivité des décisions de justice*, Trav. Assoc. H. CAPITANT, Journées françaises, t. XXXVI, 1985 ; J. NORMAND, Les difficultés d'exécution des décisions de justice, *Mélanges Cosnard*, 1990, p. 393 s. — Comp., sur « les phénomènes d'incidence dans l'application des lois », c'est-à-dire sur les textes qui, tout en produisant effet, ont un autre effet que celui que leur auteur avait voulu, CARBONNIER, *op. cit.*, p. 138 s.

2. *Vocabulaire juridique de l'Association H. Capitant*, par G. CORNU ET ALI, 3e éd. 1991, V° *Fiction*.

3. *Vocabulaire juridique* préc., *loc. cit.*

4. L. LECOCQ, *De la fiction comme procédé juridique*, thèse Paris, 1914 ; R. DEKKERS, *La fiction juridique (Etude de droit romain et de droit comparé)*, Bruxelles et Paris, 1935 ; J. ISSA-SAYEGH, *Les fictions en droit privé*, thèse ronéot. Dakar, 1968 ; C. PERELMAN et P. FORIERS, *Les présomptions et les fictions en droit*, Trav. du Centre national de recherches de logique, Bruxelles, 1974 ; JOANNA SCHMIDT-SZALEWSKI, *Les fictions en droit privé*, Arch. phil. droit, t. 20, 1975, p. 273 s. ; P. WOODLAND, *Le procédé de la fiction dans la pensée juridique*, thèse ronéot. Paris II, 1981.

5. V. la thèse de P. WOODLAND, préc.

6. CORNU, *Droit civil, Introduction, Les personnes, Les biens*, n° 208.

les catégories et techniques juridiques reconnues ne procurent pas le moyen de répondre de manière acceptable aux questions de droit qui se posent, ou encore lorsque l'application simultanée de deux règles à une même situation entraîne une antinomie que le recours à la fiction permet de surmonter[1].

§ 2

DU CÔTÉ DE LA LÉGALITÉ

409 *Force obligatoire* ◊ L'application du droit est naturellement envisagée en tant que le droit s'impose aux sujets de droit, qu'il a *force obligatoire*.

La force obligatoire de la coutume et de la jurisprudence sont, en quelque sorte, inhérentes aux règles d'origine coutumière ou jurispruden-tielle dès que ces règles se dégagent des pratiques des hommes ou des décisions des juridictions. Il en va autrement dans le cadre du droit écrit, on dit encore de la légalité, ce qui conduit à envisager successivement la durée (A) et la portée (B) de la force obligatoire.

[A] DURÉE DE LA FORCE OBLIGATOIRE

410 *Distinction* ◊ La disposition légale, qu'elle résulte d'une loi, d'une ordon-nance, d'un règlement administratif, a *force obligatoire*, ce qui est volon-tiers considéré comme un caractère inhérent à la règle de droit. Pour déterminer la durée de cette force obligatoire, il faut rechercher à partir de quel moment la règle légale entre en vigueur et comment elle disparaît.

L'entrée en vigueur de la loi résulte de sa *promulgation* et de sa *publication*. En principe, la loi a vocation à durer indéfiniment[2], mais sa force obligatoire peut lui être retirée par *abrogation*.

411 *1° Promulgation et publication* ◊ Les lois n'entrent en vigueur qu'une fois *promulguées* et *publiées*[3].

On confond souvent la promulgation et la publication, confusion parfois commise par le législateur lui-même. Ce sont cependant deux opérations distinctes.

Pour la loi, la *promulgation* consiste dans un décret par lequel le Président de la République atteste l'existence et la régularité de la loi, en

---

1. V. C. PERELMAN et P. FORIERS, *Les présomptions et les fictions en droit, op. cit.*, p. 343.
2. Ce qui n'empêche pas l'existence de *lois temporaires*, par exemple en période de crise (hostilités, circonstances économiques troublées, ...) ou encore à titre plus ou moins expéri-mental (ex. : libéralisation de la législation sur l'avortement). — V. M. WALINE, note D. 1946, 290, sous Cons. d'Etat, 16 mars 1945.
3. H. PUGET et J.-C SECHÉ, La promulgation et la publication des actes législatifs en droit français, *Rev. adm.* 1959, p. 239 s.

ordonne la publication et l'exécution (art. 10 et 11 de la Constitution). A partir de la promulgation, la loi devient *exécutoire*[1].

Elle ne peut cependant être *exécutée* par les citoyens et n'est *obligatoire* qu'à partir du moment où elle est connue d'eux. L'opération qui porte la loi à leur connaissance, c'est la *publication*[2].

412   *a)* ***Promulgation*** ◊ Le vote de la loi par le Parlement ne suffit pas à la rendre obligatoire pour les individus. La délibération parlementaire doit encore recevoir le concours du Pouvoir exécutif qui a le monopole des décisions exécutoires. La promulgation consiste ainsi dans l'insertion du texte de la loi dans un décret du Président de la République qui atteste l'existence de la loi et ordonne aux autorités publiques d'observer et de faire observer cette loi[3]. Cet acte n'a d'autre date que celle de sa signature, bien qu'il ne prenne effet, comme la loi elle-même, qu'après avoir été publié dans les conditions fixées par les lois et règlements[4].

La Constitution de 1958 a d'ailleurs renforcé les pouvoirs du Président de la République en matière de promulgation[5]. En principe, il doit promulguer le texte voté par le Parlement dans les quinze jours qui suivent sa transmission au Gouvernement ; il peut toutefois demander une nouvelle délibération (si le Parlement refuse de revenir sur sa décision, il a la faculté de dissoudre l'Assemblée nationale).

La promulgation ne s'applique pas seulement aux lois, elle est aussi nécessaire pour les textes émanant du pouvoir exécutif.

413   *b)* ***Publication. Evolution*** ◊ La publication est destinée à permettre au public de prendre effectivement connaissance du texte promulgué. Divers systèmes ont été suivis pour la publication des lois.

---

1. Dès cet instant, la loi est juridiquement parfaite et le gouvernement doit normalement veiller à sa publication (V. LATOURNERIE, Trav. de la Commission de réforme du code civil, t. IV, 1948-1949, p. 160).

2. L'article 1er, alinéas 1er et 2, c. civ., distingue exactement les deux opérations : « Les lois sont exécutoires dans tout le territoire français, en vertu de la promulgation qui en est faite par le Président de la République. Elles seront exécutées dans chaque partie de la République du moment où la promulgation pourra être connue ». — V. G. REVEL, *La publication des lois, décrets et autres actes de l'autorité publique*, 1933 ; MOLINIÉ, *La publication en droit public français*, thèse Paris, 1976.

3. La formule de promulgation est, en principe, la suivante : « l'Assemblée nationale et le Sénat ont adopté ; le Président de la République promulgue la loi dont la teneur suit : (texte de la loi) ... La présente loi sera exécutée comme loi de l'Etat. Fait à ... le ... ». La signature du Président de la République est accompagnée du contreseing du Premier ministre et, le cas échéant, des ministres responsables (décr. n° 59-635 du 19 mai 1959, art. 1er). La formule est modifiée si le Conseil constitutionnel est intervenu, si l'Assemblée nationale et le Sénat ont été en désaccord, si la loi adoptée a été soumise au référendum (décr. préc., art. 2, 3, 4, 5, 6, réd. décr. 8 mars 1990).

4. Cons. d'Etat, 8 févr. 1974, D. 1974, Somm. 31.

5. Sous la IVe République, le Président ne pouvait refuser la promulgation d'une loi votée par les assemblées ; il pouvait simplement demander une nouvelle délibération de celles-ci. S'il n'usait pas de cette faculté, il devait promulguer la loi dans les dix jours du vote. A défaut, la loi était promulguée par le Président de l'Assemblée nationale.

1. D'après l'article 1er, alinéa 3, du code civil, la loi est « réputée connue, dans le département où siège le Gouvernement, un jour après celui de la promulgation ; et dans chacun des autres départements, après l'expiration du même délai augmenté d'autant de jours qu'il y aura de fois 10 myriamètres (environ 20 lieues anciennes) entre la ville où la promulgation en aura été faite et le chef-lieu de chaque département ». Le code édictait ainsi une présomption légale d'information résultant de la promulgation et indépendante de toute insertion dans une feuille publique. Certes les lois étaient insérées dans le *Bulletin des Lois* institué sous la Révolution, mais leur mise en application ne dépendait pas de cette insertion.

2. L'ordonnance du 27 novembre 1816 établit un autre système, la mise en vigueur des lois dépendant désormais de leur publication (appelée promulgation dans le texte de l'ordonnance) dans le *Bulletin des Lois*. A Paris, la loi était exécutoire un jour après la remise du Bulletin au ministère de la Justice ; pour les autres départements, le délai était augmenté d'un jour par dix myriamètres, conformément à l'article 1er du code civil. La force obligatoire de la loi se propageait ainsi dans l'ensemble du territoire par ondes successives, système en harmonie avec la lenteur des communications ; dès le XIXe siècle, ce système est devenu tout à fait suranné.

414   *Législation sur la publication. Rôle du « Journal officiel »* ◊ Le décret du 5 novembre 1870, émanant du Gouvernement de la Défense nationale à un moment où il fallait hâter la mise en vigueur de ses ordres, a modifié sur deux points le régime antérieur de la publication :

1. La publication, dispose l'article 1er — à tort il est écrit promulgation —, ressort de l'insertion au *Journal officiel* qui a remplacé ainsi le *Bulletin des Lois*[1].

2. La loi est obligatoire à Paris (ou bien dans l'arrondissement où paraît le *Journal officiel*) *un jour franc* après la publication et, dans chaque arrondissement, un jour franc après que le *Journal officiel* qui la contient est parvenu au chef-lieu de cet arrondissement[2]. On entend par

---

1. Le décret du 5 novembre 1870 avait maintenu le *Bulletin des Lois*, au titre de la publication des actes non insérés au *Journal officiel*. En fait, toutes les lois nouvelles furent insérées au *Journal officiel*. La Cour de cassation a d'ailleurs jugé que le système de la publication par insertion au *Bulletin des Lois* ne pouvait s'appliquer à une loi (Req. 23 janv. 1872, D.P. 1872, 1, 8). Le rôle subsidiaire réservé au *Bulletin des Lois* n'avait guère d'importance pratique ; aussi ce bulletin a-t-il pu être supprimé par la loi du 19 avril 1930.
2. Sur la preuve de l'arrivée du *Journal officiel*, Crim. 14 déc. 1932, D.H. 1933, 38 ; Trib. civ. Morlaix, 6 mars 1935, D.H. 1935, 295, et sur pourvoi en cassation, Civ. 26 janv. 1938, D.H. 1938, 147. — Il s'agit d'une question de fait qui ne peut être soulevée pour la première fois devant la Cour de cassation (Civ., sect. com., 1er fév. 1960, *Bull. civ.* III, n° 44). — Les lois (et les décrets, *infra*, n° 419) ne devenant obligatoires que par l'effet de leur publication au *Journal officiel*, sont entachés d'excès de pouvoir des textes qui fixent pour leur exécution une date antérieure à celle résultant des prescriptions régissant l'entrée en vigueur des lois et décrets (Cons. d'Etat, 12 avr. 1972, D. 1973, 228, note DELVOLVÉ).

jour franc un jour entier de 0 heure à minuit ; on ne tiendra donc pas compte du jour de la publication ou de l'arrivée du journal. Exemple : une loi est insérée au numéro du *Journal officiel* paraissant à Paris le 1ᵉʳ mars 1967 à 5 heures du matin et arrivé à Perpignan le 2 mars au matin ; elle sera obligatoire à Paris à partir du 3 à 0 heure, et dans l'arrondissement de Perpignan à partir du 4 à 0 heure.

415 **Publication en cas d'urgence** ◊ L'ordonnance du 27 novembre 1816 (art. 4) complétée par celle du 18 janvier 1817 — textes encore en vigueur — permet au Gouvernement, dans les cas urgents, sans même attendre la publication au *Bulletin des Lois* — devenu le *Journal officiel* (décr. 5 nov. 1870) —, de donner l'ordre aux préfets — cet ordre pourrait être transmis aujourd'hui suivant les techniques modernes des télécommunications — d'afficher le texte de loi. Le préfet doit constater la réception du texte sur un registre et prendre un arrêté prescrivant l'affichage. La nouvelle disposition devient obligatoire à compter du moment de la publication spéciale ainsi effectuée (Ord. 18 janv. 1817, art. 2)[1]. Pratiquement, ce mode de publication est employé surtout en matière fiscale, afin d'éviter que certains ne profitent du délai de publication pour échapper aux nouvelles dispositions.

416 **Retard apporté à la mise en vigueur d'une loi** ◊ Le législateur peut déroger aux règles qui précèdent et fixer à une date plus reculée le moment où une loi sera mise à exécution.

Il peut ainsi être précisé qu'une loi n'entrera en vigueur qu'après un certain délai. Le législateur recourt à cette solution pour des lois importantes qui instituent un régime nouveau, et dans le but d'éviter des surprises et de laisser le temps à ceux que la loi concerne de se préparer. Ainsi est-il résulté des articles 24 et 25 de la loi du 11 juillet 1975 portant réforme du divorce que cette loi n'est entrée en vigueur que le 1ᵉʳ janvier 1976 à l'exception, notamment, des dispositions des articles 264, alinéa 3, et 295 nouveaux du code civil qui étaient immédiatement applicables.

Le retard apporté à la mise en vigueur d'une loi peut encore provenir de ce que son application requiert parfois des mesures complémentaires, telles que l'élaboration d'un règlement administratif destiné à préciser les

---

1. La Cour de cassation a jugé que la loi devenait obligatoire le lendemain du jour où l'affichage a été réalisé (Civ. 17 fév. 1932, *Gaz. Pal.* 1932, 1, 636) ; cette solution a l'avantage d'éviter l'incertitude quant à la détermination de l'heure de l'affichage ; mais elle n'est pas commandée par la lettre du texte et compromet la rapidité nécessaire à la mise en vigueur de certaines lois. Le Conseil d'Etat s'est prononcé dans le même sens que la Cour de cassation (Cons. d'Etat, 19 juin 1959, D. 1959, 370, note Braibant).

détails d'application que le législateur, se contentant d'édicter les principes, n'a pas réglés (*supra*, n° 198)[1].

417   *Désignation des lois* ◊ Les lois sont généralement désignées par leur date. La détermination de celle-ci a varié suivant les époques. Ainsi, au début du Droit intermédiaire, les lois comportaient une double date, celle du vote par l'Assemblée et celle de la sanction royale (par exemple, la loi des 16-24 août 1790 relative à la séparation des fonctions judiciaires et des fonctions administratives). Depuis la Constitution de 1875, il est admis que la date de la loi est celle de sa promulgation. Mais, plusieurs lois pouvant être promulguées le même jour — surtout en période d'inflation législative —, on a pris l'habitude de numéroter les lois d'une même année, les deux premiers chiffres correspondant à l'année et les suivants au numéro d'ordre de promulgation pendant cette année.

418   *Erreurs commises dans la publication de la loi : valeur des errata* ◊ Il arrive qu'après la publication du texte d'une loi ou d'un règlement au Journal officiel, on découvre des erreurs dans le texte publié ; elles sont même assez fréquentes, compte tenu de la prolifération législative à l'époque actuelle. Pour les redresser, on peut recourir à une loi nouvelle ou à un décret modificatif, mais de telles dispositions, à moins d'avoir été rendues valablement rétroactives, ne deviennent obligatoires qu'à partir de leur publication. Beaucoup plus fréquemment, le Gouvernement se bornera à insérer un *erratum* (rectificatif) au Journal officiel, corrigeant ou complétant le texte initialement imprimé[2].

La valeur juridique des *errata* a été discutée, car ils sont publiés sans avoir donné lieu à aucune promulgation distincte et apparaissent plutôt comme l'œuvre des services ministériels intéressés. Les solutions jurisprudentielles sont nuancées.

Si le rectificatif est de pure forme, c'est-à-dire s'il n'a pour but que de

---

1. Le législateur peut avoir expressément subordonné l'application de la loi à l'élaboration de règlements qui organisent les mesures d'exécution, auquel cas la mise en vigueur de la loi sera différée jusqu'au jour où les règlements seront édictés. En l'absence d'une telle disposition, on peut parfois hésiter sur le point de savoir si le législateur a entendu différer la mise en vigueur de la loi a la parution du décret d'application qu'il a prévu (V. comme ex. de décision s'étant prononcée pour l'application immédiate : Soc. 21 janv. 1972, *Bull. civ.* V, n° 48, p. 47 ; *contra* : Com. 17 oct. 1972, *Bull. civ.* IV, n° 254, p. 240 ; 13 fév. 1973, *Bull. civ.* IV, n° 74, p. 65 ; Toulouse, 10 fév. 1975, D. 1975, Somm. 83). La Cour de cassation a décidé qu'« une loi régulièrement promulguée devient exécutoire à partir du moment où la promulgation peut en être connue, lorsqu'elle ne contient pas de disposition formelle subordonnant expressément ou nécessairement son exécution à une condition déterminée » (Civ. 18 mars 1952, *Gaz. Pal.* 1952, 1, 376). — V. J.M. AUBY, L'obligation gouvernementale d'assurer l'exécution des lois, J.C.P. 1953, I, 1080. — Les retards de l'administration en la matière ont suscité de fréquentes critiques : v. M. GUIBAL, Les retards des textes d'application des lois, *Rev. dr. publ.* 1974, p. 1039 s. ; P. SABOURIN, Recherches sur la notion de maladministration dans le système français, AJDA 1974, I, p. 396 s.

2. TRASBOT, « *Errata* » aux lois et décrets insérés au Journal officiel, *Rev. crit. lég. et jurisp.* 1926, 602 ; FRÉJAVILLE, La pratique des errata au Journal officiel, J.C.P. 1948, I, 677 ; VOIRIN, notes D.P. 1930, 1, 101, D.P. 1934, 1, 17 ; GROS, note D.P. 1934, 3, 36.

corriger une erreur ou omission purement matérielle que la simple lecture du texte permettait de déceler aisément, l'*erratum* est considéré comme faisant corps avec le texte rectifié et il a force obligatoire dès la mise en vigueur de ce texte[1].

Lorsque l'*erratum* modifie le sens du texte publié, il y a lieu, selon la Cour de cassation, de distinguer suivant que le texte rectifié émane du seul Gouvernement ou du Parlement.

Dans le premier cas (ordonnance, décret, arrêté), la Cour de cassation refuse de tenir compte du rectificatif ; en effet, deux textes sont en présence, le texte initialement publié et le texte rectifié, et rien ne permet de penser que le texte rectifié est conforme au texte original ; il n'en va autrement que si le texte publié contient une erreur matérielle apparente, auquel cas le rectificatif sera valable[2].

Lorsque le texte qui a été rectifié émane du Parlement, la Cour de cassation reconnaît la valeur légale du rectificatif, dès lors qu'il rétablit le texte voté tel qu'il ressort des débats parlementaires publiés au Journal officiel ; elle refuse, au contraire, toute valeur au rectificatif s'il modifie le texte voté[3].

419 *Publication des décrets* ◊ Les décrets, comme les lois, doivent en principe faire l'objet d'une certaine publicité avant de devenir obligatoires, surtout à l'égard des particuliers. Parfois un mode de publicité spécial a été prévu par la loi[4]. Mais si celle-ci est muette, il faut alors se référer aux dispositions du décret du 5 novembre 1870, qui concerne les décrets et pas seulement les lois. Toutefois, on observe que l'article 2, alinéa 2 de ce texte précise, à notre propos, que « le gouvernement, par une disposition spéciale, pourra ordonner l'exécution immédiate d'un décret ». A condition que cette mesure d'accélération soit expressément formulée[5], le texte est alors applicable dès le jour de son insertion au Journal officiel[6].

Ces diverses règles concernent-elles pourtant tous les décrets ? Si la question mérite d'être posée, c'est parce que ces textes, loin de comporter nécessairement des dispositions d'ordre réglementaire, au sens matériel du mot, peuvent n'être, en réalité, que des actes administratifs individuels. A première vue, le décret de 1870, en précisant le régime général, ne semble pas attacher ici une importance quelconque à une pareille distinc-

---

1. Soc. 8 mars 1989, *Bull. civ.* V, n° 187, p. 111.

2. Civ. 18 déc. 1933, D.P. 1934, 1, 17, note Voirin ; Cass. ch. réun. 5 fév. 1947, D. 1947, 177 ; Civ., 3e, 12 juill. 1976, J.C.P. 1976, IV, 300. — Le Conseil d'Etat statue différemment : il a décidé, s'agissant d'un rectificatif apporté au texte publié d'une disposition n'émanant pas du Parlement, qu'il fallait confronter la minute et le texte publié pour savoir si le rectificatif réparait ou non une erreur, alors que celle-ci n'était pas apparente : le rectificatif rétablissant le texte original, inexactement publié, a donc valeur obligatoire (Cons. d'Etat, 31 déc. 1945, *Gaz. Pal.* 1946, 1, 30).

3. Civ. 15 mai 1933, *Gaz. Pal.* 1933, 2, 329 ; Civ., sect. soc., 20 mai 1948, *Gaz. Pal.* 1948, 2, 29. — Sur l'appréciation par le juge répressif de la valeur légale d'un rectificatif, v. Crim. 28 mai 1968, D. 1968, 509, note Costa.

4. V., par ex. Cons. d'Etat, 26 juil. 1950, *Rec.* p. 465 ; 24 nov. 1950, *Rec.* p. 571, S. 1951, 3, 28.

5. Civ., sect. com., 5 juin 1950, *Bull.* n° 195, p. 135.

6. Civ., 11 janv. 1936, *Bull.* p. 18 ; Cons. d'Etat, 26 juil. 1947, *Rec.* p. 355.

tion. Et, de fait, il arrive souvent que les actes administratifs individuels pris en forme de décrets soient publiés au *Journal officiel*, car c'est à partir de cette date que commencent de courir, contre les tiers, les délais des recours contentieux. Il n'empêche que la jurisprudence, s'attachant davantage à la matière de l'acte qu'à sa forme, paraît avoir admis que de tels décrets n'étaient pas soumis à l'exigence d'une publication au Journal officiel[1]. Est-ce à dire qu'aucune mesure de publicité ou de révélation n'est imposée par le droit positif ? Il n'en est rien : les actes administratifs individuels ne peuvent en effet produire leurs conséquences que s'ils sont notifiés ; et une éventuelle publication ne saurait même tenir lieu de notification[2].

420 *Publication des arrêtés* ◊ A propos des autres actes administratifs, la détermination des règles applicables a suscité de plus vives discussions. Certes une solution est formulée par les textes en ce qui concerne les arrêtés municipaux. L'article L. 122-29, alinéa 1er, du code des communes, consacrant une distinction désormais familière, dispose en effet que « les arrêtés du maire ne sont exécutoires qu'après avoir été portés à la connaissance des intéressés, par voie de publication ou d'affiches, toutes les fois qu'ils contiennent des dispositions générales et, dans les autres cas, par voie de notification individuelle ». Mais, en dehors de dispositions des textes, de caractère général ou particulier, la jurisprudence a précisé les solutions applicables.

En l'absence de tout support dans les textes, il était permis de se demander si la maxime « nul n'est censé ignorer la loi » (*supra*, n° 399) devait être étendue aux autres actes administratifs que les décrets. La question fut souvent posée à propos de la réglementation des chemins de fer, notamment des dispositions de documents concernant les délais de transport ou les tarifs. En dépit de la résistance des juges du fond, la Cour de cassation étendit à ces règles la présomption traditionnelle[3].

L'extension de la présomption appelait un correctif. Puisque la jurisprudence décidait que la maxime devait être étendue de la sorte, il était légitime d'envisager à propos de ces divers types de règles des mesures de publicité plus ou moins satisfaisantes. De fait, certains textes aménagèrent de tels correctifs. Il fut prévu, par exemple, que les horaires de chemin de fer seraient portés à la connaissance du public par voie d'affiches ou de livrets[4]. Mais, en la matière, la publicité ne revêtait, dans la plupart des cas[5], qu'un caractère privé. Au surplus, comme il ne s'agissait là que de précautions particulières, il importait d'apporter un correctif plus ample à une solution de rigueur affirmée en termes généraux. A cette fin, la jurisprudence a retenu « un principe général selon lequel les actes administratifs ne sont opposables aux tiers que lorsqu'ils ont été effectivement

---

1. V., par ex. Cons. d'Etat, 26 nov. 1943, *Rec.* p. 272.
2. Cons. d'Etat, 24 oct. 1934, *Rec.* p. 952 ; 16 mars 1951, *Rec.* p. 167 ; 29 juin 1951, *Rec.* p. 380.
3. V., sur ce point, DEREUX, Etude critique de l'adage « Nul n'est censé ignorer la loi », *RTD civ.* 1907, p. 519 s.
4. V. DEREUX, *op. cit.*, p. 520, note 1.
5. V., cependant, sur la publication des tarifs au *Journal officiel*, DEREUX, *ibid.*

publiés » [1]. Si, à propos des actes administratifs individuels, cette publicité nécessaire prend normalement la forme d'une notification, il en va autrement en ce qui concerne les actes réglementaires, au sens matériel du mot. Ceux-ci, quelle que soit leur forme (arrêtés ministériels, préfectoraux, municipaux, avis, décisions, etc.), doivent en principe être publiés. Force est alors de préciser quelle peut être la forme de cette publicité.

Il arrive que de tels actes soient publiés au *Journal officiel*. Ce document n'offre-t-il pas expressément ses colonnes aux « arrêtés, circulaires, avis, communications et annonces » (sur la publication des circulaires, v. *supra*, n° 246) ? De ce fait, n'y a-t-il pas lieu d'étendre, en pareil cas, le régime institué par le décret du 5 novembre 1870 ? S'en tenant parfois à une interprétation littérale, la jurisprudence a écarté cette extension [2], puisque ce texte ne vise à proprement parler que les lois et les décrets. Mais dans d'autres arrêts, l'interprétation contraire a prévalu [3], au motif que le décret de 1870 formule des principes généraux applicables à tous les textes publiés au *Journal officiel*. Cependant l'alignement ne serait pas total, puisque si, en cas d'urgence, l'autorité dont émane la règle pourrait supprimer le délai du jour franc, elle ne pourrait, en revanche, pousser plus avant la dérogation et, par exemple, rendre le texte applicable à tous dès le moment de la publication au *Journal officiel* [4].

Il est vrai que l'Administration peut utiliser un autre mode de publicité. Pourvu que celle-ci soit suffisante, il lui est en effet loisible de choisir librement un procédé de nature à porter la règle à la connaissance des intéressés [5]. A condition que le moyen employé puisse faire naître à leur encontre une présomption raisonnable de connaissance, il est possible de recourir à l'affichage, aux annonces orales à son de trompe ou de tambour ou à des publications par la voie d'une presse spécialisée ou de la grande presse d'information. Au reste, la diversité ne s'explique pas seulement en raison de la variété des techniques utilisées, mais aussi en fonction des variations suivant les publics concernés par la règle. A l'égard des fonctionnaires d'une administration, le bulletin de celle-ci peut être un véhicule convenable [6] ; de même, en pareil domaine, la note de service est, le cas échéant, jugée suffisante [7]. En toute hypothèse, serait-ce en cas d'urgence, la jurisprudence exige alors une publicité réelle, même si elle doit parfois être rapide. Mais à partir de ce minimum, l'empirisme des solutions traduit, dans le silence des textes, l'irréductible complexité du réel [8].

---

1. BRAIBANT, concl. sur Cons. d'Etat 19 juin 1959, D. 1959, 372.
2. Civ. 24 juin 1918, D.P. 1922, 1, 89, S. 1920, 1, 148.
3. Cons. d'Etat 21 oct. 1949, *Rec.* p. 428 ; 9 juill. 1956, *Rec.* p. 312.
4. Cons. d'Etat 19 juin 1959, D. 1959, 370, concl. BRAIBANT.
5. V., en ce sens, la rédaction proposée par la Commission de réforme du code civil, Travaux, t. IV, 1948-1949, p. 229, art. 6.
6. Cons. d'Etat 19 mai 1954, *Rec.* p. 281.
7. Cons. d'Etat 20 janv. 1950, *Rec.* p. 49 ; 10 nov. 1953, *Rec.* p. 601.
8. V., au sujet de la signalisation routière et spéc. de l'art. R. 44 du code de la route, J.-P. GRIDEL, *Le signe et le droit, les bornes, les uniformes, la signalisation routière et autres*, thèse Paris II, 1976, éd. 1979, p. 207 s.

421 *2° Abrogation expresse ou tacite* ◊ L'abrogation est l'abolition de la loi ou du règlement.

On dit que l'abrogation est *expresse* lorsqu'elle est contenue dans un texte formel qui abroge la loi ancienne. La portée de l'abrogation est fixée par le texte même qui l'édicte formellement. L'abrogation expresse peut être massive : on en trouve un exemple dans l'article 7 de la loi du 30 ventôse an XII, abrogeant formellement l'Ancien droit dans les domaines réglementés par le code (*supra*, n° 57). Généralement, c'est l'un des derniers articles d'une loi nouvelle qui déclare abroger telles dispositions antérieures qu'il énumère.

L'abrogation *tacite* est celle qui ne résulte pas d'un texte exprès, mais de l'incompatibilité qu'il y a entre une loi ancienne et une loi nouvelle. Leur application simultanée étant irréalisable, il faut choisir entre elles et c'est évidemment la loi exprimant la plus récente volonté du législateur qui doit l'emporter. L'abrogation tacite n'opère d'ailleurs que dans la mesure où il y a contrariété entre les deux textes. La portée de l'abrogation est aisée à déterminer en cas d'incompatibilité entre deux règles générales ou deux règles spéciales successives : la règle ancienne se trouve abrogée. Mais il en va différemment lorsqu'une loi nouvelle édicte une règle spéciale, alors que la loi ancienne avait une portée plus générale ; on admettra alors que la loi ancienne est maintenue sauf dans le domaine spécial de la loi nouvelle (*specialia generalibus derogant*). Ainsi, à supposer qu'une loi ancienne frappe une catégorie de personnes d'une incapacité générale de passer personnellement des actes juridiques et qu'une loi nouvelle leur confère la capacité de passer des actes d'une certaine catégorie, la loi ancienne subsistera, sauf à tenir compte de l'exception résultant de la loi nouvelle. Mais, dans l'hypothèse contraire où le conflit se produit entre une loi ancienne spéciale et une loi nouvelle générale, la solution est douteuse : la loi nouvelle n'abroge pas nécessairement la loi spéciale contraire plus ancienne, l'existence d'une exception n'étant pas incompatible avec celle d'une règle[1] ; tout dépend de l'intention du législateur qui a peut-être, au contraire, entendu abroger la loi ancienne dans son domaine particulier[2].

422 *La loi peut-elle être abrogée par la désuétude ?* ◊ Cette question n'est pas sans lien avec la hiérarchie des sources du droit, car l'on se demande si la coutume, source autonome de droit (*supra*, n° 212), peut se dresser contre la loi, pour faire disparaître une disposition inappliquée.

Dans l'opinion dominante, on admet que la désuétude ou l'établissement d'un usage contraire n'entraînent pas, *en droit*, l'abrogation de la loi. On tire argument de la primauté de la loi, en tant que telle, parce

---

1. Civ. 21 avril 1942, D.A. 1942, 127. En ce sens l'on dit : *leges speciali per generalem non derogatur.*
2. Le développement, dans la législation contemporaine, de textes se référant à d'autres suscite de sérieuses difficultés lorsque les textes auxquels il est référé sont ultérieurement abrogés. Y a-t-il, en pareil cas, des abrogations « par ricochet » ? Lorsque le texte de référence est remplacé par de nouvelles dispositions, on incline à appliquer celles-ci. Lorsqu'il y a suppression pure et simple, on tend à considérer qu'en principe il n'y a pas abrogation par ricochet.

qu'émanant d'une autorité organisée et ayant reçu compétence de la Constitution. Le législateur a seul le droit de révoquer les ordres qu'il a donnés. La désuétude d'une loi ne prouverait pas autre chose que la défaillance plus ou moins prolongée des autorités qui doivent la faire respecter.

Par exemple, le décret-loi du 2 mars 1848 prohibant le marchandage, quoique non appliqué pendant un demi-siècle, n'a pu être considéré comme abrogé par le non-usage et a dû être appliqué à nouveau par les tribunaux le jour où il a plu au ministère public d'en requérir l'application[1].

Cette position de principe ne correspond cependant pas toujours à la réalité : *en fait*, beaucoup de lois anciennes ont cessé d'être appliquées sans avoir jamais été abrogées. Pour n'en donner que quelques exemples, c'est un usage qui a restitué au code le nom de Code civil, le décret de 1852 qui lui avait conféré le nom de Code Napoléon n'ayant jamais été abrogé ; l'anatocisme, c'est-à-dire la capitalisation des intérêts, a été admis dans les comptes courants contrairement à l'article 1154 du code civil.

23 *Abrogation des règlements administratifs* ◊ Les règlements légalement pris par l'autorité compétente revêtent un caractère de permanence qui les fait survivre aux lois dont ils procèdent tant qu'ils n'ont pas été rapportés ou qu'ils ne sont pas inconciliables avec les règles tracées par une législation nouvelle[2].

B PORTÉE DE LA FORCE OBLIGATOIRE

24 *Présentation* ◊ Lorsqu'ils ont fait l'objet des promulgations et publications requises, les lois et les règlements deviennent obligatoires conformément aux règles précédemment étudiées (n°ˢ 410 s.). La disposition législative ou réglementaire pourra être ramenée à exécution grâce à divers procédés de contrainte ; par exemple, une peine en cas d'infraction à la loi pénale, l'annulation d'un acte juridique passé en violation des prescriptions légales, la démolition d'une construction érigée au mépris d'une servitude de ne pas construire, la saisie par un créancier des biens de son débiteur récalcitrant, suivie d'une vente aux enchères publiques afin de se payer sur l'argent provenant de la vente (v. *infra*, n°ˢ 604 s.).

En fait le recours à la force contraignante n'est cependant qu'exceptionnel ; le plus souvent, la loi est effectivement respectée sans qu'il soit besoin de mettre en œuvre les procédés de contrainte.

25 *Les degrés de la force obligatoire. Lois impératives et lois supplétives ou interprétatives* ◊ Qu'il s'agisse de lois ou de règlements administra-

---

1. Ch. réun. 31 janv. 1901, D.P. 1901, 1, 169. — V. aussi Civ., sect. com., 16 mai 1949, D. 1950, 629, note Ripert ; Civ., 1ʳᵉ civ., 19 nov. 1957, *Gaz. Pal.* 1958, 1, 117.
2. Crim. 4 mai 1976, D. 1976, *Inf. rap.* 174.

tifs, la force obligatoire de la légalité peut être plus ou moins accusée. De prime abord, sinon l'essence (*supra*, n° 27), du moins l'aspect naturel de la règle de droit se relie à l'idée de contrainte, ce qui donne à penser que l'autorité sociale contraint au respect de la légalité sans admettre de dispense, de modération ou de dérogation. Pareille description serait cependant trop simpliste, car le système juridique tempère de diverses manières les exigences de la légalité. Ces tempéraments peuvent être ordonnés autour d'une distinction de deux catégories générales de lois, pareille distinction étant ainsi applicable aux autres sources de la légalité, notamment aux règlements administratifs.

a) Il existe des lois *supplétives ou interprétatives de volonté*. Ce qui les caractérise, c'est que les particuliers peuvent, par leurs conventions, en écarter l'application. Ainsi, l'article 1651 du code civil dispose qu'en cas de vente, l'acheteur doit payer le prix au moment et au lieu où la chose est livrée ; mais cette disposition n'est pas impérative, de sorte qu'il peut être stipulé par exemple dans le contrat que le prix sera payé soit avant, soit après la livraison. L'utilité de ces règles est évidente car, lorsque des particuliers concluent un contrat, ils n'ont souvent ni le temps, ni l'aptitude à l'effet de préciser en détail toutes les conditions et les conséquences de leur accord ; et, de toute façon, il peut leur arriver souvent d'omettre de prévoir certaines questions. Ainsi il faut que, dans un contrat de louage, les parties puissent se contenter de déterminer l'objet du bail, le montant du loyer et, le cas échéant, la durée, sans avoir besoin de préciser en détail tous les droits et obligations issus du contrat, par exemple ceux relatifs à la garantie due par le bailleur au locataire, ou encore au paiement des réparations. A cet effet, le législateur formule des règles auxquelles les parties peuvent se référer implicitement ; le législateur supplée au silence des contractants, d'où l'appellation de *lois supplétives* de la volonté des contractants. Cette idée de suppléance paraît généralement plus exacte que celle d'interprétation de la volonté car, dans cette ligne, on tend à considérer, de manière systématique, que la règle correspond à une volonté implicite des contractants ; or celle-ci est généralement inexistante ; dans la plupart des cas, il vaut donc mieux préférer l'expression de lois supplétives à celle de *lois interprétatives* de volonté.

Bien que les expressions soient parfois confondues, on distinguera des lois supplétives ou interprétatives, les *lois dispositives*. Un relatif affinement des concepts porte à considérer qu'il y a loi dispositive lorsque le législateur, sans soumettre les particuliers à un régime impératif, donc en leur laissant une grande liberté de choix, leur indique que, s'ils n'usent pas de cette liberté, ils seront soumis à un ensemble de règles dont le contenu ne correspondra pas — expressément ou tacitement — à leur volonté. Bien mieux, il se pourra que ces lois dispositives leur soient appliquées, alors qu'ils ont pu manifester leur volonté d'y échapper, mais sans avoir pu ou su exprimer régulièrement cette volonté d'élimination. Ainsi, les futurs époux qui ne concluent pas de contrat de mariage devant notaire, avant de se marier, sont-ils soumis à un régime matrimonial légal (communauté réduite aux acquêts) ; or il en va de même de ceux qui, ayant conclu un contrat de mariage (par exemple celui de la séparation de biens), ont cependant conclu un contrat nul, donc dénué d'effets. Ainsi encore, des règles précises régissent la succession des personnes qui n'ont pas rédigé de testament ou ont rédigé un testament nul.

b) Des lois supplétives, interprétatives, voire dispositives, se distinguent les *lois impératives*. Elles s'imposent en toutes circonstances et on ne peut en écarter l'application. Ainsi en est-il de la loi qui interdit les pactes sur succession future (art. 1130, al. 2, c. civ.), c'est-à-dire sur une succession non encore ouverte : des frères et sœurs ne pourraient, par exemple, procéder à un partage anticipé de la succession de leurs parents ; leur convention serait nulle comme contraire à une règle impérative (v. *supra*, n° 292).

Traditionnellement, les lois impératives de droit privé étaient rares ; le législateur intervenait dans les rapports entre individus avant tout pour faciliter leurs relations en édictant des règles auxquelles il suffisait de se référer implicitement. La notion de loi impérative n'était cependant pas ignorée du code civil : ainsi la réglementation de certaines institutions, telle la famille, ne pouvait être écartée. Et même, en matière de contrats, où le principe est que la volonté des parties est souveraine, le législateur avait édicté certaines règles impératives. Les dernières décennies, marquées davantage par la supériorité de l'intérêt général sur les intérêts privés, ont vu se multiplier les règles impératives, spécialement dans le droit des contrats (v. *supra*, n° 283).

Si elles mettent obstacle, en principe, à la possibilité de conventions contraires régulières, les règles impératives peuvent laisser place à des dispenses, à des tempéraments ou à des dérogations émanant de diverses autorités. Il en est qui résultent de décisions du Président de la République : bien que la loi interdise le mariage entre certains proches parents ou alliés, il peut lever certains empêchements (art. 164 c. civ.). D'autres faveurs émanent soit des autorités judiciaires, soit des autorités administratives. *Judiciaires :* ainsi, bien que la loi exige un âge minimum pour le mariage, le procureur de la République peut accorder une dispense d'âge (art. 145 c. civ.) ; ainsi encore, le président du tribunal peut, à certaines conditions, dispenser la femme veuve ou divorcée qui se remarie de l'observation du « délai de viduité » (art. 228, al. 3, c. civ.). *Administratives :* le développement de la législation économique et sociale, notamment en matière de prix, de construction, ou encore de réglementation des changes, a été accompagné et nuancé par celui des dérogations accordées, à certaines conditions, par les autorités administratives[1].

6   *Les règles d'ordre public* ◊ Parmi les règles impératives — qu'elles résultent de textes législatifs ou réglementaires — il en est dont la force contraignante est particulièrement accusée : ce sont les *règles d'ordre public*. L'article 6 du code civil dispose, plus précisément, à leur sujet : « On ne peut déroger, par des conventions particulières, aux lois qui intéressent l'ordre public et les bonnes mœurs » (v. *supra*, n° 293).

---

1. Comp. G. PEISER, Le juge administratif et les dérogations, *Mélanges Waline*, 1974, t. II, p. 665 s.

Ce seul article ne suffit pas à marquer la spécificité des règles d'ordre public, puisque, comme on l'a vu (n° 425), il est interdit de déroger aussi, par des conventions particulières, aux lois impératives. La puissance contraignante des lois d'ordre public se manifeste d'autres manières : ainsi, au sujet de l'application des lois dans le temps, le caractère d'ordre public d'une loi nouvelle met habituellement obstacle à la survie de la loi ancienne même en matière de relations contractuelles (v. *infra*, n°ˢ 450 s.) ; ainsi encore, en procédure civile, le ministère public (les magistrats du parquet : procureurs, substituts) a le droit d'agir d'office pour la défense de l'ordre public à l'occasion des faits qui portent atteinte à celui-ci (art. 423 c. proc. civ. ; *supra*, n° 119).

Si toutes les lois d'ordre public sont nécessairement des lois impératives, toutes les lois impératives ne sont pas nécessairement des lois d'ordre public. Plus généralement, la définition du domaine des règles d'ordre public s'est ordonnée par strates successives. Traditionnellement, *l'ordre public classique* a été défini à partir de l'idée selon laquelle les règles contribuant à sa constitution ne concernent que ce qui est indispensable au bon fonctionnement des institutions nécessaires à la société. Au XXᵉ siècle, le développement du rôle de l'Etat dans la vie économique a conduit à ajouter à cet ensemble de règles, celles qui semblent composer *l'ordre public économique*[1] ; d'autres considérations ont porté aussi à insister sur l'idée d'un *ordre public social* ou d'un *ordre public de protection*[2], plus ou moins distingués de l'ordre public économique[3].

§ 3
DU CÔTÉ DES SUJETS DE DROIT

427   *Distinction* ◊ Entre deux attitudes extrêmes, celle qui consiste, de la part des sujets de droit, à respecter la règle de droit et celle qui atteste une violation de cette règle, il existe nombre de comportements. Là encore, la distinction du droit et du fait ne s'appréhende avec une suffisante sagesse que si on l'éclaire à la lumière de celle de l'abstrait et du concret, entre lesquels sans cesse opère la respiration du droit.

On distinguera l'abus de droit, le détournement de pouvoir et la fraude.

---

1. V. G. RIPERT, L'ordre économique et la liberté contractuelle, *Mélanges Gény*, 1934, t. II, p. 347 s. ; G. FARJAT, *L'ordre public économique*, thèse Dijon, 1963, p. 57.

2. V. G. COUTURIER, L'ordre public de protection, heurs et malheurs d'une vieille notion neuve, *Mélanges Flour*, 1979, p. 95 s. ; v. *supra*, n° 308.

3. Le domaine couvert par des règles d'ordre public peut d'ailleurs, au sein d'un même système juridique, varier selon les branches du droit. Ainsi, en droit international privé, l'application du droit étranger par des juges français peut être écartée lorsque telle ou telle des règles qui le composent heurte trop les fondements de notre société ; dans cette perspective, le domaine de l'ordre public est défini de manière plus restreinte qu'en droit interne (V. P. LAGARDE, *Recherches sur l'ordre public en droit international privé*, thèse Paris, 1959). Il existe aussi une notion d'ordre public propre au droit colonial (V. H. SOLUS, *Traité de la condition des indigènes en droit privé*, 1927, n°ˢ 270 s., p. 302 s.).

28 *1° L'abus de droit* ◊ Le droit subjectif (*supra*, n°s 255 s.), spécialement mais pas uniquement lorsqu'il revêt la forme d'un droit réel exclusif, tel que le droit de propriété, confère à son titulaire un pouvoir de nuire et justifie, en quelque sorte, un comportement qui, sans lui, serait fautif. Seulement, cet effet justificatif est nuancé par la théorie de l'*abus des droits*.

De prime abord, il y a, dans cette théorie, de quoi surprendre, car la reconnaissance d'un droit positif subjectif paraît valoir attribution à son titulaire d'une sphère de pleine et entière liberté. Dans une telle perspective, la distinction est simple : tant que l'on reste dans le cadre de son droit, l'on peut nuire à autrui sans se voir reprocher un abus ; et si, au-delà, on peut engager sa responsabilité, c'est que, précisément, les limites du droit ont été dépassées. Le droit cesse là où l'abus commence, car la loi ne peut défendre ce qu'elle permet.

Trop sommaire, l'objection n'a pas arrêté la jurisprudence. Bien au-delà des cas particuliers que prévoyaient certains textes, celle-ci a été sensible non seulement à certains abus particulièrement criants, mais aussi au fait que les droits subjectifs, sécrétés par le groupe social et probablement indispensables à celui-ci, ne peuvent être envisagés isolément. Replacés dans un contexte global, ils s'y trouvent, dans leur lettre et dans leur esprit, limités par diverses considérations, en particulier par la règle suivant laquelle on est responsable de ses délits et de ses quasi-délits (*supra*, n° 267) [1].

Ainsi, il y a abus du droit lorsqu'un individu, sans dépasser les limites objectives de son droit, se sert de celui-ci pour nuire à autrui. Exemple : un propriétaire d'immeuble fait édifier une fausse cheminée sans utilité pour lui, uniquement pour assombrir la demeure du voisin ; le tribunal saisi peut lui intimer l'ordre de démolir la fausse cheminée et le condamnera en outre à des dommages-intérêts ; un plaideur engage un procès par esprit de chicane, par malveillance ou par méchanceté ; ce faisant, il abuse du droit d'agir en justice et son adversaire pourra prétendre à des dommages-intérêts.

On a parfois proposé d'aller plus loin et de considérer comme abusif, non seulement l'exercice du droit accompli pour nuire à autrui, mais d'une manière générale tout exercice du droit à des fins autres que celles en vue desquelles il a été reconnu à l'individu. A chaque droit est dévolue une certaine fonction : certains droits — tel le droit de propriété — sont organisés, au moins en apparence, dans l'intérêt du titulaire, d'autres sont conçus dans l'intérêt d'une autre personne — il en est ainsi de l'autorité parentale —, certains enfin sont envisagés dans l'intérêt général, tel le

---

1. *Précis Dalloz, Les obligations*, n°s 638 s. ; L. Josserand, *De l'esprit des droits et de leur relativité, Théorie dite de l'abus des droits*, 1927 ; G. Ripert, Abus et relativité des droits, *Rev. crit. lég. et jur.* 1929, 335 ; Charmont, L'abus du droit, *RTD civ.* 1902, p. 113 ; Desserteaux, Abus de droit et conflits de droits, *RTD civ.* 1906, p. 119 ; H. Capitant, Sur l'abus des droits, *RTD civ.* 1928, p. 365 ; J. Lemée, *Essai sur la théorie de l'abus de droit*, thèse ronéot. Paris XII, 1977 ; Rotondi et s., *L'abus de droit*, Inchieste di diritto comparato, Padoue, 1979 ; Le rôle de la notion de l'abus du droit, *RTD civ.* 1980, p. 66 s. — Rappr. Trav. Assoc. H. Capitant, t. XXVIII, 1977, *L'abus de pouvoirs ou de fonctions*.

droit de critique littéraire et artistique. On confronte chaque fois le mobile auquel le titulaire du droit a obéi en l'occurrence, la fin qu'il s'est proposé d'atteindre, avec l'esprit, la fonction du droit en cause ; s'il y a discordance, l'exercice du droit est abusif et la responsabilité de l'agent susceptible d'être mise en cause. Un tel critère de l'abus des droits s'accorde avec la conception du droit fonction sociale, conféré à l'individu, non dans son intérêt égoïste, mais pour lui permettre de rendre service à la collectivité[1].

429 *La théorie de l'abus de droit en matière fiscale* ◊ Dans un cadre différent, une théorie particulière de l'abus de droit a été élaborée en matière fiscale[2]. Cette théorie a permis au fisc, qui l'a utilisée de plus en plus activement, non seulement en vue de lutter contre la fraude fiscale, mais aussi de limiter les possibilités de l'évasion fiscale : celle-ci consiste, de la part du contribuable, à se mouvoir à sa guise, au mieux de ses intérêts, dans une zone extra-légale où la loi n'a établi aucun interdit, mais où elle n'a pas non plus indiqué les voies que les contribuables sont autorisés à emprunter.

La reconnaissance légale de la notion d'abus de droit en matière fiscale est illustrée par l'article L. 64 du Livre des procédures fiscales, ainsi rédigé : « Ne peuvent être opposés à l'administration des impôts les actes qui dissimulent la portée véritable d'un contrat ou d'une convention à l'aide de clauses : *a)* qui donnent ouverture à des droits d'enregistrement ou à une taxe de publicité foncière moins élevés ; *b)* ou qui déguisent soit une réalisation, soit un transfert de bénéfices ou de revenus ; *c)* ou qui permettent d'éviter, en totalité ou en partie, le paiement des taxes sur le chiffre d'affaires correspondant aux opérations effectuées en exécution d'un contrat ou d'une convention. — L'administration est en droit de restituer son véritable caractère à l'opération litigieuse. Si elle s'est abstenue de prendre l'avis du comité consultatif pour la répression des abus de droit ou ne s'est pas rangée à l'avis de ce comité, il lui appartient d'apporter la preuve du bien-fondé du redressement ».

On peut encore utiliser la notion d'abus pour analyser des comportements consistant à faire un usage détourné d'une institution ou d'une technique juridique[3].

430 *2° Le détournement de pouvoir* ◊ On a vu en quoi le pouvoir se distingue du droit subjectif (*supra*, n° 257). Cette notion, bien connue en droit administratif, n'est pas ignorée en droit pénal et en droit privé : droit des incapacités, des régimes matrimoniaux, des sociétés. Il arrive d'ailleurs qu'en ce dernier domaine, les expressions d'abus de pouvoir et de détournement de pouvoir soient utilisées indifféremment.

---

1. A. Pirovano, La fonction sociale des droits : réflexions sur le destin des théories de Josserand (à propos d'un arrêt de la 3ᵉ ch. civ. de la Cour de cassation du 12 oct. 1971), D. 1972, chron. 67.
2. G. Vignaud, *L'abus de droit en matière fiscale*, thèse Bordeaux, 1980 ; C. Robbez Masson, *La notion d'évasion fiscale en droit interne français*, thèse Dijon, éd. 1990.
3. Ex. : Nabil Fadel Raad, *L'abus de la personnalité morale en droit privé*, thèse Paris II, éd. 1991.

On dira qu'il y a détournement lorsqu'une personne utilise ses pouvoirs pour une fin autre que celle en vue de laquelle ils lui avaient été conférés[1]. « Le contrôle du détournement de pouvoir consiste à confronter le mobile qui a animé l'auteur de l'acte au but poursuivi par la norme dont il tient ses pouvoirs »[2]. Bien que certaines décisions semblent retenir l'inopposabilité de l'acte irrégulier, c'est la nullité de cet acte qui paraît être, outre l'octroi éventuel de dommages-intérêts, la sanction adéquate[3].

31 *3° La fraude* ◊ Au sens large, ce mot désigne toute espèce de turpitude, par exemple celle qui consiste à tromper autrui à l'occasion de la conclusion d'un contrat. Dans un sens étroit, il vise un comportement plus subtil, qui permet de profiter des imperfections de l'ordre juridique en utilisant une règle de droit afin de paralyser l'application d'une autre règle de droit. Un principe non écrit, mais traditionnel, tend alors à corriger les imperfections du système : *fraus omnia corrumpit.* En d'autres termes, la fraude corrompt tout, y compris l'application normale des règles de droit. On dit encore — ce qui est plus significatif — que la fraude fait exception à toutes les règles[4].

Une illustration particulièrement nette du principe analysé figure à l'article 1167 du code civil, relatif à l'action paulienne. De ce texte il résulte que, lorsqu'un débiteur, resté à la tête de son patrimoine, s'appauvrit volontairement afin de faire fraude aux droits de ses créanciers, les actes ainsi accomplis sont inopposables à ces derniers. On discerne, à partir de cet exemple, les données dont, généralisant une règle illustrée dans certains textes, les tribunaux ont permis de dégager un principe général de solution : qu'elle porte plus directement sur une violation de la règle de droit ou sur celle des intérêts des tiers[5] — et bien souvent l'une et l'autre violation coexistent —, la fraude, au sens strict du mot, se manifeste « chaque fois que le sujet de droit parvient à se soustraire à l'exécution d'une règle obligatoire par l'emploi à dessein d'un moyen efficace, qui rend ce résultat inattaquable sur le terrain du droit positif »[6].

De cette formule expressive, se dégagent assez nettement les trois conditions auxquelles est subordonnée l'application d'une maxime destinée à paralyser les manœuvres frauduleuses : *a)* il faut que la règle tournée de la sorte présente un caractère obligatoire (ainsi, dans l'exemple choisi, le respect des droits des créanciers, la bonne foi dans l'exécution des obligations ...) ; *b)* il faut que la personne dont le comportement est ainsi sanctionné ait eu l'intention de tourner la règle, ce qui

1. E. GAILLARD, *Le pouvoir en droit privé*, thèse Paris II, éd. 1985, n° 149, p. 97.
2. E. GAILLARD, *op. cit.*, n° 151, p. 98.
3. E. GAILLARD, *op. cit.*, n° 181, p. 113.
4. V. H. DESBOIS, *La notion de fraude à la loi et la jurisprudence*, thèse Paris, 1927 ; LIGEROPOULO, *Le problème de la fraude à la loi*, thèse Aix, 1928 ; J. VIDAL, *Essai d'une théorie générale de la fraude en droit français*, thèse Toulouse, 1957 ; CALBAIRAC, Considérations sur la règle « fraus omnia corrumpit », D. 1961, chron. 169. — V., en droit international privé, B. AUDIT, *La fraude à la loi*, thèse Paris, éd. 1974.
5. V. not. E. DU PONTAVICE, Fraude dans les transferts immobiliers et sécurité des tiers, *RTD civ.* 1963, p. 649 s.
6. J. VIDAL, *op. cit.*, p. 208.

implique l'existence d'un élément subjectif, intellectuel ; *c*) enfin, il est nécessaire que le procédé utilisé soit, en lui-même, réel et efficace ; sinon, il serait inutile de faire appel à l'idée de fraude et à la réprobation que celle-ci provoque ; si la démarche suivie est, *en elle-même,* efficace, c'est parce qu'elle consiste à se placer dans une situation qui, envisagée isolément et en dehors de son contexte calculé, appellerait normalement l'application d'une règle de nature à satisfaire les désirs habituels de l'individu. De là résulte la nécessité — laissée dans une très large mesure à l'appréciation des tribunaux — de distinguer la fraude, sanctionnée généralement par l'inefficacité ou l'inopposabilité de l'acte frauduleux aux autorités ou aux personnes contre lesquelles cet acte était dirigé (sur l'inopposabilité, *supra,* n° 305), et la simple habileté, qui produit normalement effet[1]. Selon les cas, l'on procède à cette distinction difficile en se référant à tel ou tel des éléments servant à définir la fraude qui fait exception à toutes les règles. Cette fraude peut résider dans le fait de profiter abusivement des facilités laissées par une législation souple — et non pas stricte ; elle peut aussi être caractérisée par un comportement manifestement méprisant à l'égard de la règle ; elle peut encore être attestée par la réalisation artificielle d'une situation juridique inspirée principalement, sinon exclusivement, par le désir de tourner la règle et de bafouer de la sorte un ordre juridique qui s'apprécie dans son ensemble et non point pièce par pièce.

SECTION 2
L'APPLICATION DANS L'ESPACE

432   *Le droit et l'espace* ◊ On n'envisage pas ici l'espace comme il en est question lorsqu'il s'agit du droit de l'espace et du traitement juridique que les hommes réservent aux astres, bien qu'il y ait déjà, dans cet ordre d'idées, des traités ou accords internationaux[2].

L'espace est aussi le territoire plus ou moins étendu dans le cadre duquel un ensemble ou sous-ensemble de règles est destiné à s'appliquer. Cadre plus ou moins vaste, délimité pour des raisons très diverses et de manière plus ou moins ambitieuse. Le propriétaire d'un domaine a, sur celui-ci, des prérogatives exprimées, de manière rigoureuse, à l'article 544 du code civil. Le droit de l'urbanisme a donné naissance à des notions comparables, par l'emploi du terme zone : zones à urbaniser en priorité (ZUP), zones d'aménagement différé (ZAD) ... Le droit de la concurrence utilise aussi des techniques de délimitation territoriale. Et il faut en dire autant de toutes les branches du droit — droit public, procédures, ... —

---

1. V. cep. *supra,* n° 429, au sujet de la théorie de l'abus du droit en matière fiscale.
2. Lachs, *Le droit international de l'espace extra-atmosphérique,* Cours Acad. dr. intern. La Haye, 1964, t. 3, p. 7 s. ; C. Chaumont, *Le droit de l'espace,* PUF, Que sais-je ? — V. aussi *supra,* n° 357.

dans lesquelles on utilise la notion de ressort. Ainsi, en droit judiciaire, est-il important de déterminer le rôle de la notion de compétence territoriale[1] (v. *supra*, n° 101).

Cicatrice laissée par l'histoire, la frontière intéresse le juriste. Elle contribue à permettre la distinction des droits nationaux, ainsi que la distinction du droit national et du droit international. Le développement des relations internationales entre les particuliers a, depuis des siècles, favorisé l'émergence et l'extension du droit international privé (*supra*, n° 80) ; et ce n'est pas un hasard si, dans cet ensemble, une place essentielle est reconnue à ce qu'il est convenu d'appeler les conflits de lois dans l'espace. Ailleurs, on se préoccupe des conflits de lois dans le temps (v. *infra*, n°s 437 s.). Nul hasard si l'espace et le temps suscitent, de cette manière, des approches comparables.

33 *Conflits de lois dans les rapports internationaux du droit privé* ◊ Certaines relations juridiques privées sont susceptibles d'être régies par des droits émanant d'Etats différents, dès lors que les éléments du rapport de droit mettent concurremment en cause des systèmes juridiques de deux ou de plusieurs Etats. Par exemple, un Belge se marie en France avec une Italienne. Quelle loi sera compétente pour régir les conditions de validité du mariage, ou ses effets personnels ou pécuniaires ? On peut envisager l'application de la loi française, en tant que loi du lieu de célébration du mariage ou du lieu où les époux sont éventuellement domiciliés, ou celle de la loi belge, ou de la loi italienne, lois nationales des deux époux. Cet exemple suffit à montrer que la loi française ne s'applique pas forcément toujours à toutes les situations nées sur le territoire français ; les étrangers résidant en France peuvent relever, dans certains cas, de leur loi nationale ; inversement, des Français passant des actes à l'étranger peuvent, dans une certaine mesure, continuer à demeurer régis par le droit français. L'étude de ces conflits de lois (ou de règlements, ou de coutumes, etc.) relève du droit international privé (*supra*, n° 80)[2].

34 *Législation relative aux départements d'Alsace et de Moselle* ◊ Depuis la codification napoléonienne, le droit français est unifié (v. *supra*, n°s 56 s.). Il ne faut pourtant pas en déduire que, partout où s'exerce la souveraineté française, un droit français uniforme soit appliqué. En ce

---

1. V. A. Brimo, La notion d'espace et le droit, *Mélanges Montané de la Roque*, 1986, p. 69 s. ; D. Alland, *Les représentations de l'espace en droit international public*, Arch. phil. droit, t. 32, 1987, p. 163 s.

2. Du fait des progrès du droit international privé, il est de moins en moins rare qu'un juge français applique éventuellement non pas le droit français, mais un droit étranger. A la lumière d'une récente jurisprudence, qui marque un tournant important, le juge français est même *tenu* d'appliquer d'office cette loi, dès lors qu'elle est désignée par notre système de conflits de lois, et ce même si les parties au procès, ou l'une d'elles, n'en ont pas réclamé l'application : v., à la suite des arrêts rendus par la Cour de cassation, en 1988, Y. Lequette, L'abandon de la jurisprudence Bisbal (à propos des arrêts de la Première chambre civile des 11 et 18 octobre 1988), *Rev. crit. DIP* 1989, p. 277 s. ; D. Bureau, L'application d'office de la loi étrangère, Essai de synthèse, JDI 1990, p. 317 s. — Sur la preuve de la loi étrangère, v. *infra*, n° 508. — V. aussi P. Hébraud, De la corrélation entre la loi applicable à un litige et le juge compétent pour en connaître, *Mélanges Segni*, éd. Giuffrè, 1967, t. 2, p. 607 s.

sens, si ancrée que puisse être, dans nos esprits, depuis la Révolution de 1789, une *vision moniste* du droit, vécu à partir d'une conscience encore très forte de l'unité de la nation, de l'unité et de l'indivisibilité de la République, force est d'admettre l'existence de certaines manifestations de régionalisme juridique.

C'est ainsi que la généralité de l'application de la loi française en France comporte une exception inhérente aux particularités du « droit local » des départements du Bas-Rhin, du Haut-Rhin et de la Moselle.

Lors du retour de l'Alsace-Lorraine à la France en 1918, on renonça à substituer de façon immédiate et globale le droit français au droit existant, c'est-à-dire au droit allemand, lequel avait fait l'objet, en matière de droit civil, d'une codification mise en vigueur le 1er janvier 1900. Outre la nécessité de ménager une transition, il fallait tenir compte de ce que certaines institutions auxquelles les populations des départements recouvrés étaient habituées se révélaient techniquement supérieures à celles correspondantes du droit français. Aussi la loi du 17 octobre 1919 disposa que la législation allemande demeurerait en vigueur dans ces départements, les lois françaises existant au moment de leur retour à la France ne devenant applicables en Alsace-Lorraine que dans la mesure où elles y seraient introduites par décret ou par le Parlement.

L'unité de législation qui existait en France depuis la mise en vigueur du code civil en 1804 était ainsi rompue. Mais il est essentiel de noter qu'en dépit du maintien en vigueur de cette législation spéciale, toutes les lois françaises nouvelles, postérieures à la loi du 17 octobre 1919, sont de plein droit applicables dans les départements d'Alsace et de Lorraine, sauf dans la mesure où elles concernent des matières régies par le droit local.

L'introduction de la législation française fut large et progressive. Un décret du 25 novembre 1919 (ratifié par la loi du 30 décembre 1920) a mis en vigueur les lois françaises à caractère pénal ; deux lois en date du 1er juin 1924 ont respectivement introduit la législation civile et la législation commerciale françaises à partir du 1er janvier 1925.

Certaines matières ont toutefois été exclues de sorte qu'une législation locale différente du droit français est restée en vigueur. Cette législation concerne notamment la publicité des transferts de propriété et constitutions de droits réels par le système du livre foncier, le contrat d'assurance, le statut des associations et des fondations ...

Cette situation ne devait être que transitoire ; on pensait que des réformes inspirées du droit local modifieraient le droit français, rétablissant ainsi l'unité. Il en a été autrement et, sauf de très rares exceptions, l'unification n'a pas été réalisée lors des réformes du droit français. Une loi du 29 décembre 1990 a pourtant supprimé les particularités du droit local en matière de régimes matrimoniaux et d'incapacités (V. chron. F. LOTZ, JCP 1991, éd. N, I, 93).

L'existence du droit local suscite des conflits de lois d'ordre « interprovincial » lorsque les éléments d'un rapport de droit se rattachent concurremment au droit français général et au droit local. La loi du 24 juillet 1921, complétée par celle du 1er juin 1924, a posé des règles en vue de résoudre ces conflits de lois, qui rappellent ceux qui surgissent dans les rapports privés internationaux (*supra*, n° 433), mais en diffèrent en ce qu'ils se réalisent à l'intérieur d'une même souveraineté.

435 *Législation applicable dans les départements et territoires d'outre-mer* ◊ Hors de la métropole, la législation française est aussi applicable outre-mer, mais selon certaines règles particulières.

Dans les *départements d'outre-mer* (Guadeloupe, Martinique, Guyane, Réunion), la législation métropolitaine antérieure à 1946 n'est pas applicable, à moins qu'avant cette date, elle n'ait fait l'objet d'une extension ; à l'inverse, la législation postérieure à 1946 est applicable, à moins qu'elle n'ait fait l'objet d'une adaptation nécessitée par les données locales.

Dans les *territoires d'outre-mer* (Polynésie française, Saint-Pierre-et-Miquelon, Terres australes et antarctiques françaises, Wallis et Futuna ...), la spécialité législative l'emporte, ce qui signifie que la législation métropolitaine n'y est en principe applicable qu'en vertu d'une disposition expresse et à la suite d'une promulgation par arrêté du chef de territoire.

SECTION 3
L'APPLICATION DANS LE TEMPS

436 *Le droit et le temps* ◊ Peu analysées par les juristes[1], les relations entre le droit et le temps peuvent être envisagées dans diverses perspectives. Tout d'abord, on peut observer que le phénomène juridique se situe *dans le temps*, ce qui contribue à en discerner les caractères. Il arrive aussi que le droit s'efforce d'*aménager le temps* ; à tout le moins en appréhende-t-il les dimensions fondamentales — le futur[2] par l'anticipation[3], le passé par la rétroactivité[4], le présent ... — et en établit-il des mesures, par exemple en fixant des délais[5]. Dans ces diverses directions de la pensée, la règle juridique demeure encore l'élément fixe du droit face au mouvant du fait.

On envisagera successivement les changements provenant du droit (§ 1) et ceux qui résultent du comportement des sujets de droit (§ 2).

§ 1 ———————————————————————————————

LES CHANGEMENTS
PROVENANT DU DROIT

437 *Diversité* ◊ Si l'on doit à tout prix parler de norme fondamentale du droit peut-être que celle-ci n'est autre que la grande loi du changement.

---

1. V. cep. P. Hébraud, *La notion de temps dans l'œuvre du Doyen Maurice Hauriou*, in *La pensée du Doyen Maurice Hauriou et son influence*, 1968, p. 179 s., Observations sur la notion de temps dans le droit civil, *Mélanges Kayser*, 1979, t. II, p. 1 s.
2. *Le droit et le futur*, IIIᵉ Colloque de l'Assoc. franç. phil. droit, Trav. univ. Paris II, 1985.
3. J.-C. Hallouin, *L'anticipation, Contribution à l'étude de la formation des actes juridiques*, thèse ronéot. Poitiers, 1979.
4. J. Déprez, *La rétroactivité dans les actes juridiques*, thèse ronéot. Rennes, 1954.
5. V. Anne Outin-Adam, *Essai d'une théorie des délais en droit privé, Contribution à l'étude de la mesure du temps par le droit*, thèse ronéot. Paris II, 2 vol., 1986.

Celui-ci affecte les sources supra-législatives, les lois, les règlements, la coutume, la jurisprudence, les comportements des autorités[1], ...

On envisagera ici les conflits de lois dans le temps (A) et les revirements de jurisprudence (B).

A CONFLITS DE LOIS DANS LE TEMPS

438 *Le problème* ◊ On le posera dans les termes suivants : lorsqu'une loi en vigueur est abrogée par une loi nouvelle, il faut déterminer le domaine d'application dans le temps des deux lois successives : quels faits, quels actes seront régis respectivement par la loi ancienne et par la loi nouvelle[2] ?

Cette question, qui pourrait sembler extrêmement facile à résoudre, est en réalité des plus délicates. L'article 2 du code civil répond en précisant : « *La loi ne dispose que pour l'avenir ; elle n'a point d'effet rétroactif* »[3].

Ce sont deux propositions qui sont contenues dans cet article :

a) La loi n'a pas d'effet rétroactif, ce qui signifie qu'une loi est sans application aux situations juridiques dont les effets ont été entièrement consommés sous l'empire d'une loi précédente. On décidera ainsi que deux époux ayant divorcé et étant décédés avant que la loi du 8 mai 1816 ait supprimé le divorce, cette loi n'avait aucune prise sur une situation juridique qui avait épuisé ses effets.

b) La loi dispose pour l'avenir, c'est-à-dire qu'à partir du moment où une loi est en vigueur, elle régira les situations juridiques qui sont nées postérieurement à cette mise en vigueur. Ainsi des époux mariés après la loi de 1816 ne pouvaient certainement pas divorcer.

Mais la mise en œuvre de ces règles est souvent difficile, en raison de la complexité des faits sociaux. La création d'une situation juridique nécessite parfois une série d'actes : ainsi la formation du mariage requiert une publicité du projet de mariage et la célébration du mariage par l'officier de l'état civil ; si un changement de législation relatif à la formation du mariage intervient après l'accomplissement des publica-

---

1. V. L. RICHER, Le revirement de l'Administration, D. 1984, chron. 85 s. — Rappr. l'art. L. 80 A du Livre des procédures fiscales : sont inopposables aux contribuables les changements d'interprétation de l'Administration.
2. V. P. ROUBIER, *Le droit transitoire (conflits de lois dans le temps)*, 2ᵉ éd. 1960 ; P. LOUIS-LUCAS, Traits distinctifs des conflits de lois dans le temps et des conflits de lois dans l'espace, *Mélanges Roubier*, 1961, t. I, p. 323 s. ; P. LEVEL, *Essai sur les conflits de lois dans le temps, Contribution à la théorie générale du droit transitoire*, thèse Paris, 1959 ; E.-L. BACH, Contribution à l'étude du problème de l'application des lois dans le temps, *RTD civ.* 1969, p. 405 s. ; J. HÉRON, Etude structurale de l'application de la loi dans le temps, *RTD civ.* 1985, p. 277 s. ; KOERING-JOULIN, Où il est question d'application de la loi dans le temps, D. 1987, chron. 18 s. ; T. BONNEAU, *La Cour de cassation et l'application de la loi dans le temps*, thèse Paris II, éd. 1990.
3. Sur la non-rétroactivité des règlements administratifs, V. *infra*, nº 441.

tions, mais avant la célébration, comment déterminer la compétence des deux lois successives ? En outre, des situations créées sous l'empire de la loi ancienne peuvent produire des effets sous l'empire de la loi nouvelle, ce qui est de nature à susciter également des difficultés pour la détermination de la compétence respective des deux lois. Ainsi la loi du 27 juillet 1884 qui a rétabli le divorce était-elle applicable aux époux mariés avant cette loi, sous l'empire de la loi de 1816 ayant supprimé le divorce ? Soit encore un contrat de prêt consenti à un taux d'intérêt licite ; si, en cours de contrat, une loi nouvelle fixe le taux d'intérêt permis à un taux inférieur à celui qui avait été convenu, a-t-elle pour effet de modifier le taux convenu ? Et dans l'affirmative, cette application concernera-t-elle seulement l'avenir, ou même les intérêts échus et déjà payés ?

L'interprétation de l'article 2 est dominée par le heurt de deux conceptions : au XIXe siècle, sous l'influence individualiste, l'accent a été mis sur la règle de la non-rétroactivité des lois ; au cours du XXe siècle, en revanche, des préoccupations d'intérêt général ont donné la priorité à ce qu'on nomme parfois l'*effet immédiat* de la loi nouvelle, à la disparition pour l'avenir de la force obligatoire de la loi ancienne : en effet, la loi nouvelle étant présumée meilleure que l'ancienne, il faut s'efforcer de l'appliquer au maximum de faits et d'actes, même si cela est de nature à troubler les prévisions des intéressés.

Pour exposer la difficile matière de l'application de la loi dans le temps, il y a lieu d'étudier successivement, en les inversant, les deux propositions formulées à l'article 2.

339 *1° La loi n'a pas d'effet rétroactif* ◊ Dire que la loi n'a pas d'effet rétroactif, cela signifie qu'il ne faut pas appliquer une loi à des actes ou à des faits juridiques qui se sont passés antérieurement au moment où elle a acquis force obligatoire, en vue de modifier ou d'effacer les effets juridiques produits sous l'empire de la loi ancienne.

Voici un exemple. Une succession s'est ouverte en 1916 ; elle a été liquidée conformément aux prescriptions de la loi qui était en vigueur ; le partage est fait, et l'actif successoral est mis en la possession de collatéraux du huitième degré. Survient la loi du 31 décembre 1917, article 17, modifiant l'article 755 du code civil, qui dispose qu'en principe, les parents collatéraux au-delà du sixième degré ne succèdent pas. Il va de soi que la succession prise en exemple ne sera pas atteinte par le texte nouveau ; celui-ci ne s'appliquera qu'aux successions qui s'ouvriront ultérieurement, c'est-à-dire à celles des personnes venant à mourir à partir de la mise en application de la loi du 31 décembre 1917.

Autre exemple. L'article 2 d'une loi du 16 avril 1914 a soumis la Ville de Paris qui, antérieurement, en était dispensée, à la responsabilité des dégâts causés aux particuliers par les troubles et émeutes survenus sur son territoire, responsabilité qui s'imposait aux autres communes en vertu des articles 106 à 109 de la loi du 5 avril 1884. Supposons que, postérieurement à la date du 16 avril 1914, un particulier victime de dégâts causés par des actes de violence et de déprédation *antérieurs,* ait intenté une action en indemnité contre la Ville de Paris. Celle-ci est bien soumise à la même responsabilité que les autres communes *pour l'avenir* (première règle de l'article 2). Mais, en raison de l'autre règle de l'article 2, « sa responsabilité ne peut être étendue aux faits qui, à la date où ils ont été commis, ne pouvaient légalement l'engager » [1].

440 *Justification de la règle* ◊ La règle de la non-rétroactivité des lois apparaît aussi rationnelle qu'équitable. Mais le fondement du principe varie selon que l'on s'inspire de telle ou telle conception.

Pour les auteurs attachés à l'individualisme, la règle de la non-rétroactivité des lois est une règle essentielle qui tend à protéger la liberté de l'homme contre la loi. Il n'y aurait, en effet, aucune sécurité pour les particuliers si, alors qu'une loi est exécutoire et qu'ils se sont conformés à ses dispositions, on pouvait remettre en question les actes passés par eux conformément aux prescriptions légales. La loi est un ordre du législateur ; or un ordre ne peut valoir que pour l'avenir. On ne peut exiger des citoyens l'obéissance à une règle qu'ils ne pouvaient connaître, puisqu'elle n'existait pas encore.

Si, dans une perspective d'intérêt public, on insiste sur le progrès que représente toute loi nouvelle, ainsi que sur la nécessité de son « effet immédiat », on reconnaît toutefois comme opportun le maintien de la règle de non-rétroactivité de la loi, dans l'intérêt de la loi elle-même et de la sécurité du commerce juridique. Si un individu qui a obéi à l'ordre de la loi pouvait être inquiété sous le prétexte qu'une loi postérieure a modifié les termes de la réglementation qui existait jadis, la loi perdrait toute sa force, puisque personne n'oserait plus même exécuter les ordres de la loi, de crainte de voir ultérieurement des actes, pourtant légitimement faits, critiqués par une loi nouvelle et inconnue.

Dans les conceptions dominantes à l'heure actuelle, la règle de non-rétroactivité est conservée, mais n'est plus présentée comme un impératif absolu : dans certains cas, les nécessités du progrès doivent l'emporter sur l'intérêt de sécurité des citoyens et de stabilité de la loi.

441 *A qui s'impose la règle ?* ◊ Pour dégager la portée de la règle de non-rétroactivité, il importe d'en préciser le *caractère*. En l'état actuel de notre droit, il ne s'agit pas, en principe, d'une règle constitutionnelle. Il en a été autrement autrefois et la Constitution du 5 fructidor an III, dans l'article 14 de sa Déclaration des droits de l'homme, avait fait de ce principe une règle constitutionnelle. Mais ni la Constitution de l'an VIII, ni aucune autre depuis, n'ont procédé de même, et la règle ne figure que dans le code civil (art. 2) et dans le code pénal (art. 4). Il convient cependant d'observer que, dans la Déclaration des droits de 1789, à laquelle renvoient le Préambule de la Constitution de 1946 et celui de la Constitution de 1958, est consacrée, à l'article 8, la non-rétroactivité des lois pénales [2]. C'est pourquoi, si le Conseil constitutionnel a décidé que l'article 2 du code civil n'avait que

---

1. Civ. 11 juill. 1922, D.P. 1923, 1, 148. — V. aussi : Civ. 2ᵉ, 18 juill. 1967, D. 1968, 297, note P. CHAUVEAU.
2. V. aussi l'art. 7 de la Conv. europ. des droits de l'homme (*supra*, n° 170) et l'art. 15.1 du Pacte intern. des Nations-Unies sur les droits civiques et politiques (*supra*, n° 169).

la valeur d'une loi ordinaire[1], il a, en revanche, décidé qu'en matière pénale, l'article 8 de la Déclaration de 1789 conférait au principe de non-rétroactivité une valeur constitutionnelle[2].

Il en va autrement en d'autres domaines, par exemple en droit fiscal, ce qui permet au fisc d'allécher les contribuables par des incitations fiscales qu'il supprime souvent, tôt ou tard, après les avoir bien attrapés.

Si le législateur peut donc procéder, sauf en matière pénale (v. cep. sur la rétroactivité des lois pénales plus douces, *infra*, n° 442), par voie de lois rétroactives[3], en revanche la règle de non-rétroactivité lie les autorités administratives. Il en résulte que les autorités exerçant le pouvoir réglementaire ne pourraient donner effet rétroactif à un règlement, même si celui-ci est édicté dans une matière de nature réglementaire en vertu de l'article 37 de la Constitution. La non-rétroactivité est en effet une garantie fondamentale des libertés publiques, rentrant dans le domaine législatif ; seule la loi peut y déroger[4].

L'article 2 du code civil s'impose aussi aux juges. Lorsqu'un juge doit fixer le domaine d'application d'une loi nouvelle, l'article 2 lui interdit de donner à cette loi un effet rétroactif. Le législateur pouvant toutefois adopter une loi rétroactive, la question se posera parfois de savoir s'il l'a voulu. Compte tenu de ce que le principe de non-rétroactivité est affirmé liminairement dans le code civil (art. 2) et dans le code pénal (art. 4), et de ce qu'il constitue une garantie essentielle pour la liberté et la sécurité des justiciables, on admettra une interprétation restrictive : une loi ne sera considérée comme dérogeant à la règle ordinaire de la non-rétroactivité que si le législateur a manifesté nettement et même expressément sa volonté en ce sens dans la loi nouvelle[5].

---

1. Cons. const. 9 janv., 22 juill., 30 déc. 1980, *Rec.* p. 29, 46, 53, D. 1981, *Inf. rap.* 359.
2. Cons. const. 19 et 20 janv. 1981, D. 1982, 441, J.C.P. 1981, II, 19701, *sol. impl.* ; 18 janv. 1985, D. 1986, 425.
3. V. Civ., 2ᵉ sect. civ., 24 nov. 1955, D. 1956, 522.
4. Cons. d'Etat 5 janv. 1945, *Gaz. Pal.* 1945, 1, 67 ; 25 juin 1948, S. 1948, 3, 69, concl. LETOURNEUR (hausse rétroactive des tarifs d'électricité) ; 16 mars 1956, D. 1956, 253, concl. LAURENT ; 7 nov. 1969, D. 1970, Somm. 29. — C'est pourquoi une loi — celle du 28 décembre 1959 relative à la révision des loyers commerciaux — a été jugée nécessaire pour déclarer rétroactives des dispositions édictées par décret (V. DRAGO, note S. 1959, 1, 202, III, *in fine*). — Le décret d'application d'une loi rétroactive est toutefois applicable dans les mêmes conditions que la loi. — V. O. DUPEYROUX, *La règle de la non-rétroactivité des actes administratifs*, thèse Toulouse, 1954 ; LETOURNEUR, *Le principe de non-rétroactivité des actes administratifs*, EDCE 1955, p. 37 s. ; P. DELVOLVÉ, Le principe de non-rétroactivité dans la jurisprudence économique du Conseil d'Etat, *Mélanges Waline*, 1974, t. II, p. 355 s. ; Jacques BORRICAND, La non-rétroactivité des textes réglementaires en matière économique et fiscale, D. 1978, chron. 275 s., 281 s. ; A. WERNER, Contribution à l'étude de l'application de la loi dans le temps en droit public, *Rev. dr. publ.* 1982, p. 737 s.
5. Civ. 7 juin 1901, D.P. 1902, 1, 105, S. 1902, 1, 513, note WAHL ; 9 déc. 1942, *Gaz. Pal.* 1943, 1, 93 ; Civ., 2ᵉ sect. civ., 24 nov. 1955, D. 1956, 522. — V. en ce sens qu'une loi n'est rétroactive que si le législateur le déclare *expressément* : Civ., 2ᵉ, 27 avril 1988, J.C.P. 1988, IV, 229. — La règle de la non-rétroactivité est un principe d'ordre public qui peut être invoqué par les parties ou retenu par les juges en tout état de la procédure (Civ., 2ᵉ sect. civ., 24 nov. 1955, préc. ; comp. Civ., sect. soc., 18 mars 1955, D. 1956, 517, note MALAURIE) ; le moyen tiré de sa violation peut même être invoqué pour la première fois devant la Cour de cassation (Civ. 1ᵉʳ mars 1909, S. 1912, 1, 137, note NAQUET).

442   *Autres domaines : lois de compétence et de procédure, lois pénales* ◊ Une loi qui modifie la *compétence* des tribunaux et les *règles de procédure* à suivre devant eux s'applique non seulement aux instances futures concernant des faits antérieurs, mais encore aux instances engagées avant sa promulgation. Mais il n'y a pas là d'atteinte véritable à la règle de non-rétroactivité : la loi ne s'applique pas en réalité aux faits et actes, objets de l'instance, mais à l'instance elle-même et ne régit que les actes de procédure *futurs* sans porter atteinte d'ailleurs, en principe, à la procédure déjà accomplie et *a fortiori* aux décisions déjà rendues sur le fond[1].

On admet que les *lois pénales plus douces,* celles qui suppriment ou adoucissent une pénalité, rétroagissent, c'est-à-dire s'appliquent aux délinquants qui ne seront pas jugés d'après la loi en vigueur au moment où l'infraction a été commise, dès lors qu'une condamnation définitive n'était pas déjà intervenue. Il est conforme à l'idéal de justice d'appliquer les peines atténuées même pour des infractions antérieures à la loi, puisque le législateur a estimé que les peines antérieures étaient excessives. D'aucuns considèrent d'ailleurs qu'il n'y a qu'une rétroactivité apparente, ils disent qu'il y a effet immédiat d'une loi nouvelle s'appliquant à une situation juridique en cours de règlement, la situation créée par l'infraction n'étant pas dénouée tant qu'il n'y a pas eu condamnation définitive[2].

443   *Exceptions à la règle* ◊ Certaines lois ont un effet rétroactif, c'est-à-dire régissent la constitution, les effets accomplis ou l'extinction de situations juridiques passées.

1. *Lois déclarées rétroactives par le législateur.* A condition d'exprimer nettement sa volonté (*supra,* n° 441), le législateur a, en principe, le pouvoir d'adopter des lois rétroactives[3]. Celles-ci, à cause même de leurs

---

1. Civ. 27 nov. 1933, D.H. 1934, 35 ; Civ., 2ᵉ civ., 4 juill. 1962, *Gaz. Pal.* 1962, 2, 59 ; 16 juill. 1969, J.C.P. 1969, II, 16134. — V. Roubier, De l'effet des lois nouvelles sur les procès en cours, *Mélanges Maury,* 1960, t. II, p. 513 s. ; Roujou de Boubée, La loi nouvelle et le litige, *RTD civ.* 1968, p. 479 s. ; F. Gianviti, *Application dans le temps des lois judiciaires et de preuve,* thèse ronéot. Paris, 1969 ; J. Normand, L'application dans le temps des lois de droit judiciaire privé au cours de la dernière décennie, *Mélanges Raynaud,* 1985, p. 555 s.

2. V. Crim. 24 avril 1936, D.P. 1936, 1, 77, note Lalou ; 29 janv. 1963, J.C.P. 1963, II, 13215, note Le Gall ; 13 oct. 1970, D. 1970, 742 ; 28 avril 1975, *Bull. crim.,* n° 309. — Cf. A. Vitu, *Les conflits de lois dans le temps en droit pénal,* thèse Nancy, 1945 ; Marty, A propos de la prétendue rétroactivité des lois pénales plus douces, *Mélanges Magnol,* 1948, p. 297 s. — Rappr., au sujet des amendes fiscales, Crim. 4 déc. 1978, *Gaz. Pal.* 1979, 1, 182, note P.L.G. — Sur le caractère constitutionnel du principe de rétroactivité *in mitius,* v. Paris 5 déc. 1990, *Gaz. Pal.* 13-14 mars 1991.

3. Comme exemple de loi rétroactive dans le passé, on cite toujours le décret du 17 nivôse an II, par lequel la Convention annulait toutes les donations faites depuis le 14 juillet 1789 et disposait en outre que les règles nouvelles qu'il édictait en matière de dévolution des biens laissés par les personnes mortes sans testament s'appliqueraient à toutes les successions ouvertes depuis cette date. Une perturbation profonde résulta de cette disposition inspirée au législateur révolutionnaire par cette préoccupation, toute politique, de modifier profondément la répartition des richesses et par conséquent la structure de la société. C'est précisément le souvenir de cette perturbation qui avait fait introduire le principe de non-rétroactivité dans la Constitution de l'an III.

inconvénients, sont rares. Pourtant on pourrait en citer un certain nombre depuis le début du xxᵉ siècle, qui se justifient du reste par des considérations particulières[1]. Surtout, aux époques de crise, en vue de faire face à des situations exceptionnelles, dangereuses pour l'ordre social, il peut être nécessaire de sacrifier les intérêts particuliers et de donner effet rétroactif à certaines lois. Ainsi, la loi du 27 juillet 1940 a exonéré les chemins de fer de leur responsabilité pour les transports effectués depuis le 10 mai 1940 et, après la Libération, l'ordonnance du 27 août 1944 a puni, comme crime d'indignité nationale, des faits qui ont été commis antérieurement à sa mise en vigueur.

2. *Lois interprétatives.* Quelquefois, le législateur intervient pour fixer le sens ambigu ou obscur d'une loi antérieure. La loi nouvelle a alors, par nature même, un effet rétroactif : elle rétroagit au jour où la loi ancienne est entrée en vigueur.

Voici un exemple de loi interprétative. La loi du 9 mars 1918 avait, dans son article 56, accordé aux locataires le droit de faire proroger les baux et locations verbales déjà en cours au début de la guerre, soit le 1ᵉʳ août 1914. On se demandait si cette disposition s'appliquait aux titulaires de baux antérieurs à la guerre, mais venus à expiration depuis et *renouvelés.* La Cour de cassation avait décidé que non. La loi du 23 octobre 1919, de caractère interprétatif, vint préciser que l'expression de baux antérieurs au 1ᵉʳ août 1914 comprenait les baux antérieurs renouvelés depuis.

On peut parfois hésiter sur le caractère interprétatif d'une loi. Lorsque le législateur qualifie lui-même une loi d'interprétative, le juge, bien entendu, ne peut que s'incliner. Si le législateur n'a rien spécifié, le caractère interprétatif ne peut être reconnu à une loi que si elle est intervenue à propos d'une question controversée et si la solution qu'elle édicte s'adapte à la loi interprétée d'une manière telle que les tribunaux auraient pu eux-mêmes consacrer la solution.

Que l'on conteste l'existence d'un conflit de loi dans le temps entre la loi interprétée et la loi interprétative, en entendant par là que les deux lois font corps, ou que l'on considère que la loi interprétative ajoute à la loi interprétée, en ce sens qu'elle en précise la portée, il est indubitable qu'une loi interprétative réagit sur le passé ; en effet, elle contraint le juge à donner, en cas de litige, *aux faits déjà passés,* accomplis sous l'empire de l'ancienne loi obscure, une interprétation qu'ils n'auraient probablement pas reçue. Ajoutons d'ailleurs que le législateur peut être tenté de qualifier d'interprétative, précisément pour lui donner un effet rétroactif, une loi par laquelle il modifie un texte antérieur[2].

---

1. Il est arrivé que les auteurs d'une loi nouvelle estiment nécessaire la remise en cause de la chose jugée sous l'empire de la loi ancienne : V., en matière de filiation, *Les personnes, La famille, Les incapacités,* nᵒ 475 ; H. Mazeaud, L'enfant adultérin et la « super-rétroactivité » des lois, D. 1976, chron. 1.

2. Sur ce que peut avoir de fâcheux l'élaboration d'un texte législatif à caractère interprétatif, modifiant des dispositions litigieuses, V. R. Lindon, Perfections et imperfections de la décision judiciaire, D. 1975, chron. 145.

444   *2° La loi nouvelle régit seule, en principe, l'avenir* ◊ Une loi nouvelle entre en vigueur ; elle s'applique aux faits et actes postérieurs à sa publication. C'est ce que l'on nomme l'*effet immédiat de la loi nouvelle.*

Mais cette notion est difficile à utiliser, car les faits et les actes de la vie juridique sont souvent complexes. Un plus ou moins long laps de temps peut, en effet, être nécessaire à la réunion des éléments de leur constitution — ainsi pour acquérir la propriété d'un bien par prescription, il faut avoir possédé ce bien pendant un délai plus ou moins long, trente ans par exemple — ou à la réalisation de leurs effets — c'est le cas, notamment, des devoirs et des droits créés par le mariage ou des droits et obligations procédant d'un contrat successif (*supra*, n° 280), tel le contrat de bail.

Supposons qu'avant la réunion des éléments nécessaires à la constitution d'un droit, la législation change, que, par exemple, le législateur modifie la durée de la prescription. Appliquera-t-on la loi nouvelle, bien que certains éléments aient déjà été réalisés dans le passé ?

Supposons encore qu'en cours de réalisation des effets d'une situation légale ou d'un contrat, une loi nouvelle intervienne, que, par exemple, en cours de mariage, une loi modifie les effets de celui-ci, ou, en cours de bail le législateur établisse une nouvelle réglementation des obligations du bailleur. Faut-il tenir compte de la loi nouvelle ? A dire vrai, ce n'est pas la rétroactivité qui est ici en cause ; il est certain qu'on ne revient pas sur les effets déjà réalisés des actes et situations juridiques : le problème est de savoir si la loi ancienne survivra à son abrogation pour continuer à régir les effets futurs de faits ou d'actes antérieurs.

Quel est, dans ces diverses hypothèses, l'effet d'une loi nouvelle entrant en vigueur au cours des périodes envisagées ? Face à l'insuffisance des directives du code civil, il revenait à la jurisprudence de faire œuvre créatrice. Elle s'y est employée avec sagesse et pragmatisme, s'inspirant des grandes constructions doctrinales sans pour autant s'enfermer dans celles-ci. On rappellera donc chacune de ces constructions, avant d'en dégager toutes les virtualités [1].

445   *a) Théorie classique* ◊ D'inspiration libérale, elle a prétendu résoudre la question du conflit de lois dans le temps par une distinction entre les *droits acquis* — d'où son nom — et les *simples expectatives.* Alors que la loi nouvelle ne pourrait, sans rétroactivité, porter atteinte aux premiers, elle pourrait au contraire modifier ou supprimer les secondes [2].

Par un arrêt du 20 février 1917, la chambre civile a appliqué ce critère à l'action en recherche de paternité naturelle et décidé que l'article 340 du code civil (réd. 1804) qui prohibait, sauf dans un cas particulier (l'enlèvement), la recherche de paternité ne constituait pour le père naturel qu'une simple expectative et ne lui avait pas fait « acquérir pour toujours le droit

---

1. Les développements qui suivent reproduisent le commentaire publié dans *Les grands arrêts de la jurisprudence civile*, d'HENRI CAPITANT, 9ᵉ éd., par F. TERRÉ et Y. LEQUETTE, 1991, n°ˢ 2-5. Que Y. LEQUETTE en soit remercié.
2. Rappr. P. AUVRET, La notion de droit acquis en droit administratif français, *Rev. dr. publ.* 1991, p. 54 s. — V. aussi, dans une perspective comparative, H. BATIFFOL, Conflits de lois dans l'espace et conflits de lois dans le temps, *Mélanges Ripert*, 1950, t. I, p. 301.

de se soustraire à la constatation du lien l'unissant à son enfant ». L'enfant né antérieurement à l'entrée en vigueur de la loi nouvelle pouvait donc agir en recherche de paternité sur le fondement de celle-ci[1]. A l'inverse, par un arrêt des Chambres réunies rendu le 13 janvier 1932, la Cour de cassation a décidé que le congé-préavis donné par le bailleur à son locataire, conformément à la loi alors en vigueur, constituait au bénéfice du premier un « droit régulièrement acquis (...) sous l'empire de la loi antérieure ». Partant, la loi nouvelle ne lui était pas applicable[2].

La distinction ainsi consacrée a, en général, été critiquée par la doctrine moderne. On lui a objecté qu'elle était insuffisante et mal fondée. *Insuffisante* : alors que le droit acquis serait celui qui est entré dans notre patrimoine et dont un tiers ne peut nous priver, la simple expectative pourrait être anéantie par la volonté d'un tiers. Faite pour les droits patrimoniaux, la formule est difficile à transposer dans le domaine des droits extra-patrimoniaux et notamment dans celui du droit de la famille. Aussi bien a-t-on souligné que le raisonnement en termes de droits acquis se réduisait souvent à une véritable pétition de principe, l'interprète baptisant la situation en cause de droit acquis ou de simple expectative selon le résultat qu'il veut atteindre. *Mal fondée*, car un particulier ne saurait avoir, pour l'avenir, des droits acquis à l'encontre de la loi. Reflet de l'individualisme libéral du XIXe siècle, la théorie des droits acquis pose la question du conflit de lois en termes de défense des droits subjectifs contre le droit objectif. Or une telle analyse procède d'une vision inexacte des rapports entre les deux notions. Le droit subjectif n'existe pas, en effet, en tant que tel, mais uniquement dans la mesure où le droit objectif le consacre. Dès lors, la vraie question n'est pas celle de la protection de tel ou tel droit subjectif, mais celle du conflit de compétence entre la loi ancienne et la loi nouvelle.

446   *b) Théorie moderne* ◊ On comprend, dans ces conditions, que la plupart des auteurs se soient ralliés à la théorie moderne élaborée par le doyen Roubier[3]. Délaissant la notion de droit acquis, celui-ci raisonne à partir du concept de *situation juridique,* état de droit susceptible de modifications (ex. : état d'époux, d'enfant légitime, de propriétaire, de créancier, etc.). Selon lui, la loi nouvelle marque une *coupure dans le temps* : alors que le passé demeure régi par la loi ancienne, l'avenir l'est par la loi nouvelle. Partant, pour les situations juridiques qui font problème, c'est-à-dire celles qui se sont constituées avant le changement de législation mais qui prolongent leurs effets au-delà de celui-ci (situation en cours), il convient de procéder à la distinction suivante : la loi nouvelle ne peut pas revenir sur les conditions dans lesquelles ces situations se sont constituées ni modifier les effets qu'elles ont déjà sortis (*principe de non-rétroactivité de la loi nouvelle*). En revanche, elle *s'empare* de ces mêmes situations pour leur faire produire, à compter de son entrée en vigueur, des conséquences

---

1. Civ. 20 fév. 1917, D.P. 1917, 1, 81, concl. SARRUT, note H. CAPITANT, S. 1917, 1, 73, note C. LYON-CAEN, *Grands arrêts* nos 2-5.
2. Ch. réun. 13 janv. 1932, D.P. 1932, 1, 18, rapport PILON, *Grands arrêts* nos 2-5.
3. *Les conflits de lois dans le temps,* 1929 ; *Le droit transitoire,* préc., 1960.

éventuellement différentes (*principe de l'effet immédiat de la loi nouvelle*). Il en va toutefois autrement pour les situations contractuelles qui restent en principe régies, même pour l'avenir, par la loi sous l'empire de laquelle elles ont été créées (*principe de la survie de la loi ancienne*).

447 ***c) Combinaison des théories par la jurisprudence*** ◊ La jurisprudence n'est pas restée insensible à ces analyses, soumettant « les conditions de validité et les effets passés » à la loi ancienne et « les effets à venir des situations non contractuelles en cours » à la loi nouvelle[1]. Et elle a affirmé le principe de survie de la loi ancienne pour les situations contractuelles en cours[2]. En d'autres termes, si la théorie classique et la théorie moderne conduisent à des résultats voisins en ce qui concerne la constitution des situations juridiques et les effets des situations contractuelles, il n'en va pas de même pour les effets des situations extra-contractuelles.

448 ***Constitution des situations juridiques*** ◊ Lorsque la loi nouvelle modifie les *conditions de réalisation d'un fait ou d'un acte juridique*, on s'accorde généralement sur ce que la régularité de la situation qui en résulte doit être appréciée conformément à la loi contemporaine de leur accomplissement. Que l'on raisonne en termes de constitution d'une situation juridique ou de droit acquis, la non-rétroactivité s'oppose à l'application de la loi nouvelle dès lors que toutes les conditions posées par la loi ancienne ont déjà été réalisées. Par exemple, si le congé-préavis échappe à l'application de la loi nouvelle[3], c'est parce qu'il a été régulièrement et définitivement accompli avant l'entrée en vigueur de celle-ci[4]. Et lorsque la chambre civile a décidé qu'une légitimation d'enfant adultérin était nulle compte tenu de la teneur de l'article 331 du code civil (réd. L. 25 avril 1924)[5], c'est encore parce que cet acte était définitivement réalisé avant que la loi du 5 juillet 1956 n'ait posé un principe contraire. En se prononçant autrement, la Cour de cassation aurait conféré à cette disposition une portée rétroactive, ce que seul le législateur peut faire. Celui-ci n'a, au demeurant, pas hésité ces dernières années à attribuer, à plusieurs reprises, une telle portée aux dispositions d'une loi nouvelle lorsque l'application de celle-ci permettait d'asseoir la validité d'actes nuls en vertu de la législation antérieure (v. *supra*, n° 443). Ainsi en a-t-il été lorsque la loi du 3 janvier 1972 a validé les reconnaissances d'enfants adultérins jusque-là illicites dont la nullité n'avait pas été prononcée par un jugement passé en force de chose jugée (art. 12, al. 3). Raisonnant par analogie avec la rétroactivité *in mitius* qui bénéficie de plein droit aux lois pénales plus douces (v. *supra*, n° 442), un auteur a suggéré qu'une portée similaire devrait être accordée à toutes les lois confirmatives sans qu'il soit besoin pour cela d'une disposition transitoire spécifique[6]. C'est oublier

---

1. Civ., 1re sect. civ., 29 avr. 1960, D. 1960, 294, note G. Holleaux, *Grands arrêts* nos 2-5.
2. Civ., sect. com., 15 juin 1962, *Bull. civ.* III, n° 314, p. 258, *Grands arrêts* nos 2-5.
3. Ch. réun. 13 janv. 1932, préc.
4. Rappr. Civ., 3e, 13 fév. 1969, *Bull. civ.* III, n° 133, p. 101.
5. Civ., 1re sect. civ., 29 avril 1960, préc.
6. F. Dekeuwer-Défossez, *Les dispositions transitoires dans la législation civile contemporaine*, thèse Lille II, 1977, n° 151, p. 184.

que le problème ne se pose pas dans les mêmes termes en droit civil et en droit pénal. A la différence du droit pénal, le droit civil résout les conflits entre deux parties : il ne peut donner raison à l'une sans donner tort à l'autre. La validation d'un acte nul n'échappe pas à cette règle : le testament validé déshérite l'héritier *ab intestat*[1]. Partant, contrairement à ce qui a pu être dit, l'application rétroactive d'une loi civile, permettrait-elle de valider un acte nul, recèle une menace certaine pour la sécurité juridique. Aussi la portée rétroactive qui s'attache aux lois confirmatives ne paraît-elle pouvoir résulter, comme l'exige d'ailleurs la lettre de l'article 2 du code civil, que d'une disposition expresse du législateur.

On ajoutera que, pour résoudre les difficultés propres à la constitution d'une situation juridique, la jurisprudence n'hésite pas à faire, aujourd'hui encore, parfois référence à la notion de droit acquis ; de fait, en la circonstance, celle-ci a le mérite de souligner que la constitution de la situation est, ou non, entièrement achevée.

En réalité, à ce stade, les principales difficultés procèdent non des principes, mais de leur *mise en œuvre*. Ainsi, on hésite parfois sur l'identification du fait créateur d'une situation juridique et, par conséquent, sur le point de savoir si cette création est antérieure ou postérieure à la loi nouvelle. Tel est le cas, par exemple, en matière de filiation : la situation d'enfant naturel ou d'enfant légitime résulte-t-elle de la naissance ou de la preuve qui en est officiellement fournie ? Quoique formulée en termes de droits acquis, la solution jurisprudentielle[2] implique que la situation juridique de l'enfant n'est créée qu'au moment où sa filiation est prouvée. En conséquence, si les modes de preuve recevables sont modifiés par une loi postérieure à la naissance, les enfants nés antérieurement peuvent s'en prévaloir dès lors qu'ils sont encore dans les délais requis pour agir. Une solution comparable a été adoptée à l'occasion de l'octroi de droits alimentaires aux enfants adultérins par la loi du 15 juillet 1955[3]. Elle figure aussi dans la loi du 3 janvier 1972 sur la filiation (art. 12, al. 1er). Mais l'existence de délais assez courts étant de nature à rendre illusoire l'application de la loi nouvelle aux enfants nés avant son entrée en vigueur[4], les dispositions transitoires de la loi de 1972 ont été, en la matière, modifiées et complétées par les lois des 5 juillet 1975 et 15 novembre 1976.

449 *Modification des conséquences d'une situation extra-contractuelle* ◊ Peu sensible dans l'hypothèse précédente, la différence entre théorie classique et théorie moderne est, au contraire, éclatante lorsque la loi nouvelle modifie les conséquences d'une situation juridique extra-contractuelle (ex. : contenu de la propriété, effets du mariage, de la filiation, etc.). Entendue à la lettre, la théorie des droits acquis implique-

---

1. J. Héron, art. préc., p. 301.
2. Civ. 20 fév. 1917, préc.
3. Civ., 1re, 13 janv. 1959, D. 1959, 63, 4e esp., note Rouast ; 16 nov. 1960, D. 1961, 7, note Holleaux.
4. Civ., 1re, 13 nov. 1975, D. 1976, 133, note D. Huet-Weiller, J.C.P. 1976, II, 18288, note R. Savatier, *Defrénois* 1976, 849, obs. Souleau, *RTD civ.* 1976, p. 125, obs. Nerson.

rait que la loi nouvelle s'applique uniquement aux situations juridiques nées postérieurement à son entrée en vigueur à l'exclusion des situations en cours. Ainsi, titulaire d'un droit qui est définitivement entré dans son patrimoine, le propriétaire ne saurait supporter les restrictions qu'une loi postérieure à la date d'acquisition de son droit viendrait apporter à l'exercice de celui-ci. Il en résulterait un système juridique complexe, à strates multiples, où chacun vivrait avec le droit de sa génération. Rendant sinon impossible, du moins très difficile toute véritable transformation de la législation, une telle solution ne saurait évidemment être retenue. Aussi bien la jurisprudence ne l'a-t-elle jamais consacrée. Même lorsqu'elle se réfère à la théorie des droits acquis, il lui arrive précisément de rappeler que « toute loi nouvelle régit, en principe, même les situations établies ou les rapports formés dès avant sa promulgation »[1]. Mieux, elle n'a pas hésité à qualifier la propriété de simple expectative afin de rendre une loi nouvelle immédiatement applicable à des droits nés antérieurement à son entrée en vigueur[2] !

Evitant le recours à de tels artifices, la théorie de Roubier présente, de ce point de vue, une supériorité certaine.

450 ***Effets des contrats conclus antérieurement à la loi nouvelle*** ◊ Si la loi nouvelle s'applique, en principe, de manière immédiate aux effets futurs des situations en cours, il est traditionnellement dérogé à cette règle pour les effets des *contrats* conclus antérieurement à son entrée en vigueur. Ceux-ci restent régis par la loi ancienne. Il y a alors, dit-on, *survie de la loi ancienne.*

Posée sous le couvert de la théorie des droits acquis dès le XIXe siècle[3], cette solution a été ultérieurement maintenue en fonction de l'idée suivant laquelle « les effets d'un contrat sont régis par la loi en vigueur à l'époque où il a été passé »[4].

Les raisons de cette solution sont multiples :

La règle de l'effet immédiat de la loi nouvelle s'explique essentiellement par le souci d'assurer l'unité de la législation. Or celui-ci est moins pressant en matière contractuelle : le principe de la liberté contractuelle encourage le pluralisme juridique et confère à la réalité contractuelle une physionomie extrêmement variée (v. *supra*, n° 282). Le contrat est « le moyen par lequel la diversité pénètre dans le monde juridique »[5].

L'application de la loi ancienne répond à la volonté de sauvegarder la sécurité juridique. Or les considérations propres à celle-ci sont, en matière contractuelle, particulièrement pressantes : le contrat repose sur la volonté des parties, laquelle s'est exprimée en contemplation d'un certain état du droit positif. Dès lors, soumettre le contrat à la loi nouvelle, ce serait modifier les bases sur la foi desquelles les parties ont édifié leur accord, ce serait risquer de rompre l'équilibre de celui-ci et par là même

1. Civ. 20 fév. 1917, préc. ; Ch. réun. 13 janv. 1932, préc.
2. Civ. 11 déc. 1901, D.P. 1902, 1, 353.
3. Civ. 20 juin 1888, D.P. 1889, 1, 26 ; 26 avril 1892, S. 1892, 1, 304 ; 7 juin 1901, D.P. 1902, 1, 105.
4. Com. 15 juin 1962, préc.
5. ROUBIER, *Le droit transitoire*, n° 70, p. 346, n° 78, p. 391.

ruiner son fondement : peut-être l'une ou l'autre des parties se serait-elle dérobée devant la conclusion d'un contrat présentant les traits que lui confère la loi nouvelle ?

Il ne faudrait pourtant pas commettre un contresens : décider que le contrat échappe en principe à la loi nouvelle ne signifie en aucune façon une quelconque supériorité de celui-ci sur celle-là. La force obligatoire ne vient pas, en effet, de la promesse mais de la valeur attribuée à la promesse. La loi ne s'incorpore pas au contrat, elle le régit[1]. C'est dire qu'il sera toujours possible au législateur et même au juge de déclarer qu'une loi nouvelle est immédiatement applicable au contrat en cours.

451 *Application immédiate aux contrats en cours en vertu de la loi* ◊ Le législateur contemporain ne s'est, au demeurant, pas privé d'exercer cette faculté. Les dispositions transitoires dérogeant en matière contractuelle au principe de la survie de la loi ancienne sont, en effet, nombreuses et s'accompagnent de mesures variées qui permettent la mise en harmonie des contrats existants avec la loi nouvelle (réfection du contrat par amputation de clauses, par substitution de clauses, ou par les parties dans un délai fixé par le législateur ...)[2]. Aussi bien, certains auteurs ont-ils cru discerner dans cette floraison de dispositions transitoires les prémisses d'un abandon du principe de la survie de la loi ancienne[3]. L'analyse ne convainc pas. Si le législateur prend la peine d'édicter des mesures transitoires, c'est précisément parce qu'en la circonstance, les principes du droit commun transitoire ne lui conviennent pas. Dès lors, il paraît quelque peu artificiel de déduire de telles mesures une remise en cause du principe. Aussi bien la jurisprudence ne paraît-elle pas prête à renoncer à la règle de la survie de la loi ancienne. Censurant les décisions des juges du fond qui méconnaissent ce principe[4], la Cour de cassation l'a réaffirmé en précisant qu'il devait être respecté « lorsqu'aucune raison ne commande d'y déroger »[5]. Rien ne saurait mieux attester de son caractère de principe.

452 *Application immédiate aux contrats en cours en vertu de la juris-prudence* ◊ Ne reposant, à la différence de la non-rétroactivité, sur aucun texte de portée générale, le principe de la survie de la loi ancienne peut être écarté par le *juge*, dès lors que les raisons qui le fondent font, dans telles ou telles circonstances, défaut.

Il en va tout d'abord ainsi lorsque la loi nouvelle exprime un *intérêt social* tellement *impérieux* que la stabilité des conventions ne saurait y

---

1. Rappr., en matière de conflit de lois dans l'espace, Civ. 5 déc. 1910, S. 1911, 1, 129, *Grands arrêts de droit international privé* par B. ANCEL et Y. LEQUETTE, nº 9, p. 66 ; 6 juill. 1959, *Rev. crit. DIP* 1959, 708, note BATIFFOL, *Grands arrêts DIP*, nº 34.
2. Sur cette question, v. F. DEKEUWER-DÉFOSSEZ, *Les dispositions transitoires dans la législation civile contemporaine*, thèse Lille II, éd. 1977.
3. DEKEUWER-DÉFOSSEZ, *op. et loc. cit.*
4. Civ. 3e, 21 janv. 1971, J.C.P. 1971, II, 16776, note LEVEL ; Civ. 1re, 4 mai 1982, *Bull. civ.* I, nº 156, p. 139.
5. Com. 27 oct. 1969, *Bull. civ.* IV, nº 310, p. 293.

faire échec. Le seul fait que la loi nouvelle soit impérative au sens de l'article 6 du code civil ne saurait suffire à attester de l'existence d'un tel intérêt. Ainsi le statut des agents commerciaux, bien qu'impératif, n'a pas été jugé applicable aux contrats en cours[1]. En revanche, il a été décidé que les textes prévoyant le cours forcé et édictant par voie de conséquence la nullité des clauses de paiement en or ou en monnaie étrangère étaient d'application immédiate[2]. C'est donc au coup par coup, pour chaque disposition, que l'interprète devra rechercher si les intérêts qu'elle défend sont si essentiels qu'ils justifient son application immédiate. Délicate, cette démarche ne paraît pourtant pas impraticable.

Refusant l'appel à la notion d'ordre public, Roubier considérait que les effets d'un contrat en cours peuvent être saisis par la loi nouvelle chaque fois que celle-ci établit ou modifie un *statut légal* dont le contrat n'est que la condition. Et l'éminent auteur de citer le contrat de travail[3]. Il est permis de douter du caractère décisif de cette considération[4]. Même si dans une telle hypothèse l'argument déduit de la diversité contractuelle disparaît, il n'en reste pas moins que les parties ne se sont déterminées à contracter qu'en considération des droits et obligations définis par la législation du moment. Partant, une modification de celle-ci ne paraît pouvoir leur être imposée que si les intérêts collectifs qu'elle véhicule sont d'une intensité telle qu'ils imposent son application immédiate, ce qui ramène au critère précédent.

B | RÉVIREMENTS DE JURISPRUDENCE

453   *Généralités* ◊ Lorsqu'un tribunal a retenu une solution après mûre réflexion, il serait contraire à tout bon sens qu'il se déjuge aussitôt dans un second jugement. Et si de nombreuses juridictions ont statué dans le même sens, va-t-on brusquement changer la solution ? Soit ainsi une jurisprudence bien établie ; les justiciables en tiennent compte dans leurs relations juridiques, notamment dans l'établissement des contrats d'assurance. Va-t-on ruiner leur attente ? Ce serait créer l'insécurité. Aussi les tribunaux ne changent pas volontiers la jurisprudence et suivent les précédents (*supra*, nᵒˢ 227 s.). Certes la jurisprudence peut opérer des revirements, notamment lorsqu'il est avéré qu'une solution que l'on croyait correcte a des conséquences pratiques fâcheuses ou ne correspond

---

1. Com. 15 juin 1962, préc.
2. Civ. 11 fév. 1873, D.P. 1873, 1, 177, note Boistel, S. 1873, 1, 97, *Grands arrêts* nᵒˢ 148-150 ; 17 mai 1927, D.P. 1928, 1, 25, concl. Matter, note H. Capitant, S. 1927, 1, 289, note Esmein, *Grands arrêts* nᵒˢ 148-150.
3. *Op. cit.*, nᵒ 84, p. 423.
4. Rappr. cep. T. Bonneau, *op. cit.*, nᵒˢ 177 s., p. 157 s.

plus à l'évolution[1], mais de tels revirements sont relativement rares, beaucoup moins qu'autrefois, il est vrai[2].

Un revirement de jurisprudence trouble plus les habitudes de la pratique (notariale, etc.) qu'une réforme législative, car il ne peut s'accompagner de mesures transitoires. Cette perturbation est, poussée à l'extrême, une conséquence du caractère naturellement déclaratif de la jurisprudence[3] dû au fait que les tribunaux se prononcent nécessairement sur des données antérieures à leurs décisions. Observons que, si la règle jurisprudentielle nouvelle est immédiatement applicable devant la Cour de cassation, il n'est pourtant pas possible de saisir celle-ci d'un pourvoi contre un arrêt d'une cour de renvoi qui s'est conformé à un arrêt de cassation rendu sous l'empire de la jurisprudence antérieure[4].

§ 2

LES CHANGEMENTS TENANT AUX COMPORTEMENTS DES SUJETS DE DROIT

454   *Distinction* ◊ L'homme est changeant. On l'a dit « ondoyant et divers ». Ses changements peuvent affecter le droit de deux manières : par le choix d'une nouvelle situation juridique ; par le changement affectant ses droits subjectifs.

455   *1° Changements de situation* ◊ Ils sont très divers. Ainsi le sujet de droit peut-il, le cas échéant, changer de nationalité, de domicile, de résidence, etc. Et le système juridique ne s'en désintéresse pas.

Par exemple, le changement de domicile suppose, d'après les articles 103 à 105 du code civil, la modification des deux éléments constitutifs du domicile d'origine : *a*) un élément matériel, le changement d'habitation réelle ; *b*) un élément intentionnel, la volonté de fixer dans le lieu nouvellement choisi le principal établissement. Le premier élément, intervenant

---

1. Ex. : sur la possibilité d'adopter son enfant naturel, Civ. 28 avril 1841, S. 1841, 1, 273 (oui) ; 16 mars 1843, S. 1843, 1, 177 (non) ; 1er avril 1846, S. 1846, 1, 273 (oui).
2. P. Voirin, Les revirements de jurisprudence et leurs conséquences, J.C.P. 1959, I, 1467 ; P. Hébraud, obs. *RTD civ.* 1964, p. 781, 1969, p. 607 ; H. Batiffol, *Note sur les revirements de jurisprudence*, Arch. phil. droit 1967, p. 335 s. ; Vanwelkenhuysen, *La motivation des revirements de jurisprudence*, in *La motivation des décisions de justice*, Travaux du Centre national de recherches de logique, Bruxelles, 1978, p. 251 s. ; D. Landraud, A propos des revirements de jurisprudence, J.C.P. 1982, I, 3093.
3. J. Rivero, Sur la rétroactivité de la règle jurisprudentielle, A.J.D.A. 1968, p. 15 s. ; v. aussi *supra*, n° 229.
4. Ch. mixte, 30 avril 1971, J.C.P. 1971, II, 16800, concl. R. Lindon. — Sur le fait qu'un revirement de jurisprudence n'entraîne pas la responsabilité professionnelle des praticiens du droit, V. Paris 14 mars 1957, J.C.P. 1957, éd. A, 3036, obs. Madray, *RTD civ.* 1959, p. 146, obs. Hébraud. Le praticien, par exemple le notaire, est en faute s'il ignore une jurisprudence « assise » (Civ. 21 juill. 1921, D.P. 1925, 1, 29 ; 2 janv. 1924, D.P. 1924, 1, 14 ; rappr., au sujet d'un juge, Soc. 28 mai 1953, D. 1953, 555).

seul, aurait simplement pour effet un changement de résidence ; quant au second, à lui seul, il serait totalement inopérant.

Si, en d'autres domaines, le droit tend à stabiliser les situations, à insérer le fixe dans le mouvant, à affirmer certaines immutabilités, il lui arrive d'assouplir ses positions. Ainsi a-t-on vu reculer le principe de l'immutabilité du régime matrimonial laissant place, selon les uns, à un système d'immutabilité atténuée, selon les autres à un système de mutabilité contrôlée[1].

On fait encore état, en droit international privé, des « conflits mobiles » (sur les conflits de lois dans l'espace, v. *supra*, n° 433), « toutes les fois qu'à la suite d'une modification de l'élément de rattachement sur lequel se fonde la désignation de la loi applicable à une situation juridique prolongeant ses effets dans le temps, cette dernière est susceptible d'être soumise successivement à deux lois différentes »[2], par exemple en cas de déplacement d'un bien mobilier.

456   *2° Changements affectant les droits subjectifs* ◊ Ils sont nombreux et peuvent concerner l'existence même, l'objet, les caractères ou les titulaires des droits subjectifs. On se bornera à quelques indications relatives à la transmission et à l'extinction des droits subjectifs.

457   *a) Transmission des droits subjectifs* ◊ Il s'agit, par hypothèse, des droits patrimoniaux, les droits extra-patrimoniaux étant, en principe, intransmissibles (v. *supra*, n° 351).

458   *Les divers modes de transmission* ◊ Ces modes font l'objet de deux classifications selon que l'on considère l'étendue ou l'époque de la transmission.

1. *Modes de transmission universels, à titre universel ou à titre particulier.* Parmi les modes de transmission des droits patrimoniaux, on distingue :

Les *modes universels,* faits ou actes qui transmettent à une personne l'ensemble du patrimoine d'une autre personne. Cela se produit en cas de succession *ab intestat* lorsqu'il n'y a qu'un seul héritier, ou encore lorsqu'un testament lègue à un même individu tous les biens du testateur. La transmission comprend le passif (les dettes) aussi bien que l'actif.

Les *modes à titre universel,* faits ou actes qui transmettent une *quote-part* (représentée par une fraction) du patrimoine (du passif comme de l'actif) : ainsi lorsque plusieurs héritiers *ab intestat* sont appelés à une succession : par exemple, le défunt ayant laissé quatre enfants, chacun recueillera le quart de ses droits et obligations ; ainsi encore lorsque, dans un testament, le défunt a désigné plusieurs légataires pour recueillir ses biens, sans indiquer les biens particuliers que chacun devra recevoir.

---

1. Terré et Simler, *Précis Dalloz, Les régimes matrimoniaux,* n° 232.
2. Y. Loussouarn et P. Bourel, *Précis Dalloz, Droit international privé,* 3ᵉ éd., 1988, n° 222.

Les *modes à titre particulier,* faits ou actes qui transmettent tel bien, tel droit ou tels biens, tels droits déterminés. La vente est un mode de transmission à titre particulier ; un legs peut aussi porter sur des biens déterminés, par exemple telle maison, tel tableau.

2. *Modes de transmission entre vifs ou à cause de mort.* Les transmissions entre vifs se réalisent entre personnes vivantes, par exemple par une vente ou une donation. La transmission à cause de mort s'opère au moment du décès d'une personne.

459   *Effets de la transmission* ◊ La transmission des droits est dominée par un principe de logique juridique d'après lequel nul ne peut transmettre à autrui plus de droits qu'il n'en a lui-même : *nemo plus juris ad alium transferre potest quam ipse habet.* Ainsi l'acquéreur d'un immeuble grevé d'un droit de servitude devra respecter les prérogatives du titulaire de ce droit ; de même le cessionnaire d'une créance pourra se voir opposer par le débiteur les moyens de défense dont celui-ci disposait à l'égard du créancier originaire. *A fortiori,* si le droit transmis n'existait pas sur la tête de l'auteur, n'a-t-il aucune existence sur celle de l'ayant cause.

Le principe *nemo plus juris ...* comporte cependant des exceptions ou des limitations dues à la nécessité de protéger les tiers, qui pourraient ignorer les charges grevant le droit qu'ils acquièrent ou les imperfections dont il était atteint et qui le rendent annulable ou résoluble :

Celui qui, de bonne foi, acquiert un meuble corporel d'une personne qui n'en était pas propriétaire devient propriétaire dès qu'il entre en possession (art. 2279) ; cette règle est capitale pour la sécurité des transactions commerciales.

La jurisprudence tient compte parfois de l'erreur commune et de l'apparence (*supra*, nº 401) pour écarter l'application stricte de la règle *nemo plus juris* : les actes d'administration ou de disposition passés par l'héritier apparent sont ainsi opposables à l'héritier véritable dès lors que le tiers qui a traité avec lui est de bonne foi, et que celle-ci s'appuie sur l'erreur commune.

La protection des tiers est assurée en matière immobilière grâce à l'institution de mesures de publicité : le transfert et la constitution de droits réels ne sont opposables aux tiers que s'ils ont été l'objet d'une publicité conforme aux prescriptions légales et qui leur permet d'être renseignés.

460   *b) Extinction des droits* ◊ Dans les hypothèses de transfert d'un droit, celui-ci disparaît du patrimoine dont il sort, mais il n'est pas éteint ; il passe dans un autre patrimoine. Mais il y a des cas où le droit est véritablement éteint. Les causes d'extinction des droits sont des plus diverses, variant selon les catégories de droits en cause : ainsi une obligation prend fin, notamment, par le paiement ou par la remise de dette, un droit viager par le décès de son titulaire, un droit de propriété sur un meuble par l'abandon de la chose.

Certaines causes d'extinction opèrent par la volonté : renonciation au droit subjectif par son titulaire, exécution de l'obligation par le débiteur, *novation,* c'est-à-dire substitution d'une obligation à une autre, *dation en paiement,* c'est-à-dire remise d'une chose par le débiteur à son créancier à la place et en paiement de la dette primitive, ...

D'autres causes d'extinction opèrent en dehors de la volonté du titulaire du droit : impossibilité d'exécution, perte de la chose, *confusion —* c'est-à-dire réunion sur la même tête des qualités de créancier et de débiteur —, mort du titulaire d'un droit viager, prescription extinctive, ...

CHAPITRE 3

L'INTERPRÉTATION

461 ***L'herméneutique juridique*** ◊ Herméneutique ? C'est l'art de comprendre et d'interpréter : exprimer, expliquer, comprendre. L'étymologie est éclairante, quant à la découverte du sens. « On peut voir se profiler ici les talons ailés d'Hermès, divinité messagère, patron des interprètes, guide des âmes, maître des échanges, régnant sur les carrefours du vrai et du faux ... »[1]. En tant que discipline ou technique d'interprétation des textes sacrés, juridiques ou littéraires, la notion d'herméneutique ne se constitue qu'au XVIIe siècle, en Allemagne. Mais l'activité qu'elle vise remonte à l'Antiquité. Ses manifestations les plus diverses — par les domaines, par les méthodes — ont concerné, dans la compréhension des textes saints, le développement de la pensée talmudique[2]. Tout ce mouvement de pensée est de première importance pour la compréhension du droit.

Qu'elle soit ou non contentieuse, qu'il y ait ou non un litige, l'application de la règle de droit suppose, bien souvent, dans le passage du général au particulier, un processus intermédiaire d'*interprétation*. Bien que l'usage de ce mot soit de nature à rapprocher l'opération mentale effectuée par les juges et, plus largement, les juristes d'autres types d'interprétation (des rêves, de l'œuvre d'art, d'un discours prononcé dans une langue étrangère ...), l'interprétation présente, en matière juridique, des traits originaux[3]. Négativement, elle ne se confond ni avec la traduction, ni avec l'interprétation psychanalytique, ni avec l'interprétation historique, ni avec l'interprétation musicale[4]. Dotée d'une force contraignante, inhérente à une démarche du raisonnement impliquant souvent l'appréciation d'un tiers — de *ce* tiers devant lequel elle est proposée —, elle présente un double aspect, car elle peut porter sur le droit (Section 1) ou sur le fait (Section 2).

---

1. J. STAROBINSKI, *Sur l'histoire de l'herméneutique*, *Le temps de la réflexion*, Gallimard, 1980, p. 477 s.
2. V. G. ABITBOL, *Herméneutique normative et logique juridique du Talmud*, thèse ronéot. Paris III, 1989.
3. V. Arch. phil. droit, t. XVII, 1972, *L'interprétation dans le droit ; L'interprétation par le juge des règles écrites*, Trav. Assoc. H. CAPITANT, Journées louisianaises, t. XXIX, 1978 ; *L'interprétation en droit, Approche pluridisciplinaire*, sous la direction de M. VAN DE KERKHOVE, Bruxelles, 1978 ; J.-J. BIENVENU, *L'interprétation juridictionnelle des actes administratifs et des lois : sa nature et sa fonction dans l'élaboration du droit administratif*, thèse ronéot. Paris II, 2 vol., 1979 ; Y. PACLOT, *Recherche sur l'interprétation juridique*, thèse ronéot. Paris II, 1988. — Rappr. Françoise MICHAUT, *L'Ecole de la « sociological jurisprudence » et le mouvement réaliste américain*, *Le rôle du juge et la théorie du droit*, thèse ronéot. Paris X, 1985.
4. Y. PACLOT, thèse préc., p. 396 s.

SECTION 1
L'INTERPRÉTATION DU DROIT

462 *La règle et le jugement* ◊ Lorsque l'on part à la recherche de ce qu'est le phénomène juridique primaire, celui qui manifeste l'émergence du droit dans une société, on hésite entre deux analyses : se référer à la *règle* (§ 1) ou au *jugement* (§ 2)[1]. Semblable distinction est aussi opératoire lorsque l'on veut comprendre en quoi peut consister l'interprétation du droit.

§ 1
L'INTERPRÉTATION DE LA RÈGLE

463 *Distinction* ◊ A la lumière d'autres sortes d'herméneutiques, on discerne bien les chemins possibles de l'investigation, par exemple en ce qui concerne l'interprétation d'après la lettre ou d'après l'esprit[2]. En matière juridique, on est conduit à distinguer les *cadres* (A) et les *méthodes* (B) de l'interprétation.

A CADRES DE L'INTERPRÉTATION

464 *Plan* ◊ De manière générale, l'application de la règle de droit rend souvent nécessaire le recours à l'interprétation de celle-ci. Quel est le domaine de cette interprétation ? Quels en sont les auteurs ?

465 *1° Domaine de l'interprétation* ◊ Pour qu'il y ait lieu à interprétation, encore faut-il que cela soit nécessaire. De cette évidence, jointe au souci de modérer les ardeurs plus ou moins impérialistes des interprètes, se dégage une maxime classique selon laquelle l'interprétation cesse lorsqu'un texte est clair (*Interpretatio cessat in claris*)[3]. La jurisprudence en a déduit qu'il n'y a pas lieu, en pareil cas, de recourir aux travaux préparatoires[4].

Encore convient-il de ne pas exagérer cette exclusion de l'interprétation en cas de termes clairs, parce qu'il est souvent difficile de

---

1. V. J. CARBONNIER, *Sur le caractère primitif de la règle de droit*, in *Flexible droit, Pour une sociologie du droit sans rigueur*, 6ᵉ éd., 1988, p. 87 s.
2. Rappr. B. VONGLIS, *La lettre et l'esprit de la loi dans la jurisprudence classique et la rhétorique*, 1968.
3. Riom, 21 oct. 1946, D. 1947, 90, note CARBONNIER.
4. Req. 21 nov. 1898, S. 1899, 1, 193, note WAHL ; Civ. 22 nov. 1932, D.H. 1933, 2 ; Civ. 3ᵉ, 11 janv. 1972, D. 1972, 271.

distinguer un terme clair d'un terme obscur et parce que le sens de certains termes, clair dans le langage courant, peut cesser de l'être dans le langage juridique[1]. De toute façon, il est fait exception à la règle si l'application d'un texte clair aboutit à quelque absurdité[2]. On ajoutera qu'en dehors même de cette éventualité, les tribunaux n'ont pas hésité à prendre parfois de grandes libertés avec certaines dispositions du droit écrit claires et non absurdes.

Ces observations, tenant à la difficulté de la distinction des textes clairs et des textes obscurs, s'imposent encore plus que par le passé depuis que les auteurs des textes ont pris l'habitude de recourir, avec une relative fréquence, à l'utilisation de notions souples et vagues, laissant de la sorte à ceux qui sont chargés de les apprécier et de les interpréter une marge grandissante de liberté qui a, tout spécialement, accru le rôle des juges dans la réalisation du droit.

Ce mouvement s'est traduit par le développement des *standards*, c'est-à-dire de normes souples, déterminées en fonction de critères intentionnellement indéterminés[3].

On a décrit aussi l'utilisation croissante de *notions-cadre*[4] ou de « *concepts mous* »[5], ce qui manifeste une modification des influences respectives du conceptualisme et de l'empirisme en matière juridique[6].

66 *Incidence de l'origine de la règle* ◊ L'origine de la règle de droit écrit peut n'être pas indifférente à la démarche d'interprétation (sur les lois interprétatives, v. *supra*, n° 443).

1. *L'interprétation des règlements administratifs.* Généralement décrite dans la perspective de l'application des lois, l'interprétation se développe de manière identique en ce qui concerne les *règlements admi-*

---

1. Qu'est-ce, par exemple, exactement qu'un mariage « impossible », au sens de l'article 333 du code civil, qui permet, en l'absence de mariage, de légitimer un enfant par décision de justice ? Le sens courant n'est pas douteux : les père et mère n'ont pas *pu* se marier. Mais, juridiquement, il n'est pas exclu qu'il y ait aussi mariage impossible dans des cas où les parents n'ont pas *voulu* se marier ; v. *Les personnes, La famille, Les incapacités*, n° 692 ; A. Rieg, *Rapport sur l'interprétation par le juge des règles écrites en droit civil et en droit commercial*, Trav. Assoc. H. Capitant, Journées louisianaises, 1978, préc., p. 73 s.

2. Trib. civ. Seine, 24 avril 1952, J.C.P. 1952, II, 7108. — V. not., sur une disposition du décret relatif à la police des chemins de fer, dont il résultait qu'il était interdit aux voyageurs de monter ou descendre « ... lorsque le train est complètement arrêté » : Crim. 8 mars 1930, D.P. 1930, 1, 101, note Voirin.

3. S. Rials, *Le juge administratif français et la technique du standard (essai sur le traitement juridictionnel de l'idée de normalité)*, thèse Paris II, éd. 1980 ; v. aussi *Les standards dans les divers systèmes juridiques*, RRJ 1988-4, Cah. de méth. jur. n° 3.

4. P. Coët, *Les notions-cadre dans le code civil, Etude des lacunes intra legem*, thèse ronéot. Paris II, 1985. — V., par ex., au sujet de la « clause de dureté », l'article 240, alinéa 1er, du code civil, relatif au divorce pour rupture de la vie commune : « si l'époux autre que celui qui demande le divorce pour rupture de la vie commune, établit que le divorce aurait, soit pour lui, compte tenu de son âge et de la durée du mariage, soit pour les enfants, des conséquences matérielles ou morales d'une *exceptionnelle dureté*, le juge rejette la demande ».

5. V. not. M.-A. Hermitte, *Le rôle des concepts mous dans les techniques de déjuridicisation, L'exemple des droits intellectuels*, Arch. phil. droit 1985, p. 331 s.

6. T. Fortsakis, *Conceptualisme et empirisme en droit administratif français*, thèse Paris II, éd. 1987.

nistratifs : ainsi, les juges de l'ordre judiciaire ont-ils le pouvoir d'interpréter ces règlements[1] comme ils interprètent les lois. Encore faut-il observer qu'à la différence des lois, les règlements administratifs ne comportent pas de travaux préparatoires officiels de nature à guider l'interprète. Tout au plus publie-t-on parfois les exposés des motifs.

2. *L'interprétation des traités.* De plus grandes difficultés sont apparues au sujet de l'interprétation des *traités,* du moins lorsque cette interprétation ne résulte pas d'un accord interprétatif ou de la décision d'une juridiction internationale. La démarche traditionnelle consista longtemps à recourir à une interprétation administrative émanant du ministère des affaires étrangères, surtout lorsque la question d'interprétation était posée devant les juridictions administratives[2].

Une évolution profonde s'est produite dans le sens du refoulement de l'interprétation par le ministère des affaires étrangères. A vrai dire, du côté des juridictions de l'ordre judiciaire, la jurisprudence a, dès 1839, reconnu aux tribunaux le pouvoir d'interpréter les traités à l'occasion des contestations ayant « pour objet des intérêts privés »[3]. Cette dernière notion étant incertaine, la Cour de cassation a ensuite affirmé qu'il appartient normalement aux tribunaux d'interpréter les règles de droit posées par les conventions internationales[4], sauf lorsque les dispositions soumises à leur interprétation mettent en jeu des questions de droit public international ou « l'ordre public international »[5]. A l'inverse, la chambre criminelle de la Cour de cassation considère que l'interprétation des traités constitue toujours une question préjudicielle à trancher par le ministre des affaires étrangères, parce que les traités « sont des actes de haute administration qui ne peuvent être interprétés, s'il y a lieu, que par les puissances entre lesquelles ils sont intervenus »[6]. De toute façon, les juridictions de l'ordre judiciaire ne renvoient pas à l'interprétation administrative en cas d'acte clair[7].

Longtemps la position du Conseil d'Etat a été très différente de celle des juridictions de l'ordre judiciaire, puisqu'il se déclarait incompétent pour interpréter les traités et accords internationaux[8]. Encore convient-il d'observer que le Conseil d'Etat ne renvoyait pour interprétation que les dispositions obscures, non sans retenir une conception large de l'acte clair. En outre, au sujet de l'interprétation de la Convention européenne

---

1. S'ils peuvent interpréter les règlements administratifs, ils ne peuvent, en revanche, interpréter les actes administratifs individuels : Req. 2 juill. 1935, S. 1935, 1, 142.
2. M. VIRALLY, Le Conseil d'Etat et les traités internationaux, J.C.P. 1953, I, 1098 ; rappr. I. VOÏCU, *De l'interprétation authentique des traités internationaux,* 1968. — J. BENOIST, L'interprétation des traités diplomatiques par les tribunaux judiciaires, J.C.P. 1953, I, 1133.
3. Civ. 24 juin 1839, D.P. 1839, 1, 257, S. 1839, 1, 577.
4. Civ. 1re, 18 nov. 1986, *Bull. civ.* I, n° 269, p. 258, *Rev. crit.* DIP 1987, 760, note B. AUDIT, JDI 1987, 125, note E. GAILLARD.
5. Civ. 1re, 7 juin 1989, *Bull. civ.* I, n° 224, p. 150, J.C.P. 1990, II, 21448, note J.-P. RÉMERY. — Comp. cep. Soc. 3 nov. 1977, *Bull. civ.* V, n° 587, p. 468.
6. Crim. 3 juin 1985, *Bull. crim.* n° 212, p. 542 ; 10 mai 1988, *Bull. crim.* n° 201, p. 521.
7. V. concl. SCHMELCK sous Civ. 2e, 27 avril 1967, D. 1967, 541.
8. Cons. d'Etat 23 juin 1823, *Vve Lebon, Rec.* p. 545.

des droits de l'homme (*supra,* n° 170), le Conseil d'Etat avait interprété l'article 6-I de la Convention, alors que le commissaire du gouvernement avait fait valoir qu'elle constituait « une déclaration de droits plus qu'un échange d'engagements interétatiques »[1]. Puis, opérant délibérément un revirement de grande ampleur, le Conseil d'Etat a, le 29 juin 1990, abandonné le « référé diplomatique » et considéré qu'il était compétent pour interpréter une convention internationale[2].

467 *2° Auteurs de l'interprétation* ◊ A qui appartient-il d'interpréter la règle ? De prime abord, il paraît naturel de reconnaître précisément ce pouvoir à l'autorité même dont émane la règle. Et une formule latine exprime traditionnellement cette idée : *ejus est interpretari cujus est condere.* De même qu'il appartient aux juges d'interpréter leurs jugements, à condition qu'ils ne soient pas frappés d'appel (art. 461 nouv. c. proc. civ. ; *infra,* n° 474), de même appartiendrait-il notamment au législateur d'interpréter ses lois ou aux autorités administratives d'interpréter leurs règlements.

Cette correspondance des pouvoirs ou des formes n'est pas ignorée de notre système juridique : ainsi, existe-t-il des lois interprétatives destinées à préciser le sens de lois antérieures (*supra,* n° 443) ; ainsi encore, des accords interprétatifs remplissent-ils une fonction comparable dans l'ordre international (*supra,* n° 466). A une époque où l'on se méfiait, plus qu'aujourd'hui, du pouvoir judiciaire, on a même rendu nécessaire, dans certains cas, le recours des tribunaux au législateur, aux fins d'interprétation ; mais ce système du *référé législatif* a été écarté par la loi du 1er avril 1837 (v. *supra,* n° 221).

Dans notre système, ce sont donc principalement les tribunaux — de l'ordre judiciaire ou de l'ordre administratif — qui usent du pouvoir d'interpréter les lois et les règlements. Aussi bien, l'article 4 du code civil dispose-t-il que « le juge qui refusera de juger, sous prétexte du silence, de l'obscurité ou de l'insuffisance de la loi, pourra être poursuivi comme coupable de déni de justice » (v. *supra,* n° 221).

Si l'interprétation judiciaire demeure aujourd'hui la principale filière de l'interprétation, il convient cependant d'observer que l'importance grandissante de l'Administration dans la vie juridique des Français a entraîné le développement d'une interprétation administrative des lois et des règlements, par exemple par voie de réponses ministérielles à des questions écrites de parlementaires (*supra,* n° 248). Il en va surtout ainsi lorsque les particuliers, impressionnés par les administrations, notamment en matière fiscale, renoncent à formuler leurs prétentions devant les tribunaux.

---

1. Cons. d'Etat 27 oct. 1978, *Debout, Rec.* p. 395, concl. LABETOULLE, J.C.P. 1979, II, 19259, note P. SCHULTZ.

2. Cons. d'Etat 29 juin 1990, *Groupement d'information et de soutien des travailleurs immigrés (G.I.S.T.I.),* J.C.P. 1990, II, 21579, note JOSIANE TERCINET.

B MÉTHODES D'INTERPRÉTATION

468 *Plan* ◊ On a vu que l'argumentation juridique repose, de manière générale, sur un certain nombre de procédés — arguments d'analogie, *a fortiori*, *a contrario* ; interprétation restrictive des exceptions — qui servent à l'interprétation des règles de droit (*supra*, n° 394). Au sujet, plus précisément, de l'interprétation des dispositions figurant dans des textes législatifs ou réglementaires, on signalera, tout d'abord, l'existence de diverses *maximes* d'interprétation. Après quoi, on examinera la méthode de l'*exégèse* et sa *destinée*, face à d'autres méthodes.

469 *Maximes d'interprétation* ◊ Il convient de retenir ici trois maximes.

a) *Il est interdit de distinguer là où la loi ne distingue pas (Ubi lex non distinguit, nec nos distinguere debemus).* L'interprète n'est pas autorisé à écarter l'application d'un texte conçu en termes généraux. Ainsi l'article 1421 initial du code civil interdisait au mari de donner des immeubles de la communauté, sans le consentement de sa femme ; on n'était pas autorisé à limiter l'interdiction aux immeubles de grande valeur et à permettre au mari de donner librement des immeubles de faible valeur.

b) *Les dispositions générales ne dérogent pas aux dispositions spéciales (generalia specialibus non derogant).* On supposera que deux règles différentes soient susceptibles, d'après leur teneur, d'être appliquées à un même cas, l'une étant une règle générale, l'autre une règle spéciale à un des cas relevant de la règle générale. La règle spéciale devra être appliquée. Toute règle peut, en effet, comporter des exceptions ; pour que la loi générale absorbe la règle spéciale, il faudra donc constater l'intention de la supprimer. Exemple : le législateur a reconnu la liberté d'association d'abord sur le terrain professionnel aux syndicats (qui sont une variété d'association) (L. 21 mars 1884), puis de manière générale à toutes les associations (L. 1er juill. 1901). Les deux lois pouvant s'appliquer cumulativement, on décidera que la deuxième loi régit toutes les associations, à l'exception des syndicats, car, par une loi générale, il n'est pas dérogé aux lois spéciales.

A l'inverse, l'on est conduit à considérer que les *dispositions spéciales dérogent aux dispositions générales (specialia generalibus derogant)* (rappr. au sujet de l'abrogation des lois, *supra*, n° 421).

c) *La loi cesse là où cessent ses motifs (cessante ratione legis cessat ejus dispositio).* Cette maxime paraît bien en contradiction avec la règle selon laquelle il n'y a pas lieu de distinguer là où la loi ne distingue pas. On peut, en réalité, aménager leur coexistence en observant que la cessation de l'application de la loi — donc une distinction là où elle ne distingue pas littéralement — ne peut être, en principe, que la conséquence d'une absence des motifs qui fondent la règle, en d'autres termes d'un divorce assez patent entre la lettre et l'esprit, ce qui se relie étroitement au choix des méthodes de l'interprétation, c'est-à-dire de la détermination du sens de la règle.

70   *L'exégèse* ◊ On peut, hormis ces maximes d'interprétation, imaginer, en tant que démarches de la pensée, dans l'ordre de l'herméneutique, diverses méthodes d'interprétation qui se rattachent plus ou moins les unes ou les autres soit à l'esprit, soit à la lettre du texte.

L'une d'elles, la *méthode exégétique*, a été en honneur dans la doctrine et la jurisprudence au lendemain du code civil et pendant la plus grande partie du XIXe siècle. Le principe en est l'attachement au texte, d'où le nom de l'« Ecole de l'exégèse » qui a été donné aux commentateurs du code pratiquant cette méthode [1]. Celle-ci s'imposait assez naturellement : après toute codification, on est enclin à considérer que le code a tout prévu et que, grâce à une interprétation grammaticale et logique, on peut trouver dans la loi la solution de tous les problèmes. Il faut aussi tenir compte de l'influence de la Révolution française qui voyait dans la loi, expression de la volonté générale, l'unique source du droit ; le texte seul de la loi devait donc fournir l'issue de toutes les difficultés.

Pour découvrir la règle applicable, le premier rôle de l'interprète consiste ainsi à préciser le sens que le législateur a attribué au texte, la portée de celui-ci. Si le texte semble obscur ou incomplet, il faut en dégager le sens en recherchant quelle a été ou quelle aurait été la volonté du législateur, si son attention avait été attirée sur le point qui fait difficulté. Dans cette recherche de la volonté du législateur, qui confère à la méthode son caractère *psychologique*, l'interprète emploiera deux sortes de moyens :

a) Des moyens qui rapprochent son rôle de celui de l'historien : on se référera aux *précédents historiques*, lorsque la loi apparaît comme ayant été certainement inspirée de textes anciens ; on attachera aussi une grande importance aux *travaux préparatoires*, c'est-à-dire aux exposés des motifs des projets de loi, aux rapports présentés, aux procès-verbaux des discussions des commissions et assemblées qui ont préparé et voté la loi.

b) A ces moyens, l'on ajoutera les procédés logiques, qui tendent à rapprocher le droit d'une science exacte. On s'efforcera de faire rendre au texte tout ce qu'il peut donner par une interprétation littérale et logique, d'où l'emploi des arguments par analogie, *a contrario*, *a fortiori* (*supra*, n° 394). L'on se servira surtout de l'*induction* et de la *déduction* : l'on envisagera les solutions particulières données par le législateur dans un certain nombre de cas ; l'on en induira un principe général, servant de

---

1. J. Bonnecase, *L'école de l'exégèse*, 2e éd., 1924 ; E. Gaudemet, *L'interprétation du code civil en France depuis 1804*, 1935 ; Charmont et Chausse, *Les interprètes du code civil, Le Code civil, Livre du Centenaire*, t. I, p. 131 s.

fondement à toutes ces solutions, et du principe ainsi dégagé, l'on déduira de nouvelles applications particulières, qui n'ont donc pas été formellement prévues par les textes, mais qui se rattachent à la lettre de la loi ou à son esprit, ou même à son intention présumée.

471   *La crise de la méthode exégétique* ◊ Surtout à partir de la fin du XIXᵉ siècle, les insuffisances de la méthode exégétique ont été dénoncées[1]. Dans un ouvrage célèbre, Gény lui a adressé de vives critiques et a proposé de recourir à la méthode de la *libre recherche scientifique*[2].

Gény observe que le « fétichisme de la loi écrite et codifiée » et l'excès des abstractions conduisent à prêter au législateur des intentions qu'il n'a probablement jamais eues, surtout lorsque le cas auquel on étend un texte n'a pas été envisagé par lui. C'est, dit-il, une erreur fondamentale que de raisonner en s'imaginant que le législateur a tout prévu et que la solution du problème entièrement nouveau doit se trouver dans le texte primitif. On tarit le développement du droit en recherchant l'intention présumée, à vrai dire inexistante, du législateur d'autrefois.

Gény préconise, en conséquence, le recours à la méthode de la libre recherche scientifique. Il ne s'agit pas de faire abstraction de la volonté du législateur. La loi est un acte de volonté ; il est légitime de la part de l'interprète de rechercher et de respecter la volonté du législateur. Mais dans cette méthode, on se limite à la recherche de ce que le législateur a réellement voulu et l'on proscrit absolument la recherche de sa volonté lorsqu'elle serait purement arbitraire. La détermination de la volonté du législateur concerne ainsi exclusivement l'interprétation d'un texte régissant des faits qui sont restés constants depuis la confection de la loi. Mais à partir d'un certain point, il faut savoir reconnaître qu'il n'y a plus de loi : il en est ainsi lorsque la question à trancher est toute nouvelle et qu'elle n'a pas été résolue par le législateur. Dans ce cas, on passe de l'interprétation à la libre recherche scientifique : l'interprète, spécialement le juge, construira une solution, comme s'il avait à faire œuvre de législateur, en s'inspirant des données historiques, rationnelles, des considérations d'opportunité, d'équité, d'où peut naître une règle de droit.

472   *Evolution des idées* ◊ A notre époque, l'appréciation de la construction de Gény appelle des remarques nuancées. Il convient, tout d'abord, d'observer que la critique de la méthode exégétique était d'autant plus décisive que les textes auxquels elle était appliquée s'étaient éloignés par l'effet du temps et dataient, pour la plupart, de l'époque napoléonienne. Et il a suffi qu'un profond mouvement de réformes secoue les codes vénérables (*supra*, nᵒˢ 73 s.) pour que l'on assiste à une renaissance de l'exé-

---

1. V. J. BONNECASE, *op. cit.* ; E. GAUDEMET, *op. cit.* ; L. HUSSON, Examen critique des assises doctrinales de la méthode de l'exégèse, *RTD civ.* 1976, p. 431 s. ; C. PERELMAN, *Logique juridique, Nouvelle rhétorique*, 1976, p. 19 s. — Sur le caractère excessif de certaines critiques, v. P. RÉMY, Eloge de l'exégèse, Rev. *Droits* 1985-1, p. 115 s.
2. *Méthode d'interprétation et sources en droit privé positif*, 1ʳᵉ éd. 1899, 2ᵉ éd. 1919.

gèse et à une recrudescence de l'intérêt porté aux travaux préparatoires[1]. Il est probable que l'exégèse du xxᵉ siècle est différente de celle du xixᵉ siècle, notamment par l'effet d'un élargissement de ses modes d'investigation (réponses ministérielles, opinions des bureaux et des experts ...). En outre, il est évident que le rajeunissement de la règle facilite la recherche de la volonté du législateur. Il n'en demeure pas moins que l'on est, à nouveau, enclin parfois à imaginer que celui-ci a pu tout prévoir.

De toute façon, même en l'absence de réformes, il ne semble pas que la théorie de la libre recherche scientifique ait été adoptée par les tribunaux. Sans doute ceux-ci ont pris de grandes libertés avec les textes, mais sans se libérer ouvertement de leur sujétion ou de leur tutelle, comme le préconisait Gény. Adaptant de la sorte les textes en gardant présent à l'esprit le fait que les interprètes ne sont pas des législateurs, les tribunaux ont davantage consacré la méthode de l'*interprétation déformante ou constructive*, préconisée notamment par Saleilles[2].

Ainsi l'article 2279 du code civil, aux termes duquel « En fait de meubles (corporels), la possession vaut titre » avait été pratiquement rédigé en vue des meubles meublants ; on ignorait en 1804 les valeurs mobilières, lesquelles sont nées avec le mouvement économique du xixᵉ siècle, et avant tout on ne connaissait pas les titres au porteur qui sont des meubles corporels. Allait-on exclure de l'application de l'article 2279 cette variété de meubles qui ne pouvaient pas être envisagés par le législateur de 1804, parce qu'ils n'existaient pas ? Non, car si le texte a été rédigé pour les « meubles meublants », il vise les « meubles » et il est en soi susceptible d'une généralisation et d'une application à tous les meubles corporels qui viendraient à surgir grâce à l'évolution économique.

73 *Pluralisme des méthodes* ◊ A des règles d'âges différents et de provenances diverses, il est normal d'appliquer, selon les circonstances, des méthodes d'interprétation variées, qui se complètent dans la vie du droit plus qu'elles ne s'excluent.

Parce que ce sont des textes qui en sont l'objet, il est normal de recourir à une *interprétation grammaticale*. Parce que ces textes doivent être mis en relation avec leurs contextes, ce qui correspond à la nécessaire cohérence des systèmes, il convient de procéder à une *interprétation logique*, liée aux procédés de l'argumentation[3].

Derrière la lettre, il y a la volonté et l'esprit des lois et des règlements. La recherche de la volonté des auteurs des règles débouche sur une *interprétation psychologique*. Mais il existe d'autres méthodes qui confèrent de plus larges pouvoirs aux interprètes, accroissent le rôle de la jurisprudence et aboutissent, quand on en exagère l'emploi, à exposer les justiciables à l'incertitude, voire à l'arbitraire des juges.

---

1. V. M. Couderc, Les travaux préparatoires de la loi ou la remontée des enfers, D. 1975, chron. 249. — Comp. la vive critique adressée par H. Capitant au recours aux travaux préparatoires, D.H. 1935, chron. 77.
2. Préface à l'ouvrage précité de Gény.
3. V. E.-P. Hara, *Langage juridique et interprétation littérale envisagés sous l'angle de la possibilité d'une méthodologie pour l'interprétation des lois*, thèse dactyl. Paris II, 1977.

Ainsi en est-il de la méthode *historique* ou *évolutive*. Le droit étant une création continue de la société, on admettra que la loi n'est que l'expression provisoire de la règle adaptée au milieu social ; elle se détache de la volonté du législateur et elle peut acquérir un sens nouveau par lequel elle s'adaptera aux exigences nouvelles du groupe. Les transformations du sens d'une loi sont alors jugées normales : ce qui compte, ce n'est pas tant la volonté du législateur que les exigences du milieu social. La volonté du législateur se borne à traduire les besoins de ce milieu, et comme celui-ci évolue sans cesse, il n'y a pas de raison de se référer à une volonté désuète. En d'autres termes, ce ne sont pas les intentions du législateur qui ont force de loi, c'est le texte. Peu importe de savoir ce que les rédacteurs du code civil avaient entendu dire avec les mots dont ils ont usé ; ils ont employé une formule, celle-ci peut s'adapter à des nécessités nouvelles ; l'y adapter, c'est faire œuvre d'interprétation légitime. Il peut donc arriver que le sens d'un texte change suivant les moments de son application.

De cette démarche, on rapprochera celle qui s'opère suivant le *principe de l'effet utile* ou *principe d'efficacité*. Elle est pratiquée spécialement en droit international public et surtout en droit communautaire, et consiste à interpréter les dispositions d'un traité de manière à leur conférer pleine efficacité : d'où, ce qui est assez classique, l'interprétation d'une disposition de telle sorte qu'elle ne soit pas inopérante ; d'où, ce qui est plus audacieux, lorsqu'il y a un choix possible entre plusieurs interprétations, le choix de celle qui est la plus favorable à l'objectif du traité ; d'où, de manière encore plus créatrice, la méthode consistant à s'appuyer sur les acquis d'une interprétation déjà audacieuse, pour en déduire de nouvelles conséquences[1].

Dans le mouvement d'extension croissante du rôle du juge en matière d'interprétation, on observera le développement de l'*interprétation téléologique* reposant sur la recherche de la *finalité* de la règle ou, dit-on encore, de son but social. Elle a conduit souvent dans le passé, en cas de conflit entre la lettre et l'esprit d'une règle, à faire prévaloir l'esprit sur la lettre au prix d'un recul de la rigidité des mots. A tout le moins s'en est-on longtemps tenu à l'esprit qui a animé la genèse de la règle.

Mais la méthode téléologique a pris à notre époque une importance singulièrement croissante. L'interprétation téléologique a été considérée de manière beaucoup plus systématique comme une méthode qui explique une disposition par les objectifs poursuivis et à la lumière de la contribution apportée par lui à la réalisation des objectifs généraux du corps de règles dans lequel il est inséré. Cette orientation s'est manifestée tout particulièrement dans l'interprétation des règles du droit communautaire par la Cour de justice des Communautés européennes[2]. D'ailleurs, de manière plus générale, la référence aux *objectifs de la loi* a pris une importance grandissante en matière d'interprétation[3] ; il y a là, en quelque

---

1. Y. PACLOT, préc., p. 130 s.
2. Y. PACLOT, préc., p. 138 s.
3. V. Le recours aux objectifs de la loi dans son application, Trav. Assoc. intern. de méthodologie juridique, Bruxelles, 1990 ; J.-M. AUBY, art. *Rev. dr. publ.* 1991, p. 327 s. ; v. aussi *Les formulations d'objectifs dans les textes législatifs*, RRJ 1989-4, p. 765 s., Cah. de méth. jur. n° 4.

sorte, dans une perspective qui demeure téléologique, substitution d'une référence systématique à un comportement laissé encore assez largement, dans le passé, à la discrétion, si ce n'est même, à quelque fantaisie des interprètes[1].

§ 2
L'INTERPRÉTATION DU JUGEMENT

74 *L'interprétation d'un jugement* ◊ De la maxime *Ejus est interpretari cujus est condere (supra*, nº 467), on déduit naturellement que le juge est qualifié pour interpréter ses décisions si le besoin s'en manifeste[2]. De l'article 461, alinéa 1ᵉʳ, du nouveau code de procédure civile, il résulte qu'« il appartient à tout juge d'interpréter sa décision si elle n'est pas frappée d'appel ». « La demande en interprétation est formée par simple requête de l'une des parties ou par requête commune. Le juge se prononce les parties entendues ou appelées » (al. 2). Mais les juges saisis d'une requête en interprétation d'une précédente décision ne peuvent, sous le prétexte d'en déterminer le sens, en modifier les dispositions précises[3].

75 *L'interprétation de la jurisprudence* ◊ Cette expression est équivoque, mais nécessaire. Dans son emploi le plus fréquent, elle sert à désigner l'interprétation que les tribunaux, donc la jurisprudence, donnent aux règles du droit écrit ou à d'autres règles, coutumières par exemple. Il en est pourtant un autre usage : interpréter la jurisprudence, c'est aussi préciser le sens des règles dégagées à travers les décisions des tribunaux. Ceux-ci n'étant pas institués pour rendre des oracles, il est normal que l'on s'efforce de déterminer le sens de leurs décisions par rapport aux motifs qu'ils ont retenus à l'appui de celles-ci. Et, dans cette perspective, il est assez naturel d'adopter une attitude exégétique, ce qui n'exclut pas nécessairement le recours conjoint à d'autres types d'interprétation (grammaticale, logique, voire sociologique). La pratique du commentaire d'arrêt tend ou devrait tendre à développer une interprétation satisfaisante des décisions judiciaires[4] (v. *supra*, nº 239).

C'est surtout au sujet des arrêts de la Cour de cassation que se sont approfondies des réflexions d'herméneutique judiciaire[5]. En ce qui concerne leur motivation, on a critiqué une excessive brièveté[6] ; mais trop

---

1. Sur la démarche interprétative du Conseil constitutionnel, v. Y. Paclot, thèse préc., p. 47 s.

2. V. Y. Paclot, thèse préc., p. 205 s.

3. Civ. 1ʳᵉ, 30 mars 1965, J.C.P. 1965, II, 14249, note P.P. ; Crim. 23 oct. 1969, D. 1970, 5, note J.-M. R., J.C.P. 1970, II, 16370, note Chambon.

4. V. R. Mendegris, *Le commentaire d'arrêt en droit privé*, 1975.

5. J. Voulet, L'interprétation des arrêts de la Cour de cassation, J.C.P. 1970, I, 2305.

6. A. Touffait et A. Tunc, Pour une motivation plus explicite des décisions de justice, notamment de celles de la Cour de cassation, *RTD civ.* 1974, p. 487 s. ; rappr. R. Lindon, La motivation des arrêts de la Cour de cassation, J.C.P. 1975, I, 2681. — Comp. A. Breton, *L'arrêt de la Cour de cassation*, Ann. Univers. sciences sociales Toulouse, t. XXIII, 1975, fasc. 1 et 2, p. 5 s.

de prolixité peut nuire à la connaissance du droit et entraver des évolutions souhaitables[1]. Quant à l'interprétation proprement dite, elle se relie aux pratiques fines et savantes en usage devant la Cour de cassation. Nombre d'arrêts rendus par celle-ci n'ont pas valeur de précédent, parce qu'en réalité, elle n'a pas voulu ou n'a pas pu, à propos d'une affaire déterminée, préciser la règle de droit principalement en cause. Dans les autres cas, l'interprétation de l'arrêt, plus enrichissante, varie, d'une part, selon que la Cour de cassation a rejeté un pourvoi ou, au contraire, accueillant celui-ci, a cassé la décision rendue par les juges du fond, et, d'autre part, selon la raison sur laquelle est fondée sa décision (rappr., sur la jurisprudence, *supra*, n° 229).

SECTION 2
L'INTERPRÉTATION DU FAIT

476   *Généralités* ◊ L'interprétation a pour objet non seulement le droit — qu'il s'agisse des sources, des autorités ou des principes —, mais aussi les comportements des sujets de droit, volontaires ou involontaires[2], les faits ... ou l'absence de faits[3]. L'interprétation des événements relève souvent de l'herméneutique juridique. La critique du témoignage atteste son importance. On citera aussi l'article 1353 du code civil : étant observé que les présomptions sont des conséquences que la loi ou le magistrat tire d'un fait connu à un fait inconnu, « les présomptions qui ne sont point établies par la loi sont abandonnées aux lumières et à la prudence du magistrat, qui ne doit admettre que des présomptions graves, précises et concordantes, et dans les cas seulement où la loi admet des preuves testimoniales, à moins que l'acte ne soit attaqué pour cause de fraude ou de dol » (v. *infra*, n° 597). Affaire d'interprétation, donc.

477   *Interprétation des actes juridiques* ◊ Si une difficulté surgit sur le sens d'un contrat, le juge doit trancher le différend ; il ne peut refuser de faire appliquer le contrat sous prétexte d'obscurité (rappr. en ce qui concerne la loi, art. 4 c. civ.). Pour cela, il doit interpréter le contrat. Ce sont normalement les juges du fond qui procèdent à cette interprétation.

Dans une analyse qui est largement dominante, le juge doit interpréter le contrat comme il interprète la loi. Aussi bien retrouve-t-on ici des discussions et des divergences déjà observées au sujet de l'interprétation de la règle (*supra*, n°s 470 s.).

Deux méthodes antagonistes ont été défendues.

La première, inspirée par la théorie de l'autonomie de la volonté, fait

---

1. V. *La motivation des décisions de justice*, préc.
2. T. IVAINER, *L'interprétation des faits en droit*, 1988.
3. V. P. DIENER, *Le Silence et le Droit, Essai sur le Silence en Droit privé*, thèse ronéot. Bordeaux I, 1975.

du juge le serviteur de la volonté des parties. Interpréter, c'est déterminer le contenu du contrat ; or le contenu, c'est la volonté des parties qui l'a créé. Telle est d'ailleurs la règle posée à l'article 1156 du code civil : « On doit dans les conventions rechercher quelle a été la commune intention des parties contractantes plutôt que de s'arrêter au sens littéral des termes ».

La doctrine classique limite le rôle des différents éléments d'interprétation que la loi elle-même a donnés au juge en dehors de la volonté des parties. Ainsi, l'article 1134, alinéa 3, aux termes duquel les conventions « doivent être exécutées de bonne foi » n'est interprété qu'à travers l'intention des parties ; la bonne foi n'est autre chose que le respect consciencieux de ce qu'elles ont voulu par le contrat. Cette doctrine amenuise aussi l'article 1135 en vertu duquel « les conventions obligent non seulement à ce qui y est exprimé, mais encore à toutes les suites que l'équité, l'usage ou la loi donnent à l'obligation d'après sa nature ». La *loi*, dit-on, c'est la loi interprétative, celle que les parties ont eu le pouvoir de modifier par leur convention. L'*usage* est également à base conventionnelle ; il repose sur une convention tacite. Enfin l'*équité* se présente, ainsi que la bonne foi visée à l'article 1134, alinéa 3, comme étant elle-même un prolongement de la volonté des parties.

La méthode classique d'interprétation a été affectée par les critiques formulées contre la théorie de l'autonomie de la volonté qui est à sa base (v. *supra*, n° 282). Il est, en effet, artificiel de rechercher systématiquement l'interprétation du contrat dans la commune intention des parties. Très souvent, celles-ci n'ont pas su ce qu'elles voulaient exactement, et plus souvent encore elles n'ont pas eu la moindre volonté sur quantité de points soulevés par le contrat. La méthode classique aboutit à prêter aux contractants des intentions qu'ils n'ont probablement pas eues. La même observation vaut pour les clauses douteuses : comment déceler une intention commune, alors que chaque partie a sans doute envisagé le sens qui correspondait le mieux à ses intérêts ?

La doctrine actuelle est généralement favorable à l'accroissement des pouvoirs du juge. Le contrat ne doit pas être interprété par lui en se fondant sur une volonté commune souvent hypothétique, mais selon la bonne foi, l'équité, les usages, compris comme des notions objectives, qui sont supérieures à l'intention des parties et peuvent même être en contradiction avec telle ou telle intention. Au contraire, la doctrine classique considérait que ces notions prolongeaient en quelque sorte la volonté des parties. Certes, actuellement, on ne nie pas le rôle de la volonté lorsque celle-ci peut être clairement dégagée : on admet la volonté tacite, voire virtuelle des parties lorsqu'on peut la dégager d'une commune entente possible entre elles, mais ce que la doctrine répugne à admettre, c'est que le juge invente des volontés fictives et attribue à la volonté commune des parties des volontés qui, en réalité, lui sont personnelles[1].

---

1. V. *Précis Dalloz, Les obligations*, n°s 358 s.

TITRE 2

LA PREUVE

78 *Généralités** ◊ Le terme de « preuve » est ambigu : il renvoie à plusieurs mécanismes.

L'on peut dire, tout d'abord, que la preuve est la démonstration de la véracité d'une affirmation, jusqu'à ce qu'il soit démontré qu'elle est fausse. Elle permet à celui qui se prévaut de l'affirmation de la faire tenir pour vraie et d'en tirer les bénéfices juridiques qui y sont attachés. Ainsi, celui qui démontre, en produisant une reconnaissance de dette, que le signataire lui doit donc de l'argent à titre de remboursement, pourra en obtenir le paiement forcé.

Mais l'on peut dire aussi que les preuves sont les procédés techniques que l'on utilise pour établir l'existence de ce droit ou de ce fait, afin de soutenir une certaine prétention juridique. Ainsi, la technique de la signature, celle de l'expertise sanguine, etc., sont des preuves.

79 *Importance de la preuve* ◊ Ces procédés constituent le système probatoire dont l'importance est centrale dans notre droit pour deux raisons, l'une tenant au système juridique et l'autre à l'individu.

D'une part, le droit positif ne peut négliger la recherche de la véracité des faits et des droits, sans risquer de constituer un système d'attribution ou de refus de prérogatives indépendamment et en dehors de la vie naturelle et sociale, ce qui fait courir de grands risques aux libertés.

D'autre part, à l'échelle de la personne, il ne suffit pas d'être titulaire d'un droit ou de se trouver dans une certaine situation juridique pour obtenir satisfaction. En effet, la personne ne pourra efficacement se prévaloir d'un fait, d'un droit, d'une situation, que si elle est capable d'en prouver l'existence. Certes, le droit subjectif et la preuve de ce dernier sont fondamentalement distincts : le droit ne dépend pas, dans son existence, de la preuve qui pourra en être apportée. Mais la dépendance existe au plan de l'efficacité. En effet, concrètement, l'absence de preuve interdira au titulaire de se prévaloir efficacement de son droit et d'obtenir les effets juridiques qui lui sont attachés. C'est pourquoi l'on affirme traditionnelle-

---

* L'auteur exprime sa vive reconnaissance à MARIE-ANNE FRISON-ROCHE, professeur à l'Université d'Angers, pour l'aide qu'elle lui a apportée, tout spécialement dans la préparation du présent titre.

ment, depuis le droit romain, que n'avoir pas de droit et ne pouvoir le prouver sont une situation équivalente pour la personne[1].

Ainsi, des exigences de preuve jalonnent la vie juridique. Elles peuvent exister en dehors de toute contestation en justice : une personne peut être tenue de justifier de sa situation ou de son droit, sans qu'il y ait procès, soit dans ses relations avec d'autres particuliers, soit dans ses relations avec une administration : ainsi celui qui veut se marier doit prouver notamment qu'il a atteint l'âge requis et, s'il a déjà été marié, que sa précédente union est dissoute. Mais, plus fréquemment, la question de preuve se pose à l'occasion d'un litige, car celui qui veut obtenir du juge qu'il statue favorablement sur sa prétention doit lui apporter, avant tout, la preuve de son exactitude : ainsi l'enfant, représenté par la mère, qui veut obtenir une pension alimentaire à la charge du défendeur, doit démontrer un lien de paternité. La question de preuve est ici incidente par rapport à une question de fond. Le mécanisme du procès (*infra*, nᵒˢ 601 s.) appelle nécessairement celui de la preuve[2] et le juge ne peut statuer sans avoir analysé, même sommairement, les éléments de preuve qui lui sont présentés[3]. Dans notre exemple, la preuve de la paternité conditionne la réponse qui sera faite à la demande de pension alimentaire. Mais il arrive qu'une instance judiciaire n'ait lieu qu'à seule fin d'obtenir une preuve, la partie désirant obtenir la collaboration de la justice pour qu'une preuve soit constituée et conservée, afin de se ménager une possibilité de former, ultérieurement, une demande en justice. Cette action préventive, qu'on a pu appeler le « référé-probatoire »[4], est régie par l'article 145 du nouveau code de procédure civile.

480   ***Composantes du système probatoire*** ◊ La preuve constitue un mécanisme complexe qui se déroule en plusieurs phases. Ainsi cinq ordres de questions sont résolus par le droit positif : 1° qui doit faire la preuve de l'affirmation ? (c'est la question de la *charge* de la preuve) ; 2° sur quoi doit et peut porter la preuve ? (c'est la question de l'*objet* de la preuve) ; 3° par quels moyens techniques la preuve peut-elle être faite ? (c'est la question des *modes* de preuve) ; 4° parmi ceux-là, quels moyens de preuve le droit admet-il ? (c'est la question de l'*admissibilité* des modes de preuve) ; 5° comment chaque moyen doit-il être présenté au juge ? (c'est la question de l'*administration* de la preuve).

Cette dernière question, bien qu'étroitement liée aux précédentes et les recoupant fréquemment, relève traditionnellement de la procédure civile[5]. Elle concerne notamment les productions et les échanges de pièces et documents entre les parties au procès, les mécanismes de

---

1. Voir l'étude historique fondamentale menée par la Société Jean Bodin, *La preuve*, vol. XVI à XIX, Bruxelles, 1963-1965.

2. V. J.-P. Lévy, *Les classifications des preuves dans l'histoire du droit*, in *La preuve en droit*, sous la direction de Ch. Perelman et P. Foriers, Bruylant, 1981, p. 27.

3. Civ. 2ᵉ, 22 juin 1988, *Bull. civ.* II, nᵒ 151, p. 80 ; 9 janv. 1991, *Bull. civ.* II, nᵒ 6, p. 4.

4. J.-C. Peyre, Le référé-probatoire de l'article 145 du nouveau Code de procédure civile, J.C.P. 1984, I, 3158.

5. J. Vincent et S. Guinchard, *Précis Dalloz, Procédure civile*, p. 910 s.

vérification d'écriture et d'inscription de faux et toutes les mesures d'instruction. Ces dernières, plus particulièrement les expertises, ont une grande importance pratique.

481 *Présentation* ◊ Le code civil n'a pas consacré de développements autonomes à la preuve. Par une méthode défectueuse et critiquée, les règles en la matière, prévues dans les articles 1315 à 1369, sont insérées dans la partie du code relative au droit des obligations, alors même que, par nature, les règles probatoires concernent toutes matières (*supra*, n° 479). C'est pourquoi le droit positif, et notamment la jurisprudence, redressant l'erreur méthodologique du codificateur, accorde une portée générale à ces textes qui sont, en apparence, spéciaux. Ce travail d'interprétation, qui a permis de dégager des règles générales, explique que le législateur n'ait pas, malgré l'erreur initiale, procédé à une refonte d'ensemble de ces textes. Ainsi, la loi du 12 juillet 1980 a procédé à une adaptation des règles légales, sans modifier les mécanismes fondamentaux mis en place en 1804. On trouve donc dans le code civil les règles qui permettent d'organiser la charge, l'objet, les modes et l'admissibilité de la preuve.

Des règles spéciales sont par ailleurs prévues pour aménager les règles générales, par exemple en matière de mariage ou de filiation (art. 194 s., art. 340-1 s. c. civ.)[1].

Enfin, on a vu que les règles relatives à l'administration de la preuve figurent, par une césure assez artificielle, dans le nouveau code de procédure civile, notamment dans les articles 9 à 11 et 132 à 338. Cette répartition n'est d'ailleurs guère rigoureuse. Elle révèle l'unité fondamentale de la matière, puisque, par exemple, les règles d'administration de la preuve qui régissent le serment sont placées dans le code civil.

Le système probatoire est ainsi constitué de principes qui soustendent et innervent les mécanismes techniques assurant son fonctionnement. Nous étudierons donc d'abord les *principes du droit de la preuve* (Chapitre 1), avant de décrire, d'une façon plus technique, la *charge* et *l'objet de la preuve* (Chapitre 2), ainsi que les *modes de preuve* (Chapitre 3).

---

1. *Les personnes, La famille, Les incapacités*, n°[s] 249 s. et 628 s.

CHAPITRE 1

PRINCIPES DU DROIT DE LA PREUVE

482 **Plan** ◊ Malgré la stabilité des textes, le système probatoire a connu une importante évolution, qui n'est pas encore achevée, le droit positif ne constituant qu'une sorte de point d'équilibre[1]. Il convient donc de décrire *le droit classique de la preuve* (Section 1), pour mesurer *l'évolution* en la matière (Section 2), avant de décrire *le droit positif* (Section 3).

SECTION 1
LE DROIT CLASSIQUE DE LA PREUVE

483 **Présentation** ◊ Dans sa conception classique, le système probatoire civil est construit afin d'assurer la sécurité des parties, au prix de la neutralité du juge. Au service des parties, il est alors normal que ses règles puissent être aménagées par des conventions.

484 **Sécurité des parties et neutralité du juge** ◊ La preuve n'a été conçue comme un pur mécanisme destiné à dévoiler la vérité qu'en matière pénale. L'enjeu probatoire en la matière est de reconstituer le plus fidèlement possible, par tous les moyens légalement admis, les faits qui donnent lieu à poursuite et le rôle des différents acteurs. Dans un procès civil, l'optique est classiquement tout à fait différente. En effet, la preuve est le moyen pour une partie d'assurer l'efficacité du droit dont elle se prévaut. Ainsi, pour se ménager la possibilité d'une exécution forcée, les parties au contrat prennent soin de rédiger un écrit, signé. Sans cet acte instrumentaire, leurs droits respectifs nés de l'accord ne pourront, en principe, être invoqués efficacement en justice. Dès lors, les mécanismes de preuve en matière civile visent à sauvegarder la *sécurité* des particuliers. Cela est d'autant plus nécessaire que, dans ce système, le juge n'intervient pas pour aider une partie désireuse de rapporter la preuve de son droit.

---

1. R. LEGEAIS, *Les règles de preuve en droit civil, permanence et transformation*, thèse Poitiers, 1955.

La neutralité du juge[1] est une notion qui a été particulièrement mise en lumière par Bartin[2] à propos des preuves. Elle signifie, non que le juge est impartial, car ce serait lui faire injure que d'en douter, mais que le juge est *inactif* dans la recherche des preuves. Ainsi, seules les parties au procès, par leurs propres moyens, et sans s'aider l'une l'autre, tentent de rapporter la preuve de leurs affirmations. On mesure alors l'importance de la preuve comme mécanisme de sécurité : si la preuve est déjà constituée, notamment grâce à un écrit, la partie pourra triompher, alors qu'en l'absence de telles précautions, elle ne pourra pas obtenir l'aide du juge ou de l'autre partie.

485   *Les conventions sur la preuve* ◊ Puisque les preuves, qui organisent leur sécurité, et le procès, qui est le lieu neutre de leurs disputes, sont affaire des parties, ces dernières peuvent aussi aménager à leur guise les règles mises au point par le législateur[3]. Le système probatoire n'est pas d'ordre public, sauf exception, notamment en matière d'état des personnes. Il relève du pouvoir de la liberté contractuelle. Dès lors, les parties peuvent tout aussi bien aménager les règles légales que renoncer à leur bénéfice.

SECTION 2
L'ÉVOLUTION
DU DROIT DE LA PREUVE

§ 1
L'ÉVOLUTION DUE
À DES TRANSFORMATIONS DU DROIT

486   *L'objectif de vérité* ◊ Il paraît manichéen d'opposer le procès pénal, tourné vers la vérité, et le procès civil, tourné vers la sécurité. En réalité, s'il est vrai que le procès civil est organisé le plus souvent pour que le juge tranche un conflit d'intérêts privés, la matière n'est pas dénuée de considérations d'intérêt général et d'ordre public, qui supportent mal un tel sacrifice. D'ailleurs, il n'est pas socialement souhaitable que, pour satisfaire la sécurité, la vérité soit négligée. Dès lors, tout procès tend, pour que le juge puisse appliquer la règle de droit adéquate, à mettre en lumière la vérité des faits et la réalité des droits[4], tout en déjouant le mensonge[5], et

---

1. ANDRÉ, *La neutralité du juge*, thèse Paris, 1910.
2. AUBRY et RAU, *Cours de droit civil*, 5e éd., t. XII, § 749, p. 73.
3. V. LE BALLE, *Des conventions sur les procédés de preuve en droit civil*, thèse Paris, 1923.
4. V. PONSARD, *Vérité et justice (la vérité et le procès)*, rapport français, in *La vérité et le droit*, Trav. Assoc. H. CAPITANT, Journées canadiennes, t. XXXVIII, 1987, éd. 1989, p. 673 s.
5. P. GODÉ, Le mensonge dans le procès civil (impressions d'audience), *Mélanges Weill*, 1983, p. 259 s.

l'on a pu relever que le juge se tourne d'instinct, dans un désir d'équité, vers ce qui lui paraît être la vérité[1].

Non que le juriste ne sache qu'en la matière, comme en tant d'autres, la vérité est une chose relative et qu'en toutes hypothèses, la reconstitution ne peut que tendre vers la transparence la plus parfaite possible par rapport à la réalité, sans que jamais il puisse y avoir coïncidence entre la réalité et sa reconstitution. En droit comme ailleurs, et plus qu'ailleurs[2], la vérité est relative. Elle n'en constitue pas moins un objectif. Sa préoccupation explique le développement considérable des mesures d'instruction et notamment de la technique des expertises.

Ce désir de vérité, qui trouve sa traduction première dans le mécanisme de la preuve, est une préoccupation qui concerne d'ailleurs aujourd'hui bien des matières, notamment la filiation[3].

487   *Le droit subjectif à la preuve* ◊ Puisqu'un droit subjectif, s'il n'est pas atteint dans son existence, est néanmoins anéanti dans son efficacité lorsqu'il ne peut être prouvé (*supra*, n° 479), l'idée nouvelle a été proposée de l'existence d'un droit subjectif processuel, doublant et renforçant le droit subjectif substantiel : le droit à la preuve[4]. Ce droit agit comme un soutènement du droit subjectif substantiel, afin qu'heureusement existence et efficacité coïncident. Dès lors, au cours d'une instance, la partie peut se prévaloir d'un droit à obtenir de chacun, juge ou autre partie, une collaboration dans la recherche de la preuve. Ainsi, le juge est contraint d'abandonner sa neutralité, au sens défini ci-dessus ; de la même façon, l'adversaire ne peut plus se réfugier derrière un certain droit à la passivité.

§ 2
L'ÉVOLUTION DUE À DES PROGRÈS DES SCIENCES ET DES TECHNIQUES

488   *Preuve et détection scientifique* ◊ Les moyens techniques de reconstitution de faits sont de plus en plus performants[5]. On en vient alors à rêver de la « preuve parfaite »[6]. Le progrès de la science se fait tout particulièrement sentir en matière médicale[7] : ainsi, sur le strict terrain de l'efficacité

---

1. R. Savatier, La science et le droit de la preuve, rapport général, Trav. Assoc. H. Capitant, t. VII, 1952, éd. 1956, p. 607 s.
2. P. Louis-Lucas, Vérité matérielle et vérité juridique, *Mélanges Savatier*, 1965, p. 583 s.
3. V., d'une façon générale, *La vérité et le droit*, préc., spéc. J.-L. Baudoin, *La vérité dans le droit des personnes : aspects nouveaux*, rapport général, p. 21 s.
4. G. Goubeaux, *Le droit à la preuve*, in *La preuve en droit*, préc., p. 277 s.
5. J. Hamel, *La science et le droit de la preuve*, rapport français, Trav. Assoc. H. Capitant, t. VII, 1952, éd. 1956, et *ibid.* R. Savatier, *La science et le droit de la preuve*, rapport général, préc.
6. J.-C. Galloux, L'empreinte génétique : la preuve parfaite ?, J.C.P. 1991, I, 3497.
7. J. Hamel, préc. ; R. Houin, Le progrès de la science et le droit de la preuve, *Rev. int. dr. comp.* 1953, p. 69 s. ; M. Gobert, *Les incidences juridiques des progrès des sciences biologique et médicale sur le droit des personnes*, in *Génétique, procréation et droit*, 1985, p. 161 s.

scientifique des analyses, les expertises sanguines, par comparaison entre les analyses sanguines d'un enfant et d'un défendeur niant la paternité, ne permettaient naguère que d'apporter une preuve de non-paternité. Il est aujourd'hui possible d'aboutir à une preuve scientifique positive de paternité (pour sa prise en compte, nuancée, par le droit, *infra*, n° 494).

489   ***Preuve et reproduction des documents***[1] ◊ Il est plusieurs façons de reproduire, sous une autre forme, un événement : l'enregistrement sonore, la reproduction par image et la retranscription dans un écrit. Les deux premières méthodes sont nées avec le siècle. En les examinant, on mesure que le progrès technique sert des ambitions de fidélité de reproduction, mais aussi engendre des dangers nouveaux, notamment par le risque d'atteinte aux droits de la personne qui est l'objet de la reproduction. Le droit fait alors la part des choses : la photographie peut être un mode de preuve, mais son existence a justifié que le droit crée un nouveau droit de la personnalité, le droit à l'image, qui protège la personne contre la prise à son insu et l'utilisation abusive de son image (*supra*, n° 350). De la même façon, la preuve par enregistrement sonore est réglementée et la jurisprudence réticente quant à l'admission d'un mode de preuve souvent peu loyal[2]. Ainsi, à propos d'informations fournies par le traitement de données informatiques obtenues frauduleusement, il a été rappelé que « les principes généraux du droit prohibent la recherche de la vérité par n'importe quel procédé et interdisent au juge d'admettre une preuve qui aurait été obtenue par un moyen frauduleux »[3]. Dans le même ordre d'idées, le droit positif tente de cerner la difficile question de la légalité et de la légitimité des écoutes téléphoniques, modes occultes de preuve (v. *supra*, n° 181).

En ce qui concerne le mode plus traditionnel de l'écrit, les copies furent longtemps manuelles et, dans ce contexte, l'on comprend ainsi qu'en droit, la copie d'un jugement ou d'un acte notarié, « la grosse », ait plus de valeur que les copies suivantes. La technique du carbone, qui imprime tout à la fois l'original et la copie, ainsi que celle de la photocopie ont rendu moins probable l'erreur involontaire de reproduction. Mais elles ont rendu plus difficile à déceler la manipulation (sur le statut probatoire des copies, v. *infra*, n°ˢ 494, 547). La même réflexion peut être faite en matière d'informatique, le document pouvant être reproduit, mais aussi modifié à l'infini, avant son tirage sur imprimante. La technique du microfilm est certainement plus sûre[4] (*infra*, n° 547).

Peut-on en conclure que le système probatoire classique, qui ne prend pas en considération ces progrès techniques, est, de ce fait et plus parti-

---

1. A. REULOS, La théorie des preuves et les techniques modernes de reproduction des documents, *RTD com.* 1948, 608 s. ; Trav. Assoc. H. CAPITANT, *Les nouveaux moyens de reproduction*, t. XXXVII, 1986.
2. V. Paris 9 nov. 1966, D. 1967, 273 ; mais aussi *contra*, au nom de la liberté de la preuve en matière commerciale, Dijon 26 juin 1957, *Gaz. Pal.* 1957, 2, 283.
3. Arrêt rendu en matière d'infractions douanières, Paris 1ʳᵉ ch. d'accus., 26 avril 1990, J.C.P. 1991, II, 21704, note J. PANNIER.
4. F. CHAMOUX, Le microfilm au regard du droit des affaires, J.C.P. 1975, I, 2725.

culièrement en matière commerciale[1], « dépassé »[2], « anachronique »[3], et qu'il conviendrait notamment d'assimiler les documents informatiques à des actes sous seing privé[4] ?

90   ***Preuve et transmission des documents*** ◊ La transmission fut longtemps manuelle ou postale, par terre, mer ou air. Aussi le droit prévoit-il le système du reçu ou les mentions adéquates en cas de transmission en mains propres. On sait l'importance que peut avoir juridiquement le cachet de la poste, notamment pour dater un accord[5]. Le télex et la télécopie ont renouvelé cette distinction binaire[6] et le droit est encore malhabile à les appréhender.

Ainsi le droit a-t-il tout lieu d'être affecté par tant de bouleversements, internes et externes, et de mouvements de pensée et d'évolution de la science. Mais le droit positif, dans cet esprit de mesure qui doit le caractériser, ne les a pas pris en considération sans nuance.

SECTION 3
LE DROIT POSITIF

91   ***Présentation*** ◊ Le droit positif est en demi-teinte : tout à la fois, il a techniquement traduit les nouvelles aspirations de vérité et de participation du juge ; puis il s'est modifié pour tenir compte de l'évolution des sciences, d'une façon peu radicale, tout en maintenant le principe de la liberté contractuelle en matière de preuve.

92   ***La vérité comme objectif de la preuve*** ◊ Ainsi, les procédures pénales, administratives et civiles se rejoignent peu à peu, sur le principe selon lequel on ne peut bien juger que si l'on connaît le mieux possible les faits à propos desquels il convient d'appliquer la règle de droit. Ainsi, l'aptitude technique du droit, à travers les preuves, à tendre vers la vérité est une condition du bien-jugé. Cette conception tient une place de plus en plus grande dans le procès civil, comme l'atteste l'insertion dans le code civil, par l'effet de la loi du 5 juillet 1972, de la règle selon laquelle *chacun est tenu d'apporter son concours à la justice en vue de la manifestation de la*

---

1. A. Viandier, L'informatique et le droit de la preuve : application à la comptabilité et à la fiscalité, *Rev. fr. compt.* 1976, p. 604 s.
2. F. Chamoux, La preuve par écrit : un anachronisme pour les entreprises, Trav. Assoc. franç. droit de l'informatique, 1987, p. 129 s.
3. G. Parléani, Un texte anachronique : le nouvel article 109 du code de commerce (rédaction de la loi du 12 juillet 1980), D 1983, chron. 65 s.
4. Larrieu, *Les nouveaux moyens de preuve : pour ou contre l'identification des documents informatiques à des écrits sous seing privé ?*, Lamy, Droit de l'informatique, 1988, nov.-déc., fasc. H et I. — V. aussi A. Bensoussan, Contribution théorique au droit de la preuve dans le domaine informatique : aspect juridique et solutions techniques, *Gaz. Pal.* 17-18 juil. 1991, doctr. 4 s.
5. *Grands arrêts* nos 79-80 et nos 242-243.
6. J.-P. Granier, Le monopole postal à l'épreuve de l'informatique, J.C.P. 1987, I, 3286.

vérité (sur l'incidence en matière de charge de la preuve, v. *infra*, n° 503). Néanmoins, le droit positif se garde de donner une place trop radicale à cette considération, car il n'est pas toujours bon que la vérité puisse se traduire juridiquement, notamment en matière de filiation[1]. Ainsi donc, l'objectif de vérité est posé, même si tout ne lui est pas sacrifié. Doit aussi être concurremment préservée la *sécurité,* qui reste nécessairement un objectif, ce qui explique la primauté persistante de la preuve préconstituée, sous la forme d'un écrit (sur la preuve littérale, v. *infra*, n°s 517 s., 588 s.). Mais il est parfois difficile, en droit positif, de faire la part entre ces deux exigences de vérité et de sécurité qui peuvent se heurter.

493 *La reconnaissance implicite d'un droit à la preuve* ◊ Le droit à la preuve est un droit subjectif qui n'a pas reçu de consécration directe. Mais il constitue le fondement nécessaire d'une évolution très nette des règles régissant l'administration de la preuve[2]. Ainsi, c'est sans doute en vertu d'un tel droit qu'une partie peut obtenir du juge qu'il ordonne la communication forcée des pièces à la charge de l'adversaire ou même d'un tiers[3]. Paradoxalement, c'est bien la reconnaissance d'un nouveau droit subjectif au bénéfice de la partie qui justifie l'accroissement du pouvoir du juge[4], disposant de nouveaux et nombreux pouvoirs d'office, notamment de celui d'ordonner les mesures d'instruction nécessaires pour que le technicien mandaté contribue à la recherche de la vérité.

494 *La reconnaissance mesurée des progrès techniques* ◊ Le droit positif a pris en considération les progrès techniques, sans pour autant s'aligner sur eux. On voit ici un exemple de l'autonomie du système juridique par rapport au réel.

En ce qui concerne les progrès en matière médicale, la loi du 3 janvier 1972, réformant le droit de la filiation, a admis que la preuve de non-paternité soit rapportée par un examen comparé des sangs (art. 340-1, 3°). Mais si les juges du fond sont tentés d'admettre, par-delà le texte, une preuve positive de paternité[5], la Cour de cassation, s'en tenant au texte, s'y est refusée[6].

En ce qui concerne les nouveaux moyens de conservation et de reproduction des documents, notamment les microfilms et les photocopies, et pour tenir compte de ces progrès techniques est intervenue la loi

---

1. J. Vidal, La place de la vérité biologique dans le droit de la filiation, *Mélanges Murty*, p. 113 s. ; G. Cornu, *La famille*, n° 201.
2. V. J. Vincent et S. Guinchard, *Précis Dalloz, Procédure civile*, préc., n° 1110.
3. J.-J. Daigre, *La production forcée de pièces dans le procès civil*, 1979, La doctrine et la réforme de la procédure civile, à propos du pouvoir discrétionnaire du juge en matière de production forcée des pièces, JCP 1981, I, 3020 ; C. Marraud, Le droit à la preuve, la production forcée des preuves en justice, JCP 1973, I, 2572.
4. H. Solus, *Rôle du juge dans l'administration de la preuve*, Trav. Assoc. H. Capitant, t. V, 1949, éd. 1950, p. 128 s. ; P. Hébraud, *La vérité dans le procès et les pouvoirs d'office du juge*, Annales Toulouse, t. XXVI, 1978, p. 379 s.
5. Paris 21 fév. 1986, D. 1986, 323, note D. Huet-Weiller.
6. Civ. 1re, 5 juil. 1988, D. 1988, Somm. 403, obs. D. Huet-Weiller, D. 1989, 227, note J. Massip.

du 12 juillet 1980, qui a donné une valeur probatoire accrue à ces copies, dès lors qu'elles sont fidèles et durables (*infra*, n° 546). Mais la preuve informatique semble encore trop incertaine pour que le droit lui accorde une plus ample confiance[1].

95 *La persistance de la liberté contractuelle* ◊ La liberté des conventions sur la preuve (*supra*, n° 485) est paradoxalement conservée par le droit, alors qu'on aurait pu penser que les nouveaux objectifs reconnus, tels la vérité, et la nouvelle distribution des tâches, impliquant un rôle accru du juge, auraient soustrait de l'emprise des parties le système probatoire. Les règles de preuve ne sont pas d'ordre public[2]. Cette liberté contractuelle qui permet aux parties de s'affranchir des règles légales est un moyen, par des initiatives privées, de prendre en compte les progrès techniques, notamment informatiques, en leur accordant *inter partes* une validité que leur nient les textes[3]. La Cour de cassation a ainsi admis que les parties au contrat puissent accorder valeur probatoire au document, pourtant dénué de toute signature, résultant d'une transaction relative à l'utilisation d'une carte bancaire de paiement, dès lors que le client avait composé son code confidentiel[4]. Il apparaît alors que paradoxalement ce sont les règles de l'administration de la preuve, telles qu'on les trouve dans le nouveau code de procédure civile, et notamment le respect d'une discussion contradictoire, qui sont d'ordre public, alors que ne le sont pas les mécanismes mêmes des preuves, tels qu'on les trouve dans le code civil. Non seulement, cela permet les conventions sur la charge[5] et sur l'admissibilité de la preuve[6], ou sur la force probante d'un acte[7], mais cela interdit au juge de relever d'office une violation d'un texte en la matière ou de retenir un moyen évoqué pour la première fois devant la Cour de cassation[8].

On mesure donc l'état du droit positif comme celui d'un système resté fidèle aux principes classiques, mais cherchant dans un équilibre difficile à atteindre, voire à conserver, à intégrer les changements techniques. On peut penser qu'il devrait le faire davantage, tant il est vrai que le système de la preuve, par nature, doit s'efforcer de prendre en considération les

---

1. V., pour une approbation de cette prudence, H. CROZE, Informatique, preuve et sécurité, D. 1987, chron. 165 s. — Pour une confrontation avec le droit anglo-saxon, V. A. R. BERTRAND, *L'informatique et le droit de la preuve*, Trav. Assoc. franç. droit de l'informatique, préc., p. 85 s.
2. Soc. 19 juin 1947, *Gaz. Pal.* 1947, 2, 84.
3. V. CL. LUCAS DE LEYSSAC, *Les conventions sur la preuve en matière informatique*, Trav. Assoc. franç. droit de l'informatique, préc., p. 143 s.
4. Com. 8 nov. 1989 (deux arrêts), D.1990, 369, note CH. GAVALDA, Somm. 327, obs. J. HUET, J.C.P. 1990, II, 21576, note G. VIRASSAMY ; V. Montpellier 9 avril 1987, J.C.P. 1988, II, 20984, note BOIZARD.
5. Com. 8 nov. 1989, préc.
6. C'est ainsi que sont valables : 1° la convention qui admet la preuve testimoniale d'un contrat, alors qu'un écrit serait, en principe, nécessaire (Req. 24 mars 1942, D.C. 1942, 64) ; 2° la convention portant que la preuve ne pourra être faite que suivant tel ou tel mode (Civ. 6 août 1901, S. 1901, 1, 481, note CHAVEGRIN).
7. Civ. 11 juil. 1949, D. 1949, 566.
8. Soc. 11 oct. 1962, *Bull. civ.* IV, n° 720.

faits, événements et situations qu'il doit retranscrire. Il conviendrait de mieux apprécier la liberté contractuelle qui doit rester aux parties, plus soucieuses de sécurité que de vérité, dans un système dominé de plus en plus par le juge.

CHAPITRE 2

LA CHARGE ET L'OBJET DE LA PREUVE

96 *Plan* ◊ Une fois exposés les grands courants et principes qui vivifient le droit de la preuve, il convient de déterminer qui doit prouver (*charge de la preuve*) et ce que l'on doit prouver (*objet de la preuve*).

SECTION 1
LA CHARGE DE LA PREUVE

97 *Présentation* ◊ Il est indispensable que le droit détermine, surtout dans le cadre d'un procès, sur qui repose la charge de la preuve, le *fardeau* de la preuve [1], non seulement pour que celui qui est ainsi désigné recherche et produise les éléments de preuve adéquats, mais encore pour tirer toute conséquence d'un échec : en effet, si la preuve d'un fait ou d'un droit ne peut être rapportée, c'est celui sur lequel reposait la charge de la preuve qui succombera et c'est donc son adversaire qui gagnera le procès [2]. L'importance et les difficultés de cette question sont attestées par le nombre important d'arrêts que rend chaque année la Cour de cassation à son propos. Les règles de détermination de la charge de la preuve figurent dans le code civil. Mais leur contenu a été nuancé par l'évolution doctrinale et jurisprudentielle ultérieure. Il convient donc de distinguer le *principe* (§ 1) et l'*évolution* (§ 2).

§ 1
LE PRINCIPE

98 *1° Contenu du principe* ◊ L'article 1315 du code civil pose, dans deux alinéas, les règles qui permettent de déterminer qui supporte la charge de la preuve. L'article 1315 figure parmi les articles du code civil relatifs aux obligations, ce qui littéralement limiterait sa portée normative à ce domaine. Mais l'on a toujours considéré que l'article 1315 recèle, à travers

---

1. J. DEVÈZE, *Contribution à l'étude de la charge de la preuve en matière civile*, thèse Toulouse, 1980.
2. V. par ex. Soc. 31 janv. 1962, *Bull. civ.* IV, n° 105.

l'exemple des obligations, des règles de portée générale (sur ce travail de généralisation, *supra*, nº 481).

499   *a) La détermination initiale de la charge de la preuve* ◊ Suivant l'article 1315 du code civil, il convient de distinguer celui qui réclame et celui qui se prétend libéré.

L'alinéa premier de cet article dispose : « Celui qui réclame l'exécution d'une obligation doit la prouver ». Il convient donc d'étendre la formulation pour aboutir à la règle générale qui régit le droit : c'est à celui qui réclame qu'il appartient de rapporter la preuve de ce qu'il avance afin d'obtenir du juge ce qu'il veut. Ainsi, la charge de la preuve repose sur le demandeur, ce que le droit romain exprimait par une formule célèbre : *actori incumbit probatio*. Généralement, la place de « demandeur à la preuve » coïncide avec celle de demandeur à l'instance : c'est celui qui saisit le juge qui forme la première prétention et la première affirmation. Ainsi celui qui se prévaut d'un contrat devra en prouver l'existence ; celui qui désire faire annuler un acte devra prouver le vice, celui qui demande réparation devra prouver le fait générateur du dommage, etc. Faute de quoi, leur demande ne pourra qu'être rejetée.

A l'alinéa second de l'article 1315, il est ajouté : « réciproquement, celui qui se prétend libéré doit justifier le paiement ou le fait qui a produit l'extinction de son obligation ». En généralisant l'exemple, il apparaît ainsi que celui qui se prétend libéré a pour charge d'en rapporter la preuve. Or, il est rare qu'une personne saisisse le juge à seule fin de voir constater sa libération. L'hypothèse la plus fréquente est celle dans laquelle la personne assignée en justice se défend d'être véritablement redevable. Il faut donc supposer que le demandeur à l'instance a prouvé, par exemple, l'existence d'un contrat, d'un vice, d'une faute ; c'est alors le défendeur à l'instance qui, devenant « demandeur à la preuve », va devoir prouver, s'il veut échapper à la condamnation, par exemple qu'il a déjà exécuté le contrat, que le vice n'entraîne pas la nullité, que son comportement *a priori* fautif se justifie par ailleurs. A travers l'article 1315 du code civil se dessine ainsi le dialogue entre les parties qui caractérise le procès civil. On aperçoit le premier mode de renversement de la charge de la preuve, à travers cette alternance.

Ce modèle légal ne s'applique d'ailleurs que dans la mesure où les parties ne mettent pas à profit leur liberté contractuelle pour passer des conventions par lesquelles elles modifient les règles[1] ou renoncent à leur protection[2] (*supra*, nº 495).

500   *b) Le renversement de la charge de la preuve* ◊ Le premier mode de renversement de la charge de la preuve est naturel et résulte de la *satisfaction* que le demandeur à la preuve apporte. La charge de la preuve

---

1. Req. 13 déc. 1911, D.P. 1912, 1, 158.
2. Com. 8 nov. 1989 (deux arrêts), D. 1990, 369, note Ch. Gavalda, Somm. 327, obs. J. Huet, J.C.P. 1990, II, 21576, note G. Virassamy ; V. Montpellier 9 avril 1987, J.C.P. 1988, II, 20984, note Boizard.

est régie par le mécanisme de l'*alternance* : le demandeur à l'instance supporte la charge de la preuve ; s'il la satisfait, il gagne, sauf au défendeur à l'instance, devenant demandeur à la preuve, à satisfaire lui-même la charge de la preuve concernant l'affirmation contraire, ce qui renvoie alors à son adversaire. Ce combat probatoire s'achève lorsque l'un des deux ne peut satisfaire la charge de la preuve qui repose sur lui, qu'il soit demandeur ou défendeur à l'instance. Il perd alors la bataille.

Un renversement de la charge de la preuve peut s'opérer plus artificiellement par le jeu d'une présomption (*infra*, nº 558). En effet, il peut arriver que le législateur, par faveur pour le demandeur à la preuve, ou parce que la preuve est trop difficile à rapporter, prévoie que le demandeur sera dispensé de sa charge. La dispense de preuve, concernant un certain objet de preuve, se relie ici aux mécanismes relatifs à la charge de la preuve. En effet, il s'agit non pas d'éliminer du débat judiciaire un certain objet de preuve, en écartant toute exigence probatoire à son endroit, mais de modifier la désignation de celui qui en a la charge. Par exemple, à travers l'article 2268 du code civil, s'est dégagée la présomption de bonne foi : cela signifie que le demandeur qui se prévaut de sa bonne foi sera dispensé de la prouver ; mais la bonne foi ne disparaît pas pour autant comme objet de preuve : par un renversement de la charge de la preuve, ce sera au défendeur de rapporter la preuve contraire : celle de la non bonne foi, c'est-à-dire la mauvaise foi.

01   *2º Justifications. a) L'allégation* ◊ L'on peut expliquer ce mouvement alternatif des charges de la preuve à travers une théorie du procès [1]. Il faut considérer que le procès se construit à travers des allégations successives que s'opposent les parties, afin d'obtenir gain de cause du juge. Ces allégations, composées de faits échafaudés au regard de règles de droit éventuellement proposées, soutiennent la prétention des plaideurs. Dès lors, la charge repose, par principe, sur le *demandeur à l'allégation*, indépendamment du point de savoir s'il est demandeur ou défendeur à l'instance. Ce lien de principe entre la charge de la preuve et la place de demandeur à l'allégation peut comporter des exceptions.

En premier lieu, il peut arriver exceptionnellement que la charge de la preuve soit transférée sur un autre que le demandeur à l'allégation : ce peut être l'effet d'une présomption (*infra*, nº 558).

En deuxième lieu, le contentieux peut organiser le transfert de la charge de la preuve sur quelqu'un d'autre que l'une des parties : c'est le cas en matière pénale lorsque le demandeur à l'allégation, partie civile ou ministère public, demande à une juridiction d'instruction de démontrer la véracité de ses propos. On sait que le juge d'instruction instruit à charge et à décharge. Ainsi, un réquisitoire introductif ou une constitution de partie civile devant le juge d'instruction ne doivent pas nécessairement apporter la preuve de l'allégation, dès lors qu'elle est vraisemblable et cohérente.

En troisième lieu, la charge de l'allégation peut être dissociée de la

---

1. H. MOTULSKY, *Principes d'une réalisation méthodique du droit privé, théorie des éléments générateurs des droits subjectifs*, thèse Paris, 1948, nouveau tir. 1991.

charge de la preuve lorsque l'on prend en considération l'inégalité des parties au procès. Il en est ainsi du contentieux administratif : en effet, l'évolution du droit en la matière a conduit à ne plus faire supporter par l'administré que la charge d'une allégation cohérente et vraisemblable en faisant porter la charge de la preuve du contraire sur l'Administration[1].

L'utilisation de la notion d'allégation est donc très éclairante pour déterminer les règles de la charge de la preuve, pour expliciter la charge de la preuve ou pour dissocier la charge de l'allégation et la charge de la preuve.

502   *b) La normalité de la situation invoquée* ◊ Il est possible aussi de justifier les règles qui déterminent la charge de la preuve de la façon suivante[2] : celui qui se réclame d'une *situation normale* n'a pas à rapporter la preuve de son existence. Le meilleur exemple est la présomption de légalité dont bénéficient tous actes ou situations[3]. Cette situation peut être normale parce qu'elle est *établie* : les situations qui existent, et qui ont jusqu'ici duré sans susciter de difficultés, doivent en principe être maintenues jusqu'à ce que soit prouvée par l'adversaire la nécessité de leur changement. Cela explique le jeu alterné des deux alinéas de l'article 1315 (*supra*, nos 498 s.). Mais la situation peut être aussi analysée comme normale, et donc celui qui l'invoque dispensé de preuve particulière, lorsqu'elle correspond à la situation la plus *vraisemblable* : ainsi, lorsque existe une prestation fournie, la charge de la preuve de son caractère onéreux ou gratuit repose sur celui qui prétend à sa gratuité, alors même qu'il serait défendeur à l'instance, car la volonté de rémunération est normale et l'intention libérale exceptionnelle[4].

Ce schéma classique, ainsi explicité, n'a pas été abandonné, mais il subit le contrecoup d'une évolution générale des rôles respectifs des parties et du juge dans l'instance.

§ 2
L'ÉVOLUTION

503   *Le contexte procédural* ◊ Le procès civil s'est rapproché du procès pénal, et du procès administratif, en ce qu'il a fait une plus large place à l'objectif de vérité, tout en cherchant à respecter les exigences de sécurité des contractants (*supra*, nos 486, 492). Cette évolution fondamentale a impliqué une redistribution du rôle des parties et de l'office du juge, devenu positif à travers le nouveau code de procédure civile. Si les

---

1. Ch. Debbasch, La charge de la preuve devant le juge administratif, D. 1983, chron. 43 s.
2. F. Boulanger, Réflexions sur le problème de la charge de la preuve, *RTD civ.* 1966, 736 s.
3. J. Rivero, *Fictions et présomptions en droit public français*, in *Les présomptions et les fictions en droit*, 1974, p. 108 ; L. de Gastines, *Les présomptions en droit administratif*, thèse Paris II, 1989.
4. Civ. 3e, 31 mai 1989, *Bull. civ.* III, no 126, p. 70.

éléments de l'instance restent en principe déterminés par les parties, le juge veille à son bon déroulement. Le droit s'est ainsi éloigné d'un modèle procédural *accusatoire* pour se rapprocher d'un modèle *inquisitoire*. Ces deux évolutions, quant à l'objectif de vérité et quant à l'accroissement de l'office du juge, ont eu des conséquences importantes en matière de charge de la preuve.

En effet, en premier lieu, non seulement le demandeur à l'allégation mais encore toutes les parties au procès doivent rechercher la preuve des faits qui constituent le débat, la confrontation des preuves proposées permettant de se rapprocher de la vérité. Cette description est d'ailleurs la plus fidèle à la réalité des procédures. En effet, il ne s'agit pas tant d'une curieuse alternance de charges, durant laquelle seul le demandeur à l'allégation est actif et le défendeur passif : chacun sait que, même s'il a position de défendeur à l'allégation, celui-ci cherche à combattre l'affirmation adverse, sans attendre que son adversaire ait satisfait à la charge de la preuve qui pèse sur lui. D'ailleurs, non seulement ce schéma traduit la réalité des choses, mais encore il est la conséquence nécessaire du *droit à la preuve* que possède le demandeur à l'allégation (*supra*, n°s 487, 493). En effet, l'évolution s'est faite pour reconnaître que la personne qui prétend avoir un droit possède aussi, en soutien, un droit à en obtenir la preuve. Dès lors, quand bien même il supporte la charge de la preuve, celle-ci n'engendre plus un droit pour son adversaire à la passivité, car l'adversaire peut être contraint par le juge à fournir les pièces nécessaires au triomphe de son adversaire, par la technique de la production forcée [1]. De même, doit-il participer sincèrement aux mesures d'instruction alors même qu'elles peuvent lui être défavorables. L'existence d'un droit à la preuve engendre, au détriment de l'adversaire, et indépendamment de la charge de la preuve, une obligation de collaboration à la recherche de la vérité. Cela conduit nécessairement à un allégement des difficultés engendrées par la charge de la preuve pesant sur le demandeur à l'allégation.

En second lieu, non seulement l'adversaire à l'allégation est ainsi tenu, mais encore le juge participe à la recherche des preuves. En effet, il peut d'office ordonner toute mesure d'instruction nécessaire et le droit s'est nettement éloigné du principe classique de neutralité du juge (*supra*, n° 484). On sait d'ailleurs qu'existe une procédure, prévue à l'article 145 du nouveau code de procédure civile, qui ne vise qu'à obtenir du juge qu'il ordonne les mesures nécessaires pour l'obtention d'une preuve (*supra*, n° 479). Ainsi, même si les parties ne peuvent pas suppléer leur carence par une intervention du juge (art. 146 nouv. c. proc. civ.), le juge n'ayant pas à se substituer à elles [2], le rôle du juge en matière probatoire est aujourd'hui puissant et actif. Il en résulte une transformation de la charge de la preuve.

---

1. J.-J. DAIGRE, *La production forcée de pièces dans le procès civil*, 1979, La doctrine et la réforme de la procédure civile, à propos du pouvoir discrétionnaire du juge en matière de production forcée des pièces, J.C.P. 1981, I, 3020.

2. V., par ex. Civ. 1re, 4 fév. 1981, *Bull. civ.* I, n° 43, p. 35 ; 9 juil. 1985, *Bull. civ.* I, n° 216, p. 195 ; Soc. 7 oct. 1982, *Bull. civ.* V, n° 540 ; 24 mai 1989, *Bull. civ.* V, n° 389, p. 234.

504 *Le risque de la preuve* ◊ La recherche de la vérité dans un procès, à travers les différentes preuves, est un acte collectif, né non pas de paroles alternées, mais d'une recherche commune, bien que contradictoire, des parties. Elles n'y procèdent d'ailleurs que sous l'égide du juge, dont le rôle actif en matière probatoire est une des caractéristiques les plus marquantes de la procédure actuelle. Certains textes ont même précisé que c'est au juge, aidé des parties, qu'il appartient de rechercher la véracité des allégations contradictoires.

Ce n'est pas à dire pourtant que les règles relatives à la charge de la preuve pesant sur le demandeur soient obsolètes. En effet, s'il n'est plus solitaire dans sa recherche, il reste seul sanctionné en cas d'échec. Cela signifie que, si la preuve nécessaire n'est pas obtenue, malgré l'éventuelle collaboration des autres parties, malgré les éventuelles initiatives du juge, alors c'est bien le demandeur à l'allégation qui perdra le procès, et son adversaire qui triomphera. La charge de la preuve s'est ainsi muée, à travers l'évolution décrite, en risque de la preuve.

SECTION 2
L'OBJET DE LA PREUVE

505 *L'objet de la preuve et la distinction du fait et du droit* ◊ La détermination de l'objet de la preuve est commandée par la distinction du fait et du droit. Les prétentions des parties prennent pour base les faits articulés susceptibles d'entraîner une solution judiciaire favorable à leur demande, les parties prenant souvent la précaution d'articuler des éléments de droit pour conforter leurs chances. Les éléments de fait sont constitués par les faits, les actes et les situations juridiques. Ainsi une personne se prétend créancière d'une autre au titre de la réparation du dommage qui lui a été causé à l'occasion d'un accident : la réalité de cet événement, l'importance du préjudice ressenti par la victime, sont des éléments de fait. De même, si une personne prétend être propriétaire d'un bien détenu par une autre, parce que celle-ci lui a vendu ce bien, l'existence et la teneur de l'acte de vente constituent des questions de fait. Il faut prendre garde à ne pas confondre ces deux acceptions du terme « fait », l'un plus restrictif que l'autre : la notion d'élément de fait est plus large que la notion de fait juridique puisque, si tous les faits juridiques sont effectivement des *éléments de fait*, cette dernière notion couvre non seulement les faits juridiques, mais encore les actes et les situations juridiques. Ainsi, au regard de l'objet de la preuve, les actes juridiques sont bien des éléments de fait.

Les éléments de droit sont les règles juridiques que l'on prétend applicables en la cause. Dans les exemples cités, il s'agira de la règle selon laquelle on est responsable du dommage causé par les choses que l'on a sous sa garde (art. 1384, al. 1er), et de celle d'après laquelle la vente transfère la propriété (art. 1138).

Cette distinction entre le fait et le droit est, comme en bien d'autres matières, majeure, lorsqu'il s'agit de déterminer l'objet de la preuve. En effet, le principe est que l'élément de droit ne nécessite pas de preuve, alors que l'élément de fait en est l'objet. Mais il est bien des nuances quant à cette dichotomie. Il convient d'analyser successivement la *preuve du droit* (§ 1) et la *preuve du fait* (§ 2).

§ 1

LA PREUVE DU DROIT

06 *1° Le principe : le droit n'est pas un objet de preuve* ◊ Par principe, les parties n'ont pas à prouver l'existence, le contenu ou la portée des règles juridiques qu'elles invoquent pour consolider leur prétention. Cette règle majeure peut s'expliquer par le caractère général et abstrait de la règle, son opposabilité absolue. L'adage selon lequel *Nul n'est censé ignorer la loi* signifie aussi que chacun la connaît et qu'il n'est nul besoin de la prouver aux autres (*supra*, n° 399). Mais la dispense de preuve est née aussi de la répartition des rôles dans le procès entre les parties et le juge[1] : en effet, c'est au juge de dire le droit, et non aux parties, ce qu'exprime la vieille maxime *jura novit curia*, la cour connaît le droit. Demander aux parties au procès de lui apporter la preuve du droit, ce serait, outre accroître leur charge, leur laisser en quelque sorte la maîtrise du droit, ne serait-ce qu'en leur permettant d'écarter la règle juridique en ne la prouvant pas, ce qui serait contraire à cette répartition fondamentale des compétences.

Il existe cependant des exceptions à cette règle.

07 *2° Les exceptions. a) L'exigence de preuve de la coutume* ◊ Il est acquis que la coutume ou les usages constituent des règles de droit à part entière (*supra*, n°s 202 s.). Pourtant, usages ou coutumes devront, en cas de contestation, être établis dans leur existence et dans leur teneur par celui qui s'en prévaut[2]. Cette règle se justifie sans doute parce que le juge n'a pas les moyens de rechercher lui-même ces règles qui ne font pas l'objet de publications officielles et unifiées et que le système juridique ne peut l'y contraindre, même s'il lui permet de le faire, notamment lorsqu'il connaît précisément la coutume[3]. Mais cette difficulté probatoire au détriment de la coutume par rapport à la loi rend moins efficace la normativité de la première par rapport à celle de la seconde.

La satisfaction de cette charge est facilitée par la règle selon laquelle la preuve peut en être librement rapportée, notamment grâce à la consultation de recueils, avis d'experts ou attestations écrites (parères) de personnes ou d'organismes, tels que les chambres de commerce. Cepen-

---

1. H. MOTULSKY, *Le rôle respectif du juge et des parties dans l'allégation des faits*, Etudes de dr. contemp., 1959, t. XV, p. 355 s. (*Ecrits*, t. I, p. 38 s.).
2. Soc. 2 juil. 1968, *Bull. civ.* V, n° 349. — La règle a été récemment et solennellement réaffirmée : Ass. plén. 26 fév. 1988, *Bull. civ.* n° 2, JCP 1988, IV, 166.
3. Com. 5 mars 1969, *Bull. civ.* IV, n° 85.

dant, si la coutume vient à prendre place dans une loi, elle est alors *ipso facto* soustraite à cette exigence probatoire[1].

508   *b) L'exigence de preuve de la loi étrangère* ◊ Une bataille doctrinale a eu lieu pour connaître la nature juridique de la loi étrangère. Certains ont affirmé qu'elle devait être « reléguée » au rang de fait, alors que d'autres, d'une façon convaincante, ont démontré qu'elle partageait avec la loi française le caractère de règle de droit à part entière. Elle répond en effet aux mêmes critères qui déterminent la source législative du droit. Il est non moins certain que la loi étrangère ne peut bénéficier de la même présomption de connaissance par le juge que la loi française, et c'est pourquoi, bien qu'étant règle de droit, elle est soumise à des exigences probatoires qui ne se justifient pas pour la loi française[2].

Par ailleurs, il faut distinguer l'obligation qu'a le juge d'appliquer d'office la règle qui désigne la loi étrangère comme applicable au litige (*supra*, n° 433) de la question présente qui est de savoir, une fois la loi étrangère déclarée applicable, s'il est nécessaire de prouver son existence et son contenu. Or, il n'est pas contestable que la teneur de la loi étrangère doit être prouvée. Et même si c'est au juge de déclarer au besoin d'office la loi étrangère applicable, il semble bien, malgré quelques nuances ou hésitations jurisprudentielles, que ce soit aux parties qu'il appartienne d'établir sa teneur. La loi étrangère est ainsi, non dans sa désignation, mais dans sa teneur, objet de preuve à la charge des parties. Les juges ne sont donc pas tenus de rechercher le contenu du droit étranger applicable, même s'il leur est possible de le faire, notamment en ordonnant des expertises ou des consultations. Tous les moyens de preuve sont en principe admis pour établir la teneur de la loi étrangère[3]. Le plus souvent, on utilise des « certificats de coutume » et des documents écrits décrivant le droit étranger en cause, émanant soit de jurisconsultes spécialisés, soit d'autorités officielles étrangères. La convention européenne du 7 juin 1968, relative à l'information sur le droit étranger, vise à faciliter la connaissance des lois étrangères en ouvrant la possibilité pour les autorités judiciaires de l'Etat contractant de demander, à l'occasion d'une instance, à l'organe de réception désigné par un autre Etat contractant, des renseignements sur ses règles juridiques[4].

Il demeure que la preuve d'une règle de droit n'est qu'exceptionnellement nécessaire, alors que l'exigence probatoire des éléments de fait est de principe.

1. Soc. 19 juin 1947, S. 1947, 1, 175.
2. V. parmi de nombreuses études, Jacques MAURY, *La condition de la loi étrangère en droit français*, Trav. com. franç. dr. int. priv. 1948-1952, p. 97 s. ; H. MOTULSKY, L'évolution récente de la condition de la loi étrangère en France, *Mélanges Savatier*, 1965, p. 681 s. ; C. DAVID, *La loi étrangère devant les juges du fond*, thèse Paris, 1965.
3. Civ., 1re sect. civ., 10 mai 1960, JDI 1961, 762, note SIALELLI.
4. G. BRULLIARD, La convention européenne du 7 juin 1968 relative à l'information sur le droit étranger, et l'influence qu'elle peut avoir sur l'application de la loi étrangère dans la nouvelle procédure civile, J.C.P. 1973, I, 2580.

§ 2 ——————————————————————————
LA PREUVE DU FAIT

9 *1° Le principe* ◊ Les éléments de fait, c'est-à-dire les faits, les actes et les situations juridiques, doivent être prouvés. En effet, leur qualification de « juridique » implique que le droit ou la volonté des personnes attachent à leur existence des conséquences juridiques. Pour se prévaloir de ces conséquences, obtenir, par exemple, une exécution ou une réparation, il est donc nécessaire que la partie démontre cette base que constitue l'élément de fait. Le fait est ainsi par principe objet de preuve. L'*allégation* qu'avance une partie au soutien de sa prétention est constituée de faits construits, articulés les uns aux autres : l'allégation est un « complexe de faits » (Motulsky). Pour désigner l'objet de preuve, il faut donc décomposer cette construction et désigner chacun des faits simples qui la composent. Par exemple, la partie qui demande réparation, parce qu'elle a été victime d'un accident, se prévaut d'une situation complexe, composée de nombreux éléments exprès ou implicites : existence de l'accident, réalité du dommage, fait que l'adversaire est l'auteur de l'accident, fait que le dommage a été causé par l'accident, etc.[1]. Dans un procès, si seul le fait est objet de preuve, il est donc fréquent que de nombreux éléments de fait doivent être prouvés.

C'est pourquoi le principe, selon lequel tout élément de fait doit être prouvé, ne peut que s'accompagner des critères qui en délimitent le domaine, pour éviter l'obligation de devoir prouver à l'infini tous les faits qui concourent à une situation. Ne sont en réalité objet de preuve que les faits pertinents, concluants, contestés, contestables.

10 *2° Les critères. a) Un fait pertinent et concluant* ◊ Les exigences d'un caractère pertinent et concluant sont très proches et relèvent de la même idée. En effet, il convient, dans un souci d'économie qui doit aussi animer le système juridique, de ne désigner comme objet de preuve qu'un fait dont il est utile qu'il soit prouvé. Il doit donc être *pertinent*, c'est-à-dire être en rapport avec le litige, et *concluant*, c'est-à-dire avoir une incidence sur la solution judiciaire à venir. En effet, il est inutile de concevoir la preuve d'un fait si le résultat de cette recherche est indifférent à la décision. Ce sera le cas si le fait n'a aucun rapport avec le litige ou s'il n'est pas de nature à entraîner une réaction, dans un sens ou dans un autre, de la part du juge. L'article 9 du nouveau code de procédure civile se réfère à cette exigence d'efficacité, lorsqu'il pose qu'*il incombe à chaque partie de prouver conformément à la loi les faits nécessaires au succès de sa prétention.* Par exemple, le défendeur à une action en recherche de paternité naturelle peut échapper à une telle prétention en prouvant l'inconduite

—————————————
1. H. Motulsky, *Le rôle respectif du juge et des parties dans l'allégation des faits*, préc.

notoire de la mère. Si le défendeur se propose seulement de prouver la liaison de la mère, son offre de preuve n'est pas pertinente [1], car un unique amant ne constitue pas une inconduite notoire. L'offre pèche alors par défaut. Mais elle peut aussi pécher par excès, et l'offre ne sera pas pertinente si le fait concerné est déjà suffisamment prouvé [2].

Le juge du fond est souverain pour apprécier la pertinence de l'offre de preuve concernant un fait particulier, sauf pour la Cour de cassation à censurer un juge du fond qui aurait rejeté une telle offre, alors que la démonstration aurait abouti à des conséquences juridiques contraignantes pour lui [3].

511   *b) Un fait contesté et contestable* ◊ L'exigence d'un caractère contesté et contestable pour rendre un fait objet de preuve se cumule avec l'exigence d'un fait pertinent et concluant. Par un même souci d'économie, mais aussi parce que les parties ont la maîtrise des éléments de fait dans le procès (*supra*, n° 484), un fait ne sera un objet de preuve que s'il est l'objet d'une contestation. Il faut en effet qu'il y ait un point de divergence dans la reconstitution du fait, ou la portée qu'il faut lui accorder, selon les allégations des différentes parties, pour qu'il devienne objet de preuve à la charge de celui qui s'en prévaut. Cela permet de limiter heureusement le domaine des faits objet de preuve. En effet, en remontant la chaîne des causalités entre tous les faits concourant à la réalisation de la situation juridique, on serait tenté d'affirmer que tous les faits sont pertinents. Mais ne sont généralement contestés que quelques-uns d'entre eux, ce qui rend le dialogue probatoire matériellement possible et efficace.

Il ne suffit pas à un fait d'être contesté, il faut encore qu'il soit contestable. Or, un fait ne sera pas contestable dans deux hypothèses : soit lorsque la loi interdit qu'il soit soumis à contestation et donc à preuve, dispense posée par l'ordre juridique pour des considérations extrinsèques par rapport au fait, soit lorsque ce dernier relève de l'*évidence* ou de l'*impossibilité*, dispenses naturelles et intrinsèques par rapport au fait.

Il peut ainsi, en premier lieu, arriver que le fait ne soit pas contestable, non par lui-même, mais parce que le législateur l'a entendu ainsi. Par exemple, avant la loi du 3 janvier 1972, il était posé que le lien de filiation entre un enfant et le mari de sa mère était, dans l'intérêt de la paix des familles, incontestable en principe (sauf cas exceptionnels de désaveu). Ce type de présomption, refusant toute démonstration contraire, de nature irréfragable, enlève artificiellement au fait qui en est l'objet la qualité d'objet de preuve. Cet exercice normatif, qui a recours à la fiction, ne peut être que l'œuvre du législateur (*infra*, n° 562) et se justifie par des considérations qui ne sont jamais de nature probatoire, puisqu'il s'agit d'empêcher tout mécanisme de preuve.

La soustraction du fait comme objet de preuve lorsqu'il est évident ou

---

1. Civ. 1re, 23 fév. 1972, *Bull. civ.* I, n° 60.
2. Soc. 18 janv. 1967, *Bull. civ.* IV, n° 54.
3. JEAN CHEVALLIER, Le contrôle de la Cour de cassation sur la pertinence de l'offre de preuve, D. 1956, chron. 37 s.

impossible à prouver paraît plus naturelle. Mais l'*évidence* comme l'*impossibilité* sont des notions dont les juristes, comme les scientifiques, ont appris à se méfier.

A supposer que l'adversaire conteste un fait évident, on ne peut dire que l'*évidence* génère à elle seule une dispense de preuve[1]. En effet, l'évidence ne pourra jouer que si le juge est libre de se fier à son intime conviction pour attacher des conséquences juridiques au fait qui lui est présenté, c'est-à-dire que si la preuve est, en la matière, libre (*infra*, nᵒˢ 582 s.). Elle ne pourra, semble-t-il, pas jouer si le juge est lié par un système de preuves légales qui attache des effets probatoires automatiques et qui le lie à tels ou tels modes de preuve. Ainsi, selon les critères d'admissibilité des modes de preuve, un fait juridique évident pourra convaincre à lui seul le juge mais un acte juridique évident ne pourra être reconnu par le juge que si, par ailleurs, une preuve littérale est produite (v. *infra*, nᵒ 588).

En ce qui concerne l'*impossibilité*, le fait peut être hors d'atteinte parce que les techniques de preuve sont impuissantes à découvrir la vérité de ce fait. Ainsi, on a longtemps affirmé que, la preuve d'un *fait négatif* étant impossible, il ne pouvait être un objet de preuve. Cela n'est pas tout à fait exact, car s'il est vrai qu'il n'est pas possible de prouver « ce qui n'est pas » d'une façon directe, on peut le prouver d'une façon indirecte. En effet, en se référant aux circonstances positives qui entourent ce fait négatif, on peut prouver, par ce biais, le fait négatif qui en serait la cause ou la conséquence, par exemple, ou bien prouver qu'il y a incompatibilité entre eux : ainsi, pour prouver que la personne n'était pas dans un tel lieu, on prouvera qu'elle était dans un autre[2]. Il est important de noter le mécanisme de preuve indirecte qui est alors utilisé : pour prouver un fait qu'on ne peut connaître directement, on prouve d'autres faits dont l'existence, d'une part, et le lien logique entre eux et le fait principal (causalité, incompatibilité, similitude, etc.), d'autre part, permettent d'estimer le fait central indirectement prouvé. Cette méthode se retrouve à l'identique dans le mécanisme de la présomption (v. *infra*, nᵒˢ 512, 553).

12   *3ᵒ Les présomptions* ◊ Les présomptions sont régies par une section entière du chapitre du code civil consacré à la preuve des obligations (art. 1349 à 1353). On sait qu'il convient d'en généraliser la portée au-delà de ce domaine particulier, qui ne doit être perçu que comme un exemple (*supra*, nᵒ 481). Il conviendra d'en faire plus tard une présentation synthétique et systématique (*infra*, nᵒ 553). Elles sont plus particulièrement définies à l'article 1349 comme des conséquences que l'on tire d'un fait connu à un fait inconnu. L'article distingue les auteurs possibles d'un tel raisonnement : le juge qui manie les présomptions dites « du fait de l'homme » et le législateur qui crée les présomptions légales.

---

1. B. Petit, L'évidence, *RTD civ.* 1986, p. 485 s.
2. J. Larguier, La preuve d'un fait négatif, *RTD civ.* 1953, p. 1 s.

513   *a) Les présomptions du fait de l'homme* ◊ Lorsque la preuve directe du fait, initialement objet de preuve, se révèle difficile, hors de la portée du demandeur à l'allégation, qu'il reste donc « inconnu », le juge peut cependant admettre que cette preuve soit indirectement rapportée. Comme il a été écrit à propos de la preuve du fait négatif (*supra*, n° 511), il peut admettre que soit rapportée la preuve de faits qui ne sont pas l'objet direct de la preuve, mais qui sont à portée de preuve : ils sont ainsi « connus ». Si le juge admet l'existence d'un lien logique entre ces faits « connus » et ce fait « inconnu », il pourra alors déduire de la preuve directe des faits connus la preuve indirecte du fait inconnu. L'article 1349 vise le lien logique de la conséquence : « les présomptions sont des conséquences que la loi ou le magistrat tire d'un fait connu à un fait inconnu ». Mais ce n'est là qu'un exemple et l'on doit admettre d'autres liens, comme la causalité, l'incompatibilité, l'identité.

Exemple classique : pour reconstituer la vitesse à laquelle roulait la voiture, on mesure les dépôts qu'ont laissés les pneus sur la route. On prouve ainsi directement des faits (traces de pneus) qui ne sont pas l'objet de la preuve (vitesse), mais en établissant un lien de causalité (la trace de pneus est la conséquence d'une certaine vitesse), on déduit de la preuve fournie la preuve indirecte de la vitesse. La présomption est alors un véritable *raisonnement probatoire*, dont l'importance pratique est extrême. Elle consiste en un *déplacement d'objet de preuve* : voulant prouver la vitesse, on prouve utilement les traces de pneus.

Cependant, la présomption introduit, par ce déplacement ingénieux et indispensable de l'objet de preuve, une incertitude. En effet, le caractère indirect de ce mécanisme, qui modifie audacieusement l'objet de la preuve, peut être hasardeux. En cela, la présomption n'est pas d'une autre nature que les preuves directes : la preuve absolument directe est une illusion et l'on sait que la réalité, objet de tout effort de preuve, est toujours cernée mais jamais atteinte. L'incertitude de la présomption est simplement plus forte, en degré, que celle de la preuve directe. Cela entraîne deux conséquences.

En premier lieu, dans un remarquable article 1353, le code civil précise que les présomptions sont *abandonnées aux lumières et à la prudence du magistrat*, paroles tout à la fois de confiance et de mise en garde. Cela signifie d'une façon plus précise, poursuit l'article, que le juge ne doit admettre que *des présomptions graves, précises et concordantes*. Certes le juge qui admet une présomption n'est pas obligé de mentionner expressément dans sa décision qu'il prend appui sur un tel faisceau d'indices. Et ce n'est pas aller au-delà de la lettre et de l'esprit du texte que d'autoriser le juge à former sa conviction sur un fait unique, si celui-ci lui paraît de nature à établir la preuve nécessaire[1].

En second lieu, parce que la présomption est un raisonnement probatoire, qui opère un déplacement d'objet de preuve, il doit toujours être possible de rapporter la preuve contraire. En effet, par nature, la preuve n'est que la démonstration de la vérité, tant que la preuve de l'inexactitude n'a pas été rapportée (*supra*, n° 478). Donc, une présomption du fait de

---

1. Civ. 2ᵉ, 28 oct. 1970, J.C.P. 1970, IV, 300 ; Civ. 3ᵉ, 28 nov. 1972, J.C.P. 1973, IV, 15.

l'homme est dite *simple*, c'est-à-dire susceptible de preuve contraire. Le défendeur à l'allégation pourra, soit, si cela est possible, apporter la preuve contraire du fait qui est l'objet direct de la preuve (un témoin attestant que la vitesse de la voiture n'était pas excessive), soit apporter la preuve contraire des faits indirects vers lesquels s'est déplacé l'objet de la preuve (les traces sur la route provenant d'une autre voiture que la sienne), soit encore briser la démonstration du lien logique établi entre le fait connu et le fait inconnu (les traces de pneus de la voiture sont dues à un défaut des pneus et non à une vitesse excessive). De nombreuses présomptions légales s'analysent selon ce même modèle du raisonnement probatoire.

14 *b) Les présomptions légales* ◊ Les présomptions légales s'analysent soit comme un déplacement d'objet de preuve, soit comme une dispense radicale de preuve. Le législateur met en place une présomption lorsqu'il observe que la preuve directe d'un fait est trop difficile ou lorsqu'il désire éviter des disputes probatoires sur certains sujets. Par exemple, la preuve directe de la propriété, *diabolica probatio*, est quasiment impossible et il n'est pourtant pas bon que les droits de propriété soient trop facilement remis en cause. Or on observe que celui qui est possesseur d'un bien en est le plus souvent le légitime propriétaire. La possession d'un bien, en dehors de tout pouvoir acquisitif, a donc une vertu probatoire : la possession fait présumer la propriété[1]. Le législateur a déplacé l'objet de la preuve : prouver la possession, c'est prouver indirectement la propriété. L'objet de la preuve directe sera, dans l'allégation qui se base sur un droit de propriété, non pas ce dernier, mais le fait de possession. Ce sera ensuite à l'adversaire à l'allégation de briser cette présomption en démontrant que le demandeur, bien que possesseur, n'est pas néanmoins propriétaire du bien considéré. Autre exemple : le mari de la mère est présumé légalement le père de l'enfant tout à la fois parce que la paix des familles y incite, mais aussi parce que cela correspond à la majorité des cas. Cependant, la considération de vérité propre au mécanisme de la preuve (*supra*, n°s 486, 492) n'est pas évacuée et, dans un souci de vérité biologique, la preuve contraire pourra, sous certaines conditions, être apportée. Ainsi le législateur peut-il mettre en place des déplacements légaux d'objet de preuve, susceptibles de preuve contraire.

Mais il arrive aussi que la loi prévoie des présomptions qui ne supportent pas une telle preuve, dites « irréfragables ». L'article 1350 procède à une énumération, sans vraiment les classer. Les formulant d'une façon assez obscure, voire maladroite, il vise tout d'abord les présomptions d'*interposition de personnes*. Il s'agit des présomptions destinées à consolider l'efficacité de certaines incapacités de recevoir. En effet, certaines personnes (tuteurs, médecins et ministres du culte) sont frappées d'une incapacité de recevoir des libéralités de la part de certaines autres (pupille, malade soigné ou assisté en cas de maladie ayant une issue fatale) ; l'auteur de la libéralité, pour tourner l'interdiction légale, peut être tenté de feindre d'adresser le don à un tiers complaisant qui en fera

---

1. *Les biens*, n°s 515 s.

passer le bénéfice au donataire véritable ; les personnes lésées par la libéralité pourraient avoir les plus grandes difficultés à faire la preuve de la simulation. La loi vient alors au secours du demandeur en nullité au moyen d'une présomption d'interposition de personne : les père et mère, les enfants et descendants et l'époux de la personne incapable sont présumés personnes interposées (art. 911 c. civ.) : la nullité de la donation faite à leur profit s'ensuit.

L'article 1350 vise ensuite les présomptions par lesquelles *la loi déclare la propriété ou la libération résulter de certaines circonstances déterminées*. Cette formulation peu claire concerne l'hypothèse de la prescription qui, par l'effet de l'écoulement d'un certain délai, fait acquérir un droit ou libère d'une obligation. L'analyse de la prescription acquisitive comme une présomption irréfragable de propriété est d'ailleurs contestable. De la même façon, il est précisé que l'*autorité de la chose jugée* constitue une présomption de vérité. L'autorité de chose jugée interdit à la partie au procès de saisir de nouveau le juge pour lui soumettre la prétention qu'il a déjà tranchée dans un jugement (*infra*, n° 639). Elle rend donc le jugement incontestable. L'avoir analysée, ainsi que le fait l'article 1350, comme une présomption de vérité, alors qu'il ne s'agit que d'une règle pratique d'incontestabilité destinée à empêcher la renaissance des litiges, a affaibli la légitimité de la règle. En effet, par nature, le système probatoire supporte mal l'idée d'une vérité inattaquable. Il convient mieux de dire que l'autorité de chose jugée, en ce qu'elle rend incontestable le jugement, a le même effet qu'une vérité inattaquable mais qu'elle n'en a pas pour autant la nature. Enfin, par un contresens patent, l'article 1350 cite « la force que la loi attache à l'aveu de la partie ou à son serment ». Il y a là une confusion manifeste : l'aveu et le serment sont des modes de preuve distincts (*infra*, n°s 566, 574), et non le résultat d'une présomption.

CHAPITRE 3

LES MODES DE PREUVE

15 *Généralités* ◊ Le code civil réglemente principalement cinq modes de preuve : la preuve littérale constituée par les écrits, la preuve testimoniale, la preuve par indices ou présomptions, l'aveu et le serment.

Cette énumération n'est pas complète en ce qu'elle ne tient pas compte des aspects procéduraux de la preuve, la théorie des preuves ayant été divisée entre le droit civil et la procédure (*supra*, n° 481). En effet, dans cette dernière matière, outre l'enquête, destinée à recueillir les témoignages et la comparution personnelle, qui tend à obtenir un aveu ou un commencement de preuve par écrit, la pratique judiciaire a recours fréquemment aux mesures d'instruction qui sont, dans un ordre grandissant de complexité correspondant à un accroissement de difficulté probatoire, le constat, la consultation et l'expertise (art. 232 s. nouv. c. proc. civ.).

16 *Plan* ◊ Les modes de preuve peuvent être répartis en deux grandes catégories : les preuves *préconstituées*, ou *a priori*, et les preuves *a posteriori*. Les unes comme les autres relatent un événement antérieur.

Les premières sont des modes de preuve ménagés aux parties avant que des difficultés n'apparaissent, c'est-à-dire généralement avant le procès. Elles consistent la plupart du temps dans des écrits rédigés pour faire preuve d'un fait (par exemple, le procès-verbal d'un agent relatant un accident) ou d'un acte juridique (par exemple, l'acte rédigé par les parties pour constater la vente qu'elles ont conclue). On voit, à l'occasion de ce dernier exemple, qu'il faut prendre soin de bien distinguer l'utilisation du terme *acte* en ce qu'il vise l'opération intervenue, l'accord de volonté (ici, la vente), le *negotium*, de l'utilisation du même terme en ce qu'il vise l'écrit qui reproduit l'accord (ici, un acte sous seing privé), appelé plus précisément *acte instrumentaire* ou *instrumentum* (v. *supra*, n° 273). C'est l'*instrumentum* qui fait la preuve du *negotium*, mais, en principe, l'existence d'un *instrumentum* n'est pas une condition de validité du *negotium* (v. *supra*, n° 298).

Les secondes, preuves *a posteriori*, sont des preuves que les parties doivent articuler au moment du procès. Il s'agit des preuves suivantes : la preuve testimoniale, la preuve par présomptions simples, l'aveu et le serment.

Il convient donc d'examiner successivement ces modes de preuve, dont la diversité est frappante. Mais le droit civil, fidèle à l'objectif de sécurité (*supra*, n° 483), organise un système de « filtrage », qui distingue parmi les modes de preuve, ceux qui pourront être pris en considération par le juge, en fonction de l'objet de la preuve. Ainsi un contrat ne peut-il en principe être prouvé que par écrit. On distinguera donc la *diversité* des modes de preuve (Section 1) et l'*admissibilité* des modes de preuve (Section 2).

SECTION 1
LA DIVERSITÉ
DES MODES DE PREUVE

§ 1
LA PREUVE LITTÉRALE

517   *Définition et avantages* ◊ La preuve littérale est celle qui résulte d'écrits émanant des parties et destinés à servir de preuve. Les avantages de ce mode de preuve sont nombreux : 1° il s'agit d'une preuve préconstituée, ménagée à l'avance et antérieurement à toute contestation, ce qui justifie sa crédibilité ; le soin apporté à la rédaction de ces actes, lors des opérations économiques importantes, montre le gage de sécurité qu'ils représentent ; 2° l'écrit a une valeur objective qui n'est point attachée aux dépositions des témoins : la complication accrue des rapports sociaux augmente les risques d'erreur, d'oubli, voire de mensonge, qui rendent la preuve testimoniale insuffisante ou dangereuse (*infra*, n° 550) ; 3° réserve faite de circonstances accidentelles, la preuve littérale demeure, sa valeur probatoire n'est pas altérée avec le temps, tant que son support matériel perdure, alors que les témoignages, l'aveu ou le serment dépendent de l'état et de la volonté des intéressés, et que les présomptions sont rendues de plus en plus hasardeuses par l'éloignement du temps.

518   *Classifications des écrits susceptibles d'être utilisés comme preuves* ◊ Les écrits peuvent faire l'objet de plusieurs classifications :

1° On peut distinguer les écrits suivant qu'ils sont signés ou non : sont toujours signés les actes sous seing privé (*infra*, n° 522) et normalement les actes authentiques (*infra*, n° 520) ; c'est le cas aussi, en principe, des lettres missives (*infra*, n° 537). D'autres écrits ne sont pas signés et il en est ainsi, notamment, des livres de commerce, des registres et papiers domestiques, des télex et de toutes les sortes de listings (*infra*, n° 538).

2° On peut distinguer les écrits suivant qu'ils sont *primordiaux*, c'est-à-dire dressés à l'origine pour constater une opération, ou qu'ils sont *récognitifs* ou *confirmatifs*, c'est-à-dire dressés pour réaffirmer ou consolider un droit antérieurement constaté (*infra*, n° 545).

3° On peut encore répartir les écrits suivant qu'ils sont des *originaux* ou qu'ils ne sont que des *copies*. La prolifération des copies, les progrès techniques en la matière (*supra*, n° 489), l'évolution législative qui s'en est suivie, ont accru l'importance et l'efficacité de cette dernière catégorie, en rendant du même coup moins précieuse la première.

4° On peut songer aussi à répartir les écrits suivant qu'ils sortent des mains de personnes spécialement habilitées à les rédiger, notamment les actes notariés et les jugements, ou suivant qu'ils sont l'œuvre des particuliers, étant observé que la force probante des premiers sera plus forte que celle des seconds (*infra*, n° 527).

5° On retiendra enfin — à titre de plan — la dernière classification : elle tient compte de l'importance pratique et de la force probante de certains écrits et oppose, dans une trilogie, les *écrits préconstitués*, instruments rédigés en vue de faire preuve, à savoir les actes authentiques ou sous seing privé, puis les *écrits dont la finalité probatoire est incidente*, comme le sont les lettres missives, et enfin les *copies* dont on ne doit pas sous-estimer l'importance.

A   LES ÉCRITS PRÉCONSTITUÉS

19 *Actes authentiques et actes sous seing privé. Définitions* ◊ Les actes rédigés pour faire preuve se subdivisent en actes authentiques et actes sous seing privé. L'*acte authentique* ou *public* est celui qui est reçu par un *officier public* ayant le droit d'instrumenter tant en considération du lieu que de la nature de l'acte, et suivant les formalités requises (art. 1317)[1]. Ces officiers publics sont, d'abord, les *notaires*, officiers ministériels chargés, d'une façon générale, d'une part, de rédiger les actes auxquels les parties veulent ou doivent conférer le caractère de l'authenticité, et, d'autre part, d'en assurer la conservation en gardant par-devers eux les originaux (*infra*, n° 544). Puis il y a les officiers publics qui, pour certains actes seulement rentrant dans leur ministère, ont qualité pour dresser un acte authentique : tels sont les *officiers de l'état civil*, les *huissiers de justice* et, à l'étranger, les *consuls*.

L'*acte privé* ou *sous seing privé* est celui qui a été rédigé par des particuliers, soit par les parties elles-mêmes, soit par un mandataire, tel qu'un agent d'affaires. Cet acte, comme son nom l'indique, tire toute sa valeur de la *signature* des parties intéressées dont il est revêtu (*infra*, n° 522).

Entre ces deux catégories d'actes, les différences abondent. C'est ainsi que les actes authentiques sont très souvent dotés de la *force exécutoire* (rappr. *infra*, n° 637)[2], permettant au bénéficiaire, du fait de la *formule exécutoire* dont la *grosse*, première copie de l'acte, est revêtue — et par laquelle ordre est donné, au nom du Peuple français, aux agents de la force

---

1. L. Chaine, L'authenticité et le notariat, J.C.P. 1985, éd. N, I, 125.
2. V. l'article 3, 4°, de la loi du 9 juillet 1991 portant réforme des procédures civiles d'exécution.

publique de procéder à l'exécution requise —, de recourir à une exécution forcée, sans qu'une intervention judiciaire soit nécessaire. Les actes privés sont dépourvus d'un tel pouvoir : le créancier devra s'adresser à la justice s'il désire notamment faire procéder à une saisie. La sécurité et l'efficacité de l'acte authentique par rapport à l'acte sous seing privé conservent au premier, malgré son coût et les formalités requises, tout son intérêt[1].

Au regard de la théorie de la preuve, les actes authentiques et les actes sous seing privé diffèrent encore quant à leur rédaction et quant à leur force probante.

520 *1° La rédaction des actes. a) L'acte authentique* ◊ Trois conditions doivent être réunies pour qu'un écrit soit authentique :

1. L'écrit doit être dressé par un officier public (*supra*, n° 519).

2. L'officier public doit être compétent. On distingue la compétence d'attribution et la compétence territoriale. La compétence est d'abord *d'attribution*. La loi précise les fonctions de chaque catégorie d'officiers publics : il faut que l'acte à rédiger soit l'un de ceux que la loi lui donne mission de recevoir. Ainsi les notaires ont une compétence très étendue : la loi, d'une façon générale, confère aux notaires le monopole de recevoir les *actes et conventions qui intéressent les particuliers* (Ord. 2 nov. 1945, art. 1er) ; ils confèrent l'authenticité non seulement aux actes pour lesquels la forme notariée est obligatoire, mais aussi, en fait, à nombre d'actes pour lesquels la forme privée est admise par la loi, par exemple les actes constitutifs de société. En pratique, beaucoup de contrats importants sont, par sécurité, reçus par eux. La compétence des autres officiers publics, en revanche, est limitée à des opérations déterminées : ainsi les officiers de l'état civil n'ont, en principe, compétence que pour dresser les actes de l'état civil.

La loi fixe également la compétence *territoriale* des officiers publics. Ainsi un maire ne peut dresser des actes de l'état civil hors de sa commune. La compétence territoriale des notaires est nationale.

3. La *rédaction* des actes authentiques est assujettie à des *formalités* exigées en vue d'augmenter les garanties de régularité et de véracité qu'ils présentent. Ainsi l'acte doit être rédigé en français. Il est soumis aux formalités du timbre et de l'enregistrement. Il doit être rédigé dans un seul contexte, sans blanc ni interligne. Les modifications, renvois, surcharges, interlignes, additions et ratures doivent être l'objet de paraphes, être comptés en fin de l'acte et sont minutieusement réglementés. Mais la violation de ces prescriptions n'a pas pour conséquence la nullité de l'acte en son entier. L'acte doit être signé par le notaire[2] et par les parties, après qu'on leur en a fait lecture, sauf à mentionner que la ou les parties ne

---

1. A. Lapeyre, L'authenticité, J.C.P. 1970, I, 2365.
2. Civ. 3e, 14 mai 1974, *Bull. civ.* III, n° 192, p. 144 ; Civ. 1re, 29 nov. 1989, *Bull. civ.* I, n° 368, p. 247.

savent ou ne peuvent signer ; chacune des pages doit être paraphée, dès l'instant que l'acte n'est pas entièrement écrit à la main, afin de prévenir les risques de substitution d'une page à une autre. Lorsque ces formalités font défaut, ou lorsque l'officier public est incompétent, l'acte nul en tant qu'acte authentique est valable, selon l'article 1318 du code civil, en tant qu'acte sous seing privé, s'il correspond au critère de ce dernier, c'est-à-dire s'il a été signé par les parties.

21   *b) L'acte sous seing privé. Le principe de liberté* ◊ A la différence des actes authentiques, les actes sous seing privé ne sont en principe soumis à aucune forme de rédaction. Il n'en est autrement que dans les hypothèses de l'acte sous seing privé contenant une convention synallagmatique (exigence d'un double original, *infra*, n° 524) et de celui qui contient un engagement unilatéral (exigence d'une mention manuscrite, *infra*, n° 526). Enfin, le testament olographe doit être entièrement écrit, daté et signé de la main du testateur (art. 970 c. civ.)[1]. Régis donc par le principe de liberté, les actes sous seing privé peuvent être écrits dans n'importe quelle langue, sauf à respecter les dispositions de la loi du 31 décembre 1975 relative à l'emploi de la langue française (*supra*, n° 367), par l'une des parties ou par un tiers, à la main ou par quelque procédé mécanique ; ils peuvent être établis à l'aide de formules imprimées à l'avance, et cette possibilité a permis le développement des contrats-type ; ils peuvent prendre la forme d'une lettre missive ou d'un échange de correspondances, comme cela est courant dans les affaires. L'emploi du papier timbré est exigé à titre fiscal, mais le non-respect de cette formalité, s'il fait encourir aux contractants une amende fiscale, n'entame pas la validité de l'acte sous seing privé.

22   *La signature* ◊ Une seule formalité est indispensable pour tous les écrits destinés à servir de preuve, notamment pour tous ceux qui sont rédigés à l'occasion de la formation d'un contrat : c'est la signature de l'auteur ou des auteurs de l'acte, des parties[2]. En l'absence de toute définition légale de la signature, il y a lieu d'admettre que constitue une signature valable toute marque distincte et personnelle manuscrite permettant d'individualiser son auteur sans nul doute possible et traduisant la volonté non équivoque de celui-ci de consentir à l'acte. Ainsi cette signature, qui pourrait éventuellement prendre la forme d'initiales[3], ne saurait être remplacée par une croix[4] ou par des empreintes digitales[5]. Cependant la

---

1. F. TERRÉ et Y. LEQUETTE, *Précis Dalloz, Les successions, Les libéralités*, n°s 366 s.
2. V. D. LAMÈTHE, *La signature dans les actes sous seing privé*, thèse dactyl. Paris II, 1975 et *Réflexions sur la signature*, *Gaz. Pal.* 1976, 1, doctr. 74.
3. V. dans l'hypothèse d'une donation sous forme notariée, Paris 22 mai 1975, D. 1975, Somm. 8.
4. Req. 8 juil. 1903, D.P. 1907, 1, 507 ; Civ. 1re sect. civ., 15 juil. 1957, *Bull. civ.* I, n° 331.
5. Civ. 15 mai 1934, D.P. 1934, 1, 133, note E.P., S. 1935, 1, 9, note H. ROUSSEAU ; Civ. 1re, 11 janv. 1968, D. 1968, Somm. 64. — A propos de la signature obtenue par décalque, v. les positions divergentes de Toulouse 4 déc. 1968, D. 1968, 673 et de Trib. civ. Rennes 22 nov. 1957, D. 1958, 631, note CHEVALLIER.

pratique de la « griffe commerciale » tend à diminuer, dans certaines conditions, cette exigence de signature manuscrite et originale[1].

La nécessité d'une signature, mais sans qu'intervienne un officier public, s'est traduite dans l'appellation même d'acte *sous seing privé*. Il en résulte qu'une personne qui ne sait signer doit faire dresser l'acte sous forme notariée (*supra*, n° 520).

En principe, l'écrit ne peut être retenu comme moyen de preuve que s'il émane de la personne à laquelle on prétend l'opposer. Mais il faut tenir compte de la technique du mandat, par laquelle l'intéressé se fait représenter par un tiers qui signe pour lui[2] (*supra*, n° 286), ou de l'hypothèse dans laquelle l'intéressé n'ayant pas signé ratifie ultérieurement l'engagement[3].

523   *Actes sous seing privé soumis à des formalités spéciales* ◊ Il convient, par exception au principe de liberté en matière d'actes sous seing privé, d'examiner les formalités supplémentaires qui peuvent dans des cas particuliers être exigées : il s'agit des actes relatant des conventions synallagmatiques et des actes constatant des promesses unilatérales de sommes d'argent ou de choses appréciables en argent.

524   *La formalité du « double » et les actes contenant des conventions synallagmatiques* ◊ En ce qui concerne les actes sous seing privé relatant des conventions synallagmatiques, l'article 1325 institue ce que l'on appelle la formalité du *double* ou de l'*original multiple*. Un acte de cette espèce doit en principe être établi en autant d'exemplaires qu'il y a de parties ayant un intérêt distinct, mais un seul exemplaire suffit s'il est déposé par toutes les parties entre les mains d'un notaire ou d'un tiers chargé de le tenir à la disposition de tous[4]. Il peut être nécessaire de signer un original supplémentaire lorsque l'enregistrement de l'acte entre les mains de l'Administration est requis à des fins fiscales[5].

Cette formalité du double original, qui remonte à la pratique de l'Ancien droit, tend à assurer aux parties une situation égale quant à la preuve : il ne faut pas que l'une d'elles ait entre les mains l'écrit probatoire, alors que les autres en seraient démunies ; sinon, celles-ci seraient à la merci de leur adversaire qui pourrait, au gré de ses intérêts, soit invoquer l'existence du contrat, soit en nier la conclusion.

Il ne suffit d'ailleurs pas que l'acte écrit ait été rédigé en double ; la loi veut encore que chaque original contienne « la mention du nombre des originaux qui en ont été faits » (art. 1325, al. 3). La raison de cette formalité

---

1. Req. 11 mai 1915, D.P. 1916, 1, 11 ; L. 16 juin 1966 admettant pour les effets de commerce les procédés de signature « non manuscrits ».
2. F. COLLART DUTILLEUL et PH. DELEBECQUE, *Contrats civils et commerciaux*, Précis Dalloz, n° 628 s.
3. Civ., 3ᵉ, 20 juin 1969, D. 1970, Somm. 13 ; Civ., 1ʳᵉ, 24 nov. 1969, D. 1970, 155. — Sur le mécanisme de porte-fort, v. *Les obligations*, n°ˢ 524 s.
4. Civ. 2 juil. 1952, D. 1952, 703, S. 1953, 1, 95.
5. Il semble que l'enregistrement d'un simple double soit pareillement efficace : Soc. 5 juin 1942, *Gaz. Pal.* 1942, 2, 49.

supplémentaire est, qu'autrement, il dépendrait de chaque contractant, quand bien même la formalité requise aurait été régulièrement accomplie, de rendre inopérante la preuve de son adversaire, en détruisant ou en dissimulant l'original resté entre ses mains, pour invoquer alors la prétendue violation de la règle de l'original multiple.

Le respect de ces formalités ne conditionne pas la validité du *negotium* ainsi reproduit, mais la nullité du seul acte instrumentaire[1], de l'*instrumentum* (sur cette importante distinction, *supra*, n° 516). D'ailleurs, cette nullité ne peut être soulevée que par les parties ; elle ne peut l'être par les tiers[2] et ne peut être invoquée pour la première fois devant la Cour de cassation[3]. L'acte pourra, en outre, valoir comme simple commencement de preuve par écrit, qui peut être, sous certaines conditions, un moyen de preuve admissible (*infra*, n° 599). Cette admissibilité est notamment de principe lorsqu'il s'agit de prouver un acte commercial (art. 109 c. com. ; *infra*, n° 596). Enfin, l'article 1325, alinéa 4, dispose qu'une telle nullité ne peut être opposée par celui qui a exécuté la convention portée dans l'acte. Ces atténuations modèrent donc nettement la sévérité des exigences figurant à l'article 1325.

25 *La formalité de la « mention manuscrite » et les actes constatant des promesses unilatérales de sommes d'argent ou de choses fongibles* ◊ L'acte sous seing privé qui constate une promesse unilatérale est valable s'il est rédigé en un seul exemplaire, puisqu'il n'existe qu'une seule personne obligée[4]. La seule signature du débiteur est d'ailleurs suffisante. Mais l'article 1326, alinéa 1er, posait, dans sa rédaction initiale, *l'exigence d'une formalité particulière* si l'acte n'était pas rédigé de l'entière main du débiteur : ce dernier devait, avant de signer, exprimer d'une façon précise l'objet de son obligation et devait, pour cela, outre sa signature, inscrire sur l'acte d'une façon manuscrite un *bon pour* ou un *approuvé*, portant en toutes lettres la somme ou la quantité de choses appréciables en argent[5]. La *loi du 12 juillet 1980* a allégé ce formalisme en supprimant la mention du « bon pour » ou « approuvé » pour ne conserver que l'exigence de la reproduction manuscrite du montant, en chiffres ou en lettres, ou de la quantité déterminée.

Le texte est inapplicable aux obligations portant sur un corps certain ou une obligation de faire ou de ne pas faire, telle une promesse de contrat[6]. De même, l'article 1326, ne visant que les engagements, ne s'applique pas aux quittances constatant le paiement[7]. S'il y a une différence entre les transcriptions en chiffres et en lettres de la somme, l'article 1326 fait prévaloir, en bon sens, la mention en toutes lettres.

---

1. Civ., 1re, 9 janv. 1961, *Bull. civ.* I, n° 21, p. 17 ; Civ., 3e, 26 juin 1973, *Bull. civ.* III, n° 444, p. 323 ; 23 janv. 1991, *Bull. civ.* III, n° 35, p. 20.
2. Paris 17 avril 1969, D. 1969, Somm. 70.
3. Civ., 3e, 16 juin 1971, D. 1971, Somm. 203, *Bull. civ.* III, n° 387, p. 274.
4. V. par ex. Civ., 1re, 5 fév. 1975, *Bull. civ.* I, n° 50, p. 47.
5. Cf. Ph. le Tourneau, Contre le « bon pour », D. 1975, chron. 187 s.
6. V. pour une promesse de bail, Civ., 1re sect. civ., 27 fév. 1963, D. 1963, 551 ; pour une promesse de vente Civ., 3e, 11 fév. 1975, D. 1975, *Inf. rap.* 107, *Gaz. Pal.* 1975, 1, Somm. 74.
7. Civ. sect. soc. 18 juil. 1952, D. 1952, 617.

La finalité de la disposition légale demeure : elle a pour but, d'une part, de s'assurer que le débiteur a bien pris connaissance de l'acte et mesure ainsi son engagement[1] et, d'autre part, d'éviter les *abus de blanc-seing*, un créancier profitant de ce qu'un débiteur a signé un acte en blanc pour inscrire ensuite une somme à son gré. Avant que n'intervienne la réforme du 12 juillet 1980, l'article 1328, dans un second alinéa aujourd'hui abrogé, dispensait de l'exigence de la mention manuscrite les « marchands, artisans, laboureurs, vignerons, gens de journée et de service ». Le législateur a supprimé cette liste vieillie, qui reposait sur l'idée que les personnes ainsi désignées étaient soumises aux règles dérogatoires du commerce (*infra*, n° 596), ou étaient peu habiles à écrire... Ne demeure aujourd'hui que l'exception générale figurant à l'article 109 du code de commerce qui pose la règle de la liberté de la preuve en matière commerciale (*infra*, n° 596).

La *sanction* du non-respect de cette formalité a donné lieu à des controverses et à des mouvements jurisprudentiels. Pourtant, conformément à la distinction entre la validité de l'acte et la preuve de celui-ci, le non-respect de cette formalité ne devrait affecter que l'acte instrumentaire, lui ôtant sa force probatoire spécifique, sans affecter la validité de l'opération relatée. La nullité de la preuve laisse, par principe, subsister la validité de l'obligation[2]. D'ailleurs, l'acte instrumentaire lui-même, s'il perd sa qualité d'acte sous seing privé, peut conserver, par disqualification, la qualité de commencement de preuve par écrit[3] (*infra*, n° 599).

Mais la première chambre civile de la Cour de cassation a utilisé l'article 1326 comme un mécanisme de protection en matière de cautionnement[4]. Ainsi, en se référant tout à la fois à l'article 1326 et à l'article 2015 qui exige un consentement exprès de la caution, elle a posé, non plus comme une condition de preuve, *ad probationem*, mais comme une condition de fond, *ad validitatem*[5], la mention par la caution soit de la somme exacte, c'est-à-dire de la somme garantie et des accessoires de la dette[6], soit celle démontrant que la caution a mesuré son engagement dans un cautionnement de montant indéterminé[7]. Ainsi ont pu, par

---

1. Civ., 1re, 3 mars 1970, D. 1970, 403, note ETESSE.
2. V. par ex. Civ., 2e, 18 déc. 1978, JCP 1979, IV, 74.
3. Jurisprudence classique depuis Civ. 26 oct. 1898, D.P. 1899, 1, 16 : v. par ex. Civ., 1re, 30 avril 1969, D. 1969, 412 ; 16 fév. 1983, *Bull. civ.* I, n° 68, p. 59 ; 11 janv. 1985, *RTD civ.* 1986, p. 758, obs. J. MESTRE ; 27 mai 1986, JCP 1987, II, 20873, note URIBARRI, *RTD civ.* 1987, p. 765, obs. J. MESTRE ; Com. 21 juin 1988, *Bull. civ.* IV, n° 212, p. 146.
4. V. P. SIMLER et P. DELEBECQUE, *Précis Dalloz, Les sûretés, La publicité foncière*, n°s 67 s. ; Ph. SIMLER, *Cautionnement et garanties autonomes*, 2e éd., 1991, n°s 192 et 349 s., Le juge et la caution, excès de rigueur ou excès d'indulgence ?, JCP 1986, éd. N, I, 169.
5. Civ., 1re, 22 fév. 1984, JCP 1985, II, 20442, note M. STORCK. Elle a été en cela suivie par de nombreux juges du fond : V. par ex. Versailles 27 fév. et 7 mai 1986, D. 1987, Somm. 442, obs. L. AYNÈS.
6. Civ., 1re, 22 juin 1983, *Bull. civ.* I, n° 182, p. 160, *Defrénois* 1984, art. 33251, p. 367, obs. J.-L. AUBERT ; 9 déc. 1986, D. 1987, Somm. 444, obs. L. AYNÈS, JCP 1988, II, 20921, note M. STORCK ; Com. 26 juin 1990, D. 1990, Inf. rap. 204.
7. V., par ex., Civ., 1re, 6 fév. 1980, JCP 1981, II, 19535, note M. RÉMOND-GOUILLOUD ; 19 avril 1982, JCP 1983, II, 20122, note C. MOULY et P. DELEBECQUE ; 22 fév. 1984, JCP 1985, II, 20442, note M. STORCK ; 16 déc. 1986, D. 1987, Somm. 442, obs. L. AYNÈS.

cette interprétation déformante des textes, être annulés des engagements pris à la légère par des cautions. La première chambre civile s'opposait ainsi à la chambre commerciale, qui affirmait classiquement la seule incidence du non-respect de l'article 1326 sur la preuve et non sur le fond[1]. Aussi est-ce avec satisfaction que l'on a vu la première chambre civile revenir à plus d'orthodoxie par un arrêt du 15 novembre 1989[2]. La question semble donc unifiée, pacifiée, mais sans doute faut-il noter qu'à la suite de sa modification par la loi du 31 décembre 1989, relative à la prévention et au règlement des difficultés liées au surendettement des particuliers et des familles, la loi n° 78-22 du 10 janvier 1978 semble ériger de nouveau en condition de validité une mention manuscrite par la caution de l'étendue de sa garantie, selon un modèle figurant dans la loi.

426 **2° La force probante des actes** ◊ Actes authentiques et actes sous seing privé bénéficient, du fait de la primauté de l'écrit en matière civile (v. *infra*, n° 588), d'une force probante appréciable et supérieure, généralement aux autres écrits, aux témoignages, aux présomptions. Néanmoins, il convient de distinguer, dans la catégorie même des actes, entre l'acte authentique et l'acte sous seing privé, la force probante du premier étant renforcée par rapport à celle du second.

427 **a) La force probante renforcée des actes authentiques** ◊ Ces actes sont dotés d'une force probante particulière que l'on définit en disant qu'ils font foi *jusqu'à inscription de faux*. Cela signifie que celui qui en conteste l'exactitude ou la sincérité doit recourir, pour en faire écarter l'autorité, à une procédure exceptionnelle : il doit *s'inscrire en faux* au greffe du tribunal et engager ainsi une procédure compliquée, régie par les articles 303 et suivants du nouveau code de procédure civile, qui expose le demandeur, en cas d'échec, à une amende civile, sans préjudice des dommages et intérêts auxquels il peut être condamné en faveur de son adversaire.

Il faut distinguer cette force probante exceptionnelle selon que son objet est l'origine de l'acte, ou les énonciations qu'il contient.

428 **Quant à l'origine de l'acte** ◊ La première question qui se pose quant à la force probante d'un acte est celle de sa sincérité : l'acte, ou tout au moins la signature, émane-t-il de celui-là même de qui on prétend qu'il émane, de l'officier public s'il s'agit d'un acte authentique ?

L'acte authentique *fait foi par lui-même jusqu'à inscription de faux*, en vertu de l'article 1319, alinéa 1er. Cela signifie qu'il est présumé authentique, vrai dans l'origine qu'il indique, par cela seul qu'il se présente avec les apparences extérieures de la régularité. En effet, la notoriété de la

1. Com. 6 juin 1985, *Bull. civ.* IV, n° 182, p. 153 ; 21 juin 1988, JCP 1989, II, 21170, note Ph. Delebecque, D.1989, Somm. 289, obs. L. Aynès ; 15 nov. 1988, D. 1990, 3, note Ancel ; 26 juin 1990, JCP 1990, IV, 324.

2. D. 1990, 177, note Ch. Mouly, JCP 1990, II, 21422, note Legeais, *Defrénois* 1990, art. 34761, p. 441, obs. L. Aynès.

signature de l'officier public, l'aspect de l'acte dressé par lui, la gravité des peines qui frappent le faux, tout concourt à penser que l'acte émane bien de son signataire apparent. Il y va aussi de la sécurité juridique, que l'acte authentique a pour première mission de servir. Donc celui qui présente un acte authentique à l'appui de sa prétention a, jusqu'à la difficile preuve du contraire, administré sa preuve. Ce serait à celui qui alléguerait que l'acte est faux en totalité ou en partie à faire la preuve de ce faux, mais à charge de s'engager dans la procédure de l'inscription de faux (*supra*, n° 527).

529   *Quant au contenu de l'acte* ◊ Il peut y avoir aussi contestation sur la vérité des faits qu'il relate, sur son *contenu substantiel*, et non plus sur ses qualités formelles quant à l'origine. A cet égard, une distinction classique est faite entre deux catégories d'énonciations.

Tout ce qui, dans l'acte authentique, se trouve mentionné sous le contrôle de l'officier public, agissant dans le cadre de sa compétence, à propos des faits qu'il a dû et pu vérifier lui-même, fait foi jusqu'à inscription de faux. Tel est le cas notamment de la mention de la comparution de telle personne devant l'officier public, de la teneur des déclarations recueillies, de l'accomplissement de faits tel qu'un paiement réalisé à la vue de l'officier public[1], de la date de l'acte. Cette autorité caractérise les énonciations ainsi vérifiées aussi bien à l'égard des parties qu'à l'égard des tiers à l'acte.

Au contraire, les énonciations que l'officier public ne fait que relater, mais qui émanent des parties elles-mêmes, sans qu'une vérification ait eu lieu, ne font foi que jusqu'à preuve contraire. Il est normal que leur valeur probante soit alors semblable à celle qu'elles auraient dans un acte sous seing privé, car elles ne sont couvertes que par l'affirmation et la signature des parties, sans que l'officier public en affirme personnellement l'exactitude. De telles mentions peuvent ainsi être arguées de simulation[2], la réalité d'une filiation mise en doute, les indications relatives à la contenance d'un bien contredites[3], l'affirmation d'un paiement effectué antérieurement et hors de la vue du notaire contestée[4], etc., sans qu'il soit besoin de recourir à l'inscription de faux, dès l'instant que ces faits n'ont pas été constatés par l'officier public. N'ont, semble-t-il, pas non plus, et d'une façon moins justifiée, de force probante particulière les énonciations que l'officier public fait pourtant lui-même, mais que la loi ne lui donnait pas mission d'émettre, telle la mention qu'un testateur est sain d'esprit[5].

530   *b) La force probante des actes sous seing privé* ◊ L'infériorité des actes sous seing privé, par rapport aux actes authentiques, en ce qui concerne la force probante, est manifeste, tant quant à leur origine qu'au regard du contenu de l'acte et qu'à leur date.

---

1. Civ., 3e, 19 mars 1974, *Bull. civ.* III, n° 135, p. 102.
2. Civ., 1re, 20 oct. 1971, *Bull. civ.* I, n° 228 ; Com. 12 nov. 1974, *Bull. civ.* IV, n° 286, p. 235.
3. Civ., 3e, 26 juin 1973, D. 1973, Somm. 143.
4. Civ., 3e, 16 nov. 1977, JCP 1978, IV, 20 ; Reims 23 fév. 1976, JCP 1977, IV, 45.
5. Civ., 1re, 17 nov. 1976, D. 1977, *Inf. rap.* 85.

531 *Quant à l'origine de l'acte* ◊ Les actes sous seing privé ne sont pas revêtus de marques extérieures et officielles ; leur écriture n'est pas connue, la signature pas davantage. Aux actes sous seing privé ne s'attache donc pas la présomption de régularité dont bénéficient les actes authentiques ; ils ne font pas foi de leur origine. La partie à qui l'on oppose l'acte sous seing privé peut donc le repousser, en affirmant n'en être pas l'auteur, sans avoir besoin de s'inscrire en faux (sur cette procédure, propre aux actes authentiques, *supra*, n° 527). Il suffit qu'elle *désavoue*, c'est-à-dire dénie son écriture, ou qu'elle se contente de méconnaître l'écriture et la signature de celui, apparemment signataire de l'acte, dont elle tient ses droits (art. 1324). Dès lors, c'est à l'adversaire qu'il appartient de faire contrôler la véracité de l'écriture en saisissant le juge[1], d'une façon incidente ou à titre principal. Le juge peut trancher la question sans attendre ou ordonner une *vérification d'écriture*, procédure régie par les articles 287 et suivants du nouveau code de procédure civile[2]. Si l'écrit sous seing privé est ainsi vérifié, alors il acquerra « la même foi que l'acte authentique » (art. 1322) et ne pourra, dès lors, être l'objet que d'une inscription de faux.

532 *Quant au contenu de l'acte* ◊ A cet égard encore, se manifeste l'infériorité de l'acte sous seing privé par rapport à l'acte authentique. Puisqu'il ne peut, par définition, y avoir de vérification personnelle opérée par quelque officier public, l'acte sous seing privé ne peut faire foi de son contenu que *jusqu'à preuve contraire*. Cela dispense celui qui le conteste de procéder à une inscription de faux. On peut donc toujours contester l'exactitude des faits que relate un acte sous seing privé, à charge d'en faire la contre-démonstration[3], sauf à respecter la règle selon laquelle on ne peut prouver contre et outre un acte sous seing privé par témoignage ou présomption (v. *infra*, n° 591).

533 *Quant à la date de l'acte* ◊ Parmi les énonciations de l'acte, il en est une particulièrement importante et au regard de laquelle se manifeste tout spécialement l'infériorité de l'acte sous seing privé : c'est celle de la *date*.

Alors que les actes authentiques font foi de leur date jusqu'à inscription de faux tant entre les parties qu'à l'égard des tiers (*supra*, n° 527), une distinction capitale entre les parties et les tiers doit être retenue au sujet des actes sous seing privé.

534 *Entre les parties* ◊ Entre les parties, les actes sous seing privé, reconnus ou vérifiés, font foi de leur date, comme de leurs autres énonciations, seulement *jusqu'à preuve contraire*. Ainsi, le signataire, qui prétend contester la date de son engagement telle qu'elle ressort de l'écrit signé par lui, devra fournir la preuve de la simulation de date qu'il invoque, cette

---

1. Com. 1ᵉʳ déc. 1975, *Bull. civ.* IV, n° 286, p. 237.
2. J. Vincent et S. Guinchard, *Précis Dalloz, Procédure civile*, préc., n°ˢ 1128 s.
3. Civ. 21 mars 1938, D.H. 1938, 257.

preuve ne pouvant, en principe, se faire par témoins, ou présomptions (*infra*, n° 591), sauf si l'inexactitude a servi à commettre une fraude, ce qui peut alors être prouvé librement (*infra*, n° 597).

535   *A l'égard des tiers* ◊ A l'égard des tiers, l'acte privé ne fait pas foi de sa date par lui-même. Comme il y a lieu de redouter une *antidate*, résultant d'une connivence des parties en vue de porter atteinte aux droits des tiers constitués en considération de la date réelle de l'acte, la date n'est pas en elle-même opposable aux tiers : il faut pour cela qu'elle soit *certaine*. Cette règle vise à protéger les tiers, et l'on comprend alors aisément que la jurisprudence ait refusé le bénéfice de l'inopposabilité d'une date non certaine aux tiers de mauvaise foi[1].

Cette qualité de certitude ne peut résulter que d'un des trois faits déterminés par la loi dans l'article 1328 du code civil, faits dont le caractère commun est qu'ils ne peuvent être simulés par les auteurs de l'écrit privé et accréditent ainsi d'une façon certaine la réalité d'une date, qui n'est d'ailleurs pas celle portée sur l'acte.

1. Le procédé le plus usuel pour donner date certaine à un acte est l'*enregistrement* de cet acte. Deux originaux sont présentés au receveur de l'enregistrement qui conserve l'un d'eux rédigé sur une feuille de format spécial permettant de le relier dans les registres ; mention de la date de présentation est apposée sur le second original, qui est restitué au déposant. L'acte prend date certaine du jour de son dépôt. Il est même possible d'obtenir un certificat mentionnant l'heure de l'enregistrement[2].

2. La *mort* de celui ou de l'un de ceux (parties ou témoins) qui ont souscrit un acte — sans que l'on puisse y englober l'officier public qui s'est borné à légaliser la signature[3] — lui confère aussi date certaine ; il est établi que l'acte existait nécessairement au jour de ce décès et l'acte reçoit donc date certaine à ce jour.

3. Enfin, le même effet se produit à dater « du jour où la substance de l'acte sous seing privé est constatée dans des actes dressés par des officiers publics, tels que procès-verbaux de scellés ou d'inventaire »[4]. Cette liste de l'article 1328 n'est pas limitative et cet effet est attaché à d'autres actes authentiques, par exemple à des actes administratifs[5]. Mais un acte sous seing privé enregistré n'a pas ce pouvoir de donner date certaine à un acte privé qu'il relate[6]. On mesure encore une fois ici l'infériorité probatoire de l'acte sous seing privé par rapport à l'acte authentique. En revanche, les trois hypothèses générales qui confèrent date certaine sont, elles, limita-

---

1. Req. 30 mars 1925, D.H. 1926, 306, S. 1927, 1, 123.
2. Civ., 1re, 29 juin 1982, *Bull. civ.* I, n° 247, p. 212.
3. Civ. 27 janv. 1930, D.H. 1930, 179.
4. V. par ex. Civ., 1re, 12 nov. 1975, JCP 1976, II, 18359, note M. Dagot, *RTD civ.* 1977, 145, obs. G. Cornu.
5. Angers 18 déc. 1947, D. 1948, 57, note P. Voirin.
6. Com. 21 janv. 1958, *Gaz. Pal.* 1958, 1, 360.

tives car, dans un désir scrupuleux d'éviter la fraude, on ne peut concevoir d'autres événements qui puissent constituer sans conteste une date certaine[1].

Cependant, la rigueur de l'article 1328 ne s'applique pas en matière commerciale, en raison de la liberté de la preuve qui la gouverne[2] (*infra*, n° 596). De même, des raisons pratiques permettent aux quittances d'être généralement opposables aux tiers, sans avoir date certaine, le juge appréciant librement la sincérité de cette date.

Ainsi donc, la date fait par principe foi entre les parties, mais ne s'impose aux tiers que dans ces trois cas légalement visés. Or, il n'est pas toujours aisé de distinguer la partie du tiers, et il est bien des situations intermédiaires entre les deux. En effet, on assimile aux parties à l'acte leurs *ayants cause à titre universel*, c'est-à-dire leurs héritiers ou légataires universels ou à titre universel : à leur égard, l'acte sous seing privé fait foi de sa date comme à l'égard des contractants eux-mêmes, jusqu'à la démonstration de la fausseté de celle-ci, car ils sont tenus de toutes les obligations de leurs auteurs, à quelque époque qu'elles aient été contractées[3].

Les *créanciers chirographaires* des contractants n'ont pas non plus la qualité de tiers au sens de l'article 1328[4] ; ils sont traités comme des ayants cause universels de leur débiteur dont ils ont suivi la foi et sur le patrimoine duquel ils ont un droit de gage général. Ils doivent en conséquence accepter comme sincères les actes passés par lui. Il faudrait, pour que le créancier échappe à ce statut, qu'il puisse se prévaloir d'un droit propre par rapport à celui de son débiteur, par exemple par une saisie[5]. Il en est encore autrement si le créancier prétend que la date a été faussement indiquée dans le dessein de frauder ses droits ; il peut alors intenter l'action paulienne, qui est donnée d'une façon générale à tout créancier contre les actes frauduleux de son débiteur par l'article 1167[6].

Dès lors, il faut définir les tiers, au regard de l'article 1138, comme les personnes n'ayant pas figuré dans l'acte et qui ont acquis des droits de l'un des contractants. Ce sont donc les *ayants cause à titre particulier* des contractants, comme le sont l'acheteur, le donataire, le locataire, etc. Or, il arrive que l'acte relaté dans un acte sous seing privé puisse leur faire grief si l'antériorité de cet acte est établie par rapport à la naissance de leur propre droit. Ce sera, par exemple, le cas d'un locataire qui apprend que, par un bail portant une date antérieure, son bailleur a déjà loué le bien à un autre. La règle de protection des tiers, insérée dans l'article 1328, signifiera alors pour lui que ce contrat ne lui sera opposable que s'il a date certaine. Dès lors, entre les deux baux, sera préféré, non pas celui qui

---

1. Sur le refus d'attacher un tel effet : à l'apposition d'un timbre-poste, v. Aix 27 mai 1845, D.P. 1845, 2, 118 ; à l'oblitération des timbres fiscaux, v. Poitiers 10 juin 1941, *Gaz. Pal.* 1941, 2, 99.
2. Civ., 1re, 30 mars 1966, *Bull. civ.* I, n° 219, p. 168.
3. F. TERRÉ et Y. LEQUETTE, *Les successions, Les libéralités*, n°s 750 s.
4. Civ. 11 fév. 1946, D. 1946, 389, note A. CHÉRON, JCP 1946, II, 3099, note R.C.
5. V. dans l'hypothèse d'une « faillite », Com. 11 mai 1964, D. 1965, 443, note J. PRÉVAULT et Civ., 3e, 23 juin 1971, D. 1971, 531, note E. FRANCK, *Gaz. Pal.* 1972, 1, 14.
6. V. *Les obligations*, n°s 860 s.

porte la date la plus ancienne, mais celui qui porte la date qui est devenue certaine, c'est-à-dire opposable à l'autre.

La complexité et la sévérité du système sont relativisées par la possibilité de conventions qui en aménagent les règles ou par lesquelles la personne renonce à s'en prévaloir[1], selon le principe de liberté contractuelle en matière probatoire (*supra*, n°s 485, 495 ; *infra*, n° 594). L'article 1328 n'est pas d'ordre public.

B   AUTRES ÉCRITS

536   *Diversités des écrits* ◊ Certains écrits, signés ou non signés, peuvent parfois être invoqués comme preuves, bien qu'ils n'aient pas été forcément établis à cette fin. Il en est ainsi des lettres missives, des registres et papiers domestiques, des mentions portées sur un titre ou sur une quittance, des livres de commerce.

Le code civil consacre aussi un article 1333 à un procédé probatoire, la *taille*, qui eut son importance et visait à constater les échanges réguliers de fournitures usuelles : il s'agit de deux morceaux de bois dont l'un (l'*échantillon*) était conservé par le client et l'autre (la *taille*) restait entre les mains du fournisseur. Lors de chaque fourniture, une coche ou une entaille était faite à la fois dans les deux matières rapprochées l'une de l'autre. La correspondance des encoches sur la taille et l'échantillon constituait une sorte de preuve écrite prouvant la livraison. Si l'une des moitiés présentait plus de coches que l'autre, la preuve des fournitures n'était faite que jusqu'à concurrence du moindre chiffre. L'article 1333 qui régit ce procédé, aujourd'hui en désuétude, est devenu sans objet. Il ne fut pourtant pas abrogé par la réforme opérée par la loi du 12 juillet 1980 et demeure, article inefficace, en mémoire de ce que furent les preuves écrites, dans une société agricole et peu alphabétisée.

537   *Lettres missives*[2] ◊ Bien que le code n'en dise rien, il n'est pas douteux qu'une lettre missive peut être produite comme preuve[3]. Le destinataire d'une lettre, si l'expéditeur n'a pas manifesté de volonté contraire, peut s'en servir pour établir le bien-fondé de sa prétention : la lettre peut constituer un aveu extrajudiciaire si elle contient une reconnaissance du droit contesté (*infra*, n° 572) ; elle peut valoir comme présomption (*supra*, n° 512 ; *infra*, n° 555) ; elle peut être considérée comme un commencement de preuve par écrit (*infra*, n° 599). Le destinataire de la lettre peut être le juge lui-même qui peut la prendre en considération, à condition bien sûr de la soumettre à la discussion des parties[4].

On peut se demander s'il est possible d'assimiler à une lettre missive un courrier envoyé par télex (*supra*, n° 490). Cette nouvelle technique de

---

1. Civ. 11 juil. 1949, D. 1949, 566.
2. GÉNY, *Des droits sur les lettres missives*, 2 vol., 1911 ; J. VALÉRY, *Des lettres missives*, 1912.
3. Civ., 2e, 9 janv. 1991, *Bull. civ.* II, n° 12, p. 6.
4. Civ., 2e, 10 juil. 1968, D. 1969, Somm. 25.

transmission s'insère mal dans les critères classiques de la force probante car, autant sa date est techniquement sûre, autant le télex ne peut jamais être signé. Rien n'empêche pourtant qu'un tel document soit qualifié d'« écrit non signé » et vaille donc commencement de preuve par écrit (*infra*, n° 599) ou présomption.

Le droit de se servir de la lettre en justice n'appartient, en principe, qu'au destinataire ; en raison du caractère confidentiel de la correspondance privée et sans qu'il soit besoin que les parties l'aient exprimé, un tiers ne peut utiliser une lettre comme preuve, même s'il la détient d'une façon régulière ; il n'en irait autrement que si le tiers détenait un droit d'autorité sur la personne de l'expéditeur ou du destinataire.

438   *Registres et papiers domestiques* ◊ Ce sont notamment des notes et livres de comptes tenus par les particuliers. Le code civil leur confère un rôle probatoire précis dans certaines hypothèses concernant l'état des personnes ; ils peuvent servir à prouver les mariages, naissances et décès en cas d'absence ou de perte des registres de l'état civil (art. 46), ou constituer un commencement de preuve par écrit pour la preuve de la maternité légitime (art. 324).

En outre, dans toute matière, ils peuvent faire foi *contre celui qui les a écrits* dans deux cas : quand ils énoncent formellement un paiement reçu et quand ils contiennent la mention expresse qu'ils ont été faits pour suppléer le défaut de titre au profit de la personne en faveur de laquelle ils énoncent une obligation (art. 1331). Mais les registres ou papiers domestiques ne peuvent faire preuve au profit de celui qui les a écrits, sauf à jouer comme élément de présomption et non plus comme preuve littérale[1].

439   *Le journal intime*[2] ◊ Le journal intime participe à la fois de la lettre que l'on s'adresse alors à soi-même et de l'écrit domestique, relatant la vie quotidienne. Il peut « tenter le droit des preuves »[3] en ce qu'il est le lieu privilégié des confidences et de la vérité. En cela, il participe aussi de l'aveu. On peut prétendre alors lui faire jouer un rôle probatoire équivalent aux lettres et écrits domestiques, dès lors que celui qui s'en prévaut est entré régulièrement en possession du journal. Mais les juridictions refusent souvent de prendre en considération ce mode de preuve en ce que, par nature, il porte atteinte à l'intimité de la vie privée de son auteur, auquel on voudrait l'opposer[4].

440   *Mentions portées sur un titre ou sur une quittance* ◊ Un créancier, recevant un paiement à titre d'acompte, par exemple, peut, au lieu de dresser une quittance régulière, en faire mention sur le titre constatant la créance. L'hypothèse est envisagée à l'article 1332 du code civil. Il est

1. Civ. 8 janv. 1934, D.P. 1934, 1, 148 ; Civ., 1re sect. civ., 6 oct. 1958, D. 1958, 747.
2. M. S. Zaki, La preuve par le journal intime, *RTD civ.* 1980, p. 2 s.
3. M. S. Zaki, préc., n° 1, p. 2.
4. Par ex. Boulogne-sur-mer 22 avr. 1976, *Gaz. Pal.* 1976, 2, Somm. 317.

inutile que cette mention soit suivie d'une signature [1]. La preuve peut être ainsi apportée de la libération du débiteur, distinction étant faite suivant que la mention figure sur le titre lui-même, ou bien seulement sur le double du titre ou de la quittance, auquel cas ce double doit être en possession du débiteur.

541 **_Livres de commerce_** ◊ Les commerçants sont astreints à tenir des livres de commerce qu'ils doivent conserver durant dix ans à partir de leur clôture. Ces obligations ont été précisées et amplifiées par la loi du 30 avril 1983 sur les obligations comptables des commerçants et des sociétés, qui a modifié les articles 8 et suivants du code de commerce. Il demeure, en vertu des articles 1329 et 1330 du code civil, que les livres de commerce peuvent toujours faire preuve contre le commerçant qui les tient, le juge appréciant librement leur valeur probante. Celle-ci est rendue incertaine par l'utilisation en la matière des techniques informatiques (_supra_, nos 489, 494). Le commerçant peut lui-même se prévaloir des livres qu'il tient lorsqu'il les oppose à un autre commerçant, dans un litige concernant un fait de commerce. Mais il ne peut les opposer à un adversaire non-commerçant, qui reste protégé par un système de preuves légales (_infra_, nº 596), sauf, en vertu de l'article 1329, s'il s'agit de prouver des fournitures faites par le commerçant à un tel client, auquel cas le livre peut valoir commencement de preuve par écrit (_infra_, nº 599).

C   LES COPIES

542 **_Présentation_** ◊ Lors de la rédaction du code civil, les copies, faites à la main, étaient peu nombreuses et peu fiables. Le système adopté en 1804 a donc accordé une force probante très limitée aux copies. Mais l'évolution des techniques de reproduction des documents — carbone, photocopie, informatique, ... — a nécessité une réforme en profondeur du système probatoire (_supra_, nº 494). Elle fut opérée par la loi du 12 juillet 1980, laissant subsister le système antérieur sur certains points tout en accroissant considérablement la force probante des copies.

543 **_1º Le système du code civil_** ◊ En 1804, une force probante autonome a été refusée aux copies. L'hypothèse retenue pour les prendre en considération, maintenue encore aujourd'hui, concerne la possibilité de se prévaloir d'une copie, dès l'instant que celui auquel on l'oppose peut demander la production de l'original, afin de confronter les versions. Cependant, selon la hiérarchie observée entre l'acte authentique et l'acte sous seing privé, le droit a accordé une force probante supérieure aux copies d'actes authentiques.

---

1. Art. 1332, al. 1er, et, concernant l'al. 2, Civ., 1re, 13 déc. 1972, _Gaz. Pal._ 1973, 1, 282, note PLANCQUEEL.

544 *a) Force probante des copies d'actes authentiques* ◊ Les actes authentiques, spécialement les actes notariés, présentent des garanties de conservation matérielle dont l'importance varie avec la forme dans laquelle ils sont établis.

Ainsi l'acte peut être rédigé en *brevet*. Il est alors remis aux parties : non conservé par l'officier public, son utilisation et sa conservation sont analogues à celles d'un acte privé. Notamment sa copie n'aura pas plus de valeur que n'en a une copie d'acte sous seing privé.

Mais si l'acte est rédigé en *minute*, il reste dans l'étude du notaire rédacteur, qui ne doit pas, en principe, s'en dessaisir. Cette minute comporte la délivrance de plusieurs sortes de copies : la *copie exécutoire*, celle qu'on appelle aussi la *grosse* — car, soumise à un droit proportionnel à la longueur du document, elle était écrite en gros caractères — qui est munie de la formule exécutoire (*supra*, n° 517) et les *expéditions*, qui en sont dépourvues. Toutes ces copies font foi, sous réserve de leur conformité à l'original conservé. C'est pourquoi celui à qui l'on oppose de telles copies peut toujours exiger la représentation de l'original, afin de vérifier cette conformité (art. 1334). Mais, dans ce mouvement de confiance qu'inspire la procédure de l'acte authentique, l'article 1335 accorde la même force probatoire à la grosse qu'à l'original, et aux autres copies sous certaines conditions.

545 *b) Force probante des actes sous seing privé* ◊ L'acte sous seing privé, en revanche, ne doit, en principe, être utilisé que dans sa forme originale : sous réserve des améliorations apportées par la loi du 12 juillet 1980 (v. *infra*, n° 546), l'acte sous seing privé ne vaut que s'il est revêtu d'une signature originale. Certes, dès 1804, en vertu de l'article 1334, commun aux actes sous seing privé et aux actes authentiques, une copie d'un acte sous seing privé peut être produite en justice dès l'instant que la partie est capable, sur demande de son adversaire, d'en produire l'original pour vérification. Mais, jusqu'à 1980, une copie d'acte sous seing privé n'avait pas de force probante, si l'original ne pouvait être produit.

Néanmoins, s'il s'agit d'un document qui constitue une copie du texte mais qui porte la signature originale, il a l'efficacité d'un original faisant foi dans les termes du droit commun. Il peut être utile pour, ultérieurement, suppléer une perte ou une destruction du premier original ou pour interrompre la prescription au moyen de la reconnaissance du droit du créancier ou du propriétaire. Ces copies revêtues d'une signature originale s'appellent les actes *récognitifs* (art. 1337 s.) et s'opposent ainsi aux actes *primordiaux*, c'est-à-dire à ceux qui sont dressés au moment même de la passation de l'acte juridique pour le constater, et qui sont les véritables originaux. En outre, et bien que le code civil les associe, il ne faut pas confondre l'acte *récognitif* avec l'acte *confirmatif*, lequel a pour but, en reproduisant une nouvelle fois l'accord, de rendre impossible son annulation pour un vice antérieur et disparu[1].

On mesure une nouvelle fois la fragilité de l'acte sous seing privé, en ce que, confié aux seules mains des parties, il est exposé à des disparitions

---

1. V. *Précis Dalloz, Les obligations*, n°s 308 s.

ou des destructions qui mettent en danger les droits des parties à l'acte juridique, sauf à démontrer que la perte est due à un cas fortuit ou de force majeure (V. *infra*, n° 600).

546   *2° La réforme de 1980* ◊ La loi du 12 juillet 1980 a accordé aux copies une *force probante autonome*, dès l'instant où la copie répond au critère de *reproduction fidèle et durable*.

547   ***La force probante autonome des copies*** ◊ La réforme, rendue indispensable par l'évolution des techniques et leur importance notamment dans la vie des affaires, est intervenue pour accroître considérablement la valeur probatoire des copies. Il s'agissait en effet de dépasser le schéma, par ailleurs conservé, du code civil, qui n'accordait de force probatoire à la copie que si l'original pouvait être produit. Ce sont notamment les pratiques de conservation des chèques par les banques qui ont suscité la réforme. En effet, dans la nécessité d'en conserver la trace alors que leur stockage devenait irréaliste, on a pris l'habitude de reproduire les chèques sur microfilms (*supra*, n° 489) avant de les détruire. Mais, de ce fait, les banques et leurs clients ne pouvaient plus produire que des copies sans original à l'appui.

Afin de valider un tel procédé, et au-delà de cette hypothèse précise, le législateur a conféré une force probante *autonome* aux copies. Il est désormais efficace, en vertu de l'article 1348 ainsi modifié, de produire une copie, alors même que la production de l'original n'est plus possible. Cette production d'une copie autonome doit être soigneusement distinguée de la production d'une copie que l'on pourrait dire « de droit commun », en vertu de l'*article 1334*. En effet, selon ce texte, toutes sortes de copies peuvent être produites, dès l'instant qu'on peut, sur demande de l'adversaire, en produire l'original, tandis qu'en vertu de l'*article 1348*, la copie vaut, indépendamment de l'original, mais c'est à condition que la copie présente certaines qualités.

548   ***La reproduction fidèle et durable*** ◊ Il s'agit en effet de s'assurer que la copie est un document non susceptible de falsification, dès l'instant que la production de l'original n'est pas nécessaire. On comprend donc que l'article 1348 du code civil, tel qu'il résulte de la loi du 12 juillet 1980, exige que la copie soit, de l'original, la *reproduction non seulement fidèle mais aussi durable*. On notera ainsi qu'il s'agit de deux qualités, la fidélité et la persistance dans le temps, autonomes et cumulées. L'article comporte une définition de ce qu'il faut entendre par l'adjectif *durable* : *toute reproduction indélébile de l'original qui entraîne une modification irréversible du support*.

Cela correspond notamment à l'hypothèse, en considération de laquelle la réforme est intervenue, du microfilm. Cela semble exclure, dans un système de preuve légale (*infra*, n°ˢ 588 s.), la preuve par informatique, dès l'instant que, sauf des techniques appropriées de verrouillage, des manipulations ultérieures sur les documents informatiques sont possibles ; cette limite a été critiquée au nom des exigences de la vie des affaires[1] ou approuvée au nom de la sécurité juridique[2]. De la même façon, cette nouvelle sorte de copie que constitue la télécopie (ou « fax ») ne semble pas pouvoir présenter les qualités requises pour constituer une copie fidèle et durable ; elle présente la faiblesse de pouvoir être manipulée dans la date qu'elle affiche.

La qualification est beaucoup plus discutable dans l'hypothèse de la photocopie et du carbone. En effet, tant l'une que l'autre ne peuvent être qualifiés, sauf à considérer la technique récente de la photocopie infalsifiable, de reproduction indélébile et irréversible. Pourtant, la Cour de cassation, par un arrêt du 27 mai 1986[3], a, au-delà de la volonté du législateur, accordé une valeur probatoire à de telles copies. D'une façon fort astucieuse, elle a qualifié ces copies de commencement de preuve par écrit (*infra*, n° 599). Dès lors, indépendamment, tout à la fois, de l'article 1334, qui exigerait la production de l'original, et de l'article 1348, qui exigerait des qualités de fidélité et de persistance, la cour, en visant l'article 1347 relatif au commencement de preuve par écrit, autorise la prise en considération de copies non fidèles et durables, alors même que l'original n'est pas produit ! Cette ingéniosité, jouant sur la lettre des textes, est sans doute critiquable quant à leur esprit. Elle s'explique au regard de la portée probatoire des copies.

49   *Effet probatoire des copies* ◊ S'il est acquis que des copies peuvent avoir valeur probatoire, encore faut-il savoir laquelle. Certains auraient voulu que la copie vaille l'original, quand bien même celui-ci ne pourrait être produit. Le législateur n'a pas voulu aller jusque-là et s'est contenté d'affirmer que la copie fidèle et durable, sans valoir l'original, rendait recevable, dans un système de preuve légale (*infra*, n° 588 s.), la présomption ou le témoignage. C'était certainement s'arrêter en chemin. Or, depuis 1804, une partie qui ne peut produire une preuve littérale peut être admise néanmoins à prouver l'acte juridique, si elle se prévaut d'un commencement de preuve par écrit, étayé par témoignages ou présomptions (art. 1347). Dès lors, en qualifiant la copie non pas au vu de l'article 1348, qui exige une copie fidèle et durable, mais au vu de l'article 1347, qui n'a pas cette exigence, la Cour de cassation a donné un effet identique à toutes les sortes de copies — à savoir la recevabilité de la preuve complémentaire par témoignages ou présomptions —, que la copie soit fidèle et durable ou non. Sans doute faudrait-il, sous cette impulsion, « revaloriser » alors l'effet probatoire d'une copie fidèle et durable, pour la rendre équivalente à l'original, sans qu'il demeure nécessaire de l'étayer par des témoignages ou présomptions.

---

1. F. Chamoux, *La preuve par écrit : un anachronisme pour les entreprises*, Trav. Assoc. franç. droit de l'informatique, 1987, p. 129 s. ; G. Parléani, Un texte anachronique : le nouvel article 109 du code de commerce (rédaction de la loi du 12 juillet 1980), D. 1983, chron. 65 s.
2. H. Croze, Informatique, preuve et sécurité, D. 1987, chron. 165 s.
3. Civ., 1re, 27 mai 1986, JCP 1987, II, 20873, note M. Uribarri, *Gaz. Pal.* 1987, 1, Somm. 54, obs. H. Croze et Ch. Morel, *RTD civ.* 1987, p. 765, obs. J. Mestre.

§ 2
LE TÉMOIGNAGE

550   *Définition de la preuve testimoniale* ◊ Le témoignage est une déclaration faite par une personne sur des faits dont elle a eu personnellement connaissance.

Cet élément de connaissance personnelle distingue la preuve testimoniale de la *preuve par commune renommée*, qui consiste en ce que des personnes rapportent, non plus ce qu'elles ont constaté elles-mêmes, mais ce qu'elles ont ouï-dire à propos de tel ou tel fait[1]. Cette preuve, courante sous l'Ancien droit, était et reste dangereuse par son imprécision croissante au fur et à mesure que l'on s'éloigne du témoignage direct, l'accumulation de ces témoignages n'accroissant pas la probabilité du fait rapporté. Aussi n'est-elle plus admise qu'à titre tout à fait exceptionnel[2].

En revanche, on considère comme témoignage ayant force probante[3] le témoignage *indirect*, par lequel le déclarant rapporte le récit qu'une personne déterminée a fait en sa présence, un tel fait permettant la discussion et le contrôle.

551   *Évolution du témoignage* ◊ Ce mode de preuve a été longtemps vu avec faveur, surtout dans les sociétés où l'instruction est peu répandue : le rapport oral de ce que l'on a vu paraît le plus sûr gage de véracité, surtout si une certaine conscience religieuse imprègne le droit et fait craindre le parjure (*infra*, n° 588).

C'est pourquoi *témoins passent lettres*, adage de la très Ancienne France, signifiait qu'on accordait plus de force probatoire aux témoignages qu'aux écrits. Cependant les progrès de l'écrit, notamment grâce à la découverte de l'imprimerie au XVe siècle, et de l'instruction renversèrent cet ordre. On prit conscience tout à la fois de la sécurité probatoire que présente la preuve littérale (*supra*, n° 517) et des faiblesses inhérentes au mécanisme du témoignage. En effet, les témoins se trompent dans la reconstitution qu'ils opèrent des faits et on ne peut pas exclure l'hypothèse de complaisances, conscientes ou non[4].

C'est pourquoi l'ordonnance de Moulins de 1566 vint restreindre considérablement le domaine du témoignage, notamment à propos des actes juridiques (*infra*, n°s 588 s.).

Cependant, dans toutes les matières où la preuve est libre, et même, sous certaines conditions dans le système de la preuve légale, le témoignage garde une place importante ; il reste le mode de preuve le plus

---

1. PICARD, *De la preuve par commune renommée*, thèse Paris, 1911.
2. La preuve par commune renommée peut ainsi être utilisée contre le tuteur qui n'a pas fait inventorier le mobilier échu par succession à un mineur (art. 451, al. 3, c. civ.).
3. Civ., 1re, 27 fév. 1979, JCP 1979, IV, 161.
4. GORPHE, *La critique du témoignage*, thèse Paris, 1924.

courant lorsqu'une preuve littérale n'a pu être préconstituée. Ainsi les témoignages sont des modes de preuve essentiels dans les litiges familiaux, notamment les divorces, ou dans les procès en responsabilité, lorsqu'il s'agit de reconstituer l'accident. Le droit de l'administration de la preuve prévoit des incapacités de témoigner touchant ceux dont l'impartialité est sujette à caution.

D'ailleurs, le droit, dans un mouvement de balancier, a facilité les témoignages, en assimilant aux dépositions orales, recueillies dans le cadre d'une enquête, les attestations écrites[1]. Cette assimilation est explicite dans le nouveau code de procédure civile (art. 199 s.). Dans l'hypothèse de l'attestation écrite, la preuve de l'identité du témoin doit alors être fournie et mention être faite sur l'attestation de la connaissance par son auteur des poursuites pénales possibles en cas d'attestation mensongère. Le juge peut d'ailleurs toujours décider d'entendre l'auteur d'une attestation (art. 203 nouv. c. proc. civ.), ce qui montre que le témoignage oral reste le principe, même s'il a cessé d'être le plus courant.

52 *Force probante du témoignage* ◊ Le témoignage est lié à une conception libre de la preuve, qui n'accorde pas de primauté à l'écrit (*infra*, nᵒ 582). Un tel système repose sur la puissance concrète de conviction de la preuve proposée. Tous moyens peuvent donc être articulés devant le juge dès l'instant qu'ils sont loyaux, leur force probante étant appréciée souverainement[2].

L'ancienne règle *testis unis testis nullus*, qui refusait toute force probante à un témoignage isolé, n'a pas été maintenue : un témoin unique n'est pas récusable pour ce seul fait ; il appartient simplement au juge d'être particulièrement prudent dans l'appréciation d'un tel témoignage. Cela rapproche la force probante du témoignage de celle attachée à la présomption, puisque la jurisprudence a admis que le juge pouvait former sa conviction sur une présomption unique (*supra*, nᵒ 513).

Le témoignage est un mode de preuve qui a aussi sa place dans un système de preuve légale et son domaine s'accroît au fur et à mesure que les exceptions à l'exigence d'une preuve littérale en la matière se multiplient (*infra*, nᵒ 584).

§ 3

LES PRÉSOMPTIONS

53 *Présentation* ◊ Outre la diversité des effets des présomptions, il y a, entre elles, une diversité de nature, qui appelle un effort de détermination et de *classification* (A).

Il conviendra ensuite de mesurer l'*effet* probatoire qui peut être attaché aux différentes sortes de présomptions (B).

1. Civ. 3ᵉ, 11 janv. 1978, *Bull. civ.* III, nᵒ 30, *RTD civ.* 1978, 925, obs. R. PERROT ; R. BÉRAUD, Du témoignage-Charybde à l'attestation écrite-Scylla, *Gaz. Pal.* 1975, 2, doctr. 567.
2. Req. 2 nov. 1940, D.H. 1940, 89.

$\boxed{\text{A}}$ CLASSIFICATION DES PRÉSOMPTIONS

554   *Diversité de nature des présomptions*   ◊ Bien que le terme soit commun à différents mécanismes, il apparaît qu'il n'y a que peu de traits communs entre la présomption qui évite à celui qui se prévaut de sa bonne foi de la prouver, la preuve incombant à son adversaire qui doit démontrer la mauvaise foi (*supra*, n° 500), et la présomption qui permet d'établir la preuve d'une vitesse excessive en analysant les traces de pneus (*supra*, n° 513), ou la présomption qui interdit au vendeur professionnel de démontrer l'ignorance dans laquelle il était d'un vice caché de la chose vendue pour tenter d'échapper à son obligation de garantie (*infra*, n° 562). Ces hypothèses correspondent en effet à trois natures distinctes de présomptions qui correspondent à autant de catégories, appelant des règles techniques spécifiques.

555   *1° Le déplacement de l'objet de la preuve*   ◊ Il convient de rappeler la nature de ce type de présomption, avant de déterminer quels sont ses mécanismes d'application.

556   *a) Nature*   ◊ Il s'agit de la *présomption par excellence*, celle qui est expressément visée et définie par le code civil, à l'article 1349. Elle constitue un *raisonnement probatoire* (*supra*, n° 513), par l'établissement d'un lien logique entre le fait inaccessible à la preuve (objet initial de preuve, « inconnu ») et le fait accessible (objet déplacé de preuve, « connu »). Ainsi, puisque le possesseur d'un bien est le plus souvent le propriétaire, la preuve de la propriété (objet initial de la preuve) sera apportée si le demandeur démontre sa qualité de possesseur (objet déplacé de la preuve). Le lien logique est, dans cet exemple, la *coïncidence* des deux qualités.

Il n'y a dans ce cas ni renversement de la charge de la preuve, puisque le demandeur a toujours la tâche de prouver son allégation, ni dispense de preuve, puisqu'il a toujours un objet de preuve à satisfaire : simplement, l'objet s'est modifié. Cela démontre l'autonomie de cette catégorie de présomption.

Puisqu'il s'agit d'un raisonnement tendant à la révélation de la vérité, certes d'une façon indirecte, la présomption correspond à la définition même de la preuve (*supra*, n° 478) : à ce titre, elle doit pouvoir être reçue dès l'instant qu'elle n'est pas exclue.

557   *b) Mécanisme*   ◊ Parce qu'il s'agit d'un raisonnement, ce type de présomption est par excellence judiciaire et constitue un mode de preuve à part entière[1]. L'exemple de la preuve de la vitesse par l'usure des pneus,

---

1. R. Decottignies, *Les présomptions en droit privé*, thèse Lille, 1949.

par l'établissement d'un lien logique de causalité entre les deux faits, l'illustre (*supra*, nº 513). C'est toujours ce type de présomption que l'on vise lorsqu'on parle de *présomption du fait de l'homme*. Mais la présomption peut être aussi d'origine légale, lorsque le législateur, sans qu'il ait à en justifier, a établi un lien logique entre deux objets de preuve. Ainsi, la preuve positive de la paternité étant difficile, on présume que le père de l'enfant est le mari de la mère (art. 312 c. civ.).

La présomption comme déplacement de l'objet de la preuve peut certes être d'origine légale ou judiciaire, mais, dans la mesure où elle constitue un raisonnement probatoire, elle ne peut qu'être *simple*. En effet, du fait de l'incertitude probatoire du déplacement d'objet, et de la faiblesse du lien logique (il arrive que le mari ne soit pas le père, que le possesseur ne soit pas le propriétaire, que les pneus aient été usés par autre chose qu'une vitesse excessive, etc.), l'adversaire doit avoir le moyen de briser la présomption en rapportant la preuve contraire. Un tel raisonnement doit toujours pouvoir être contredit. C'est la condition *sine qua non* pour qu'il constitue une technique tendant à établir la vérité, pour qu'il constitue une preuve. Si la preuve contraire n'est pas possible, la présomption ne constitue plus alors un déplacement d'objet de preuve, mais une dispense de preuve (*infra*, nº 562).

58   *2º Le déplacement de la charge de la preuve* ◊ Il convient de rappeler également la nature de ce type de présomption, avant d'en préciser le mécanisme d'application.

59   *a) Nature* ◊ La présomption peut être un moyen de renverser la charge de la preuve. Il en est ainsi de la présomption de bonne foi (art. 2268, *supra*, nº 500). Elle ne peut alors être assimilée à un déplacement d'objet de preuve, puisque, dans notre exemple, le demandeur à l'allégation n'a pas à prouver sa bonne foi, même indirectement, en prouvant un fait connexe : il en est déchargé purement et simplement. Mais l'objet de preuve ne disparaît pas du débat pour autant et en cela cette présomption ne peut être qualifiée de dispense de preuve. En effet, l'objet de preuve demeure mais, comme le titulaire de la charge de la preuve n'est plus le demandeur à l'allégation mais le défendeur, l'objet de preuve apparaît alors en *négatif* : le défendeur à l'allégation devra démontrer la mauvaise foi. C'est la charge qui change la *perspective* dans laquelle est vu l'objet de preuve, mauvaise foi au lieu de bonne foi, mais c'est bien le même objet qui demeure. Il n'y a donc pas à proprement parler de déplacement de l'objet de la preuve.

60   *b) Mécanisme* ◊ Le déplacement de la charge de la preuve, à la différence du déplacement de l'objet de preuve, constitue une faveur. En cela, une présomption de cette catégorie ne peut être posée que par le législateur, le juge ne disposant pas du pouvoir d'imposer des solutions qui ne soient pas motivées par des considérations d'ordre seulement logique. En outre, et par définition, puisqu'il s'agit de renverser la charge de la preuve, l'objet de la preuve demeurant, sous sa face négative, dans le débat, l'adversaire doit pouvoir prouver l'objet de la preuve, par exemple la mauvaise foi. Ainsi, la présomption comme déplacement de charge de preuve est-elle nécessairement toujours simple, et non irréfragable.

561 *3° L'exclusion de la preuve* ◊ Il convient, comme pour les deux premières catégories, de poser la nature de ce type de présomption, avant de préciser son mécanisme d'application.

562 *a) Nature* ◊ Il s'agit d'une nature tout à fait extraordinaire, puisque le droit appelle encore « présomptions » des règles qui posent le caractère *incontestable* de certaines affirmations ! Ainsi, le jugement est présumé vrai (art. 1350, *supra*, n° 514 et *infra*, n° 639). Par cette règle, la question de la véracité du jugement n'appartient plus au débat. Ce type de présomption fait disparaître le fait en tant qu'objet de preuve, annihile toute question de charge de preuve. La présomption comme dispense de preuve opère une transformation qualitative : le fait qui en bénéficie ne relève plus dès lors d'une logique probatoire. Il devient juridiquement indifférent de découvrir s'il est exact ou non : la présomption le pose comme vrai. C'est pourquoi cette présomption, d'une nature radicalement différente des précédentes, est une *fiction* (v. *supra*, n° 408). On peut même regretter que le terme de « présomption » soit encore utilisé pour décrire ce mécanisme.

563 *b) Mécanisme* ◊ Pour que la présomption vaille dispense de preuve, ce qui aboutit à soustraire le fait considéré à l'exigence probatoire, il faut donc que la preuve contraire soit exclue : la présomption est alors *irréfragable*. Ainsi en est-il des présomptions légales visées à l'article 1350 du code civil (*supra*, n° 514).

Le pouvoir de poser ce que le droit considère comme vrai, sans souci de la vérité, n'appartient qu'au législateur, entre les mains duquel, d'ailleurs, l'on peut estimer que la présomption, envisagée comme une fiction, doit être interprétée restrictivement[1]. Pourtant, la jurisprudence s'est reconnue, implicitement sinon expressément, le pouvoir d'admettre des présomptions irréfragables, plus spécialement au sujet de l'obligation de garantie des vices cachés de la chose vendue pesant sur le vendeur professionnel[2].

B FORCE PROBANTE DES PRÉSOMPTIONS

564 *1° A l'égard de l'autre partie* ◊ La force probante de la présomption, à l'égard de l'autre partie, varie suivant que la présomption est *simple*,

1. Civ., 1ʳᵉ, 5 janv. 1965, J.C.P. 1965, II, 14132, note R.L., fut critiqué pour avoir interprété par analogie la présomption d'interposition de personnes (J.-Y. CHEVALLIER, D. 1965, 533).
2. Com. 27 nov. 1972, *Bull. civ.* IV, n° 282, p. 266 ; Civ., 1ʳᵉ, 11 mars 1980, *Bull. civ.* I, n° 84, p. 69.

irréfragable ou *mixte*. Lorsque la présomption est simple, l'adversaire peut prouver par tous moyens que la preuve qui en découle est inexacte. Lorsque la présomption est irréfragable, aucune preuve contraire n'est recevable, le fait n'étant plus un objet concret de preuve. Et lorsque la présomption est mixte, la preuve contraire est recevable, mais seulement selon certains procédés de preuve. Il en est ainsi, par exemple, de la preuve contraire que peut opposer le défendeur à une action en recherche de paternité, lequel ne dispose que d'un nombre limité de preuves pouvant être efficacement articulées (art. 340-1 c. civ.).

65   *2° Quant à l'office du juge* ◊ Lorsque la présomption est irréfragable, précisément parce qu'elle ne relève plus d'un mécanisme de preuve mais constitue une véritable règle de fond, le juge ne dispose pas d'un pouvoir d'appréciation. Ainsi ne peut-il estimer, devant un jugement produit, qu'il n'est pas exact dans ses énonciations.

Lorsque la présomption est simple ou mixte, le juge apprécie souverainement la force probante de la présomption. Il est d'ailleurs remarquable que le droit associe souvent la présomption et le témoignage, tous deux recevables dans un système de preuve libre, tous deux parfois recevables dans des circonstances communes dans un système de preuve légale (*infra*, n° 599), tous deux tributaires de l'intime conviction du juge (*supra*, n° 552).

§ 4 ――――――――――――――――――

L'AVEU

66   *Généralités* ◊ L'aveu consiste, de la part de celui contre lequel on allègue un fait, à en reconnaître l'exactitude. Il ne peut porter que sur une question de fait ; il ne peut porter sur une question de droit. L'existence ou le sens d'une règle juridique [1] ou la qualification juridique d'une situation, ne peut dépendre de l'aveu d'une partie [2]. Il s'agit d'une nouvelle application de la distinction essentielle entre le fait et le droit, la détermination du droit étant de l'office du juge.

Acte unilatéral censé dévoiler spontanément la vérité, sortant ainsi de la bouche même de celui qu'il accable [3], l'aveu produit effet indépendamment de toute acceptation de la partie adverse [4]. Il n'est d'ailleurs pas nécessaire qu'il ait été fait dans la pensée qu'il pourra servir de preuve, mais il faut qu'il émane d'une *volonté consciente* et non viciée. Ainsi, selon

---

1. V., par ex., Civ., 2ᵉ sect. civ., 28 mars 1966, *Bull. civ.* II, n° 416 ; Soc. 14 avril 1972, *Bull. civ.* V, n° 261 ; Civ., 1ʳᵉ, 23 nov. 1982, *Bull. civ.* I, n° 335.
2. Com. 28 fév. 1984, *Bull. civ.* IV, n° 75 ; Civ., 3ᵉ, 22 mars 1989, D. 1989, Inf. rap. 124.
3. AUBRY et RAU, t. XII, par BARTIN, § 751, p. 107 ; BEUDANT et LEREBOURS-PIGEONNIÈRE, t. IX, par R. PERROT, n° 1304.
4. V., par ex., Civ., 3ᵉ, 26 janv. 1972, *Bull. civ.* III, n° 57 ; 1ᵉʳ oct. 1975, *Bull. civ.* III, n° 267, p. 203.

certains[1], et l'on trouve de la jurisprudence en ce sens[2], il faut exiger que le déclarant sache, par l'affirmation qu'il profère, qu'il fournit des armes contre lui à son adversaire, qui sera ainsi dispensé de prouver les faits en invoquant la déclaration. On peut toutefois douter, en droit positif, de la permanence de cette condition : le droit actuel, jurisprudentiel[3] ou législatif — notamment lorsque le refus de prêter serment ou de comparaître est assimilé à un aveu[4] —, tend incontestablement à admettre de plus en plus des aveux simplement tacites, voire implicites[5], dès l'instant qu'ils sont sans ambiguïté, dans des situations où l'on peut sérieusement douter de la conscience de l'individu. Mais peut-être est-ce le droit positif qui, dans cette évolution, est critiquable en ce que l'aveu et la conscience qu'en a celui qui le fait seraient indissociables.

De toutes les preuves, c'est l'aveu qui paraît à première vue le plus convaincant. Cependant, l'aveu peut être contraire à la réalité des faits[6]. Aussi a-t-il cessé d'être « la reine des preuves », notamment en matière pénale[7], et la loi n'attache pas toujours une force probante absolue à ce genre de preuve.

567   *Recevabilité de l'aveu* ◊ L'aveu est en principe un mode de preuve admissible en toutes matières. D'une façon exceptionnelle, la preuve par aveu est cependant exclue, et cela pour différentes raisons.

Il arrive que la loi dénie expressément toute efficacité à l'aveu pour déjouer une collusion frauduleuse entre deux plaideurs, au détriment notamment de leurs créanciers (art. 1299 nouv. c. proc. civ.).

D'une manière plus générale, et indépendamment de toute précision formelle de la part du législateur, le fait même que l'aveu soit une manifestation unilatérale de volonté a pour conséquence d'en interdire l'usage dans toutes les matières où l'aveu emporterait la renonciation à un droit auquel il n'est pas permis de renoncer, ou dont on ne peut disposer. Le libéralisme que le législateur contemporain a manifesté dans les réformes du droit de la famille a toutefois entraîné la suppression de certaines exclusions de la preuve par aveu (art. 259 c. civ.).

Étant donné la gravité des conséquences de l'aveu, le sort du procès en dépendant, une certaine *capacité* est nécessaire pour qu'un aveu soit valable : celle de disposer de l'objet de la contestation, lequel, on l'a vu, doit déjà par nature être disponible. Ainsi l'aveu fait par un mineur ou un majeur en tutelle n'a pas force probante. Pour les mêmes considérations,

---

1. BARTIN, préc.
2. Req. 29 oct. 1894, S. 1895, 1, 36 ; Civ., sect. soc., 7 mai 1951, *Bull. civ.* III, n° 358 ; Civ., 2e sect. civ., 4 déc. 1953, *Bull. civ.* II, n° 338 ; Civ., 1re, 25 oct. 1972, *Bull. civ.* I, n° 216.
3. V. par ex. Civ., 3e, 21 fév. 1978, J.C.P. 1978, IV, 135.
4. Art. 1361 c. civ. ; art. 296 nouv. c. proc. civ. — Sur la tendance, proche, à assimiler une abstention à un commencement de preuve par écrit, v. art. 1347, al. 3, c. civ. et art. 198 nouv. c. proc. civ.
5. V. par ex. Civ., 3e, 21 fév. 1978, préc.
6. *L'aveu, Antiquité et Moyen-Age*, Ecole de Rome, 1986 ; E. ALTAVILLA, *Psychologie judiciaire*, 1959.
7. F. GORPHE, L'aveu dans la procédure pénale, *Rev. int. dr. comp.* 1952, p. 776 s. ; J. SUSINI, Aspects modernes de l'aveu, *Rev. sc. crim.* 1984, p. 817 s.

au regard du *pouvoir*, l'aveu du tuteur du mineur ou du majeur en tutelle n'a de force probante que s'il a trait à un droit dont son pouvoir de gestion lui permet de disposer. D'une façon plus générale, le mandataire, même muni d'un pouvoir général, ne lierait pas son mandant par un aveu : il doit être muni d'un pouvoir spécial (art. 1356, al. 1er, c. civ.).

En dehors de ces conditions qui sont communes à toutes les sortes d'aveu, le régime juridique de celui-ci est profondément différent selon qu'il s'agit d'un aveu judiciaire ou d'un aveu extrajudiciaire, distinction posée à l'article 1354.

598   *1° L'aveu judiciaire. Définition* ◊ L'aveu judiciaire est « la déclaration que fait *en justice* la partie ou son fondé de pouvoir spécial » (art. 1356, al. 1er). *En justice*, c'est-à-dire devant le juge[1] compétent[2], soit dans des conclusions écrites[3], soit verbalement à l'audience ou dans un interrogatoire lors de la comparution personnelle des parties. Il est d'ailleurs remarquable que cette comparution puisse être ordonnée d'office par le juge et que le refus ou l'absence de réponse ne soit pas dénué de force probante, mais constitue un commencement de preuve par écrit (*infra*, n° 599). Cependant, le silence ne saurait, sauf exception (*supra*, n° 566), aller jusqu'à être constitutif de l'aveu lui-même[4].

L'aveu doit être fait pendant l'instance au cours de laquelle est débattu le fait que cet aveu concerne. Un aveu intervenu dans une autre instance, fût-ce entre les mêmes parties, ne vaudrait que comme un aveu extrajudiciaire. C'est notamment le cas d'un aveu intervenu dans une instance pénale dont une partie à une instance civile voudrait se prévaloir[5]. Enfin, un aveu qui émanerait d'un tiers au litige ne vaudrait que comme témoignage[6].

599   *Force probante de l'aveu judiciaire* ◊ L'aveu « fait *pleine foi* contre celui qui l'a fait » (art. 1356, al. 2) : le juge, quelle que soit son intime conviction, doit tenir pour exacts les faits avoués. Cette force probante tient à ce que les conditions dans lesquelles la partie profère son aveu ne permettent pas de croire qu'elle n'a pas mesuré la gravité de sa déclaration.

On peut également penser que l'aveu judiciaire a aussi, non pas pour simple effet, mais aussi pour *fonction* de lier le juge sur les faits qui constituent le débat. L'aveu est alors, non plus tant un mode de preuve, qu'une manifestation du principe *dispositif* qui laisse aux parties la maîtrise des termes du litige[7]. Ainsi, dans la procédure de divorce sur demande acceptée, dite « sur double aveu », il est caractéristique que ces aveux ne puissent pas même valoir aveu extrajudiciaire dans une autre instance (art. 236).

1. Soc. 20 mai 1950, *Bull. civ.* n° 202 ; Civ., 2e, 27 oct. 1971, *Bull. civ.* II, n° 209.
2. Req. 19 déc. 1877, D.P. 1878, 1, 176.
3. Civ., 3e, 13 nov. 1973, *Bull. civ.* III, n° 576, p. 420.
4. Civ., 3e, 4 mai 1976, *Bull. civ.* III, n° 182.
5. Civ., 1re, 12 juin 1963, *Bull. civ.* I, n° 313.
6. Civ., 1re, 25 janv. 1967, *Bull. civ.* I, n° 35.
7. J. CHEVALLIER, *La charge de la preuve, Cours de droit civil approfondi*, Paris 1958-1959, Les cours du droit.

570   *Indivisibilité de l'aveu judiciaire* ◊ L'efficacité de l'aveu judiciaire souffre toutefois une restriction, tenant à son indivisibilité. L'article 1356, alinéa 3, du code civil dispose en effet que « l'aveu ne peut être *divisé* contre celui qui l'a fait ». L'aveu doit être pris tel qu'il se présente, sans qu'il soit permis à la personne à laquelle il bénéficie d'en retrancher quoi que ce soit, selon son intérêt.

L'application de la règle est parfois délicate, en ce qu'il faut distinguer selon qu'on se trouve en présence d'un aveu *simple*, *qualifié*, ou *complexe*.

a) S'il y a eu aveu *pur et simple* d'un fait, il n'y a aucune difficulté, la division de l'aveu ne se concevant pas.

b) Mais l'aveu peut avoir été *qualifié* : on appelle ainsi l'aveu qui, tout en reconnaissant un fait, lui donne une couleur ou y relève une circonstance qui en altèrent les effets juridiques. Ainsi une personne reconnaît qu'on lui a prêté 1 000 Francs, mais sans intérêts, ou encore qu'on lui a remis des objets, mais à titre de don manuel et non à titre de dépôt. En pareil cas, le principe de l'indivisibilité interdira à celui qui invoque l'aveu d'en conserver la partie seulement qui le sert, en tirer la seule preuve de la remise de 1 000 Francs ou des objets, en déniant et en mettant son adversaire en demeure de prouver les circonstances dont il a coloré son aveu, la gratuité du prêt ou l'intention libérale à son égard[1].

c) L'aveu peut encore être *complexe*, lorsqu'il ajoute au fait avoué un fait *distinct*, mais qui se rattache à lui[2]. Par exemple, un débiteur reconnaît sa dette, mais ajoute qu'il l'a remboursée ou encore qu'il est d'autre part créancier de son créancier et qu'il y a compensation.

La mise en œuvre de l'indivisibilité dépend du lien qui existe entre les faits ainsi réunis dans l'aveu. Il y a indivisibilité lorsque le second fait adjoint au premier est *connexe* à celui-ci. Cette connexité peut être relevée d'office par le juge[3]. Et il en est ainsi lorsque le second fait ne peut avoir eu lieu si l'on ne suppose pas l'existence du premier. Dans l'exemple donné, on ne pourra tenir pour certaine l'existence de l'obligation et dénier le fait du paiement. Au contraire, si le second fait n'est pas connexe au premier, c'est-à-dire si, tout en restreignant les faits, il peut avoir eu lieu sans que le premier se soit produit, il n'y a pas indivisibilité. Par exemple, le défendeur, en avouant qu'il doit 1 000 Francs, ajoute que sa dette est éteinte par l'existence d'une créance de pareille somme à son profit, ce qui a entraîné compensation. Le demandeur sera, en ce cas, admis à invoquer l'aveu de la première obligation, tout en déniant la sienne.

Ainsi délimitée, la règle de l'indivisibilité de l'aveu judiciaire comporte en outre certaines atténuations : 1. la règle ne s'applique que s'il s'agit d'un aveu portant sur un fait contesté, et non sur un fait constant et

---

1. Civ. 26 nov. 1849, D.P. 1850, 1, 28 ; Req. 10 déc. 1902, D.P. 1903, 1, 303, rapp. DENIS.
2. V., par ex. Civ. 31 mai 1932, D.H. 1932, 378 ; 30 avril 1969, D. 1969, Somm. 114 ; Com. 14 janv. 1970, D. 1970, Somm. 95 ; Civ., 1re, 11 mai 1971, *Bull. civ.* I, n° 156, p. 130 ; 11 fév. 1975, *Bull. civ.* I, n° 55, p. 51.
3. Civ. 1re, 29 nov. 1978, D. 1979, 381, note A. BÉNABENT.

indiscuté par les parties (*supra*, n° 511)[1], ou sur un fait déjà prouvé[2] ; 2. elle souffre encore exception lorsque la déclaration accessoire, jointe à l'aveu principal, est invraisemblable[3], ou contradictoire[4], ou démontrée par ailleurs inexacte[5], ou encore légalement irrecevable, se heurtant à la chose jugée par exemple.

Cette jurisprudence atteste ainsi la tendance des tribunaux à chercher, afin de statuer selon leur intime conviction, à échapper au régime de la preuve légale, manifestée ici par l'aveu judiciaire qui a le pouvoir de lier le juge. Ils parviennent ainsi, en limitant le domaine de l'indivisibilité de l'aveu judiciaire, à retenir l'aveu principal, lorsqu'il a déterminé leur conviction, tout en rejetant les déclarations connexes qui leur semblent mensongères. Il est d'ailleurs remarquable que l'indivisibilité de l'aveu est une règle qui n'existe pas en matière pénale[6]. — Sur cette tendance générale du droit, législatif et jurisprudentiel, à se rapprocher d'un système de preuve libre, v. *infra*, n° 584.

571 *Irrévocabilité de l'aveu judiciaire* ◊ Une fois fait, l'aveu judiciaire est en principe *irrévocable*. Il peut cependant être *rétracté pour cause d'erreur* (art. 1356, al. 4)[7]. C'est la conséquence de la définition même de l'aveu comme mode de révélation de la vérité. L'on comprend aussi que, par le même parallélisme, l'aveu ne pouvant porter que sur un fait (*supra*, n° 566), la loi ajoute que la seule erreur justifiant une rétractation est *l'erreur de fait* : par exemple, venant d'hériter d'un parent, une personne avoue l'existence d'une dette que le défunt avait contractée ; plus tard, elle découvre une quittance constatant que la dette était éteinte ; elle peut rétracter l'aveu. Au contraire, l'aveu ne peut pas être révoqué pour cause d'erreur de droit, l'auteur de l'aveu n'en ayant pas aperçu les conséquences juridiques exactes. Ainsi l'héritier ne saurait rétracter l'aveu qu'il a fait d'une dette de la succession, en alléguant qu'il ignorait que sa qualité d'héritier l'engageait à payer intégralement la dette de son auteur. Nul n'est censé ignorer la loi (*supra*, n° 399).

572 *2° L'aveu extrajudiciaire. Notion* ◊ L'aveu extrajudiciaire se définit négativement : il est tout aveu qui ne correspond pas aux conditions de l'aveu judiciaire. Les aveux les plus variés peuvent donc être extrajudiciaires, notamment l'aveu fait dans une autre instance (*supra*, n° 567), celui reçu par un officier ministériel ou un mandataire de justice, ou inclus dans une lettre, ou découlant d'une déclaration orale.

N'ayant pas été fait devant le juge saisi de la contestation, l'aveu extrajudiciaire devra être établi dans le procès concernant le fait avoué. Le mode de preuve utilisé à cette fin devra être lui-même admissible : s'il est

1. Civ. 6 déc. 1954, D. 1955, 256 ; Com. 29 juin 1965, *Bull. civ.* IV, n° 410.
2. Civ., 3e, 5 mars 1974, *Bull. civ.* III, n° 97, p. 75 ; Com. 23 oct. 1984, *Bull. civ.* IV, n° 277.
3. Civ., 1re, 23 nov. 1977, J.C.P. 1978, IV, 29.
4. Civ. 15 mars 1950, D. 1950, 379 ; 31 mai 1958, D. 1958, 585.
5. Civ. 10 déc. 1901, D.P. 1902, 1, 407.
6. Art. 428 c. proc. pén. ; Crim. 24 avril 1984, D. 1986, 125, note J. Cosson.
7. V., par ex., l'application faite de l'art. 1356, al. 4 : Rouen 3 avril 1973, D. 1973, Somm. 104.

consigné dans un écrit émanant de l'auteur de l'aveu, on se référera aux règles de recevabilité de la preuve littérale, s'il est oral, à celles propres aux témoignages (art. 1355)[1], et s'il s'agit d'une déclaration relatée dans des documents étrangers à l'auteur de l'aveu, à celles relatives aux présomptions.

573   *Force probante* ◊ La loi n'en parle pas. On en conclut qu'elle est laissée à l'*appréciation des tribunaux*, le juge restant libre d'être ou non convaincu de la véracité des faits rapportés.

Contrairement à l'aveu judiciaire, l'aveu extrajudiciaire peut être *divisé* sans restriction, si le juge l'estime nécessaire[2]. Enfin, cet aveu peut être *rétracté*, le juge restant là encore libre d'apprécier ce qu'il doit penser de la valeur de cette rétractation, compte tenu des circonstances de la cause[3].

§ 5
LE SERMENT

574   *Diverses variétés de serment* ◊ Le serment implique l'affirmation, par une partie, d'un fait qui lui est *favorable*. En principe, une telle affirmation est suspecte et le juge ne doit point y ajouter foi. Mais il en va autrement lorsqu'elle intervient sous une forme solennelle, destinée à éviter autant que possible le mensonge.

Dans sa conception primitive, le serment est la promesse ou l'affirmation d'un fait en prenant Dieu à témoin. Dans sa forme actuelle, le serment n'est qu'une promesse ou affirmation solennelle faite en levant la main droite et en disant : « je le jure »[4]. Mais le caractère religieux du serment est indélébile (sur les rapports entre droit et religion, v. *supra*, n° 9). On aura beau effacer le nom de Dieu et toute formule confessionnelle des termes employés pour le prêter, l'emploi du serment n'en impliquera pas moins l'adhésion à une pensée métaphysique[5]. C'est ce caractère qui seul peut expliquer les effets que la loi continue d'attribuer au serment. Ajoutons que le *faux serment* n'est pas seulement une faute morale. A la différence du simple mensonge, c'est un délit réprimé par le code pénal (art. 366), mais la preuve de la fausseté est soumise au système probatoire civil[6].

Le serment judiciaire, c'est-à-dire celui qui peut être employé en justice comme moyen de preuve (serment *affirmatif*), est à distinguer du serment *promissoire* prêté par les magistrats, jurés, avocats, experts qui

---

1. Civ., 2e, 27 oct. 1977, D. 1977, Inf. rap. 25.
2. Civ., 3e, 16 nov. 1971, *Bull. civ.* III, n° 394.
3. Civ. 9 mars 1954, *Gaz. Pal.* 1954, 1, 320 ; Pau 9 nov. 1972, J.C.P. 1973, II, 17329, note J. B.
4. Sur les formes du serment, v. Paris 3 déc. 1968, D. 1969, Somm. 18.
5. Ch. Perelman, *La preuve en droit, essai de synthèse*, in *La preuve en droit*, préc., p. 364.
6. Crim. 15 juil. 1964, J.C.P. 1964, II, 13817.

prennent l'engagement de bien remplir leurs fonctions ou attributions, ou par les témoins promettant de dire la vérité. Le serment judiciaire affirmatif est de trois sortes : le serment *décisoire*, le serment *supplétoire* et le serment *estimatoire*, appelé encore *en plaids* ou *in litem*.

75   *1° Le serment décisoire. Définition* ◊ Le serment décisoire est ainsi nommé parce qu'il *décide* de la contestation. Il est défini par l'article 1357, 1°, comme « celui qu'une partie défère à l'autre pour en faire dépendre le jugement de la cause ».

Il faut imaginer la situation suivante : un des plaideurs offre de renoncer à sa prétention si l'autre partie affirme sous serment le fait sur lequel elle fonde sa prétention contraire. Cette offre porte le nom de *délation* de serment. Celui à qui le serment a été ainsi *déféré* peut jurer ; sa réponse doit à la fois être précise et correspondre exactement à la question[1] ; ce faisant, il assure son succès. Mais s'il le préfère, il peut s'abstenir et, à son tour, *référer* le serment à celui qui le lui a déféré. Si ce dernier prête le serment à lui référé, ses conclusions doivent lui être adjugées ; s'il refuse, il succombe : son attitude est en effet un *aveu tacite*. Là s'arrête l'échange ; le serment ne peut pas être référé une nouvelle fois par l'auteur de la première délation (art. 1361).

Ainsi, celui qui défère le serment remet la décision du point litigieux à la conscience de son adversaire ; mais il le contraint soit à jurer, soit à lui référer le serment. En outre, la délation de serment enlève au juge son pouvoir de décision. Comme en matière d'aveu (*supra*, n° 569), le serment est non seulement un mode de preuve, mais encore une manifestation du pouvoir des parties dans le procès civil, en vertu du principe *dispositif*. Le juge sera ainsi obligé de donner gain de cause à celui qui a prêté le serment, quand même il serait convaincu que ce serment est un parjure, ou de condamner celui qui refuse de le prêter, quand bien même il serait dans son droit.

76   *Nature juridique du serment décisoire* ◊ En considération de ce qui vient d'être dit, et d'une façon plus nette encore que pour l'aveu, le serment manifeste le pouvoir de la volonté des parties sur le procès. En effet, sans méconnaître la dimension religieuse du procédé, le serment est un *mode conventionnel de terminaison d'un procès* : la délation du serment est une offre de renoncer à sa prétention et d'acquiescer à celle de l'adversaire, s'il consent son affirmation par un serment, offre à laquelle se joint implicitement celle de jurer soi-même, si l'adversaire réfère le serment. Par là, la délation de serment s'apparente au mécanisme de la *transaction*[2], bien qu'elle s'en sépare en ce qu'elle n'implique pas les concessions réciproques qui marquent une transaction. Cette dimension procédurale du serment permet de rendre compte d'un certain nombre de conditions d'utilisation du serment décisoire.

---

1. Soc. 29 nov. 1973, JCP 1974, IV, 16.
2. Civ. 28 fév. 1938, D.C. 1943, 99, note HOLLEAUX.

577   *Conditions de mise en œuvre du serment décisoire* ◊ 1. Le serment ne peut pas intervenir dans les matières où une transaction n'est pas possible, par exemple les matières d'*ordre public*, notamment l'état des personnes ; ainsi, il ne pourrait être utilisé en matière de filiation. Mais il est recevable en matière de divorce (art. 259).

2. Pour avoir le droit de déférer ou de référer le serment comme pour avoir celui de le prêter, il faut avoir la *capacité* et le *pouvoir* nécessaires pour faire une transaction valable. Ainsi un mandataire, serait-il un avocat ou un avoué, a besoin d'un pouvoir spécial en matière de serment (art. 322 nouv. c. proc. civ.). Le serment ne peut, en principe, être déféré qu'aux seules parties en cause figurant à l'instance en leur nom personnel, sauf lorsqu'il s'adresse à des administrateurs de biens d'autrui si les faits allégués leur sont personnels[1], ou aux représentants des personnes morales. Concernant ces derniers, le fait objet de preuve devait classiquement et de la même façon leur être personnel[2] ; une jurisprudence récente[3], confortant la réalité de la personnalité morale (*supra*, n° 354), pose que le serment est prêté par le représentant, même si le fait personnel a été commis par une autre personne, notamment un salarié dont la société doit répondre.

3. Comme en matière d'aveu, le serment ne peut être déféré que sur un fait et non sur une question de droit, car il appartient au juge et non aux parties de dire le droit. La loi ajoute même qu'« il ne peut être déféré que sur un fait *personnel* à la partie à laquelle on le défère » (art. 1359) et établit en corollaire que le serment ne peut être référé que si le fait est personnel aussi à celui à qui on le réfère (art. 1362). On aura recours à un exemple : « jurez-vous que vous m'avez prêté les 1 000 Francs que vous me réclamez ? » ; à quoi le demandeur pourra se contenter de répliquer : « jurez vous-même que vous ne me les avez pas empruntés ». Il y a, dans cette double hypothèse, un fait que l'auteur du serment doit connaître comme lui étant personnellement arrivé.

Il arrive que la personne à qui le serment a été déféré ou référé étant décédée, on ne puisse alors déférer à ses héritiers qu'un serment dit *de crédulité* (art. 2275), par lequel on leur demande seulement de jurer « qu'ils n'ont pas connaissance du fait en question ».

4. Le fait sur lequel le serment porte doit être *pertinent* et *concluant*, qualités que doit avoir, d'une façon générale, un fait pour être objet de preuve (*supra*, n° 510) et que reprend expressément à propos du serment l'article 1357. En effet, il est particulièrement important que le fait soit décisif pour le jugement en cause, dans la mesure où l'effet du serment est précisément de mettre fin au problème de preuve[4].

---

1. Paris 29 oct. 1968, D. 1969, Somm. 28.
2. Soc. 28 juin 1957, *Bull. civ.* IV, n° 816, *RTD civ.* 1958, p. 96, obs. H. et L. MAZEAUD ; Soc. 3 mars 1966, *Bull. civ.* IV, n° 248, *RTD civ.* 1967, p. 703, obs. P. RAYNAUD ; Paris 29 oct. 1968, J.C.P. 1968, II, 15677, note P.L. ; Colmar 10 oct. 1969, J.C.P. 1970, II, 16169, note J.A., *RTD civ.* 1970, p. 410, obs. P. HÉBRAUD et P. RAYNAUD.
3. Com. 10 fév. 1987, J.C.P. 1987, IV, 131.
4. Civ. 5 mai 1886, D.P. 1886, 1, 467 ; Soc. 24 fév. 1961, D. 1961, Somm. 65 ; Com. 5 fév. 1962, *Bull. civ.* III, n° 73.

5. La délation du serment peut, comme une transaction, intervenir *en tout état de cause*, qu'il n'y ait aucune preuve ou aucun commencement de preuve, ou bien qu'il y en ait (art. 1360).

Lorsque les conditions exigées pour l'admissibilité du serment décisoire sont réunies, le juge est tenu d'y recourir à la demande de l'une des parties [1] alors qu'il ne pourrait l'ordonner d'office [2], le contrôle du juge ne pouvant porter que sur le caractère pertinent des faits articulés, qu'il apprécie souverainement, et qui disparaît notamment si la demande de serment porte sur des faits confus, ou dont la fausseté est déjà démontrée.

6. « La partie qui a déféré ou référé le serment, ne peut plus se rétracter lorsque l'adversaire a déclaré qu'il est prêt à faire ce serment » (art. 1364).

78   *Effets du serment décisoire* ◊ Ces effets sont particulièrement énergiques puisque la prestation de serment ou le refus de le prêter, qui équivaut alors à un aveu (*supra*, n° 566), font pleine foi et que le juge ainsi lié doit en tirer les conséquences : le gain du procès pour celui qui a prêté le serment, la perte du procès pour celui qui a refusé de prêter le serment. Le juge ne dispose pas d'un pouvoir d'appréciation en la matière [3], pas plus que l'adversaire ne peut être admis à démontrer la fausseté du fait affirmé sous serment (art. 1363). Sera ainsi irrecevable, comme en matière de transaction (art. 2052), l'appel interjeté contre le jugement intervenu sur le fondement du serment [4], sauf à démontrer le dol [5] ou si l'on soutient que le serment a été admis dans un cas où il n'était pas recevable [6]. De la même façon, pour celui qui l'a prêté, le serment est irrévocable.

79   *2° Le serment supplétoire. Conditions de la délation* ◊ Le serment supplétoire est celui que le juge peut déférer *d'office* quand, n'étant point convaincu par les preuves produites, il veut en corroborer les conclusions ou en compenser l'insuffisance (art. 1366). Cette méthode se justifiait surtout dans un procès civil où le juge, lié par sa *neutralité*, ne pouvait diligenter les mesures d'instruction nécessaires (*supra*, n° 484). Aujourd'hui, le juge ordonne plutôt une expertise ou une autre mesure d'instruction (*supra*, n° 486), et la procédure du serment supplétoire, bien rare en pratique, ne sera utilisée qu'à défaut.

Deux conditions symétriques sont nécessaires, aux termes de l'article 1367, pour la délation de ce serment. Il faut, d'une part, que la demande ne soit pas pleinement justifiée car si elle l'était, elle devrait alors être directement accueillie. Mais, à la différence du serment décisoire, le serment supplétoire suppose qu'existent déjà des preuves [7], bien qu'elles

---

1. Civ., sect. soc., 28 nov. 1962, *Gaz. Pal.* 1963, 1, 156.
2. Com. 26 janv. 1981, J.C.P. 1981, IV, 126.
3. Civ., 3e, 22 fév. 1978, J.C.P. 1978, IV, 136.
4. Req. 13 mars 1900, S. 1900, 1, 448 ; Civ., 1re sect. civ., 14 mars 1966, D. 1966, 541, J.C.P. 1966, II, 14614, note J.A., *RTD civ.* 1966, 595, obs. RAYNAUD.
5. Trib. civ. Valenciennes 10 mars 1942, D.A. 1942, 96.
6. BEUDANT et LEREBOURS-PIGEONNIÈRE, t. IX, par R. PERROT, n° 1328.
7. Civ., 1re, 28 oct. 1975, *Gaz. Pal.* 1976, 1, Somm. 7.

ne soient pas assez convaincantes. Le serment supplétoire est ainsi, contrairement au serment décisoire, une pure méthode probatoire pour un juge qui doute. S'il s'agit d'un fait devant être prouvé par écrit, il faudra que la preuve initiale soit un commencement de preuve par écrit[1] ; il pourra s'agir d'un simple témoignage ou d'une présomption, si la preuve est libre (*infra*, n° 582).

Le serment supplétoire sera déféré à celle des parties en laquelle le juge aura le plus de confiance. En général, il est déféré à celle qui produit à l'appui de sa prétention un commencement de preuve par écrit. Il peut s'agir d'ailleurs d'un tiers appelé à l'instance, en déclaration de jugement commun[2].

580   *Différences avec le serment décisoire* ◊ L'autorité du serment supplétoire est loin d'égaler celle du serment décisoire. En effet, ce dernier tire sa force de la convention des parties qui, en application du principe *dispositif*, fait loi (*supra*, n° 484). Le serment supplétoire, lui, n'est qu'une mesure d'instruction ordonnée par le juge.

Cela explique ainsi que le juge ait un pouvoir discrétionnaire pour déférer le serment supplétoire ; il n'est jamais tenu de le déférer même si les parties le lui demandent, sans qu'il ait à motiver son refus. Le serment déféré par le juge à une partie ne peut être référé par elle à l'autre (art. 1368). Le serment supplétoire peut être déféré même sur un fait non personnel à la partie appelée à jurer, dès lors qu'elle en a été informée. Le serment supplétoire ou le refus de le prêter sont librement appréciés par le juge[3] et de la même façon la partie à qui ferait tort le serment supplétoire prêté par l'adversaire serait en droit d'en démontrer la fausseté.

581   *3° Le serment estimatoire* ◊ L'article 1369 mentionne ce type de serment, dit encore *en plaids* ou *in litem* : il vise l'hypothèse dans laquelle *le principe de la demande est fondé* mais où le montant de la condamnation à prononcer n'est pas déterminé et où le juge n'a pas lui-même les moyens d'en fixer la *valeur exacte*. La loi lui permet alors de faire déterminer sous serment le chiffre par le demandeur, sauf à lui fixer un maximum. Très proche du serment supplétoire, il s'en distingue en ce qu'il suppose que la preuve du bien-fondé de la demande, dans son principe, soit déjà entièrement rapportée, et en ce qu'il ne peut être déféré qu'au demandeur.

---

1. Civ. 24 fév. 1947, D. 1947, 279 ; Soc. 1er juin 1972, D. 1972, Somm. 139, *RTD civ.* 1972, 779, obs. Y. LOUSSOUARN.

2. Civ., 2e, 14 mars 1974, *Bull. civ.* II, n° 98, p. 81.

3. Civ., 2e, 10 fév. 1971, *Bull. civ.* II, n° 50, p. 37.

SECTION 2
ADMISSIBILITÉ
DES MODES DE PREUVE

§ 1
GÉNÉRALITÉS

582 *Les deux conceptions : limitation ou liberté de la preuve* ◊ Deux grandes tendances s'opposent quant au régime de la preuve. Le système dit de la *preuve légale* confie au *législateur* le soin d'apprécier la valeur respective des procédés de preuve. Ce système consacre une hiérarchie entre les preuves, limite, selon les cas, l'admissibilité de certains procédés et commande au juge de tenir pour vrais les faits établis par certains moyens de preuve, sans faire entrer en ligne de compte son intime conviction. Par la preuve légale, le législateur, voire les parties contractantes, expriment leur supériorité sur le juge[1].

A l'opposé, le système de la liberté de la preuve ou, selon une formule consacrée, de la *preuve morale*, laisse aux parties la liberté de choisir entre les procédés de preuve, dès l'instant qu'elles les obtiennent et les produisent loyalement en justice ; aucune hiérarchie n'existe alors entre les modes de preuve et le juge a pleine latitude pour former sa conviction. Cette liberté profite tout autant au juge qu'aux parties, au détriment du législateur qui est écarté.

Il est difficile d'apprécier la valeur respective de ces conceptions, cette appréciation dépendant des objectifs que l'on prétend assigner à un système probatoire. Il est en effet évident que l'objectif de vérité (*supra*, n° 486) serait bien servi par un système de liberté de la preuve et n'en connaît même pas d'autre, car la méthode de découverte de la vérité pose celle-ci à la fois comme but et comme seul critère. Mais la recherche probatoire peut être hasardeuse et le pouvoir judiciaire excessif. Il est non moins évident que l'objectif de sécurité (*supra*, n° 483) est servi par un système qui organise les preuves, préconstituées, et lie le juge d'une façon contraignante.

Il est en tout cas certain que le droit positif, même civil, construit d'abord sur le modèle de la preuve légale, se rapproche du système de la preuve morale (*infra*, n° 584). Sans doute faut-il y voir aussi l'influence des valeurs scientifiques dans une civilisation qui magnifie la méthode scientifique et ses résultats[2].

---

1. Cette supériorité s'exprime classiquement non seulement sur la question probatoire, mais aussi sur le fond, à travers l'article 1134 c. civ. V. *Les obligations*, n°s 358 s., p. 362 s. ; *supra*, n°s 311 s.
2. *Droit et science*, Arch. phil. droit, t. 36, 1991.

583 ***Système traditionnel de preuve en droit civil*** ◊ Pendant longtemps, aucun de ces deux systèmes ne l'a emporté en droit civil. Celui-ci a réparti les modes de preuve en deux catégories : 1° les modes de preuve parfaits que sont *l'écrit, l'aveu et le serment décisoire* ; ces procédés sont en principe admissibles en toutes matières et lient le juge ; 2° les modes de preuve imparfaits que sont *les témoignages, les présomptions et le serment supplétoire* ; ces procédés, considérés comme dangereux et peu sûrs, ne sont admis qu'exceptionnellement et ne lient pas le juge.

Cette classification interfère avec la distinction fondamentale des *actes juridiques* et des *faits juridiques* (*supra*, n°s 259 s.). On sait que l'acte juridique est la manifestation de volonté qui a pour objet de produire des effets de droit, tandis que le fait juridique est un événement auquel le système juridique attache un effet de droit. Il y a en effet une coïncidence naturelle entre cette distinction et la classification des preuves légale et libre. L'on observe que l'acte juridique est un acte de prévision, les parties exprimant à travers lui leur volonté d'organiser le futur. Le maître-mot est alors la sécurité voulue par les parties et le système probatoire sera donc légal (*supra*, n° 582). Il n'y a aucune préoccupation de ce genre lorsque intervient un fait juridique ; il s'agit bien plutôt de le reconstituer afin de lui attacher la règle juridique qui lui correspond et le système probatoire sera donc libre. Il est ainsi caractéristique que la preuve *pénale* est toujours libre.

584 ***Évolution du droit privé vers la liberté de la preuve*** ◊ Par une évolution tant législative que jurisprudentielle (*infra*, n° 595), le système tend à réduire le domaine de la preuve légale, en multipliant les hypothèses où la preuve libre est possible, à tel point qu'on peut se demander si le mécanisme de la preuve légale reste encore le principe en droit privé.

On peut en discerner plusieurs causes. Tout d'abord, même dans l'hypothèse d'un acte juridique, les parties cherchent certes la sécurité mais aussi la rapidité et le moindre coût des transactions, préoccupations qui peuvent prévaloir et que dessert l'exigence d'une preuve littérale. Aussi la preuve est-elle libre en matière commerciale (*infra*, n° 596). Ensuite, il est bien des documents qui ne correspondent pas à la définition de la preuve littérale, notamment les documents informatiques (*supra*, n°s 494, 548) et dont on voudrait néanmoins qu'ils possèdent une force probante (*supra*, n° 489). Enfin, l'objectif de vérité vers lequel est tournée la preuve tend aujourd'hui à prévaloir même en matière d'acte juridique et explique que le juge cherche, sous la bienveillance du législateur, à échapper à un système légal qui soustrait la preuve à son intime conviction.

§ 2

PREUVE DES FAITS JURIDIQUES

585 ***Principe de la liberté de la preuve*** ◊ Bien que la loi ne le pose pas expressément, les faits juridiques peuvent, en principe, être prouvés par tous moyens de preuve. Il est d'ailleurs en général impossible de concevoir une preuve préconstituée parce que l'événement est inattendu. Mais le même principe est aussi applicable aux ·faits prévisibles et organisés, comme ceux servant de fondement aux *quasi-contrats* (gestion d'affaires, paiement de l'indu [1], enrichissement sans cause), ceux susceptibles d'être situés dans une période précontractuelle (vices du consentement, par exemple) ou post-contractuelle (faits d'inexécution, par exemple), ceux qui concrétisent une certaine volonté (faits de possession, par exemple).

86 *Limite constituée par l'exigence de loyauté de la preuve* ◊ Si le principe est bien la liberté pour la partie, encore faut-il que le procédé soit légalement admissible, c'est-à-dire qu'il soit *loyal* (*supra*, n° 489). Il ne le sera pas, et sera alors rejeté, sans que le juge puisse en examiner la portée probante, s'il porte atteinte au droit au respect de la vie privée (pour l'hypothèse caractéristique du journal intime, *supra*, n° 539) ou au droit à l'image par exemple, s'il entraîne la violation d'un secret médical, professionnel, etc. Dans ce conflit qui oppose alors deux droits subjectifs, le droit pour le demandeur à l'allégation d'obtenir la preuve de ce qu'il avance (*supra*, n°s 487, 493) et le droit pour celui qui détient la preuve de faire respecter sa vie privée, ses secrets, etc., le second constitue la limite du premier.

En outre, l'exigence de loyauté doit être satisfaite dans l'administration de la preuve et notamment le principe du contradictoire respecté (*supra*, n° 495 ; *infra*, n° 653).

87 *Exceptions pour les faits concernant l'état des personnes* ◊ L'importance particulière de certains faits a conduit le législateur à écarter, en ce qui les concerne, la liberté de la preuve. C'est le cas pour divers faits intéressant l'état des personnes ; ainsi la preuve de la naissance ou du décès doit se faire en principe à l'aide des actes de l'état civil.

§ 3

PREUVE DES ACTES JURIDIQUES

88 *Primauté de la preuve écrite* ◊ L'*article 1341* constitue la disposition centrale du système de preuve des contrats et, par extension, des actes juridiques. Marque du système de preuve légale, le texte pose que la preuve des actes juridiques n'est pas libre, mais doit prendre la forme d'une preuve *littérale*. Il faut néanmoins rappeler que cette nécessité d'un écrit n'est qu'une règle de preuve et ne concerne en rien la validité de l'acte juridique, celui-ci se formant, en principe, par le seul consentement (*supra*, n° 516).

Mais si l'article 1341 affirme ainsi le principe (A), le droit positif organise aussi ses limites (B).

1. Civ., 1re, 29 janv. 1991, *Bull. civ.* I, n° 36, p. 22.

A   L'EXIGENCE D'UNE PREUVE LITTÉRALE

589   *Distinction* ◊ L'article 1341 distingue deux situations qu'il convient d'examiner successivement : la preuve de l'acte juridique, dans un premier temps, la preuve contre et outre l'écrit qui constate l'acte juridique, dans un second temps.

590   *Première règle : il doit être passé acte de toutes choses excédant un certain seuil* ◊ L'expression légale de « toutes choses » est bien vague, mais il faut considérer que le législateur a entendu exiger une preuve littérale, non seulement pour les conventions, mais pour tous les *actes juridiques* qui donnent naissance à une obligation, qui entraînent une transmission de droits réels ou qui emportent l'extinction ou la mutation de ces mêmes droits[1], et même encore aux *faits* qui ont de telles conséquences[2]. Mais la preuve de simples faits qui n'impliquent pas eux-mêmes obligation ou libération peut être librement administrée[3].

Jusqu'à la loi du 12 juillet 1980, le seuil à partir duquel la preuve de l'acte juridique devait prendre la forme d'un *instrumentum* (*supra*, n° 516) était de 50 Francs, somme importante alors dans l'économie française, réduite à peu de chose en 1980. C'est pourquoi il était indispensable de réformer le texte sur ce point, tout en respectant son esprit, puisque ce seuil a pour fonction de représenter un montant suffisamment important pour que la précaution de l'écrit préconstitué soit imposée, en raison de l'ampleur de l'engagement et pour que cela « vaille la peine ». Mais le législateur, conscient de l'évolution monétaire, et notamment de l'inflation, a soustrait la détermination de ce seuil au pouvoir législatif pour la confier au pouvoir réglementaire, capable d'intervenir rapidement, fréquemment, sans modifier désormais le texte du code civil. L'article 1341 ne se réfère donc plus qu'à « une somme ou une valeur fixée par décret ». Et le décret du 15 juillet 1980 a fixé cette somme ou valeur à *5 000 Francs*. Elle n'a pas encore été modifiée depuis.

Une fois ce seuil fixé, il peut arriver que soit difficile l'*évaluation* de l'objet en cause, notamment lorsqu'il ne s'agit pas directement d'une somme d'argent, mais d'une chose dont il faut apprécier la valeur. Il appartient alors notamment au demandeur de l'évaluer. Mais il sera lié par l'évaluation qu'il aura donnée à l'objet demandé dans ses conclusions primitives. L'article 1343 précise en effet que « celui qui a formé une demande excédant le chiffre prévu à l'article 1341 ne peut plus être admis à la preuve testimoniale, même en restreignant sa demande primitive ». Enfin, si l'objet du litige est une prestation indéterminée en valeur, la preuve par écrit est toujours requise.

---

1. Civ., 1re, 15 juil. 1975, J.C.P. 1976, II, 18414, note Y. IVAINER, *RTD civ.* 1977, 124, obs. Y. LOUSSOUARN ; 27 avril 1977, J.C.P. 1977, IV, 160.
2. Civ. 24 déc. 1919, D.C. 1920, 1, 12 ; Civ., 3e, 21 nov. 1977, *Bull. civ.* I, n° 192, p. 278.
3. Civ., 3e, 21 nov. 1973, D. 1974, Somm. 28 ; Civ., 1re, 9 déc. 1986, *Bull. civ.* I, n° 597, p. 278.

591 *Deuxième règle : il est interdit de prouver par témoins contre et outre le contenu d'un écrit* ◊ On suppose qu'un acte juridique a été constaté dans un écrit. Un plaideur prétend que l'écrit est inexact ou incomplet, ou bien qu'un événement postérieur au contrat a apporté des modifications. L'article 1341 précise alors que, lorsqu'un écrit a été dressé, fût-ce à propos d'une opération ne dépassant pas le seuil monétaire retenu (5 000 Francs actuellement, *supra*, n° 590), la *preuve contraire* au contenu de cet écrit, à supposer qu'elle soit admissible, ne peut se faire, en tout état de cause, par témoins.

On ne peut ainsi rien prouver par témoins *contre* le contenu de l'acte, c'est-à-dire de contraire aux énonciations dispositives de cet acte, ni *outre* ce contenu, c'est-à-dire rien qu'on prétendrait avoir omis[1].

La règle ne fait cependant pas obstacle à ce que, en cas d'obscurité ou de contradiction de l'acte, les juges se livrent à son interprétation au moyen de toutes sortes d'éléments propres à éclairer le sens de l'acte[2]. De même, la preuve sera libre lorsqu'il s'agit de rechercher les vices dont l'acte peut être atteint, tels que vices du consentement, absence de cause ou fausse cause, cause immorale ou illicite (*supra*, n°s 284 s.).

Quant aux faits postérieurs qui auraient pu modifier la portée ou les conséquences de l'acte, il semble bien qu'il faille distinguer entre les modifications de l'acte, dont la preuve n'est pas libre sans écrit, et les actes ou faits distincts, tels que paiement, remise de dette, compensation, pour lesquels la règle de l'article 1341 ne s'applique pas.

592 *Persistance de l'aveu et du serment* ◊ Même dans le domaine couvert par la preuve légale, dès l'instant que l'aveu et le serment sont admissibles (*supra*, n°s 566, 574), il est toujours possible de suppléer l'écrit ou même de le combattre au moyen d'un aveu ou de la délation du serment. Plus que par une excellence probatoire de ces deux modes de preuve, cette règle s'explique sans doute par le fait que, dans une matière qui peut être régie par les conventions des parties (*infra*, n° 594), celles-ci peuvent, unilatéralement (aveu) ou par une sorte d'accord (serment), mettre fin à la contestation, en vertu du principe *dispositif* (*supra*, n° 484), indépendamment de toute considération proprement probatoire, donc en l'absence même de preuve écrite ou en contradiction avec cette dernière.

B LIMITES DE L'EXIGENCE

593 *Présentation* ◊ L'évolution jurisprudentielle a été marquée par une volonté non dissimulée de soustraire autant que possible les parties et le juge à l'exigence d'une preuve littérale, pour admettre une preuve libre dont la force probante dépend, non plus de la qualité formelle de la preuve

---

1. Civ., 1re, 27 nov. 1967, D. 1968, 245.
2. Civ. 10 juil. 1945, D. 1946, 181, note Mimin ; Civ., 1re, 3 mars 1969, D. 1969, 477 ; Civ., 3e, 9 mai 1973, D. 1973, Somm. 126 ; 16 janv. 1979, D. 1979, *Inf. rap.* 240.

(*supra*, nᵒˢ 527 s.), mais de l'intime conviction du juge. Il y a un « assouplissement progressif et, pour ainsi dire, instinctif, du formalisme par le
juge »[1].

Ce lent mouvement, correspondant à l'évolution générale des preuves
(*supra*, nᵒˢ 486, 492, 584) a été conforté et accéléré par la loi du 12 juillet
1980. Si la preuve littérale reste le principe en matière civile, il n'en
demeure pas moins qu'actuellement, le domaine de la preuve libre
empiète sur celui de la preuve légale, jusqu'à devenir largement plus vaste
et important que lui.

Il convient de distinguer les limites apportées à l'exigence d'une
preuve littérale par l'effet des conventions, des limites apportées à l'exigence d'une preuve littérale par l'effet de la loi.

594   *1° Par l'effet des conventions* ◊ Il est essentiel de rappeler que le
système probatoire civil, conçu comme étant d'intérêt privé, reste encore
actuellement gouverné par le principe de la liberté contractuelle (*supra*,
nᵒˢ 485, 495). Il en résulte que l'exigence d'une preuve littérale ne vaut
qu'autant que les parties ne s'en sont pas dispensées[2]. En pratique, les
conventions sont une limite très importante aux exigences probatoires
relatives aux actes juridiques. Il n'est d'ailleurs pas certain que cette
liberté contractuelle soit au-dessus de toute critique, dans la mesure où la
preuve littérale peut avoir pour fonction de protéger la partie contractante
faible, contrainte d'adhérer aux conditions imaginées par le cocontractant
puissant ; on prive ainsi la partie faible de la protection que constitue la
preuve légale.

595   *2° Par l'effet de la loi* ◊ Le *code civil*, dès l'origine, a prévu des cas dans
lesquels l'exigence de preuve littérale peut être dépassée. Il en est ainsi
lorsqu'il existe un commencement de preuve par écrit (*infra*, nᵒ 599), ou
en matière commerciale (*infra*, nᵒ 596), par exemple. La *loi du 12 juillet
1980*, reprenant largement les assouplissements consacrés par la jurisprudence, a élargi les dérogations à l'exigence d'une preuve littérale,
notamment lorsque la preuve écrite s'avère impossible (*infra*, nᵒ 600).

A travers cette évolution, il apparaît que la loi autorise des dérogations
et conçoit des limites à l'exigence d'une preuve littérale, soit en considération de l'opération économique elle-même, le *negotium* (opération
commerciale frauduleuse ou invoquée par un tiers), soit en considération
de l'acte instrumentaire qui la relate, l'*instrumentum* (commencement de
preuve par écrit, impossibilité de produire un écrit).

596   *La liberté de la preuve d'une opération commerciale entre commerçants* ◊ De l'article 1341, alinéa 2, il résulte que l'exigence de la preuve
littérale est posée « sans préjudice de ce qui est prescrit dans les lois

---

1. R. SAVATIER, *La science et le droit de la preuve*, rapport général, Trav. Assoc. H. CAPITANT,
t. VII, 1952, p. 607.
2. Soc. 24 mars 1964, J.C.P. 1965, II, 14415, note LAPP ; 9 avril 1970, J.C.P. 1970, IV, 136.

relatives au commerce ». L'article 109 du code de commerce prévoyait ainsi, à l'origine, la liberté de la preuve pour les achats et les ventes constitutifs d'actes de commerce. La jurisprudence, dans une interprétation qui généralisait heureusement l'hypothèse (*supra*, n° 481), a affirmé que, par principe, la preuve est libre en matière commerciale[1], ce qui permet notamment de prouver outre et contre un écrit[2] ou de se prévaloir, sous réserve de l'intime conviction du juge, d'un écrit qui n'est pas conforme aux exigences formelles de la preuve littérale (*supra*, n°s 520 s.)[3].

La loi du 12 juillet 1980 a consolidé ces règles[4]. Encore faut-il, selon l'article 109 nouvellement rédigé, que l'acte ait été passé entre commerçants. Si l'acte de commerce a été conclu entre un commerçant et un non-commerçant, il relève alors de la catégorie des *actes mixtes*. Dès lors que l'acte n'est commercial que pour l'une des parties en cause, la liberté des preuves ne joue qu'à l'encontre de la partie à l'égard de laquelle l'opération est commerciale, c'est-à-dire à l'encontre du commerçant. En revanche, la preuve littérale pourra être exigée par le non-commerçant auquel son partenaire veut opposer l'acte. Ainsi, par exemple, une vente passée entre un commerçant et un client civil peut être prouvée librement à l'encontre du vendeur, mais celui-ci devra produire une preuve littérale pour obtenir gain de cause contre son client.

97   *La liberté de la preuve du caractère frauduleux de l'opération* ◊ La prohibition de la preuve par témoins ne s'applique pas lorsqu'il s'agit de prouver soit une fraude (*supra*, n° 431), soit la cause illicite de l'acte. C'est ce qui résulte de l'article 1353 *in fine* qui autorise la preuve par présomptions, et, par conséquent, par témoins dans les cas où « l'acte est attaqué pour cause de fraude ou de dol ».

98   *La liberté de la preuve de l'opération invoquée par un tiers* ◊ Les tiers, c'est-à-dire les personnes qui ne sont ni parties à l'acte ni ayants cause des parties, sont souvent dans l'impossibilité de prouver par écrit l'acte juridique qu'ils peuvent avoir intérêt à invoquer. Cet acte ne peut d'ailleurs valoir à leur égard qu'en tant que fait juridique. C'est pourquoi ils peuvent en faire la preuve par tous moyens ou peuvent prouver librement contre et outre le contenu de l'écrit présenté.

Cette dernière règle s'applique spécialement en cas de *simulation* (*supra*, n° 402) : il arrive qu'un acte apparent soit modifié par un acte secret, dit *contre-lettre* ; par exemple, un acte ostensible de vente, soustrayant apparemment le bien vendu au droit de gage général de ses créanciers, est accompagné par un acte secret qui neutralise le transfert

---

1. Req. 13 déc. 1935, D.H. 1936, 66 ; Civ. 2 juil. 1941, D.A. 1941, 291.
2. Req. 25 nov. 1903, D.P. 1904, 1, 183.
3. Com. 31 janv. 1966, D.S. 1966, 288 ; 16 juil. 1973, *Bull. civ.* IV, n° 244, *RTD com.* 1975, p. 268, obs. JAUFFRET.
4. *Contra* G. PARLÉANI, Un texte anachronique : le nouvel article 109 du code de commerce (rédaction de la loi du 12 juillet 1980), D. 1983, chron. 65 s.

apparent de propriété, afin de porter atteinte aux droits des créanciers tout en conservant la propriété effective du bien au profit du vendeur apparent. Dans une telle hypothèse, les créanciers peuvent établir par tous les moyens possibles la teneur des accords réels auxquels ils n'ont pas été parties et prouver ainsi que l'acte de vente ostensible n'était qu'un simulacre.

599   *Le commencement de preuve par écrit* ◊ Cette limite à l'exigence de preuve littérale est prévue à l'article 1347. Elle suppose qu'il existe donc un commencement de preuve par écrit. Le texte le définit comme l'« écrit qui est émané de celui contre lequel la demande est formée, ou de celui qu'il représente et qui rend vraisemblable le fait allégué ». La jurisprudence a interprété largement cette notion[1], ce qui atteste une nouvelle fois la tendance du juge à accroître le champ des exceptions à l'exigence d'une preuve légale.

1. Il faut en principe un *écrit*. Ce peut être un « acte », c'est-à-dire un écrit rédigé en vue de faire preuve, mais auquel il manque une des conditions exigées par la loi et qui subit alors une disqualification (*supra*, n°s 521 s.). Le juge ne pourrait, sans ajouter aux conditions posées par le texte, exiger que l'écrit soit signé pour qu'il vaille commencement de preuve par écrit[2].

D'ailleurs, la jurisprudence se contente d'un simple projet d'acte, ou même d'un écrit quelconque, non rédigé pour faire preuve, par exemple une lettre missive, ou une copie même non fidèle et durable (*supra*, n° 549). Le législateur est allé plus loin, dans le détachement de la notion de « commencement de preuve par écrit » par rapport à une exigence minimum d'un support « écrit », en prévoyant que le juge pourra considérer comme commencement de preuve par écrit, non seulement les déclarations que fera la personne lors d'une comparution personnelle, mais encore son refus de répondre ou son absence à la comparution (art. 1347, al. 3, réd. L. 9 juil. 1975, parachevant l'évolution législative et jurisprudentielle).

2. Il faut, toujours selon l'article 1347, alinéa 2, que l'écrit émane « de celui contre lequel la demande a été formée, ou de celui qu'il représente », c'est-à-dire du défendeur à l'allégation ou de son auteur. A cet égard aussi la jurisprudence se montre extensive. Elle admet que le commencement de preuve par écrit peut émaner de la personne qui avait qualité pour représenter la partie à l'acte, par exemple un mandataire[3], ce qui est retenir dans un autre sens que celui adopté par le texte la notion de « représentation ». Il n'est enfin pas nécessaire que l'écrit soit l'œuvre

1. H. Mazeaud, *La conception jurisprudentielle du commencement de preuve par écrit de l'article 1347 du Code civil*, thèse Lyon, 1921.
2. Civ., 1re, 27 janv. 1971, D. 1971, Somm. 112, *RTD civ.* 1971, 843, obs. Y. Loussouarn.
3. Req. 13 juin 1936, D.H. 1936, 393 ; Civ., 1re, 5 oct. 1976, *Gaz. Pal.* 1976, 2, Somm. 277 ; Civ., 3e, 10 oct. 1978, *a contrario*, *Gaz. Pal.* 1978, 2, Somm. 430.

matérielle du défendeur, dès l'instant que celui-ci se l'est approprié par une acceptation expresse ou tacite[1].

3. Il faut enfin que l'écrit invoqué *rende vraisemblable le fait allégué*, ce qui est un point de fait soumis à l'appréciation souveraine des juges du fond[2].

Le commencement de preuve résultant ainsi du respect de ces trois sortes de conditions, le demandeur à l'allégation sera alors autorisé à *compléter* la preuve fournie, « commencée », en produisant des témoignages ou en articulant des présomptions. Des actes d'exécution peuvent ainsi consolider un commencement de preuve par écrit[3]. Mais ces preuves complémentaires doivent nécessairement être *extérieures* au document qui constitue le commencement de preuve, car autrement ce serait contourner l'exigence de deux preuves distinctes réunies : ainsi, la reconnaissance par le défendeur de la signature portée sur l'acte constitutif du commencement de preuve par écrit ne peut constituer cette preuve supplémentaire, car elle reste intrinsèque à l'acte[4].

Il va de soi que la prise en considération d'un commencement de preuve par écrit ne saurait priver les juges de leur pouvoir souverain d'apprécier, après production des témoignages ou présomptions, si le fait allégué est ou non suffisamment étayé pour entraîner leur intime conviction[5].

500 ***L'impossibilité de produire un écrit***[6] ◊ Cette impossibilité peut être *initiale*, l'acte instrumentaire n'ayant jamais pu être dressé, ou ultérieure, l'acte instrumentaire ayant été *perdu*.

En ce qui concerne la première hypothèse, dès le code de 1804, l'*article 1348* prévoyait que la preuve par témoins ou présomptions serait recevable dans un certain nombre de cas déterminés. La jurisprudence, puis la loi du 12 juillet 1980, ont généralisé l'exception. En effet, actuellement, l'article 1349 tolère que l'exigence de la preuve littérale soit écartée lorsqu'il a été impossible de dresser un acte instrumentaire. Suivant en cela la jurisprudence précédente, l'impossibilité qui justifie cette dérogation peut être aussi bien matérielle — l'article dans son ancienne formulation visant, par exemple, « l'accident imprévu » — que morale. L'impossibilité morale a été, dans le dessein déjà souligné d'accroître l'emprise de la liberté de la preuve au sein des actes juridiques, largement interprétée au bénéfice de personnes n'ayant pas dressé d'acte instrumentaire en consi-

---

1. Req. 6 déc. 1933, D.P. 1935, 1, 61, note Désiry (lettres dictées) ; Civ. 22 nov. 1948, D. 1949, 27 ; Civ., 1re, 24 nov. 1969, *a contrario*, D. 1970, 155, *RTD civ.* 1970, p. 352, obs. Y. Loussouarn ; Civ., 3e, 7 mai 1969, *Bull. civ.* III, n° 356, p. 273.
2. Civ. 16 juil. 1918, D.P. 1918, 1, 77 ; Civ. 3e, 1er avril 1971, J.C.P. 1971, II, 16998, note J. Ghestin ; Civ., 1re, 4 déc. 1973, *Bull. civ.* I, n° 336, p. 296 ; 22 juin 1976, D. 1976, *Inf. rap.* 254.
3. Civ., 1re, 22 juil. 1975, *Bull. civ.* I, n° 246, p. 207.
4. Civ., 1re, 21 nov. 1978, D. 1979, *Inf. rap.* 87.
5. Civ., 1re, 12 juil. 1972, *Bull. civ.* I, n° 185, p. 161 ; Civ., 3e, 29 fév. 1972, *Bull. civ.* III, n° 143, p. 102.
6. Ph. Malinvaud, L'impossibilité de se procurer un écrit, J.C.P. 1972, I, 2468.

dération de relations d'affection, de famille[1] ou de subordination entre les parties, de pratiques professionnelles[2] ou par conformité à un usage, notamment lorsqu'il s'agit de transactions portant sur des produits de luxe. Le juge apprécie souverainement la réalité de cette impossibilité morale[3].

L'article 1348 vise également l'hypothèse dans laquelle l'acte instrumentaire a été à l'origine dressé, mais a été *perdu*.

Pour bénéficier alors de la liberté de la preuve, il faut tout d'abord démontrer que l'écrit a été perdu par cas fortuit ou de force majeure. La perte ne doit donc pas être due au fait personnel, — imprudence ou négligence —, du demandeur à la preuve. Celui-ci doit établir que la perte du titre a pour cause une circonstance extérieure à sa volonté, c'est-à-dire un événement de force majeure. A ce type d'événement, on doit assimiler le fait d'un tiers bien que la loi ne le cite pas expressément, que le fait du tiers soit intentionnel[4] ou non[5].

Il faut ensuite établir l'existence antérieure du titre. Cette deuxième condition doit être bien comprise. Elle implique en premier lieu que le demandeur ait satisfait à l'exigence de l'article 1341 lors de la naissance de son droit, en établissant à l'origine un titre, ultérieurement perdu ; de la preuve de la perte du titre découlera *ipso facto* celle de son existence préalable. Elle implique en deuxième lieu que la preuve soit rapportée de la régularité formelle du titre perdu ; il faut ainsi prouver que le titre répondait à toutes les conditions imposées par la loi, suivant sa nature (authenticité, signature, mentions manuscrites, etc.). Elle implique en troisième et dernier lieu que soit prouvé l'acte ou le fait juridique que relatait l'acte instrumentaire perdu ; cette preuve pourra être faite par tous moyens : témoignages, présomptions ou indices[6].

---

1. Req. 24 mars 1941, S. 1941, 1, 132 ; Civ., 1re, 17 mars 1958, D. 1958, Somm. 78 (contrat entre frère et sœur) ; 13 janv. 1969, D. 1969, 496 (contrat entre beau-père et gendre).
2. Req. 26 juin 1929, D.H. 1929, 460, S. 1930, 1, 32 (contrat entre instituteur et parents d'élève) ; Civ. 31 mai 1932, D.H. 1932, 378 (contrat entre médecin et client).
3. Civ., 1re, 19 juil. 1978, J.C.P. 1978, IV, 304 ; Lyon 23 janv. 1968, D. 1968, 732 (contrat entre un oncle et une nièce).
4. Crim. 18 août 1904, S. 1906, 1, 57, note Roux.
5. Toulouse 18 janv. 1897, D.P. 1897, 2, 247 ; Civ., 1re sect. civ., 9 fév. 1959, *Bull. civ.* I, n° 81, p. 67 (égarement d'une pièce au cours d'un procès).
6. Civ., sect. soc., 30 janv. 1962, *Bull. civ.* IV, n° 85.

TITRE 3

LE PROCÈS

1 **Plan** ◊ Le procès est, en droit, une manifestation si essentielle qu'on a pu soutenir que le critère du droit reposait sur la possibilité de l'intervention d'un juge, c'est-à-dire d'un « tiers impartial et désintéressé » et que la justiciabilité était le signe du juridique (*supra*, nº 29).

On ne saurait pourtant en déduire que la réalisation du droit implique nécessairement le recours aux tribunaux. Immense est et reste heureusement le domaine de l'application non contentieuse du droit. Il n'en demeure pas moins que celui-ci tend à assurer la coexistence des libertés et que, pour ce faire, il consacre, au profit des particuliers, des prérogatives : les droits subjectifs. De la sorte, il ouvre la porte à des contestations et favorise, nécessairement, ces conflits qu'il est seul à même de trancher dans une société civilisée.

On envisagera successivement :
— les *contestations* (Chapitre 1),
— les *activités judiciaires* (Chapitre 2),
— les *procédures* (Chapitre 3).

CHAPITRE 1

LES CONTESTATIONS

02 *Présentation* ◊ Dans certains domaines du droit, plus que dans d'autres, l'approche du juridique s'opère à travers la connaissance première du contentieux. Ainsi en est-il en matière administrative. Ailleurs, une vision légaliste l'emporte, ce qui n'exclut aucunement une prise en considération, d'ailleurs croissante, du rôle de la jurisprudence.

De toute façon, la compréhension du phénomène juridique implique la connaissance des contentieux les plus divers. Cette diversité concerne leurs causes, leurs domaines, leurs formes, leurs solutions. Et la sociologie judiciaire s'emploie notamment à analyser la *litigiosité*.

On s'en tiendra à une approche proprement juridique, en envisageant successivement une double relation : entre *contestation et sanction* (Section 1), entre *contestation et solution* (Section 2).

SECTION 1
CONTESTATION ET SANCTION

3 *Généralités* ◊ Le terme de sanction est fréquemment utilisé dans le domaine juridique. Cela ne signifie pas nécessairement que son sens soit toujours clair et, surtout, univoque. Il importe, au contraire, de s'entendre nettement sur diverses significations. Et cela s'impose d'autant plus que, si l'existence d'une sanction ne constitue pas nécessairement le critère du juridique (*supra*, n° 27), celle-ci accompagne la plupart du temps la mise en œuvre des règles.

Deux précisions essentielles s'imposent.

On remarquera, en premier lieu, que le terme de sanction évoque d'emblée l'idée de *punition* à l'égard d'un individu coupable. Il se peut fort bien que cela corresponde à la réalité juridique en cause, par exemple lorsque, *en droit pénal*, on s'efforce de punir l'escroc, le voleur ou l'assassin. L'on doit pourtant souligner que l'acception du mot est souvent beaucoup plus large : en droit, qui dit sanction, dit aussi *mise en œuvre* de la règle juridique, ainsi que des prérogatives consacrées et protégées, ce qui recouvre toute la sphère de l'application, contentieuse ou non, du droit ou des droits.

Dans cette dernière perspective, il importe, en second lieu, de distinguer, non sans nuances, ce qui est sanction du droit objectif, c'est-à-dire de la règle de droit, et ce qui est sanction des droits subjectifs, c'est-à-dire des prérogatives individuelles. Est sanctionné, en tant que tel, un automobiliste qui a commis un excès de vitesse (sanction du droit objectif) ; est aussi sanctionné un débiteur qui refuse de payer ce qu'il doit à son créancier (sanction d'un droit subjectif). Les domaines des deux sanctions ne coïncident pas nécessairement. Mais il arrive souvent qu'un même comportement donne lieu à l'application de l'une et de l'autre : ainsi, celui qui soustrait frauduleusement la chose d'autrui encourt les peines applicables au vol, tandis que le propriétaire récupère la chose volée et obtient éventuellement des dommages-intérêts ; ainsi encore, si l'excès de vitesse commis par l'automobiliste a causé un accident, la victime de celui-ci a droit d'en obtenir réparation.

604   *Droit et sanction* ◊ Dans un système idéal, utopique diront certains, on pourrait imaginer que le droit se passe de sanctions. Mais la réalité est tout autre. Ce que l'on se demande plutôt, c'est si le juridique disparaît lorsque l'on constate l'existence de règles ou de prérogatives non sanctionnées (*supra*, nº 27)[1]. La réflexion chemine alors différemment selon que l'on envisage le droit objectif et les droits subjectifs. Dans la première voie, on s'interroge sur les règles imparfaites ; dans la seconde, on médite sur le rôle des obligations naturelles.

L'existence et le régime juridique des *obligations naturelles* ont été déjà envisagés, dans le cadre de l'étude des relations entre le droit et la morale (*supra*, nºˢ 15 s.). Rappelons seulement qu'il s'agit d'obligations dont l'exécution forcée ne peut être exigée en justice, mais dont l'exécution volontaire ne donne pas lieu à restitution, car elle est considérée comme l'accomplissement d'un devoir moral pris en compte par le droit.

Dans un autre ordre de règles, on a admis, en droit romain, l'existence d'une catégorie particulière de lois : celle des *leges imperfectae*, simplement indicatives et dépourvues de sanction, le législateur ne voulant pas alors heurter de front la tradition ou la coutume. De nos jours, l'existence — plus générale — de règles juridiques imparfaites dépend de la définition du droit retenue. Encore convient-il d'éviter des confusions. Il se peut d'abord que, dans l'attente de nécessaires textes d'application, une règle demeure en suspens, sa mise en vigueur étant retardée (*supra*, nº 416) ; disons qu'il s'agit alors d'une règle *inachevée*, non pas d'une règle imparfaite. Il se peut aussi que la force obligatoire d'une loi soit limitée, par exemple s'il s'agit d'une loi *supplétive* ou *interprétative* de volonté (*supra*, nº 425) ; là encore, il ne s'agit pas de règle imparfaite, car, dans le domaine si limité soit-il qui lui est assigné, la règle est accompagnée de sanctions. L'hypothèse présente est celle d'une règle obligatoire — plus ou moins, peu importe —, mais contre les violations de laquelle le système juridique ne comporterait pas de sanctions. On conviendra volontiers qu'il s'agit surtout, du moins en droit français, d'une hypothèse d'école. Pour l'esprit rebelle aux définitions étriquées du droit, celui-ci ne semble pourtant pas allergique aux vœux pieux.

Reste que, la plupart du temps, l'existence de sanctions est de nature à assurer le respect du droit objectif et des droits subjectifs des particuliers.

---

1. V. P. Jestaz, La sanction ou l'inconnue du droit, D. 1986, chron. 197 s.

Cette seule existence suffit le plus souvent, ainsi qu'en témoigne la viscérale peur du gendarme ... ou de celui qui, légitimement, en tient lieu. Et l'on est alors conduit à distinguer les *sanctions administratives* (§ 1), les *sanctions pénales* (§ 2) et les *sanctions civiles* (§ 3).

§ 1
LES SANCTIONS ADMINISTRATIVES

05 *Généralités* ◊ On désigne volontiers, par l'expression de *sanctions administratives,* un certain nombre de sanctions qui relèvent du *droit public.* Les unes s'apparentent aux techniques du droit privé, par exemple les nullités, les astreintes ou les dommages-intérêts. Les autres sont plus originales et tiennent à la persistance, dans notre système juridique — à tort ou à raison —, de prérogatives reconnues à l'Administration et lui permettant, plus facilement qu'aux particuliers, de faire prévaloir ses décisions[1].

1. L'Administration peut *se conférer à elle-même un titre exécutoire,* alors que le particulier, s'il veut se procurer un titre exécutoire, doit s'adresser à la justice afin d'obtenir un jugement de condamnation permettant l'exécution. Le droit, ainsi reconnu à l'Administration, de prendre des décisions exécutoires n'existe que si la loi le prévoit ; mais celle-ci le fait largement, notamment en matière de réquisitions ou de recouvrement des créances de l'Etat et des personnes morales administratives.

2. L'Administration est investie du *privilège d'exécution d'office,* qui lui permet de mettre la force publique en mouvement pour contraindre les récalcitrants. Elle peut briser la résistance que les particuliers opposent à l'exécution des actes administratifs, dans la mesure où cette résistance n'est pas légale. Le droit commun, en ce domaine, semble être l'application au particulier récalcitrant de sanctions pour inexécution ; mais l'Administration peut, exceptionnellement, employer la force pour l'exécution de ses actes lorsque la loi le lui permet, lorsqu'il n'existe pas d'autre voie de droit permettant de sanctionner et de contraindre ou lorsqu'il y a urgence ou nécessité caractérisée.

L'exécution forcée irrégulière constituerait de la part de l'Administration une voie de fait, tout au moins si elle portait atteinte à la propriété ou à une liberté publique.

---

1. Il convient de tenir compte aussi des sanctions, parfois très lourdes, que peuvent prononcer des autorités administratives indépendantes (*supra*, nᵒ 244).

§ 2

LES SANCTIONS PÉNALES

606 *Généralités* ◊ Les sanctions attachées par le droit pénal à la violation de certaines règles de droit ou à l'atteinte à certaines prérogatives relèvent, d'une manière plus ou moins nette d'ailleurs, d'une distinction de deux catégories : a) les *peines*, dans la mesure où la répression pénale est fondée sur l'idée de responsabilité, constituent la sanction caractéristique de l'infraction ; elles atteignent le délinquant dans sa personne (ex. : peine de mort, réclusion, emprisonnement), ses biens (ex. : amende) ou son honneur (ex. : dégradation civique) ; b) les *mesures de sûreté*, prononcées sans égard à la responsabilité morale du délinquant, se proposent d'assurer, dans certains cas où elles apparaissent nécessaires, la défense de la société. Exemples : internement des délinquants aliénés, interdiction de séjour dans certains lieux, cures des toxicomanes et des alcooliques ; liberté surveillée des mineurs.

L'application de ces sanctions est dominée par des principes fondamentaux : celui de la *légalité des peines*, qui est une garantie essentielle des droits individuels contre l'arbitraire, le juge ne pouvant prononcer d'autres peines que celles dont la nature et la durée ou quantité sont prévues par la loi selon la règle *nullum crimen, nulla poena sine lege* ; celui de la *personnalité des peines*, les peines ne devant frapper, en principe, que l'auteur même du fait incriminé.

Les infractions réprimées par la loi pénale (code pénal ou lois spéciales) sont diverses : crimes et délits contre la chose publique (trahison, espionnage, fausse monnaie, outrages et violences envers les dépositaires de l'autorité et de la force publique, etc.) ; crimes et délits contre des particuliers : contre les personnes (meurtre, homicide, blessures et coups involontaires, attentats aux mœurs, arrestations illégales et séquestrations de personnes, etc.) ou contre les propriétés (vol, abus de confiance, escroquerie, etc.).

Leur nature et leur gravité sont à la base de la classification fondamentale des infractions :

— les *crimes* sont les infractions punies des peines les plus graves, qui sont classées en deux catégories : peines afflictives et infamantes : réclusion criminelle à perpétuité, détention criminelle à perpétuité, réclusion criminelle à temps, détention criminelle à temps ; peines infamantes : bannissement, dégradation civique ;

— les *délits* sont punis d'un emprisonnement de deux mois à cinq ans — parfois d'une durée supérieure dans certains cas exceptionnels —, d'une interdiction à temps de certains droits civiques, civils ou de famille ou d'une amende supérieure à 10 000 Francs ;

— les *contraventions* sont punies d'un emprisonnement inférieur ou égal à deux mois et d'une amende ne dépassant pas 10 000 Francs [1].

§ 3
LES SANCTIONS CIVILES

607 ***Distinction*** ◊ La violation d'une règle ou l'atteinte à un droit subjectif donne lieu aussi à l'application éventuelle de sanctions qui relèvent du domaine du droit privé.

Là encore, le terme de sanction comporte divers sens. S'agissant plus précisément de droits subjectifs rattachés, par leur naissance, à un acte juridique, il arrive que l'acte juridique dont se prévaut un individu soit irrégulier ; et les sanctions de cette irrégularité (nullités, inexistence, inopposabilité, etc., v. *supra*, n°s 301 s.) tendent à satisfaire, à la source pourrait-on dire, le respect des prérogatives de chacun. A proprement parler, il ne s'agit pas alors de sanctions du droit ou des droits, mais de sanctions des actes juridiques.

Une autre précision de vocabulaire commande les développements qui suivent : l'expression de sanctions civiles recouvre tout à la fois les *moyens de contrainte,* par lesquels l'on s'efforce d'obtenir le respect des droits, et les *modes de réparation ou de punition,* utilisés lorsque ces droits n'ont pas été respectés.

608 ***1° Les moyens de contrainte*** ◊ Ils tendent, directement ou indirectement, à assurer le respect des obligations imposées aux particuliers, par l'« exécution en nature » de ce qu'ils doivent. Ce sont les sanctions les plus appropriées, puisqu'ils portent à procurer au sujet actif du droit l'avantage même auquel il peut prétendre en vertu de son droit et, dans une perspective plus générale, à assurer l'exact respect de la règle.

609 ***a) Les moyens directs*** ◊ Ils peuvent tendre seulement à *empêcher* — ne serait-ce que de manière provisoire — la réalisation d'un événement : c'est ainsi que, par une *opposition à mariage,* certaines personnes font connaître à l'officier de l'état civil qu'en raison d'un motif indiqué par la loi, elles entendent mettre obstacle à ce qu'il soit procédé à un mariage [2].

Plus fréquemment, les moyens de contrainte comportent une dose supérieure de *coercition.* Mais le libéralisme de notre société limite le recours à la force dans des conditions qui varient selon les obligations dont il s'agit d'assurer l'exécution.

---

1. Des sanctions pénales, on rapprochera les *sanctions disciplinaires* — ex. : blâme, suspension ou radiation du tableau, exclusion d'une association — appliquées aux membres des groupements ou corps professionnels, afin de réprimer ceux de leurs actes susceptibles de porter atteinte aux intérêts communs. — V. Legal et Brèthe de La Gressaye, *Le pouvoir disciplinaire dans les institutions privées,* 1938 ; Brèthe de La Gressaye, Le pouvoir juridictionnel des ordres professionnels, *Dr. soc.* 1955, p. 597 s.

2. *Précis Dalloz, Les personnes, La famille, Les incapacités,* n° 259.

Lorsque l'obligation a pour objet de l'argent, la sanction consiste en une condamnation prononcée contre le débiteur d'avoir à payer cette somme. A défaut d'un paiement volontaire par celui-ci, le créancier pourra saisir tel ou tel bien de son débiteur et se payer sur le prix obtenu dans la vente aux enchères, l'aménagement des diverses procédures considérées relevant du droit des *voies d'exécution*. Encore convient-il d'observer que, par cette expression, on vise essentiellement les voies *individuelles* d'exécution. Or il existe aussi un droit des *voies collectives d'exécution*, traditionnellement réservé au traitement de la situation des commerçants insolvables, mais qui s'est progressivement étendu, sous des formes diverses, aux personnes morales de droit privé non commerçantes (L. 13 juill. 1967), aux artisans (L. 25 janv. 1985), aux agriculteurs (L. 30 déc. 1988), aux particuliers et aux familles surendettés (L. 31 déc. 1989) [1].

Le recours aux saisies ne se conçoit pas pour les droits et obligations dont l'objet ne porte pas sur de l'argent : l'exécution « en nature » ne pourra être obtenue qu'à l'aide de la force publique. Ainsi le propriétaire d'une maison demandera le concours de la force publique pour expulser un locataire qui se maintiendrait indûment dans les lieux loués ; l'acquéreur d'une maison, ne pouvant en obtenir la délivrance, aura recours à la force publique pour expulser le vendeur. Le titulaire d'une servitude de ne pas construire fera détruire la construction érigée au mépris de la servitude. L'acquéreur d'un fonds de commerce protégé par une clause de non-rétablissement souscrite par le vendeur fera fermer le fonds ouvert en violation de la clause, etc. [2].

Notre tradition juridique exclut toutefois le recours à la force publique lorsqu'il s'agit d'exercer une contrainte sur la personne même pour l'obliger à accomplir ou à ne pas accomplir un acte : *nemo praecise cogi ad factum*, en d'autres termes, nul ne peut être contraint — du moins en droit privé — de faire ce qu'il ne veut pas faire (v. *supra*, n° 321). Ainsi on ne conçoit pas l'intervention de la force publique pour contraindre un architecte à élaborer les plans d'une maison qu'il a promis de construire, un peintre à faire le tableau qui lui a été commandé [3].

610   ***b) Les moyens indirects*** ◊ Il existe divers moyens indirects de contrainte

1. Sur tout le courant d'idées accompagnant cette évolution, v. B. Oppetit, L'endettement et le droit, *Mélanges Breton et Derrida*, 1991, p. 295 s.

2. Même lorsque l'exécution en nature, *manu militari*, est concevable, il arrive que les autorités qui disposent de la force publique et qui sont requises d'en prêter le concours le refusent ou le diffèrent pour des raisons d'opportunité — ainsi par crainte de troubles. La jurisprudence a décidé que la victime de ce refus pouvait agir en dommages-intérêts contre l'Administration (Cons. d'État 30 nov. 1923, D. 1923, 3, 59, concl. Rivet, S. 1923, 3, 57, note Hauriou ; 3 juin 1938, D. 1938, 3, 65, note Appleton). La solution est devenue législative : « L'État est tenu de prêter son concours à l'exécution des jugements et des autres titres exécutoires. Le refus de l'État de prêter son concours ouvre droit à réparation » (L. 9 juill. 1991, portant réforme des procédures civiles d'exécution, art. 16). — V., de manière plus générale, L'effectivité des décisions de justice, Trav. Assoc. H. Capitant, Journées françaises, t. XXXVI, 1985.

3. V. la pénétrante analyse de J.-H. Robert, *Les sanctions prétoriennes en droit privé français*, thèse ronéot. Paris II, 1972, spéc. p. 43 s. — W. Jeandidier, L'exécution forcée des obligations contractuelles de faire, *RTD civ.* 1976, p. 700 s.

ou d'intimidation qui peuvent inciter les sujets de droit au respect de leurs obligations. Il arrive que ces procédés comportent une coloration pénale. Aussi bien le législateur avait imaginé, dans cet ordre d'idées, la *contrainte par corps*, qui consiste dans l'emprisonnement du débiteur, la menace de cette sanction étant de nature à l'inciter à exécuter ; mais la loi du 22 juillet 1867 a, en matière civile et commerciale, mais non en matière pénale, voire fiscale, supprimé cette mesure, jugée trop attentatoire à la liberté individuelle.

Parmi les moyens indirects de contrainte pris en compte par le système juridique, on signalera le droit de rétention et l'astreinte.

Le *droit de rétention* est le droit en vertu duquel le détenteur d'une chose appartenant à autrui est autorisé à la retenir jusqu'au paiement de ce qui lui est dû par le propriétaire de cette chose[1].

L'*astreinte* est le procédé consistant à faire condamner le débiteur à payer au créancier une somme d'argent (exemple : 10 Francs, 100 Francs par jour), tant qu'il refusera d'exécuter son obligation. Arbitraire en ce sens que le juge est libre, en principe, d'en fixer le taux à sa guise, l'astreinte est *comminatoire* — c'est une menace destinée à intimider le débiteur par la crainte d'une condamnation d'autant plus élevée qu'il aura tardé à exécuter — et *indéterminée*, car on ne sait pas à l'avance si le débiteur devra finalement payer une somme au créancier, ni quel sera le montant de cette somme. Mais il y a des degrés dans cette indétermination : si l'astreinte est *définitive*, l'indétermination tient à une inconnue : le temps que durera la résistance du débiteur ; si l'astreinte est *provisoire*, il y a une autre inconnue : la décision que les circonstances — bonne ou mauvaise volonté du débiteur, etc. — pourront inspirer au juge lorsque celui-ci procédera à la liquidation de l'astreinte[2].

11   *2° Les modes de réparation ou de punition* ◊ Si l'atteinte aux prérogatives d'autrui n'a pu être évitée ou même, de manière plus générale, si la violation de la règle est réalisée, le droit s'emploie à *réparer*, voire à *punir*.

a) La réparation en nature, tendant au rétablissement exact de la situation précédemment troublée, constitue de toute évidence la démarche la plus satisfaisante[3]. Il arrive que l'on puisse y parvenir. Parfois, on s'en approche sans assurer pourtant une véritable adéquation : ainsi, la publicité du jugement condamnant l'auteur d'une diffamation

---

1. V. P. SIMLER et P. DELEBECQUE, *Précis Dalloz, Les sûretés, La publicité foncière*, nᵒˢ 401 s.
2. V. *Précis Dalloz, Les obligations*, nᵒˢ 834 s. ; J.-H. ROBERT, thèse préc., p. 256 s. — De l'art. 36 de la loi préc. du 9 juil. 1991 — destinée à entrer en vigueur le premier jour du treizième mois suivant le mois de sa publication (art. 97) —, résultent les dispositions suivantes : « Le montant de l'astreinte provisoire est liquidé en tenant compte du comportement de celui à qui l'injonction a été adressée et des difficultés qu'il a rencontrées pour l'exécuter » (al. 1ᵉʳ) ; « Le taux de l'astreinte définitive ne peut jamais être modifié lors de sa liquidation » (al. 2) ; « L'astreinte provisoire ou définitive est supprimée en tout ou en partie s'il est établi que l'inexécution ou le retard dans l'exécution de l'injonction du juge provient, en tout ou en partie, d'une cause étrangère » (al. 3).
3. V., sur la notion de réparation, M.-E. ROUJOU DE BOUBÉE, *Essai sur la notion de réparation*, thèse Toulouse, éd. 1974.

tend à détruire les effets de la malveillance. A vrai dire, l'on glisse alors du domaine de la *réparation en nature* à celui — plus étendu — de la *réparation par équivalent*. Le plus souvent la réparation, effectuée en valeur, consiste dans l'octroi de *dommages et intérêts* (ou *dommages-intérêts*), c'est-à-dire d'une somme d'argent destinée à réparer un dommage *matériel* (exemples : dégradation ou destruction d'une chose, atteinte à la clientèle, frais occasionnés par une blessure ...) ou *moral* (exemple : « préjudice d'affection » en cas de mort d'un proche). L'argent, il est vrai, compense bien des choses[1].

b) Les peines sont les sanctions des infractions réprimées par les lois pénales (*supra*, n° 606). Dans les autres branches du droit, spécialement en droit civil, la sanction ne doit procurer au titulaire d'un droit que ce qui lui est strictement dû, soit en nature, soit par équivalent ; la sanction ne doit pas enrichir le créancier, celui qui est lésé dans son droit, pas plus qu'elle ne doit punir le débiteur, plus généralement celui qui a enfreint une règle, en l'obligeant à verser une somme supérieure au préjudice causé ou en lui retirant le bénéfice de certains avantages.

Il arrive cependant, exceptionnellement, que certaines sanctions en droit civil revêtent un aspect répressif : ce sont des *peines privées*. Ainsi, en matière successorale, la sanction du recel de succession, qui est, pour le receleur, la perte, au profit des cohéritiers, de tout droit sur les objets recelés, apparaît comme une peine privée (art. 792)[2].

SECTION 2
CONTESTATION ET SOLUTION

612   *Généralités* ◊ Le plus souvent, les règles de droit sont respectées par les individus et les droits subjectifs satisfaits sans qu'il soit nécessaire de recourir à la contrainte. Il existe — heureusement — un domaine immense d'*application non contentieuse du droit*. Sa délimitation est nécessaire, mais malaisée. C'est surtout à la sociologie juridique qu'il appartient de le décrire et de l'analyser (*supra*, n° 301).

Lorsque le respect du droit objectif ou des droits subjectifs n'est pas satisfait, on doit envisager l'application de sanctions. Mais il existe un écart entre la théorie et la réalité, car maints obstacles peuvent freiner l'application des sanctions, par exemple le coût d'un procès. Il existe une zone plus ou moins importante de *violations du droit non sanctionnées*. Là encore, c'est surtout à la sociologie juridique qu'il appartient de nous éclairer. On

---

1. On parle de dommages et intérêts *compensatoires*. Toutefois, lorsque la somme d'argent tend à réparer le dommage né d'un *retard* dans l'exécution d'une obligation, on parle de dommages et intérêts *moratoires*.
2. TERRÉ et LEQUETTE, *Précis Dalloz, Les successions, Les libéralités*, 2ᵉ éd., n°ˢ 919 s.

se contentera ici de renvoyer à de précédents développements relatifs à l'application du droit (*supra,* nᵒˢ 403 s.).

13 *Diversité des contestations et des contentieux* ◊ On envisagera plus précisément ici les solutions possibles des contestations, en d'autres termes les démarches, comportements ou procédures à l'issue desquels les contestations prennent fin. Or il faut bien observer qu'il existe une *grande diversité de contestations* et que les solutions des différends sont profondément marquées par la nature et l'objet de ceux-ci. Les litiges en matière de famille sont spécifiques, comme le sont ceux qui naissent du négoce. Et il y a plus d'une différence entre le contentieux civil, le contentieux pénal, le contentieux administratif, le contentieux international, le contentieux communautaire, le contentieux fiscal, le contentieux douanier, etc.

Ainsi, du contentieux commercial, il est plusieurs approches[1]. Sa typologie est particulière, parce que la dimension des litiges semble, plus qu'ailleurs, en affecter la nature, que le secret des affaires empêche certaines affaires de se développer au grand jour judiciaire et que les relations du négoce soumises aux contraintes d'un rythme rapide, aux renouvellements des accords et à l'enchevêtrement des biens, se satisfont mal d'institutions judiciaires conçues dans d'autres perspectives. Aussi bien observe-t-on le besoin de maintenir ou d'insérer les relations conflictuelles pouvant naître de la vie des affaires dans un ensemble de relations de coopération.

Ce n'est d'ailleurs pas un hasard si, analysant l'évolution de l'arbitrage commercial, un auteur a observé que le développement de celui-ci, au XXᵉ siècle, allait de pair avec le passage d'une situation de concurrence à une situation de coopération entre partenaires commerciaux, ce mode de solution des litiges s'intégrant commodément au cycle contractuel[2]. Ainsi a-t-on insisté sur sa fonction latente essentielle : « renforcer les mécanismes informels par lesquels les partenaires commerciaux s'assurent du maintien de leurs échanges mutuels en dépit des conflits qui les accompagnent éventuellement »[3].

On peut de la sorte relier l'analyse des solutions des contestations à la typologie des relations inter-individuelles que peut dégager la sociologie : relations de compétition, de coopération, de conflit. Suivant les hypothèses et les combinaisons, la dose de litigiosité varie tout naturellement, ainsi que les modes plus ou moins pacifiques de solution des conflits d'ordre juridique.

On distinguera, dans cette perspective, les modes *non juridictionnels* (§ 1) et les modes *juridictionnels* (§ 2) de solution des conflits.

---

1. V. *Le règlement des différends commerciaux*, Colloque de la Fond. intern. pour l'enseign. du droit des affaires, Bruxelles, 5-6 mai 1983, éd. 1984.
2. B. Oppetit, Eléments pour une sociologie de l'arbitrage, *Année sociol.* 1976, p. 179 s., spéc. p. 195.
3. J.-G. Belley, *Conflit social et pluralisme juridique en sociologie du droit*, thèse ronéot. Paris II, 1977, p. 559.

§ 1 ─────────────────────────────

LES MODES NON JURIDICTIONNELS

614 *Distinction* ◊ Lorsqu'il est décidé de recourir à des sanctions, les démarches varient dans la mesure où les autorités publiques, appelées à faire respecter les règles, et les sujets de droit, conduits à lutter pour la défense de leurs droits, conjuguent leurs efforts à partir de situations différentes.

Encore convient-il de distinguer deux façons d'éviter ou de fuir le recours à des juridictions : l'une, qui est, à quelques réserves près, illicite ; les autres, qui ne sont admises, voire encouragées, que dans certaines conditions ou d'une certaine manière.

615 *1° Le mode illicite. L'interdiction de se faire justice à soi-même* ◊ On pourrait concevoir que, lorsqu'il est porté atteinte aux prérogatives d'un individu, celui-ci puisse se faire justice à lui-même, les pouvoirs publics se désintéressant alors des obligations qui lient les particuliers les uns à l'égard des autres ; dès lors, le créancier — par exemple un prêteur d'argent — en serait réduit, pour se payer, à s'emparer de biens appartenant au débiteur. Dans un pays ayant atteint un certain degré de civilisation, un tel procédé est inadmissible ; il contient en lui un germe puissant d'anarchie évidemment contraire aux finalités du droit.

C'est pourquoi un principe a prévalu : *nul ne peut se faire justice à soi-même*[1]. De cette maxime résultent deux conséquences : *a*) si, lorsqu'il veut obtenir satisfaction (ex. : restitution de la chose prêtée, paiement d'une somme d'argent), le titulaire du droit se heurte à une résistance, il lui faut, pour la vaincre, obtenir en justice une décision de condamnation et, à cette fin, exercer une action en justice ; *b*) si, après avoir obtenu en justice une condamnation, le titulaire du droit n'en obtient pas l'exécution spontanée, il ne peut l'exécuter lui-même par la force ; au contraire il ne peut alors que suivre, dans les formes judiciaires — et avec l'aide d'un huissier de justice ou d'un commissaire de police —, la démarche qui conduit à l'exécution forcée des jugements (saisies, expulsion, ...).

On ne manquera pourtant pas de rappeler, dans un ordre d'idées voisin, que l'Administration peut *se conférer à elle-même un titre exécutoire* et qu'elle est investie du *privilège d'exécution d'office* (*supra*, n° 605).

616 *2° Les modes licites de règlement non juridictionnel* ◊ On peut, à ce propos, évoquer brièvement la *transaction*, qui est un mode contractuel de solution des différends. « La transaction est un contrat par lequel les

─────────────────

1. V. Trav. Assoc. H. CAPITANT, *Nul ne peut se faire justice à soi-même*, *Le principe et ses limites*, t. XVIII, 1966 ; J. BRISSET, *Quelques perspectives historiques sur la règle « Nul ne se fait justice à lui-même »*, Arch. phil. droit 1976, p. 205 s.

parties terminent une contestation née, ou préviennent une contestation à naître » (art. 2044, al. 1er, c. civ.)[1]. La parenté existant avec les modes juridictionnels de solution des conflits se manifeste spécialement au sujet des effets du contrat, puisque « les transactions ont, entre les parties, l'autorité de la chose jugée en dernier ressort » (art. 2052, al. 1er, c. civ.). On observera qu'en droit public, spécialement en droit fiscal, une place importante est faite à la transaction, dans des conditions particulières.

On s'en tiendra à la conciliation et à la médiation.

17 *a) La conciliation* ◊ Il peut exister des liens ou des interférences entre transaction et conciliation, en ce que, dans un sens large, l'on peut considérer que la conciliation est un accord par lequel deux personnes en litige mettent fin à celui-ci.

De manière plus spécifique et opératoire, la notion de conciliation sert à désigner tant l'accord entre parties obtenu au cours d'une procédure grâce à l'intervention d'un tiers, généralement d'un juge, que la démarche par laquelle ce tiers s'emploie à réconcilier les adversaires. De la sorte, le différend prend généralement fin sans vainqueur ni vaincu.

En droit international public, ce caractère inappréciable explique le fait qu'il s'agisse d'un mode privilégié de règlement des différends entre les Etats ; on y a volontiers, dans cette perspective, recours à la procédure de « bons offices ». En droit public interne, par exemple dans le domaine des marchés de travaux publics, la conciliation est dotée d'une fonction qui n'est pas négligeable.

En matière civile, la conciliation remplit un rôle important. On l'envisage, à notre époque, suivant les deux formes qu'elle peut prendre : judiciaire ou extrajudiciaire[2].

De manière générale, « il entre dans la mission du juge de concilier les parties » (art. 21 nouv. c. proc. civ.), ce à quoi il est naturel qu'il s'emploie au seuil ou au cours de la procédure. Figurant parmi les dispositions liminaires du nouveau code de procédure civile (1975), cette règle s'est traditionnellement manifestée en matière de divorce. La recherche de la conciliation y remplit un rôle plus important qu'ailleurs[3].

Il existe aussi une conciliation extrajudiciaire, un décret du 20 mars 1978 ayant généralisé une expérience de recours à d'autres que des juges en vue d'obtenir la conciliation des plaideurs. On a voulu, de la sorte, non sans réminiscence du rôle des anciens juges de paix, supprimés lors de la réforme judiciaire de 1958[4], favoriser le développement des solutions amiables. Sans être magistrat, le conciliateur exerce une mission officielle ; c'est pourquoi il est désigné par ordonnance du premier président de la cour d'appel, sur proposition du procureur général, pour un mandat d'une année, renouvelable ensuite pour une période de deux ans. Sa

---

1. V. L. BOYER, *La notion de transaction*, thèse Toulouse, 1947.
2. G. BOLARD, De la déception à l'espoir : la conciliation, *Mélanges Hébraud*, 1981, p. 46 s. ; Y. DESDEVISES, Remarques sur la conciliation dans les textes récents de procédure civile, D. 1981, chron. 241 s. ; P. ESTOUP, Etude et pratique de la conciliation, D. 1986, chron. 161 s.
3. V. *Précis Dalloz, Les personnes, La famille, Les incapacités*, n° 386.
4. P. BONNET, Du suppléant du juge de paix au conciliateur, J.C.P. 1979, I, 2949.

mission consiste à concilier les parties et, à cet effet, à les entendre, voire à entendre des témoins. S'il échoue dans sa tentative, son rôle prend fin[1]. La pratique a montré que la réforme ainsi opérée se heurtait à de sérieux obstacles[2].

618   ***b) La médiation*** ◊ La médiation ressemble à la conciliation en ce qu'elle tend à apporter une solution à un différend autre qu'un jugement. De la sorte, il semble qu'il n'y ait pas de différence de nature entre les deux démarches. Il n'en demeure pas moins que la fonction d'un médiateur est plus active que celle d'un conciliateur, car il lui incombe de rechercher les éléments d'un accord qu'il propose aux parties, sans pouvoir pourtant le leur imposer.

Là encore, la médiation s'est notablement développée dans les relations internationales. Mais elle a exercé et exerce encore un rôle qui n'est pas négligeable en droit du travail. D'autres secteurs ont été sensibles à l'opportunité de la médiation. On en voudra pour preuve, en matière administrative, l'institution du *médiateur*, sur le modèle de l'*Ombudsman* suédois, qui a été réalisée par la loi du 3 janvier 1973[3].

Un projet de loi tendant à instituer la médiation devant les juridictions de l'ordre judiciaire a été discuté à l'Assemblée nationale[4]. S'il était adopté, le juge pourrait, même d'office, désigner une personne de son choix, en qualité de médiateur, pour entendre les parties, confronter leurs prétentions et leur proposer une solution de nature à les rapprocher. Du côté du monde des affaires, on s'est intéressé à ce projet[5].

§ 2

LES MODES JURIDICTIONNELS

619   ***La justice arbitrale*** ◊ On a déjà indiqué, à l'occasion de l'analyse des ordres de juridictions, la distinction de la justice publique et de la justice privée, et la place de l'arbitrage par rapport à ce schéma (*supra*, n° 95).

Lorsqu'ils ont recours à l'arbitrage, les particuliers qu'un différend oppose confient à une personne privée le soin de le trancher. C'est de leur consentement, et non d'une délégation de l'autorité publique, que l'arbitre tient son pouvoir de juger. Les plaideurs ne se bornent pas à choisir un arbitre : ils le font juge ; leur commun accord n'opère pas qu'une désignation : il vaut comme investiture. L'arbitrage est une institution complexe où l'on voit un organe juridictionnel *ad hoc*, le tribunal arbitral, naître des consentements échangés, la convention d'arbitrage (*compromis*). Cette convention est un accord sur la procédure : les adversaires renoncent à régler entre eux leur affaire et, au lieu de se donner une solution, ils se

---

1. R. PERROT, *Institutions judiciaires*, 3ᵉ éd., 1989, n°ˢ 487 s.
2. RUELLAN, Le conciliateur civil, entre utopies et réalités, J.C.P. 1990, I, 3431.
3. V. D. LATOURNERIE, *Médiation et justice*, EDCE 1983-1984, p. 79.
4. J.O. déb. parl. Ass. nat., séance du 5 avril 1990, p. 161 s.
5. P. LEVEL, A propos de la médiation dans la vie des affaires, J.C.P. 1989, éd. E, II, 15615.

donnent un juge dont ils recevront la solution. Ainsi, l'élément conventionnel n'est que le point de départ de l'arbitrage ; à l'arrivée, le litige est
dénoué selon un mode judiciaire, car l'arbitre est un juge et sa sentence un
acte juridictionnel[1].

0 **Arbitrage et contrat** ◊ On appelle *compromis* « la convention par
laquelle les parties à un litige né soumettent celui-ci à l'arbitrage d'une ou
plusieurs personnes » (art. 1447 nouv. c. proc. civ.) et *clause compromissoire*, « la convention par laquelle les parties à un contrat s'engagent à
soumettre à l'arbitrage les litiges qui pourraient naître relativement à ce
contrat » (art. 1442 nouv. c. proc. civ.).

Il est nécessaire, pour la validité de la *convention de compromis*, que
les parties aient la *capacité* requise et que l'*objet* du litige se prête à ce
mode de règlement des litiges : 1) Les parties doivent avoir non seulement
la *capacité d'ester en justice*, mais encore la *capacité de disposer du droit
litigieux* (art. 2059 c. civ.). 2) L'*objet* du compromis doit pouvoir être l'objet
d'un contrat, c'est-à-dire doit satisfaire aux prescriptions des articles 6 et
1128 du code civil, conformément au droit commun de tous les contrats.
Mais, outre ce droit commun, il y a un droit particulier du compromis :
l'article 2060 du code civil énumère une série de questions sur lesquelles
on ne peut compromettre : les questions d'état et de capacité des personnes, celles relatives au divorce et à la séparation de corps, les contestations intéressant les collectivités publiques et les établissements publics[2],
et plus généralement toutes les matières qui intéressent l'ordre public (art.
2060, al. 1er, c. civ.).

« La clause compromissoire est nulle s'il n'est disposé autrement par
la loi » (art. 2061 c. civ.). Ainsi la clause compromissoire est-elle valable en
matière commerciale en application de l'article 631, alinéa 2, du code de
commerce (réd. L. 31 déc. 1925)[3].

« L'arbitre tranche le litige conformément aux règles de droit, à moins
que, dans la convention d'arbitrage, les parties ne lui aient conféré mission
de statuer comme amiable compositeur » (art. 1474 nouv. c. proc. civ.),
c'est-à-dire en équité (*supra*, no 13), sans être tenu de suivre, sauf si elles
sont d'ordre public, les règles de droit (de fond ou de procédure)[4].

---

1. Sur la notion d'arbitrage, v. B. Oppetit, Sur le concept d'arbitrage, *Mélanges Goldman*,
1983, p. 229 s., Arbitrage, médiation et conciliation, *Rev. arb.* 1984, p. 307 s. ; C. Jarrosson, *La
notion d'arbitrage*, thèse Paris II, éd. 1987. — V. aussi J. Rubellin-Devichi, *L'arbitrage, nature
juridique*, thèse Lyon, éd. 1965.

2. « Toutefois des catégories d'établissements publics à caractère industriel et commercial
peuvent être autorisées par décret à compromettre » (art. 2060, al. 2, c. civ.).

3. En outre, suivant l'article 9 de la loi du 19 août 1986, « par dérogation à l'article 2060 du
code civil, l'Etat, les collectivités territoriales et les établissements publics sont autorisés dans
les contrats qu'ils concluent conjointement avec des sociétés étrangères pour la réalisation
d'opérations d'intérêt national, à souscrire des clauses compromissoires en vue du règlement,
le cas échéant définitif, de litiges liés à l'application et à l'interprétation de ces contrats ». — V.
J. Ribs, Ombres et incertitudes de l'arbitrage pour les personnes morales de droit public
français, JCP 1990, I, 3465.

4. V. E. Loquin, *L'amiable composition en droit comparé et international*, thèse Dijon, éd.
1981 ; J.-D. Bredin, L'amiable composition et le contrat, *Rev. arb.* 1984, p. 259 s. ; E. Loquin,
Pouvoirs et devoirs de l'amiable compositeur, *Rev. arb.* 1985, p. 199 s. ; P. Estoup, L'amiable
composition, D. 1986, chron. 221 s.

Les articles 1442 à 1507 du nouveau code de procédure civile (réd. décr. 12 mai 1981) réglementent l'arbitrage, tant national qu'international.

621   *L'arbitrage judiciaire* ◊ Si elle n'est pas une voie amiable, la voie de l'arbitrage n'est pas non plus celle des tribunaux judiciaires. Là réside son mérite essentiel pour ceux qui l'empruntent. Ils y reconnaissent les avantages des juridictions d'exception (*supra*, nº 104), joints à ceux d'une justice discrète. Mais, il se peut qu'à force de renoncer aux garanties de forme et de fond, les plaideurs s'exposent par trop dépouillés à l'arbitraire. Il est donc normal que la loi n'autorise pas n'importe qui à compromettre sur n'importe quoi (*supra*, nº 620).

C'est dans un ordre d'idées comparable que l'on peut apprécier l'arbitrage judiciaire tel qu'il est prévu à l'article 12, alinéa 4, du nouveau code de procédure civile, l'arbitre choisi étant alors un juge relevant de la justice étatique et investi de larges pouvoirs, de type arbitral. De ce texte, il résulte en effet que, le litige né, les parties peuvent, en vertu d'un accord exprès et pour les droits dont elles ont la libre disposition, « conférer au juge mission de statuer comme amiable compositeur, sous réserve d'appel si elles n'y ont pas spécialement renoncé »[1].

---

1. V. P. Hébraud, Observations sur l'arbitrage judiciaire (art. 12, 5ᵉ al., nouv. c. proc. civ.), *Mélanges Marty*, 1978, p. 635 s. — Rappr. sur la désignation par le tribunal d'un *amicus curiae* appelé à exercer un rôle de consultant, voire de médiateur, R. Perrot, obs. *RTD civ.* 1989, 138.

CHAPITRE 2

LES ACTIVITÉS JUDICIAIRES

322   **Présentation** ◊ Pour que se développent, pendant le procès, les diverses procédures, il faut, à l'ensemble, donner l'impulsion nécessaire. A cette fin, les protagonistes ne demeurent pas inertes : selon la position de chacun, il y a lieu d'agir, de défendre, d'intervenir, de juger, d'exécuter. L'image dépouillée de parties allant à l'arbitrage du juge appelle tout au moins une correction, car les impératifs de la division du travail judiciaire conduisent souvent les uns et les autres à recourir au ministère des auxiliaires de la justice (*supra*, n° 120). Mais le secours de ces intermédiaires complète sans l'altérer le schéma séculaire. La vie judiciaire naît d'une ou de plusieurs prétentions ; et la procédure, une fois déclenchée, est ensuite entretenue par une chaîne plus ou moins longue d'actes de volonté.

    On distinguera l'*activité des parties* (Section 1) et l'*activité du juge* (Section 2).

SECTION 1
L'ACTIVITÉ DES PARTIES

323   **Distinction** ◊ Nombre d'actes manifestent, derrière l'activité de leurs auxiliaires, celle des parties. Depuis longtemps, l'analyse discerne, à partir de ces manifestations, l'existence d'une prérogative essentielle : *l'action en justice* (§ 1). Distincte du pouvoir général d'ester en justice ou encore du droit à un procès équitable (*supra*, n° 176), l'action ne doit pas non plus être confondue avec les *actes de procédure* (§ 2) par lesquels elle se manifeste. Ainsi l'action en justice est-elle distincte de la demande en justice. Si, à un même droit, peuvent être attachées plusieurs actions, une même action provoque parfois plusieurs demandes, la seconde étant notamment portée au juge compétent, tandis que la première l'a été à celui qui ne peut en connaître. Même si l'acte de procédure sert de véhicule à l'action en justice, il apparaît à l'évidence que des conséquences spécifiques lui sont attachées.

§ 1 ─────────────────────────────

L'ACTION EN JUSTICE

624 *Définition* ◊ Elle « est le droit, pour l'auteur d'une prétention, d'être entendu sur le fond de celle-ci afin que le juge la dise bien ou mal fondée » (art. 30, al. 1er, nouv. c. proc. civ.). « Pour l'adversaire, l'action est le droit de discuter le bien-fondé de cette prétention » (art. 30, al. 2). Ces définitions précèdent un ensemble de dispositions par lesquelles la théorie générale de l'action en justice, longtemps laissée, de manière presque exclusive, aux mains de la jurisprudence et de la doctrine, figure aujourd'hui dans les textes[1].

Les formules utilisées à l'article 30 précité appellent plusieurs constatations.

1. Les rédacteurs des textes ont expressément qualifié l'action en y voyant un droit. En ce sens, l'action en justice ne se confond ni avec la *liberté d'accès à la justice* (liberté publique), ni avec la *demande en justice*, c'est-à-dire avec l'acte de procédure qui, concrètement, lui sert de mode d'expression dans le cadre d'une affaire déterminée. Mais il ne faudrait pas en déduire que, qualifiée de droit subjectif, l'action en justice se confonde avec le droit subjectif qu'elle tend à protéger. Pareille analyse a été développée autrefois ; on avait soutenu que l'action était « le droit lui-même, mis en mouvement », « le droit à l'état de guerre ». Mais cette analyse, fidèle aux conceptions du droit romain, a été abandonnée, car l'action en justice et le droit subjectif qu'elle tend à protéger ne vont pas nécessairement de pair[2] ; l'action en justice est donc un droit subjectif distinct.

2. De l'article 30 du nouveau code de procédure civile, il résulte aussi que le droit d'agir en justice existe non seulement du côté du demandeur, mais aussi du côté du défendeur (« l'adversaire »). Encore convient-il d'observer qu'il n'y a pas nécessairement un adversaire. En d'autres termes, l'action en justice se manifeste en matière *contentieuse*, mais aussi en matière *gracieuse* (*supra*, n° 220). C'est encore agir en justice que, par exemple, en dehors de tout litige, présenter une requête en vue d'une adoption ou d'une demande d'homologation d'une délibération de conseil de famille.

───────────────────

1. V. G. WIEDERKEHR, La notion d'action en justice d'après l'article 30 du Nouveau code de procédure civile, *Mélanges Hébraud*, 1981, p. 949 s. ; P. HÉBRAUD, Observations sur l'évolution des rapports entre le droit et l'action dans la formation et le développement des systèmes juridiques, *Mélanges Raynaud*, 1985, p. 237 s.
2. Il existe diverses illustrations de cette disjonction possible. Il y a notamment des droits dépourvus d'action, par ex. le droit du créancier d'une obligation naturelle (*supra*, n° 18).

25   *1° Conditions de l'action en justice* ◊ Il convient de distinguer les conditions de l'action (du droit d'action) en justice et les conditions d'accomplissement des actes de procédure (*infra*, n°s 630 s.), qui caractérisent l'exercice, devant les tribunaux, du droit d'agir en justice.

L'action en justice est subordonnée à deux conditions : *l'intérêt* et la *qualité.*

26   *a) L'intérêt* ◊ En vertu d'un principe non écrit, mais implicitement consacré (art. 31 nouv. c. proc. civ.), on ne peut agir en justice que si l'on y a *intérêt* et dans la mesure de cet intérêt ; c'est ce qu'exprime le vieil adage : « Pas d'intérêt pas d'action ». Sa justification est aisée : les juges ont assez de tâches pour ne pas être dérangés inutilement[1].

Il ne suffit pas de se prévaloir d'un intérêt, encore faut-il que cet intérêt présente certains caractères. Trois exigences doivent être signalées à ce propos.

1) L'intérêt doit être *légitime*. L'article 31 du nouveau code de procédure civile dispose que l'action est ouverte, en principe, « à tous ceux qui ont un intérêt légitime au succès ou au rejet d'une prétention ... ». Du qualificatif utilisé, l'on peut déduire des conséquences véritablement spécifiques : c'est par référence à l'idée qu'il exprime que, pendant longtemps, la jurisprudence a refusé à la concubine toute action en dommages-intérêts contre le tiers responsable du décès accidentel de son concubin. L'on peut aussi considérer que le qualificatif exprime, d'un mot, les autres caractères exigés.

2) L'intérêt doit être *né et actuel*. Cette exigence ne signifie pas qu'on ne peut demander réparation d'un préjudice futur, dès lors qu'il est certain, car on peut avoir un intérêt né et actuel à demander réparation d'un tel préjudice ; en revanche, l'action est irrecevable si le préjudice est simplement éventuel, hypothétique, car l'appareil judiciaire ne doit pas être mis en mouvement en vue de contestations éventuelles qui ne naîtront peut-être jamais[2].

3) L'intérêt doit être *direct et personnel*. Cette exigence ne suscite pas de sérieuses difficultés au sujet des actions exercées par des particuliers ; au niveau de l'action en justice, elle illustre une donnée de bon sens : à chacun il appartient de défendre ses intérêts. Les complications n'apparaissent que lorsque sont en cause des groupements (sociétés, associations, syndicats ...). Dès lors qu'ils sont dotés de la personnalité juridique (*supra*, n°s 352 s.), ces groupements peuvent agir en justice pour la défense de leurs intérêts personnels (par exemple en cas de difficultés avec le bailleur du local loué par le groupement). Mais, s'agissant de syndicats, d'associations ou d'ordres professionnels, ces groupements peuvent-ils, en outre, agir en justice en se prévalant de l'intérêt collectif

---

1. V. L. GARAUD, *L'intérêt pour agir en justice, Contribution à la notion d'intérêt en droit positif*, thèse dactyl. Poitiers, 1959.
2. *Précis Dalloz, Les obligations*, n° 605 ; DESDEVISES, *Le contrôle de l'intérêt légitime (Essai sur les limites de la distinction du droit et de l'action)*, thèse ronéot. Nantes, 1973.

que le groupement tend à satisfaire ? L'admettre, c'est renforcer la protection des individus, mais c'est aussi encourager une processivité excessive.

Le droit français s'est progressivement orienté dans le sens d'un élargissement du droit d'action des groupements, ce qui, par la faveur ainsi reconnue aux *class actions,* aboutit à renforcer les protections des particuliers, mais entraîne une sorte de concurrence entre les groupements et le ministère public (*supra,* n° 119). Aux *syndicats,* a été expressément reconnu le droit d'agir en justice « relativement aux faits portant un préjudice direct ou indirect à l'intérêt collectif de la profession qu'ils représentent » (art. L. 411-11 c. trav.). Des pouvoirs comparables ont été reconnus aux *ordres professionnels,* ainsi qu'à un nombre grandissant d'*associations* auxquelles le législateur a reconnu le pouvoir d'agir pour la défense d'intérêts collectifs : unions d'associations familiales, associations de consommateurs (L. 5 janv. 1988, art. 5 et 6), associations de lutte contre le racisme, le proxénétisme, etc.

627   **b) La qualité** ◊ On peut entendre la *qualité* pour agir en justice de deux manières[1]. On peut, tout d'abord, utiliser ce mot afin de préciser le *titre* en vertu duquel une personne agit : à titre personnel, en qualité de créancier du titulaire du droit (ex. : action oblique, art. 1166 c. civ.) ou d'héritier de celui-ci. Surtout, une terminologie plus précise que par le passé conduit à réserver le terme de qualité dans le sens utilisé à l'article 31 du nouveau code de procédure civile (1975) : « L'action est ouverte à tous ceux qui ont un intérêt légitime au succès ou au rejet d'une prétention, sous réserve des cas dans lesquels la loi attribue le droit d'agir aux seules personnes qu'elle *qualifie* pour élever ou combattre une prétention ou pour défendre un intérêt déterminé ». En d'autres termes, si toute personne ayant intérêt à agir (au sens précédemment indiqué) a, en principe, qualité pour le faire, cette qualité peut cependant être réservée à certaines personnes, dans certains cas : actions en nullité relative (*supra,* n° 306) ; actions en divorce ou en séparation de corps, réservées aux époux ; action en désaveu de paternité légitime, qui n'appartient normalement qu'au mari de la mère, ...

628   **2° Classification des actions** ◊ Distinctes des droits subjectifs dont elles tendent à assurer la protection, les actions en justice se répartissent en fonction de la *nature* ou de l'*objet* de ces droits (*supra,* n°s 338 s.).

1. *Actions personnelles et actions réelles.* On distingue ces deux catégories d'après la nature du droit protégé.

a) Si c'est un droit de créance (ou droit personnel), l'action, formée par le créancier contre le débiteur, est une *action personnelle* relevant, territorialement, de la compétence du tribunal où demeure le défendeur (art. 42, al. 1er, nouv. c. proc. civ.), c'est-à-dire en principe, s'il s'agit d'une personne physique, du tribunal du domicile ou, à défaut de domicile, de la résidence du défendeur (art. 42, al. 1er, et 43).

---

1. V. C. Giverdon, La qualité, condition de recevabilité de l'action en justice, D. 1952, chron. 85 ; R. Gassin, *La qualité pour agir en justice,* thèse Aix, 1955.

Parmi les actions personnelles, il en est qui, n'ayant pas pour but de faire reconnaître un droit ayant une valeur pécuniaire, n'ont pas un caractère patrimonial. Parmi ces actions, les plus importantes se relient à l'*état des personnes*, spécialement en matière familiale : ce sont les *actions d'état* (actions en divorce ou en séparation de corps, actions relatives à la filiation).

b) Si l'action tend à la protection d'un droit réel (droit de propriété, d'usufruit, de servitude ...), il s'agit d'une *action réelle* qui, lorsque le droit porte sur un immeuble (action réelle immobilière) relève, territoriale-ment, du tribunal du lieu de la situation de l'immeuble (art. 44 nouv. c. proc. civ.).

c) Bien qu'il n'existe pas de droits mixtes (mi-réels, mi-personnels), il existe des actions *mixtes*, comportant à la fois des éléments réels (immobi-liers) et des éléments personnels, et qui relèvent, au choix du demandeur, de la compétence de la juridiction du lieu où demeure le défendeur ou de celle de la juridiction du lieu où est situé l'immeuble (art. 46 nouv. c. proc. civ.). Ainsi en est-il des actions qui tendent soit à l'exécution, soit à la destruction (nullité ou résolution) d'un contrat translatif de propriété immobilière ou constitutif de droits réels immobiliers, car le litige concerne alors directement le droit réel, d'une part, les obligations contractuelles, d'autre part[1].

2. *Actions mobilières et immobilières.* On les distingue selon que le droit prétendu, réel ou personnel, concerne un meuble ou un immeuble. Si l'action est *mobilière*, la nature de la juridiction compétente varie en fonction de la matière litigieuse ou du montant du litige : tribunal de grande instance, tribunal d'instance, tribunal de commerce, conseil de prud'hommes, etc. Si l'action est *immobilière*, elle relève en principe exclusivement de la compétence du tribunal de grande instance, s'il s'agit d'une action personnelle immobilière ou d'une action pétitoire, et de la compétence du tribunal d'instance s'il s'agit d'une action possessoire.

Les actions réelles immobilières se divisent, en effet, en *actions pétitoires*, par lesquelles l'on réclame ou l'on conteste le droit en lui-même (ex. : action en revendication, par laquelle on invoque la propriété d'un bien ; actions confessoires d'usufruit ou de servitude, relatives à un démembrement du droit de propriété ; action hypothécaire, par laquelle on prétend faire valoir une hypothèque, ...) et en *actions possessoires*, par lesquelles on prétend simplement réclamer ou contester la possession d'un bien. On considère traditionnellement que les actions possessoires sont moins importantes que les actions pétitoires, ce qui peut entraîner des conséquences quant au pouvoir requis à l'effet de les exercer.

---

1. Ex. : révocation d'une donation immobilière pour inexécution des charges ou pour ingratitude (Trib. gr. inst. Metz 25 mai 1962, *Gaz. Pal.* 1962, 2, 218).

629   *3° Autres variétés de l'action en justice. Droit pénal. Droit administratif* ◊ Le fond agit plus ou moins sur la procédure, en ce sens que la substance des règles commande une certaine typologie des contentieux. Cette diversité se manifeste au sujet de l'action en justice. Le droit, pour l'auteur d'une prétention, d'être entendu par un juge sur le fond de celle-ci est plus ou moins facilement ouvert suivant les matières et les juges. Si tant est que le Conseil constitutionnel soit une juridiction, il n'est pas donné, pour l'heure, à tout un chacun le droit de le saisir. Et il en va de même en bien d'autres domaines. C'est ainsi que, s'agissant du droit international des droits de l'homme, le droit de recours individuel devant la Cour européenne n'est pas nécessairement reconnu par les Etats membres et, même s'il est admis, n'est ouvert que dans certaines conditions, assez strictes (*supra*, n°s 178 s.). Dans un autre ordre d'idées, l'exercice de telle ou telle voie de recours — en quoi se manifeste l'exercice du droit d'agir en justice — peut n'être admis que de manière restrictive et être par exemple soumis à l'exigence de *cas d'ouverture*, notamment en ce qui concerne le recours en cassation (*supra*, n°s 113 s.). Le droit romain est riche d'enseignements à ce propos, précisément en raison de l'importance qu'il attacha à l'octroi de telle ou telle action en justice. Le droit processuel, disons le droit comparé des procédures — *de toutes les procédures* —, passe nécessairement par une bonne connaissance du droit romain.

On se bornera cependant ici à des observations relatives au droit pénal et au droit administratif.

a) En *droit pénal*, l'*action civile* en réparation intentée devant les tribunaux répressifs par la victime contre l'auteur de l'infraction relève, malgré ses particularités, de la notion d'action en justice présentement analysée ; mais l'*action publique* exercée par le ministère public et tendant à l'application des peines aux auteurs des infractions présente des aspects particuliers : par cette action, le ministère public ne poursuit pas la réalisation d'un droit subjectif, mais l'application de la loi dans l'intérêt de la société —, ce qui est d'ailleurs le cas général, même en droit privé, lorsque le ministère public agit pour la défense de l'ordre public (art. 423 nouv. c. proc. civ. ; V. *supra*, n° 119).

b) En *droit administratif*, le *recours en annulation* dirigé contre un acte irrégulier présente pareillement des caractères particuliers : ce recours ne met pas en cause un défendeur, mais l'acte attaqué ; en outre, si l'on exige de l'auteur du recours qu'il se prévale d'un intérêt, il ne s'agit pas de l'intérêt personnel tel qu'il est habituellement entendu en procédure civile (V. *supra*, n° 626) ; il s'agit seulement de l'intérêt que l'auteur du recours peut avoir à l'application des règles du droit objectif.

Dans divers cas (action du ministère public, recours en annulation d'un acte administratif ...), l'on constate donc l'existence d'un *contentieux objectif* (le demandeur prétend essentiellement qu'il a été porté atteinte à une règle de droit objectif) distinct du *contentieux subjectif*, ainsi appelé parce que, le plus souvent, l'auteur de l'action en justice prétend qu'il a été porté atteinte à un droit subjectif.

Le développement du droit processuel, dans une perspective de droit comparé interne[1], conduit à observer, en la matière, un rapprochement des contentieux en matière civile, pénale, administrative. On en voudra pour preuve le développement du contentieux objectif en matière de procédure civile, du fait de l'extension du droit d'agir en justice reconnu aux groupements (*supra*, n° 626).

§ 2 ————————————————————————————————

LES ACTES DE PROCÉDURE

630 **Distinction** ◊ Entendus au sens strict, ils manifestent, au cours du procès, l'activité des parties, c'est-à-dire, dans la plupart des cas, de leurs auxiliaires. Il convient d'évoquer successivement les exigences de capacité, de pouvoir et de forme.

631 **La capacité** ◊ Le droit positif accorde de manière très libérale la capacité d'ester en justice à toute personne dotée de la personnalité juridique ; cette condition, en principe nécessaire (surtout si l'on envisage la situation du demandeur), n'est pas toujours suffisante, car, si la capacité demeure la règle, certaines personnes subissent, en ce domaine, les conséquences de leur incapacité. Celles-ci traduisent d'ailleurs, au plan judiciaire, un double particularisme : ordinairement moins grave que l'accomplissement d'un acte de disposition, l'exercice de l'action en justice est néanmoins retiré, totalement ou partiellement, à l'incapable ; et, si l'action est cependant exercée au mépris de ces règles protectrices, l'irrégularité qui en découle affecte de manière spécifique le sort des actes de procédure.

Tantôt l'incapable ne peut agir en justice. Son représentant légal a seul qualité pour le faire. Tel est le cas du mineur non émancipé, du majeur en tutelle et de l'interdit légal. La règle supporte quelques tempéraments. Le *mineur non émancipé* acquiert parfois ce pouvoir lorsque l'action présente un caractère personnel trop accentué : la mère naturelle, qui a reconnu son enfant, dispose seule, même si elle est mineure, de la possibilité d'intenter, pendant la minorité de l'enfant, une action en recherche de paternité naturelle (art. 340-2, al. 2, c. civ.). Quant au *majeur en tutelle* il peut demander seul, en justice, la cessation de la tutelle (arg. art. 507, al. 1er et art. 493, al. 1er, c. civ.). Enfin, en cas d'*interdiction légale* résultant d'une condamnation, l'action en divorce ou en séparation de corps ne peut être exercée par le tuteur qu'avec le consentement de l'époux interdit (art. 250 et 298 c. civ.).

Tantôt l'incapable, sans être hors d'état d'agir lui-même, a cependant besoin d'être conseillé ou contrôlé dans certains actes de la vie civile. Le majeur en curatelle ne peut donc, sans l'assistance de son curateur, intenter les actions relatives à des droits qui ne sont point patrimoniaux (ex. : divorce, art. 249, al. 2, c. civ. ; séparation de corps, art. 296 c. civ.).

---

1. H. MOTULSKY, *Droit processuel*, Les Cours de droit, 1963.

632   *Le pouvoir* ◊ On envisage ici la situation des représentants des personnes morales ou des incapables. Les uns, légaux ou conventionnels, sont, en principe, seuls qualifiés pour exercer les actions sociales intéressant les personnes morales, de droit public ou de droit privé. Les textes aménagent de manière précise l'investiture des autres : le représentant légal d'un mineur non émancipé ou d'un majeur en tutelle exerce seul, en principe, les actions ; il en va toutefois autrement des actions relatives à des droits qui ne sont point patrimoniaux ou (sauf exception) tendent à obtenir un partage, pour lesquelles il faut, à l'administrateur légal pur et simple, le consentement de son conjoint (art. 389-5 c. civ.), à l'administrateur légal sous contrôle judiciaire, l'autorisation du juge des tutelles (art. 389-6 c. civ.), et, au tuteur, l'autorisation du conseil de famille (art. 464, 465, 495, c. civ.). Il existe des dispositions particulières en matière de divorce (art. 249 s., 298 c. civ.).

633   *La forme* ◊ Les actes de procédure sont des écrits. Par cette exigence, le droit positif désire conférer à la prétention exprimée une précision suffisante ; ce faisant, il assure la sécurité des parties.

a) Le nécessaire formalisme se manifeste à propos de la *rédaction de l'acte*. Il explique, d'ailleurs, dans la plupart des cas, l'entremise, obligatoire ou facultative, d'auxiliaires.

De nombreux actes sont dressés par les *avocats*. Leur contenu varie selon les cas. Au seuil de la première instance, l'avocat prépare l'assignation ou la requête ; plus tard, il rédige les conclusions, destinées à préciser l'objet du débat, et les actes d'avocat à avocat, ou *actes du palais*, adressés à l'avocat de l'adversaire ; au niveau de la cour d'appel, ces tâches demeurent confiées aux avoués près les cours d'appel ; à celui de la Cour de cassation, la rédaction des requêtes et des mémoires incombe aux avocats à la Cour de cassation.

Les actes des *huissiers de justice,* appelés aussi « exploits d'huissier », sont multiples. Ils témoignent, à des degrés divers, de l'importance du rôle dévolu à ces auxiliaires. Ici l'huissier se borne à signifier, c'est-à-dire à faire connaître (notifier) à une personne un acte qu'il n'a pas rédigé (conclusions, jugements). Là, il rédige et signifie des actes, dont la rédaction a pu être préparée normalement par d'autres, notamment des actes introductifs d'instance ou de recours (assignations, requêtes). Ailleurs, il dresse un constat, qui contient la description d'une situation de fait, ou un procès-verbal, c'est-à-dire un récit d'une opération à laquelle il a procédé.

b) La *notification* des actes permet de porter ceux-ci à la connaissance des intéressés (art. 651, al. 1er, nouv. c. proc. civ.).

Traditionnellement, le droit français, sensible à l'importance de la question, a confié, en principe, cette mission à l'huissier de justice. Et, de fait, cet agent de liaison, choisi par une partie ou commis par le juge, partage rarement avec d'autres son monopole. S'inspirant de certains droits étrangers, notamment du droit allemand, d'aucuns ont reproché à cette méthode d'accroître le coût, voire la lenteur de la procédure ; et ils ont proposé de substituer à la signification par huissier la notification par lettre recommandée avec, éventuellement, demande d'avis de réception. Pour réduire les frais de certains procès, le procédé a été exceptionnellement retenu (ex. : matière sociale, baux ruraux).

c) Distincts des délais de prescription, les *délais de procédure*, durant lesquels les actes doivent être accomplis, permettent d'éviter soit une précipitation irréfléchie, soit une excessive lenteur. Hormis les cas, plus nombreux que par le passé, dans lesquels le juge reçoit, à certaines conditions, le pouvoir de les fixer (ex. : délais nécessaires au bon déroulement de l'instance, art. 3 nouv. c. proc. civ.), les délais de procédure résultent des textes.

On observera qu'en matière administrative, la procédure est moins formaliste qu'en matière civile ou pénale[1].

SECTION 2
L'ACTIVITÉ DU JUGE

34   *Distinction* ◊ Longtemps la doctrine, en analysant le comportement du juge, s'est attachée principalement aux actes par lesquels les magistrats se prononcent. Il lui suffisait, en général, de décrire les solennités diverses qui jalonnent le cours du procès et les effets attachés aux actes du juge. L'approfondissement de l'analyse des actes juridiques — actes administratifs, actes civils, actes judiciaires ... (*supra*, n° 275) — conduit à envisager *l'acte juridictionnel* (§ 1), avant de présenter des observations relatives aux *jugements* (§ 2).

§ 1
L'ACTE JURIDICTIONNEL

35   *1° Notion d'acte juridictionnel* ◊ Il en va, en un sens, de même lorsqu'il s'agit de définir ces deux pôles du régime juridique que constituent la règle et le jugement : la pensée oscille entre une définition matérielle et une définition formelle (V., au sujet de la loi, *supra*, n° 150). La définition de l'acte juridictionnel est difficile, car l'on s'interroge assez fréquemment sur l'activité de nombreux organismes nés de la vie administrative, contre

---

1. J. Vincent, G. Montagnier et A. Varinard, *Précis Dalloz, La justice et ses institutions*, 2ᵉ éd. 1985, n° 785.

les actes desquels les textes ont aménagé des recours (administratifs, gracieux, hiérarchiques, etc.) d'une nature parfois indécise[1]. Un double courant a contribué à compliquer le débat : tandis que des préoccupations administratives pèsent plus qu'autrefois sur l'activité des juges, les comportements des particuliers face à l'administration revêtent davantage la forme de démarches procédurales.

Formellement, l'on est enclin à observer que l'acte juridictionnel ne peut émaner que d'une juridiction, parfois volontaire (arbitrage), mais le plus souvent étatique, plus précisément d'un juge, d'un tribunal appelé à dire le droit à la suite d'une procédure spécifique. Outre que cette analyse déplace le problème plus qu'elle ne le résout, car il s'agit alors davantage de définir la notion de juridiction (*supra*, n°s 99 s.), l'on peut observer à la fois que des autorités administratives disent le droit[2] et que des juges accomplissent des actes administratifs ou encore des actes d'*administration judiciaire* (ex. : la fixation d'une audience de plaidoiries) dépourvus de caractère juridictionnel.

L'approche *matérielle* est probablement plus satisfaisante. Mais elle revêt diverses formes selon que, pour dégager l'originalité de l'acte juridictionnel par rapport à l'acte administratif, l'on souligne qu'il vise principalement au respect de l'ordre juridique — mais n'est-ce pas vrai aussi d'autres actes ? — ou qu'il tire son particularisme du conflit (même seulement latent) qu'il a pour objet de trancher. A quoi l'on peut être tenté d'objecter que des actes administratifs mettent fin, le cas échéant, à des contentieux.

La manière par laquelle le juge tranche les contestations révèle cependant l'originalité de son office principal, lié au fait qu'il est un tiers appelé à prendre une décision après avoir douté (« balancé »), et constaté une situation juridique.

636   *2° Effets de l'acte juridictionnel* ◊ Un jugement produit, en principe, trois effets : il est doté de la force exécutoire, il dessaisit le juge et il a l'autorité de la chose jugée ; suivant les cas, il produit aussi un effet déclaratif ou un effet constitutif.

637   *a) Force exécutoire* ◊ Le jugement est une décision de l'autorité publique, prise en France au nom du Peuple français. Si les parties ne l'exécutent pas volontairement, la partie gagnante a le droit de faire

---

1. V. GUILLIEN, *L'acte juridictionnel et l'autorité de la chose jugée*, thèse Bordeaux, 1931 ; M. WALINE, Du critère des actes juridictionnels, *Rev. dr. publ.* 1933, p. 565 s. ; CHAUMONT, Esquisse d'une notion de l'acte juridictionnel, *Rev. dr. publ.* 1942, p. 93 s. ; MABILEAU, *De la distinction des actes administratifs et des actes juridictionnels*, thèse Paris, 1945 ; LAMPUÉ, La notion d'acte juridictionnel, *Rev. dr. publ.* 1946, p. 6 s. ; HÉBRAUD, L'acte juridictionnel et la classification des contentieux, *Rev. Acad. législ. Toulouse*, 1949, p. 131 s. ; JUGAULT, *De la liaison du contentieux, Essai sur la genèse de l'acte juridictionnel*, thèse ronéot. Rennes, 1969 ; R. CHAPUS, Qu'est-ce qu'une juridiction ? La réponse de la juridiction administrative, *Mélanges Eisenmann*, p. 263 s.
2. Rappr., sur la contagion de certains concepts, R.-G. SCHWARTZENBERG, *L'autorité de chose décidée*, thèse Paris, 1963.

exécuter par la force ce qui a été décidé ; la loi y a pourvu par deux moyens : l'exécution forcée et l'hypothèque judiciaire.

Le jugement peut être exécuté par la force publique, mise au service de la justice. L'original du jugement, copié sur un registre par le greffier du tribunal, constitue la *minute*. Celui qui a gagné le procès s'en fait délivrer une copie, appelée *grosse*, qui est munie de la formule exécutoire[1]. A l'aide de ce titre exécutoire, le gagnant pourra, par un huissier de justice et au besoin la force armée, faire exécuter le jugement, par exemple la destruction d'un immeuble érigé en violation d'une servitude de ne pas construire ou l'exécution sur le patrimoine au moyen de *saisies*.

Le créancier qui obtient contre son débiteur un jugement constatant l'existence ainsi que l'exigibilité de la dette et condamnant le défendeur à payer est investi d'une hypothèque générale, portant sur tous les immeubles du débiteur et destinée à assurer l'exécution du jugement de condamnation ; c'est ce que l'on nomme l'*hypothèque judiciaire*.

Pour qu'un jugement soit exécutoire, il faut qu'il ait acquis *force de chose jugée*, c'est-à-dire qu'il ne soit susceptible d'aucun recours suspensif d'exécution (ex. : appel ...) ou, dans le cas contraire, qu'aucun recours n'ait été exercé dans le délai du recours (art. 500 nouv. c. proc. civ.). Toutefois, l'exécution provisoire peut être ordonnée, à la demande des parties ou d'office, chaque fois que le juge l'estime nécessaire et compatible avec la nature de l'affaire (art. 515).

Si la force exécutoire est normalement attachée aux jugements, il convient cependant d'apporter à cette règle deux correctifs liés soit à l'auteur de la décision, soit au destinataire de celle-ci. D'une part, une sentence arbitrale est dépourvue de force exécutoire ; elle ne peut en être dotée que par l'effet d'une *ordonnance d'exequatur*, relevant de la compétence du président du tribunal de grande instance dans le ressort duquel la sentence a été rendue[2]. D'autre part, si les jugements rendus contre les particuliers sont, en principe, dotés de la force exécutoire, il en va autrement de ceux qui sont rendus contre les personnes publiques, les juridictions, même administratives, ne pouvant prononcer contre celles-ci des injonctions (v. *supra*, n° 407)[3].

538 **b) *Dessaisissement du juge*** ◊ « Le jugement, dès son prononcé, dessaisit le juge de la contestation qu'il tranche » (art. 481, al. 1er, nouv. c. proc. civ.). Formulé au sujet des seuls jugements sur le fond, ce principe est expressément écarté au sujet des jugements avant dire droit (art. 483), qu'il s'agisse

---

1. Cette formule énonce : « La République française mande et ordonne à tous huissiers de justice, sur ce requis, de mettre ledit arrêt (ou ledit jugement, etc.) à exécution ; aux procureurs généraux et aux procureurs de la République près les tribunaux de grande instance d'y tenir la main, à tous commandants et officiers de la force publique de prêter main-forte lorsqu'ils en seront légalement requis » (décr. 12 juin 1947).
2. V. El Hakim, L'exécution des sentences arbitrales, *Mélanges Weill*, 1983, p. 227 s. ; Bertin, Le rôle du juge dans l'exécution de la sentence arbitrale, *Rev. arb.* 1983, p. 281 s.
3. V. cep. la loi du 16 juill. 1980 relative aux astreintes en matière administrative et à l'exécution des jugements par les personnes publiques. — Adde, Y. Gaudemet, Réflexions sur l'injonction dans le contentieux administratif, *Mélanges Burdeau*, 1977, p. 805 s.

donc de décisions ordonnant des mesures d'instruction ou de décisions ordonnant des mesures provisoires (v. aussi, au sujet des mesures d'assistance éducative, l'art. 375-6 c. civ.).

Afin d'éviter aux justiciables des complications inutiles, il appartient au juge qui s'est prononcé de *rétracter* sa décision, en cas d'opposition — voie de recours contre des décisions rendues par défaut —, de tierce opposition ou de recours en révision [1], de l'*interpréter*, à moins qu'elle ne soit frappée d'appel [2], ou de la *rectifier*, dans certaines conditions, pour réparer des erreurs et omissions matérielles [3] et pour régulariser un jugement s'il n'a pas été statué sur un chef de demande, s'il a été prononcé sur des choses non demandées ou s'il a été adjugé plus qu'il n'a été demandé (art. 461 s., 481, nouv. c. proc. civ.).

639   *c) Autorité de la chose jugée* ◊ L'expression de *chose jugée* désigne ce qui est décidé par une sentence judiciaire. L'*autorité* qui s'attache à la chose jugée, c'est l'impossibilité où l'on est de remettre en question le point sur lequel il a été statué. On explique en général ce résultat par une présomption de vérité attachée à la décision du juge. *Res judicata pro veritate habetur.* En réalité, le fondement de l'autorité de la chose jugée se trouve dans cette considération d'ordre public suivant laquelle les litiges ne doivent pas s'éterniser. Les plaideurs bénéficient des garanties de l'organisation judiciaire : principe du double degré de juridiction, contrôle de la Cour de cassation. Certes, les appréciations des magistrats sont sujettes à erreur ; mais, comme il y aurait autant de risques d'erreur dans un nouveau jugement, il vaut mieux que, lorsqu'une décision a été obtenue avec toutes les garanties de régularité, le litige soit tranché une fois pour toutes [4].

La chose jugée ne permet pas de remettre en question ce qui a été précédemment décidé. Si la partie perdante s'avisait de recommencer un procès, son adversaire pourrait couper court à celui-ci en excipant de la chose jugée et sans avoir à prouver le fond de son droit ; l'autorité de la chose jugée est une présomption irréfragable (v. *supra*, n° 514) qui ne souffre aucune preuve contraire, même par l'aveu ou le serment.

Etant donné que le fondement de l'autorité de la chose jugée se trouve dans les nécessités d'une bonne administration de la justice, donc dans une considération d'ordre public, on pourrait penser que la règle est elle-même d'ordre public. La jurisprudence ne l'a cependant pas admis : l'exception de chose jugée est considérée comme un bénéfice personnel

---

1. V. BARRÈRE, La rétractation du juge civil, *Mélanges Hébraud*, 1981, p. 1 s.
2. Le juge ne pourrait modifier sa décision sous prétexte de l'interpréter : V. Civ. 1re, 30 mars 1965, J.C.P. 1965, II, 14249, note P.P. ; Crim. 23 oct. 1969, D. 1970, 5, note J.-M. R., J.C.P. 1970, II, 16370, note CHAMBON.
3. V. DUPRÉ, *La rectification des décisions judiciaires en dehors des voies de recours*, thèse Toulouse, 1941.
4. L. BOYER, Les effets des jugements à l'égard des tiers, *RTD civ.* 1951, p. 163 ; J. FOYER, *De l'autorité de la chose jugée en matière civile. Essai d'une définition*, thèse Paris, 1954 ; H. MOTULSKY, Pour une délimitation plus précise de l'autorité de la chose jugée en matière civile, D. 1968, chron. 1, et *Ecrits*, t. 1, *Etudes et notes de procédure civile*, 1973, p. 201 s. ; D. TOMASIN, *Essai sur l'autorité de la chose jugée en matière civile*, thèse Toulouse, 1973, éd. 1975.

auquel on peut renoncer[1]. En outre, les tribunaux et le ministère public ne peuvent soulever d'office le moyen tiré de l'autorité de la chose jugée[2].

540 *Domaine de l'autorité de la chose jugée* ◊ A quelles décisions cette autorité est-elle attachée ? « L'autorité de la chose jugée », dispose l'article 1351 du code civil, « n'a lieu qu'à l'égard de ce qui a fait l'objet du jugement ». Plus précisément, l'autorité de la chose jugée ne s'attache qu'aux décisions contentieuses, sur le fond, et seulement, en principe, au dispositif de ces décisions.

1. La décision *gracieuse*, ne tranchant aucun litige (*supra*, n° 220), est dépourvue de l'autorité de la chose jugée au sens de l'article 1351 du code civil ; aussi bien, une requête repoussée peut être réitérée. Mais si, en sens inverse, le juge peut, après avoir accueilli une requête, rétracter celle-ci, ce n'est normalement que dans la mesure où les circonstances ont changé ; dans le cas contraire, on discerne donc déjà une dose, réduite il est vrai, d'autorité de la chose jugée.

2. L'autorité de la chose jugée ne s'attache qu'aux décisions *sur le fond*, c'est-à-dire qui tranchent tout ou partie du *principal* (en d'autres termes, de l'objet du litige) ou qui statuent sur une exception de procédure, une fin de non-recevoir ou tout autre incident (art. 480, nouv. c. proc. civ.). Inversement, les jugements qui se bornent, dans leur dispositif, à ordonner une mesure d'instruction ou une mesure provisoire n'ont pas, *au principal*, autorité de la chose jugée (art. 482, nouv. c. proc. civ.)[3].

L'autorité de la chose jugée est attachée aux jugements sur le fond, indépendamment de la possibilité d'une voie de recours. Elle se renforce cependant à mesure que l'éventualité des voies de recours s'éloigne ou que ces voies de recours ont été exercées. C'est pourquoi l'on dit qu'a *force de chose jugée* le jugement qui n'est susceptible d'aucun recours suspensif d'exécution ou, s'il est susceptible d'un tel recours, le jugement rendu lorsque, à l'expiration du délai du recours, celui-ci n'a pas été exercé dans le délai (art. 500, nouv. c. proc. civ.). On dit aussi, à une étape ultérieure, que le jugement devient *irrévocable* lorsque les délais des voies de recours extraordinaires (tierce opposition, recours en révision, pourvoi en cassation) sont écoulés ou après que ces voies ont été utilisées.

---

1. Civ. 27 janv. 1857, D.P. 1857, 1, 82 ; Req. 11 déc. 1895, D.P. 1896, 1, 468.
2. Civ. 24 oct. 1951, J.C.P. 1952, II, 6806, note R. PERROT, *RTD civ.* 1952, p. 254, obs. HÉBRAUD ; Civ., 1re sect. civ., 17 nov. 1967, J.C.P. 1967, éd. A, IV, 5175, obs. J.A. — La chose jugée, même au criminel, ne donne pas lieu à une exception — disons plus exactement à une fin de non-recevoir — *d'ordre public* lorsque seuls les intérêts privés des parties sont en cause ; et elle ne peut être proposée pour la première fois en cassation : Civ. 2e, 25 oct. 1972, D. 1973, 89.
3. On veut dire par là que la décision ne lie pas le juge quant au principal, même s'il s'en dégage déjà le sens probable dans lequel celui-ci paraît s'orienter. Mais, sur ce qui n'est pas le principal, il y a déjà une dose d'autorité de la chose jugée : ainsi est-ce seulement en cas de changement des circonstances que des mesures avant dire droit peuvent être modifiées. — *Adde*, WATRIN, L'autorité de la chose jugée en droit administratif français, *Ann. Fac. dr. Istanbul* 1958, p. 29 s.

641 *Conditions de l'autorité de la chose jugée* ◊ Pour que l'autorité de la chose jugée puisse être invoquée, il faut qu'il y ait, entre la demande actuelle et le procès précédent : 1. identité d'*objet* ; 2. identité de *cause* ; 3. identité de *personnes* et de *qualités* (art. 1351). Il suffit qu'une des trois conditions requises par la loi fasse défaut pour que l'autorité de la chose jugée ne puisse pas être invoquée.

642 *Identité d'objet* ◊ L'autorité de la chose jugée n'a lieu qu'à l'égard de ce qui a fait l'objet du jugement et à condition que la chose demandée soit la même dans les deux procès. Mais cela ne signifie d'ailleurs pas qu'il y ait toujours identité d'objet si la même chose matérielle est en jeu. Il n'y a lieu à exception de chose jugée que si l'on réclame *le même droit* sur la chose. Ainsi, après qu'on a échoué dans une instance en revendication d'un immeuble, rien ne s'oppose à ce qu'on prétende avoir sur cet immeuble un droit d'usufruit ou de servitude.

643 *Identité de cause* ◊ La *cause* d'une demande, aux termes de l'article 1351, c'est le fait ou l'acte qui constitue le fondement direct et immédiat du droit que l'on prétend invoquer. On peut valablement, par une demande en justice, tendre au même résultat qu'on n'avait pu atteindre dans une précédente instance, si l'on invoque, à l'appui de sa prétention, non pas un nouvel argument ou un nouveau moyen à l'appui d'une prétention déterminée, mais ce que l'on appelle encore, en la matière, un fait juridique différent. Par exemple, après avoir poursuivi vainement la nullité d'un testament pour vice de forme, l'héritier peut demander cette même nullité en se fondant sur l'insanité d'esprit du testateur au moment de sa rédaction[1].

644 *Identité de personnes. Principe de l'autorité relative de la chose jugée* ◊ L'autorité de la chose jugée est subordonnée à l'existence d'une troisième condition : il doit y avoir identité de parties ; il faut « que la demande soit entre les mêmes parties, et formée par elles ou contre elles en la même qualité » (art. 1351 c. civ.). Cette condition exprime le principe de l'autorité *relative* de la chose jugée. Si les parties en présence dans deux procès ne sont pas les mêmes, y eût-il identité d'objet et de cause, la deuxième demande ne pourra être repoussée en raison de la chose jugée. *Res inter alios judicata aliis neque nocere neque prodesse potest.*

Il n'y a identité de parties que si la même personne a figuré en la même qualité dans les deux instances. Ainsi la chose jugée avec le tuteur comme représentant du mineur ne peut lui être opposée lorsqu'il reproduit la même demande en son nom personnel[2]. C'est ainsi encore qu'un

---

1. Req. 28 oct. 1885, D.P. 1886, 1, 253. — V. Motulsky, La cause de la demande dans la délimitation de l'office du juge, D. 1964, chron. 235 et *Ecrits*, t. 1, *Etudes et notes de procédure civile*, préc., p. 101 s. ; J.-P. Gilli, *La cause juridique de la demande en justice. Essai de définition*, thèse Paris, 1962 ; Normand, *Le juge et le litige*, thèse Paris, 1965 ; V. aussi Tomasin, *op. cit.*, p. 192 s.

2. Civ. 28 août 1849, D.P. 1850, 1, 57. De même il a été jugé que la condition de l'identité de qualité n'est pas remplie lorsque l'une des parties, précédemment assignée en son nom personnel, est prise, dans un second litige, en qualité de membre d'une société commerciale (Req. 28 fév. 1911, D.P. 1913, 1, 405).

père qui aurait échoué dans une instance en revendication soutenue au nom de ses enfants mineurs et comme leur administrateur légal pourrait reprendre cette revendication en prétendant, la seconde fois, être lui-même le propriétaire.

Mais on considère comme ayant été parties dans une instance, non seulement les parties qui y ont figuré en personne comme demanderesses ou défenderesses, ou y ont été vainement appelées, mais encore celles qui ont été représentées (mandants, ayants cause *universels* ou *à titre universel* : héritiers, légataires universels ou à titre universel ...).

545 *Limites de la relativité de l'autorité de la chose jugée* ◊ Au principe de relativité de l'autorité de la chose jugée, il est apporté des exceptions dont la portée est variable.

1. Au sujet du *contentieux administratif,* qui relève au demeurant d'un régime spécifique, on se bornera à observer qu'une autorité absolue de chose jugée est, en principe, attachée aux décisions rendues en matière de *recours pour excès de pouvoir,* tandis qu'en cas de *recours de plein contentieux,* le jugement rendu n'est doté que d'une autorité relative.

2. Bien que la solution ne soit pas formulée par la loi, il est admis d'une manière constante que les *décisions rendues en matière pénale ont une autorité absolue.* Cette solution s'explique par le fait que le juge pénal ne se contente pas de statuer, comme le juge civil, sur les points qui lui sont soumis et qu'il dispose de plus grands pouvoirs quant à la conduite du procès et quant à la recherche des preuves. C'est pourquoi l'autorité de sa décision est absolue, et non relative, ce qui correspond à l'intérêt général. Ainsi, s'agissant de l'autorité de la chose jugée au pénal sur un procès pénal, en cas de décision pénale définitive, la personne qui a été l'objet de ce jugement ne peut plus, à la demande de quiconque, être poursuivie pour les mêmes faits, même s'il était avéré que le jugement a été mal rendu.

Cette autorité s'applique à l'égard de toutes personnes. Il en résulte qu'un *juge civil ne peut méconnaître ce qui a été définitivement jugé au criminel,* s'il est saisi, par exemple, de l'action en réparation du dommage causé par une infraction pénale ou de toute autre action fondée sur le fait jugé par le tribunal répressif[1]. Ainsi, lorsque le juge répressif a condamné un prévenu pour homicide par imprudence, cette condamnation implique nécessairement, de la part du condamné, une faute dont le juge civil, saisi

---

1. V. Hébraud, *L'autorité de la chose jugée au criminel sur le civil,* thèse Toulouse, 1929 ; Valticos, *L'autorité de la chose jugée au criminel sur le civil,* thèse Paris, 1948 ; Chavane, Les effets du procès pénal sur le procès engagé devant le tribunal civil, *Rev. sc. crim.* 1954, p. 239 s. V. aussi Saint-Jours, Du principe de l'autorité de la chose jugée au criminel en matière de faute inexcusable, D. 1969, chron. 229. — Sur l'autorité de la chose jugée au pénal à l'égard de l'Administration, v. Cons. d'Etat 3 janv. 1975, D. 1976, 7, note M. Petite ; comp. sur l'autorité de la chose jugée par la juridiction administrative (en matière de contentieux fiscal) à l'égard du juge pénal : Crim. 9 avril 1970, D. 1970, 755, note Valter ; et, sur l'autorité de la chose jugée au civil à l'égard des juridictions administratives : Lavroff, note D. 1967, 343, sous Cons. d'Etat 24 juin 1966.

de l'action civile en dommages-intérêts, ne peut nier l'existence. Inversement, l'acquittement au pénal n'implique pas nécessairement l'absence de faute civile, car, d'une part, le juge civil peut retenir un fait sur lequel le tribunal répressif n'a pas eu à se prononcer et, d'autre part, les faits invoqués peuvent ne pas constituer à eux seuls une infraction pénale et renfermer les éléments mettant en jeu la responsabilité civile[1].

646   *d) Jugements déclaratifs et jugements constitutifs* ◊ Parmi les décisions que rendent les tribunaux, certaines constatent un droit ou une situation existant antérieurement à la demande en justice, encore qu'ils soient l'objet d'un litige : le jugement reconnaît, par exemple, que le demandeur a un droit de propriété sur une chose détenue par le défendeur, ou encore un jugement faisant droit à une action en recherche de paternité naturelle proclame établi le lien de filiation entre le demandeur et le défendeur. De tels jugements sont dits *déclaratifs*. Mais il y a des jugements *constitutifs* d'un état de droit nouveau, qui changent la situation juridique antérieure : par exemple, un jugement de divorce, un jugement mettant en tutelle un malade mental.

A cette distinction sont attachées des différences importantes quant à l'autorité de la chose jugée, les jugements déclaratifs n'ayant, en principe, qu'une autorité relative, les jugements constitutifs étant considérés comme ayant une autorité absolue. En outre, les jugements constitutifs, créant une situation nouvelle, ne peuvent rétroagir ; à la différence des jugements déclaratifs, leurs effets ne peuvent rejaillir sur le passé. Au vrai, cette différence doit être atténuée, car les jugements constitutifs peuvent comporter une certaine rétroactivité[2]. Inversement, certains effets des jugements en principe déclaratifs (hypothèque judiciaire, effet dit constitutif des jugements fixant des dommages-intérêts délictuels) ne rétroagissent pas : le jugement ne rétroagit qu'en tant qu'il reconnaît le droit préexistant[3].

En matière administrative, les jugements constitutifs sont rares parce que, la plupart du temps, les recours tendent à faire constater par le juge soit la nullité d'un acte administratif, soit l'existence d'un droit.

1. Il n'en est autrement que s'il s'agit d'une poursuite pour délit d'homicide ou de blessures par imprudence, car la notion de faute d'imprudence de l'art. 319 c. pén. a été considérée comme identique à la notion de faute civile au sens de l'art. 1383 c. civ. (Civ. 18 déc. 1912 : D.P. 1915, 1, 17). — V. cep., sur une irréductible dualité des fautes, PIROVANO, *Faute civile et faute pénale, Essai de contribution à l'étude des rapports entre la faute des articles 1382-1383 du code civil et la faute des articles 319-320 du code pénal*, thèse Aix, éd. 1966.

2. Ex. : la date des effets du divorce ou du jugement de mise en tutelle, v. *Les personnes, La famille, Les incapacités*, n°s 404, 953.

3. V. L. MAZEAUD, De la distinction des jugements déclaratifs et des jugements constitutifs de droits, *RTD civ.* 1929, p. 17 s.

§ 2

LES JUGEMENTS

547 *Ordonnances, jugements, arrêts* ◊ D'après la juridiction dont émane la décision, on appelle :

ordonnances, les décisions émanant d'un président de tribunal ou d'un premier président de cour d'appel statuant sur requête ou après un référé, d'un juge commis par le tribunal, d'un juge d'instruction, etc. ;

jugements, les décisions rendues par un tribunal statuant en première instance : tribunal d'instance, de grande instance ou de commerce, tribunal administratif, conseil de prud'hommes ... ;

arrêts, les décisions des cours d'appel, du Conseil d'Etat et de la Cour de cassation.

548 *Jugements avant dire droit et jugements sur le fond* ◊ Au point de vue de l'effet qu'ils peuvent avoir sur le litige, on distingue les jugements *avant dire droit* et les jugements *sur le fond.*

1) Au cours de l'instance, le tribunal peut prendre certaines décisions, qui lui paraissent nécessaires et qui lui sont demandées par les parties, avant de trancher au fond les questions à lui soumises, *avant qu'il ne dise le droit* sur la question. Ces décisions sont de deux sortes :

a) *Jugements provisoires* : ce sont des décisions qui ordonnent une mesure urgente destinée à sauvegarder, durant l'instance, un intérêt compromis par le procès, par exemple l'ordonnance autorisant, au cours d'une instance en divorce ou en séparation de corps, les époux à résider séparément ou l'ordonnance allouant une pension alimentaire provisoire à l'un des conjoints.

b) *Jugements relatifs à l'instruction* : ce sont des jugements qui, sans trancher le fond du procès, acheminent celui-ci vers la solution ; ils se distinguent des jugements provisoires en ce qu'ils ont un lien étroit avec le débat ; c'est le cas d'un jugement ordonnant une enquête, une expertise, une comparution personnelle ; les mesures d'instruction, en procurant au tribunal des éléments d'information, lui permettent de statuer sur le fond.

2) *Le jugement sur le fond* est celui qui règle soit tout le litige ou seulement certains de ses points, soit des incidents autres que ceux relatifs à des mesures d'instruction et à des demandes provisoires, de telle façon que le juge n'aura plus à examiner les points tranchés par ce jugement. Ainsi en est-il du jugement qui statue sur le fond du droit, ou qui tranche

un incident, comme celui qui est soulevé par une exception d'incompétence[1].

649 **_Rédaction des jugements_** ◊ En principe, un jugement comprend, dans un document essentiel (l'original est appelé la _minute_), trois catégories d'énonciations (art. 454 et 455, nouv. c. proc. civ.).

a) Certaines permettent de vérifier la _régularité formelle du jugement._ On doit y trouver les indications suivantes : la juridiction dont il émane, le nom des juges qui en ont délibéré ; la date du jugement ; le nom du représentant du ministère public s'il a assisté aux débats ; le nom du secrétaire ; le cas échéant, le nom des avocats ou de toute personne ayant représenté ou assisté les parties. Il se peut, en outre, que d'autres mentions soient obligatoires, compte tenu des particularités de tel ou tel procès.

b) D'autres mentions sont _relatives aux parties et aux prétentions_ soumises à l'examen du juge. Le jugement doit indiquer les nom, prénoms ou dénomination de chaque partie ainsi que son domicile ou siège social ; en matière gracieuse, il doit indiquer le nom des personnes auxquelles il doit être notifié. Il doit exposer succinctement les prétentions respectives des parties, c'est-à-dire les différents chefs de demande, tels qu'ils ont été formulés par les conclusions des parties (demande principale, reconventionnelle ou en intervention), ainsi que les _moyens_ servant de support aux différentes demandes et auxquels il doit être répondu dans le jugement.

c) Les dernières mentions ont trait à la _décision proprement dite_ avec ses motifs et son dispositif.
Les _motifs_ sont, le plus souvent, rédigés sous forme d'« attendu que ... » ou de « considérant que ... ». Ce sont les raisons qui justifient la décision. Le juge y mentionne les faits et actes qu'il retient comme preuves établies, y répond aux prétentions qu'il repousse, invoque les règles juridiques, notamment les textes ou les principes sur lesquels il appuie son opinion.
Certaines décisions sont toutefois _dispensées de l'obligation des motifs,_ soit parce qu'elles se suffisent à elles-mêmes (_jugements préparatoires_), soit par discrétion (_jugements d'adoption,_ art. 353, al. 4, c. civ.), soit encore parce que le tribunal jouit d'un _pouvoir discrétionnaire_ (décision de sursis à statuer).
Le _dispositif_ est la partie la plus importante du jugement puisqu'il contient la solution du litige : le juge accorde au demandeur le bénéfice de ses conclusions ou le déboute en tout ou partie, prononce les condamnations ou ordonne les restitutions nécessaires et met les frais (dépens) à la

---

1. Sur les _jugements mixtes_, à la fois sur le fond et avant dire droit, v. G. Durry, Les jugements dits « mixtes », _RTD civ._ 1960, p. 5 s.

charge de la partie perdante, à moins que par une décision motivée, il n'en mette la totalité ou une fraction à la charge d'une autre partie (art. 696, nouv. c. proc. civ.).

CHAPITRE 3

LES PROCÉDURES

650 *Présentation* ◊ Dérivant du mot latin *procedere*, c'est-à-dire *avancer*, le mot de procédure convient précisément, dans un sens strict, pour désigner les démarches, jalonnées d'actes — au sens matériel ou au sens formel : *negotium, instrumentum* — qui caractérisent les itinéraires judiciaires. Même dans cette acception en termes de cheminement, le mot *procédure* peut servir à désigner des comportements par rapport aux administrations — fiscales ou autres — et non par rapport aux juridictions. On s'en tiendra pourtant, dans le présent cadre, aux schémas des *principales procédures* (Section 2), après avoir exposé quelques *principes directeurs* (Section 1).

SECTION 1
PRINCIPES DIRECTEURS

651 *Procès et triade* ◊ Triade ? Voici un terme volontiers considéré comme étant d'ordre philosophique, mais qui peut être aussi fort utile en droit. La triade est définie comme un assemblage de trois personnes, de trois unités, de trois divinités. Retenons le mot dans le contexte d'un procès simple : un demandeur, un défendeur, un juge[1]. Entre eux se noue une relation spécifique qui relève à la fois des *rôles* qu'ils sont appelés à jouer (§ 1) et des *modes d'expression* (§ 2) qu'ils utilisent pour faire avancer la procédure[2]. — Sur les principes du droit de la preuve, v. *supra*, n°s 483 s.

§ 1
LES RÔLES

652 *L'instance* ◊ On entend ici le mot *rôle* non pas dans le sens technique qu'il a lorsqu'on l'emploie pour désigner un registre (la « mise au rôle »), mais dans son sens courant, ordinaire, tenant au *comportement* des divers protagonistes.

Cela étant dit, on observe que l'instance comprend toute une série

---

1. V. Eduardo Couture, Le procès comme institution, *Rev. int. dr. comp.* 1950, p. 276 s. ; Carlos Cerda, *La nature du procès*, thèse ronéot. Paris II, 1979.
2. V. J.-P. Chaudet, *Les principes généraux de la procédure administrative contentieuse*, thèse Rennes, éd. 1967.

d'actes ou d'opérations accomplis selon certaines formes, soit par les parties, soit par leurs auxiliaires, soit par le juge lui-même. Il convient alors de signaler que les diverses procédures se caractérisent en fonction de leur plus ou moins grande fidélité à deux principes directeurs : le principe de contradiction et le principe dispositif.

653   *1° Le principe de contradiction* ◊ Qu'il s'agisse du fait ou du droit, il convient de respecter les droits de la défense ou, dit-on encore, le principe de contradiction. Destiné à protéger les parties contre les manœuvres de l'adversaire et contre la partialité ou la négligence du juge, s'imposant à celui-ci et à celles-là, le principe de contradiction, qui domine la plupart des contentieux, après s'être surtout affirmé en matière pénale, tend à assurer l'équilibre du procès civil dans le respect de la loyauté.

« Nulle partie ne peut être jugée sans avoir été entendue ou appelée » (art. 14 nouv. c. proc. civ.). De cette formule, on ne peut déduire que toute instance doive être nécessairement contradictoire. Il se peut tout d'abord qu'une partie, appelée à l'instance, ne comparaisse pas, c'est-à-dire fasse défaut, ce qui n'empêche pas le juge de juger (jugement par défaut, jugement « réputé contradictoire ») ; il se peut aussi qu'une décision soit prise par le juge à la suite d'une démarche unilatérale d'un plaideur et sans que l'autre soit prévenu[1]. Mais, de toute façon, « alors que la loi prévoit ou la nécessité commande qu'une mesure soit ordonnée à l'insu d'une partie, celle-ci dispose d'un recours approprié contre la décision qui lui fait grief » (art. 17).

Le principe de contradiction gouverne le comportement des divers protagonistes, parties et juge, dans cette relation triangulaire que constitue le procès. « Les parties doivent se faire connaître mutuellement en temps utile les moyens de fait sur lesquels elles fondent leurs prétentions, les éléments de preuve qu'elles produisent et les moyens de droit qu'elles invoquent, afin que chacune soit à même d'organiser sa défense » (art. 15). « Le juge doit en toutes circonstances faire observer le principe de la contradiction. Il ne peut retenir dans sa décision que les explications qu'il a recueillies contradictoirement » (art. 16).

Bien qu'il ne soit inscrit, en droit interne, que dans le nouveau code de procédure civile et que l'aménagement des remèdes utilisés en cas de *défaut* d'une partie au procès varie d'un type de procédure à un autre, le principe de contradiction est un principe de portée générale[2].

---

1. Ainsi en est-il des ordonnances sur requête que le président du tribunal de grande instance peut prendre en application de l'article 812 du nouveau code de procédure civile : ce président est « saisi par requête dans les cas spécifiés par la loi » (ex. : art. 1008 c. civ.), par exemple afin qu'il ordonne un constat. « Il peut également ordonner sur requête toutes mesures urgentes lorsque les circonstances exigent qu'elles ne soient pas prises contradictoirement ».

2. V. la pénétrante étude de Marie-Anne FRISON-ROCHE, *Généralités sur le principe du contradictoire (Etude de droit processuel)*, thèse ronéot. Paris II, 1988 ; O. GOHIN, *La contradiction dans la procédure administrative contentieuse*, thèse Paris II, éd. 1988. — Sur le principe de la *loyauté* procédurale, v. CARBONNIER, *Introduction*, n° 188.

654   **2° *Le principe dispositif*** ◊ Il se manifeste depuis quelques décennies un rapprochement entre les divers types procéduraux, ce qui va de pair avec l'importance grandissante du principe dispositif. L'évolution de la procédure civile en porte témoignage.

L'aménagement des relations judiciaires, entre l'un et l'autre plaideur, ainsi qu'entre les plaideurs et leur juge, a longtemps été inspiré par l'idée selon laquelle le procès civil concerne avant tout des affaires privées, qu'il convient de laisser les parties au procès conduire à leur guise l'instance (quant à son rythme et quant à sa matière) et que le juge doit donc être un arbitre passif, devant juger selon ce qui a été allégué et prouvé par les parties, sans pouvoir y substituer ce qu'il sait lui-même, qu'il s'agisse des éléments de fait ou des règles de droit. Pour exprimer ces diverses solutions, l'on a souvent affirmé dans le passé le *principe de neutralité* du juge civil et le *caractère accusatoire* de la procédure civile. Il s'agissait d'une conception nettement individualiste, axée sur la matière du contentieux.

Pourtant, le cadre et les solutions de ce contentieux relèvent de l'activité du service public de la justice. Et, de nos jours, le recul d'un certain libéralisme judiciaire a mieux révélé que la procédure civile est en grande partie matière de droit public, puisqu'il s'agit, le plus souvent, d'un recours des particuliers au juge, chargé de dire le droit en vue de satisfaire des finalités d'ordre, de progrès et de justice (*supra*, n° 93). L'évolution de la procédure civile a donc conduit, surtout depuis une vingtaine d'années, à accroître le rôle du juge dans le procès civil et à abandonner le plus souvent la référence au principe de neutralité, c'est-à-dire, plutôt, de passivité du juge (*supra*, n°s 484 et 492).

Est-ce à dire qu'en cette matière, l'on a supprimé le caractère *accusatoire* de la procédure au profit du caractère *inquisitoire* et rapproché de la sorte le contentieux civil du contentieux administratif, voire du contentieux pénal?[1]. Il serait d'autant plus inopportun, voire inexact, de l'affirmer, que le sens de ces mots (accusatoire, inquisitoire) varie souvent selon les auteurs et qu'en droit processuel, peut-être plus encore qu'ailleurs, le droit se révèle davantage par ses nuances que par ses contrastes.

655   ***a) En matière civile*** ◊ Dans le procès civil, c'est aux parties qu'incombe la *conduite de l'instance*, ce qui n'exclut pas l'existence de contraintes, ainsi que l'office régulateur exercé par le juge : « les parties conduisent l'instance sous les charges qui leur incombent. Il leur appartient d'accomplir les actes de la procédure dans les formes et délais requis » (art. 2 nouv. c. proc. civ.). Elles lui donnent l'impulsion, mais le juge en règle le rythme : il « veille au bon déroulement de l'instance ; il a le pouvoir d'impartir des délais et d'ordonner les mesures nécessaires » (art. 3). Régulateur des causes au sein du tribunal de grande instance, le juge de la mise en état est, à lire les textes, loin d'y être neutre ou passif.

---

1. La division du procès pénal en deux phases repose sur l'idée que la phase d'instruction est inquisitoire tandis que la phase de jugement est accusatoire. Une corrélation est alors entretenue (ce qui n'est pas convaincant) entre cette distinction et celle du secret de la procédure inquisitoire et de la publicité de la procédure accusatoire.

« L'objet du litige est déterminé par les prétentions respectives des parties. Ces prétentions sont fixées par l'acte introductif d'instance et par les conclusions en défense. Toutefois l'objet du litige peut être modifié par les demandes incidentes lorsque celles-ci se rattachent aux prétentions originaires par un lien suffisant » (art. 4 nouv. c. proc. civ.). Tel est le cadre délimitant la matière à juger : « Le juge doit se prononcer sur tout ce qui est demandé et seulement sur ce qui est demandé » (art. 5 nouv. c. proc. civ.). Le *principe dispositif* — ainsi appelé parce qu'on laisse aux parties le pouvoir de délimiter la matière à juger, d'en disposer — les oblige à alléguer (art. 6) et à prouver (art. 9) les faits propres à assurer le succès de leurs prétentions. Quant au juge, dont la mission consiste à appliquer le droit au fait, ses pouvoirs varient selon qu'il s'agit des éléments de fait ou des éléments de droit. S'agissant des *faits*, il ne peut fonder sa décision sur des faits qui ne sont pas dans le débat (art. 7, al. 1er), mais, sous cette importante réserve, il a, en ce qui concerne leur preuve, le pouvoir d'ordonner d'office toutes les mesures d'instruction légalement admissibles (art. 10). Quant au *droit*, la marge de liberté du juge est plus étendue : pouvant inviter les parties à fournir les explications de droit qu'il estime nécessaires à la solution du litige (art. 13) et tenu de trancher celui-ci conformément aux règles de droit qui lui sont applicables (art. 12, al. 1er), le juge peut relever d'office les moyens de pur droit (d'ordre public ou non), quel que soit le fondement juridique invoqué par les parties ; et il doit donner ou restituer leur exacte qualification aux faits et actes litigieux sans s'arrêter à la dénomination que les parties en auraient proposée (art. 12, al. 2 et 3).

56 *b) En matière pénale ou administrative* ◊ En matière pénale, qu'il s'agisse de l'action publique ou de l'action civile portée par la victime devant la juridiction répressive, qu'il s'agisse de la phase d'instruction ou de la phase de jugement, l'office du juge est plus étendu, car c'est à lui qu'incombe la conduite de l'instance. Toutefois, au cours de l'audience des plaidoiries, toutes les preuves doivent être soumises au juge et contradictoirement débattues ; et, de toute façon, le principe dispositif s'applique à l'action civile[1].

On observera, en outre, qu'en matière pénale, la possibilité d'arrêter volontairement le cours de l'instance est beaucoup plus réduite qu'en matière civile, du moins en ce qui concerne l'action publique dont, par exemple, le ministère public ne peut se désister. Au contraire, dans le procès civil, l'issue du procès n'échappe pas nécessairement à la volonté des parties, car celles-ci « ont la liberté d'y mettre fin » (désistement d'instance, acquiescement à la demande, péremption d'instance ...), « avant qu'elle ne s'éteigne par l'effet du jugement ou en vertu de la loi » (art. 1er nouv. c. proc. civ.).

En matière administrative, la procédure est, sur le dernier point envisagé, plus proche de la procédure civile : on admet en effet dans le contentieux administratif, à certaines conditions, la validité du désiste-

1. Crim. 9 déc. 1969, J.C.P. 1970, IV, 29.

ment, de l'acquiescement ou de la transaction. Mais, à d'autres égards, le procès administratif est moins fidèle au principe dispositif dans la mesure où le juge joue un rôle prédominant en matière de preuve. Reste que, dans le contentieux administratif, le principe dispositif, bien que non écrit, n'est pas ignoré : normalement, le juge est obligé de s'en tenir aux faits dont les parties font état, mais il dispose probablement d'une plus grande liberté que le juge civil quant à la détermination du droit[1].

§ 2
LES MODES D'EXPRESSION

657   *Distinction* ◊ L'aménagement des règles régissant les modes d'expression dans le procès dépend principalement des réponses données aux questions suivantes : s'exprime-t-on par écrit ou oralement, en public ou en secret ?

658   *1° Procédure écrite ou procédure orale* ◊ La procédure *pénale* est essentiellement orale, bien que les résultats de l'instruction soient consignés par écrit. A l'inverse, la procédure *administrative* est écrite ; tous les actes de l'instance (requête introductive, mémoires ampliatifs, mémoires en réponse ou en réplique) donnent lieu à des rédactions et le juge statue sur les éléments figurant au dossier. Le débat oral n'est cependant pas nécessairement exclu, les parties pouvant demander à présenter ou faire présenter des explications orales à l'audience pour développer leur argumentation.

Une solution mixte caractérise le procès *civil* : surtout dans sa phase initiale ou sa phase de mise en état, la procédure y est généralement écrite — assignation ou requête, conclusions ou mémoires ... — ce qui permet de préciser nettement l'argumentation, ainsi que la matière soumise au juge, et d'éviter les surprises ; mais l'importance de l'oral y demeure grande, surtout lors du débat par plaidoiries devant le juge, ce qui est ordinairement justifié par le souci de donner à celui-ci une meilleure connaissance de l'affaire. Et l'évolution de la procédure civile française tend moins à réduire l'importance de l'un ou de l'autre élément qu'à substituer, le cas échéant, tel type d'écrit à tel autre — il y a en ce sens un développement de la procédure par mémoire (ex. : en matière de divorce demandé par un époux et accepté par l'autre, art. 1129 s. nouv. c. proc. civ.) — ou telle manifestation orale à telle autre : des efforts sont déployés afin de substi-

---

1. V. R. CHAPUS, *De l'office du juge : contentieux administratif et nouvelle procédure civile*, EDCE n° 29, 1977-1978, p. 11 s., spéc. p. 52 et 56 ; Y. GAUDEMET, *Les méthodes du juge administratif*, thèse Paris II, éd. 1972.

tuer un dialogue fructueux avec le juge à deux monologues prononcés devant lui[1].

59 *2° Publicité ou secret*[2] ◊ Au-delà des caractères qui leur sont propres, même à ce sujet, les diverses procédures apportent, dans leurs grandes lignes, à cette question une réponse reposant sur une distinction entre l'instruction ou la mise en état de l'affaire, d'une part, l'audience qui précède l'issue de l'instance, d'autre part. Ainsi oppose-t-on, en matière pénale, le principe du secret de l'instruction à la publicité de la procédure de jugement. Et si, dans le contentieux administratif, l'instruction est secrète, l'audience y est, en principe, publique.

Le procès civil repose sur une distinction comparable. Alors que l'on peut considérer que la phase d'instruction ou de mise en état est secrète, en ce sens que des tiers ne peuvent assister aux audiences préparatoires, ni avoir communication des pièces, « les débats sont publics sauf les cas où la loi exige qu'ils aient lieu en chambre du conseil » (art. 433, al. 1er, nouv. c. proc. civ.). Le principe et les limites de la publicité du procès civil sont d'ailleurs exprimés dans la loi : « Les débats sont publics » (L. 5 juil. 1972, art. 11-1, al. 1er, réd. L. 9 juil. 1975). Toutefois, ils ont lieu en chambre du conseil, c'est-à-dire hors de la présence du public, dans les matières gracieuses ainsi que dans celles des matières relatives à l'état et à la capacité des personnes qui sont déterminées par la loi (ex. : art. 248 et 269 c. civ., en matière de divorce ou de séparation de corps) ou par décret (L. 5 juil. 1972, art. 11-1, al. 2, réd. L. 9 juil. 1975). « Le juge peut en outre décider que les débats auront lieu ou se poursuivront en chambre du conseil s'il doit résulter de leur publicité une atteinte à l'intimité de la vie privée, ou si toutes les parties le demandent, ou s'il survient des désordres de nature à troubler la sérénité de la justice » (L. 5 juil. 1972, art. 11-1, al. 3).

SECTION 2
PRINCIPALES PROCÉDURES

60 *Droit substantiel et droit processuel* ◊ La juridiction précède-t-elle l'action ? L'action précède-t-elle la juridiction ? Questions philosophiques. S'agissant des divers types de procédures, on peut s'interroger aussi sur les relations entre le droit substantiel et le droit processuel, sur les logiques, les recrutements, les comportements, les attitudes, les habitudes des uns et des autres[3]. Il est assez naturel que le droit procédural se manifeste

---

1. V. Hébraud, *L'élément écrit et l'élément oral dans la procédure civile*, Trav. et recherches de l'Institut de droit comparé de Paris, 1950 et 1954, t. XV, 1959, 2, 341 ; Y. Lobin, *op. cit.*, t. XXXIII, 1970, p. 161 s. ; M. Cappelletti, *Procédure orale et procédure écrite*, Studi di diritto comparato, Milan, 1971 ; *La parole et l'écrit en droit judiciaire*, XIVe Colloque des Instituts d'Etudes judiciaires, éd. 1985.
2. *La publicité de la justice*, VIe Colloque des Instituts d'Etudes judiciaires, Toulouse, 1968.
3. V. not. T. Renoux, *Le Conseil constitutionnel et l'autorité judiciaire, l'élaboration d'un droit constitutionnel juridictionnel*, 1984.

comme un auxiliaire du droit substantiel, envisagé dans chacune de ses branches, et qu'il résulte de ce rapport une diversité des procédures. Pourtant, ce même caractère auxiliaire peut expliquer une sorte d'équivalence des formes procédurales qu'illustre, à notre époque, un rapprochement des diverses procédures.

On se bornera à évoquer quelques types.

§ 1 ─────────────────────────────

PROCÉDURE CIVILE

661 *Procédure ordinaire devant le tribunal de grande instance* ◊ Les caractères et les modes d'expression précédemment analysés se retrouvent généralement dans les procédures suivies devant les diverses juridictions civiles. Mais ces procédures présentent des variantes dont l'examen dépasserait le cadre d'une étude nécessairement très générale. On ne présentera donc qu'un aperçu de la procédure qui correspond au modèle courant devant la juridiction de droit commun en première instance : la procédure ordinaire devant le tribunal de grande instance.

L'instance est généralement introduite au moyen d'une *assignation,* c'est-à-dire d'un acte d'huissier de justice par lequel le demandeur, « constituant » (désignant) son avocat et précisant l'objet de sa prétention, cite son adversaire à « comparaître », c'est-à-dire à « constituer » un avocat. Cette assignation doit contenir l'indication d'un délai accordé au défendeur à cet effet (quinze jours). S'il ne constitue pas avocat, il y a *défaut faute de comparaître* et le demandeur peut demander au tribunal de juger l'affaire en l'absence de défendeur. Si le défendeur constitue avocat, celui-ci, dès sa constitution, doit en informer l'avocat du demandeur.

Le tribunal est saisi par la remise au secrétariat-greffe d'une copie de l'assignation. De la saisine du tribunal résultent plusieurs conséquences. Normalement, le juge ayant été saisi, l'affaire est mise en état d'être jugée, ce qui dépend évidemment de son contenu et de ses caractères, de sa complexité variable. Développant leurs argumentations, les *conclusions* des parties sont notifiées entre leurs avocats. Leur contenu détermine le choix d'une voie procédurale.

Il se peut, tout d'abord, que le président décide le *renvoi à l'audience* des affaires qui, d'après les explications et au vu des conclusions et des pièces, lui paraissent prêtes à être jugées sur le fond ; il en va de même, à certaines conditions, des affaires dans lesquelles le défendeur ne comparaît pas, si elles sont en état d'être jugées sur le fond. S'il estime qu'un ultime échange de conclusions ou une ultime communication de pièces suffit à mettre l'affaire en état d'être jugée, le président peut décider que les avocats se présenteront à nouveau devant lui lors d'une *seconde conférence* ; à la date fixée, le président renvoie l'affaire à l'audience si l'affaire a été mise en état ou si l'un des avocats le demande. Toutes les affaires que le président ne renvoie pas à l'audience suivent le circuit de l'instruction devant le juge de la mise en état.

Le juge de la mise en état est investi d'une triple mission : *a*) pouvant entendre contradictoirement les parties, il peut constater leur *concilia-tion* ; *b*) dans le cadre d'une mission de *juridiction*, il exerce tous les pouvoirs nécessaires à la communication, à l'obtention et à la production des pièces, et, jusqu'à son dessaisissement (c'est-à-dire jusqu'à l'ouverture des débats), il est seul compétent pour trancher certaines *contestations* ou pour décider les mesures d'instruction (enquête, expertise, descente sur les lieux, ...) ; *c*) enfin, il remplit une mission d'*administration judiciaire*, ce qui lui permet de veiller au déroulement loyal de la procédure, de s'entretenir avec les avocats, de leur adresser, le cas échéant, des injonc-tions, de fixer les délais nécessaires à l'instruction de l'affaire, d'inviter les avocats à répondre aux moyens sur lesquels ils n'auraient pas conclu et à fournir les explications de fait et de droit nécessaires à la solution du litige. S'il a été répondu à ses souhaits et si l'instruction le permet, il renvoie l'affaire devant le tribunal pour être plaidée à la date fixée par le président ou par lui-même s'il a reçu délégation à cet effet ; à une date aussi proche que possible de celle fixée pour les plaidoiries, il déclare l'instruction close.

Après l'audience de plaidoiries et si les débats sont clos, il appartient aux juges devant lesquels l'affaire a été débattue d'en délibérer. Il existe plusieurs formes de délibéré : il arrive que le jugement soit rendu séance tenante, les membres du tribunal, sans quitter la salle, se concertant sur la décision à prendre ; plus souvent, le tribunal se retire dans la chambre du conseil et, après avoir délibéré, rentre dans la salle d'audience et rend le jugement ; enfin, il n'est pas rare que le tribunal, estimant qu'il lui faut plusieurs jours pour délibérer, décide que le jugement sera rendu, par exemple, à quinzaine. Ajoutons — ce qui est important en pratique — que le juge de la mise en état peut, si les avocats ne s'y opposent pas, tenir seul l'audience de plaidoiries ; il en rend compte alors au tribunal dans son délibéré.

§ 2

PROCÉDURE PÉNALE

52   *Procédure devant le tribunal correctionnel* ◊ Le déroulement de la procédure pénale est dominé par la distinction des juridictions d'instruc-tion et des juridictions de jugement.

Le principal objet du procès pénal, axé sur l'*action publique* qui tend à l'application d'une peine ou d'une mesure de sûreté, explique son ordon-nancement. La demande en justice est constituée par un acte initial au moyen duquel le ministère public ou la victime déclenchent l'action publique.

Obligatoire lorsqu'il s'agit de crimes ou de délits, l'instruction est facultative au sujet des autres infractions. Saisi par un réquisitoire intro-ductif d'instance émanant du ministère public ou par une constitution de partie civile formée par la victime, le juge d'instruction s'emploie à réunir des preuves, spécialement au moyen de constatations matérielles et de perquisitions, et il est investi de pouvoirs importants concernant la liberté des personnes, spécialement du fait qu'il peut ordonner l'emprisonnement d'une personne simplement inculpée. En outre le juge d'instruction est investi de pouvoirs juridictionnels qui se manifestent au moyen d'ordonnances : ordonnance de non-lieu ou ordonnance de renvoi devant la juridiction de jugement. Encore convient-il d'observer que, s'agissant de la procédure devant le tribunal correctionnel, il existe aussi, à certaines conditions, des modes plus simples de saisine : citation directe par exploit d'huissier, comparution volontaire, ...

Le prévenu doit, en principe, être présent lors de l'audience correctionnelle. Bien que cette assistance ne soit pas obligatoire, il est généralement assisté par un avocat. Au cours de l'audience, il est procédé à l'appel de l'affaire, des parties, des témoins, des experts. Puis le président et, éventuellement, le ministère public et la partie civile interrogent le prévenu. Le tribunal entend alors les témoins et, éventuellement, les experts. Après quoi, l'instruction devient définitive.

Ensuite se déroule, le cas échéant sur plusieurs audiences, la phase finale caractérisée successivement par l'intervention de l'avocat de la partie civile, s'il y en a une, le réquisitoire du ministère public, la parole étant donnée en dernier lieu au prévenu ou à son conseil.

§ 3
PROCÉDURE ADMINISTRATIVE

663   *L'instance* ◊ Là comme à propos des autres procédures, il est difficile de généraliser. On observera cependant qu'à la différence de ce que l'on constate dans le contentieux civil ou le contentieux pénal, le procès administratif est fait à un acte et non à une personne[1].

En application de la règle dite de la *décision préalable*, la juridiction administrative n'est, le plus souvent, saisie qu'à la suite d'un recours contre une décision administrative. Cette exigence se comprend aisément lorsqu'il s'agit du recours pour excès de pouvoir, plus généralement lorsqu'il s'agit du contentieux de l'annulation ou de l'interprétation des actes administratifs. Mais il en va de même du contentieux de pleine juridiction : sauf en matière de travaux publics, le justiciable ne peut assigner directement l'Administration devant la juridiction administrative ; il doit, tout d'abord, présenter une réclamation à l'Administration concernée ; et c'est contre le refus, explicite ou implicite — du fait d'un silence de quatre mois — de celle-ci, qu'il peut alors former un recours.

Nombre de recours peuvent être présentés par le justiciable lui-même, sans qu'il lui soit nécessaire d'utiliser le ministère d'un avocat. Bien qu'il n'existe pas, en matière administrative, de juge de la mise en

---

1. J. Vincent, G. Montagnier et A. Varinard, *Précis Dalloz, La justice et ses institutions*, 1985, n°s 843 s.

état, l'instruction est confiée à un juge rapporteur. A l'audience, il est procédé à l'audition du rapporteur, puis à celle des parties ou de leurs conseils avant que le commissaire du gouvernement ne présente ses conclusions. Puis l'affaire est mise en délibéré. Ultérieurement, la décision est, sauf exception, lue au cours d'une séance publique.

§ 4

PROCÉDURES INTERNATIONALES

54 *Évocation* ◊ La théorie générale de la procédure, dégagée, sinon au sujet, du moins à partir de la procédure civile, permet de comprendre — écho ou prédestination — les procédures aménagées par le droit international, public ou privé, et le droit communautaire.

Une brève incursion en droit international public confirme une première impression. Il y a un emprunt de techniques apparemment imaginées soit en procédure civile, soit en procédure pénale. Les expressions sont évocatrices, même si les projections sont déformantes : défaut[1], exception[2], question préjudicielle, partie au procès, demande reconventionnelle, intervention, compétence, immunité, autorité de la chose jugée, etc. L'apport d'une discipline à l'autre est donc loin d'être négligeable. Il s'est, à ce niveau, manifesté dans deux directions : d'une part, au sujet des techniques procédurales précitées, dans leurs traits essentiels, depuis assez longtemps ; d'autre part, à propos d'éléments plus épars et moins nets d'une sorte de philosophie de la procédure ou de méta-procédure ou, disent certains auteurs, d'un droit naturel de la procédure[3].

Des observations analogues peuvent être formulées en droit international privé et, surtout, en droit communautaire, où le développement du rôle des organes juridictionnels s'est naturellement et généralement réalisé à l'image du modèle des procédures écrites du contentieux administratif plutôt que du contentieux de droit privé[4].

L'office du juge demeure, en ces matières, strictement délimité, même si certaines juridictions internationales ou communautaires ne l'entendent pas toujours de cette manière. Ainsi le veut pourtant, dans l'ordre international, la résistance des souverainetés, comparable à ce que peut être, en matière d'arbitrage, dans les rapports entre personnes privées, la résistance des volontés contractuelles.

---

1. V. G. GUYOMAR, *Le défaut des parties à un différend devant les juridictions internationales*, Paris, 1960.
2. V. E. GRISEL, *Les exceptions d'incompétence et d'irrecevabilité dans la procédure de la Cour Internationale de justice*, Neuchâtel, 1968.
3. V. H. MOTULSKY, *Écrits*, t. 1, *Études et notes de procédure civile*, Paris, 1973, p. 60 s.
4. V. not. G. COHEN-JONATHAN, *La Convention européenne des droits de l'homme*, 1989, p. 27 s. ; G. ISAAC, *Droit communautaire général*, 3e éd. 1990, p. 207 s. ; v. aussi le Code Litec des Procédures européennes.

INDEX ALPHABÉTIQUE

(Les chiffres renvoient aux numéros des paragraphes)

PRÉCIS DALLOZ

DROIT

DROIT ADMINISTRATIF,
- Données juridiques fondamentales. Organisation administrative. Formes de l'action
    administrative,
        par J. RIVÉRO.

ACTION ET AIDE SOCIALES,
        par E. ALFANDARI.

DROIT ANGLAIS,
        sous la direction de J.-A. JOLOWICZ.

DROIT DES ASSURANCES,
        par Y. LAMBERT-FAIVRE.

RISQUES ET ASSURANCES DES ENTREPRISES,
        par Y. LAMBERT-FAIVRE.

DROIT BANCAIRE,
        par J.-L. RIVES-LANGE et M. CONTAMINE-RAYNAUD.

DROIT CANONIQUE,
        par P. VALDRINI, J. VERNAY, J.-P. DURAND et O. ÉCHAPPÉ.

DROIT CIVIL,
- Introduction générale au droit,
        par F. TERRÉ
- Les personnes. La famille. Les incapacités.
- Les obligations,
        par A. WEILL et F. TERRÉ,
- Les successions. Les libéralités.
        par F. TERRÉ et Y. LEQUETTE.
- Les biens,
- Les régimes matrimoniaux,
        par F. TERRÉ et Ph. SIMLER.
- Les sûretés. La publicité foncière,
        par Ph. SIMLER et Ph. DELEBECQUE.

DROIT COMMERCIAL,
- Commerçants et entreprises commerciales. Concurrence et contrats du commerce,
        par R. HOUIN et M. PÉDAMON.
- Instruments de paiement et de crédit. Entreprises en difficulté,
        par M. JEANTIN.
- Sociétés commerciales,
        par Ph. MERLE.

DROIT PÉNAL DES AFFAIRES,
      par W. JEANDIDIER.

DROIT PÉNAL GÉNÉRAL,
      par G. STEFANI, G. LEVASSEUR et B. BOULOC.

DROIT PÉNAL SPÉCIAL,
      par M.-L. RASSAT.

PHILOSOPHIE DU DROIT,

- Définitions et fins du droit,
- Les moyens du droit,
      par M. VILLEY.

PROCÉDURE CIVILE,
      par J. VINCENT et S. GUINCHARD.

PROCÉDURE PÉNALE,
      par G. STEFANI, G. LEVASSEUR et B. BOULOC.

DROIT DE LA PROMOTION IMMOBILIÈRE,
      par Ph. MALINVAUD et Ph. JESTAZ.

DROIT DE LA PROPRIÉTÉ INDUSTRIELLE,
      par A. CHAVANNE et J.-J. BURST.

PROPRIÉTÉ LITTÉRAIRE ET ARTISTIQUE ET DROITS VOISINS,
      par C. COLOMBET.

DROIT PUBLIC ÉCONOMIQUE,
      par A. de LAUBADÈRE et P. DELVOLVÉ.

DROIT RURAL,
      par J. HUDAULT.

DROIT DE LA SÉCURITÉ SOCIALE,
      par J.-J. DUPEYROUX.

DROIT DES SERVICES PUBLICS ET DES ENTREPRISES NATIONALES,
      par B. JEANNEAU.

DROIT SOCIAL INTERNATIONAL ET EUROPÉEN,
      par G. LYON-CAEN et A. LYON-CAEN.

LA THÉORIE DES OBLIGATIONS,
      par R. SAVATIER.

DROIT DES TRANSPORTS TERRESTRES ET AÉRIENS,
      par R. RODIÈRE et B. MERCADAL.

DROIT DU TRAVAIL,
      par G. LYON-CAEN et J. PÉLISSIER.

VOIES D'EXÉCUTION ET PROCÉDURES DE DISTRIBUTION,
par J. VINCENT et J. PRÉVAULT.

GESTION

ÉLÉMENTS D'INFORMATIQUE APPLIQUÉE A LA GESTION,
par H. LESCA et J.-L. PEAUCELLE.

GESTION COMMERCIALE DES ENTREPRISES,
par A. MICALLEF.

GESTION DE L'ENTREPRISE ET COMPTABILITÉ,
par P. LASSÈGUE.

SCIENCES ÉCONOMIQUES

LES CIRCUITS FINANCIERS,
par P.-J. LEHMANN.

DYNAMIQUE ÉCONOMIQUE,
par G. ABRAHAM-FROIS.

ÉCONOMIE POLITIQUE,

- Introduction générale. Analyse micro-économique. Analyse macro-économique,
par H. GUITTON et D. VITRY.

- La monnaie. La répartition. Les échanges internationaux,
par H. GUITTON et G. BRAMOULLÉ.

ÉCONOMIE DU TRAVAIL ET DE L'EMPLOI,
par B. GAZIER.

ESPACE RÉGIONAL ET AMÉNAGEMENT DU TERRITOIRE,
par J. LAJUGIE, C. LACOUR et P. DELFAUD.

HISTOIRE DES FAITS ÉCONOMIQUES DE L'ÉPOQUE CONTEMPORAINE,
par A. GARRIGOU-LAGRANGE et M. PENOUIL.

LA MONNAIE,
par H. GUITTON et G. BRAMOULLÉ.

LES MOUVEMENTS CONJONCTURELS,
par H. GUITTON et D. VITRY.

PENSÉE ÉCONOMIQUE ET THÉORIES CONTEMPORAINES,
par A. PIETTRE et A. REDSLOB.

RELATIONS ÉCONOMIQUES INTERNATIONALES,
par G. DESTANNE de BERNIS.

SOCIO-ÉCONOMIE DU SOUS-DÉVELOPPEMENT,
par M. PENOUIL.

STATISTIQUE,
par H. GUITTON.

DROIT PUBLIC - SCIENCE POLITIQUE

COMMUNAUTÉS EUROPÉENNES,
par L. CARTOU.

COMPTABILITÉ PUBLIQUE (Principes de),
par G. MONTAGNIER.

DROIT ADMINISTRATIF DES BIENS,

- Domaine. Travaux publics. Expropriation,
par J.-M. AUBY et P. BON.

DROIT DE L'AUDIOVISUEL,
par Ch. DEBBASCH.

DROIT BUDGÉTAIRE ET COMPTABILITÉ PUBLIQUE,
par L. TROTABAS et J.-M. COTTERET.

DROIT FISCAL,
par L. TROTABAS et J.-M. COTTERET.

DROIT FISCAL INTERNATIONAL ET EUROPÉEN,
par L. CARTOU.

DROIT DE LA FONCTION PUBLIQUE,

- État. Collectivités locales. Hôpitaux,
par J.-M. AUBY et J.-B. AUBY.

DROIT DE L'URBANISME,
par H. JACQUOT.

HISTOIRE DES IDÉES POLITIQUES,
par M. PRÉLOT et G. LESCUYER.

HISTOIRE DES INSTITUTIONS PUBLIQUES DEPUIS LA RÉVOLUTION FRANÇAISE,
par G. SAUTEL.

HISTOIRE DES INSTITUTIONS PUBLIQUES ET DES FAITS SOCIAUX,
par P.-C. TIMBAL et A. CASTALDO.

INSTITUTIONS POLITIQUES ET DROIT CONSTITUTIONNEL,
par M. PRÉLOT et J. BOULOUIS.

INSTITUTIONS POLITIQUES ET SOCIALES DE L'ANTIQUITÉ,
par M. HUMBERT.

INSTITUTIONS DES RELATIONS INTERNATIONALES,
par Cl. A. COLLIARD.

INTRODUCTION A LA POLITIQUE,
par Ch. DEBBASCH et J.-M. PONTIER.

MÉMENTOS DALLOZ

DROIT PRIVÉ

DROIT DES ASSURANCES,
par Cl.-J. BERR et H. GROUTEL.

DROIT BANCAIRE,
par F. DEKEUWER-DEFOSSEZ.

DROIT CIVIL,

- Introduction générale au droit,
par P. COURBE.

- Les biens.
- Principaux contrats.
- Contrat de mariage et régimes matrimoniaux. Successions. Libéralités.
par P. DUPONT-DELESTRAINT.

- Les personnes. La famille. Les incapacités.
par P. DUPONT-DELESTRAINT et P. COURBE.

- Sûretés. Publicité foncière,
par P. DUPONT-DELESTRAINT et M.-N. JOBARD-BACHELLIER.

- Les obligations,
par P. DUPONT-DELESTRAINT et G. LÉGIER.

DROIT DU COMMERCE INTERNATIONAL,
par B. JADAUD et R. PLAISANT.

DROIT COMMERCIAL,

- Les activités commerciales.
- Les groupements commerciaux.
par J.-P. LE GALL.

DROIT DE LA CONSTRUCTION,
par R. SAINT-ALARY et C. SAINT-ALARY HOUIN.

CRIMINOLOGIE ET SCIENCE PÉNITENTIAIRE,
par J. LARGUIER.

DROIT DE L'ENREGISTREMENT,
et taxe de publicité foncière,
par C. DAVID.

DROIT FISCAL DES ENTREPRISES COMMERCIALES,
par J.-P. LE GALL.

GRANDS SYSTÈMES DE DROIT CONTEMPORAINS,
par M. FROMONT.

INSTITUTIONS JUDICIAIRES,
par J.-J. TAISNE.

DROIT INTERNATIONAL PRIVÉ,
    par J. DERRUPPÉ.

LOCATIONS ET LOYERS,
    Baux d'habitation, professionnels, commerciaux,
    par J. DERRUPPÉ.

DROIT PÉNAL DES AFFAIRES,
    par G. GIUDICELLI-DELAGE.

DROIT PÉNAL ÉCONOMIQUE,
    par J. PRADEL.

DROIT PÉNAL GÉNÉRAL,
    par J. LARGUIER.

PROCÉDURE PÉNALE,
    par J. LARGUIER.

DROIT PÉNAL SPÉCIAL,
    par J. et A.-M. LARGUIER.

PROCÉDURE CIVILE (Droit judiciaire privé),
    par J. LARGUIER.

DROIT DE LA PROPRIÉTÉ INDUSTRIELLE,
    par J. SCHMIDT-SZALEWSKI.

DROIT RURAL,
    par G. CHESNÉ et E.-N. MARTINE.

DROIT DE LA SÉCURITÉ SOCIALE,
    par J.-J. DUPEYROUX et X. PRÉTOT.

DROIT DES TRANSPORTS, terrestres, aériens et maritimes ; internes et internationaux,
    par M. ALTER.

DROIT DU TRAVAIL,
    par J.-M. VERDIER.

VOIES D'EXÉCUTION,
    par J. VINCENT et J. PRÉVAULT.

GESTION

COMPTABILITÉ GÉNÉRALE,
    par P.-J. LEHMANN.

SCIENCES ÉCONOMIQUES

AMÉNAGEMENT DU TERRITOIRE ET DÉVELOPPEMENT RÉGIONAL,
    par Cl. LACOUR.

ANALYSE MICROÉCONOMIQUE,
    par R. GOFFIN.

DÉMOGRAPHIE SOCIO-ÉCONOMIQUE,
    par A. FOUQUET et A. VINOKUR.

ADMINISTRATION RÉGIONALE, DÉPARTEMENTALE ET MUNICIPALE,
   par J. MOREAU.

DROIT CONSTITUTIONNEL ET INSTITUTIONS POLITIQUES,
   par B. JEANNEAU.

CONTENTIEUX ADMINISTRATIF,
   par G. PEISER.

DROIT EUROPÉEN,
   par J.-C. GAUTRON.

FINANCES PUBLIQUES,

- Budget et pouvoir financier.
- Droit fiscal,
   par F. DERUEL.

HISTOIRE DES IDÉES POLITIQUES DE L'ANTIQUITÉ A LA FIN DU XVIIIe SIÈCLE,
   par D.-G. LAVROFF.

HISTOIRE DES IDÉES POLITIQUES DEPUIS LE XIXe SIÈCLE,
   par D.-G. LAVROFF.

HISTOIRE DES INSTITUTIONS PUBLIQUES ET DES FAITS SOCIAUX
   (XI-XIXe siècles),
   par J. HILAIRE.

HISTOIRE DES INSTITUTIONS PUBLIQUES DE LA FRANCE (de 1789 à nos jours),
   par P. VILLARD.

INSTITUTIONS INTERNATIONALES,
   par J. CHARPENTIER.

INTRODUCTION A LA SCIENCE POLITIQUE,
   par J. BAUDOUIN.

DROIT INTERNATIONAL PUBLIC,
   par D. RUZIÉ.

LIBERTÉS PUBLIQUES,
   par J. ROCHE et A. POUILLE.

DROIT DE LA SANTÉ PUBLIQUE,
   par J. MOREAU et D. TRUCHET.

DROIT DES SERVICES PUBLICS,
   par J. CARBAJO.

CAPACITÉ EN DROIT

DROIT CIVIL,
   par P. DUPONT-DELESTRAINT.

DROIT COMMERCIAL,
   par J.-P. LE GALL.

DROIT PUBLIC,
   par L. DUBOUIS et G. PEISER.

Aubin Imprimeur

LIGUGÉ, POITIERS

IMPRESSION – FINITION

Achevé d'imprimer en octobre 1991
N° d'impression L 38789
Dépôt légal octobre 1991

Imprimé en France